Italiens schönste Gasthäuser
OSTERIE D'ITALIA

VEREINIGUNG ARCIGOLA SLOW FOOD

Italiens schönste Gasthäuser
OSTERIE D'ITALIA

Übersetzung von Susanne Bunzel

Karten von Gabrielle Klann

1991
edition spangenberg

Osterie d' Italia ist durch das Engagement und die Mitarbeit der Mitglieder der Vereinigung Arcigola Slow Food entstanden. Ein herzlicher Dank an alle, besonders an die Freunde aus Kultur, Politik und Sport, die Einführungstexte zu den einzelnen Regionen beigetragen haben.
Redaktion: Paola Gho, Vittorio Manganelli, Grazia Novellini, Giovanni Ruffa
Redaktionsrat: Silvio Barbero, Irene Ciravegna, Mavi Negro, Carlo Petrini, Piero Sardo, Corrado Trevisan, Bruno Viberti
Redaktion der deutschen Ausgabe: Susanne Bunzel (Übersetzung), Claudia von Fuchs, Michael Hofmann (Lektorat), Eberhard Spangenberg

Die Originalausgabe von »Osterie d'Italia« ist in Italien bei Arcigola Slow Food Editore – Bra (Cn) veröffentlicht worden.
© 1990 Arcigola Slow Food Editore
© 1991 Arcigola Slow Food Editore (für die Ergänzungen und Aktualisierungen der deutschen Ausgabe)
© 1991 für die deutsche Ausgabe edition spangenberg, München 40.
Alle Rechte vorbehalten.
Herstellung: Manfred Lüer, Gräfelfing
Satz: Satz + Grafik, Planegg
Druck und Bindung: Franz Spiegel Buch GmbH, Ulm-Jungingen
ISBN 3-89409-057-X
Printed in Germany 1991

Für Mirella und Peppino

*Die Idee zu diesem Buch entstand in Samboseto,
wo Mirella und Peppino Cantarelli eindrucksvoll bewiesen haben,
daß die hohe Kunst des Kochens auch in enger Bindung
an die Tradition und in der herzlichen Atmosphäre einer
Osteria verwirklicht werden kann.*

INHALT

Zur deutschen Ausgabe 9
Vorwort 11
Einführung 14

Aostatal 19
Piemont 25
Tessin 57
Lombardei 67
Trentino 103
Südtirol 119
Venetien 135
Friaul 173
Julisch-Venetien 201
Ligurien 213
Emilia 237
Romagna 267
Toskana 279
Umbrien 315
Marken 327
Latium 343
Abruzzen und Molise 373
Apulien 387
Kampanien 399
Basilikata 413
Kalabrien 423
Sizilien 433
Sardinien 445

Typische Regionalgerichte 459
Italienisch-deutsches Glossar 477
Mitarbeiter und Autoren 483
Ortsregister 485

ZUR DEUTSCHEN AUSGABE

Als Verleger und vor allem Weinimporteur bin ich oft in Italien und ich habe eine ganze Reihe der hier vorgestellten Lokale selbst besucht. In allen habe ich mich wohlgefühlt, habe gut gegessen und getrunken und die natürliche, direkte Gastlichkeit genossen.
Das Italien von heute hat viele Gesichter. Die schnelle Entwicklung zu einer der reichsten Industrienationen der Welt hat Spuren hinterlassen, nicht nur in der Landschaft und in den Städten, sondern auch bei den Menschen. Trotzdem ist ein liebenswerter, traditioneller Teil des Landes erhalten geblieben: das Italien der »Mamma«, das Italien der geselligen Alten, das Italien der einfachen Leute; das Italien, das singt, diskutiert, Karten spielt und lacht, das Italien, das mit Heiterkeit und Hingabe ißt und trinkt. Dieses Italien findet man in den Osterie und Trattorie.
In der Osteria steht der Mensch im Mittelpunkt, und dazu gehören auch immer ein gutes Essen und ein guter Wein. Man ißt, man trinkt und man redet. Am wichtigsten ist, daß man sich wohl fühlt. In einer Welt, die immer internationaler, aber auch uniformer wird, in der sich die Lebensgewohnheiten immer stärker angleichen, kommt der Region und ihrer Kultur – auch der Gastkultur – eine neue wichtige Bedeutung zu.
Genau das haben meine Freunde von der SLOW-FOOD-Bewegung in Italien erkannt. Ihnen geht es darum, daß die Osterie nicht als Geheimtip gehandelt werden, sondern daß das Individuelle, das Besondere, das Eigenständige und Gewachsene wiederentdeckt werden und daß man sich dazu bekennt. Die ARCIGOLA SLOW FOOD hat in OSTERIE D'ITALIA 700 Lokale zusammmengestellt, in denen dieser Gedanke zu Hause ist. Es sind meistens alte Familienbetriebe, aber auch einige Neugründungen, wie z. B. gastronomische Ableger von Bio-Bauernhöfen.
Durch die Philosophie der SLOW-FOOD-Bewegung, unterscheidet sich dieses Buch von allen anderen Italien-Führern. Bleibt zu hoffen, daß dieses Handbuch und die deutsche SLOW-FOOD-Bewegung – die sich gerade zu organisieren beginnt – auch hierzulande die Besinnung auf unsere Gastkultur und die richtige Pflege der regionalen Eigenarten fördern.
Es braucht nur etwas Gespür und Offenheit für die Gebräuche Italiens, um sich in den hier ausgewählten Osterie heimisch zu fühlen. Seinen Sie ruhig neugierig, die Osteria ist für die Gäste da. Treten Sie ein!

Eberhard Spangenberg

VORWORT

»Oste della malora!...« – »Unseliger Fremder!...« heißt es in Abenteuerromanen und historischen Filmen, wenn die Tür einer verrauchten Taverne aufgeht. Das italienische Wort »oste« gibt Gelegenheit zu einem feinsinnigen Wortspiel mit den lateinischen Begriffen »hospes«, Gast, und »hostis«, Fremder bzw. Feind. Heutzutage ist eine Oste-ria schon fast Teil der Vergangenheit, Zeichen für eine Gesellschaft, in der der Mensch nichts und die Technik alles bedeutet. Ich möchte betonen, daß ich keine wehmütige Klage anstimme, sondern eher eine nüchterne Bestandsaufnahme durchführe.
Früher gab es an jeder Ecke eine Osteria. Das liegt aber noch keine hundert Jahre zurück. Auch meine Generation gehörte noch zu den eifrigen Osteriabesuchern. Auf dem Land war die Osteria einer jener wenigen Orte, an denen man sich treffen konnte. Sie gehörte zum Leben wie die Kirche und der Kuhstall. Und was tat man dann in einer Osteria? Man trank – vor allem Wein. Man spielte Karten. Man sang. Man redete über Regen oder Dürre und weniger über Politik. Man aß Minestra, Käse oder Kutteln...
Es besteht natürlich bei einer solchen Beschreibung die Gefahr, daß man in ein kitschiges Idyll abgleitet und die weniger glücklichen Aspekte wie Alkoholkonsum und Verrohung, wovor De Amicis und andere warnen, verschweigt. Das ist nur zu wahr. Das kommt daher, daß wir uns an eingefahrene Gemeinplätze halten, je weiter die Erinnerung an die eigenen Erfahrungen zurückliegt. Kurz, wir erfinden unbewußt Gegenstände für die Bilder von Cézanne, Ottone Rosai oder gar für die niederländischen Maler des 17. Jahrhunderts. Wir benutzen sie eben nur als ideale Vorstellung, als literarischen Vorwand.
Hat es Sinn, sich zu fragen, welches die berühmteste Osteria aller Zeiten war, unter den vielen namenlosen, geheimnisvollen und rätselhaften Lokalen, die es gegeben hat? Ich könnte mit einem Gedicht von Umberto Saba beginnen: »Alla riva/del mare un'osteria consola d'unti/acri e di donna i marinai, che giunti/sono Dio sa da che lontana riva« (Am Ufer des Meeres finden in einer Osteria bei Frauen und Wein Trost die Matrosen. Gott weiß, von welch fernen Gestaden sie aufbrachen). Das wäre ein schöner Einstieg, wenn nicht die »Osteria del Gambero Rosso« so drängen würde. Dort hat bekanntlich Pinocchio die Nacht zusammen mit der Katze und dem Fuchs verbracht, bevor er auf dem Campo dei Miracoli Goldstücke säte.
Genauso wenig kann man allerdings die Osteria vergessen, die Renzo zum Verhängnis wurde. Wein und Schmorbraten entfesseln in ihm derartig revolutionäre Gefühle, daß er als politisch Verfolgter aus Mailand fliehen muß. Im dreizehnten Kapitel des berühmten Romans »I Promessi Sposi« (»Die Verlobten«) von Alessandro Manzoni erkundigt sich der männliche Held Renzo nach einer Osteria, in der er eine Kleinigkeit essen und ein preiswertes Nachtlager bekommen kann. Eine gefährliche Auskunft wird da verlangt...

Das Spiel lohnt sich. Hier ein heiteres und vielgestaltes Bild, das Pietro Aretino in seinen »Sei giornate« entworfen hat: »Die Laufburschen der Gastwirte beziehen in etwa einer Meile Entfernung von ihrer Osteria Stellung. Kommt ihnen dann ein Reisender entgegen, so beschwätzen sie ihn: ›Herr oder Messere, kommt mit mir, bei mir bekommt Ihr Rebhühner, Fasan, Drosseln, Trüffeln, Grasmücken ...‹ und versprechen ihm das Blaue vom Himmel. Haben sie den Armen dann mitgeschleppt, setzen sie ihm nicht mehr vor als ein mageres Huhn und ein Glas Wein.« Es gab also auch damals schon alle möglichen Tricks und Kniffe, um Kunden mit leeren Versprechungen einzufangen.

Wesentlich früher ist der berühmte Brief von Machiavelli an Francesco Vettori vom 10. Dezember 1513 anzusiedeln: »Dann begebe ich mich ins Wirtshaus an der Straße, spreche mit den Durchreisenden, frage um Neuigkeiten aus ihrer Heimat, höre verschiedene Dinge und merke mir den verschiedenen Geschmack und die mannigfaltigen Phantasien der Menschen. Unterdessen kommt die Essenszeit heran, wo ich mit meiner Familie Speisen verzehre, wie sie mein armes Landgut und geringes Vermögen zuläßt. Nach Tische kehre ich ins Wirtshaus zurück; dort sind gewöhnlich der Wirt, ein Fleischer, ein Müller, zwei Ziegelbrenner. Mit ihnen vertiefe ich mich den Rest des Tages über ins Criccaspiel oder Trictrac: es entstehen tausend Streitigkeiten; der Aerger gibt tausend Schimpfreden ein. Meistens wird um einen Quattrino gestritten, nichtsdestoweniger hört man uns bis San Casciano schreien.«

Die Osteria in Sant'Andrea di Percussina am Anfang der Chianti-Straße kann man auch heute noch besichtigen. Genau so, wie vor fünfhundert Jahren, ging es auch in der Osteria zu, die wir in unseren Dörfern und Städten selbst noch erlebt haben. Sie legt Zeugnis ab vom Überleben einer Kultur, sie ist das Modell eines Lebensinhalts. Der Geschichte zum Trotz existieren die Osterie auch heute noch. Vor allem in Nord- und Mittelitalien gibt es genügend davon, wenn sie zum Teil auch ein wenig moderner gestaltet sind als ihre klassischen Vorbilder. Genau das Gegenteil trifft oft zu, wenn das Wirtshausschild einer Osteria (vielleicht sogar »Hostaria« geschrieben), Locanda oder Trattoria wie ein Fetisch ausgestellt wird. Man landet dann nämlich oft in einem sündteuren Luxusrestaurant, das um so mehr kostet, je mehr es sich hinter diesem Namensspiel und den Tugenden einer echten Osteria verbirgt. Der Sinn des ganzen Spiels liegt darin, daß man mit dem Wort »Osteria« unbewußt immer Ehrlichkeit verbindet. Hier handelt es sich aber um Falschheit und Diebstahl, um Eindringlinge in das Denken der Allgemeinheit, die keinen Zoll zahlen und daraus die höchsten Gewinne schlagen.

Osteria oder Trattoria habe ich gesagt. Denn die Trattoria erfährt das gleiche Auf und Ab. Ein Unterschied zur Osteria besteht allerdings. In der Osteria kümmert man sich hauptsächlich um den Wein, während die Trattoria das Hauptgewicht auf das Essen legt. Dies hat sich so eingebürgert, denn aufgrund der vielen Mischformen läßt sich kaum eine exakte Einteilung vornehmen. Heute verbindet man mit Trattoria ein Lokal der unteren Mittelklasse. Sie steht aber vielmehr für eine völlig andere Grundidee. Die echte Trattoria ist meist seit Generationen ein Familienbetrieb. In der Küche steht eine Köchin und kein reicher »Chef de cuisine«. Die Mütter geben ihre Rezepte an die Töchter, die Großmütter geben ihre Rezepte an die Enkelinnen weiter. Nur so ist ja schließlich der Fortbestand einer traditionsreichen Küche gewährleistet. In diesem Sinne ist die Trattoria konservativ. Dabei fällt natürlich etwas Paradoxes auf. Durch die Hektik in unserer Konsumgesellschaft und in den Städten haben wir heute fürs Kochen immer weniger Zeit. Die Trattoria ist nun der ideale Ort geworden, an dem wir unser Gedächtnis wieder auffrischen und Gerichte essen können, die sonst aussterben würden, weil sie so zeitaufwendig sind: nehmen wir nur Gesottenes, Geschmortes, »civet« usw. Eben diese bodenständige Kost bekommen wir in einem neumodischen Restaurant nicht. Die Trattoria will aber intelligenterweise weder kreativ noch experimentell sein. Hier ißt man nämlich die Spezialitäten, die zur Gegend und zu den Jahreszeiten passen und nach alten Familienrezepten zubereitet werden. Hier trinkt man den Wein aus dem eigenen Kulturkreis.

Genau das Gegenteil geschieht meiner Ansicht nach in den Großstädten wie Mailand, Rom oder Turin, die Ziel einer starken Binnenwanderung gewesen sind. In diesen Städten stellen die verschiedenen Trattorie mit ihrer typischen Kost oft die einzige Verbindung her, die die »Gastarbeiter« zu ihrer Heimat und ihrer oft verzerrten Vorstellung davon noch besitzen. Vorstellung ja, aber auch Genuß, der über die Vorstellung hinausgeht.

Es geht einfach um die »Lust auf etwas«, aber auch nicht ausschließlich darum. Und das ist das Neue an diesem Handbuch, das eben kein herkömmlicher Führer sein will, sondern eine Hilfestellung, das nicht dozieren will wie ein Professor, sondern sich als ein eher stiller Begleiter versteht; ein Buch eben, das wie die Lesebücher der ersten Volksschulklassen Vorschläge unterbreitet und Neugierde weckt. Ich habe Ihnen nun kurz zu erklären versucht, warum die Arcigola nichts von den leichten Verführungen der (in Italien wirklich nur) sogenannten Großen Küche hält, die in Noten, Sterne, Kochmützen oder Sonnen eingeteilt ist, und sich lieber der Osteria und Trattoria annimmt. Dahinter stehen die Grundgedanken der Slow-Food-Bewegung: Aufrichtigkeit und Anstand.

Falco Portinari

EINFÜHRUNG

Die Osteria, gibt es sie noch?
Seit langem schon haben sich Eß- und Lebensgewohnheiten in Italien geändert. So ist es nicht weiter verwunderlich, daß die klassische Osteria fast ausgestorben ist. Wo gibt es noch Lokale, in denen praktisch rund um die Uhr Wein ausgeschenkt und bodenständige Hausmannskost serviert wird? Und dennoch, der vorliegende Band beweist, daß immer noch Wirtshäuser existieren, die wenigstens ein paar der wichtigsten Eigenschaften einer typischen Osteria bewahrt haben: herzliche Gastlichkeit, familiäres Ambiente, traditionelle Küche, Weinausschank und anständige Preise. Diese kleinen Gasthäuser mit ihrem Angebot an bodenständigen Gerichten werden wohl kaum in den »Nobelrestaurant-Führern« erscheinen.

In diesem »Vademecum« sind solch verborgene Schätze mit viel Sorgfalt zusammengetragen.
Wir sind überzeugt, daß viele Leute gern einmal wieder in ein gemütliches Restaurant gehen wollen, wo sie in Ruhe und Gelassenheit die Spezialitäten ihrer Gegend essen und guten Wein trinken können, ohne sich gleich finanziell zu ruinieren. Solchen Lokalen verzeiht man dann auch großmütig, daß sie keine eigene Weinkarte oder feine Kristallgläser präsentieren. Was wir allerdings verlangen, sind Herzlichkeit, Toleranz, ein gewisser Sachverstand, wenn es um den Wein geht, stets gute und frische Grundstoffe zur fachgerechten Zubereitung der verschiedenen Spezialitäten, die unverfälscht und ohne modische Abwandlungen auf den Tisch kommen sollen.

Und darum geht es den Autoren von Arcigola Slow Food.
Arcigola Slow Food ist eine Vereinigung, die sich der genußvollen und bewußten Lebensart bei Essen und Trinken verschrieben hat. Sie wurde 1986 in Italien als Gegenbewegung zur Fast-Food-»Kultur« gegründet und setzt sich aus interessierten Privatleuten, engagierten Erzeugern und fachkundigen Gastronomen zusammen. Arcigola hatte 1990 schon an die 20 000 Mitglieder und arbeitet über ganz Italien verteilt mit einem Netz von Vertrauensleuten und assoziierten gastronomischen Betrieben.
Die völlig neuen Auswahlkriterien entsprechen genau den Forderungen der Arcigola Slow Food. Dazu gehört vor allem das Bemühen um die Erhaltung und Aufwertung der großen kulinarischen Tradition Italiens, die nicht durch kurzlebige Modeerscheinungen oder x-beliebige Einheitskost verfälscht werden darf. Die Arcigola hat für dieses Projekt alle Kräfte aufgeboten: Hunderte von Vertrauenspersonen, erfahrenen Mitgliedern und Journalisten in ganz Italien haben diesen Führer zusammengestellt. Die »Osterie« wurden nach ganz bestimmten Kriterien ausgewählt: dazu gehören vor allem die strikte

Beschränkung auf die jeweilige Regionalküche, die Auswahl an guten Weinen, die gemütliche und freundliche Atmosphäre und das angemessene Verhältnis von Preis und Leistung.

Das ist die Philosophie der Arcigola Slow Food. Und was steht nun in unserem Buch?

Sie finden über 700 Restaurants, die in folgende Kategorien eingeteilt wurden:

Osterie: Vor allem in Norditalien, wo die Osteria ohnehin stärker verwurzelt ist, gibt es sie noch. Wir haben die traditionsreichsten und ursprünglichsten ausgewählt und auch solche erwähnt, die ein zumindest ordentliches Angebot an Speisen und Weinen vorweisen können. Sie werden allerdings keine Pseudo-Osterie finden. Wir von der Arcigola halten nichts von kulinarischer Folklore, sondern legen Wert auf echte und unverfälschte Qualität.

Trattorie: Davon gibt es am meisten. Sie stellen oft die natürliche Weiterentwicklung der herkömmlichen Osteria dar. Sie setzen hauptsächlich auf traditionelle Küche, beim Wein dagegen beschränkt man sich manchmal auf durchschnittliche offene Weine aus der näheren Umgebung (das wird aber ausdrücklich erwähnt). In diese Kategorie sind auch die vielen »jungen« Lokale einzureihen, die sich durch ein sorgfältiges Weinangebot und leichte Neuinterpretationen der herkömmlichen Küche auszeichnen. Sie sind natürlich ein wenig teurer. Diese Lokale sind Ausdruck einer neu verstandenen Gastronomie, die Sorgfalt und Fachwissen mit der Wahrung der kulinarischen Traditionen vereint.

Restaurants: Da die Grenze zwischen »gehobener Trattoria« und »Restaurant« fließend ist, werden Sie auch letztere in unserem Handbuch finden. Wir haben diejenigen ausgewählt, die gemütlich wirken und gute Regionalküche zu anständigen Preisen bieten.

Enoteche: Es gibt inzwischen eine ganze Reihe von Weinhandlungen, in denen Sie Ihren Wein auch trinken und ein paar Kleinigkeiten dazu essen können. Das ist ein gutes Zeichen dafür, daß die Leute immer mehr Wert auf gepflegte Weine legen. Wir erwähnen hauptsächlich die Enoteche, in denen Sie kalte oder warme Spezialitäten aus der Gegend bekommen. Immer öfter stößt man jetzt auf Enoteche, die sogar eine komplette Mahlzeit anbieten.

Bauernhöfe: Hier sind Bauernhöfe gemeint, auf denen man Urlaub machen oder essen kann. In den letzten Jahren sind sie geradezu wie Pilze aus dem Boden geschossen. Wir haben eine sehr strenge Auswahl getroffen, denn ihre weitere Entwicklung ist noch nicht abzusehen. Auf einem solchen Bauernhof (azienda agrituristica) herrschen natürlich andere Regeln, was Öffnungszeiten und Platzangebot betrifft. Lesen Sie unsere Hinweise deshalb genau durch.

Circoli: Damit sind besondere Clubs gemeint. Wir nennen einige zur Arcigola gehörende Circoli oder Clublokale anderer Vereine und Unternehmen. Es handelt sich meist um regelrechte Trattorie oder Enoteche. Achten Sie auch hier besonders auf die Öffnungszeiten.

Aber dieser Wegweiser bringt noch mehr!

Prominente aus Literatur, Politik, Sport, Kunst, Theater und bekannte Journalisten haben die Einführungskapitel zu den einzelnen Regionen geschrieben. Sie alle schwärmen für die große italienische Küche mit ihren regional unterschiedlichen Spezialitäten und sind Liebhaber der guten alten Osteria.

Einige regionale Spezialitäten werden im Anhang besonders vorgestellt, und ein italienisch-deutsches Glossar hilft beim Verstehen aller typischen Gerichte, die dieser Führer erwähnt. Am Ende dieses Handbuches gibt es auch ein alphabetisches Verzeichnis der Orte, in denen man die hier vorgestellten Lokale findet.

Für die deutsche Ausgabe besonders angefertigte Übersichtskarten der einzelnen Regionen helfen auch gelegentlich abgelegene Ortschaften zu finden.

Was müssen Sie sonst noch wissen?

Einteilung: Das Handbuch ist in Regionen unterteilt, innerhalb der Regionen sind die Ortsnamen in alphabetischer Reihenfolge angeordnet.

Ortsangaben: Bei kleineren Orten werden Lage und Entfernung zur nächsten größeren Stadt angegeben; oft wird auch die entsprechende Staatsstraße (S.S. = Strada statale) genannt. Jedes Lokal wird unter dem Namen der Ortschaft (und nicht eines Stadt- oder Gemeindeteils) erwähnt, zu der es gehört. Dies soll eine Hilfe vor allem für Touristen sein, die in der Regel erst die Stadt besichtigen wollen und dann dort oder in der näheren Umgebung eine Einkehr suchen.

Ruhetage: Da die meisten der hier aufgeführten Lokale Familienbetriebe sind, haben sie einen oder mehrere Ruhetage.

Betriebsferien: Wenn keine genaueren Angaben möglich sind, wird der Monat angegeben, in den die Ferien fallen.

Plätze: Aus ihrer Anzahl können Sie auch gut ablesen, ob es sich um einen kleinen Familienbetrieb oder um eine größere Lokalität handelt.

Preise: In Italien ist es extrem schwierig, präzise Aussagen über Preise zu machen. Es gibt kein Gesetz, das Speisekarten oder Preisaushang vorschreibt; und das machen sich leider viele Restaurantbesitzer zunutze. Die von uns angegebenen Preise sollen daher lediglich als Anhaltspunkt dienen. Sie wurden aus Durchschnittswerten ermittelt und berücksichtigen keine besonders teuren Speisen wie z.B. Trüffeln. Wir bevorzugen Preisangaben ohne Wein, da diese genauer sind. Begriffe wie »inkl. Wein« verfälschen das rechte Preis-/Leistungsverhältnis. Wo der Zusatz »ohne Wein« fehlt, wird ein Lokal beschrieben, das kein besonderes Weinangebot vorweist und den Wein demnach als Teil der Mahlzeit berechnet. Ansonsten wird ein Einheitspreis (z.B. bei Menüs) oder eine Preisklasse angegeben, innerhalb derer sich ein mehr oder weniger üppiges Essen bewegen sollte.

Kreditkarten: Sie werden meist mit ihrer üblichen Abkürzung angegeben.

Reservierung: Falls Sie sich nicht an unsere Empfehlung halten können, raten wir, eher frühzeitig Ihr Glück zu versuchen.

Öffnungszeiten: Falls nötig, finden Sie innerhalb der Beschreibung genauere Angaben wie »nur abends geöffnet«, »nur sonntags« usw.

Regionale Küche: Besondere Spezialitäten des Lokals oder der jeweiligen Gegend haben wir rot gedruckt.

DER ECHTE

PARMIGIANO REGGIANO

die beste Qualität des Original-Parmesan-Käses

REGIONE EMILIA-ROMAGNA CONSORZIO PARMIGIANO-REGGIANO

BEI DER FINANZBERATUNG BRAUCHT MAN SCHON HANDFESTERES.

Was wir nicht wollen: daß Sie sich schlecht beraten fühlen. Wie irgendein Aktenzeichen oder eine Nummer in einem Computer. Was wir wollen: daß Sie sich als Privatkunde bei der Aachener und Münchener Versicherung rundum wohl und gut aufgehoben fühlen.

Individuelle Betreuung ist für uns kein modisches Schlagwort, sondern hat Tradition – und das schon seit über 165 Jahren.

Sie können sich gerade als Privatkunde einer ganzheitlichen Beratung durch unseren Außendienst sicher sein. Die Zusammenarbeit mit der Aachener und Münchener Versicherung hält Ihnen den Kopf frei für andere Dinge. Sie ist eine der Sachversicherungs-Partner in der Aachener und Münchener Gruppe. Versicherungs-, Bank-, Bauspar- und Fondsspezialisten bilden hier einen Leistungsverbund.

Wann dürfen wir Sie beraten?

Aachener und Münchener Versicherung
Aktiengesellschaft

Aachener und Münchener Gruppe

DIE REGIONEN UND IHRE OSTERIE

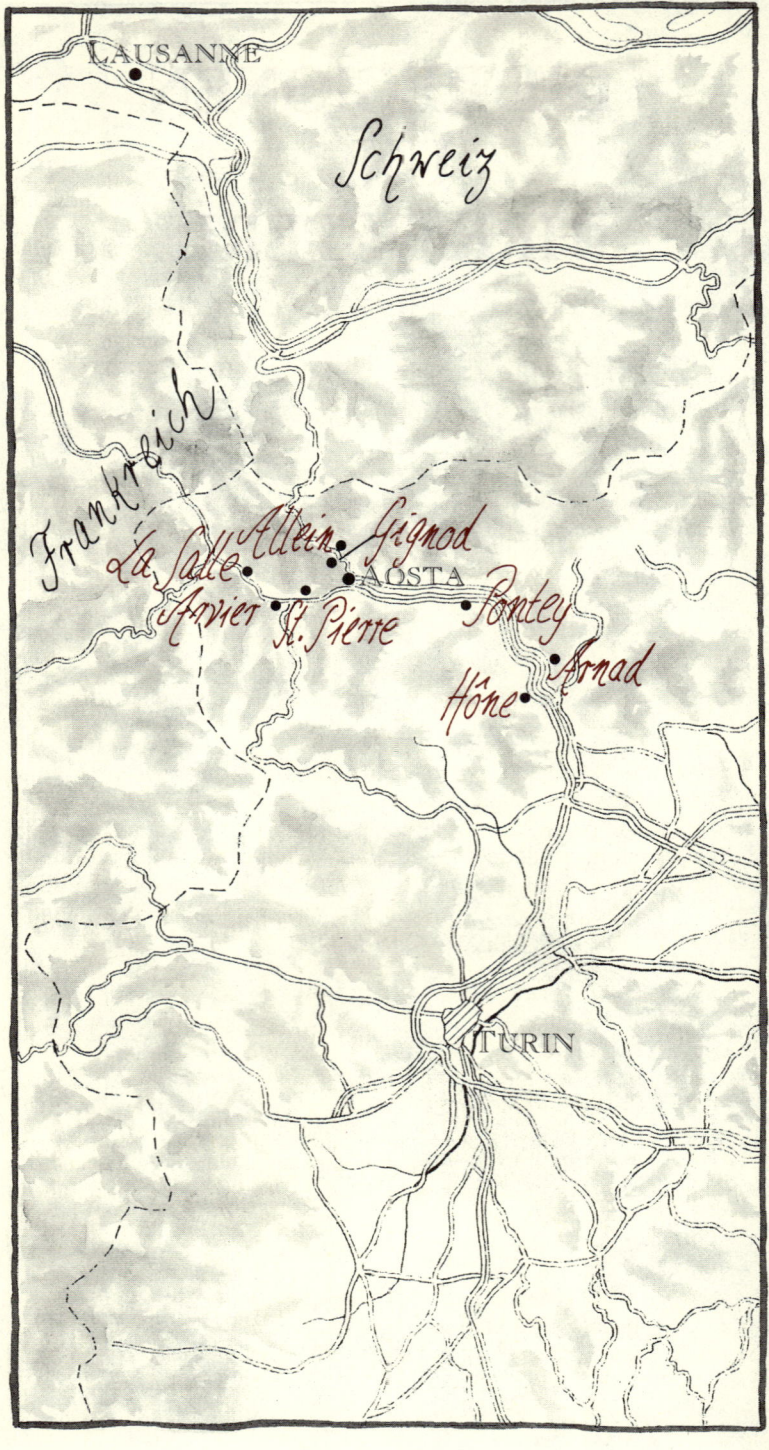

AOSTATAL

...Und die Erinnerung trägt mich fort. Ich sehe sie wieder vor mir, diese Augenblicke voll menschlicher Wärme, voll starker Düfte, die warm, ja fast vulgär und deshalb voller Leben sind. Düfte eines Lebens, das nach Erde, Armut und Schweiß riecht. Diese arme Gegend, in der es nur Steine und Wind gibt, bringt nur wenig hervor: einzigartigen Käse, schmackhafte Kartoffeln, einfache und angenehme Weine, Schwarzbrot. Das paßt zur ehrlichen Armut der Leute. In all ihrer Zurückgezogenheit haben sie immer einen Weg gefunden, sich mit anderen zu treffen. In der Osteria vergaß man ein paar Stunden lang die Sorgen des Alltags.

Solche Osterie gibt es heute nicht mehr, denn diese gemütlichen Gasthäuser passen nicht mehr in eine Welt, die von den eisernen Gesetzen des Wettbewerbs beherrscht wird. Scharenweise fallen die Urlauber in den Bergen ein. Sie benehmen sich wie Kolonialherren, ersticken die echten Gefühle im Geld und zerstören somit langsam, aber unerbittlich das Kulturgut der einheimischen Bevölkerung.

Wir Fünfzigjährigen stehen selbst für diese absurde Zeit. Sind wir es doch, die dem Wohlbehagen hinterherjagen, das sich immer schwieriger einstellt. Sind wir es doch, die kaum die Kraft haben, unseren Kindern wenigstens die Möglichkeit zu geben, diese vergangenen Zeiten nachzuerleben: den unverfälschten Gemeinschaftssinn, die warmherzige Gastlichkeit, die fröhlichen und lauten Zusammenkünfte in den einfachen und gemütlichen Gasthäusern. Denn nach einem Ausflug in die Natur, die den Eingriffen des Menschen mehr oder weniger widersteht, findet ein junger Bergfan heute keine Berghütte (sie entspricht der Osteria in den Städten) mehr, in der Bergsteigerlieder gesungen werden. Früher ging der einzelne in der Gemeinschaft dieser melancholischen Lieder auf. Und auf den einfachen Holztischen stand der dampfende Glühwein. Wer möchte sich nicht in dieser Atmosphäre entspannen, wie es sie nur in den alten Osterie gab, inmitten einfacher, aber echter Dinge und Menschen, die nicht nur ihre Rolle spielen, sondern leben.

Die alte Osteria wird es vielleicht nie mehr geben, denn an vielem, was sie auszeichnete, fehlt es heute: die natürlichen Erzeugnisse, eine andere Einstellung zum Essen. In einer Welt, in der Cholesterin- und Zuckerwerte mehr Aufmerksamkeit erregen als das gesamte italienische Kabinett, trifft man sich eben nicht, um einfach Brot und Speck, Würste und Käse zu essen! Niemand achtet und schätzt mehr das Wenige, das mit Liebe zubereitet wurde.

Wehmütige Erinnerungen unter Freunden, die in der Nacht vom 14. auf den 15. September 1990 bei einer Flasche Lessona der Azienda Agricola Sella, Jahrgang 1975, zusammensaßen. Zu Papier gebracht von Franco Vai.

Allein

15 km von Aosta, S. S. 27

Lo ratelé

Bauernhof
Ortsteil Ville
Tel. 01 65 / 7 82 65
Kein Ruhetag
Keine Betriebsferien
40 Plätze
Preise: 30 000 Lire
Keine Kreditkarten
Reservierung: notwendig

Seit vier Jahren betreiben die Conchâtres dieses ausgezeichnete »Restaurant auf dem Bauernhof«, wo sie selbstverständlich die Erzeugnisse aus ihrem eigenen Betrieb servieren. Das neue Lokal ist schlicht, aber ansprechend, vielleicht eine Spur zu modern für dieses kleine Bergdorf. Doch die Küche bleibt zum Glück ganz der Tradition verhaftet. Signora Paola und ihre Tante bereiten die Spezialitäten aus dem Aostatal meisterhaft zu, ohne dabei auf irgendwelche Schnörkel oder ohnehin nur kurzlebige Varianten zurückzugreifen. Es gibt eine ganze Menge Vorspeisen. Besonders zu erwähnen sind die **Bodin,** Würste, Schinken, Coppa, Speck, gekochte Maroni mit Butter, Schweinefagottelli, Frischkäse mit Walnüssen, Reiskroketten mit einem Hauch Fonduta. Anschließend hat man die Wahl zwischen **Seupa valpellinese**, **Polenta concia** oder Gnocchi mit Brennesseln und Butter. Zu den Fleischgerichten wird dann in der Regel Polenta gereicht: Je nach Jahreszeit gibt es Huhn mit Pilzen, **Coniglio in Civet**, Ente mit Wirsing, Lamm-, Schweine- oder Rindfleisch. Die Käsesorten Toma und Fontina werden auf dem Hof selbst hergestellt, der frische Rahm für die Süßspeisen kommt ebenfalls aus dem eigenen Betrieb. Die verschiedenen Kräuterliköre sind ausgezeichnet in Geschmack und Reinheit. Die Weine kommen aus dem Aostatal: zur Auswahl stehen Flaschenweine zuverlässiger Erzeuger oder der sehr gute Petit rouge, der offen serviert wird.

Arnad

32 km von Aosta, S. S. 26

Lo dzerby

Bauernhof
Ortsteil Machaby
Tel. 01 25 / 96 60 67
Ruhetag: Montag bis Freitag
Betriebsferien: November bis April
80 Plätze
Preise: 20 000 Lire, ohne Wein
Keine Kreditkarten
Reservierung: empfohlen

Eine Straße mit hohen Kastanienbäumen führt in einer Viertelstunde Fußweg von Arnad in den Ortsteil Machaby hinauf. (Falls Sie nachts nach Machaby wollen, sollten Sie eine Taschenlampe mitnehmen; die Straße ist nicht beleuchtet.) So ein Aufstieg macht hungrig! Die Anstrengung lohnt sich: Cesare Bonin hat einen alten und ruhig gelegenen Bauernhof saniert und verkauft jetzt die Erzeugnisse aus der eigenen Landwirtschaft, wie z. B. Honig oder ausgezeichnete Flaschenweine. Sie können hier zu jeder Tageszeit auch ein paar Kleinigkeiten essen. Wenn Sie eine komplette Mahlzeit zu sich nehmen wollen, sollten Sie vorbestellen. Auf Voranmeldung ist »Lo dzerby« für größere Gruppen auch unter der Woche geöffnet. An großen Bauerntischen serviert Ihnen Signora Lina hausgemachte Spezialitäten des Aostatals: Speck, Würste, **Bodin**, Salami, Cotechino mit Kartoffeln. Sie sollten unbedingt von dem Salignon probieren, einem Ricottakäse mit Knoblauch und Peperoncino. Das übrige Angebot ist überschaubar und durchweg schmackhaft: geschmortes Kaninchen- oder Hühnerfleisch mit Polenta. Toma und Fontina sowie eine ausgezeichnete Grappa runden die Mahlzeit ab. Die wenigen Weine, die Bonin selbst anbaut und keltert, sind von bester Qualität: Müller-Thurgau, Arnad Picotendro, wie der Nebbiolo hier genannt wird, und ein Roséwein.

Arvier

15 km von Aosta, S.S. 26

Enoteca Café du Bourg

Enoteca mit Küche
Via Lostan, 12
Tel. 01 65 / 9 90 94
Ruhetag: Do., nicht im Sommer
Betriebsferien: im Juni und Okt.
30 Plätze
Preise: 20–35 000 Lire
Keine Kreditkarten
Reservierung: abends

Arvier liegt an der belebten Straße von Aosta nach Courmayeur. In dem beschaulichen Dorf können Sie abschalten, eine Kleinigkeit essen und den Enfer, den typischen Wein der Gegend, probieren. Früher wurde der Wein auf den Terrassen angebaut, die von der Dora bis hoch ins Gebirge hinauf anstiegen. Die mühevolle Arbeit der Weinbauern erinnerte an Bilder aus Dantes »Inferno«, was dem Wein diesen Namen eintrug. Heute sind die meisten dieser Weingärten verlassen. Der Enfer wird nur noch von wenigen Winzern und von einer Genossenschaft angeboten. In der Hauptstraße von Arvier steht das »Café du Bourg«, das bereits 1713 existierte. In dieser typischen Enoteca können Sie ab den Nachmittagsstunden einige Happen essen. Probieren Sie Wurstwaren wie **Bodin**, Salsiccia, **Speck** und **Mocetta** oder verschiedene Käsespezialitäten wie **Fontina** und Toma. Die Desserts (Crostata, Bayerische Creme, Pudding und Tiramisù) sind hausgemacht. Abends ist das Speisenangebot umfangreicher. Neben den typischen Wurstwaren bekommen Sie die Antipasti des Hauses, Nudelgerichte (Spaghetti »rossi e neri«, Penne nach Art des Hauses) und gegrilltes Fleisch. Auf Vorbestellung macht man Ihnen traditionelle Gerichte wie **Fonduta**, **Seupa valpellinese**, Crêpes, **Carbonata**, **Polenta mit Gemsenfleisch**, Schnecken und Fondue bourguignonne. Irene Marguerettaz und ihre Mutter kümmern sich um Küche und Gäste. Irenes Mann Claudio Junin stellt mit Sachkenntnis und Eifer die Weinkarte zusammen. Neben den klassischen Weinen aus dem Aostatal bietet er Ihnen auch große Weine aus Piemont, der Toskana und Venetien sowie eine ganze Reihe guter Spirituosen an. Nur nachmittags und abends geöffnet.

Gignod

12 km von Aosta, S. S. 27

Locanda La Clusaz

Trattoria
Ortsteil La Clusaz
Tel. 01 65 / 5 60 75
Ruhetag: Dienstag
Betriebsferien: im Juni und Oktober
60 Plätze
Preise: 30–43 000 Lire, ohne Wein
Keine Kreditkarten
Reservierung: notwendig

Es ist immer ein Vergnügen, auf Lokale wie dieses zu stoßen. Hier hat man es nämlich verstanden, Fortschritt und Tradition auf intelligente Art und Weise zu verquicken: Küche und Keller legen von dieser geglückten Verbindung Zeugnis ab. Das Lokal, das seit 1920 in Familienbesitz ist, wird von Maurizio Grange betrieben. Geschichte und Geschicke der Locanda lassen sich bis 1227 zurückverfolgen. Gastlichkeit und eine Quelle in unmittelbarer Nähe haben dafür gesorgt, daß das Lokal über die Jahrhunderte hinweg bestehen konnte. Früher wechselten hier die Kutschen ihre Pferde, bevor sie in Richtung Großer St. Bernhard weiterfuhren. Die Gastlichkeit von heute zeigt sich in der großen Küche und in den 12 Gästezimmern, die nach einem genüßlichen Mahl zu einer Ruhepause einladen. Maurizios Mutter und seine Frau stellen zwei verschiedene Menüs zusammen. Man kann mit einem Aperitif beginnen; dazu werden kleine Honigbrötchen gereicht. Zu den Vorspeisen zählen heiße Brotscheiben mit Butter und **Mocetta**, Bauchspeck mit Maroni und Roggenbrot, hausgemachte Wurstwaren, **Polenta** mit Käsesoße und Kräuterkuchen. Es folgen dann meist **Seupa valpellinese** und Getreideminestra. Als Hauptgericht bekommt man eine **Carbonata** mit Kartoffeln und gerösteten Polentascheiben, eine Spezialität der Gegend. Dann können Sie noch verschiedene Käse wie Toma und Fontina oder die hausgemachten Süßspeisen probieren. Ein weiteres Zeichen für den gastronomischen Sachverstand der Familie Grange ist die umfangreiche und gut sortierte Weinkarte, die sowohl mit Weinen aus der Gegend als auch mit großen italienischen, französischen und kalifornischen Weinen bestückt ist.

Hône

47 km von Aosta, S. S. 26

Osteria della Società Cooperativa
Trattoria
Via Colliard, 77
Tel. 01 25 / 83 32 41
Ruhetag: Montag
Betriebsferien: unterschiedlich
50 Plätze
Preise: 20-25 000 Lire
Keine Kreditkarten
Reservierung: empfohlen

Das Tausendseelendorf Hône liegt am Eingang des Aostatals. Mitten in seinem alten Ortskern befindet sich die »Società Cooperativa 1906«. Einige Leute behaupten, sie sei sogar die älteste Verbrauchergenossenschaft im ganzen Tal. Osteria und Ladengeschäft, die beide zur Genossenschaft gehören, liegen nebeneinander. Massimo Marzullo hat das Lokal vor etwa einem Jahr übernommen und sich damit einen lang gehegten Wunsch erfüllt. Nach einigen hektischen Jahren in der Großstadt Turin widmet er sich nun mit Hingabe der Kochkunst. Mary und seine Mutter unterstützen ihn bei seiner Arbeit. Hier in Hône grenzt das Aostatal an Piemont. Deshalb bietet Massimo auch Gerichte beider Regionalküchen an. Aus dem Tal stammen **Kohlsuppe**, **Brasato mit Polenta und Fontina** oder die gekochten Maroni mit Butter. Typisch für Piemont ist das Gesottene, **Bagna caoda**, **Bonet**. Die Auswahl an Vorspeisen ist außergewöhnlich reichhaltig. Wurstwaren (Coppa, gekochte und rohe Salami, Speck, Mocetta und die typische »**Kartoffelsalami**«), Paprikaschoten in Bagna caoda, Artischocken- und Lauchtorten, grüner und roter **Tomin** und der **Salignon** (ein Frischkäse, der hier mit Peperoncino, Sternanis, Salz und Bergkräutern gewürzt wird). Manchmal läßt Massimo seinem Erfindungsgeist freien Lauf und bietet dann Gerichte an wie Risotto mit Saisongemüsen, **Trippa** mit Kichererbsen, Nieren mit Knoblauch und Petersilie, Fleisch- und Gemüsebällchen oder Tintenfisch mit Artischocken. All diese Gerichte wirken jedoch nie überzogen und sind stets äußerst schmackhaft. Zum Essen werden so zuverlässige Weine wie Erbaluce und Barbera d'Asti gereicht. Das Weinangebot wäre aber sicher noch ausbaufähig.

La Salle

30 km von Aosta 30 km, S.S. Richtung Mont-Blanc-Tunnel

Trattoria Cheverel
Trattoria
Ortsteil Cheverel
Tel. 01 65 / 86 12 93
Ruhetag: Dienstag
Betriebsferien: Juni
70 Plätze
Preise: 20-35 000 Lire
Keine Kreditkarten
Reservierung: empfohlen

Wenn Sie von Aosta in Richtung Mont-Blanc-Tunnel fahren, erreichen Sie nach 30 Kilometern La Salle. Das schöne Bergdorf wirkt durch die mittelalterlichen Befestigungen fast bedrohlich. Fahren Sie nun von La Salle die Hügelstraße in den Ortsteil Cheverel hinauf. Die gleichnamige Trattoria ist relativ neu. Die Atmosphäre ist rustikal und gemütlich, die Einrichtung typisch für diese Gebirgsregion. Hier können Sie auch übernachten. Signora Germana kocht, ihre Tochter Viviana betreut die Gäste. Sie essen hier einfache, aber traditionelle und sorgfältig zubereitete Speisen. Als Antipasti reicht man Ihnen demnach Wurstwaren aus der Gegend (**Speck**, Salsiccia und **Bodin**). Als Primo empfehlen wir **Crespelle** und **Riso alla valdostana** mit Fontina und frischer Sahne. Als Hauptgericht bekommen Sie immer **Polenta**, zu der Sie Schweinekoteletts, Kaninchen, Salsiccia oder **Carbonata** essen können. Die deftige Mahlzeit schließen Sie am besten mit einem Stück Toma oder **Fontina** oder dem klassischen, hausgemachten Tiramisù ab. Die Weine aus dem Aostatal und aus Piemont sind in Ordnung. Auf Vorbestellung bekommen Sie weitere Spezialitäten und Wildgerichte.

Pontey

20 km von Aosta, S. S. 26

Alpino

Trattoria
Ortsteil Banchet
Tel. 0166 / 3 01 37
Kein Ruhetag
Keine Betriebsferien
40 Plätze
Preise: 20-30 000 Lire
Keine Kreditkarten
Reservierung: abends notwendig

Die Trattoria liegt direkt an der Straße, die den Ortsteil Banchet mit der Gemeinde Pontey verbindet. In der Bar und dem anschließenden Speisezimmer herrscht gelassene Dorfatmosphäre. Mittags hat sich Giuseppina Pernettaz auf Gäste eingestellt, die auf der Durchreise sind oder in ihrer Mittagspause hier essen wollen: es gibt also einfache und schnelle Gerichte. Abends dagegen kocht die Signora aufwendiger und bietet Spezialitäten aus Piemont und dem Aostatal an. **Carne cruda** zu frischen Steinpilzen aus der Gegend, Gemüseaufläufe oder die ausgezeichneten **Crespelle alla valdostana** und **Polenta concia**. Unter den Hauptspeisen findet man zarte Braten und Fritture. Fontina und magerer Toma runden das Mahlzeit ab. Das kulinarische Angebot ist mit viel Sorgfalt zusammengestellt und stets frisch. Die Gerichte entsprechen der jeweiligen Jahreszeit, Sonderwünsche der Gäste werden berücksichtigt. Eine Reservierung empfiehlt sich auf jeden Fall, abends ist sie unbedingt notwendig. Die Weine – Barbera und Dolcetto – kommen aus Großkellereien; sie sind eher unbedeutend und der guten Küche nicht ebenbürtig.

Saint-Pierre

20 km von Aosta, S. S. 26

Les écureuils

Bauernhof
Ortsteil Homené-Sainte Marguerite
Tel. 0165 / 90 38 31
Ruhetag: Montag bis Donnerstag
Betriebsferien: unterschiedlich
20 Plätze
Preise: 28 000 Lire, ohne Wein
Keine Kreditkarten
Reservierung: notwendig

Der Ortsteil Homené-Sainte Marguerite liegt auf einem Hügel, von dem aus man einen herrlichen Blick auf die umliegenden Berge und Täler genießen kann. Sie erreichen »Les écureuils«, wenn Sie in Sarre von der Staatsstraße nach Aosta abbiegen. Die sympathische Familie Gontier bewirtschaftet diesen Bauernhof, zu dem das kleine Gasthaus gehört. Die Verantwortung für Organisation und Küche trägt Glory, Pepe besorgt die Bedienung, Sohn Piero macht den Käse, und Schwiegertochter Sandra bäckt Brot und Kuchen. Die Erzeugnisse der eigenen Landwirtschaft – hervorragender Käse, eingemachte Waldfrüchte, Konfitüren – werden zum Verkauf angeboten und stehen natürlich auch auf dem Speisezettel. Die Küche ist ausgezeichnet und hält sich an die Tradition der Gegend. Je nach Jahreszeit gibt es dann Perlhuhn, Huhn, Truthahn und Kaninchen aus der eigenen Aufzucht, Wildkräuter und Frischgemüse. Das ganze Jahr über können Sie **Speck** und **Sanguinacci**, Würste und Salami mit Kastanien- oder Roggenbrot und Kartoffeln essen. Dann gibt es noch Gemüsesuppen (Minestra mit Bergkräutern, Brennesseln oder wildem Spinat, **Kohl- und Lauchsuppe**), frische Terrinen und Schmorbraten mit Polenta. Im Winter bekommen Sie deftigere Speisen wie **Polenta concia** und Schweinefleisch verschiedener Zubereitung. Sowohl die Flaschen- als auch die offenen Weine kommen ausschließlich aus dem Aostatal. Auf keinen Fall aber dürfen Sie es versäumen, Toma und die hervorragenden Frischkäse zu probieren, die auch mal zwischendurch als Imbiß serviert werden. Wenn Sie vorbestellen, können Sie während der Ski- oder Sommersaison auch unter der Woche bei den Gontiers einkehren.

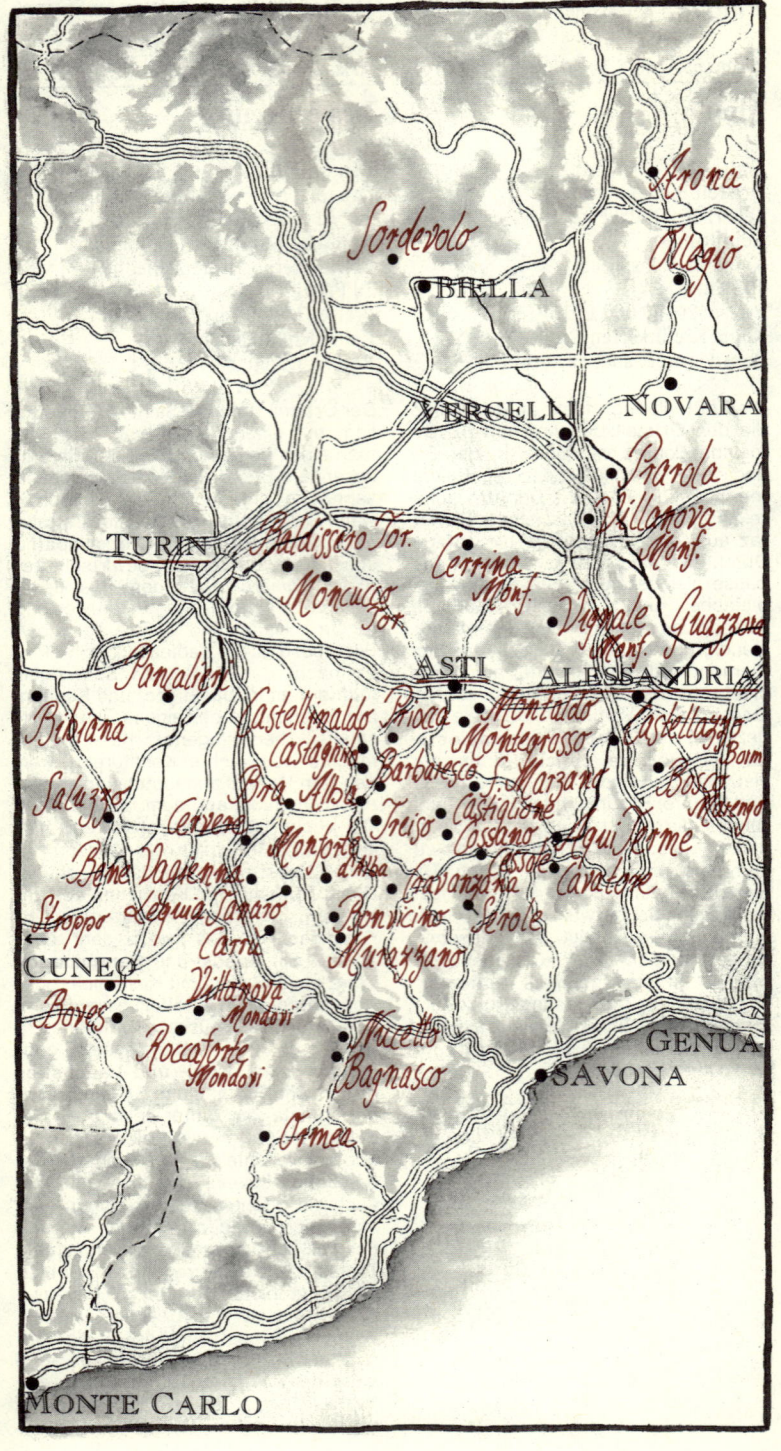

PIEMONT

Sag mir, wo der Schnee blieb, vom vorigen Jahr, wo die Osterie, die so schwarz waren, wie jener weiß? Mit ihren rauchgeschwängerten Gaststuben, ihrem dunklen Holzfußboden, ihren wenigen Möbeln und terpentingeschwärzten Tischen, ihrem strengen Geruch nach Wein und Holzofen? »Tampa« oder »piola« hießen sie. An einige kann ich mich sogar noch erinnern, aber ihr Bild erscheint mir wie eine vergilbte Fotografie.
In Cherasco gab es mehr als eine Osteria. Namen kommen mir wieder in den Sinn. Sie klingen hell und freundlich und ganz anders als die auf den Schildern, die heute an den Gasthäusern hängen. Die Namen von heute haben nichts mehr mit den Dörfern und ihrer Geschichte zu tun. Was haben ein Pub oder eine Spaghetteria in den Langhe zu suchen? Oder ein McDonald's? Ich sage ja schon gar nichts gegen eine Pizzeria, denn die Pizza hat inzwischen selbst die Mönche auf dem Berg Athos erobert. Aber was, bitte, haben Hamburger dort zu suchen, wo die »Carne cruda« am zartesten ist?
Ich schließe lieber die Augen, um nichts mehr sehen zu müssen. Ich habe von den Namen gesprochen. Allein in meinem Dorf gab es »La rosa rossa«, »Il sole«, »Il pesce d'oro«, »L'Italia« und »Il Piave«. In einigen Osterie konnte man sogar Boccia spielen. Wein wurde en gros und en détail abgegeben. An der Hauptstraße steht immer noch in sauberen schwarzen Buchstaben auf weißem Grund: »Hier wird der Wein literweise verkauft«. In Wirklichkeit steht natürlich nur noch die Mauer da, die alte Tür ist verschwunden, und gleich daneben befindet sich ein glänzendes Luxusgeschäft, das sich »Boutique« nennt. Ich weiß nicht mehr, was für eine Boutique, Hauptsache irgendeine Boutique und kein Laden. In meinem Ferienort am Meer steht eine »Boutique del gelato«. Das Eis ist riesengroß und so bunt, als hätte man es in Farbkübel getaucht. Als ich klein war, gab es in meinem Dorf zartes Milchspeiseeis, höchstens mit Schokoladengeschmack, oder lindgrünes Pistazieneis. Es duftete nach Vanille und wurde zwischen zwei runden Waffeln gegessen, die Hostien ähnelten. Wir dachten immer, die Ordensschwestern vom Kindergarten würden sie abzweigen, nachdem sie die Hostien für den Pfarrer gebacken hatten.
In den wenigen Osterie wurde nur Wein getrunken. Rotwein. Die Frauen tranken zu seltenen Gelegenheiten, wie z.B. beim Dorffest oder zur Kirmes, weißen und süßen Moscato di Asti. Mancher Gastwirt hielt noch ein paar ganz besondere Flaschen für seine Frau und weibliche Verwandte von Rang wie die Schwiegermutter oder die Schwägerinnen bereit. In einigen Weingütern in günstiger Lage wurden immer auch ein paar Reihen Tocai angebaut. Die Kinder tranken in der Osteria immer Limonade. In den Flaschen war eine bunte Kugel eingeschlossen. Sie war so groß, daß wir Kinder einfach nicht wußten, wie sie da hineingekommen war.

Mein Großvater nannte diese Kugel aus unerfindlichen Gründen »Fahrrad«. Ich erinnere mich noch gut daran, denn ich mußte mein Fahrrad stundenweise mieten. Ich bekam immer nur alte und verrostete Räder, die mein Großvater spöttisch »Roscof« nannte. Als er mich eines Tages fragte, ob ich ein »Fahrrad« wollte, war ich begeistert. Um so enttäuschter war ich dann, als er mir eine bläuliche Limonadenflasche reichte. Er lachte, als er mein trauriges Gesicht sah. Auf ein eigenes Fahrrad mußte ich warten, bis ich die Schule beendet hatte. Ich war doch kein kleines Kind mehr und schämte mich, auf einem »Roscof« zu fahren.

In einer »Tampa« oder »Piola« spielte man Karten, schrie und fluchte wegen einer verlorenen Partie »Scopa« oder »Briscola«. Wenn man genug getrunken hatte, fing man an zu singen. Wenn am Markttag Freunde zu Gast waren, holte der Wirt seine »Albarella«, ein Vorratsgefäß aus Ton oder Glas, hervor. Darin war der »Bross« (reifer Robiola-Käse) aufbewahrt. Dazu gab es ein paar Laibe Weißbrot. Ich erinnere mich noch gut an den Ekel, der mich beim Anblick der »Gioanin« befiel. Diese weißen Würmchen lugten fröhlich aus dem Käse heraus und waren das sichere Zeichen für den richtigen Reifegrad des »Bross«. Um den Ernst der ganzen Sache zu unterstreichen, wurde zu dieser Mahlzeit, die heute jedem bleichsüchtigen Stadtmenschen wie ein Ziegelstein im Magen liegen würde, eine hausgebrannte Grappa getrunken.

Die wenigen echten »Piole«, die heute noch in den winzigen Dörfern stehen, sind fast schon Antiquitäten. In den Werken einiger Piemonteser Schriftsteller hat die »Piola« überlebt. Es ist dort davon die Rede, daß die Gäste aus vollem Halse singen, und auch ich selbst habe in einem Roman ein Lied zitiert, das ich in meiner Kindheit gehört hatte. Es hieß, glaube ich, »America« und hatte in etwa folgenden Text: »E quando fu in America, sposò un'americana/addio bella italiana non ti vedrò mai più«. Man sang auch »Piemontesina bella«, »Il ponte di Bassano«, »Il testamento del capitano« und »Fischia il vento«. Als man in den Osterie «Fischia il vento« anstimmte, war der Krieg schon vorbei.

In einigen Dörfern der Langhe singen die Partisanen von damals auch heute noch »Fischia il vento« oder »Bella ciao«. Doch aus den Liedern der alten Osterie habe ich schon immer einen klagenden Unterton, den Weltschmerz, den Schmerz von Abschied, Krieg und Leid herausgehört. Vielleicht haben gerade deshalb die ersten politischen Bewegungen, die ersten sozialpolitischen Diskussionen in der Osteria ihren Anfang genommen. Auch in Cherasco gab es eine Osteria, die sich »La lega« nannte und eine Art Nachbarschaftshilfe gründete. Aber die Sozialisten waren laut und tranken viel. Die Bauern dagegen waren mißtrauisch, denn sie kamen ja nur zum Gottesdienst und zum Markt ins Dorf. Mit der ihnen eigenen Schläue verballhornten sie das Wort »Socialisti« sofort zu »Ciucialiter«: »Saufköpfe«.

Gina Lagorio

Acqui Terme

34 km von Alessandria, S. S. 30

Farinata da Gianni

Backstube mit Küche
Via Mazzini, 32
Tel. 01 44 / 5 42 83
Ruhetag: Mi. u. So. vormittag
Betriebsferien: Juli
60 Plätze
Preise: 18-20 000 Lire
Keine Kreditkarten
Reservierung: empfohlen

Schon das Schild draußen weist auf die Spezialität dieses Lokals hin: Farinata ist eine Mehlspeise. Die Bewohner von Acqui begnügen sich allerdings mit dem Namen »Gianni del Torino«. Das Gasthaus ist sicher das älteste in der Stadt und dient schon seit über hundert Jahren den Bauern, die dienstags und freitags zum Markt ziehen, als Einkehr. Hier bekommen sie eine üppige Mahlzeit, zu der sie dann gern ein Gläschen Dolcetto, Barbera oder Cortese trinken. Das Lokal ist einfach, ordentlich und sauber. Geboten werden nur wenige, dafür äußerst bewährte Gerichte. Gianni bedient seine Gäste und bäckt Farinata. Seine Frau Giovanna ist für die Küche verantwortlich. Sie kocht Suppe oder Eintopf mit **Kutteln** und **Stoccafisso alla monferrina**, d.h. mit Petersilie, Knoblauch und Kartoffeln. Die Auswahl ist nicht groß, wie man sieht. Ein großes Plus allerdings sind die ausgesuchten Grundstoffe, wie z. B. kalt gepreßtes Olivenöl, und ein paar Raffinessen, wie z. B. die Prise Rosmarin in der sonst klassischen Farinata aus Kichererbsenmehl. Flaschen- und offene Weine kommen alle aus der Gegend, in der es einige vielversprechende Erzeuger gibt: Servetti di Cassine und Campazzo di Morbello.

Alba

62 km von Cuneo, 29 km von Asti

Osteria dell'arco

Restaurant
Vicolo dell'Arco, 2/B
Tel. 01 73 / 36 39 74
Ruhetag: Sonntag
Keine Betriebsferien
35 Plätze
Preise: 36 000 Lire, ohne Wein
Kreditkarten: alle
Reservierung: empfohlen

Die »Osteria dell'arco« in den Gassen von Alba vereint alle Grundzüge eines typischen Arcigola-Restaurants in sich: Die Einrichtung ist einfach, aber gemütlich, die Atmosphäre sehr familiär; die Kundschaft setzt sich oft aus wahren Weinkennern zusammen, die wissen, daß sie hier zu einem Geschäftsessen gute Weine bekommen können; die Küche hält sich streng an die Traditionen der Gegend und läßt dennoch Raum für die durchdachten und interessanten Varianten des erfahrenen Chefs. Daniele Sandri bietet **Carne cruda** und **Vitello tonnato** an, erfindet daneben aber köstliche **Gemüseaufläufe** mit Butter oder serviert Karden (im Winter) bzw. Spargel (im Frühjahr) mit **Fonduta**. Es geht weiter mit **Tajarin**, die nur mit Eidottern gemacht werden, oder mit Gemüsepürees (aus Kartoffeln, Erbsen und Zucchini) oder auch einem guten Risotto. Ganz traditionell fallen dann wieder der **Stracotto al Barolo** und der **Coniglio all'Arneis** aus, während Lamm mit Thymian, Perlhuhn mit Rosmarin und ausgelöste Ente mit Majoran von der besonnenen Experimentierfreudigkeit des Kochs zeugen. Die Mahlzeit schließt mit einem **Bonet** oder einer **Panna cotta** oder auch mit Bayerischer Creme mit Obst und den leichten, knusprigen Apfelküchlein. Firmino Buttignol und Massimo Odello führen ins Reich der Piemonteser Weine. Ihre langjährige Tätigkeit für die Arcigola ist die beste Garantie für ihre Fachkenntnis. Zur entsprechenden Jahreszeit werden alle Speisen mit Pilzen und Trüffeln serviert. Während der Albeser Trüffelmesse ist das Lokal immer geöffnet.

Alessandria

10 km von der Stadtmitte

Cesare

Trattoria
Via Franchini, 15 – Lobbi
Tel. 01 31 / 69 11 83
Ruhetag: Montag
Betriebsferien: im Juli und August
80 Plätze
Preise: 25–30 000 Lire
Keine Kreditkarten
Reservierung: empfohlen

Das »Ristorante Cesare« ist eigentlich besser bekannt unter dem Namen »Trattoria delle Fonti di Lobbi« (Trattoria bei den Lobbiquellen), da sich in seiner Nähe Schwefelquellen befanden. Die Bootsanlegestelle am Fluß Tanaro gibt es heute auch nicht mehr. Ihr verdankt das Lokal hauptsächlich seinen Ruf, der in der Fraschettaebene dennoch erhalten blieb. Reisegruppen und Familien bekommen in dieser erholsamen Einkehr mitten im Grünen traditionelle und bodenständige Gerichte. 1920 eröffnete Großvater Cesare seine Trattoria. Heute betreiben sie Giovanna und Antonella Simonetta. Die Mamma hilft den beiden bei der Zubereitung der schmackhaften Hausmannskost. Besonders zu erwähnen sind die **Agnolotti mit geschmortem Fleisch**, die typisch für die Ebene um Alessandria sind.

Arona

40 km von Novara, S. S. 33

Campagna

Trattoria
Via Vergante, 12 – Campagna
Tel. 03 22 / 5 72 94
Ruhetag: Montag
Betriebsferien: unterschiedlich
40 Plätze
Preise: 35 000 Lire, ohne Wein
Kreditkarten: Diners, Visa
Reservierung: empfohlen

Wenn Sie einen Tag am Lago Maggiore verbringen wollen, sollten Sie sich diese Adresse merken. Das »Campagna« liegt in der Nähe der Statue des hl. Karl Borromäus oberhalb von Arona inmitten von schattigen Wäldern. Der kleine Garten, der von einer Lorbeerhecke umgeben ist und in dem man im Sommer auch essen kann, verrät Sorgfalt und Liebe zum Detail. Die beiden Speiseräume sind klein, hell und freundlich. Die bestickten Vorhänge an den Fenstern, die rosafarbene Tischwäsche und das weiße Keramikgeschirr verleihen dem Lokal einen Hauch von Eleganz. Drei junge Leute, Raffaele Bergamonti, sein Bruder Paolo und seine Freundin Loredana, betreiben das »Campagna«. Die Speisen sind mit großer Sorgfalt zubereitet. Raffaele kocht nach traditionellen Rezepten. Seine Erfahrung als Koch in bekannten Restaurants der Gegend läßt auch eine modernere Umsetzung der alten Gerichte zu. Das Menü wechselt fast täglich. Sie können zwischen zwei Antipasti, zwei Primi, zwei Secondi und zwei Desserts wählen. Wir erinnern uns gern an das Huhn in Bagna freida, an die ausgezeichneten Wurstwaren, an die handgemachten **Tagliolini ai funghi porcini**, an Schmorbraten und Braten. Als Dessert reicht man Ihnen hervorragenden **Toma**, **Bonet** oder **Panna cotta**. Die Weinkarte ist klug zusammengestellt. Die Spirituosen sind gut. Unter der Woche nur abends geöffnet, an Sonn- und Feiertagen auch mittags.

Asti

5 km von der Stadtmitte

Fratelli Rovero

Bauernhof
Ortsteil Valdonata – San Marzanotto
Tel. 01 41 / 5 01 02
Ruhetag: Montag
Betriebsferien: Juli und August
80 Plätze
Preise: 28 000 Lire
Keine Kreditkarten
Reservierung: notwendig

Weinbau, Branntweindestillation, Urlaub auf dem Bauernhof – die Familie Rovero macht alles. Zusammen mit dem Familienoberhaupt, dem Vater, der immer noch die Felder bestellt, arbeiten drei Brüder auf dem Hof: Claudio und Michelino kümmern sich um den Weinbau, Franco ist ein wahrer Meister der Destillation. Rosannas und Silvias Wirkungskreis ist die Küche. Die Roveros kochen streng nach alten Piemonteser Rezepten. Die Grundstoffe kommen meist vom eigenen Hof. So richtet sich die Speisekarte nach dem Angebot der jeweiligen Jahreszeit. Da findet man dann als Vorspeisen **Gemüseaufläufe**, **Omelettes**, **Capricciosa monferrina** oder Wurstwaren mit knusprigen Käsegonfiotti. Es folgen **Agnolotti**, **Tajarin**, Risotto und Minestrone. Als Fleischgerichte gibt es dann Huhn, Kaninchen und **Brasato**. Die Desserts **(Bonet, Panna cotta)** und Kuchen sind üppig und gut. Zum Essen trinkt man wohlschmeckenden Barbera oder Grignolino aus dem eigenen Weinkeller. Den Abschluß bilden dann die wunderbaren Grappe des »Zauberers Milin«, wie Michelino auch genannt wird: ganze neun Sorten »monovitigno« (d.h. Grappa aus nur einer Rebsorte) sowie zwei Sorten lange gelagerter Grappa und die sehr feine Aquaviva, ein sehr seltener Schnaps aus Moskatellertrauben. Zu guter Letzt entspricht die Rechnung dem Angebot. Denken Sie dabei auch an die wunderschöne Umgebung: der geschmackvoll restaurierte Bauernhof liegt inmitten von Weinbergen. Kehren Sie möglichst in großen Gruppen dort ein: manchmal hängt es davon ab, ob Sie einen Tisch bekommen.

Asti

6 km von der Stadtmitte

Trattoria del bricco

Trattoria
Ortsteil Quarto Superiore, 50
Tel. 01 41 / 29 31 18
Ruhetag: Montag
Betriebsferien: im Juli und Januar
30 Plätze
Preise: 30-35 000 Lire, ohne Wein
Keine Kreditkarten
Reservierung: notwendig

Hier bekommt man beste Piemonteser Küche. Die hausgemachten Teigwaren (Gnocchi, Agnolotti und im Frühjahr Ravioli di magro) sind ausgezeichnet. Schlichtweg einmalig sind die **Tajarin mit einem Sugo aus Kaninchenleber**. Als Vorspeisen gibt es unter anderem geschmorte Paprikaschoten, Vitello tonnato und schmackhafte Omelettes, die frisch zubereitet werden. Als Hauptgerichte sind zu nennen: **Brasato**, **Sacocia** (gefüllte Kalbstasche), Kaninchen in Barbaresco-Sauce, Wild in Civet. Ein wahrer Hochgenuß ist der **Fritto misto**, der hier je nach Jahreszeit noch durch Schnecken, Frösche, Wachteln, Pilze oder Auberginen bereichert wird. Im Herbst gibt es **Trüffeln** und schmackhafte, bodenständige Gerichte wie **Pasta e ceci** mit Schweinekoteletts, **Minestra di trippa** und **Pasta e fagioli**. Zum Nachtisch werden **Bonet**, Panna cotta und Obstkuchen gereicht. Falls Ihnen die reinen Gaumenfreuden noch nicht genügen sollten, wird Ihnen Signor Nino, der rührige Besitzer, über die Zutaten der einzelnen Gerichte gerne erschöpfend Auskunft geben und Ihnen stets versichern, »daß alles hausgemacht ist«. Trinken Sie zum Essen einen Flaschenwein aus Asti oder Alba, der dem derben Hauswein vorzuziehen ist. Die einfache Einrichtung dieser kleinen Trattoria stammt noch aus der Zeit, als die Leute hier Karten spielten und jede Menge Wein tranken. Nino Rossi hat das Lokal vor vier Jahren übernommen und mit Umsicht in ein angenehmes Speiselokal verwandelt. Dienstags und mittwochs kocht Ninos Frau Maria auf Vorbestellung auch Fisch, so als ob sie das Meer, von dem alle Bewohner des Monferrato träumen, ein wenig näher bringen wollte.

Bagnasco

59 km von Cuneo, S. S. 28

Vittorio

Trattoria
Via Nazionale, 48
Tel. 01 74 / 7 60 25
Ruhetag: Donnerstag
Betriebsferien: unterschiedlich
60 Plätze
Preise: 25 000 Lire
Keine Kreditkarten
Reservierung: empfohlen

Als Junge hatte Michele nicht die geringste Lust, der hundertjährigen Familientradition der Contes zu folgen, die alle Hotel- und Restaurantbesitzer waren. Doch als er eines Tages völlig unerwartet mit seiner Mutter alleine dastand, hat er die Ärmel hochgekrempelt und den Familienberuf ergriffen. Die Geschicke des Restaurants (das unverständlicherweise im Guide Michelin nicht mehr aufgeführt wird) liegen in den erfahrenen Händen von Mamma Vincenzina. Sie ist es, die unermüdlich einfache, aber vorzügliche Vorspeisen zubereitet. Ihre **Tagliatelle** und **Gnocchi** sind bei den Stammgästen besonders beliebt. Ihr **Kaninchenbraten**, um nur eine der Spezialitäten zu nennen, ist unvergleichlich. Auf Vorbestellung bekommen Sie auch **Fritto Misto**. Mittwochs ist im Nachbarort Markttag, und so gibt es im »Vittorio« nach alter Tradition den **Bellito misto**. Unterstützt wird sie von Michele, der die Trattoria führt, und seiner Frau Luciana. Im »Vittorio« essen Fernfahrer auf der Durchreise, Stammgäste und viele andere Reisende. Sie alle schaffen diese lebhafte und familiäre Atmosphäre einer alten Osteria, wo die Bedienung freundlich und flink ist. Beständigkeit ist wohl das Hauptmerkmal dieses guten Lokals: die Gerichte sind wohltuend frisch und einfach und von stets gleichbleibender Qualität. Beim Wein ist man vor Überraschungen sicher: es gibt eine kleine Auswahl piemontesischer Weine, man kann sich aber auch auf den von Michele ausgesuchten Dolcetto verlassen. Die Preise scheinen aus einer anderen Zeit zu stammen. Das könnte man auch von der Einrichtung behaupten, aber sie ist immer dieselbe geblieben!

Baldissero Torinese

12 km östlich von Turin

La Torinese

Restaurant
Via Torino, 42
Tel. 0 11 / 9 46 00 25
Ruhetag: Dienstag und Mittwoch
Betriebsferien: August
150 Plätze
Preise: 35–45 000 Lire, ohne Wein
Kreditkarten: Visa
Reservierung: empfohlen

Im Rivodora-Tal leuchten saftig grüne Wiesen, schöne Bauernhöfe schmücken die Landschaft. Die Straße nach Baldissero folgt einem kurvenreichen Flußlauf. Schließlich tauchen ein paar Häuser auf, die sich um einen Pfarrhof gruppieren. In das Restaurant gelangt man durch ein großes Tor, an das auch die Küche grenzt. Zur entsprechenden Jahreszeit sehen Sie dort riesige Tabletts stehen, auf denen sich Pilze oder Erdbeeren türmen. Das Lokal wurde 1954 eröffnet und war als das »Ristorante delle tre sorelle« bekannt. Man speiste in einem kleinen Raum im Erdgeschoß. Heute bieten die beiden jüngeren Schwestern Carla und Maria Pilone zusammen mit ihren Ehemännern Daniele Stocco und Franco Trivero Piemonteser Kost an. Der **Fritto misto alla piemontese** ist allein schon einen Ausflug nach Baldissero wert. Damit Sie ihn in seiner ganzen Vielfalt genießen können, sollten Sie sich außer dem Fritto misto lediglich eine **Panna cotta** oder einen **Bonet** zum Nachtisch bestellen. Im Frühjahr und Sommer sollten Sie die kleinen Erdbeeren aus der Gegend mit einem Schuß Cari, einem seltenen Dessertwein aus den Turiner Hügeln, probieren. Im Winter bekommen Sie ausgezeichnete warme Vorspeisen. Von den Primi empfehlen wir Ihnen **Agnolotti**, **Tajarin**, Spargelcremesuppe und die »Zuppa la Paola«, eine Neuschöpfung der tüchtigen Köchin Paola Fenoglio. Die **Medaillons mit Pilzen** schmecken ausgezeichnet. Die Auswahl an Piemonteser Weinen ist gut. Besonderes Augenmerk richten die Wirtsleute auf Weine aus der unmittelbaren Umgebung: Freisa, Grignolino, Barbera sowie Bonarda, Nebbiolo und Arneis. Lassen Sie sich als Andenken eine Flasche Cari mitgeben. Montags und donnerstags nur abends geöffnet.

Barbaresco

72 km von Cuneo, 4 km nordöstl. von Alba

Pertinace

Trattoria
Ortsteil Pertinace
Tel. 01 73 / 3 00 00
Ruhetag: Montag
Betriebsferien: unterschiedlich
45 Plätze
Preise: 25-30 000 Lire, ohne Wein
Keine Kreditkarten
Reservierung: notwendig

Wenn Sie wissen wollen, wie ein Bilderbuchkoch aussieht, dann fragen Sie am besten nach dem Koch des »Pertinace«: seine sympathische Leibesfülle zeigt er gerne. Und kochen kann er auch! Da sind die leichten und knusprigen **Tajarin** oder die **Agnolotti dal plin**, beides Spezialitäten dieser Gegend. Bruno Antonio Settimo versteht diese einfache und schlichte Trattoria gut zu führen. Neben den schon erwähnten Teigwaren gibt es noch einige weitere Vorspeisen: **Carne cruda**, gehackt und als Salat oder auf Albeser Art, einen ausgezeichneten Russischen Salat, der von den üblichen Fertigsalaten aus dem Feinkostgeschäft Lichtjahre entfernt ist, Vitello tonnato, **Paprikaschoten in bagna caoda** im Winter und in »bagna finta«, d.h. mit Thunfisch, Kapern und Sardellen, im Sommer. Bei den Fleischgerichten stehen Kaninchenbraten mit Brandysauce, **Brasato al Barbaresco**, Wildschwein und Schweinebraten in Milch auf der Speisekarte. **Panna cotta**, Bonet und Obstkuchen sind die üblichen Desserts. Wenn Sie zur Trüffelzeit hier einkehren sollten, können Sie ruhig Ihre mitgebrachten Trüffeln verzehren. Bruno hat sicher nichts dagegen. Es gibt nur wenige, aber dafür sehr passend ausgewählte Weine. Von den Weißweinen ist der Arneis Roero Doc zu empfehlen; bei den Rotweinen gibt es fast keine andere Wahl als den Dolcetto dei Vignaioli di Pertinace, der angenehm im Geschmack ist. Der etwas eigenartige Name dieser Ortschaft (»pertinace« bedeutet soviel wie »hartnäckig«) geht auf Elvio den Hartnäckigen zurück, der aus diesem Ort stammen soll und kurze Zeit römischer Kaiser war. Die Trattoria ist nur abends geöffnet, sonntags auch über Mittag.

Barbaresco

12 km nordöstl. von Alba, 72 km von Cuneo

Antica Torre

Trattoria
Via Torino, 8
Tel. 01 73 / 63 51 70
Ruhetag: Mittwoch
Betriebsferien: 15.7.-7.8.
120 Plätze
Preise: 35 000 Lire, ohne Wein
Keine Kreditkarten
Reservierung: empfohlen

Vor etwa einem Jahr siedelte Giacinto Albarello von seiner malerischen Osteria unter der Tanaro-Brücke in das »Antica Torre« über. Leider ist am »Antica Torre« nur noch der Name alt. Der Charme des alten Gebäudes fiel eines Tages den radikalen Umbaumaßnahmen eines wenig phantasiebegabten Architekten zum Opfer, so daß das Lokal heute recht anonym wirkt. Das Speisenangebot ist dagegen ganz und gar nicht anonym. Signora Teresa und ihre Tochter Stefania kochen traditionelle Kost: gute **Carne cruda, Paprikaschoten in Bagna caoda**, herrlich zarten **Vitello tonnato**, ausgezeichneten Russischen Salat sowie hervorragende Nudelgerichte wie **Tajarin** und **Agnolotti dal plin**. Der Tradition der Gegend entsprechen auch die Secondi: **Brasato** in Barbaresco, **Lammbraten**, Kaninchenrouladen, **Pollo alla cacciatora** und (auf Vorbestellung) **Bollito** und **Fritto misto**. Wenn Sie vorbestellen, wird Ihnen Cinto persönlich zur entsprechenden Jahreszeit seltene Bauerngerichte aus den Langhe zubereiten. Probieren Sie die **Lasagne al sangue** (mit Schweineblut überbacken) und »Orion« oder weitgehend unbekannte Suppen mit Namen wie »Ris coi e por«. Von April bis September bezieht Cinto ausgezeichneten Toma von befreundeten Käsereien. Die Desserts, Bonet, Panna cotta und Zuppa inglese, sind in Ordnung. Cintos ältester Sohn Maurizio ist für den Weinkeller zuständig. Erst vor kurzem stellte er eine Weinkarte von beeindruckendem Umfang zusammen. Sie finden dort, wie könnte es anders sein, vor allem Barbaresco sowie eine schöne Auswahl der besten Weine aus der Umgebung.

Bene Vagienna

35 km von Cuneo, 4 km von der Ausfahrt Fossano

La Trifula

Circolo Arci
Ortsteil Prà, 9
Tel. 0172 / 65 49 55
Ruhetag: Montag
Betriebsferien: unterschiedlich
50 Plätze
Preise: 35-40 000 Lire
Keine Kreditkarten
Reservierung: notwendig

Auf der Straße von Bene Vagienna nach Lequio Tanaro liegt mitten im Grünen und nur wenige Kilometer vom römischen Amphitheater entfernt der Circolo Arci. Eine Schotterstraße führt schließlich zu einem Gutshof aus dem 16. oder 17. Jahrhundert. Durch den ehemaligen Stall, in dem jetzt unzählige Weinflaschen lagern, gelangt man in das Herrschaftshaus. Der Speisesaal besitzt eine wunderschöne Gewölbedecke. In den Wintermonaten brennt ständig ein Feuer im Kamin. Hier ist das Reich von Gian Piero Audisio. Seine Mutter Palmira hütet die Rezepte der Gegend wie einen Schatz. Die Antipasti bestehen meist aus frischen Saisongemüsen. Man ißt gebratenen Porree, Kressesalat mit Trüffeln, **Soma d'aj** mit Dolcettotrauben. Man bekommt ebenfalls »erbera«, wie hier die Kutteln mit Pfeffer und Öl genannt werden, **Carne cruda**, Murazzanokäse mit schwarzen Trüffeln und hausgemachte Wurstwaren. Als Primo empfehlen wir die **Agnolotti di verdura** (mit Porree, Kürbisblüten, wildem Hopfen oder Mohn), die Tagliatelle mit Maizwiebeln, **Risotto mit Porree**, **Kartoffelgnocchi** mit Bergkräutern. Als Secondo wird Fleisch aus eigener Mast gereicht: **Pollo alla cacciatora**, gebratene Ente, Kaninchen und **Lammbraten**. Abschließend seien noch die Desserts erwähnt. Die **Haselnußtorte** ist ein wahres Meisterwerk, die **Copeta** ist eine Süßspeise aus alter Zeit, die nur noch in der Gegend um Mondovì gegessen wird, der **Bonet** ist gut. Man trinkt nur Weine aus Piemont. Als Hauswein wird Dolcetto ausgeschenkt.

Bibiana

47 km von Turin, S. S. 589

Il frutto permesso

Bauernhof
Via del Verné, 16
Tel. 0121 / 5 53 83
Ruhetag: Montag bis Donnerstag
Betriebsferien: Juli bis September
60 Plätze
Preise: 20-25 000 Lire
Keine Kreditkarten
Reservierung: notwendig

Der Name (»Die erlaubte Frucht«) der Trattoria kommt einer Absichtserklärung gleich. Hier wird nämlich ökologischer Landbau betrieben, der große Opferbereitschaft erfordert, aber auch Dickköpfigkeit und Stolz, wie sie eben nur Bauern eigen sind. Mittlerweile ist der Betrieb einer der wichtigsten und bekanntesten in der ganzen Gegend. Im Herbst 1987 beschloß die Genossenschaft, die eigenen Erzeugnisse auch in einem Restaurant anzubieten. Bei der Lektüre der Speisekarte wird der Gast sofort daran erinnert, daß er sich auf einem Bauernhof befindet: das Angebot entstammt meist der eigenen Herstellung und wird »ausschließlich auf natürliche Weise verarbeitet«. Das bedeutet jedoch keineswegs, daß man auf klassische bäuerliche Speisen verzichten müßte. Beweis dafür sind: **Supa mitonà** mit trockenem Brot, Fleischbrühe, Tomaten und Hackfleisch, **Gnocchi mit Gewürzkräutern**, **Pollo alla cacciatora** und Coniglio alla campagnola oder die klassische **Finanziera** mit Innereien von Huhn und Kalb, Leber und sauer eingelegtem Gemüse. Dazu wird Weiß- oder Vollkornbrot aus dem eigenen Holzofen serviert. Jeden Freitag abend bildet eine andere Spezialität der Gegend den Grundstock für das Menü: **Polenta** mit verschiedenen Beilagen und Saucen, Kalbfleisch auf Piemonteser Art mit Gesottenem oder eine rein vegetarische Mahlzeit, zu der im Winter **Bagna caoda** gereicht wird. Die offenen Weißweine (z.B. Erbaluce di Caluso) kann man ruhig trinken. Bei den Rotweinen empfiehlt es sich, auf die wenigen Flaschenweine zurückzugreifen. Leider nur Freitag- und Samstagabend sowie Sonntagmittag geöffnet.

Bonvicino

57 km nordöstl. von Cuneo

La tana dell'orso

Restaurant
Ortsteil Lovera, 10
Tel. 01 73 / 79 13 41
Ruhetag: Montag
Betriebsferien: unterschiedlich
60 Plätze
Preise: 25-30 000 Lire
Keine Kreditkarten
Reservierung: empfohlen

Lovera besteht aus ein paar vereinzelten Häusern auf einem Hügel. Von hier hat man einen unvergleichlichen Blick über die Langhe. Unser Restaurant ist in einem komplett renovierten Gebäude untergebracht. Vom Speisesaal des Restaurants hat man einen schönen Blick auf die umliegenden Hügel. An den Tischen sitzen die wenigen alten Männer, die noch im Dorf geblieben sind, und spielen Karten. Giuliano Pozzo ist ein erfahrener Wirt (er hat jahrelang das Lokal am Dorfplatz geführt) und unterhält sich gern mit seinen Gästen. Dabei berät er sie bei der Wahl der Speisen oder beim Einkauf von Spezialitäten aus der Gegend. Giulianos Frau Maria kocht mit viel Gespür die typischen Gerichte der Langhe. Wir empfehlen aufs wärmste ihr **Vitello tonnato**, die **Zunge in Sauce**, die **Paprikaschoten in Bagna caoda** und ihre Tagliatelle. Marias Erfahrung zeigt sich in den **Agnolotti dal plin**: der Teig ist knusprig, die Füllung mit viel Gemüse recht ausgewogen; so schreiben es die überlieferten Rezepte auch für Festtagsessen vor. Am besten ißt man die Agnolotti mit etwas zerlassener Butter und Salbei. Dann gibt es **Wildschweinbraten**. Marco (so nennen Freunde den Wirt) erzählt uns, es handele sich um Wild aus der Gegend, das man einige Monate einfriert, damit es besonders zart wird. Im Winter wird dazu Polenta serviert. Zu guter Letzt sei noch der **Fritto misto** auf Piemonteser Art erwähnt; den müssen Sie allerdings vorbestellen. Lassen Sie beim Essen auf alle Fälle noch ein bißchen Platz für den Murazzanokäse. Das Weinangebot ist nicht besonders umfangreich, aber ausgewogen. Erwartungsgemäß bekommen Sie hier Dolcetto di Dogliani.

Bosco Marengo

16 km südl. von Alessandria

Lombardi

Trattoria
Via Tortona, 23 - Pollastra
Tel. 01 31 / 75 81 90
Ruhetag: Samstag
Betriebsferien: unterschiedlich
50 Plätze
Preise: 20-25 000 Lire
Keine Kreditkarten
Reservierung: sonntags notwendig

Am Eingang der kleinen Ortschaft Pollastra, an der Staatsstraße nach Novi Ligure, steht ein eher unscheinbares Gebäude. Ein Schild draußen weist auf die Trattoria hin. Hier bekommt man Hausmannskost, die traditionsgemäß schlicht und bäuerlich ist. Das Lokal hat zwei Gastzimmer, die nüchtern und nicht so pseudo-rustikal eingerichtet sind. Der Wirt erklärt uns, daß das Gasthaus auf eine lange Tradition zurückblicken kann: seit rund dreihundert Jahren ist es im Besitz der Familie Lombardi.
Die Mahlzeit beginnt mit verschiedenen Wurstwaren: die ausgezeichnete Salami wird hier in der Gegend hergestellt und ist schön abgehangen. Dann gibt es Lasagne al forno oder Spaghetti mit Sugo oder auch Minestrone »aus frischen Zutaten«, wie uns Signora Angela eigens versicherte. Die Auswahl an Hauptgerichten ist groß: Brasato, Braten, **Bollito con bagnet**, Pollo alla rustica. Frischer Obstsalat schließt die Mahlzeit ab. Das Speisenangebot wechselt täglich. Die Spezialität des Hauses ist **»Stoccafisso in umido«**, der wie der **Baccalà dorato al pomodoro** jeden Freitag auf der Speisekarte steht. Aber da gibt es noch andere typische Kost: **Trippa** (nur mittwochs) oder **Rabatòn**, d.h. Ricotta-gnocchi mit Kräutern aus der Gegend oder **Agnolotti** mit einer Füllung aus geschmortem Fleisch. Im Herbst gibt es etwas Besonderes für die Liebhaber ganz alter Gerichte: **Pollo alla Marengo**, das sonst nirgendwo mehr angeboten wird. Man trinkt die Hausweine Cortese, Chiaretto, Barbera und Dolcetto. Nur mittags geöffnet.

Boves

9 km südl. von Cuneo

Degli amici

Osteria
Ortsteil Rivoira
Tel. 01 71 / 38 87 81
Ruhetag: Dienstag
Keine Betriebsferien
25 Plätze
Preise: 15-20 000 Lire
Keine Kreditkarten
Reservierung: empfohlen

Die Osteria stirbt nicht aus, solange der Nachwuchs der Wirtsleute eines Tages mit Begeisterung das Lokal der Eltern selbst übernimmt. Enza und Giorgio Baudino bewirtschaften nun den alten Familienbetrieb, auf dem sie als Kinder auch schon immer mitgeholfen haben. Die Osteria liegt auf dem Land; hier kann man schon die frische Luft der nahen Berge spüren. Draußen vor dem Lokal befindet sich eine Bocciabahn, drinnen stehen die typischen großen Holztische, an denen getrunken und Karten gespielt wird. Alles, was zu einer ordentlichen Brotzeit gehört, ist immer vorrätig: Wurstwaren, **Omelettes**, **Sardellen in grüner Sauce**. Von den Käsespezialitäten sollten Sie die frischen Tomini von den Bauernhöfen der Umgebung probieren. Man weiß danach nur nicht, ob die reichhaltigen Leckerbissen ein Vorgeschmack auf das Abendessen sein sollen oder jenes bereits ersetzen. Auf Vorbestellung kocht Ihnen Mamma Baudino auch gerne ihre typische Hausmannskost: **Brasato**, Kaninchenbraten, Huhn oder ein paar **Agnolotti**. Um einen **Fritto misto** zu bekommen, müssen Sie sich allerdings vor ihr auf die Knie werfen. Dieses Gericht ist sehr aufwendig in der Zubereitung und umständlich zu servieren. Es wird deshalb nurmehr selten in Gasthäusern oder gar daheim gemacht. Im »Degli Amici« werden die unzähligen Gänge eines Fritto misto mit Herzlichkeit aufgetragen. Nicht zuletzt deshalb – und wegen der überraschend niedrigen Preise – kommt man gerne in dieses Lokal, wohin an Sonntagen ganze Gruppen zum Essen gehen. Dolcetto und Barbera aus eigener Herstellung sind annehmbar. Eine vollständige Mahlzeit müssen Sie grundsätzlich vorbestellen. Ein kleiner Imbiß ist auch ohne Voranmeldung zu haben.

Bra

45 km von Cuneo, S. S. 231, 48 km von Turin

Boccondivino

Circolo Arcigola
Via Mendicità Istruita, 14
Tel. 01 72 / 42 56 74
Ruhetag: Sonntag
Keine Betriebsferien
60 Plätze
Preise: 30-35 000 Lire, ohne Wein
Keine Kreditkarten
Reservierung: empfohlen

Gleich neben dem Hauptsitz der Arcigola in Bra befindet sich das »Boccondivino«. Das sollten alle ausprobieren, die sonst gern die Nase rümpfen, wenn sie beim Circolo Arci essen sollen. Die neuen Gäste sind natürlich erst einmal verwirrt, wenn Claudio Di Feo freundlich, aber bestimmt den Mitgliedsausweis verlangt, bevor auch sie zur Galerie, die den Innenhof umgibt, hinaufsteigen und das vielzitierte »Boccondivino« betreten dürfen. Manch einer zögert und verdrängt vielleicht eine jahrelange Abneigung gegen die Arci, manch einer weigert sich. Doch die meisten werden Mitglied. Sind sie dann einmal dagewesen, werden sie sofort zu begeisterten Stammgästen. Die Gäste sitzen mit glühenden Backen da, das Personal ist unkompliziert, versteht aber viel vom Wein und vom Service, die inzwischen legendäre Köchin Maria Pagliasso überwacht von ihrem Beobachtungsposten vor der Küche aus aufmerksam das Geschehen im Speisesaal, das gute Essen und Trinken – kurzum, auch Sie werden sich anstecken lassen! An diesem gastlichen, familiären und gleichzeitig gepflegten Ort bekommt man unverfälschte Gerichte aus der Gegend: ausgezeichnete **Tajarin**, **Polenta** und **Minestra di trippa** (vorbestellen!), **Spinatpudding mit zerlassenem Käse**, **Kartoffelgratin mit Bagna caoda** (im Winter), Gallina tonnata und zur entsprechenden Jahreszeit **Trüffeln**. Dann gibt es köstliches **Huhn in Essigbutter**, Kaninchen in Barolo, gesottenes Kalbfleisch auf Piemonteser Art und schließlich **Panna cotta**, **Bonet** oder handgerührten **Zabaglione aus Muskatellerwein**. Zu den klassischen Spezialitäten der Signora Maria suchen Sie sich am besten etwas aus der überwältigenden Weinkarte aus. Sie wird nach den Weinproben in der benachbarten Arcigola ständig erweitert.

Carrù

31 km von Cuneo, S. S. 22

Moderno

Restaurant
Via Misericordia, 12
Tel. 01 73 / 7 54 93
Ruhetag: Mo. abend und Dienstag
Betriebsferien: August
80 Plätze
Preise: 30 000 Lire, ohne Wein
Keine Kreditkarten
Reservierung: empfohlen

Wenn Sie den berühmten Viehmarkt von Carrù kennenlernen wollen, müssen Sie im Dezember hierher kommen. Schon bei Tagesanbruch verhandeln die Bauern über die Prachtexemplare aus Piemont. Ein bißchen von der Stimmung dieser traditionsreichen Märkte spüren Sie auch noch beim Verzehr eines üppigen und dampfenden **Bollito misto** im »Moderno«. Signora Antonietta und ihre Tochter Renata stellen diese reichhaltige Mahlzeit aus fünf verschiedenen Fleischstücken zusammen: Scaramella, Kopf, Zunge, Füße und Cotechino vom Schwein. Auf Wunsch bekommen Sie auch noch den Schwanz und ein Suppenhuhn dazu. Im Dezember nimmt man Fleisch vom Mastochsen, in der übrigen Zeit behilft man sich mit kernigem Kalbfleisch. Die Saucen verdienen besondere Erwähnung: neben dem klassischen roten und grünen **Bagnet** gibt es so Ausgefallenes wie Meerettich- oder Honigsauce und die Cognà aus Traubenmost. Wer ein herkömmliches Menü mit mehreren Gängen bevorzugt, sollte die Tagliatelle mit Nebbiolo und – je nach Jahreszeit – Steinpilzsauce oder **grüne Agnolotti** mit zerlassenem Käse probieren. Sie können auch die ausgezeichneten frischen Vorspeisen aus der Gegend, wie z.B. geräuchertes Ochsenfleisch aus Carrù essen. **Carne cruda all'albese** ist ein Genuß, der nur noch durch Trüffelraspel gesteigert werden kann. Auf Vorbestellung bekommen Sie **Fritto misto**. Die hausgemachten Desserts sind hervorragend: Flan, **Zabaglione**, gefüllte Pfirsiche und Haselnußkuchen. Auf der Weinkarte des zuvorkommenden Bruno Filippi finden Sie Spitzenerzeugnisse aus den Langhe und ganz Piemont. Hier noch ein kleiner Hinweis: kommen Sie abends nicht zu spät. Ein guter Bollito braucht seine Zeit, und das Restaurant schließt relativ früh.

Castagnito

61 km von Cuneo, 11 km von Alba

La cantinetta

Restaurant
Via Roma, 24
Tel. 01 73 / 21 33 88
Ruhetag: Mo. abend und Dienstag
Betriebsferien: je 10 Tage im Juli und
50 Plätze   [Januar
Preise: 30-35 000 Lire, ohne Wein
Kreditkarten: CartaSi, Visa
Reservierung: empfohlen

Das Restaurant wurde von den jetzigen Pächtern modernisiert, hat aber nichts von seiner angenehm warmen Atmosphäre verloren. Die modernen Bilder an den Wänden passen gut zu den Stilmöbeln. Die Tischwäsche ist blütenweiß, das Geschirr von schlichter Eleganz. Die Weinkarte bietet eine gute Übersicht über Langa- und Roeroweine. Auf der Speisekarte finden Sie für gewöhnlich auch einen Menüvorschlag. Die zahlreichen Vorspeisen reichen von **Vitello tonnato**, Ententerrine, Auberginentörtchen, Kapaunröllchen mit »Bagnet verde« bis zu Pasteten und Geflügelsalat. Seit neuestem bekommt man auch die **Tartrà**, die hier mit einer Sauce aus Paprikaschoten serviert wird. Der nächste Gang ist ebenfalls reichhaltig und schmackhaft. Grundstoffe aus der Gegend werden zu so traditionellen Gerichten wie **Agnolotti dal plin** oder zu Neuschöpfungen wie Reis mit Toma oder **Gnocchi al Castelmagno** verarbeitet. Beim Fleisch gibt es Kräftiges wie die **Ente in Barolo** oder für die Liebhaber leichter Speisen **Brasato all'Arneis**. Auf Vorbestellung bekommen Sie **Fritto misto** und im Herbst Trüffeln. Süßspeisen wie **Bonet**, Bayerische Creme und Tiramisù runden das Essen ab. Trinken Sie dazu auch ein Glas des guten Muskatellerweins. Maurilio Chiappetto kümmert sich rührend um die Gäste, während sein Bruder Paolo und die tüchtige Signora Enrica in der Küche zugange sind.

Castellazzo Bormida

11 km von Alessandria, S. S. 30

Lo spiedo

Trattoria
Via Acqui, 25
Tel. 01 31 / 72 81 84
Ruhetag: Montag
Betriebsferien: August
50 Plätze
Preise: 20–25 000 Lire, ohne Wein
Keine Kreditkarten
Reservierung: empfohlen

Vor dreißig Jahren war »Lo spiedo« nicht mehr als eine Hütte am Bormida. Damals war der Fluß noch sauber, inzwischen hat er aufgrund seiner starken Verschmutzung traurige Berühmtheit erlangt. Jetzt fließt das Gewässer hinter Ufergestrüpp und Sträuchern versteckt dahin, aus der ehemaligen Hütte ist eine einfache, aber einladende Trattoria geworden. Im Sommer ist es hier angenehm kühl. Der Name (»Der Spieß«) besagt schon, daß es hier vor allem Gegrilltes gibt, das auf einem großen eingemauerten Rost zubereitet wird. Vor allem das **Kaninchen** ist zu empfehlen. Hausmannskost schmeckt man bei den **Agnolotti**, **Gnocchi** und **Risotti**, während die Vorspeisen (die mit Gemüse sind besser) über das allerorts übliche Angebot nicht hinausgehen. Es gibt aber stets auch eine gute Salami aus der Gegend. Giovanna Gibelli und ihr Mann kochen einfach und bescheiden. Bei der Auswahl an Weinen und Leckerbissen werden sie von Giorgio Pagella beraten, der in Alessandria ein Delikatessengeschäft betreibt, ausgefallene Konserven herstellt und sich mit Weinen bestens auskennt. »Lo spiedo« bietet somit gute Flaschenweine von Erzeugern aus Piemont an, die auch landesweit bekannt sind. Nur abends geöffnet, sonntags auch über Mittag.

Castellinaldo

67 km von Cuneo 67, 13 km von Alba

La trattoria

Restaurant
Via Roma, 15
Tel. 01 73 / 21 30 83
Ruhetag: Mittwoch
Betriebsferien: drei Wochen nach [Hl. Drei Könige
40 Plätze
Preise: 35–45 000 Lire
Keine Kreditkarten
Reservierung: empfohlen

Das Restaurant von Silvana Faggio ist ein wahres Schmuckstück. Es ist mit rustikalem Chic, mit Blumen und einer Unmenge altmodischen Nippes eingerichtet. Auf den blütenweißen Tischdecken stehen Kerzen und richtige Weinkelche. Aber die Küche, die angemessenen Preise und die Gäste machen aus dem Restaurant wieder eine einfache und angenehme Trattoria. Silvana besticht durch ihr Aussehen und ihre Art. Es gibt Spezialitäten aus der Gegend, wie z. B. **Cotechino mit Püree**, **Carne cruda**, **Peperone in bagna caoda** und ein köstliches Gericht mit Kräuteromelettes, Zwiebeln, gebackenem Grieß und »Sobrich«, d.h. zarte Kroketten, die heute fast niemand mehr macht. Im Frühjahr bekommen Sie bei Silvana zarte Teigtäschchen mit rohem Schinken, Gemüsekuchen und Risotto mit Spargel. Die wirklich guten **Agnolotti** können Sie hier immer essen; das gilt auch für die **Tajarin** mit verschiedenen Saucen und zur entsprechenden Jahreszeit mit geraspelten weißen Trüffeln. Bei den Fleischgerichten können Sie dann z. B. zwischen dem sehr guten **Coniglio al civet**, Stracotto und Wildschwein mit Polenta und Pilzen wählen. Die Süßspeisen sind so, wie sie sein sollen: **Bonet**, **Panna cotta** mit zarten Saucen aus Beeren oder Haselnüssen; im Sommer gibt es viele Desserts mit Pfirsichen. Das Weinangebot ist nicht sehr reichhaltig, aber mit sehr viel Sorgfalt ausgewählt. Da sind Arneis und Roero doc von guten Erzeugern und Flaschenweine der klassischen Piemonteser Sorten: Barbera, Dolcetto, Barbareso, Barolo. »La trattoria« ist nur abends geöffnet, mittags müssen Sie vorbestellen. Normalerweise ißt man hier das »Menu fisso«, man kann aber auch Sonderwünsche wie z.B. **Fritto misto** im voraus bestellen.

Castiglione Tinella

26 km östl. von Alba, 27 km von Asti

Da Palmira

Trattoria
Piazza XX Settembre, 18
Tel. 01 41 / 85 51 76
Ruhetag: Dienstag
Betriebsferien: Juli
60–70 Plätze
Preise: 35 000 Lire, ohne Wein
Kreditkarten: CartaSi, Visa
Reservierung: empfohlen

Palmiras Trattoria liegt mitten im Zentrum von Castiglione Tinella auf einem Hügel, wo die Provinzen Asti und Cuneo aneinandergrenzen und der Muskateller wächst. Die hellen, freundlichen Galträume sind mit Cotto gefliest und mit Teppichen ausgelegt. Die feinen Weinkelche verleihen dem Lokal einen Hauch von Eleganz, ohne jedoch die herzliche Atmosphäre einer typischen Trattoria zu beeinträchtigen. Hier bekommen Sie die feinsten Spezialitäten dieser Gegend: gekochte und rohe Salami werden vom »Hausmetzger« gemacht, eigentlich schon fast ausgestorbene Gerichte wie **Grive**, **Tartrà** und **Batsoà** (warme Vorspeisen, die man im Winter ißt) sind einfach perfekt, die **Tajarin** aus Maismehl werden wie zu Großmutters Zeiten zubereitet, das Kaninchenfleisch in schmackhafter Paprikasauce stammt auch aus der eigenen Aufzucht. Die Galantina mit schwarzen Trüffeln, der grandiose **Fritto misto** (auf Vorbestellung), die **Agnolottini**, das gekochte Huhn oder der **Bonet** sind auch nicht zu verachten. Einzigartig ist der Salat mit **Carne cruda**. Das Vitello tonnato ist ebenfalls hervorragend. Die lebhafte und erfahrene Köchin Palmira gibt gerne zu, daß sie ein wenig dickköpfig ist, wenn es um ihre Arbeit geht: sie läßt sich auf keine Kompromisse ein, sondern hält sich lieber strikt an die überlieferten Rezepte. Weinliebhaber aus ganz Piemont kommen hier auf ihre Kosten. Vanni, der Sohn der Chefin, ist von Beruf Sommelier und legt demnach eine anspruchsvolle Weinkarte vor. Er rät dabei zu einem Barbaresco-Jahrgangswein oder zu den letzten Neuheiten kleiner Erzeuger von Dolcetto oder Moscatowein. Gute Grundstoffe, die Liebe zum Beruf und eine sichere Hand bringen hier eine wirklich große Küche bei günstigem Preis-/Qualitätsverhältnis hervor.

Cavatore

39 km von Alessandria, S. S. 30

Vecchio Piemonte

Trattoria
Via Pettinati, 3
Tel. 01 44 / 5 77 33
Ruhetag: Dienstag
Betriebsferien: Januar/Februar
50 Plätze
Preise: 30 000 Lire
Keine Kreditkarten
Reservierung: empfohlen

Verbinden Sie einen Ausflug in den Apennin mit einem Besuch in dem Hundertseelendorf Cavatore, das zwischen Acqui Terme und Ponzone liegt. Die Gebirgsatmosphäre spüren Sie auch im »Vecchio Piemonte«. Das Gasthaus ist rustikal, geschmackvoll und mit viel Liebe eingerichtet: hier ein bißchen Kunsthandwerk, das der Besitzer Franco Minetti selbst fertigt, dort eine kleine Sammlung alter Akkordeons. Die Küche hält sich an die klassische Tradition Piemonts, wird aber durch ein paar interessante Neuerungen der Köchin bereichert. Sie sollten vor allem die guten Wurstwaren versuchen: Pancetta, rohe Salami, Speck mit Pfeffer, **warmer Cotechino** oder **Zunge in grüner Sauce** mit Gemüsen der Saison. Im Winter ist außerdem die traditionelle **Bagna caoda** zu haben. **Agnolotti**, **Tagliatelle** und Lasagne bilden einen guten Übergang zu den Hauptspeisen: Braten, **Brasato al Dolcetto**, **Bollito misto**, Lamm, Perlhuhn und ein höchst erfreulicher Schweinerücken in Milch. Es gibt hier auch ausgezeichneten frischen Ziegenkäse. Die hausgemachten Desserts, z. B. der traditionelle **Bonet** und die **Haselnußtorte**, bilden einen würdigen Abschluß. Die Weine aus der eigenen Herstellung sind annehmbar. Die warmherzige und gastliche Atmosphäre des Lokals ist wie geschaffen für einen Abend unter Freunden. Besonders schön wird es, wenn Franco sein altes Akkordeon in die Hand nimmt und ein paar Lieder spielt.

Cerrina Monferrato

12 km von Casale Monferrato, S.S. 590

L'universo

Trattoria
Ortsteil Montaldo
Tel. 01 42 / 9 41 23
Ruhetag: Mittwoch
Betriebsferien: Januar/Februar
80 Plätze
Preise: 30-35 000 Lire, ohne Wein
Keine Kreditkarten
Reservierung: notwendig

Das wildromantische Cerrina-Tal ist eine der schönsten und interessantesten Gegenden des Monferrato. Es überrascht durch seine ruhigen Wälder, zahlreichen Quellen, romanischen Burgen und barocken Kirchen. Obwohl es von den üblichen Touristenrouten weit entfernt ist, ist es unter Trüffelliebhabern bekannt. Jedes Jahr am 11. November treffen sie sich nämlich in Murisengo zur »Trifola d'or«, einem der schönsten und am wenigsten bekannten Trüffelmärkte. Doch nun zu unserer Trattoria. Maria Molino führt heute das Lokal, das ihre Schwiegermutter vor dreißig Jahren eröffnete. Anfangs stand hier nur eine Bar, in der Freunde ab und zu einen Teller Agnolotti essen konnten. Maria kauft nur bei ausgesuchten Händlern ein (woher hat sie wohl diesen unvergleichlichen **Salame cotto**?); sie nimmt, was die Jahreszeit gerade bietet, und bereitet alle Gerichte frisch zu. Die **Carne cruda** ist, wie auch das übrige Kalbfleisch, ausgezeichnet. Mit dem frischen Saisongemüse füllt Maria ihre **Frittatine farcite** oder kocht andere Köstlichkeiten damit. Ihre Spezialität ist allerdings (auf Vorbestellung) der **Fritto misto alla piemontese**, der für jeden Koch eine Herausforderung darstellt. Ihre handgemachten klassischen **Agnolotti** und die **Wildgerichte** schmecken bemerkenswert gut. Der Haselnuß-, Apfel- und **Karottenkuchen** oder die »Torta della nonna« sind ausgezeichnet. Gut ist auch das Erdbeerdessert, das natürlich nur im Frühsommer zu haben ist. Der Barbera und der Grignolino stammen aus eigener Herstellung. Der Barbera aus dem Cerrina-Tal besticht durch seinen etwas derben, aber gleichzeitig vollen und intensiven Geschmack.

Cervere

33 km von Cuneo

Antica corona reale da Renzo

Trattoria
Via Fossano, 17
Tel. 01 72 / 49 41 32
Ruhetag: Mittwoch
Betriebsferien: 5.-20. Juli
25 Plätze
Preise: 40 000 Lire, ohne Wein
Keine Kreditkarten
Reservierung: empfohlen

Früher gab es in der Gegend um Cervere jede Menge Gasthäuser. Hier konnte man vor allem frischen Fisch aus der Stura und andere Spezialitäten der Gegend wie Frösche und Schnecken essen. Heute ist von diesen Gasthäusern nicht viel mehr als die Erinnerung daran übriggeblieben. Zum einen sind diese Spezialitäten fast ausgestorben, zum anderen haben sich die Eßgewohnheiten geändert. Eine lobenswerte Ausnahme stellt da Renzos Trattoria dar, die all die Jahre hinweg sich selbst treu geblieben ist. Inzwischen arbeitet im Lokal auch Renzos Sohn Giampiero, der gerade die Hotelfachschule absolviert hat und neue Ideen mitbringt. Am Herd steht nach wie vor der Chef selber, der gleich eine ganze Reihe von Klassikern zubereitet: gebackene Frösche und Schnecken, Fisch (in Carpionata eingelegte Aitel, Barben und Schleien). Da Renzo nie auf Zuchtfische zurückgreift, sollten Sie immer vorbestellen. Daneben gibt es noch schmackhafte Vorspeisen, wie man sie von früher kennt: **Paprikaschoten mit Sardellen**, Steinpilze in Öl, Kräuteromelettes, Wurstwaren. Ebenfalls Piemonteser Tradition sind **Tajarin**, **Ravioli**, Gemüseminestrone und **Trippa**. Eine einzigartige Spezialität der Trattoria ist ein ganzes Lauchmenü, das man von November bis April probieren kann. Es umfaßt etwa ein Dutzend verschiedener Gerichte. Besonders gut schmeckt die **Polenta mit Lauch und Castelmagno**. Die Weinkarte wurde gerade etwas erweitert und beinhaltet jetzt schon einige gute Flaschenweine aus Piemont und Venetien.

Cessole

45 km südl. von Asti

Cirio
Madonna della neve
Trattoria
Ortsteil Madonna della neve
Tel. 01 44 / 8 01 10
Ruhetag: Freitag
Betriebsferien: Oktober
100 Plätze
Preise: 30–40 000 Lire
Keine Kreditkarten
Reservierung: empfohlen

Eine Panoramastraße führt zwischen Weinbergen und Haselnußpflanzungen von Cessole in den Ortsteil Madonna della neve hinauf. Das Restaurant ist in einem alten Bauernhof untergebracht und liegt gleich neben der Wallfahrtskirche der Madonna della neve. Die Familie Cirio, die das Lokal seit 1952 betreibt, heißt Sie herzlich willkommen. Unter der Woche werden Sie mit Arbeitern, älteren Urlaubern, Deutschen und Schweizern, die hier in der Gegend viele Bauernhöfe gekauft und umgebaut haben, an einem Tisch sitzen. Am Sonntag dagegen quillt der etwas anonyme Speisesaal förmlich über. Sie sollten also immer reservieren und nach Möglichkeit die Feiertage meiden. Die Küche entspricht ganz der Tradition: ausgezeichnete Wurstwaren aus eigener Herstellung, Piemonteser Vorspeisen, Kaninchen und zur passenden Jahreszeit Zicklein vom Bauern aus der Gegend. Hinzu kommen **Wildschweinbraten** mit Kräutern, Tagliatelle mit Pilzen, **Bonet** und **Haselnußkuchen**. Doch die eigentliche Spezialität der Trattoria sind die **Agnolotti dal plin**, die »im Mantel« oder besser gesagt in einem weißen Leinentuch und ohne Sauce serviert werden. So kommen der natürliche Geschmack der Füllung und der leichte Teig viel besser zur Geltung. Dies ist übrigens ein ganz alter Brauch: man schüttete die dampfenden Agnolotti auf ein Hanftuch in der Mitte des Tisches, aus dem sich jeder bedienen konnte. Durch das Tuch blieben die Nudeln stets warm und richtig feucht. Zum Abschluß sollten Sie die wunderbaren, richtig gereiften **Robiole di Roccaverano** versuchen. Zum Essen trinkt man den angenehmen, etwas säuerlichen Dolcetto oder wählt einen der wenigen Flaschenweine, die gut, aber nicht überwältigend sind.

Cossano Belbo

78 km von Cuneo, 29 km von Asti, S. S. 592

Trattoria della posta
da Camulin
Trattoria-Restaurant
Via Negro, 3
Tel. 01 41 / 8 81 26
Ruhetag: So. abend und Montag
Betriebsferien: 15.7.–15.8.
90 Plätze
Preise: 35–40 000 Lire, ohne Wein
Kreditkarten: AE, Diners
Reservierung: empfohlen

Es ist sicher kein purer Zufall, daß sich Camulin auf »tajarin« reimt. Seit Jahren pilgert nicht nur ganz Piemont hierher, um eine der klassischen Spezialitäten aus den Langhe zu probieren. In der Tat bekommen Sie hier Tajarin in höchster Vollendung. Sie sind auch der ganze Stolz der Familie Giordano, die die Trattoria seit vier Generationen betreibt. Aber Giovanna, Köchin und Frau des Besitzers Giorgio, kann je nach Jahreszeit auch noch andere Spezialitäten der Gegend zubereiten. Auf Vorbestellung bekommen Sie das ganze Jahr über **Fritto misto** oder andere Klassiker wie Vitello tonnato, **Carne cruda**, Brasato, Minestrone oder **Cotechino con fonduta**. Im Frühjahr gibt es Lamm und Zicklein, zur Jagdzeit **Coniglio al Civet** und im Herbst viele Pilzgerichte. Zum würdigen Abschluß einer typischen piemontesischen Mahlzeit darf natürlich ein **Bonet** oder ein leckerer Mattone al caffè nicht fehlen. Die Atmosphäre in der »Trattoria della posta« ist immer herzlich, die Bedienung, die Giorgio und sein Sohn Cesare besorgen, ist umsichtig und professionell. Es gibt eine recht gute Auswahl Piemonteser Weine, darunter einen ordentlichen Dolcetto der »Cantina Sociale di Cossano«.

Cravanzana

25 km südöstlich von Alba

Del mercato da Maurizio

Hotel-Trattoria
Via San Rocco, 16
Tel. 01 73 / 8 50 19
Ruhetag: Donnerstag
Betriebsferien: Januar
60 Plätze
Preise: 30-35 000 Lire, ohne Wein
Kreditkarten: EC
Reservierung: empfohlen

1902 erwarb Maurizio Robaldo das Lokal. Seither ist es in Familienbesitz. Sein Ururenkel, der dritte Maurizio der Gastwirtsdynastie, hat gerade die Hotelfachschule und seine ersten Praktika in allen Teilen Italiens absolviert. Jetzt führt er zusammen mit seinen Eltern das Restaurant. Seine Mutter kocht, der Vater ist für die Bar zuständig und hilft auch beim Bedienen mit. Die schön gedeckten Tische, die vielen Pflanzen und Blumen verleihen dem Speisesaal eine sehr angenehme Atmosphäre. Auf den Regalen entdeckt man die besten Rotweine der Gegend; die Weißweine werden in einem Kühlregal gelagert. Die Weinkarte ist mit großer Sorgfalt zusammengestellt und verrät Maurizios Sachkenntnis und sichere Hand. Man ißt hier klassische Küche, wobei auf die regionalen Spezialitäten ein besonderes Augenmerk gerichtet wird. Man beginnt also mit **Carne cruda** in Scheiben mit Pilzen, **Vitello tonnato**, Frittatine der Saison, gerösteter Polenta mit Steinpilzsauce, Spargel mit Fonduta. Die **Tagliatelle ai funghi** sind artgerecht zubereitet, die **Agnolotti dal plin** sind schlichtweg hervorragend. Das gilt auch für sämtliche Secondi, wie z.B. den **Brasato** al Barolo, den **Bollito** und den **Fritto misto** (auf Vorbestellung), für Hühner und Kaninchen. Der Toma aus Schafsmilch schmeckt ausgezeichnet. Wer genügend Mut mitbringt, kann auch einen **Bross** probieren. Ansonsten kann man die Mahlzeit mit verschiedenen **Haselnußdesserts** beenden: die »Tonda gentile delle Langhe« ist eine Spezialität der Gegend. Hochwertiger Moscato und eine schöne Auswahl der besten Grappe runden die herrliche Mahlzeit ab.

Cuneo

Osteria della Chiocciola

Enoteca-Restaurant
Via Fossano, 1
Tel. 01 71 / 6 62 77
Ruhetag: Sonntag
Betriebsferien: die Woche um den 15.8.
20 + 40 Plätze
Preise: 35-40 000 Lire, ohne Wein
Kreditkarten: AE, Diners, Visa
Reservierung: empfohlen

Dieses Lokal im Zentrum von Cuneo wurde erst vor zwei Jahren eröffnet und ist ein gutes Beispiel dafür, wie eine neue Osteria aussehen sollte. Es ist in einem alten Gebäude mit einer wunderschönen Kassettendecke untergebracht. In der »Osteria della Chiocciola« kann man Wein trinken und ein paar verführerische Häppchen zu sich nehmen. Daneben wird im Restaurant feine Piemonteser Küche serviert. Täglich werden etwa dreißig verschiedene Weine von den besten Sorten Piemonts ausgeschenkt: mittelstarke Weißweine, kräftige Rotweine, Champenois' und süße Weine. An den Marmortischchen können Sie verschiedene Wurstwaren (Speck, gekochte und rohe Salami aus der Gegend, Geräuchertes) und Käse probieren: da gibt es die Spitzensorten aus der Gegend um Cuneo, allen voran **Castelmagno** und **Murazzano**, und sogar **Bross**, eine pikante Köstlichkeit aus gereiftem Toma. Sie können auch warme Speisen bekommen, wie z.B. salzige Kuchen oder Gemüseaufläufe. Zu einer Schale Moscato oder Malvasia, zu einem Glas Verduzzo oder einem besonderem Passito bestellen Sie am besten eine der Süßspeisen, die der junge Küchenchef Davide Testa täglich frisch zubereitet: **Paste 'dmelia** (Kekse aus Maismehl), Obstkuchen oder **Bonet** und **Panna cotta**. Im Restaurant im Obergeschoß können Sie à la carte oder das Tagesmenü mit Spezialitäten aus der Gegend essen. **Tajarin**, **Agnolotti dal plin**, **Gnocchi al Castelmagno** und viele weitere Gerichte stehen zur Auswahl. Wenn die Jahreszeit danach ist, gibt es auch Trippa, Stockfisch in grüner Sauce und Schnecken (mit grüner Sauce oder Risotto). Maura, Gianfranco und ihre jungen Mitarbeiter sind professionell und freundlich. Die Preise stehen im richtigen Verhältnis zur Qualität.

Guazzora

28 km von Alessandria, 48 km von Pavia

Aquila

Trattoria
Via Statuto, 16
Tel. 01 31 / 85 71 53
Ruhetag: Freitag
Keine Betriebsferien
50 Plätze
Preise: 25-30 000 Lire
Keine Kreditkarten
Reservierung: empfohlen

Hier in Guazzora spürt man den Einfluß verschiedener Regionalküchen. Die Ortschaft liegt zwar noch in der Provinz Alessandria (Piemont), grenzt aber an die Lomellina (Lombardei) und ist nicht allzuweit vom piacentinischen Apennin (Emilia) entfernt. Deshalb bekommen Sie im »Aquila« **Agnolotto** monferrino neben **Trippa alla parmigiana**. Spezialitäten aus der ganzen Poebene runden das bunte Bild ab: Kartoffelgnocchi, Tagliatelle mit Tomaten- und Gemüsesauce, **Pollo alla cacciatora**, **Stracotto**, ein enger Verwandter des Brasato, der aber mit Tomaten geschmort wird. Die traditionellen Fischgerichte sind hervorragend: **Aal mit Erbsen** (nur auf Vorbestellung) und die ausgezeichnete **Anguilla in carpione**, die es immer gibt und die nicht zu sauer eingelegt ist, oder auch die **Schnecken in Knoblauch und Petersilie**. Als Vorspeisen sind die hausgemachten Wurstwaren zu empfehlen. Neben einigen Weinen aus Piemont bekommen Sie hier gute Weine aus dem Oltrepò Pavese: Pinot, Chardonnay, Barbera, Bonarda aus den Kellereien La Versa und Prago di Santa Maria della Versa. Die Familie Maggi übernahm die Trattoria 1966. Gian Carlos Frau Maria Rosa kocht. Das Lokal ist nicht besonders groß, die Atmosphäre ein wenig anonym, wie in allen Dorfgasthäusern. Die Bedienung ist flink und freundlich.

Lequio Tanaro

40 km nordöstl. von Cuneo

Nazionale

Trattoria
Ortsteil Costamagna
Tel. 01 72 / 69 61 34
Ruhetag: Montag
Betriebsferien: August
30 Plätze + 50 an Feiertagen
Preise: 33 000 Lire
Keine Kreditkarten
Reservierung: feiertags notwendig

So leicht ist die Trattoria gar nicht zu finden. Sie müssen sich schon wirklich vorgenommen haben, dort essen zu gehen. Kein Reklameschild, kein Hinweis auf der Straße zeigt Ihnen den Weg. Signora Anna ist in ihrer typischen altmodischen Trattoria auch gar nicht auf Berühmtheit aus. Von der Autobahnausfahrt Mondovì oder Fossano fahren Sie in Richtung Dogliani. Nach der Kreuzung von Piozzo fahren Sie in Richtung Costamagna weiter. Die Fahrt auf so unbekannten Landstraßen lohnt sich wirklich, denn heute gibt es nurmehr ganz wenige Gasthäuser dieser Art. Gleich dem Eingang gegenüber befindet sich die Theke, etwa zehn Tische stehen in der Gaststube (am Wochenende sind auch die beiden anderen Speisezimmer geöffnet), die Padrona zählt Ihnen auf, was es heute zu essen gibt. Keine Komplikationen, keine Abenteuer. Die Wurstwaren aus der Gegend sind ausgezeichnet, die hausgemachte Pasta ist die Reise wert: die **Tajarin** und **Agnolotti** mit Ragout sind bemerkenswert, in der entsprechenden Jahreszeit gibt es auch **Trüffeln** und Pilze. Unter den Fleischgerichten seien die verschiedenen Wildgerichte, einschließlich **Wildschwein**, das hier gejagt wird, erwähnt. Zu trinken gibt es ein paar gute Flaschenweine. Ohne Voranmeldung können Sie hier nur unter der Woche essen. Am Wochenende gibt es ein typisches Piemonteser Festtagsessen: sechs Vorspeisen, jeweils zwei Nudelgerichte und zwei Hauptgerichte zur Auswahl, Dessert und Obst. Alles ist mit Liebe und Bescheidenheit zubereitet: das kann nie schaden.

An Wochentagen nur mittags geöffnet (abends nur Gruppenreservierungen); freitags, samstags und sonntags auch abends geöffnet. An Feiertagen abends geschlossen.

Moncucco Torinese

36 km von Asti, 35 km östl. von Turin

Trattoria del Freisa

Osteria – Trattoria
Via Mosso, 6
Tel. 0 11 / 9 87 47 65
Ruhetag: Dienstag u. Mittwoch [Juli
Betriebsferien: je 10 Tage im Jan. u.
30 Plätze + 60 im Kellergewölbe
Preise: 35–40 000 Lire
Keine Kreditkarten
Reservierung: notwendig

Unser Lokal befindet sich gleich neben dem Rathaus. Es ist in einem ehemaligen Schlachthof aus dem 18. Jahrhundert untergebracht (lassen Sie sich den riesigen Eiskeller zeigen). Heute sind hier Alessandro Olia und Stefano Fasanoni am Werk, und drinnen geht es zu wie in einer richtigen Osteria – mit den Tischen und Stühlen, an denen ein paar alte Männer sitzen und in Ruhe ihr Gläschen Wein trinken, der Theke und an der Wand der etwas vergilbten Fahne der Società del Mutuo Soccorso. Der eigentliche Speiseraum ist sehr behaglich eingerichtet: mit Blumentapete, Spitzenvorhängen und einer Anrichte, auf der die Platten mit den Vorspeisen wie die hauseigene Aussteuer aufgebaut sind. Da steht dann ein Schneidbrett mit verschiedenen Salamisorten aus der Gegend neben einer Schüssel mit frischer Butter. Es geht weiter mit pikanten Tomini, **Accinghe al verde**, Truthahn mit Zitrone und **Tonno di coniglio**. Die Köche verstehen sich auf leichte und wohlschmeckende Nudelgerichte: **Tagliolini mit Kräutern** oder Ravioli. Oft macht sie auch schmackhafte **Suppen** aus **Kichererbsen**, Gemüse oder Spargel. **Kaninchen** in Freisa geschmort, ist das allerbeste Fleischgericht des Hauses. Auch bei den Desserts verzichtet man nicht auf die Weine der Gegend: der **Zabaglione** wird mit Malvasia zubereitet und auf Wunsch zu einer kräftigen **Haselnußtorte** serviert. Wenn Sie ein lebhafteres Mittag- oder Abendessen vorziehen, können Sie auch im Kellergewölbe Platz nehmen. Da wird die alte Osteria wieder lebendig! Von vier bis sieben Uhr können Sie hier preiswert auch Kleinigkeiten essen. Es gibt Käse, Wurst und Wein. Zu dieser »Merenda sinoira« trinkt man den etwas verkannten Freisa aus der Gegend. Unter der Woche ist die Trattoria nur abends geöffnet.

Monforte d'Alba

50 km von Cuneo, 12 km südl. von Alba

Della posta

Trattoria
Piazza XX Settembre, 6
Tel. 01 73 / 7 81 20
Ruhetag: Donnerstag
Betriebsferien: 8 Tage im Frühjahr
40 Plätze
Preise: 30 000 Lire, ohne Wein
Kreditkarten: CartaSi, Visa
Reservierung: notwendig

Seit etwa hundert Jahren ist das Lokal im Besitz der Familie Massolino. Gianfranco setzt diese schöne Familientradition fort. Nach seinem blendenden Schulabschluß als Chemiker kümmert er sich nun lieber um das Lokal. Er hilft seiner Mutter Elvira in der Küche und stellt vor allem mit sehr viel Sachverstand eine Weinkarte zusammen, die sich auch in Lokalen mit ganz anderem Preisniveau sehen lassen könnte. Sie nennt hauptsächlich die Grands crus aus der Gegend, weist aber auch Barolo und Barbaresco (fast alle) und sogar einige edle französische Weine aus. Die Preise sind angemessen und ehrlich. Sie können also gut und gern ein paar edle Perlen aus der Gegend probieren, ohne daß Sie sich gleich ruinieren. Das Essen entspricht aufs genaueste der Tradition Piemonts. Sie beginnen am besten mit ein paar Scheiben guter Hausmachersalami, mit hauchzarter **Carne cruda**, einer ordentlichen Insalata capricciosa oder mit **Peperoni alla bagna caoda** (die schmeckt hier nicht langweilig, sondern so kräftig, wie sie eigentlich sein soll). Dann kommen sagenhafte **Tajarin** und ein überwältigender **Muscolo al Barolo** (ein Rinderbraten). Da sehen Sie gerne über die **Trüffeln** hinweg, die auch zu den Speisen serviert werden, zu denen sie eigentlich gar nicht passen, oder darüber, daß im Winter der Weg in die Gastzimmer durch die (blitzsaubere) Küche führt, oder nicht zuletzt auch darüber, daß die Toiletten etwas rustikal ausfallen. Doch die ausgezeichneten Speisen und Weine, die blütenweißen Tischdecken und schönen Gläser, die Karaffen für die edlen Weine und eine flinke und freundliche Bedienung werden Sie schon bald spüren lassen, daß Sie hier Zeuge eines kleinen gastronomischen Wunders an Ausgewogenheit, Sachverstand und Ehrlichkeit geworden sind.

Montaldo Scarampi

18 km von Asti, S. S. 456

Il campagnin

Trattoria
Via G.B. Binello, 77
Tel. 01 41 / 95 36 76
Ruhetag: Dienstag
Betriebsferien: um den 15. 8. – um den 30 Plätze [15. 9.
Preise: 35-40 000 Lire
Keine Kreditkarten
Reservierung: notwendig

Ortensio Gagliardi ist ein erfahrener Koch. Er hatte eine sehr gut besuchte Trattoria am Hauptmarkt von Turin betrieben, bevor er in der Küchencrew der vornehmsten Restaurants der Landeshauptstadt mitarbeitete und sich dann in dieses ruhige Lokal in der Provinz zurückzog. Hier kommen nun logischerweise die verschiedensten Einflüsse zur Geltung. Sie können zwischen traditionellen und schlichten Piemonteser Gerichten wie **Trippa** und **Bollito** oder den ausgefallenen, kreativen Speisen wählen: warme Vorspeisen aus Frischgemüsen (oftmals mit Fonduta), Risotto mit Spargelspitzen, Pilz- und Fischgerichte, **gefülltes Perlhuhn** oder kurzgebratene Kalbsfilets mit Gewürzkräutern. Sie bekommen natürlich stets handgemachte **Agnolotti** oder Tagliatelle, **Brasato**, Wildgerichte und **Finanziera** aus hervorragendem Fleisch. Die Süßspeisen, **Bonet** und Kuchen, sind ebenfalls hausgemacht. In der Bar des »Campagnin« geht es zu wie in einer richtigen Osteria. Das eigentliche Speiselokal ist schlicht, aber ansprechend eingerichtet. Samstags und sonntags ist immer viel Betrieb, unter der Woche ißt man hier einfach und sehr preiswert. Ortensios Frau Lidia bedient die Gäste freundlich und unauffällig. Die Flaschenweine kommen von Erzeugern aus der Gegend, die Auswahl ist derzeit aber noch nicht besonders groß.

Montegrosso d'Asti

15 km von Asti

Da Elvira

Bauernhof
Via Santo Stefano, 69
Tel. 01 41 / 95 61 38
Ruhetag: Sonntag abend
Betriebsferien: August und Januar
30 Plätze
Preise: 35 000 Lire
Keine Kreditkarten
Reservierung: notwendig

Vor ein paar Jahren haben sich Elvira und Nello Rustichelli dazu entschlossen, einen Bauernhof mit Gastwirtschaft zu übernehmen. Das einzige Gastzimmer ist rustikal eingerichtet und strahlt Wärme und Behaglichkeit aus; zwischen Blumenvasen und bestickten Vorhängen an den Fenstern blickt man auf die umliegenden Weinberge hinaus. Elvira konnte bereits als Köchin guter Hausmannskost jahrelange Erfahrung sammeln. Früher versorgte sie nämlich damit ihre ganzen Freunde und die Leute, die bei ihr Wein einkauften. Auf dieser Grundlage gelingt es ihr heute, die Spezialitäten aus der Gegend immer weiter zu vervollkommnen. Ihr **Fritto misto** ist immer reichhaltig und bekömmlich, die winzigen **Agnolotti dal plin** sind aus einem luftigen und knusprigen Teig gemacht, **Kaninchenbraten mit Kräutern**, **Pollo alla cacciatora** und **Brasato** in Wein sind immer aus gutem Fleisch aus der Gegend zubereitet. Je nach Jahreszeit kommen die traditionellen Vorspeisen auf den Tisch (gekochte und rohe Salami, Speck, **Carne cruda all'albese**, **Peperoni in bagna caoda**, **Cotechino** oder Gemüse mit **Fonduta**), manchmal gibt es auch ein paar Überraschungen: geröstete Brotscheiben mit Ratatouille, Aufläufe und Torten aus Artischocken, Mangold oder Spargel, Käseflans. Neben den klassischen Süßspeisen (Crostata, Apfelkuchen, **Bonet**) serviert Elvira auch Köstlichkeiten wie Crêpes mit einer Füllung aus frischem, gedünstetem Obst. Die Portionen sind reichhaltig, lassen Sie sich deshalb nicht bei jedem Gang zu einem Nachschlag überreden. Auf Wunsch macht Elvira auch **Bagna caoda**. Die wunderbaren Weine (Gringnolino und Barbera d'Asti) stammen aus eigener Herstellung. Nello keltert sie auf natürliche Weise und führt strenge Qualitätskontrollen durch.

Murazzano

48 km von Cuneo, 35 km von Alba

Da Lele

Trattoria
Piazza Giuseppe Cerrina
Tel. 01 73 / 79 12 90
Ruhetag: Di., Mi., Do.
Betriebsferien: Januar
50 Plätze
Preise: 35-40 000 Lire
Keine Kreditkarten
Reservierung: empfohlen

Fährt man auf der Staatsstraße von Dogliani nach Murazzano, sieht man sehr deutlich die zwei verschiedenen Gesichter der Langa: auf der einen Seite das wohlhabende Weinbaugebiet mit seine edlen Weinen, auf der anderen Seite die kargere Landschaft, wo nur Haselnußsträucher gedeihen und etwas Weidewirtschaft betrieben wird. Murazzano ist das Herz dieses Teils der Langa und hat dem berühmten Käse seinen Namen gegeben. Dafür trägt man hier sogar Wettbewerbe aus und fördert die Zucht besonderer Schafrassen. Auf dem Dorfplatz von Murazzano, das übrigens nicht weit von Ligurien entfernt ist, steht die Trattoria »Da Lele«. Sie wird von der Familie Pelleri geführt. Die ehrwürdige und äußerst energische Mamma Lele alias Elena Alliani, wie sie mit bürgerlichem Namen heißt, hat dabei aber das Oberkommando. Seit 57 Jahren arbeitet Lele schon in dieser Osteria, in der Sie die urtypische Küche dieser Gegend kennenlernen können. Wenn Sie rechtzeitig vorbestellen, bekommen Sie herrlich dampfenden **Bollito** alla piemontese. In der Küche ist neben Lele auch ihre Tochter Silvana mit derselben Begeisterung zugange. Um die Gäste kümmern sich die Männer, allen voran Papa Pierino, ein echter, gelassener Patriarch, und seine Söhne Renzo und Franco. Sämtliche Spezialitäten sind hausgemacht: von den **Tajarin** bis zu den phantastischen **Raviolini**, vom Vitello tonnato über das schmackhafte Lamm in Folie bis zum ausgezeichneten **Bonet**. Eine kleine Karte mit Weinen aus dem nahen Anbaugebiet des Dogliano bietet ein paar Alternativen zu dem ehrlichen, aber ein wenig derben Hauswein.

Nucetto

56 km von Cuneo, S. S. 28

Vecchia Cooperativa

Trattoria
Via Nazionale, 54
Tel. 01 74 / 7 42 79
Ruhetag: Dienstag
Betriebsferien: September
30 Plätze
Preise: 30-35 000 Lire, ohne Wein
Kreditkarten: Visa, Carta Si, EC, MC
Reservierung: empfohlen

Kurz hinter Ceva, an der Staatsstraße »Colle di Nava«, liegt die »Vecchia Cooperativa«. Das Lokal ist unter den Liebhabern traditioneller und dennoch leicht bekömmlicher Küche bekannt. Die Chefin Laura Mattiauda hat mit ihrer Küche bei den Gästen, die meist nur auf der Durchreise sind, großen Erfolg. Speisekarte und Gasträume passen gut zusammen: keine Angeberei, keine pseudo-rustikalen Übertreibungen, sondern guter Geschmack zeichnet die Einrichtung aus. In dem behaglichen Gastzimmer mit der warmen Holzdecke wird nur leise gesprochen, was vielleicht auch an Lauras schüchtern freundlicher Art liegt. Kreativität und Sachkenntnis der Wirtin, die eigentlich Hausfrau ist, zeigen sich schon in den Vorspeisen. Die kleine Auswahl warmer und kalter Köstlichkeiten entspricht ganz traditionellen Geschmackswünschen: **Frittatine mit Kräutern**, kleine Gemüseaufläufe und gute Wurstwaren aus der Gegend. Die Liebhaber handgemachter Nudeln sollten auf keinen Fall die Tagliatelle auslassen. Probieren Sie aber auch die **Ravioli**, die **Gnocchi** aus Kastanienmehl, die **Pasta e fagioli**, die **Pasta e ceci** oder das frische Gemüse. Dann folgen traditionsgemäß Kaninchen oder Geflügel. Laura richtet sich bei der Zubereitung des **Kaninchens mit Kräutern** und des interessanten Hasen mit Heidelbeeren, der, wie Sie uns versichert, keine Neuschöpfung ist, nach alten Rezepten. Zum Schluß können Sie zwischen zwei oder drei Desserts wählen. Das alles bekommen Sie zu einem angemessenen Preis. Aus einer sorgfältig bestückten Weinkarte können Sie sich einen der guten Flaschenweine aus Piemont oder Ligurien aussuchen.

Oleggio

17 km von Novara, S. S. 32

Roma

Restaurant
Via Don Minzoni, 51
Tel. 03 21 / 9 11 75
Ruhetag: Samstag
Betriebsferien: drei Wochen im August
100 Plätze
Preise: 25–30 000 Lire, ohne Wein
Kreditkarten: Diners
Reservierung: sonntags notwendig

Seit 1921 gehören Hotel und Restaurant »Roma« zusammen. Damals hatte man wegen des bedeutenden Viehmarkts von Oleggio ein Restaurant mit Hotel und Stallungen eröffnet. Auch heute noch hat das »Roma« nach zahlreichen Umbauten die ursprüngliche Atmosphäre des guten und familiären Dorfgasthofs bewahrt, der nach wie vor im Besitz der Familie Massara ist. Das ansprechende und gepflegte Lokal wird von Riccardo Massara und seiner Mutter Liliana geführt. Sie ist die eigentliche Seele des Restaurants und beobachtet aufmerksam das Geschehen im Saal und in der Küche, wo Alberto Testone wirtschaftet. Die Kundschaft setzt sich zwar hauptsächlich aus Stammgästen zusammen, ist aber ziemlich bunt gemischt, so daß die Küche trotz aller Bindung an die Tradition auch neuere Gerichte vorstellt. Wenn Sie also so Typisches wie **Brasato al Barolo**, **Vitello tonnato** und Gesottenes essen wollen, müssen Sie unbedingt vorbestellen. Dann bekommen Sie aber auch **Salame d'la doja**, Pferdesalami und **Paniscia**. Probieren Sie die **Rustida**, d.h. Gebratenes und damit eine einfache Version des Fritto misto alla piemontese, oder **Brüscit**, einen Schmorbraten aus Pferde- oder Rindfleisch. Unter den Desserts finden Sie **Brusarò**, eine Spezialität aus Oleggio: Brotteig wird mit einem Überzug aus ganzen blauen Trauben (»Uva fragola«) und Zucker im Ofen gebacken. Logischerweise bekommen Sie den **Brusarò** nur zur Weinlese, in der übrigen Zeit müssen Sie mit einer Version aus Golden Deliciousäpfeln, die genauso gut schmeckt, vorlieb nehmen. Die Getränkekarte ist beachtlich. Neben vielen Weinen aus Piemont bekommen Sie auch Sorten aus dem Trentino und Friaul sowie ausgesuchte Grappa.

Ormea

83 km von Cuneo, 49 km von Imperia, S. S. 28

Il borgo

Trattoria
Via Roma, 120
Tel. 01 74 / 39 10 49
Ruhetag: Montag
Betriebsferien: zwei Wochen im Mai
30 Plätze
Preise: 25–30 000 Lire
Kreditkarten: Visa
Reservierung: empfohlen

Die Wirtsleute des »Il borgo« versuchen, die schlichte Küche der Gegend um Ormea anzubieten, die hier fast niemand mehr will und die für Touristen auf der Durchreise zu ungewöhnlich ist: Lauch, Kartoffeln, Kichererbsen und Bohnen, kaum Fleisch. Es ist schon enttäuschend, wenn man Lasagne bestellt und dann ein einfaches Nudelgericht mit Lauch und Kartoffeln vorgesetzt bekommt! Doch verzagen Sie nicht. Die handgemachte Pasta von Gisella ist ein Gedicht! Wer dann die raffinierte Sauce aus frischer Sahne mit der sonst üblichen Béchamel-Hackfleischfüllung vergleicht, erholt sich schnell wieder von seinem Schrecken. Die Gerichte klingen auf Anhieb vielleicht nicht besonders verführerisch, es lohnt sich aber auf jeden Fall, sie zu probieren. Dazu gehört auch die **Polenta bianca**, ein kräftig gerührter Brei aus Kartoffeln, Vollkorn- und Buchweizenmehl. Während Sie auf den ersten Gang warten, bestellen Sie sich am besten ein paar Vorspeisen: Speck, Würste und andere Wurstwaren aus der nahegelegenen Metzgerei Cerrato oder Kräuteromelettes, schmackhafte **Panizze aus Kichererbsenmehl** (kleine Polentascheiben, mit Öl und Pfeffer gewürzt oder gebraten), **Fozze** aus Vollkornmehl, die geröstet und zusammen mit einem kräftigen **Bross** serviert werden. Nach den **Lasagne** oder **Ravioli** mit Kräuter-Lauchfüllung gibt es Kaninchen, **Forellen** aus dem Tanaro oder frische Pilze aus den umliegenden Wäldern. Es stehen einige Flaschenweine aus Piemont und dem Trentino zur Auswahl, Sie sollten aber ruhig Sandros Empfehlung folgen und den derben, aber angenehmen Ormeasco probieren. Er paßt hervorragend zu den Speisen; außerdem können Sie zum Schluß noch die hausgemachten Kekse darin eintauchen.

Pancalieri

40 km von Turin, S.S. 20

Da Maria

Trattoria
Via Roma, 1
Tel. 0 11 / 9 73 42 87
Ruhetag: Dienstag
Betriebsferien: 14 Tage im Sept.
70 Plätze + 90 im Freien
Preise: 20-25 000 Lire
Keine Kreditkarten
Reservierung: sonntags

Im Frühjahr und im Sommer kann man unter der Pergola im Freien essen. Von der kleinen Terrasse blickt man direkt auf den Fluß. Heute erhebt sich in der Nähe der Trattoria eine häßliche Betonbrücke, aber bis 1953 konnte man an dieser Stelle den Po nur mit einer Fähre überqueren. Lange Pappelalleen durchziehen diesen stillen Winkel Piemonts. Die Trattoria gibt es schon seit über 60 Jahren. Maria arbeitet schon seit 41 Jahren hier; vor ihr führten ihre Schwiegereltern das Lokal. Jetzt hilft auch Marias Sohn Francesco mit. Hier ist das Piemonteser Landleben noch in Ordnung: Männer sitzen im Unterhemd vor einer Flasche Wein, der Wein wird unter laufendem Wasser kühl gehalten, und am Sonntag kehrt man zu einem Familienausflug hier ein. Man beginnt mit den Antipasti: Wurstwaren, **Carne cruda** und **marinierter Aal**. Nudelgerichte, wie die **Agnolotti** und **Tagliatelle**, bekommt man nur mittags. Die Spezialität der Trattoria ist aber die **Frittura di pesci d'acqua dolce**, die sich aus kleinen Flußfischen, Forellen und natürlich Aal zusammensetzt. Man kann auch Braten oder Forellenfilets bekommen. Als Dessert ißt man einen ausgezeichneten hausgemachten Pudding und im Winter selbstgebackenen Kuchen. Man trinkt guten Dolcetto d'Alba oder Barbera. Wer Weißwein vorzieht, bekommt Pinot. Die Auswahl ist sicher nicht besonders groß, die Weine sind aber von ordentlicher Qualität und passen vor allem zu dieser einfachen Trattoria. Am schönsten ist es hier an einem lauen Sommerabend, wenn die Hitze der Großstadt unerträglich wird.

Prarolo

7 km südöstlich von Vercelli

Centrale

Trattoria-Bar
Piazza del Popolo, 1
Tel. 01 61 / 21 60 01
Ruhetag: Montag
Betriebsferien: unterschiedlich
35 Plätze
Preise: 25-35 000 Lire
Keine Kreditkarten
Reservierung: abends

Mario Sabarino war bis vor sechs Jahren Gewerkschaftsvertreter in einer der wichtigsten Fabriken der Gegend. Heute betreibt er allein und mit beneidenswertem Eifer die Trattoria-Bar »Centrale«. Das kleine Lokal ist tagsüber die klassische Dorfbar, in der sich die Männer zum Kartenspielen treffen und mit Mario über die letzten Neuigkeiten plaudern. Dabei lassen sie gern einfließen, daß Prarolo der Nabel der Welt sei. Sicher ist allerdings nur, daß das Dorf in der Nähe des Flusses Sesia liegt, von Reisfeldern umgeben und von einer Burgruine aus dem 15. Jahrhundert beherrscht wird. Von den Antipasti sollte man unbedingt die gebratenen **Paprikaschoten** mit Bagna caoda und den **Salam d'la duja** probieren. Marios Spezialität ist die ausgezeichnete **Panissa**, ein Reisgericht mit dicken Bohnen, Salami und Speck. Auf Vorbestellung bekommt man einen bemerkenswerten **Fritto misto** alla piemontese und zur entsprechenden Jahreszeit **Schnecken** und **Frösche** (geschmort, im Omelett und in der Suppe). Aufgrund des starken Einsatzes von Düngemitteln sind die Bestände in den Reisfeldern allerdings erheblich zurückgegangen. Zur passenden Jahreszeit stellt Mario ein ganzes Menü aus »Sgrappe«, kleinen Süßwasserfischen, zusammen. Man kann sie fritiert, »in carpione«, geschmort mit Polenta und mit Omelett bekommen. Einzig das Weinangebot läßt ein wenig zu wünschen übrig. Die Weine aus dem Oltrepò Pavese sind natürlich in Ordnung, aber es ist z. B. kein einziger Piemonteser Wein auf der Karte zu finden. Gemessen an dem, was die Gegend sonst zu bieten hat, ist dieses Lokal durchaus zu empfehlen.

Priocca

13 km von Alba, 22 km von Asti, S. S. 231

Centro

Restaurant
Via Umberto, 5
Tel. 01 73 / 61 61 12
Ruhetag: Dienstag
Betriebsferien: Ende Juli
45 Plätze + 90
Preise: 30-40 000 Lire
Kreditkarten: AE, CartaSi, Visa
Reservierung: abends empfohlen

Gleichsam zu Füßen der beeindruckenden neugotischen Pfarrkirche, deren kitschige Fassade das ganze Dorf überragt, steht seit über hundert Jahren das »Centro«. Das Restaurant sieht immer noch wie eine gemütliche Trattoria aus. Die Umbauten im Innern, die ständige Überarbeitung der Weinkarte, Gläser und Geschirr erfüllen aber alle Ansprüche an ein modern geführtes Restaurant. Der junge und dynamische Enrico zeichnet für diese neue Linie verantwortlich, die ohne radikale Veränderungen, vor allem beim Speisenangebot, erarbeitet worden ist. Mamma Rita (ihre Schwiegertochter Elide geht ihr inzwischen zur Hand) kocht nämlich ausschließlich nach ihren traditionellen Rezepten. **Tagliatelle** macht sie nur mit Eigelb, die **Agnolotti monferrini** sind breit und schön mit Fleisch, manchmal sogar nur mit Kaninchenfleisch, gefüllt. Es gibt auch Wildpastete und die Köpfe von Steinpilzen aus der Gegend, Braten und Brasato. Aber erst der **Fritto misto** macht aus dem »Centro« eine wahre Kultstätte. Wenn Sie einen Tag vorher bestellen, wird Sie Signora Rita mit 20 bis 25 Gängen überraschen. Mehr noch wird Sie verblüffen, daß Sie alle durchprobieren können und keinen schweren Magen davon bekommen. Dafür braucht man natürlich eine verschwenderische Köchin: Rita verwendet für jeden Gang frisches Fritieröl! Ausgezeichnete Grundstoffe und immer frisches Öl, dazu noch flinke Bedienung, denn ein ordentlicher Fritto muß heiß gegessen werden – man kann die Bravourstückchen gar nicht alle aufzählen. Keines der üblichen Gerichte fehlt, es gibt sogar noch ein paar Extras wie Pilze, »Batsoà«, Rindermark, Hirn, Würste, Äpfel, Amaretti und Pflaumen. Die Speisen, das sehr gute Weinangebot und die wirklich sehr aufmerksame Bedienung rechtfertigen die Preise.

Roccaforte Mondovì

22 km von Cuneo, 10 km von Mondovì

Da Aurelio

Trattoria
Via delle Terme, 1 - Lurisia
Tel. 01 74 / 68 32 61
Ruhetag: Dienstag
Betriebsferien: zwei Wochen im Nov.
50 Plätze
Preise: 28 000 Lire, ohne Wein
Keine Kreditkarten
Reservierung: empfohlen

Ein gesundes Klima, Mineralquellen, ein paar Skipisten, Touristen aus Piemont und Ligurien sowie eine schmackhafte Küche (besonders wenn es Wild- und Pilzgerichte gibt) machen die Attraktionen von Lurisia aus. Das kleine Dorf liegt wenige Kilometer von Mondovì entfernt in einem Tal der Provinz Cuneo. Die Trattoria von Aurelio Pastorelli strahlt auch heute noch familiäre Atmosphäre aus. Das liegt sicher am Wirt selber und an den meist traditionellen Gerichten. Zur entsprechenden Jahreszeit gibt es hier vor allem Pilzgerichte: **Steinpilzsuppe**, **Pilze alla Lurisiana**, d.h. in Öl und Knoblauch gedünstet, Pilzsaucen zu den **Tagliatelle** aus einfachem oder Vollkornmehl. Dann gibt es noch **grüne Gnocchi mit Käsecreme**, **Bagna caoda** (die müssen Sie eigens verlangen), **Wild** und **Wildgeflügel**. Zu den Teigwaren bekommen Sie gerne auch **weiße Trüffelraspel**. Sämtliche Süßspeisen, sei es nun **Bonet**, **Maroni-** und **Hasel-** oder **Walnußtorte**, sind hausgemacht. Leider entspricht das Weinangebot nicht der guten Küche. Die Flaschenweine sind eher Massenware. Die Preise fallen im Verhältnis zu den reichhaltigen Speisen sehr günstig aus.

Saluzzo

32 km nördl. von Cuneo

Osteria dei Mondagli

Osteria-Trattoria
Piazzetta dei Mondagli, 1
Tel. 01 75 / 4 63 06
Ruhetag: Mittwoch und Do.mittag
Betriebsferien: zweite Augustwoche
35 Plätze
Preise: 33 000 Lire, ohne Wein
Kreditkarten: Visa, CartaSi
Reservierung: empfohlen

Drei Freunde haben diese Osteria buchstäblich mit ihren eigenen Händen erbaut und somit eines der angenehmsten Restaurants von Saluzzo geschaffen. Beppe und Ignazio machen ausgezeichnete **Tajarin**, **Agnolotti**, **Gnocchi al Castelmagno** und andere Spezialitäten Piemonts wie z.B. **Minestra di trippa**. Sehr gut fallen die Fleischgerichte aus; es wird nämlich nur hochwertiges Fleisch verwendet. Zu empfehlen ist das zarte Roastbeef, das den Geschmack des Piemonteser Rindfleischs voll zur Geltung bringt. Gelinde gesagt spektakulär ist die Bedienung, die Carlo Ponte besorgt: er vereint glücklich Sachverstand mit Charme und Spontaneität. Das Lokal ist ansprechend und recht gemütlich. Ihren Aperitif können Sie draußen auf der Terrasse zu sich nehmen und dabei das Treiben auf der winzigen Piazza beobachten. Hier spüren Sie die Atmosphäre der Altstadt von Saluzzo, die Sie sich in aller Ruhe ansehen sollten. Die Weinkarte wird jeden Monat neu zusammengestellt. Die Wirte folgen keinen Modeerscheinungen, sondern wählen intuitiv die besten Sorten aus: Rotweine aus Piemont und der Toskana, Weißweine aus Friaul und dem Trentino. Sie bekommen auch sehr edle Weine.

San Marzano Oliveto

25 km von Asti, S. S. 456

Del Belbo da Bardon

Trattoria
Via Valle Asinari, 25
Tel. 01 41 / 83 13 40
Ruhetag: Donnerstag
Keine Betriebsferien
50 Plätze + 100 im Freien
Preise: 30-40 000 Lire, ohne Wein
Kreditkarten: AE, CartaSi, Visa
Reservierung: empfohlen

1891 erwarb Gioachino Bardone die Lizenz zur Führung eines Gasthofs. Über fünf Generationen ist diese Lizenz nun schon in den Händen derselben Familie. Damals war die Osteria eine wichtige Poststation auf dem Weg zu dem lebendigen Markt in Nizza Monferrato. Heute gibt es keine Stallungen mehr, anstelle der einstigen Pergola umgibt nun ein etwas nüchterner Laubengang den Innenhof. Hier kann man im Sommer eine üppige Brotzeit zu sich nehmen. Auch innen hat man die Osteria modernisiert. Doch die Küche ist die gleiche geblieben. Hier werden nach wie vor mit viel Sorgfalt die klassischen Gerichte gekocht. Papa Giuseppe ist unbestritten ein As bei der Zubereitung der verschiedenen Nudelsorten und der Agnolotti. Seine Frau Anna geht ihm in der Küche zur Hand. Um den Wein und um die Gäste kümmert sich ihr Sohn Gioachino. Ausgesuchte Grundstoffe und die Begeisterung beim Kochen finden in den verführerisch guten Gerichten ihren Niederschlag. Sie bekommen sowohl ganz einfaches als auch gutbürgerliches Piemonteser Essen, das der Tradition in Piemont entspricht. Neben **Frittate**, **Batsoà**, **Gemüsetorte**, **Pasta e fagioli**, **Trippa**, **Merluzzo al verde**, **Bollito** (dienstags) bekommen Sie **gekochtes Huhn**, frisch zubereiteten Salat mit **Carne cruda**, **Vitello tonnato**, **Karden** mit Fonduta oder **Pollo al Barbera**, Pilze und **Trüffeln**. Gioachino hat dazu eine überwältigende Weinkarte zusammengestellt, die mit Sicherheit eine der bestsortierten in der Gegend ist und den Vergleich mit vornehmeren Restaurants nicht zu scheuen braucht. Sie umfaßt Weine von den besten Erzeugern aus Italien und dem Ausland sowie einiger kleiner Erzeuger, die Gioachino mit gutem Spürsinn in den sogenannten Nischen des Weinmarkts entdeckt hat.

Serole

63 km von Asti, S. S. 29

Delle Langhe

Trattoria
Via Concentrico, 1
Tel. 01 44 / 9 41 08
Ruhetag: Freitag
Betriebsferien: Nov./Dez.
80 Plätze
Preise: 25-30 000 Lire
Keine Kreditkarten
Reservierung: nicht notwendig

Die Landschaft um Asti fasziniert durch ihre Gegensätze. Es kann hier nur wenig Landwirtschaft betrieben werden. Karst und sanfte Hügel wechseln sich ab. Die vielen kleinen Dörfer leben zwischen der Abgeschiedenheit und der Hoffnung, wiederentdeckt zu werden, dahin. Zu diesen Dörfern gehört auch Serole, das in einer sonnigen Talmulde liegt. Hier steht auch die »Trattoria delle Langhe«; durch ein schönes Schild draußen an der Fassade können Sie sie nicht verfehlen. Früher konnte man hier auch übernachten, heute wird nur noch gekocht. Die Küche ist bodenständig und läßt sowohl die Einflüsse Piemonts als auch den ligurischen Apennins spüren. Auf dem riesigen Holzofen, der die ganze Küche beherrscht, werden **Gemüseminestrone**, **Agnolotti** und **Tajarin**, **gefülltes Kaninchen**, **Pollo alla cacciatora**, **Stinco al forno**, Zicklein, **Fritto misto** mit Fleisch oder mit Gemüsen (**Frisceu**), **Frittata** mit Kräutern oder Zwiebeln zubereitet. Die Pasta macht übrigens die Schwiegermutter der Wirtin mit ihren gut achtzig Jahren immer noch selbst. Sie bekommen stets auch Wurstwaren (zu empfehlen ist der Schweinskopf) und Robiola aus der Gegend oder die schmackhaften kleinen Ziegenkäse nach der Art des Roccaverano. Zu trinken gibt es den bescheidenen Wein aus diesem Tal. Die Stimmung ist hier sehr angenehm. Die etwas altmodische Einrichtung und die stets freundliche Signora Carmen geben dem Lokal seinen familiären Anstrich. Unter der Woche bekommen Sie hier ein schlichtes Essen, können aber bei jedem Gang unter mehreren Gerichten wählen. Am Wochenende (oder auf Vorbestellung) dagegen gibt die Küche ihr Bestes und fährt reihenweise Spezialitäten auf. Im Winter ißt man hier gern Schweinefleisch: Würste, Sanguinaccio und ausgezeichnete **Frisse**.

Sordevolo

7 km von Biella, 47 km von Vercelli

San Grato aa Sisto

Trattoria
Via Basilio Bona, 80
Tel. 0 15 / 86 21 80
Ruhetag: Mittwoch
Betriebsferien: 14 Tage im Sept.
70 Plätze
Preise: 35-50 000 Lire
Keine Kreditkarten
Reservierung: empfohlen

Die Trattoria »San Grato« ist wohl die letzte Bastion für traditionelle Bielleser Kost. Seit 1900 ist das Lokal im Familienbesitz. Die zahlreichen Jagdtrophäen und antiken Gegenstände verleihen der Einrichtung einen rustikalen Charakter. Die Küche bietet eine ganze Reihe typisch Bielleser Antipasti an. Zu den warmen Vorspeisen gehören **Soma d'aj**, **Caponet**, Kartoffelauflauf mit Wurst, Kräuteromelett, panierter Borretsch, Silberzwiebeln und schließlich **Peperoni in bagna caoda**. Von den kalten Vorspeisen empfehlen wir »San Carlin« (eine schmackhafte Paste aus Käse, Knoblauch und Gewürzen), Schweineschulter, Mocetta in Öl, gemischte Wurstplatte, marinierte Putenschnitzel und Giardiniera aus frischem Gemüse. Als Primi stehen dann die typische **Kohlsuppe**, **Riso al Barolo** und **Riso in cagnone** zur Auswahl. Es folgen Spezialitäten der Gegend wie Ziegenlamm, **geschmorter Schweinsfuß**, Haxe. Zum Abschluß empfiehlt sich der seltene **Toma** aus der Gegend oder ein ausgezeichneter **Zabaglione** mit Eis. Wenn Sie für mindestens 8 oder 10 Personen vorbestellen, können Sie hier ein traditionelles Bielleser Menü bekommen. Sie essen dann **Batsoà**, **gefüllte Kürbisblüten**, **Polenta buia**, **Frikandeau mit Gemüse** und **Bonet**. Die Weine passen gut zu den Speisen, die Kräuterliköre sind recht interessant.

Stroppo

43 km von Cuneo, S. S. 22

Lou sarvanot

Restaurant
Via Nazionale, 51 - Ortsteil Bassura
Tel. 01 71 / 99 91 59
Ruhetag: Mo., im Winter auch Di.
Betriebsferien: Januar
30 Plätze
Preise: 30–35 000 Lire, ohne Wein
Kreditkarten: CartaSi
Reservierung: empfohlen

»Lou sarvanot« bezeichnet in der Langue d'oc einen kleinen Kobold, der in den Bergen lebt. Und genau der empfängt die Feinschmecker im Val Maira. Die zwei netten jungen Leute Silvia Massarengo und Paolo Rovera haben ihr Lokal Ende 1989 eröffnet. Sie stellen mit Sachverstand die schlichte Küche dieser Bergregion vor. Ihr Angebot beschränkt sich nicht auf die in jeder Bergtrattoria servierte Polenta mit Schmorbraten. Es gibt ausgezeichnete Flaschenweine aus Piemont (rot) und einige Weißweine aus Ligurien an. Silvia bereitet **Forellen** auf provenzalische Art oder mit Kräutern gefüllt zu. Sie macht auch die Pasta: **Tagliatelle**, grüne Spaghetti, **Pasta aus Buchweizenmehl** und auf Vorbestellung **Agnolotti** und **Ravioli** mit einer Füllung aus Kartoffeln und Toma, wie sie hier in der Gegend gegessen werden. Es gibt immer neue Vorspeisen und ausgezeichnete Suppen: im Sommer herrlich duftenden Minestrone, im Winter **Zwiebelsuppe** und **Comau**, eine Minestra aus Kürbis und Kartoffeln. Auch die Fleischgerichte entsprechen der Jahreszeit und den lokalen Gepflogenheiten: Kaninchen mit einer Sauce aus Vermentino und Senf, Schweinefleisch mit Salbei, **Bollito misto**, Spezzatino al Barolo und auf Vorbestellung **Finanziera**. Die hausgemachten Desserts müssen Sie probieren: Crostate, »Panet« (eine Art Apfel im Schlafrock), **Panna cotta**, Mattone und ein hervorragender **Pudding mit Sahne und Zabaglione**. Service und Speiseräume sind sehr ansprechend: schöne Tischdecken, ein paar alte Möbel, ein großer Kachelofen für den Winter. Im Sommer hat man einen schönen Blick auf das grüne Tal. Das Preis-/Qualitätsverhältnis ist ausgezeichnet; ein Nudelgericht und eine Hauptspeise bekommen Sie schon für 15 000 Lire.

Torino

Antiche sere

Osteria
Via Cenischia, 9
Tel. 0 11 / 3 85 43 47
Ruhetag: Sonntag
Betriebsferien: August
50 Plätze + 50 im Freien
Preise: 30 000 Lire, ohne Wein
Keine Kreditkarten
Reservierung: empfohlen

Sämtliche Trinker aus dem Stadtteil San Paolo kehrten in dieser waschechten Osteria ein und tranken unter der Pergola ihren Wein zu einem günstigen Preis. Inzwischen hat sich vieles geändert. Die Osteria wirkt ansprechend und beinahe schon exklusiv, die Küche ist für eine Stadt wie Turin beachtlich. Als Antipasti bekommt man gute rohe Salami, Zucchiniquiche, Spargelkuchen (nur im Frühjahr) und eine leichte **Insalata di trippa**. Bei den Primi entdeckt man einerseits traditionelle Gerichte wie **Pasta e fagioli**, andererseits ist mit **Spargelrisotto** und Gnocchi mit Käse und Rucola auch die moderne Küche vertreten. Als Secondo ißt man verschiedene Fleisch- (die **Rouladen mit Erbsen** sind köstlich) und **Spargelgerichte**. Die Süßspeisen schmecken hervorragend: **Bayerische Creme mit Mokka**, klassische **Panna cotta** und eine zarte Erdbeermousse. Die Weinkarte ist mit viel Sorgfalt zusammengestellt. Sie nennt vor allem renommierte Weine aus Piemont und Friaul. Die Bedienung in diesem ansprechenden Lokal ist stets aufmerksam und zuvorkommend. Im Sommer kann man in einem kühlen Innenhof essen. Nur abends geöffnet, warme Küche bis 22.30 Uhr.

Torino

Dai Saletta

Trattoria
Via Belfiore, 37
Tel. 0 11 / 68 78 67
Ruhetag: Sonntag
Betriebsferien: August
30 Plätze
Preise: 25–30 000 Lire
Keine Kreditkarten
Reservierung: abends empfohlen

Giulio Saletta, der bei Freunden und Gästen besser unter dem Namen William bekannt ist, kümmert sich zusammen mit seiner Frau Sonia persönlich um die Küche dieser netten Trattoria. Ein einziges Gastzimmer mit nur wenigen Plätzen, eine schlichte Einrichtung und eine stets freundliche Bedienung machen das Lokal angenehm und familiär. William verfügt über keine besonders lange Erfahrung im Gastgewerbe, hat aber klare Vorstellungen. So ist seine Speisekarte recht interessant. Um die Wartezeit zu überbrücken, bekommt man nämlich sehr schmackhafte **Trippa** di Moncalieri serviert; die hauchdünnen Streifen sind nur mit Olivenöl, Salz und Pfeffer gewürzt. Manchmal bekommt man stattdessen auch Speck mit Pfeffer. Von den Nudelgerichten empfehlen wir die Rustica alla Montanara (Vollkorntagliatelle mit Würsten und Hühnerleber) und **Tagliolini alla langarola**, d.h. eine Abwandlung der Tajarin, die hier mit Kartoffeln und Toma angerichtet werden. Herausragende Fleischgerichte sind **Brasato al Barolo**, Kaninchen mit Pflaumen und Braten mit Haselnußcreme. Schließen Sie Ihre Mahlzeit mit **Panna cotta** oder **Bonet** ab und lassen Sie sich dann die angemessene Rechnung bringen. Auf Vorbestellung macht man Ihnen gerne **Fritto misto** alla piemontese, **Bagna caoda** oder **Finanziera**. Wir übergehen hier lieber das Fleischfondue und die Paella, die William bereitwillig anbietet. Aber wir wissen ja, daß die Leute auch gern mal etwas Exotisches wollen! Die Weinkarte bietet eine kleine und ordentliche Auswahl an Flaschenweinen aus Piemont.

Torino

Porto di Savona

Restaurant
Piazza Vittorio Veneto, 2
Tel. 0 11 / 83 14 53
Ruhetag: Montag und Di. mittag
Betriebsferien: drei Wochen im August
120 Plätze
Preise: 25 000 Lire
Keine Kreditkarten
Reservierung: abends notwendig

Hinter diesem etwas ungewöhnlichen Namen (früher fuhren hier die Busse nach Ligurien ab) verbirgt sich eines der ältesten Restaurants in der Stadt. In der Tat liegt es in einem Viertel, das noch unverfälscht erhalten geblieben ist. Diese typische Trattoria wurde vor einem Jahr wiedereröffnet. Die neuen Inhaber, Giulio und Carlo Ferrari, haben auch nach den Umbauten die ursprüngliche Gestalt des Lokals beibehalten. Die Plakate an den Wänden, die Marmortreppe mit ihren ausgetretenen Stufen, der Mosaikfußboden und einige vergilbte Fotografien mit Varietétänzerinnen der Jahrhundertwende lassen förmlich eine andere Zeit wiedererstehen. Zu den Stammgästen, die über vierzig Jahre lang von der früheren Besitzerin, Signora Isolina Bindi, bedient wurden, gesellen sich heute hauptsächlich junge Leute, die vor allem abends in Scharen in das Restaurant strömen. Die Speisekarte ist reichhaltig, beinhaltet aber keine besonderen Spezialitäten. Wir empfehlen die **Gnocchi al gorgonzola** aus der Molkerei Ferrari in Novara. Die Speisen sind schmackhaft und reichlich. Sie entsprechen der Piemonteser Küche, lassen aber auch weniger traditionelle Geschmacksrichtungen und einige Fremdeinflüsse gelten. Das Weinangebot ist ordentlich, der Hauswein mehr als nur ehrlich. Hier können Sie an einem der eindrucksvollsten Plätze der Stadt zu einem günstigen Preis eine komplette Mahlzeit essen.

Torino

Tre Galline

Restaurant
Via Bellezia, 37
Tel. 0 11 / 4 36 65 53
Ruhetag: Sonntag und Mo.mittag
Betriebsferien: drei Wochen im Aug.
70 Plätze
Preise: 35-45 000 Lire, ohne Wein
Kreditkarten: die bekannteren
Reservierung: empfohlen

Im Herzen der Turiner Altstadt wurde für all jene ein Restaurant wiedereröffnet, die traditionelle Piemonteser Küche schätzen. Im frisch renovierten Lokal (das noch ein wenig Behaglichkeit vermissen läßt) bedient Sie ein sehr aufmerksamer Ober. Ein Blick auf die Karte zeigt, daß man sich hier schon auf Europa eingestellt hat: Sie können nämlich zwischen einem kleinen und einem großen Menü wählen oder à la carte essen; Bedienung und Gedeck sind entgegen der in Italien sonst üblichen Praxis bereits im Preis enthalten. **Geflügelleberpastete** und **Hühnersalat** gehören zu den köstlichen Vorspeisen. Von den Primi empfehlen wir Ihnen das **Risotto mit Hahnenkamm** sowie die zarten und meisterhaft zubereiteten **Lumache in guazzetto**. Als Secondi stehen Fisch und Fleisch (**Lammkoteletts in Barolo**, der traditionelle **Brasato** oder Kaninchen) zur Auswahl. Wenn Sie abschließend noch ein Stück Käse probieren möchten, bekommen Sie verschiedene Sorten **Toma**, **Castelmagno** und frischen Ziegenkäse. Die klassischen Süßspeisen wie **Bonet**, **Panna cotta** oder **Obstkuchen** schmecken köstlich. Das Weinangebot ist nicht umfangreich, aber hochwertig. Als Digestif empfiehlt sich der ausgezeichnete Barbancourt.

Treiso

70 km von Cuneo, 7 km östl. von Alba

Belvedere

Trattoria
Ortsteil Cappelletto, 3
Tel. 01 73 / 63 01 74
Ruhetag: Mittwoch
Betriebsferien: unterschiedlich
80 Plätze
Preise: 30 000 Lire
Keine Kreditkarten
Reservierung: empfohlen

In zehn Minuten erreichen Sie auf der Straße von Alba nach Treiso-Madonna di Como die »Trattoria Belvedere«, die unter dem Namen »Osteria del Cappelletto« eigentlich besser bekannt ist. Das Lokal ist in einem schönen ausgebauten Bauernhof aus groben Steinen und Ziegeln untergebracht. Der Weg in die beiden kleinen Gastzimmer (es gibt noch einen Festsaal) führt durch die Küche. Hier sehen Sie zum erstenmal die Speisen, die die erfahrene Köchin Rosa Cerrato zubereitet. Die Vorspeisen sind schön nebeneinander aufgereiht, ebenso die Nudeln, die unter einem Organzatuch frisch bleiben. In diesem schlichten und sauberen Lokal, das rustikal eingerichtet ist, ißt man die Gerichte der Gegend, die hier aber nicht ganz so schwer sind. Die Köchin stellt leichte Saucen und Braten her, alles schmeckt echt und sehr ausgewogen. Man beginnt mit einer »echten« **Carne cruda** (die entweder mit dem Messer aufgeschnitten oder einfach durch den Fleischwolf gedreht wird) und mit **Zunge in Sauce**. Unter den warmen Vorspeisen finden Sie **Frittatine** und eine **Frittura mit Würsten und süßem Grieß**. Unter den Nudelgerichten entdecken Sie Klassiker wie **Tagliatelle** und **Agnolotti dal plin**. Ein typisches Fleischgericht ist **Kaninchen mit Paprikaschoten**. Wenn Sie zur rechten Zeit hier sind, können Sie Ihre Mahlzeit mit einem unübertrefflichen Toma di Murazzano abschließen. Auf Vorbestellung bekommen Sie einen guten **Fritto misto** mit etwa zwölf verschiedenen Fleisch- und Gemüsesorten. Das Weinangebot beschränkt sich auf Rotweine aus der Gegend und ist recht ordentlich. Zu einem entsprechenden Preis sind auch große Barbarescos zu haben. Die Töchter der Wirtsleute kümmern sich um die Gäste, während Osvaldo für den Weinkeller verantwortlich ist.

Treiso

70 km von Cuneo, 7 km östl. Alba

Osteria dell'Unione

Trattoria
Via Alba, 1
Tel. 01 73 / 63 83 03
Ruhetag: Montag und Dienstag
Betriebsferien: 15.-30. August
30 Plätze
Preise: 38-40 000 Lire, ohne Wein
Keine Kreditkarten
Reservierung: notwendig

Die »Osteria dell'Unione« ist auf Anregung der Arcigola entstanden. Man wollte in Treiso wieder ein Lokal schaffen, wo man Wein aus der Gegend trinken und auch einmal Freunde oder Touristen ausführen kann. Man sollte auch ein paar Scheiben Salami oder ein bißchen Käse zum Wein essen können. Das hieß eben, wieder eine richtige Osteria eröffnen, wie sie hier üblich war. Aber so langsam war Pina Bongiovanni von ihrer Aufgabe immer mehr begeistert, so daß sie nach und nach zusammen mit ihrem Mann Beppe Marcarino auch einige warme Speisen anbot: **Kaninchen in Wein** und mit Paprika, **Agnolotti dal plin**, **Vitello tonnato**, **Bonet**, **Tomini al verde** und **Cognà** (Quittenbrot) mit Käse. Offensichtlich griff die bescheidene Pina auf alte Familienrezepte zurück und konnte sich auf eine gleichsam angeborene Kochkunst verlassen. Der Ruhm des Lokals vermehrte sich schnell, es war aber immer noch ein Geheimtip. Doch als Intellektuelle wie Portinari und Feinschmecker wie Raspelli und Veronelli das Lokal für sich entdeckten, wurde es auf einen Schlag berühmt. Sie alle loben Pinas Kaninchen in den Himmel, sind von den perfekten, winzigkleinen Agnolotti und dem Duft der **Frittatine** begeistert. So kam es, daß Pina 1989 beim Galaessen des Slow Food in Paris neben renommierten Küchenchefs ihre Agnolotti vorstellte: ein Erfolg, der seinesgleichen sucht. Jetzt steht das Telefon in der Osteria nicht mehr still, und es ist schwierig geworden, dort einen Tisch zu bekommen. Aber wenn Sie Geduld haben, ergattern Sie einen der wenigen Tische und können eine der besten und ursprünglichsten Küchen der Gegend probieren. Es bedient Sie dann die freundliche Patrizia. Zu trinken gibt es die ganz großen Weine aus der Gegend.

Vignale Monferrato

24 km nord-westl. von Alessandria

Cascina Alberta

Bauernhof
Ca' Prano, 14
Tel. 01 42 / 92 33 13
Kein Ruhetag
Betriebsferien: Januar
30 Plätze
Preise: 30-35 000 Lire
Keine Kreditkarten
Reservierung: notwendig

Die »Cascina Alberta« gehört zu den Gründungsmitgliedern des Vereins »Le terre del Grignolino«. Die ersten Gäste, die Urlaub auf dem Bauernhof machten, waren die Teilnehmerinnen an einem Tanzkurs in dieser piemontesischen Tanzhochburg. Erst später hat man den ältesten Flügel des Gebäudes ausgebaut und dort ein Restaurant eingerichtet. Raffaella Cristofaro hat Agrarwissenschaften studiert und arbeitet mit gleichem Einsatz in Landwirtschaft und Küche. Ihr Freund Franco ist Architekt und kümmert sich um das Bauernhaus und die Gäste. Da schneidet er gern auch mal eine Salami auf oder entkorkt eine Flasche Wein. Die Weine sind gut, die Auswahl naturgemäß etwas gering. Wir sind hier ja auf einem Weingut, das den Tourismus nur als Nebenerwerb auffaßt. Allerdings sieht man darin auch eine gute Möglichkeit, die eigenen Weine vorstellen zu können: Grignolino und Barbera. Es gibt leider keinen Weißwein, eine Lücke, die durch den Brugo (ein Roséwein) nicht ganz geschlossen werden kann. Auch andere Erzeugnisse aus dem eigenen Betrieb kommen hier auf den Tisch: Obst, Gemüse und Fleisch. Es gibt meistens Huhn oder Kaninchen, die auf verschiedene Arten zubereitet werden. **Tagliatelle** gibt es immer, während man **Agnolotti** vorbestellen muß. Ohne Voranmeldung können Sie hier nachmittags ein paar Kleinigkeiten essen. In einer Laube serviert man Ihnen dann Brot, Salami, **Acciughe al verde**, Frittate, **Tomini** und Kuchen. Dazu gibt es Wein, der frisch aus dem Weinkeller geholt wird, ganz wie in einer klassischen Osteria. Die Bindung an die traditionellen Eßgewohnheiten der Gegend könnte allerdings etwas stärker sein. Man kann sich hier wohlfühlen: die Gästezimmer sind schön und gepflegt. Freizeitprogramme werden angeboten.

Vignale Monferrato

24 km nord-westl. von Alessandria

Serenella

Trattoria
Piazza del Popolo, 1
Tel. 01 42 / 92 31 00
Ruhetag: Montag
Betriebsferien: September
60 Plätze
Preise: 25–30 000 Lire
Keine Kreditkarten
Reservierung: notwendig

Wir befinden uns in einer dieser Mischformen aus Bar und Trattoria, die im Monferrato die rechtmäßigen Erben der herkömmlichen Osteria sind. Das vordere Gastzimmer ist die Bar, hier wird Karten oder Billard gespielt. Die beiden Speisezimmer sind einfach eingerichtet und strahlen eine beruhigende und familiäre Atmosphäre aus. Die junge Marinella Lavagno kocht Hausmannskost, ihr Mann Antonio Veleggiani hat eine angesehene Hotelfachschule absolviert und kümmert sich nun um die Bedienung. Wer die Spezialitäten aus dem Monferrato und Piemont kennt, weiß ja, was ihn erwartet. Für die, die noch nie das Glück gehabt haben, diese Küche zu probieren, seien hier genannt: **Sardellen in grüner Sauce**, Wurstwaren (roh und gekocht) aus der Gegend, von Marinella selbst eingelegte Vorspeisen, **Agnolotti**, **Risotti** mit frischem Gemüse, Minestra mit grünem Gemüse oder Hülsenfrüchten. Natürlich gibt es auch **Brasato**, Kaninchen, Geflügel. Auf Vorbestellung bekommen Sie **Bollito** mit grüner Sauce: die verschiedenen hervorragenden Fleischsorten ergänzen sich wunderbar. Der **Fritto misto** alla piemontese wird hier mit Karotten als Beilage serviert. Zur entsprechenden Jahreszeit gibt es Wild und **Trüffeln** (diese werden extra berechnet). Der ausgezeichnete **Bonet** oder **Panna cotta** schließt die Mahlzeit ab. Die Weine stammen hauptsächlich aus der Gegend: meist wird Barbera oder Grignolino angeboten. Wir empfehlen auch den Vignale aus der Genossenschaftskellerei im Ort, und den Spumante Charmat. In einer Ortschaft mit viel Fremdenverkehr (der zum Teil auch auf das Internationalen Tanzfestival zurückzuführen ist) und mit vielen guten Gasthäusern wird diese Trattoria nach wie vor hauptsächlich von Stammkunden aus dem Ort besucht.

Vignale Monferrato

24 km nord-westl. von Alessandria

Trisoglio

Bauernhof
Cascina Pomera – San Lorenzo
Tel. 01 42 / 92 33 78
Kein Ruhetag
Keine Betriebsferien
35 Plätze
Preise: 35 000 Lire, ohne Wein von
Keine Kreditkarten   [der Weinkarte
Reservierung: notwendig

Vergessen Sie nicht, Ihre Rechnung zu bezahlen! Das passiert hier so leicht, weil man sich eher wie bei Freunden als in einem Restaurant fühlt. Die warmherzige Gastlichkeit ist eine der vielen angenehmen Eigenschaften Gabriella Trisoglios und ihrer Familie. Außerdem besitzt sie ein großes Naturtalent, guten Geschmack, kennt die mündlich überlieferten Rezepte aus der bäuerlichen Küche der Gegend und ist sehr ehrgeizig. In ihrem wertvollen Ordner sammelt sie alle historischen Rezepte, die sie entdeckt, und vielleicht auch ein paar Tips, die sie bei den Kursen in der »Locanda dell'Angelo« in Paracucchi gelernt hat, ohne aber zur Nouvelle Cuisine überzulaufen. Ihre sehr aufmerksame Küche basiert auf frischen Grundstoffen aus der umliegenden Gegend (z.B. Gemüse aus dem eigenen Garten), die zu traditionellen Gerichten mit leicht kreativem Einschlag verarbeitet werden. **Agnolottini monferrini** mit Bratensauce gibt es immer, den **Fritto misto** alla piemontese müssen Sie dagegen eigens vorbestellen. Die Vorspeisen sind einfach köstlich. Da sind z.B. der Salat aus Zunge und Walnüssen, der Käse mit **Traubenmostarda**, die Paprikaschoten der Mamma Delia. Anstelle der klassischen Agnolotti gibt es auch **Tagliatelle** mit frischen Gemüsen. Das Hauptgericht besteht meist aus Kaninchen oder Freilandhühnern. Die Desserts sind die große Stärke der Köchin: **Panna cotta**, eine Köstlichkeit mit Torrone, **Zabaglione mit Krumiri**, Mürbteigkuchen mit Marmelade und duftende Kekse in Herzform mit dem Namen Gabriellini. Die ehrlichen Weine von Onkel Ernesto, Weinbauer in San Lorenzo, sind im Preis inbegriffen. Es gibt auch eine kleine, aber sehr interessante Weinkarte.

Villanova Mondovì

21 km östl. von Cuneo

Centro turismo equestre Caporale
Circolo Acli
Ortsteil Caporale
Tel. 01 74 / 69 81 90
Kein Ruhetag
Betriebsferien: November bis April
50 Plätze
Preise: 25 000 Lire
Keine Kreditkarten
Reservierung: empfohlen

Von Frühjahr bis Herbst können Sie hier übernachten (es gibt sechs Betten), essen, Brotzeit machen und natürlich durch Wald und Wiesen reiten. Adriano und Donato Musso haben einen sehr alten Bauernhof zu diesem Reithof umgebaut. Im Sommer betreiben sie auch eine richtige Trattoria. Sie bekommen hier gut zubereitete piemontesische Küche: **Gnocchi**, **Agnolotti**, **Polenta** mit verschiedenen Beilagen, Kaninchen und Braten, **Brasato in Wein**. Nicht selten ißt man hier auch Frösche und Schnecken und im Herbst geröstete Maroni. Die Süßspeisen wie **Bonet**, Obstkuchen und andere Köstlichkeiten sind hausgemacht. Die kleine Auswahl an Flaschenweinen aus Piemont, die freundliche und einfache Bedienung, die anständige Rechnung machen das »Caporale« zu einer beliebten Einkehr. Es ist nur wenige Minuten von Mondovì entfernt und den Sommer über immer geöffnet.

Villanova Monferrato

35 km von Alessandria, S. S. 31

Cavallino bianco
Osteria-Trattoria
Via Bonardi, 12
Tel. 01 24 / 48 31 26
Ruhetag: Montag
Kaum Betriebsferien
25 Plätze
Preise: 25 000 Lire
Keine Kreditkarten
Reservierung: empfohlen

Maria Uliano wurde wie so viele nach dem Krieg aus Venetien hierher verschlagen. Sie hat also genügend Zeit gehabt, die hiesigen Eßgewohnheiten kennenzulernen. Nur ihr leichter Akzent, ihre zurückhaltende Freundlichkeit und ihre Vorstellung von einer Osteria, die nicht nur Lokal, sondern Treffpunkt sein soll, verraten ihre Herkunft. In ihrer Osteria konnte man immer schon übernachten, darauf deutet auch der alte Laubengang hin, wo früher die Pferde untergestellt wurden. Heute können Sie dort einen Imbiß einnehmen. Manche schwören, daß Napoleon vor der Schlacht von Marengo hier Quartier bezogen haben soll. An den Tischen mit den lebhaften Karotischdecken ißt man traditionelle, aber trotzdem leicht verdauliche Gerichte und trinkt Flaschenweine von guter Qualität. Die Rotweine sind die klassischen Weine der Gegend wie der lebhafte Barbera di Vernetti. Eine typische Mahlzeit könnte etwa aus **Agnolotti monferrini** und **Kaninchen mit Paprikaschoten** bestehen. Doch Vercelli ist nicht weit, und so kocht Maria auch andere Spezialitäten wie **Panissa** und Frösche: sie werden paniert und gebraten oder in einem Omelett mitgebacken. Leider bekommen Sie sie nur selten, denn Maria verwendet nur frische Frösche, von denen es nicht mehr viele gibt. Außerdem ißt man sie traditionsgemäß nur in den Monaten mit einem »r« im Namen; in den übrigen Monaten gibt es keine oder nur minderwertige Frösche. Ursprüngliches Ambiente, warmherzige Gastlichkeit, flinke Bedienung, gutes Essen und angemessene Preise findet man nicht sehr oft unter einem Dach vereint. Hier können Sie sich darauf verlassen.

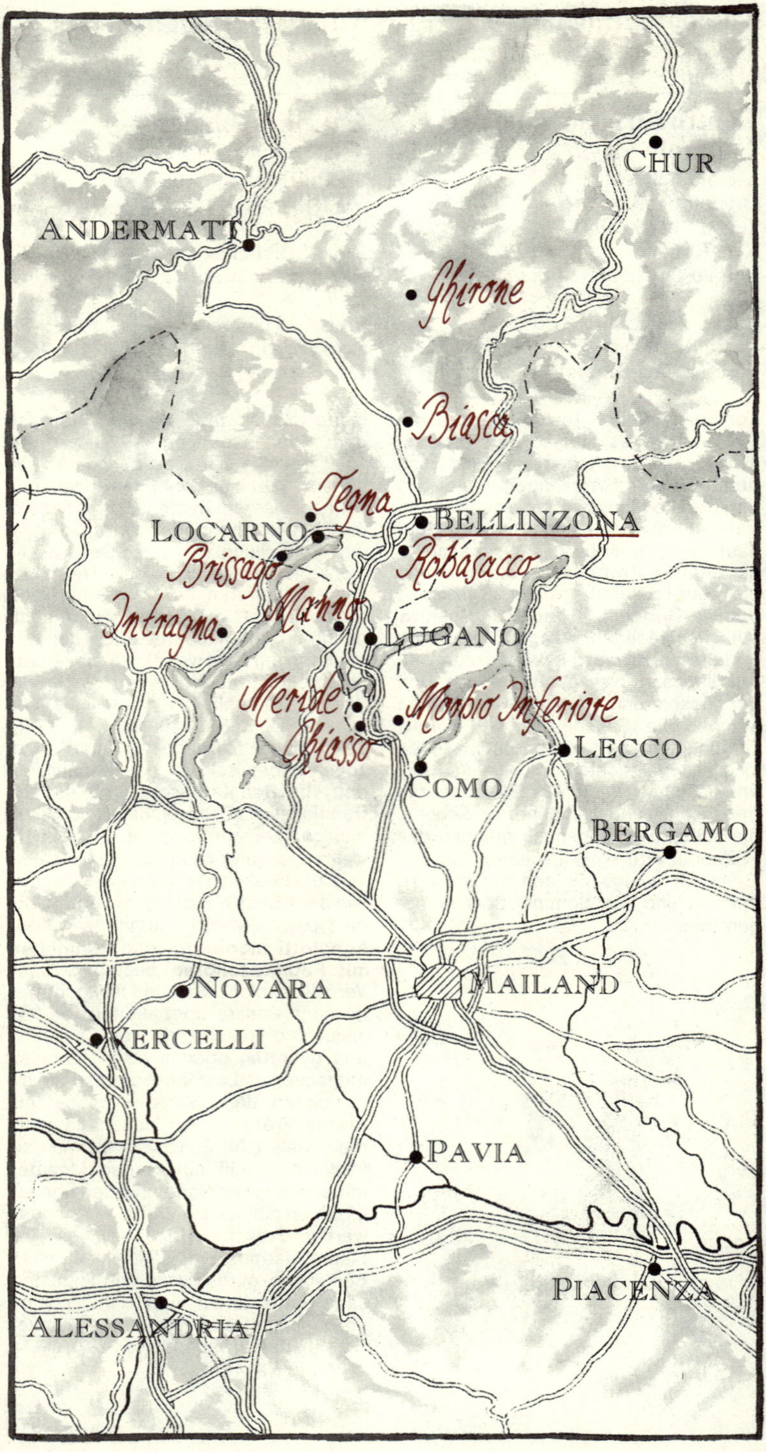
CHUR
ANDERMATT
Ghirone
Biasca
Tegna
BELLINZONA
LOCARNO
Robasacco
Brissago
Manno
Intragna
LUGANO
Meride
Morbio Inferiore
Chiasso
LECCO
COMO
BERGAMO
MAILAND
NOVARA
VERCELLI
PAVIA
PIACENZA
ALESSANDRIA

TESSIN

Im 18. Jahrhundert gab es einige furchtlose Reisende aus dem Norden, die sich in großem Stil auf den »iter litterarium per Italiam«, die klassische Bildungsreise nach Italien, machten. Sie überquerten die Alpen und reisten auf der »Völkerstraße« (über den St. Gotthard) in Richtung Süden, in »das Land, wo die Zitronen blühn«. Eine solche Reise zur damaligen Zeit ist nicht zu unterschätzen. Arthur Rimbaud liefert in einem Brief vom 17. November 1878 die lebendige Schilderung einer Fahrt über den St. Gotthard-Paß: »... in einem niedrigen und schmutzigen Raum reicht man uns Brot und Käse, Suppe und einen Schluck Schnaps« – die Mahlzeit, die Reisende für gewöhnlich in der Herberge bekamen. Auf dem langen Abstieg mußte man in jeder Osteria einkehren.

Im Volksmund nannten die Bauern die Osterie auch »cappelle«. Wenn man mehrere Stammkneipen besuchte, nannte man das »fare il giro delle cappelle«. Dort kamen Männer aller sozialen Schichten, aber keine Frauen, zusammen.

Es ist kein Wunder, daß in Reisebeschreibungen und Führern aus früheren Jahrhunderten das Kapitel »Osterie« einen bedeutenden Platz einnahm. In »La Svizzera italiana« von Stefano Franscini heißt es z.B.: »das Dorf war voll davon«. Hans Barth dagegen überspringt in seiner »Guida spirituale delle osterie da Verona a Capri« Lugano, denn »in Lucanum ist man verschämt« (!).

Ich behaupte – um noch ein wenig abzuschweifen –, daß sich das Adjektiv »spirituale« (»geistig, seelisch«, auch »geistreich, geistvoll«) durchaus auch auf eine Osteria anwenden läßt. Dabei denke ich an den großen Leo Spitzer und einen seiner berühmten Lehrer, Becker, der sich laut Spitzer gern dem Bacchus-Kult hingab und seine Kollegen aus Leipzig zu großen Gelagen in ein Wirtshaus lud. »Eines Abends«, schreibt Spitzer, »bemerkte Becker, daß die braven Bürger, die neben ihm saßen, von seinem Überschwang gebannt waren. Er wandte sich sogleich an seine Kollegen und sprach: »Und jetzt erzähle ich Ihnen etwas über frühchristliche Gesänge«. Eine Stunde lang redete er nicht nur zur Freude seiner Kollegen, sondern auch der vielen Spießbürger, die sich von der Beredsamkeit dieses Barden mit seinem grauen Bart immer stärker angezogen fühlten. Denn er ließ in diesem Keller den Geist des hl. Ambrosius wieder lebendig werden.«

Der hl. Ambrosius führt mich wieder zurück in meine Heimat, ins obere Tessin. In dieser Gegend gehen viele Lawinen ab. Der Winter ist oft so lang, daß es keinen Herbst und kein Frühjahr gibt. Franscini schreibt dazu: »Diese Leute wohnen in einer der wildesten und unsichersten Gegenden und sind dabei so fröhlich und vergnügt.«

Ich selbst bin in einer Osteria aufgewachsen. Sie war für mich das lebensnahe Gegenstück zur Schule. Es gab hauptsächlich Wein: ausschließlich Barbera aus Piemont. Manchmal schmeckte er nach dem Faß, in dem er gereift war, manchmal war er schon Essig geworden.

»Wenn man daraus wenigstens Butter oder Käse machen könnte«, meinte der Bauer und Philosoph Gervàs, »nun gut, man kann ihn halt nur trinken.« Und in seiner pragmatischen Art trank er gleich eine ganze Menge davon und versöhnte sich so mit dem Rest der Welt und seinem Leben. Manchmal wollte jemand sonntags zwischen einer Partie Morra oder Tarock etwas Brot mit Salami, Schinken oder eine Scheibe Käse essen. Aber das gehört mittlerweile der Vergangenheit an.

Heute hat sich das Tessin stark verändert. Die Eisenbahn und die Autobahn mit ihren Motels, Raststätten und Imbissen haben es der Länge nach zerschnitten. Aber ich will nicht schimpfen. In seinen versteckten Winkeln am Fuße der Berge, in den Tälern, wo Tourismus und Folklore blühen, gedeihen auch die »Grotti«, die den Gästen Ruhe und Schatten versprechen. Viele Lokale nennen sich allerdings nur deshalb so, um die wehmütige Erinnerung an vergangene Zeiten wachzurufen. In einem »Grotto« von heute wird man nicht immer die Kühle eines alten Weinkellers spüren. In den früheren Kellergewölben grenzte die Kühle oft schon an Kälte, und man mußte deswegen schneller trinken; man bekam Käse, Salami, Wein und schließlich ein Schnäpschen. Aber wer sich mit Geduld und Verstand (und Liebe) umsieht, der wird auch heute noch ein »angenehmes und kühles« Plätzchen finden.

Giovanni Orelli

Bellinzona

Osteria Sasso Corbaro

Trattoria
Ortsteil Castello di Sasso Corbaro
Tel. 0 92 / 25 55 32
Ruhetag: So.abend und Montag
Betriebsferien: November bis März
25 Plätze + 30 im Freien
Preise: 50 Sfr, ohne Wein
Keine Kreditkarten
Reservierung: notwendig

Sasso Corbaro heißt die kleinste und abgeschiedenste von den drei Burgen in Bellinzona; sie wurde 1476 von den Mailändern erbaut. Der Wohntrakt und andere Teile der Burg wurden später umgebaut. Heute sind die Burgen in Staatsbesitz, gut erhalten und der Öffentlichkeit zugänglich. In Sasso Corbaro sind ein Heimatmuseum und eine Osteria untergebracht. Der talentierte und erfahrene Koch Marzio Rondelli hat in wenigen Jahren mit seiner Osteria neue Maßstäbe gesetzt, wie er es auch mit den anderen Restaurants tat, denen er vorstand. Die Atmosphäre ist ansprechend und trotz der so kompetenten und gepflegten Bedienung recht familiär. Man merkt sofort, daß ein Großteil der Gäste zum Stammpublikum aus der Gegend gehört, obwohl das Lokal in mehreren Führern erwähnt wird und über Bellinzona hinaus bekannt ist. Die beiden Speisezimmer sind klein und gemütlich. Im Sommer können Sie im Burghof im Freien essen – es sei denn, ein Wolkenbruch macht Ihnen (wie es uns passiert ist) einen Strich durch die Rechnung. Marzio Rondelli kocht für Sie Salmone in carpione, **Lammbraten**, Ente auf Orangen (ein Zugeständnis an die internationale Küche!). Die Speisenauswahl richtet sich nach den Jahreszeiten und dem gerade aktuellen Marktangebot. Im Frühjahr gibt es demnach **Zicklein**, **Ente**, **geschmortes Perlhuhn** und weitere Fleischgerichte sowie See- und Süßwasserfische im Sommer. Wild und Steinpilze bekommen Sie im Herbst. Man trinkt gute Weißweine aus dem Wallis, Merlot aus dem Tessin oder einen der anderen Qualitätsweine.

Bellinzona

4 km von der Stadtmitte

Osteria Malakoff

Osteria-Trattoria
Via Bacilieri, 10 – Ravecchia
Tel. 0 92 / 25 49 40
Ruhetag: Sonntag
Betriebsferien: August
27 Plätze + 26
Preise: 15-25 Sfr, ohne Wein
Keine Kreditkarten
Reservierung: notwendig

Ein russischer General, der während der Napoleonkriege hier einmal Quartier bezogen haben soll, hat dem Lokal zu seinem Namen verholfen; mehr brauchen wir über das Alter der Osteria wohl nicht zu sagen! Auch heute noch kommen die Leute aus dem Viertel gern hierher. Die Sardin Rita Fuso und ihr Mann Antonio (er stammt aus Apulien) haben das »Malakoff« von ein paar Jahren übernommen und in ein interessantes Speiselokal verwandelt. Die beiden bieten traditionelle Tessiner Küche und vereinzelt auch Spezialitäten aus ihren Heimatregionen an. Nach dem Umbau hat das Lokal viel von seinem ursprünglichen Charme eingebüßt, aber die Herzlichkeit der Wirtsleute macht diesen Umstand wieder wett. Antonio betreut zusammen mit einem Ober die Gäste, manchmal hilft auch eines der Kinder mit. Die zierliche Rita wirtschaftet unermüdlich in der Küche. Jeden Tag macht sie frische Gnocchi und ungewöhnlich leichte Pasta. Man kommt ja auch in erster Linie ins »Malakoff«, um die »assaggini di pasta« (verschiedene Nudelhäppchen) zu probieren: köstliche **Cannelloni** mit Radicchio (oder mit Fleisch- und Pilzfülle), zarte Ravioli alla ricotta, Tagliatelle, **Lasagne** und die bereits erwähnten Gnocchi mit verschiedenen Saucen. Man kann sich ebenso Melanzane alla parmigiana oder das Tagesmenü bestellen, das sich aus einem Fleischgericht (freitags Fisch) und Beilagen zusammensetzt. Im Winter ißt man traditionelle oberitalienische Spezialitäten wie **Bollito misto** oder **Busecca**. Während der offene Wein eher unbedeutend ausfällt, ist das kleine Angebot an Flaschenweinen in Ordnung (vor allem der Merlot del Sopraceneri und die italienischen Weine). Wie überall in der Schweiz sind die Flaschenweine allerdings sehr teuer.

Biasca

20 km nördl. von Bellinzona, E 9

Birreria Basilese

Osteria-Birreria
Via Lucomagno
Tel. 0 92 / 72 27 31
Ruhetag: Mittwoch
Betriebsferien: unterschiedlich
35 Plätze
Preise: 25–35 Sfr
Keine Kreditkarten
Reservierung: empfohlen

Fährt man in Richtung St. Gotthard, kommt man durch Biasca. Hier verändert sich die Landschaft merklich: das weite Tal des Tessin verengt sich, wilde und enge Alpentäler lösen es ab. Biegt man in Biasca Richtung Lukmanier-Paß ab, kommt man in das Val Blenio. Diese Verbindung wurde schon zur Römerzeit benutzt. Es interessiert also nicht nur die Einheimischen, sondern auch die Reisenden, daß es hier eine Einkehr wie die »Birreria Basilese« gibt. Lassen Sie sich durch den Namen nicht irritieren: hier bekommen Sie nämlich nicht nur nur schäumendes Bier und heiße Würstchen. Quinto Morandi bewirtet seine Gäste mit typisch Tessiner Spezialitäten und einigen guten Weinen aus dem Tessin und Italien. Auf die Empfehlungen des Wirts können Sie sich verlassen. In dieser urtypischen Birreria können Sie gute Wurstwaren, hausgemachte Pasta, **Gnocchi**, **Ravioli**, **Braten**, Roastbeef und edle Käse von den Tessiner Almen kosten. Es erwartet Sie also ein ganz traditionelles Angebot. Auch das Roastbeef gehört seit mindestens hundert Jahren zur bürgerlichen Küche im Tessin und ist hier keineswegs so exotisch, wie man zuerst meinen möchte. Die Bedienung ist familiär, flink und zuverlässig.

Brissago

10 km südl. von Locarno

Agorà

Osteria
Muro degli Ottevi
Tel. 0 93 / 65 31 22
Ruhetag: So., Mo., Di.
Betriebsferien: Januar und im August
25 Plätze
Preise: 40 Sfr, ohne Wein
Keine Kreditkarten
Reservierung: notwendig

Bis vor wenigen Jahren war das »Giardino« in Brissago das führende Restaurant im Tessin. Der Küchenchef Angelo Conti Rossini war derjenige, der die Nouvelle Cuisine auch auf der Alpensüdseite einführte und damit zwei Michelin-Sterne und 18 Punkte im Gault & Millau eroberte. Inzwischen ist Angelo über sechzig und hat sich mit dem Umbau der alten Patrizier-Villa, in der das »Giardino« untergebracht war, einen Traum erfüllt. Zum Abschluß seiner Karriere wollte er ein Lokal eröffnen, das für alle da sein sollte; eine Osteria, in der man mit Freunden plaudern oder Zeitung lesen kann, in der man guten Wein trinkt und ein paar Kleinigkeiten ißt. Eben das »Agorà«. Sie bekommen hier entweder Wein aus dem gut bestückten Weinkeller des ehemaligen »Giardino« oder Flaschenweine aus dem Tessin, Italien und Frankreich. Der ausgezeichnete Imbiß setzt sich aus **Wurstwaren** von erstklassiger Qualität und den besten **Tessiner Käsesorten** zusammen. Auf Vorbestellung bekommen Sie auch eine komplette bodenständige Mahlzeit: **Wurst**, **Gemüseminestrone**, **Polenta** und **Luganighe**. Aber das ist noch nicht alles. Ein Raum mit bequemen Sesseln und eine gut ausgestattete Vorfürküche sind für die Kochkurse reserviert, die Angelo auf Voranmeldung durchführt. Während eines (unvergeßlichen) Abends erklärt und zeigt er die Zubereitung eines Abendessens, das er und seine Schüler dann gemeinsam verzehren. Die Osteria ist nur nachmittags und abends geöffnet.

Chiasso

5 km nordwestl. von Como

Grotto Linet

Osteria
Via Sottopenz
Tel. 0 91 / 43 08 74
Ruhetag: Mittwoch
Betriebsferien: Januar
30 Plätze, im Sommer 60
Preise: 16–25 Sfr, ohne Wein
Keine Kreditkarten
Reservierung: notwendig

Am Stadtrand von Chiasso hat am Fuße des Penz nach langer Zeit das »Grotto Linet« wieder eröffnet. Früher suchten hier die Patrizier von Chiasso Erfrischung und Erholung. Heute können die einfachen Leute auf frisch renovierten Bahnen Boccia spielen. Der einzige Speiseraum ist mit viel Sorgfalt hergerichtet worden. Im Kamin hängt ein großer Kupferkessel, in dem die **Polenta** gerührt wird. Sie dient als Beilage zu so typischen Gerichten wie **Brasato**, **Kaninchen**, Steinpilzen oder Hähnchen, Filets und Gegrilltem. Ein Grotto war ursprünglich als Ausflugslokal gedacht. Deshalb kann man hier auch nachmittags einen kleinen Imbiß einnehmen. Es gibt dann Wurst und Käse. Versuchen Sie den Ziegenkäse aus dem Valle di Muggio. Sämtliche Speisen werden mit Sorgfalt zubereitet und serviert. Zu trinken gibt es Flaschenweine oder einen ansprechenden offenen Merlot. Probieren Sie zum Abschluß unbedingt den selbstgebrannten Trauben-, Kirsch- oder Birnenschnaps.

Ghirone

40 km nördl. von Bellinzona

Ristorante del sole

Trattoria
Ghirone
Tel. 0 92 / 70 11 83
Kein Ruhetag
Betriebsferien: drei Wochen im Herbst
15 Plätze + 15 im Freien
Preise: 20–25 Sfr, ohne Wein
Keine Kreditkarten
Reservierung: empfohlen

Das Val Blenio wird auch Valle del Sole genannt, denn es ist mit seiner ausgesprochenen Südlage das sonnigste Tal im Tessin. In Olivone biegt man von der Paßstraße Richtung Norden ab. Man gelangt von dort in das Val Campo, das in den sechziger Jahren durch riesige Dammbauten bekannt wurde. Hier können Sie im Sommer große Wanderungen unternehmen und im Winter Skilaufen. In Ghirone, einem winzigen Bergdorf, betreibt Gabriella Sauser eine Trattoria. Das »Ristorante del sole« ist klein und einfach, man bemüht sich um die Gäste, die Bedienung ist flink. Dieses typische Tessiner Lokal ist auch nach dreißig Jahren so ursprünglich geblieben, wie es war, und nicht in die »Wiener-Schnitzel-Kultur« abgesackt. In der Tat bekommen Sie hier Tessiner Hausmannskost: **Polenta mit Brasato**, Pasta, **Risotto**, Kaninchen, Wurstwaren und ausgezeichneten Käse aus der Gegend. Aber die Gäste kommen hauptsächlich wegen der **Gnocchi**, die einen Preis verdient hätten. Die zarten und schmackhaften Gnocchi werden nur auf Vorbestellung und für mindestens zwölf Personen gemacht und sind deshalb immer ganz frisch. Kleinigkeiten können Sie hier auch ohne Voranmeldung und zu jeder Tageszeit essen. Das Weinangebot ist nicht sehr groß, aber ausreichend. Die Preise stehen auf jeden Fall in einem guten Verhältnis zur Qualität des Angebots.

Intragna

7 km von Locarno, 40 km von Domodossola

Osteria Centrale

Osteria-Trattoria
Intragna-Golino
Tel. 0 93 / 81 12 84
Ruhetag: Mi. und Do. bis 17.00 Uhr
Betriebsferien: 14 Tage im Juni u. an
30 Plätze [Weihn.
Preise: 28 Sfr, ohne Wein
Kreditkarten: Visa
Reservierung: empfohlen

Eine Straße und eine Bahnlinie verbinden Locarno mit Domodossola. Der italienische Name dieses engen und gewundenen Gebirgstales lautet Val Vigezzo, die Schweizer nennen es treffend »Centovalli« (»hundert Täler«). Am Eingang des Centovalli liegt Intragna. Hier soll übrigens auch der höchste Kirchturm des ganzen Tessins zu sehen sein. Auf dem Dorfplatz steht die »Osteria Centrale«. Früher kehrten hier die Dorfbewohner nur auf ein Glas Wein ein, heute bieten Luigi Salmina und die Köchin Silvana ihren Gästen gute und traditionelle Tessiner Kost an. Silvana stellt die Speisekarte jeden Tag neu zusammen. Es gibt **Vitello tonnato**, **Brasato** und Kalbsbraten, **Coniglio alla cacciatora**. Die Primi, seien es **Risotto ai funghi**, **Gnocchi di patate**, Tagliatelle oder **Polenta**, schmecken ausgezeichnet. Das hausgemachte Eis ist eine Versuchung wert. Luigi keltert den ordentlichen Hauswein, einen Merlot, selbst. Daneben ist eine gute Auswahl an Merlot del Ticino zu bekommen.

Manno

7 km nördl. von Lugano

Grotto dell'Ortiga

Osteria
Manno
Tel. 0 91 / 59 16 13
Ruhetag: Montag
Betriebsferien: November bis März
35 Plätze + 50 im Freien
Preise: 15-30 Sfr, ohne Wein
Keine Kreditkarten
Reservierung: empfohlen

Früher einmal war Manno eines der zahlreichen Bauerndörfer oberhalb von Lugano. Inzwischen hat sich die wohlhabende Stadt mit ihren Villen ausgedehnt, und so liegt Manno heute am Stadtrand von Lugano. Trotz der Nähe zu Flughafen und Autobahn konnte das Dorf einige idyllische Fleckchen mit Kastanienbäumen, grünen Wiesen und Weinbergen bewahren. Der Architekt Antonio Mazzoleni hat mitten in diesem Dorf einen Stall mit Scheune in eine Osteria umgebaut und ist Gastwirt geworden. Seit 1979 ist das »Grotto dell' Ortiga« Ziel vieler Luganer, die ihre Sommerabende gerne in frischer Luft verbringen. Mazzoleni bietet in seiner Osteria bäuerliche Kost: **Polenta** und **Coniglio in umido**, **Brasato vom Rind**, gute Wurstwaren, **Risotto mit Ossobuco**, Käse und **Ziegenkäse**. Die Auswahl an Desserts ist wie in vielen Tessiner Osterie nicht sehr groß. Hier gibt es einen guten Kuchen aus Brotteig, der typisch für die Gegend ist. Man trinkt ordentlichen offenen Wein, Tessiner Merlot oder italienische Flaschenweine. Wie alle Tessiner Grotti ist auch das »Grotto dell'Ortiga« nur von April bis Oktober geöffnet. Das ist vom Gesetz so vorgeschrieben. Zur Zeit arbeitet man daran, die einzelnen Gasthaus-Kategorien genauer und verbindlich zu definieren, denn viele der sogenannten »Grotti« entsprechen nicht den gesetzlichen Bestimmungen.

Meride

18 km nordwestl. von Como

Antico Grotto Fossati

Osteria
Meride
Tel. 0 91 / 46 56 06
Ruhetag: Montag
Betriebsferien: Ende Dez. – Mitte Febr.
60 Plätze + 60 im Freien
Preise: 20–50 Sfr
Kreditkarten: Visa, Eurocard
Reservierung: empfohlen

Zum Teil sind die Grotti sogar in den Fels eingehauen. In diesen unvergleichlichen Restaurants unter freiem Himmel verbrachte man früher den Sonntagnachmittag. Man spielte Boccia, aß Salami oder Käse, trank Wein, Limonade oder Bier. Das Brot brachte man selbst mit. Die Grotti waren auch nur am Wochenende und nur von Frühjahr bis Herbst geöffnet. So auch in Meride, einem kleinen Dorf am Monte San Giorgio. Vor einigen Jahren hat man dort unseren Grotto renoviert. Mario Lupi hat Küche, Speisezimmer mit Kamin und eine überdachte Veranda für 60 Personen eingerichtet. Der Wirt serviert ihnen jetzt seine Spezialitäten das ganze Jahr hindurch: Risotto, üppige Gerichte mit Polenta als Beilage. Meist gibt es **Brasato**, **Ossobuco**, **Wachteln**, Kaninchen und zur entsprechenden Jahreszeit Zicklein, Pilzgerichte und **Bollito misto**. Immer bekommen Sie Wurstwaren und Käse von den Almen des Colle di Sant'Agata und des Monte Generoso. Trinken Sie dazu Wein aus Piemont, der Toskana oder dem Tessin.

Morbio Inferiore

12 km nordwestl. von Como

Albina

Osteria
Via Asilo
Tel. 0 91 / 43 17 10
Ruhetag: So.abend und Montag
Betriebsferien: im August, Weihn.
50 Plätze + 70 im Freien
Preise: 24–30 Sfr, ohne Wein
Keine Kreditkarten
Reservierung: empfohlen

Die »Osteria Albina« setzt die Tradition des Grotto fort. Das Lokal ist umgeben von hohen Bäumen; dazwischen sieht man die Bocciabahnen, auf denen sich die Dorfbewohner hitzige Wettkämpfe lieferten. Das Innere der Osteria ist freundlich und ansprechend. Der eine Speiseraum ist mit viel Liebe eingerichtet (helle Tischdecken, Blumen), der andere ist rustikaler gehalten. Dort stehen ein Kamin und zwei große Tische. Da kommen Sie schnell mit den anderen Gästen ins Gespräch! Die Hausmannskost ist einfach, aber sorgfältig zubereitet: seien es die Wurstwaren von den hausgeschlachteten Schweinen, seien es Geflügel und Kaninchen. Je nach Jahreszeit serviert man Ihnen **Trote in carpione**, **gefüllte Kalbsbrust**, Gemüseminestrone, **Polenta** mit Schmorbraten oder **Wild**. Im Herbst gibt es **Stinco al forno**. Auf Vorbestellung kocht Ihnen die tüchtige Albina auch **Casoeûla**. Dann duftet es im ganzen Lokal unbeschreiblich gut. Die Weine aus der Gegend passen nicht ganz zur guten Küche, die nur erstklassige Grundstoffe verarbeitet. Probieren Sie zum Abschluß den Trauben- oder Birnenschnaps, der in der Gegend gebrannt wird. Die Preise sind angemessen.

Robasacco

5 km südwestl. von Bellinzona

Lafranchi

Osteria
Robasacco
Tel. 0 92 / 62 12 92
Ruhetag: Dienstag
Betriebsferien: Januar und August
60 Plätze
Preise: 50 Sfr, inkl. Wein
Kreditkarten: Eurocard
Reservierung: empfohlen

Bezeichnet der Name Robasacco nun einen Ort, in dem man von Banditen überfallen und beraubt wird oder in dem man säckeweise gute Sachen vorfindet? Sicher ist nur, daß niemand per Zufall in dieses abgelegene Nest am Monte Ceneri kommt. In der »Osteria Lanfranchi«, die versteckt zwischen Häusern aus grob behauenen Steinen liegt, finden Sie dann die Üppigkeit und Fülle vor, die der Ortsname zu versprechen scheint. Das Lokal wurde in den letzten beiden Jahren zweimal umgebaut, seine ursprüngliche Gestalt dadurch stark verändert. Der Kamin und die Holzbänke sind die einzigen Überbleibsel der einstigen Osteria. Elis und Ivo Lanfranchi setzen mit ihren guten Küche die Familientradition fort. Die Spezialitäten des Hauses müssen Sie vorbestellen: Zicklein, Spanferkel, Rehrücken, Gams- und Rehbraten. Alle Tage finden Sie dagegen Gnocchi, Risotto, Spezzatino... Die Wirtsleute weisen freimütig darauf hin, daß es außerhalb der festgesetzten Zeiten nur kalte Küche gibt. Wurst und Käse sind hervorragend. Zu den einfachen Speisen trinkt man Merlot aus dem Tessin oder andere Schweizer Weine. Wer Zeit und Geduld mitbringt und sich mit Elis und Ivo unterhält, der wird feststellen, daß die beiden noch andere Köstlichkeiten herstellen: Apfel- und Preiselbeermarmelade, die zum Wild gereicht werden, eingelegte Gemüse und »Ratafià«, ein spezieller Walnußlikör, den die Gäste zum Abschied spendiert bekommen.

Tegna

25 km westl. von Bellinzona

Centovalli

Restaurant
Ortsteil Ponte Brolla
Tel. 0 93 / 81 14 44
Ruhetag: Montag und Dienstag
Betriebsferien: Januar und Februar
70 Plätze
Preise: 35-50 Sfr
Keine Kreditkarten
Reservierung: empfohlen

In Ponte Brolla kreuzen sich das Valle Maggia und das Centovalli. Dort steht auch das eindrucksvolle »Hotel Centovalli«. Drei Frauengenerationen garantieren dort nun schon seit fünfzig Jahren auch bei Hochbetrieb zuverlässigen und flinken Service und bodenständige Küche aus erstklassigen Grundstoffen. Mittags gibt es ein paar kalte Vorspeisen (Vitello tonnato, Roastbeef) und gute warme Hauptgerichte: frische Ravioli, Risotto all'onda mit Steinpilzen und Gorgonzola (die Spezialität des Hauses), Wachteln und Gegrilltes. Die Sorbets aus frischem Obst sind ausgezeichnet. Man trinkt zum Essen die Weine aus der Gegend. Die Pächter Silvia und Renato (er kocht) sind mit viel Umsicht bei der Arbeit. Dieses Hotel-Restaurant ist somit eine gute Adresse für Touristen und Durchreisende. Im Sommer kann man unter der schattigen Pergola im Freien essen.

NOTIZEN

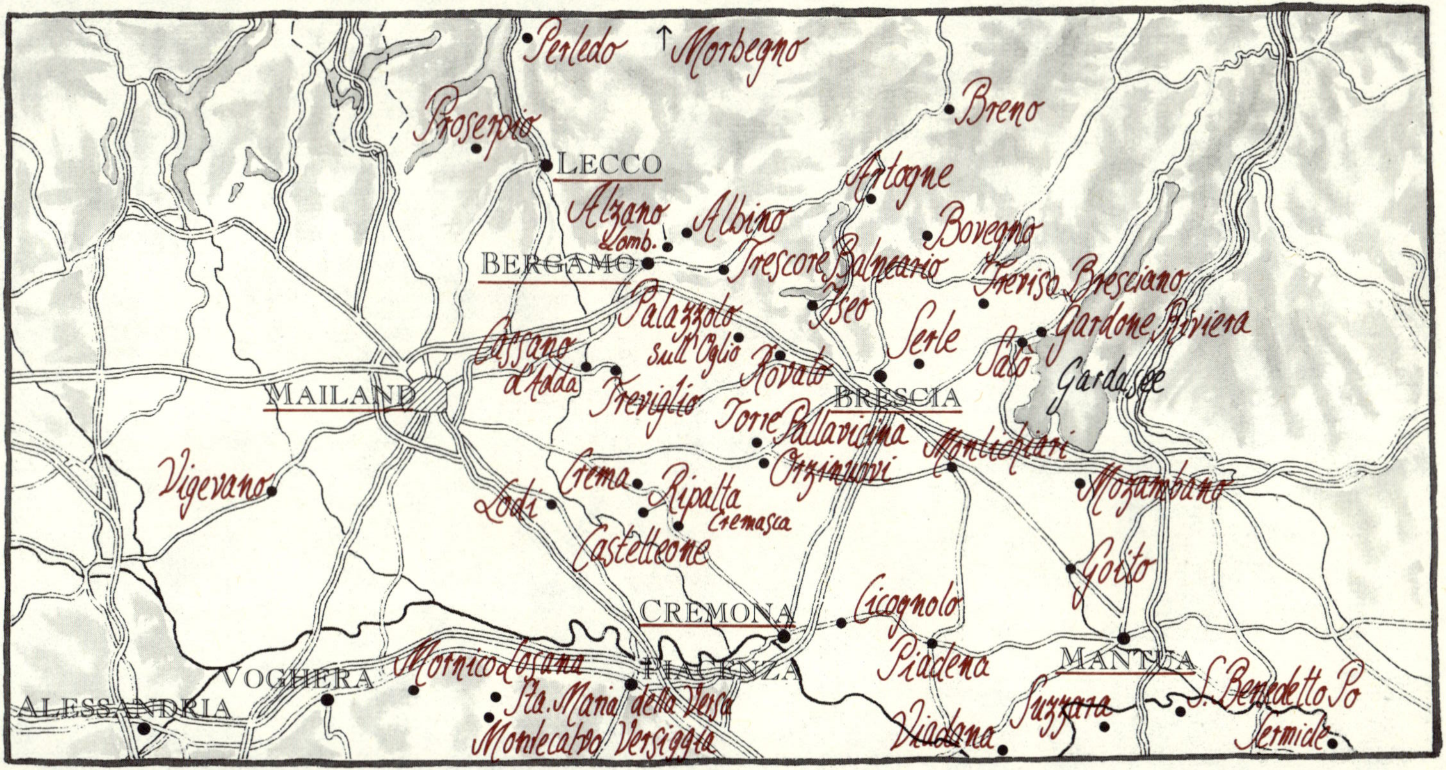

Perledo
Morbegno
Proserpio
Breno
LECCO
Artogne
Alzano Lomb.
Albino
Bovegno
BERGAMO
Trescore Balneario
Treviso Bresciano
Palazzolo sull'Oglio
Iseo
Serle
Gardone Riviera
Cassano d'Adda
Salò
Rovato
Treviglio
Gardasee
MAILAND
BRESCIA
Torre Pallavicina
Montichiari
Orzinuovi
Vigevano
Crema
Ripalta Cremasca
Mozambano
Lodi
Castelleone
Goito
CREMONA
Cicognolo
Piadena
MANTUA
Mornico Losana
PIACENZA
VOGHERA
S. Benedetto Po
Sta. Maria della Versa
Suzzara
ALESSANDRIA
Viadana
Montecalvo Versiggia
Sermide

LOMBARDEI

Ich war einmal so blauäugig gewesen und hatte einem meiner Kollegen versprochen, den Partito Radicale mit meinen bescheidenen Mitteln finanziell zu unterstützen. Hätte ich das bloß nie getan! Der Parteisekretär Negri schickte mir sofort ein Schreiben und bat mich, für das Parlament und den Senat zu kandidieren. Auch damit war ich einverstanden. Allerdings unter der Voraussetzung, daß ich keine Wahlreden würde halten müssen. Die Radikalen führten mich in den Listen von etwa zehn Wahlkreisen auf. Ich erhielt etwa 40.000 Stimmen und war sehr zufrieden mit diesem Ergebnis.

Eines Tages bekam ich aber einen Brief. Er war mit Füllfederhalter auf wertvollem Papier geschrieben. Absender war ein römischer Bankier, der genauso hieß wie ich. Er war außer sich. Meine Komplizenschaft mit diesem radikalen Pack hatte ihn zutiefst beleidigt. »Die Breras«, schrieb er, »haben auf ihren Besitztümern Motta Visconti, Casorate Primo und Binasco schließlich Akademiker von Rang hervorgebracht.« Ich hätte ihn in diesem schönen Glauben gelassen, denn ich schrieb ja für Zeitungen und habe Bücher herausgegeben. Aber es kam noch stärker: »Sie müssen«, schloß der Bankier, »ein Bastard sein.« Ich veröffentliche diesen Brief ungekürzt in meiner wöchentlichen Rubrik »Accademia di Brera« in »La Repubblica« und gab dabei freimütig zu, daß ich sicher ein Bastard sei. Aber genauso sicher müsse er ein Hurensohn sein. Hätte der Bankier auch nur einen einzigen Tag meiner abenteuerlichen Kindheit miterlebt, dann hätte sich dieser Bankier, eingedenk der »Breraschen Besitztümer« wohl vom Kirchturm gestürzt.

So erfuhr ich von der Empörung der reichen Breras. Und ich dachte mir vergnügt, wie es wohl wäre, wenn ein Jazzmusiker aus unserer Gegend für uns ein Requiem mit starken New-Orleans-Rhythmen komponiert hätte: da wäre dann zuerst der Gang in die Osteria mit fröhlichen Gesängen (Samstag abend); für die Rückkehr, beim Morgengrauen am Montag, Lieder voll Trostlosigkeit: die Last des Lebens, die auf der schläfrigen Leber ruht. Sie ihrerseits klemmt hinter einem Magen, der inzwischen verrückt spielt.

Jede Familie hat ihr eigenes »Epos«. In ihren »Besitztümern« in der Lombardei, zwischen Tessin und Naviglio, konnten die seriösen Breras ihre Akademiker hervorbringen und reiche Weizen-, Mais- und Reisernten einfahren. In der ärmeren Lombardei, entlang der Olona, entflohen die mißratenen Sprößlinge der Familie Brera dem Alltag. Dazu veranstalteten sie Besäufnisse, die auch eines Homers würdig gewesen wären und die ihm, hätte er daran teilgenommen, auch das Augenlicht wieder zurückgegeben hätten.

Die Osteria war für uns die Arche, auf der wir vor jeder Sintflut Zuflucht suchen konnten. Der Wein stellt eine viel sicherere Bindung zur Verwandtschaft her als Erbkrankheiten oder gar die Pest. Sein Zauber ist das strahlende Lächeln. So hat es die lombardische Erde gewollt. Ich wuchs inmitten von Weinblättern auf: dort unten lacht schon der Barbacarlo. Er galt und gilt als feiner Wein. Ansonsten trank man »nostrà« (»Hauswein«) aus Bierkrügen, die »Peckar« hießen. Über den Weinfässern hingen, hochexplosiven Dynamitzündungen gleich, die hausgemachten Salamis. Ihre Haut war voller Schimmelpilze, die vor schädlichen Keimen schützten. Vielleicht sind wir selbst auch nichts anderes als Pilze auf einem geologischen Gorgonzola: die »Welt der Schimmelpilze« ist seit alters her dazu berufen, unsere Speisen zu schützen. Sie legt sich auf die Salami und verleiht ihr dadurch einen besonders edlen Charakter. Dabei denke ich auch an die ehrlichen armen Leute, die nie ihren Zigarettenstummel gegen einen Kaugummi eintauschen würden. Ich esse, also bin ich. Ich kaue, also lebe ich und will meine Tage hier auf Erden verlängern, in dem ich meinem gefräßigen und verwaisten Magen etwas vormache. Die Osteria ist meine Kultstätte.

Donna Cristina Cassinari Aguzzi wartet, bis ich mich auf den Schulweg mache. Dann schickt sie meiner Mutter die Liste mit den Schulden, die ich wieder gemacht habe. Und sie zahlt mit dem stillen Lächeln einer Komplizin.

Die Osteria hält die Laster wach, die für die lombardischen Intellektuellen so bezeichnend sind. Carlo Porta marschiert vielleicht ein bißchen häufig dorthin. Er ist immerhin bürgerlicher Herkunft, die so gar nicht zu seinen Ansichten paßt. Romani läßt in der Osteria seinen Enzymen und seinem Geist freien Lauf. Foscolo lernt in der Osteria, wie man sich betrinkt und taucht seine bitteren Lippen in das herzliche Lächeln unserer Mandelblüten. Wir spüren, daß man wegen einer zartgrünen Olive verrückt werden kann. Beim Duft von gedünsteten Zwiebeln zieht sich unser Magen zusammen, seit wir den Reis, das Getreide, von dem sich alle zahlreichen Völker ernähren, schälen gelernt haben. Denken wir nur an den Stracotto, und sei er auch von einem hundert Jahre alten Esel, denken wir an die Paprikaschoten vom heißen Stein, an das dicke und saftige Mailänder Schnitzel, an die Frittata mit Fröschen. Sie ist schließlich die Spezialität meiner Heimat, in der es sonst kaum kalziumhaltige Kost gibt. »Iß auch die Knochen mit«, befahl mir meine Mutter, wenn sie mir Polenta mit Fröschen vorsetzte. Manchmal wurde auch ein Wunder wahr, und der liebe Gott schickte einen Stör den Po hinauf. Da gab es dann rosa- oder perlmuttfarbenen Stör, in Scheiben geschnitten und mit Butter und Salbei gebraten – bei unserer sonst so kalorienarmen Kost ein wahres Meisterwerk der Kochkunst.

Die Osteria ist auch der Ort, in dem wir singen dürfen wie ein Vogel, der unversehens die Freiheit wiedergewonnen hat. Die Wirtin ist unsere Ziehmutter und ihre Töchter sind unsere Stiefschwestern, die zum selbstvergessenen Inzest bereit sind. Nach der Weinlese wartet man ungeduldig darauf, daß der neue Wein »angestochen« wird. Das Kerzenlicht verklärt das Rubinrot des Weines, an dessen Farbe man sich erst eine Weile ergötzt, bevor man ihn dann in andächtigen Schlücken probiert.

Die Erinnerung an die Kinder- und Jugendzeit, die durch den Krieg schmerzlich abgebrochen wurde, lebt in der Atmosphäre der alten Osteria wieder auf, die selbst inzwischen im Kunststoff und Neon untergeht. Die Kinder der einstigen Wirtin haben studiert oder sind gut verheiratet. Die Osteria wird von einem Pächter an den nächsten weitergereicht und zu einer erschreckend ungemütlichen Bar umgebaut. Bar kommt von »Barra«, d.h. einer Holzschranke, die man zwischen die wilden Gäste und die Kellner stellte, die Spirituosen und Bier zu überteuerten Preisen ausschenkten. Ach ja! Der goldene Westen dieser »Heldenzeiten« voll Staub und Blut ist unendlich weit weg. Was bleibt, ist die Lombardei, die »Mutter Lombardei«. Und auch das Bedürfnis, über unsere verlorene Jugend zu trauern. **Gioann Brera**

Albino

11 km nordöstl. von Bergamo

Della Civetta

Trattoria
Via Lunga, 89/91 – Abbazia di Albino
Tel. 0 35 / 77 07 97
Ruhetag: Dienstag
Keine Betriebsferien
70 Plätze
Preise: 35 - 40 000 Lire
Keine Kreditkarten
Reservierung: notwendig

Seit Adolfo Gambarara vor drei Jahren das »Civetta« übernommen hat, weht ein frischer Wind durch das Lokal. Das ganze Ambiente ist neu und ansprechend: weiße Tischdecken, elegantes Geschirr, passende Weinkelche. Die Küche verwendet nur sorgfältig ausgesuchte Grundstoffe und bietet hauptsächlich norditalienische Spezialitäten. Auf dem riesigen Grill in der Küche werden auch Fleischgerichte aus anderen Regionen Italiens (z.B. Coniglio alla marchigiana) zubereitet. Eier, Geflügel, Kaninchen und Spanferkel bekommt Signor Gambarara frisch vom Bauern. Die Salami wird noch von Hand gemacht. **Risotto mit Pilzen**, Ravioli mit Kräuterfüllung, **Pasta e fagioli** sind sehr schmackhaft. Das ganze Jahr über bekommen Sie **gekochtes Huhn**, während Sie bei den Pilzen und Schnecken (auf Vorbestellung) die passende Jahreszeit abwarten müssen. Das Weinangebot ist nicht besonders groß. Die Weine kommen von einem Erzeuger aus der Gegend (Scotti di Mapello) und sind recht ordentlich. Wir empfehlen den sehr würzigen Merlot.

Alzano Lombardo

7 km nordöstl. von Bergamo

Anita

Trattoria
Via al Luio, 60
Tel. 0 35 / 52 18 30
Ruhetag: Dienstag
Betriebsferien: Januar
40 Plätze
Preise: 35-40 000 Lire
Kreditkarten: AE, Visa
Reservierung: empfohlen

Bonifacio Rossi und Ettore betreiben mit viel Geschick ihre kleine und rustikale Trattoria in einer typischen Kneipengegend. Wie alle Bergamasken sind auch die beiden etwas hölzern in ihrer Art und mißtrauisch gegenüber Fremden. Den Gästen gegenüber sind sie natürlich stets höflich und korrekt. Die Trattoria ist in einem umgebauten Landhaus untergebracht. Im Sommer kann man unter einer schattigen Pergola herrlich im Freien essen. Das Innere der Trattoria ist ein wenig nüchtern geraten. Man ißt hier die typischen Gerichte aus der Gegend. Da sind z.B. **Casönsei** oder Kalbsbällchen mit frischen Pilzen, Stracotto, Trippa, **Polenta e uccelli**. Probieren Sie unbedingt die **Nosecc**, eine Art Kohlrouladen. Die gibt es allerdings nur im Winter, denn der Kohl muß schon einmal Frost abbekommen haben; sonst zerfransen die Blätter beim Kochen. Im späten Frühjahr bekommt man **Schnecken** mit frischen Knoblauchschlotten. Beim Wein hält man sich am besten an den Barbera, der in großen Ballonflaschen geholt und im Haus abgefüllt wird, oder an den ordentlichen Valcalepio aus der Genossenschaftskellerei. Die Küche ist durchweg gut, die Spezialitäten aus der Gegend sind zum Teil sogar ausgezeichnet. Die Fleischgerichte sind – wie das Fleisch hier in der Gegend – nicht so überragend.

Artogne

51 km von Brescia, S. S. 510

Le frise

Bauernhof
Ortsteil Rive dei Balti
Tel. 03 64 / 5 57 55 und 5 51 28
Kein Ruhetag
Betriebsferien: Jan., Febr., März
35 Plätze
Preise: 37 000 Lire, ohne Wein
Keine Kreditkarten
Reservierung: notwendig

Erst vor kurzem hat Gualberto Martini auf seinem Bauernhof dieses Spitzenlokal eröffnet. Viel Holz und grob behauene Steine, Bänke und Bauerntische mit eleganten pastellfarbenen Tischdecken machen das Lokal gemütlich und ansprechend. Hier ißt man hervorragenden Ziegenkäse und weitere Spezialitäten dieser Gebirgsgegend. Auf dem Hof werden Ziegen und Schafe gehalten. So ist es nur natürlich, daß sich hauptsächlich Käse- und Fleischgerichte auf der Karte finden. Alles wird frisch und raffiniert zubereitet. Beginnen Sie am besten mit einer Mousse aus Ziegenkäse mit gegrilltem Gemüse und dem sehr seltenen **Ziegenschinken**. Essen Sie dann Ravioli del pastore (gefüllt mit Ricotta, Fleisch, Spinat und Käse), Gnocchi mit Kräutern, **Casônsei** oder Zuppa del pastore. Als Hauptgericht sollten Sie **Lammschlegel** oder die zarten Ziegenlammkoteletts probieren. Nach guter Hausfrauenart gibt es zum Abschluß Desserts aus Ricotta und Obst oder Mürbteigkuchen. Lassen Sie beim Essen auf alle Fälle noch Platz für den Käse: das lohnt sich! Seit Jahren werden auf den hofeigenen, natürlichen Weiden Wildziegen gehalten. Ihre Milch wird zu ausgezeichnetem Käse und Kräuter-Käse-Cremes verarbeitet. Trinken Sie den frischen offenen Wein aus der Gegend oder einen Flaschenwein.

Bergamo

Da Ornella

Trattoria
Via Gombito, 3
Tel. 0 35 / 23 27 36
Ruhetag: Donnerstag und Fr.mittag
Betriebsferien: Juli
60 Plätze
Preise: 30-35 000 Lire
Kreditkarten: die bekannteren
Reservierung: notwendig

Die Familie Midali hat in der Gegend um Bergamo bereits mehrere Restaurants betrieben. Inzwischen ist die Familie ein Begriff für typische Hausmannskost. Die serviert Ornella auch in ihrer erst kürzlich eröffneten Trattoria. Sie und ihr Mann Alberto kochen mit viel Gespür und Sorgfalt traditionelle Gerichte. Die Küche in Bergamo ist schlicht, aber sehr schmackhaft. Es gibt **Casônsei**, **Polenta taragna** mit Butter und Käse, **gesottenes Huhn**, Kaninchenbraten, **Brasato** und **Pilze mit Knoblauch und Petersilie**. Das Lokal ist einfach und gemütlich. Alberto bemüht sich aufrichtig um seine Gäste, auch Ornella schießt manchmal aus der Küche heraus, um ein paar Freunde zu begrüßen. Die wohlschmeckende und bodenständige Kost wird durch ein überraschend gutes Angebot an Weinen aus ganz Italien und dem Ausland auf angenehme Art ergänzt. Die Preise fallen im Verhältnis zur Qualität des Angebots recht günstig aus.

Bergamo

5 km von der Stadtmitte

Ol tinér

Bauernhof
Via Monte Bastia, 7
Tel. 0 35 / 25 81 90
Ruhetag: Montag
Betriebsferien: Mitte Aug. u. im Jan.
99 Plätze
Preise: 35 000 Lire
Keine Kreditkarten
Reservierung: notwendig

Die Hügellandschaft im Westen und Norden Bergamos ist recht ungewöhnlich für die Lombardei, ähnelt sie doch vielmehr der Toskana. An einem Ausläufer der Colli di San Virgilio haben Lino Lazzaroni und seine Frau Annamaria mit sicherem Geschmack ein Landhaus umgebaut und drei Speiseräume, eine blitzblanke Küche und ebensolche Toiletten eingerichtet. Vor dem Lokal erstreckt sich eine große Wiese, von der aus man den Blick auf die Hügelkette genießen kann. Vor hier aus verlieren sogar die häßlichen Vorstädte Bergamos ihre Schrecken. Unterhalb der Wiese schließen sich die Weingärten von Papà Lazzaroni an. Von dort stammen auch die Hausweine. Neben einem leichten und ordentlichen Weißwein liefert Lazzaroni einen wirklich guten Rotwein (Merlot-Cabernet Sauvignon). Man bekommt auch einige ausgesuchte Flaschenweine. In der Regel ißt man hier gut und sorgfältig zubereitete Hausmannskost: Wurstwaren aus der Gegend als Antipasto, als Primo **Casoncelli alla bergamasca**, frische hausgemachte Pasta, als Hauptgericht schließlich **Bollito**, **Vitello tonnato**, **Kaninchenbraten**, Huhn in Sahnesauce, Kalbsbraten. Je nach Jahreszeit wechselt das Speisenangebot. Sonntags, wenn Hochbetrieb herrscht, kommen weniger aufwendige, aber stets hochwertige Speisen auf den Tisch. Hier ißt man einfache und gute Kost zu einem angemessenen Preis. In der schönen Jahreszeit kann man sich nach dem Essen noch ein Weilchen auf die Wiese vor dem Haus setzen. Nur mittags geöffnet.

Bergamo

Tre torri

Trattoria
Piazza Mercato del Fieno, 7/A
Tel. 0 35 / 24 43 66
Ruhetag: Mittwoch
Betriebsferien: einige Tage im Aug.
30 Plätze + 50 im Freien
Preise: 30 000 Lire, ohne Wein
Kreditkarten: AE, CartaSi
Reservierung: am Wochenende

Die Trattoria ist nach den drei mittelalterlichen Türmen benannt, die an einem der schönsten Plätze Bergamos emporragen. Leider dient heute dieser Teil der Altstadt meist als Parkplatz! Ursprünglich schenkte man im »Tre torri« nur Wein aus und reichte ein paar Häppchen dazu. Die Weiterentwicklung zur Trattoria, also zu einem Speiselokal, ist Ausdruck einer neu verstandenen Gastronomie, die sich um den Erhalt und die Ausarbeitung alter kulinarischer Traditionen und Bräuche bemüht. Die Atmosphäre der Trattoria ist herzlich und nicht gekünstelt. Im »Tre torri« essen Sie gute und deftige Kost, die trotz ihrer Bodenständigkeit nichts Schwerfälliges an sich hat. Auf der Speisekarte entdecken Sie je nach Jahreszeit verschiedene Minestre, im Winter **Polenta mit Käse**, Pilzen oder Salami. Oft bekommen Sie als Primo auch Casoncelli. Als Hauptgericht werden Ihnen **Kalbsbacke in Rotwein** und **Salsiccia** serviert. Es wird Ihnen eine kleine, aber gut durchdachte Auswahl an Weinen aus der Gegend und dem übrigen Italien angeboten. Die edlen Weine trinken Sie sogar aus den passenden Kelchgläsern. Jeder der vier Pächter hat sein bestimmtes Aufgabengebiet. Gigetto Lacanna besorgt Fleisch, Käse und die anderen Grundstoffe, Maurizio Zanini ist für den Wein zuständig; Massimo Nanni und Mario Bettoni kochen. Auf diese Weise garantieren sie einen kompetenten Service und schaffen ein angenehmes Klima. Der Hauswein ist im oben genannten Preis bereits inbegriffen. Edlere Flaschenweine werden extra berechnet.

Bergamo

Vineria Cozzi

Enoteca mit Imbiß
Via Colleoni, 22
Tel. 0 35 / 23 88 36
Ruhetag: Mittwoch
Betriebsferien: 14 Tage im Jan., August
30 Plätze
Preise: 20–30 000 Lire, ohne Wein
Kreditkarten: Visa
Reservierung: nicht notwendig

Vor zwanzig Jahren noch war Bergamo alta eine Stadt in der Stadt, und jeder kannte jeden. Da war die »Vineria Cozzi« der Ort schlechthin, an dem man Wein trinken, essen und Karten spielen konnte. Heute gibt es fast keine echten Bergamasken aus der Oberstadt mehr, haben doch hier Studenten, Touristen und Mailänder Einzug gehalten. Verschiedene Pächter haben ihr Glück mit der Vineria versucht. Das Lokal ist all die Jahre hindurch das gleiche geblieben. Hier trifft man sich nach wie vor auf ein Glas Wein und genießt die typische Atmosphäre einer echten Osteria. Da sind die alten Stammgäste von früher, immer noch fast dieselbe Einrichtung und der derzeitige Pächter Roberto Gotti, der Sinn für das ursprüngliche Ambiente besitzt. Die Weinauswahl ist umfangreicher und besser geworden. 250 Weine aus ganz Italien sind auch für die junge und anspruchsvolle Kundschaft ein interessantes Angebot. Die Speisekarte wurde ebenfalls erweitert. Man kann unter verschiedenen warmen und kalten Speisen wählen: salzige Kuchen mit Käse und Gemüse, Wurstwaren, und besondere Käsesorten wie **Taleggio** und **Branzi** aus den Tälern der Provinz Bergamo.

Bovegno

35 km nördl. von Brescia

Locanda Magno

Trattoria
Ortsteil Magno
Tel. 0 30 / 92 03 70
Ruhetag: Montag
Keine Betriebsferien
25 Plätze
Preise: 25–30 000 Lire
Keine Kreditkarten
Reservierung: obligatorisch

Kurz vor Bovegno weisen die ersten Schilder nach Magno. Das winzige Dorf besteht nur aus ein paar Häusern, einer Bottega, die unsere Trattoria mit Käse und Wurst beliefert, und der »Locanda Magno«, in der die Zeit stehengeblieben scheint. Die Familie Lazzari hat die Trattoria in der Nachkriegszeit übernommen. Heute führt sie die Signora Iolanda. Ihre Söhne Andrea, ein Vermessungstechniker, und Lazzaro, ein Lehrer, helfen ihr dabei. Der Betrieb ist so klein, daß Sie unbedingt vorbestellen müssen, wenn Sie hier essen wollen. Andernfalls riskieren Sie, daß sie vor leeren Tellern sitzen. Haben Sie aber bestellt, können Sie hier ursprüngliche und bodenständige Hausmannskost bekommen, die andernorts schon fast ausgestorben ist: **Gemüseminestrone mit Ei**, **Risotto mit Pilzen**, **Gnocchi**, Schmorbraten und Gesottenes. Die Wurstwaren und die ausgesuchten Käse aus der Gegend ergänzen das kleine Speisenangebot. Um so umfangreicher ist dafür die Weinkarte, die der Weinliebhaber Andrea zusammengestellt hat. Sie bekommen hier die besten Marken aller wichtigen italienischen Weine: Arneis, Lugana, Pigato, Barolo, Franciacorta, Chianti, Lambrusco, Malvasia, Moscato d'Asti, Ramandolo, Sauternes.

Breno

70 km von Brescia, S. S. 42 von Bergamo

Taverna

Trattoria
Via Prudenzani, 15
Tel. c/o Arci 03 64 / 2 20 83
Ruhetag: Montag
Keine Betriebsferien
50 Plätze
Preise: 20-25 000 Lire
Keine Kreditkarten
Reservierung: notwendig

Das Val Camonica ist wegen seiner steinzeitlichen Felsmalereien berühmt. Nur wenige Kilometer davon entfernt liegt Breno. Mitten im Ort steht unsere »Taverna«. Das urtümliche Lokal wird von der Signora Ducoli und ihrer Tochter Piera geführt. Hier essen Sie schlichte, aber sehr wohlschmeckende Kost. Sie müssen unbedingt die **Salsiccia di castrato** (Hammelwurst), eine Spezialität des Val Camonica, probieren. Da heutzutage kaum mehr Weidewirtschaft betrieben wird, bekommt man die Salsiccia nur noch selten. Laut Giacomo Ducoli, der sich eingehend mit der Küche seiner Heimat beschäftigt hat, sollten Sie die Salsiccia in der Zeit von Juli bis Oktober essen. Dann ist nämlich das Hammelfleisch besonders zart und schmeckt nach Bergwiesen, sauberer Luft und Blumen. Die Trattoria hat auch noch anderes zu bieten: hausgemachte Ravioli, **Fleisch vom Spieß**, **Zicklein**. Trinken Sie dazu offenen Wein, der leider nicht aus dieser Gegend stammt, oder besser einen Flaschenwein. Die Hammelwurst bekommen Sie nur auf Bestellung. Dazu rufen Sie am besten bei der Arci in Breno an, denn die Trattoria hat kein eigenes Telefon. Die Arci wird Ihre Bestellung gerne weiterleiten – und keine Provision verlangen!

Brescia

6 km von der Stadtmitte

Antica trattoria al ponte

Trattoria
Via Indipendenza, 1 - Sant'Eufemia
Tel. 0 30 / 36 13 16
Ruhetage: Wochenenden und Feiertage
Betriebsferien: August
20 Plätze
Preise: 30 000 Lire
Keine Kreditkarten
Reservierung: empfohlen

Das 1000jährige Kloster Sant'Eufemia della Fonte und die dortige Siedlung waren immer ein eigenständiges Dorf gewesen. Erst in den zwanziger Jahren wurde Sant'Eufemia nach Brescia eingemeindet. Daher sind die alten Dorfstrukturen immer noch gut erkennbar. Auch die »Trattoria al ponte« existiert schon so lange, daß sie sich mit Fug und Recht »antica« nennen darf. Dem ersten Anschein nach ist die Trattoria mehr Wohnhaus denn Gasthaus. Im Hausgang stehen ein Tisch und ein Bügeleisen neben einem Korb mit frischer Wäsche. Außerdem haben sich die Besitzerinnen Signora Aurora und ihre Tochter Maria das Recht vorbehalten, an Wochenenden und Feiertagen auszuruhen. Aber wenn Sie dann einmal an einem der Tische im Restaurant Platz genommen haben, werden Sie schnell von der meisterlichen Kochkunst der alten Signora Aurora überzeugt sein. Seit Jahren kocht sie immer dieselben Spezialitäten und richtet sich streng nach dem Jahreszeitenlauf. Beginnen Sie also mit **Pasta e fagioli**, Gemüsesuppe, **Gnocchetti verdi** oder **Casônsei**. Bestellen Sie sich danach **Bollito misto**, **gefülltes Huhn**, **Gegrilltes** oder Paprikaschoten mit Schweizer Emmentaler, Omelettes, eingelegtes Gemüse, Wurzelgemüse oder überbackene Zwiebeln. Essen Sie als Dessert Mandel- oder Apfelkuchen. Sie bekommen hier nichts Überkandideltes, die Speisen sind vielmehr schlicht und nur aus besten Grundstoffen zubereitet. Die Trattoria ist ein guter Beweis dafür, daß Lokale mit solch familiärer Atmosphäre nicht aussterben werden. Die impulsive Signora Maria, die sympathische und direkte Art, mit der Mutter und Tochter das Lokal führen, werden Sie sicher in guter Erinnerung behalten.

Brescia

6 km von der Stadtmitte

Dell'elfo

Osteria
Via Indipendenza, 84 – Sant'Eufemia
Tel. 0 30 / 36 43 45
Ruhetag: Dienstag
Betriebsferien: erste Julihälfte
40 Plätze
Preise: 30 000 Lire
Keine Kreditkarten
Reservierung: abends empfohlen

Einer alten Legende zufolge lebte im Val Carobbio ein Naturgeist, der Wanderer und Wirte schützte. Vielleicht gibt es deswegen immer schon besonders viele Gasthäuser in dieser Gegend. Angelo und Beppe wollten den Geist wieder lebendig werden lassen und haben deshalb in einer alten Poststation eine typische Osteria für Jung und Alt eröffnet. Im »Elfo« geht es ausgelassen zu. Hier sitzt, ißt und trinkt man zusammen, singt vielleicht auch ein paar Lieder zur Gitarre. Vergangenheit und Gegenwart verschmelzen hier; so hat auch der Liedermacher Guccini die Osteria in seinen Liedern besungen. Das Angebot des »Elfo« kann sich sehen lassen: von Trippa über Minestrone, **Bigoli mit Sardinen**, Lammrücken, **Eselbraten** bis hin zu Fischen aus den umliegenden Seen: Sardine in carpione, **Felchen**, **Forellen** (gegrillt oder in Alufolie geschmort) und sogar Ravioli mit Forellenfülle. Man trinkt hier gute Weine aus der Gegend (Franciacorta), Weißweine aus Friaul und dem Trentino sowie Rotweine aus Piemont.

Cassano d'Adda

35 km von Mailand, 25 km von Bergamo

Locanda i Satiri

Bar-Enoteca mit Küche
Via Carducci, 1
Tel. 03 63 / 36 02 22
Ruhetag: Montag
Betriebsferien: August
36 Plätze
Preise: 25–30 000 Lire, ohne Wein
Keine Kreditkarten
Reservierung: nicht notwendig

Wenn Sie auf der Staatsstraße »Padana Superiore« von Mailand in Richtung Treviglio fahren, kommen Sie durch Cassano d'Adda. In dieser Ecke der Provinz Mailand ist von alten Gasthäusern und Essensgewohnheiten nicht mehr viel übriggeblieben. Die »Locanda i Satiri« scheint uns eine wohltuende Ausnahme im gastronomischen Einerlei des Mailänder Hinterlands zu sein. Giulio Tessari (seine Freunde nennen ihn Tex) gelingt es nämlich, eine Bar mit den üblichen Drinks und Cocktails, eine Osteria im alten Stil und ein Speiselokal mit hochwertigem Angebot unter einem Dach zu vereinen. Stühle, Tische und Theke sind aus Holz und machen das Lokal recht gemütlich. Tex stammt aus der Lunigiana (einem Landstrich in der Toskana), jede Woche fährt er in seine Heimat und besorgt dort gute und qualitativ hochwertige Grundstoffe für seine Küche. Demnach bekommt man in der »Locanda i Satiri« auch Spezialitäten aus der Lunigiana frisch zubereitet. Dazu zählen die **Testaroli al pesto** (auf Vorbestellung), die **Tortelli** mit Pilzen oder **Kräutern**. Das Angebot umfaßt ebenso lombardische Klassiker wie **Cassoeûla**, **Trippa in umido**, **Cotoletta alla milanese**, Carne salada und zur entsprechenden Jahreszeit verschiedene Pilzgerichte. Die Auswahl an Wurstwaren ist gut: Lardo di Colonnata, Culatello, Pancetta und Filet kann man als Antipasto oder zwischendurch zur Brotzeit bekommen. Dazu ißt man am besten die herrliche hausgemachte Focaccia. Die Weinkarte ist sehr reich bestückt, berühmte Namen stehen neben unbekannten, aber dennoch ordentlichen Weinen. Kalte Speisen und Wurstwaren kosten 8 000 Lire, für warme Gerichte zahlt man 12-14 000 Lire. Das Lokal ist von 9 Uhr morgens bis 2 Uhr nachts geöffnet.

Castelleone

30 km von Cremona, S. S. 415

Tre rose

Trattoria
Via Maltraversa, 1 – Le Valli
Tel. 03 74 / 5 70 21
Ruhetag: Mittwoch
Betriebsferien: zweite Augusthälfte
35 Plätze
Preise: 25–30 000 Lire, ohne Wein
Keine Kreditkarten
Reservierung: empfohlen

Luciano Albertini hat sein Handwerk in den Badeorten an der Adria gelernt, bevor er selbst seine »Enoteca Tre rose« eröffnete. Inzwischen hat sich die Weinschenke mehr und mehr zu einer richtigen Trattoria entwickelt. Luciano bietet eine reichhaltige und gute Regionalküche an. Die Mamma hilft ihm in der Küche und macht frische Pasta, der Vater bestellt den Gemüsegarten und kümmert sich um die Aufzucht von Hühnern und Kaninchen. Sie haben die Wahl zwischen Gnocchi, **Ravioli in brodo** (am besten vorbestellen), handgemachter Pasta mit Sugo, Kaninchen und Hühnern, **Bollito misto**, Kalbsbries, Stracotto und **Stinco al forno**. Beginnen Sie Ihre Mahlzeit mit einer guten Hausmachersalami und beenden Sie sie mit einer Ciambella al mascarpone oder mit einem Kuchen aus **Brotteig**. Das Weinangebot ist reichhaltig und interessant: vom Barbaresco di Gaja bis zum Barbera di Aldo Conterno, von der Abbazia di Rosazzo bis zu Weinen von Avignonesi ist alles vertreten. Es fehlen höchstens ein paar kleine Erzeuger, die man durchaus ins Angebot aufnehmen sollte. Die Gegend ist sehr erholsam, das Ambiente der Trattoria ansprechend. Im Sommer kann man unter den Arkaden essen und dabei den Duft von frischem Heu atmen.

Cicognolo

14 km von Cremona, S. S. 10

Osteria de l'umbreleèr

Osteria-Trattoria
Via Mazzini, 13
Tel. 03 72 / 8 28 24
Ruhetag: Di.abend und Mittwoch
Betriebsferien: im Sept. u. im Januar
30 Plätze
Preise: 20–25 000 Lire, ohne Wein
Keine Kreditkarten
Reservierung: empfohlen

Es gab wirklich einen Schirmmacher in der Familie (»Umbreleér« bedeutet im Dialekt »ombrellaio«: »Schirmmacher«). Der Großvater hängte aber nach dem Krieg seinen erlernten Beruf an den Nagel und eröffnete eine Osteria. Erst vor kurzem wurde das Lokal in einen Neubau verlegt, der mit viel Gespür im traditionellen Stil eingerichtet wurde und jetzt sehr ansprechend wirkt. Rina steht in der Küche, Diego und Pier kümmern sich um die Gäste. Die Köchin ist eine sehr energische Hausfrau; Diego malt gerne, Piers Hobby ist der Wein: entsprechend gut trinkt man auch in dieser Osteria. Im Weinkeller lagern Weine aus ganz Italien, vor allem aus den Langhe. Die Küche entspricht ganz den norditalienischen Gepflogenheiten, auf kurzlebige Modeerscheinungen wird verzichtet. Eröffnen Sie Ihre Mahlzeit mit Wurstwaren aus der Gegend und geröstetem Brot. Dann sollten Sie die schmackhaften **Marubini** in brodo oder die verschiedenen Risotti probieren. Das ganze Jahr über können Sie **Stracotto vom Esel** essen; nur im Winter serviert man **Bollito misto** und **Cotechino**. Im Sommer gibt es dafür gesottenes Huhn. Eine interessante Alternative zu den Hauptgerichten oder ein guter Extragang ist der gegrillte Cacio. Die Rechnung ist angemessen, schnellt allerdings in die Höhe, sobald Sie die Baroli probieren, die hier liebevoll im Keller gelagert werden.

Crema

40 km von Cremona, S. S. 235

Circolo Enoteca

Enoteca mit Küche
Piazza Trento e Trieste, 14
Tel. 03 73 / 8 43 39
Ruhetag: Sonntag
Betriebsferien: August
60 Plätze
Preise: 15 000 Lire, ohne Wein
Keine Kreditkarten
Reservierung: nicht notwendig

In Crema wurde nie Weinbau betrieben. So gibt es neben den unzähligen und eher zweifelhaften Sandwichbars nur wenige gute Weinlokale. Der »Circolo Enoteca« existiert schon lange. Die beiden sympathischen und kompetenten Besitzer haben das ansprechende Lokal zu einem beliebten Treffpunkt für die Liebhaber guter Weine und beschaulicher Atmosphäre gemacht. Viele junge Leute kehren hier ein. Die Enoteca ist im Kellergewölbe eines alten Herrschaftshauses untergebracht. An einem der malerischsten Winkel der Stadt, nur ein paar Schritte vom Domplatz entfernt, genau gegenüber dem alten Markt aus der K.-u.-K.-Zeit, servieren Mario und Stelvio Abend für Abend ihre Weine. Das Angebot ist reichhaltig und mit Gefühl zusammengestellt. Ein besonderes Augenmerk wurde auf die kleinen Erzeuger gerichtet (Gatti, Dal Cero, Bolognani und andere). Zum Wein ißt man Salami und Käse oder andere Leckereien wie **Cotechino**, Frittate, **Bruschette** oder Penne mit Paprikasugo. Nur abends geöffnet.

Crema

40 km von Cremona, S. S. 235

Cral Ferriera

Trattoria
Via Podgora, 2
Tel. 03 73 / 8 08 91
Ruhetag: Montag
Betriebsferien: zwei Wochen im Juni u.
35 Plätze   [September
Preise: 20–25 000 Lire
Keine Kreditkarten
Reservierung: empfohlen

Nach dem Umbau wirkt das »Cral Ferriera« nun gepflegt und geschmackvoll. Maria Pia und Domenico Triassi haben hier ein interessantes Lokal eingerichtet. Ausgesuchte Grundstoffe, gutes Fleisch, sorgfältig zubereitete Hausmacherkost zeigen, daß es hier um mehr als nur um bloße Nahrungsaufnahme geht. Maria Pia macht **Tortelli cremaschi**, Risotto mit Wurst oder frischen Pilzen, Gnocchi nach Art des Hauses. Zu den Fleischspezialitäten zählen Brasato, **Stracotto vom Esel**, ausgelöstes und gefülltes Hähnchen, Bollito misto; im Herbst gibt es auch **Pilze**. Auf Vorbestellung bekommen Sie so typische Gerichte wie **Gans** oder **Koteletts mit Wirsing** und **gebratene Wildente**. Bei den Desserts können Sie zwischen Tiramisù, Mürbeteigkuchen und **Bertolina**, einem kräftigen Kuchen aus Weizen- und Maismehl und Trauben, wählen. Das Speisenangebot wechselt täglich; zu einem angemessenen Preis stehen drei erste Gänge und drei Hauptspeisen zur Wahl. Die einzige Schwachstelle des Lokals sind die Weine. Das Angebot ist nicht besonders umfangreich und nichtssagend. Domenico behauptet nämlich, nicht die geeignete Kundschaft für gute Weine zu haben. Wir empfehlen ihm allerdings, keine Investitionen zu scheuen. Denn es gibt genügend Leute, die für einen guten Wein gern auch einmal ein bißchen mehr ausgeben.

Cremona

La sosta

Trattoria
Via Sicardo
Tel. 03 72 / 45 66 56
Ruhetag: Montag
Betriebsferien: zweite Augusthälfte
30-40 Plätze
Preise: 30 000 Lire, ohne Wein
Kreditkarten: CartaSi
Reservierung: empfohlen

Wenn Sie nach Cremona kommen, müssen Sie unbedingt den Torrazzo besichtigen. Er ist der höchste Backsteinturm Italiens und Wahrzeichen der Stadt. Schauen Sie sich auch den Dom an. Seine Fassade ist erst vor kurzem restauriert worden. Der Weg zum »La sosta« führt am Dom und am Baptisterium vorbei, das aber zur Zeit eingerüstet ist. Schon seit Ende des vorigen Jahrhunderts befindet sich hier eine Osteria. Wenn Sie die Stufen zum Eingang hinaufsteigen und das falsche lateinische Zitat auf dem Gasthausschild entziffern, werden Sie erst einmal eine dieser typischen Mischformen aus Kneipe, Sandwichbar und italienischem Pub vermuten. Doch der erste Eindruck täuscht. Die typischen großen Tische werden Sie beruhigen, die vielen Weinflaschen aus berühmten und weniger bekannten Kellereien Sie in ihren Bann ziehen. Ebenso wird Sie eine Cremoneser Salami faszinieren, die man sogleich vor Ihren Augen mit dem Messer(!) aufschneidet. Die Küche steht ganz im Einklang mit dem Lokal und präsentiert demnach die besten Cremoneser Spezialitäten: **Marubini**, Wurstwaren wie z.B. **Cotechino**, Bollito, **Schnecken**, Wild und andere Regionalgerichte je nach Jahreszeit. Zur Weihnachtszeit ißt man hier **gefüllten Kapaun**, der während der Feiertage auf keiner Festtagstafel der Stadt fehlen darf.

Cremona

Porta Mosa

Trattoria mit Weinausschank
Via Santa Maria in Betlem, 11
Tel. 03 72 / 41 18 03
Ruhetag: Sonntag
Betriebsferien: unterschiedlich
45 Plätze
Preise: 30-35 000 Lire, ohne Wein
Kreditkarten: CartaSi, AE
Reservierung: empfohlen

Porta Mosa ist eines der ältesten und eindrucksvollsten Stadtviertel von Cremona. An der Stelle, an der Roberto Bona und Sandro Ghisani vor vier Jahren ihr ansprechendes Lokal eröffnet haben, existierte bereits in der Nachkriegszeit eine Osteria. Das »Porta Mosa« ist ganz im Stil einer traditionellen Osteria gehalten. Die Einrichtung wirkt durch die großen Holztische, Bänke und Strohteppiche recht rustikal. Den Wein trinkt man allerdings nicht in irgendwelchen Gläsern, sondern in eleganten Weinkelchen. Roberto hat eine Karte mit über zweihundert Weinen zusammengestellt, die neben ausgezeichneten italienischen Sorten auch einige ausländische Erzeugnisse und eine beneidenswerte Auswahl an Schnäpsen und Likören beinhaltet. Wer weniger hohe Ansprüche stellt, kann einen ordentlichen Rotwein aus der Gegend um Piacenza trinken. Die Küche hält sich an das, was die einzelnen Jahreszeiten zu bieten haben. Im Sommer gibt es überwiegend Gemüse, während man im Winter Pilze, Fleisch- und Wildgerichte bereithält. Im Sommer wird mit glücklicher Hand viel Ungewohntes ausprobiert (Pürees aus Spargelspitzen und andere Gemüsecremes, Tagliolini al rosso nero, geräucherter Aal, Stör), während im Winter die Tradition den Vorrang hat. Da gibt es dann meisterhaft zubereitete **Polenta mit Cotechino und Linsen**, **Zwiebelsuppe**, **Tortelli a caramella** und **Cereghin** mit Trüffeln. Zu empfehlen sind außerdem die ausgesuchten Käsesorten und Hausmacherwurstwaren: Bresaola von Pferd und Rind, rohe Gänsesalami, gut abgehangene Schinken. Das Verhältnis von Preis und Qualität ist günstig, die Bedienung sehr umsichtig und herzlich.

Cremona

Mellini

Trattoria
Via Bissolati, 105
Tel. 03 72 / 3 05 35
Ruhetag: So.abend und Montag
Betriebsferien: August
40 Plätze
Preise: 25 000 Lire, ohne Wein
Keine Kreditkarten
Reservierung: empfohlen

Fahren Sie stadtauswärts bis zur Piazza Cadorna (Porta Po), biegen Sie dann nach links in die Via Vasto und dann in die Via Bissolati ein. Nur wenige hundert Meter Luftlinie vom Stadtzentrum entfernt liegt hier eines der gemütlichsten Viertel von Cremona. Hektik und Verkehr scheinen hier Fremdwörter zu sein. Romano Ravasi behauptet, daß man das Lokal leicht finden kann, auch wenn außen kein einziges Schild darauf hinweist. Im Gegenteil, wer ein ursprüngliches und bodenständiges Speiselokal sucht, wird durch diesen Umstand nur noch stärker angezogen. Romano kümmert sich sehr gewissenhaft um seine Gäste, berät sie und hilft ab und zu seiner Frau in der Küche. Als ersten Gang sollten Sie **Safranrisotto** mit Steinpilzsauce oder **Marubini** essen. Von den Hauptspeisen empfehlen wir Kaninchenbraten, Rinderschmorbraten mit frischer Polenta, Gesottenes (im Winter **Cotechino**) oder **Schnekken** alla Cirillo mit Spinat. Für Weinliebhaber ist die Weinkarte eine wahre Freude: sie finden hier eine gute Auswahl italienischer Erzeugnisse (besonders aus den Langhe) und einige französische Weine.

Gardone Riviera

36 km von Brescia, S. S. 45 bis

Riolet

Trattoria
Via Fasano Sopra
Tel. 03 65 / 2 05 45
Ruhetag: Mittwoch
Betriebsferien: um Weihnachten
50 Plätze + 50 im Freien
Preise: 30 000 Lire
Keine Kreditkarten
Reservierung: empfohlen

Das Lokal liegt hoch über dem Gardasee; Sie erreichen es am besten, wenn Sie hinter dem Vittoriale von Gardone Riviera vorbeifahren. Ein altes Gebäude neben der Kirche wurde in den fünfziger Jahren in eine Trattoria-Locanda umgebaut. Am Eingang des Lokals sticht gleich eine mächtige Feuerstelle ins Auge. Hier wird der klassische **Spiedo valsabbino** gegart, den man zur Polenta ißt. 1976 haben die Formicas das Lokal übernommen. Ihr kulinarisches Angebot orientiert sich an der Tradition, wurde aber um ein paar Neuinterpretationen erweitert. Ernesto stammt aus Mantua, und so gibt es täglich frische Pasta sowie **Ravioli** (die Füllung dazu macht die Mamma selbst), **Risotto**, **Gnocchi** aus Kartoffeln und **Lasagne** ohne Fleisch. Vor allem aber sollten Sie den Spieß (nur sonntags und auf Vorbestellung) probieren: da finden Sie Fleisch vom Huhn, Kaninchen, Schwein, zur Jagdsaison Vögelchen, Kartoffeln und Salbei aufgereiht. Die Süßspeisen sind alle hausgemacht. Wählen Sie zwischen **Sbrisolona**, (ein weiteres Erbe aus Mantua), Apfelkuchen, Kuchen mit ölhaltigen Körnern und Mürbteigkuchen. Zu trinken gibt es fast ausschließlich Wein vom Gardasee. Eine etwas größere Auswahl wäre durchaus wünschenswert. Aber auch so sind die Terrasse mit Blick auf den See, die Ölbäume und Wiesen den Aufenthalt wert. Sie bezahlen hier nie mehr als 30 000 Lire, und das zahlen Sie gern.

Goito

16 km von Mantua, S. S. 236

Adami

Osteria-Trattoria
Via Massimbona, 6
Tel. 03 76 / 6 00 20
Ruhetag: Montag
Keine Betriebsferien
25 Plätze
Preise: 30 000 Lire
Keine Kreditkarten
Reservierung: notwendig

Seit zwei Generationen betreibt die Familie Adami ihre Osteria in einem der schönsten Dörfer um Mantua. Hier fallen die Hügel langsam zur Ebene ab, die Wasser des Mincio sind klar. Die Osteria sieht immer noch wie früher aus: Vor dem Haus spielen alte Männer unter schattigen Kastanienbäumen Boccia. Das Lokal selbst besteht aus zwei Räumen: in einem steht die Theke, am anderen wird gegessen. Die Gastwirtschaft ist nicht sehr groß. Nur zwei Leute sind hier beschäftigt, und das nicht einmal ständig; in der Tat ist die Osteria nur abends geöffnet. Tagsüber geht Signor Adami nämlich zum großen Vergnügen seiner Gäste im Mincio fischen (Süßwasserkrebse, Hecht und Aal) und bestellt seinen Gemüsegarten. Signora Adami verwandelt nun mit viel Erfahrung all dieses in wahre Köstlichkeiten: der **fritierte Aal** und die kleinen Krebse sind vollkommen, der **Hecht** mit Sauce ausgezeichnet, die Tagliatelle, **Agnolini** und **Tortelli di zucca** sind so, wie es die Tradition will. Mindestens genauso verführerisch sind die anderen Spezialitäten des Hauses: Pollo alla cacciatora, **Lepre in salmì**, **Lumache in umido**, Tagliatelle mit Entensauce (auf Vorbestellung) und die klassische **Torta sabbiosa**. Trinken Sie dazu einen offenen Merlot von einem Erzeuger aus der Gegend. Das Erfolgsgeheimnis dieser Osteria liegt in ihrer entwaffnenden Schlichtheit, gepaart mit Sachkenntnis, Präzision, Sauberkeit und Sorgfalt. Es liegt vielleicht auch an der Liebe zum Detail, wie die ausgesuchten Grundstoffe oder das stets blütenweiße Hemd des Wirts vermuten lassen. Aus den Gesprächen mit dem Wirt hört man – leider – immer wieder ein Thema heraus: beide Söhne haben studiert und wollen den Familienbetrieb nicht übernehmen. Wird die Provinz Mantua also bald um eine Attraktion ärmer?

Iseo

23 km von Brescia, S.S. 510

Antica trattoria del gallo

Trattoria
Via Risorgimento, 22 - Clusane
Tel. 0 30 / 98 90 12
Ruhetag: Dienstag
Betriebsferien: 20.6.–15.7.
70 Plätze
Preise: 25–35 000 Lire
Keine Kreditkarten
Reservierung: empfohlen

Am Ortseingang begrüßt Sie ein Schild mit der Aufschrift: »Clusane paese della tinca al forno« (»Spezialität des Orts: Schleien«). Der Iseosee, der kleine Hafen, die Torflager von Iseo und die Hügel von Erbusco im Hintergrund könnten allein schon ganze Scharen von Touristen anziehen. Hinzu kommen eine behutsame bauliche Entwicklung und die Schleien-Woche im Juli. Der Fremdenverkehrsverein von Clusane hat es sich zum Anliegen gemacht, die Spezialitäten des Iseosees und die Weine aus der nahegelegenen Franciacorta den Urlaubern vorzustellen. Die »Antica trattoria del gallo« ist sicher eines der traditionsreichsten Gasthäuser der Gegend, sie besteht nämlich schon rund 100 Jahren. Seit 12 Jahren wird sie von der Familie Vitali-Colosi geführt. Das Speiseangebot konzentriert sich in erster Linie auf Fische aus dem Iseosee. Die Brüder Giulio und Abele sind in der Materie bestens bewandert, wie ihre Antipasti mit **fritierten** und marinierten Fischen oder ihre getrockneten **Sardinen** beweisen. Als Secondo bekommen Sie natürlich die berühmte **Tinca al forno**, Forellen, **Renken** vom Grill, gebratenes **Barschfilet** und vieles mehr. Daneben können Sie auch Hausmachersalami, **Tagliatelle mit Bleßhuhnragout** (nur im Winter) und als Dessert einen hausgemachten **Tiramisù** essen. Trinken Sie Weine aus der Franciacorta, die in großer Auswahl bereitstehen, oder aus Friaul.

Iseo

23 km von Brescia, S. S. 510

Il volto

Trattoria mit Weinausschank
Via Mirolte, 33
Tel. 0 30 / 98 14 62
Ruhetag: Mittwoch und Do.mittag
Betriebsferien: 10.-31. Juli
45 Plätze
Preise: 35-40 000 Lire, ohne Wein
Keine Kreditkarten
Reservierung: empfohlen

Die vier Musketiere des »Volto« heißen Vittorio Fusari, Mario Archetti, Anna und Roberto Sgarbi. 1981 beschließen die vier, ein Wein- und Speiselokal zu eröffnen. Eine alte Osteria wird so umgebaut, daß die Cotto-Fliesen, Steine und Holzbalken wieder schön zur Geltung kommen, an der Stelle der ehemaligen Theke wird eine Kochnische eingerichtet, und das Abenteuer kann beginnen. Es wird aber nichts improvisiert, vielmehr hält man sich an die kulinarischen Gepflogenheiten und die Zutaten, die hier in der Gegend üblich sind. Auch beim Wein wird Begeisterung und Sachkenntnis an den Tag gelegt. (Der wahre »Hexenmeister« ist in diesem Fall Mario Archetti, genannt Arci.) Das Ergebnis ist eine mittelgroße Trattoria mit ausgezeichneter Küche, die aber nichts von der ursprünglichen Atmosphäre einer Osteria verloren hat: auch heute noch kann man hier einfach Karten spielen und Wein trinken. Arci empfängt seine Gäste und mischt sie unter das zahlreiche Stammpublikum der Osteria. Dann erklärt er ihnen mit viel Gespür die äußerst umfangreiche Weinkarte (mit den besten Weinen aus der Gegend und den größten Weinen Italiens und Frankreichs). Beim Bedienen wird Arci von der stets charmanten Marinella unterstützt. Die Speisekarte reicht von Fischen aus dem See (Salat aus gedämpften Forellen, **gegrillter Barsch**) bis zu so kräftigen Gerichten wie **Schweinefleischterrine**, geräuchertes Pferdefilet, **Coda di vitello** in gremolata und mit Polenta, und der besten Spezialität der Gegend, **Manzo all'olio**. Als ersten Gang ißt man am besten Spaghetti mit Hühnerleberragout. Die Nachspeisen sind raffinierter und weniger bodenständig. Da bekommt man dann weiße Mousse au chocolat oder Bayerische Creme.

Lecco

Antica osteria Casa di Lucia

Osteria-Enoteca
Via Lucia, 27 - Acquate
Tel. 03 41 / 49 45 94
Ruhetag: Montag
Betriebsferien: 2 Wochen im August
25 Plätze
Preise: 25-30 000 Lire, ohne Wein
Keine Kreditkarten
Reservierung: notwendig

In Acquate, einem alten Stadtviertel von Lecco, liegt natürlich die Atmosphäre von Manzonis Roman »I promessi sposi« (»Die Verlobten«) in der Luft. Doch das ist nicht die Besonderheit unseres Lokals, das sich nach der Romanheldin benennt. Der wohltuende Unterschied zu den anderen Gasthäusern in Lecco besteht darin, daß die Wirtsleute Antonella und Carletto es verstanden haben, sich dem Einfluß der nahen Großstadt Mailand zu entziehen und ihre Osteria ganz im alten Stil zu belassen: die große Gaststube mit Holztischen, der mächtige Kamin, das Wasserbecken aus Marmor, der Weinkeller, die schöne Pergola, unter der man im Sommer essen kann und einen wunderbaren Ausblick genießt. Das Speisenangebot richtet sich nach den Jahreszeiten und manchmal auch nach den Einfällen des Wirts, der immer weiß, wie er seine Gäste am besten zufriedenstellt. Zu jeder Zeit bekommen Sie hier einen Imbiß mit Käse aus dem nahen Valsassina (**Taleggio**, Robiola, frischen und reifen **Ziegenkäse**) oder Wurstwaren (**Bresaola**). Wenn Sie größeren Hunger haben, essen Sie **Pasta e ceci**, **Pasta e fagioli**, Polenta (im Herbst mit Pilzen), Brasato, Wildgerichte, Gulasch oder die schmackhafte **Busecca**, eine Kuttelsuppe. Carletto hat viele Weine probiert und danach mit Sachverstand eine große Weinkarte zusammengestellt. Sie finden da große Rotweine aus Piemont, der Toskana und dem Veltlin, Weiß- und Schaumweine von guter Qualität, namhafte französische Weine und ein paar Weine aus Kalifornien. Wer mag, kann sich natürlich auch zu einer Grappa oder einem Scotch verführen lassen.

Lodi

31 km von Mailand, S.S. 9

Il gattino

Trattoria
Corso Mazzini, 71
Tel. 03 71 / 3 15 28
Ruhetag: Sonntag und Mo. abend
Betriebsferien: August
40 Plätze
Preise: 35-40 000 Lire
Kreditkarten: alle
Reservierung: samstags

Im Haus gegenüber begann Mozart als Zwölfjähriger mit der Komposition seines Streichquartetts. Die nette Trattoria »Il gattino« wurde Anfang des Jahrhunderts gegründet und nach mehreren Abenteuern schließlich 1989 von Andrea und Maritza Sironi übernommen. Andrea ist Mailänder und kann auf eine Erfahrung als Barman zurückblicken. In seiner offenen Art ist er bei den Gästen sehr beliebt. Er kennt ihre Wünsche und Vorlieben und kann ihnen zu jedem Gericht die passende Flasche Wein empfehlen (die er auch gern mit ihnen zusammen leert!). Maritza stammt aus Friaul, hat sich aber alle Kenntnisse über die typischen Spezialitäten der Poebene angeeignet. Sie kocht Risotto, **Cassoeûla**, **Trippa**, Brasato. Schmorbraten, **Nierchen mit Knoblauch und Petersilie**, **Frösche** und **Schnecken**. Je nach Laune stellt sie auch ihre eigenen Gerichte, die auf Grundrezepten der Gegend aufbauen, vor. Dazu zählen ihre Tagliatelle mit Artischocken, die Trenette mit Pesto und der Baccalà alla vicentina. Das Ausland ist mit Zwiebelsuppe, Quiche lorraine und Gulasch vertreten. Maritza bäckt außerdem einen köstlichen und heißbegehrten **Strudel**. Die Weinkarte nennt die besten Erzeuger Piemonts, einige französische Weine, zahlreiche Rotweine aus dem Oltrepò pavese (Bonarda, Buttafuoco, Barbacarlo, Croatina und Barbera), Weißweine aus den Colli piacentini die Weine aus den nahegelegenen Hügeln von San Colombano. Die Käsespezialitäten (verschiedene Sorten Gorgonzola) stammen aus der Käserei Angelo Croce in Casalpusterlengo. Das Mittagsmenü kostet einschließlich Wein, Mineralwasser und Espresso 20 000 Lire. Abends zahlt man geringfügig mehr.

Mantova

Due cavallini

Trattoria
Via Salnitro, 5
Tel. 03 76 / 32 20 84
Ruhetag: Dienstag
Betriebsferien: August
100 Plätze
Preise: 25 000 Lire, ohne Wein
Keine Kreditkarten
Reservierung: empfohlen

Seit vielen Jahren ist das Lokal ein Begriff für gute Mantuaner Küche zu anständigen Preisen. Das Angebot des »Due cavallini« hat sich nicht verändert. Wenn Sie also keine Figurprobleme, aber dafür ordentlich Appetit haben, können Sie sich eine doppelte Portion **Stracotto vom Esel** zu den hausgemachten Maccheroni und der gerösteten Polenta bestellen. Ihre Mahlzeit beginnen sollten Sie allerdings mit Mantuaner Wurstwaren und dem traditionellen **Bevr in vin**, einer Suppe mit Lambrusco. Probieren Sie auch die verschiedenen **Bolliti** und Braten. Auch die Süßspeisen entsprechen ganz der Tradition, wie z.B. die **Torta sbrisolona**. Trinken Sie hier offenen Wein oder Flaschenweine aus der Umgebung. Die Bedienung ist familiär und dabei flink und freundlich.

Mantova

Ochina bianca

Circolo Arcigola
Via Finzi, 2
Tel. 03 76 / 32 37 00
Ruhetag: Montag und Di.mittag
Betriebsferien: 14 Tage im Juli, 8 Tage
80 Plätze [im Januar
Preise: 25 000 Lire, ohne Wein
Kreditkarten: EC, MC, Visa
Reservierung: empfohlen

Als vor gut zwei Jahren Gilberto Venturini – ein Gründungsmitglied der Arcigola – und seine Frau Marcella ihre Trattoria-Enoteca eröffneten, wußten sie zwar, daß in Mantua ein solches Lokal fehlte, waren dann aber von ihrem eigenen Erfolg überrascht. Ein Wunder ist es allerdings nicht, denn die beiden haben die Ideen der Arcigola zu ihren eigenen gemacht und bieten eine kluge und überlegte Auswahl an Gaumenfreuden zu annehmbaren Preisen. Das »Ochina bianca« ist ein gutes Beispiel für eine richtige »neue Osteria«. Das Interesse der Gäste wird durch immer neue Einträge auf der Speise- bzw. Weinkarte geweckt. Die neue Küche ist leicht und hält sich an den Jahreszeitenlauf sowie an die große kulinarische Tradition Mantuas. Hier seien einige der Spezialitäten erwähnt: **Agnoli**, **Tortelli di zucca**, **Stracotto vom Pferd**, **Hecht**, **Risotto alla pilota** mit Süßwasserfischen oder Salamelle. Hier bekommen Sie keine oberflächliche Folklore-Küche aufgetischt, sondern alte und bodenständige Gerichte: gebackenen Kabeljau, Bauernminestra, Frittata mit kleinen Krebsen oder Saucen, die fast schon in Vergessenheit geraten sind (z.B. **Vincotto-** und **Meerrettichsaucen**), gute ländliche Kuchen. Auch die Weinkarte gibt einen guten Überblick über die besten Erzeugnisse aus der Gegend sowie die großen italienischen und ausländischen Weine.

Milano

Antica Trattoria

Trattoria
Via San Vittore, 13
Tel. 02 / 46 83 55
Ruhetag: Sonntag
Betriebsferien: August
30 Plätze
Preise: 25–35 000 Lire
Keine Kreditkarten
Reservierung: empfohlen

1984 wurde das Lokal an der Stelle einer einfachen Weinschenke eröffnet, die nicht mehr zum eleganten Bild dieses Stadtviertels gepaßt hatte. Die tüchtige Köchin Grazia ist Frau eines Boxchampions und hat inzwischen die Nachfolge von Adolfo Serra (er kocht jetzt im »Ponte rosso«) und Sandro Frigerio angetreten. Die Küche bietet vor allem Spezialitäten aus Triest und Ligurien und ein paar Gerichte aus Österreich-Ungarn. Dazu gehören sicherlich das **Kaiserfleisch** mit Sauerkraut, **Gulasch** und eine kalte Gemüsesuppe mit Gurken, eine ungarische Verwandte des Gazpacho. Meist bekommen Sie die Triestiner **Jota** oder eine ausgezeichnete **Gersten- und Linsensuppe**, ganz zu schweigen vom **Stinco di maiale**, vom Stracotto mit Polenta, vom **Ossobuco** oder von den Genueser Spezialitäten wie Stockfisch mit Oliven und Pinienkernen und Kaninchen mit Kräutersauce. Sehr gut sind auch das Truthahnschnitzel in Kapernsauce und der Seeteufel mit Safran. Die Crêpes mit Kräutern oder Käsefüllung und die gefüllten Tintenfische bekommt man leider nicht an allen Tagen. Die Weine kommen hauptsächlich aus Friaul, wie der Cabernet und der Hauswein Pinot bianco, die Schaumweine stammen aus dem Trentino; einige weitere Weine kommen aus der Lombardei.

Milano

Bettola di Piero

Osteria
Via Orti, 17
Tel. 02 / 55 18 49 47
Ruhetag: Sa.mittag und Sonntag
Betriebsferien: August
50 Plätze
Preise: 20-25 000 Lire
Keine Kreditkarten
Reservierung: abends notwendig

Zwischen dem Ospedale Maggiore, einer Kaserne der Carabinieri und einer verkehrsreichen Straße liegt die idyllische Via Orti, die ihrem Namen alle Ehre macht (»Orti« bedeutet »Gärten«) und noch ein wenig von der ursprünglichen Atmosphäre des alten Mailand spüren läßt. Auf halber Höhe der Via Orti steht die saubere, einfache und einladende Osteria. Die Signora Mirella Fenoglio kümmert sich um den Service und um die Getränke; sie ist dabei stets freundlich und sorgt dafür, daß Sie sich hier schon bald wie zu Hause fühlen. Wenn Sie Ihnen dann eine dampfende und ausgezeichnete Pasta auftischt, werden Sie von ihrer Hausmannskost überzeugt sein. Mirellas Mann Piero kocht Pasta »alla strega« mit Sahne, Tomaten und Petersilie oder eine einfache Pasta mit Sahne und Pancetta. Bei den Hauptgerichten schlägt Pieros Herkunft durch: Aus Piemont stammen **Brasato** mit Pilzen, den es hauptsächlich im Winter gibt, oder der **Bollito** mit Kräutersauce, den Sie im Sommer essen können. Piero hält nichts von Tiefgefrorenem; so bekommen Sie nur frische Erzeugnisse, die stets zur Jahreszeit passen. Wenn es auf dem Markt frische Kräuter gibt, bekommen Sie Trenette mit frischem Pesto. Die Weine aus Piemont wählt der Padrone natürlich selbst aus. Man trinkt offenen Barbera oder bemerkenswerten Grignolino bzw. Dolcetto von kleinen Erzeugern. Wenn es spät wird und die Lokale der ganzen Stadt schließen, bleibt »La Bettola« der letzte Zufluchtsort für die Leute vom Theater. Und wenn Mirella nicht mehr kann, dann helfen die Gäste schon mal selber mit.

Milano

Centro ittico

Fischhandlung mit Küche
Via Aporti, 35
Tel. 02 / 26 14 37 74
Ruhetag: Sonntag und Montag
Betriebsferien: August
40 Plätze
Preise: 40-50 000 Lire
Keine Kreditkarten
Reservierung: notwendig

Ein reines Fischlokal, das nichts von einem überkandidelten Restaurant, sondern dafür die unmittelbare Herzlichkeit einer Familienosteria spüren läßt? In Mailand gibt es so etwas. In der Großstadt haben inzwischen die verschiedensten Regionalküchen Fuß gefaßt, und es ist nicht schwer, frische Grundstoffe zu bekommen. Mimmo stammt aus Apulien und war früher Verkäufer auf dem Fischmarkt, seit 1981 arbeitet er in dieser Fischhandlung. Lange schon trug er sich mit dem Gedanken, ein echtes Fischbistro zu eröffnen, was ihm schließlich im Oktober 1990 gelang. So kann man nun in einem hellen, geschmackvoll und freundlich gekachelten Lokal zwischen der Fischtheke und der Küche hochwertigen Fisch essen. Mimmo und seine Frau Marisa, eine Mailänderin, kochen, Cosimo und seine Frau servieren die verschiedenen, sehr sorgfältig zubereiteten Spezialitäten. Die Gerichte schmecken hervorragend, die Preise sind im Hinblick auf die erstklassige Qualität der Grundstoffe angemessen. Die Antipasti sind einfach verführerisch: verschiedene Arten Carpaccio, **Insalata di bottarga**, mit Grana **gratinierte Sardellen**, **Schie** (Lagunenkrebse), hausgeräucherter Lachs. Es folgen **Reis mit Shrimps**, **Spaghetti mit Muscheln**, **Hummer mit Reis**, Crespelle oder **Ravioli** mit Fischfüllung. Je nach Jahreszeit und Marktangebot bekommt man auch **Fischsuppe** auf apulische Art und Paella. Man kann bei der Auswahl und Zubereitung der gekochten und rohen Spezialitäten zusehen. Die Bedienung ist flink und aufmerksam. Man trinkt gute italienische Weißweine oder einen ansprechenden Muscadet von der Loire. Das »Centro ittico« ist nur mittags geöffnet.

Milano

Da Tomaso

Trattoria
Via De Castilia, 20
Tel. 02 / 6 68 80 23
Ruhetag: Sonntag
Betriebsferien: zwei Wochen im August
70 Plätze
Preise: 25–30 000 Lire
Keine Kreditkarten
Reservierung: abends notwendig

Bis in diesen Winkel von Mailand ist die Bauspekulation vorgedrungen. So mußte die alte Osteria (in Mailand die erste, die den ganzen Tag über Alkoholisches verkaufen durfte) die Bocciabahnen und den Garten abtreten. Dennoch empfangen Gian Paolo Raffaldi und seine Frau ihre Gäste nach wie vor mit großer Herzlichkeit. Das Speisenangebot spiegelt die Herkunft der Wirtsleute wider und ergibt eine interessante Mischung aus Cremoneser und Veroneser Spezialitäten. Licia macht **Risi e bisi** oder **Stockfisch** auf venetische Art, gebacken oder mit Oliven und Kartoffeln. Von Gian Paolo kommen dagegen **Reis mit Würsten**, Wurstspieße und der berühmte **Cotechino in camicia** (d. h. umwickelt mit einer Scheibe Rindfleisch und im Ofen gegart), Kaninchenbraten, Pollo alla cacciatora, Schweinekoteletts, Stinco oder Bauchspeck vom Kalb. Im herrlichen Keller kann Gian Paolo seine Salami selbst trocknen und seine Käse reifen lassen. Das werden auch die **Schnecken** gesäubert, die man dann »in umido« serviert bekommt. Licia ist eine talentierte Köchin, die sich auch mit Spezialitäten aus anderen Teilen Italiens auskennt. Hier können Sie z. B. auch ausgezeichneten Pesto essen. Nicht nur an den Speisen, sondern auch an den Weinen erkennt man die unterschiedliche Herkunft der beiden Wirtsleute: Garganega, ein blumiger und köstlicher Weißwein aus Venetien, neben Rotweinen aus der Lombardei (Oltrepò und San Colombano), um ganz zu schweigen vom Schaumwein der Genossenschaft Valle Isonzo in Friaul. Mittags können Sie hier für ca. 15 000 Lire essen; abends ist es etwas teurer.

Milano

Dongiò

Osteria-Trattoria
Via Corio, 3
Tel. 02 / 5 51 13 72
Ruhetag: Sonntag
Betriebsferien: August
40 Plätze
Preise: 35–45 000 Lire
Kreditkarten: alle
Reservierung: empfohlen

Der Besitzer und Koch des »Dongiò« war früher Verkaufsleiter eines großen Betriebs gewesen. 1987 eröffnete er zusammen mit seiner Frau Milena und seinen beiden Kindern Antonio und Monica das Lokal. In einem ruhigen Teil der Stadt, der dennoch nicht zu weit vom Zentrum entfernt ist, kann man in angenehm familiärer Atmosphäre einfache und schmackhafte Kost genießen. Die Gerichte sind weit entfernt vom traurigen Mailänder Einerlei. Sie stellen vielmehr einen interessanten Querschnitt aus verschiedenen Regionalküchen dar. Je nach Jahreszeit ißt man hausgemachte Antipasti und Primi mit verschiedenen Gemüsen (Gnocchi mit Spargelcreme, Tagliatelle in Artischockensauce). Sehr zu empfehlen sind auch die Nudelgerichte mit Oregano, Peperoncino und Sardellen, mit geräucherter Ricotta oder »all'etrusca«, d. h. mit Peperoncino, Pancetta, Zwiebeln und Pecorino. Man bekommt auch Gemüsesuppen und den klassischen **Minestrone**. Die Nudeln (**Tortelli di magro**, **Cappelletti** und im Winter **Passatelli**) sind stets hausgemacht. Als Secondo ißt man den traditionellen **Falso magro** (Rindfleisch, mit Salsiccia und Eiern gefüllt), Rindfleisch auf normannische Art mit Gewürzkräutern und die geschmorte **Schweinshaxe**. Die **Crostate** mit Marmeladen- oder Cremefüllung sind wirklich ausgezeichnet, ebenfalls die Karamelcreme und der **Latte brûlé**. Die Weinkarte ist in Ordnung. Der kräftige Barbera d'Asti ist zu empfehlen.

Milano

Grand Hôtel

Osteria
Via Ascanio Sforza, 75
Tel. 02 / 89 51 15 86
Ruhetag: Montag
Betriebsferien: August
60 Plätze
Preise: 40-45 000 Lire
Kreditkarten: Visa
Reservierung: empfohlen

Fabrizio Paganini und seine Freundin Stefania Zari haben 1981 dieses Lokal übernommen und geschmackvoll umgebaut. Der schöne Wintergarten und das eigentliche Gastzimmer sind sehr ansprechend. Aus der ursprünglichen Osteria sind die Theke und die Bocciabahnen erhalten. Glücklicherweise ist im »Grand hôtel« nichts von den negativen Eigenschaften zu spüren, die so viele Lokale in diesem Kneipenviertel besitzen. Im Gegenteil, hier legt man größten Wert auf gute Qualität und traditionelle Küche mit Spezialitäten aus den Heimatregionen der Wirtsleute: Fabrizio stammt aus Mantua, Stefania ist Mailänderin. Deshalb bekommen Sie hier (allerdings nur abends) ausgezeichnete Pappardelle oder frische Spaghetti, **Testaroli** di Pontremoli oder raffinierte **Suppen** mit Zwiebeln oder Pilzen. Erwähnenswert sind auch die Gemüseaufläufe, der **Stracotto vom Esel**, die Schweinekoteletts mit Pilzen und die Wildgerichte. Die kalten Speisen sorgen immer wieder für angenehme Überraschungen. Da gibt es **Speck**, Pancetta, verschiedene geräucherte Fische, Entenleberpastete, Ricotta und **Mozzarella**. Die Weinkarte bietet eine kluge Auswahl der besten italienischen Weine. Hier müssen Sie nicht unbedingt eine vollständige Mahlzeit zu sich nehmen. Sie können auch bei Live-Musik einen angenehmen Abend verbringen, etwas Wein trinken und ein paar köstliche Kleinigkeiten wie Bruschette, Leberpastete oder Gemüseaufläufe mit etwas zerlassenem Käse essen. Fabrizio hat für die Liebhaber eines guten Likörs oder einer Grappa eine erstklassige Auswahl bereitstehen. Nur abends geöffnet.

Milano

La Milanese

Trattoria
Via Santa Marta, 11
Tel. 02 / 86 45 19 91
Ruhetag: Dienstag
Betriebsferien: Ende Juli/August
70 Plätze
Preise: 40-50 000 Lire
Kreditkarten: alle
Reservierung: empfohlen

Die traditionelle Trattoria im Zentrum von Mailand hat all die Jahre nichts von ihrer Anziehungskraft verloren. Heute führt sie bereits die dritte Generation der Pächterfamilie. Seit ihrer Eröffnung im Jahre 1931 hat die Trattoria die Entwicklung der Bräuche und Gewohnheiten der Mailänder nachvollzogen. Erst vor einem Jahr hat man so z. B. die Küche renoviert und das Lokal vergrößert. Gleich geblieben ist dagegen die einfache Herzlichkeit, mit der Giuseppe und Antonella ihre Gäste betreuen. Angelo Villa ist für die Zubereitung der klassischen Mailänder Spezialitäten zuständig. Man beginnt mit **Nervetti mit Maizwiebeln**, Speck und **Gänsesalami**. Es folgen ausgezeichnete Suppen mit Gemüse, Linsen und Spinat oder ein Minestrone und **Reisgerichte**. Klassiker wie **Trippa** oder **Ossobuco**, **Cotoletta alla milanese** (paniertes Kotelett) mit zartem Cicoria-Salat und die **Casoeûla** (im Winter) sind immer zu haben. Zu den anderen empfehlenswerten Spezialitäten zählen die Polenta mit Eiern oder Gorgonzola und schließlich die warme Weinschaumcreme. Neben dem Hauswein, einem Barbera, trinkt man Weine aus Piemont und dem Oltrepò.

Milano

L'osteria del treno

Circolo Arcigola
Via San Gregorio, 46/48
Tel. 02 / 6 69 17 06
Ruhetag: Samstagabend
Betriebsferien: August
80 Plätze
Preise: 25–35 000 Lire
Keine Kreditkarten
Reservierung: abends empfohlen

Ende des vorigen Jahrhunderts wurde hier ein Club für die Eisenbahner eingerichtet. 1989 haben ein paar junge Leute voller Ideen diesen Club übernommen, um ihn wieder aufleben zu lassen. Teilweise wurde das alte Angebot erweitert. Nach wie vor trinkt man nachmittags Wein und spielt Karten, abends bekommt man ein paar Kleinigkeiten, und mittags können die Arbeiter aus dem Viertel hier essen. Die Trattoria ist demnach immer noch recht preiswert (ein Mittagsmenü bekommt man schon für 12 000 Lire) und bietet erstklassige Qualität. Abends lassen die Köchinnen Anna und Mavi ihrer Vorliebe für die Mantuaner Küche freien Lauf. Da gibt es dann ausgezeichnete hausgemachte Pasta (**Tortelli di zucca**), **Hecht** mit Sauce und andere **Fische** »**in carpione**«. Daneben bekommen Sie Wild, Kaninchen und verschiedene Braten. Das Lokal zeichnet sich außerdem durch eine reiche Auswahl an kalten Köstlichkeiten aus: Wurstwaren, **Violino** und **Mocetta** (zwei Schinkenarten) von Schaf und Ziege, **Slinzica** (gut abgehangener Pferdeschinken), **Bresaola** aus dem Veltlin, geräucherte Gänse- und Entenbrust und Gänseschinken. Angelo, Anna und Massimo empfangen Sie herzlich und freundlich und beraten Sie bei der Auswahl der Speisen und der passenden Weine. Es gibt davon über hundert verschiedene Sorten und einige ganz besondere Weine sowie eine stattliche Auswahl an Schnäpsen und Likören. Die »Osteria del treno« ist Hauptsitz der Mailänder Arcigola und Schauplatz verschiedener kultureller Aktivitäten (Theater, Kabarett, Ausstellungen, Kurse), die die Kontakte zu anderen Vereinen fördern sollen.

Milano

Ponte rosso

Bar-Trattoria
Ripa Ticinese, 23
Tel. 02 / 8 37 31 32
Ruhetag: Sonntag
Betriebsferien: August
40 Plätze
Preise: 25–30 000 Lire
Keine Kreditkarten
Reservierung: Freitagabend

Mailand kann sich glücklich preisen, einen Koch wie Adolfo Serra angezogen zu haben. In den letzten zwanzig Jahren hat er mehrere Restaurants in der Mailänder Altstadt betrieben und sich einen Namen gemacht. Adolfo vereint Erfahrung und guten Geschmack, Humor und Sachverstand. Das »Ponte rosso« ist heute das beste seiner Restaurants. Bei Adolfo gehören Gaumenfreuden und angeregte Unterhaltung zusammen. Vielleicht erzählt er Ihnen etwas über die Spezialitäten aus seiner Heimatstadt Triest und aus Mailand. Neben den traditionellen Gerichten werden auch einige neue Kreationen angeboten. Viele Gemüse geben den Gerichten eine frische Note. Da sind **Ris e spargitt** (Reis mit zartem, grünen Spargel), Minestrone oder »Vigneron« mit Bohnen und Erbsen; zum Kaninchen gibt es oft Artischocken, die Röllchen aus »Trevigiana« (eine Art Radicchio) sind köstlich. Im Winter serviert man Triester Spezialitäten wie **Jota**, Bigoli, **Gulasch** oder Baccalà. Für Mailänder Patrioten bereiten Adolfo und die berühmte Signora Angela **Ossobuco mit Risotto**, Trippa und andere typische Gerichte zu. Neuerdings kann man hier neben der angestammten **Gubana** auch feine Obstsalate und Schokoladencremes bekommen. Bei der Erweiterung des Weinangebots hält sich der Wirt natürlich an die Weine aus seiner Heimat Friaul. Die Auswahl an Grappe ist gut. Nur mittags geöffnet, freitags auch Abendöffnung.

Milano

Tagiura

Bar-Trattoria-Enoteca
Via Tagiura, 5
Tel. 02 / 48 95 06 13
Ruhetag: Sonntag
Betriebsferien: August
150 Plätze
Preise: 15-25 000 Lire
Keine Kreditkarten
Reservierung: nicht notwendig

Angenehme Überraschungen empfangen den Gast beim Betreten dieses Lokals, das von außen wie eine der vielen namenlosen Bar-Trattorie der Mailänder Außenbezirke aussieht. Die Speisezimmer sind elegant und erinnern an ein Pariser Bistro. Die Bedienung ist bemerkenswert freundlich und sachkundig. Die drei Geschwister Angelotti haben ja auch genügend Erfahrung. Ihre Eltern hatten in einem alten Mailänder Stadtviertel eine Osteria. Dort kochte man nur die Primi, denn die Gäste brachten sich ihre Hauptspeise selber mit und wärmten sie am Ofen in der Gaststube wieder auf. Doch diese Zeiten sind vorbei. Tullia bedient und kocht, Eugenio kümmert sich um den Wein, und Rino hat ein wachsames Auge auf den gesamten Betrieb. Die drei Geschwister sind ein schönes Beispiel dafür, wie gute Qualität und Wahrung der Tradition vereint werden können. Auch heute noch füllt Eugenio den Wein selber ab. Er selbst sucht die Rotweine aus dem Oltrepò, die Weißweine aus Friaul und den Prosecco und Champagner aus Reims aus. Die Trattoria ist über Mittag geöffnet, serviert nachmittags ein paar Kleinigkeiten und schließt um 20.30 Uhr. Der Mittagstisch ist leicht und bekömmlich. Es gibt viel Gemüse in den Ravioli di magro, in den Nudelgerichten und Reissalaten, im **Minestrone**. Zu den Hauptspeisen zählen **Carciofi al forno**, Frittate und Gemüsekuchen. Zu empfehlen sind aber auch **Vitello tonnato**, Rouladen und gefüllter Kalbsbauch. Besonders gut schmecken die **Kartoffelgnocchi** mit Tomatensauce und die Ravioli (nur samstags). Versuchen Sie zum Abschluß die leichten Obstkuchen nach Art des Hauses. Die Preise sind überraschend günstig.

Montecalvo Versiggia

30 km südl. von Pavia

Prato Gaio

Trattoria
Ortsteil Versa
Tel. 03 85 / 9 97 26
Ruhetag: Mo.abend und Dienstag
Betriebsferien: Januar
80 Plätze
Preise: 40 000 Lire, ohne Wein
Keine Kreditkarten
Reservierung: empfohlen

Der Oltrepò Pavese ist ein ausgesprochenes Weinbaugebiet mit so bekannten Erzeugern wie La Muiraghina oder die Genossenschaftskellerei Santa Maria della Versa. Dennoch gibt es nur wenige Trattorie, die die ausgezeichneten Weine und typischen Gerichte aus der Gegend anbieten. Eine Ausnahme bildet das »Prato Gaio« von Mariano Liberti. Er ist ein wahrer Kenner seiner Heimat und führt das Lokal zusammen mit seiner Familie. Marianos Mutter und seine Frau kochen gute Hausmannskost, die Atmosphäre ist so familiär, daß man eher von Trattoria als von Restaurant sprechen sollte. Versuchen Sie Pancetta mit Parmesan, **Marubè** und **Duls in brusc**, d.h. gedünstete Hähnchenfilets mit einer Sauce aus Ei und Essig, oder Pansoti mit wilden Kräutern, in Wein gedünstete Braten oder Kabeljau mit Rosinen. Süßspeisen wie »Schokoladensalami« oder **Torta paradiso**, eine Spezialität aus Pavia, sind zu empfehlen. Beim Wein können Sie sich auf Mariano verlassen. Er kennt sich mit der Geschichte, den Weinen und Spezialiäten dieser Gegend bestens aus und erzählt Ihnen gern etwas über den Oltrepò Pavese.

Montichiari

20 km von Brescia, S.S. 236

Rosi

Trattoria
Via S. Giovanni – Vighizzolo
Tel. 0 30 / 96 10 10
Ruhetag: Mittwoch
Betriebsferien: August
80 Plätze
Preise: 30 000 Lire
Keine Kreditkarten
Reservierung: empfohlen

Ein altes Radio, eine Anrichte, ein Kamin zum Grillen, die Bar mit den Stammgästen – in dieser Umgebung serviert Signora Rosi seit 36 Jahren die gleichen Spezialitäten. Signora Rosi ist eine einfache und kluge Frau. Seit 50 Jahren arbeitet sie als Köchin und denkt immer noch nicht ans Aufhören. Ihre Speisen sind einfach und gut. Die Nähe zu Brescia und Mantua findet ihren Niederschlag in den **Tortelli di zucca**: die Kürbisfüllung ist nach der Art von Brescia weniger süß, nach der Art von Mantua aber von einer feineren Teigtasche umhüllt. Auch die anderen Gerichte entsprechen den Traditionen der Gegend: Kaninchen und **Zicklein**, Pilzgerichte, **Bollito misto** mit ausgezeichnetem **gefülltem Huhn**. In der warmen Jahreszeit ißt man **Vitello tonnato** (ohne Mayonnaise), **Tagliolini mit Walnußsauce**, Piccata mit Kräutern, **Crostata** mit frischem Obst. Die Weine könnten besser sein, lassen sich aber ganz gut trinken.

Monzambano

34 km nördl. von Mantua

La dispensa

Enoteca
Via Castello, 21 – Castellaro Lagusello
Tel. 03 76 / 8 88 50   [geöffnet
Nur an Wochenenden und Feiertagen
Betriebsferien: Januar/Februar
15 Plätze + 30 im Freien
Preise: 20–25 000 Lire
Keine Kreditkarten
Reservierung: empfohlen

Castellaro Lagusello ist ein geschichtsträchtiges mittelalterliches Dorf, das Sie auf jeden Fall besichtigen sollten. Es ist nicht weit von der Autobahnausfahrt Peschiera del Garda entfernt. Die Geschichte beginnt mit einem Feinkostgeschäft in Valeggio sul Mincio. Niclas Mann Sergio Zarattini, Designer von Beruf, läßt sich für das Geschäft begeistern. Ostern 1989 eröffnen die beiden einen kleinen Laden in Castellaro, wo sie die besten Spezialitäten des Landes und der näheren Umgebung (Salami, Pancetta mit Salami, Cotechino, marinierte Karpfen) anbieten. Ein Jahr später eröffnen sie neben ihrer Bottega eine kleine Weinhandlung, die gut bestückt ist mit Weinen aus Mantua, Verona und dem übrigen Italien. In der Enoteca kann man die Weine nicht nur kaufen, sondern auch gleich probieren. Mehr noch, die Zarattinis richten im Obergeschoß ein kleines Speisezimmer mit fünf Tischen ein und bieten dort alle Köstlichkeiten des Feinkostladens zum Verzehr an. Sie servieren Ihnen sicher gern die ausgezeichneten Wurstwaren (Sie bekommen sogar **Speck** aus Arnad) und Käsesorten (das Beste, was die Gegend und ganz Italien zu bieten haben, so auch **natürlich gereiften Gorgonzola**). So sieht heute das »La dispensa« aus. Es ist am Wochenende und an Feiertagen geöffnet. Unter der Woche rufen Sie im Laden in Valeggio sul Mincio (Tel. 045/7950915) an.

Morbegno

25 km von Sondrio, S. S. 28

Osteria del crotto

Trattoria
Ortsteil Madonna
Tel. 03 42 / 61 48 00
Ruhetag: Dienstag
Betriebsferien: November
30 Plätze
Preise: 30–35 000 Lire, ohne Wein
Keine Kreditkarten
Reservierung: empfohlen

Es gibt nur wenige echte »Crotti« (ein anderes Wort für Osteria) im Veltlin. In Morbegno hat Maurizio Vaninetti einen historischen Crotto wieder eröffnet. Früher wurde hier getanzt und deftig gegessen. Das Lokal ist sorgfältig restauriert worden und strahlt eine sehr ansprechende und gastliche Atmosphäre aus. Der »Sorell« ist auch nach dem Umbau erhalten geblieben: damit bezeichnet man einen Bergwind, der Wein- und Speisekeller konstant auf sechs bis neun Grad abkühlt. Das Speisenangebot reicht von gut zubereiteten italienischen und internationalen Spezialitäten bis zu typischen Gerichten aus dem Veltlin und vom nörlichen Comer See. Die **Bresaola** ist immer schmackhaft und wird »alla canonica«, d.h. mit Butter und Schwarzbrot serviert. Die **Felchen »in carpione«** sind besonders zart. Die **Ravioli** mit einer Füllung aus **Mangold und Mascherpa-Käse** sind unbedingt zu empfehlen. Das Gemüseragout paßt gut zu den Tagliatelle. Dann gibt es noch Felchen Müllerin, perfekt gegartes englisches Filet, Bollito misto, Brasato und zur Jagdsaison Wild. Probieren Sie auch die **Polenta taragna**, die mit sehr guten Käsesorten zubereitet wird. Besonders typisch ist hier der **Bitto**, den Sie frisch oder nach 10jähriger Reifung essen können. Abschließend seien noch die Mürbteigkuchen, vor allem die Crostata mit Zitronencreme, und ein Semifreddo mit Grappa erwähnt. Die Weinkarte wird ständig erweitert. Die Enoteca Marino in Chiavenna garantiert für Qualität. Sie finden auf der Karte jetzt schon Weine, die jedem Anspruch gerecht werden. Trinken Sie auch das bekömmliche Wasser aus der eigenen Quelle des Crotto.

Mornico Losana

25 km von Pavia, S. S. 35 in Richtung Stradella

Sapori d'Oltrepò

Trattoria
Via Roma, 15
Tel. 03 83 / 87 32 02
Ruhetag: Montag
Keine Betriebsferien
50 Plätze
Preise: 30–40 000 Lire, ohne Wein
Keine Kreditkarten
Reservierung: unbedingt notwendig

Schon wenige Kilometer hinter Broni befinden Sie sich inmitten der lieblichen Hügellandschaft des Oltrepò Pavese. Wenn Sie in der Trattoria der Familie De Filippi einkehren, wird Ihre Landpartie zu einem unvergeßlichen Erlebnis. Erst vor drei Jahren haben die De Filippis diese Trattoria eröffnet. Sie servieren hier hauptsächlich Erzeugnisse aus der eigenen Landwirtschaft (Gemüse, Obst, Geflügel), die nach Originalrezepten verarbeitet werden und allesamt hervorragend schmecken. Da die Feldarbeit viel Zeit in Anspruch nimmt und die frischen Lebensmittel schnell verderben, müssen Sie unbedingt vorbestellen. Man wird Ihnen bei dieser Gelegenheit folgende Spezialitäten vorschlagen: **Agnolotti di stufato**, **Pisarei e fasò**, **Tortelli di magro**. Vielleicht möchten Sie vorher noch die erstklassigen Wurstwaren, Gemüse-Antipasti oder Hühnersalat probieren? Beim Hauptgericht können Sie wählen zwischen Kalbfleisch mit Mandeln, Rouladen mit Pilzen, Kaninchenleber mit Akazienblüten (im Mai) und Wild. Die Desserts werden mit frischem Obst aus eigenem Anbau zubereitet. Die Weine kommen ausschließlich aus Mornico Losana: Riesling, Barbera, Bonarda, Pinot bianco und Pinot nero sowie Schaumweine von der Kellerei La Versa. Giusy, Danilo, Mamma Antonia und Papa Achille beweisen jeden Tag aufs neue, daß sie die Bindung an Tradition und Natur schätzen und daß sie mit Spaß bei der Sache sind. Wenn neben der Feldarbeit noch ein wenig Zeit bleibt, dann greifen Papa und Danilo gern zur Gitarre und klimpern ein paar Lieder für ihre Gäste. Unter der Woche nur abends, sonntags nur über Mittag geöffnet.

Orzinuovi

30 km von Brescia, S. S. 235

Vini Palumbo Damiano

Enoteca
Via Alfieri, 1
Tel. 0 30 / 94 20 82
Ruhetag: Montag
Betriebsferien: drei Wochen im Sept.
40 Plätze
Preise: 15-20 000 Lire
Keine Kreditkarten
Reservierung: empfohlen

Die Palumbos stammen aus Apulien. Schon vor rund hundert Jahren eröffneten sie in und um Brescia mehrere Weinlokale. Die »Enoteca« von Orzinuovi wurde schnell zum beliebten Treffpunkt, denn man bekam dort die damals noch sehr exotischen süditalienischen Weine (Manduria, Marsala, Rodi). Auch heute noch bietet Damiano Palumbo gute Weine aus dem Mezzogiorno an. Er ist einer der wenigen, die den Mut dazu haben, denn leider werden diese edlen (und zudem preisgünstigen) Weine nur allzu oft verkannt. Die Weinkarte der Enoteca wird ständig überarbeitet und beinhaltet selbstverständlich auch Weine aus dem übrigen Italien. Das Lokal ist eine natürliche Weiterentwicklung der herkömmlichen Osteria, die nach den üblichen Kriterien renoviert wurde. Man ist gerade dabei, den Weinkeller umzubauen, in dem man das Geschäft und die Osteria unterbringen will. Heute können Sie hier bereits ein paar Kleinigkeiten zum Wein essen. Damianos Mutter, die Signora Santina, serviert Ihnen gerne reifen **Parmigiano reggiano**, Fontina, toskanischen Schafskäse oder Hausmachersalami, dicke Bohnen, hartgekochte Eier und **Polenta mit Gorgonzola**. Wenn Sie Glück haben, findet in dem rustikalen Weinlokal gerade eine der vielen Veranstaltungen des Vereins »Obiettivo Vino« statt, der hier seinen Hauptsitz hat.

Palazzolo sull'Oglio

30 km von Brescia, 20 km A 4 von Bergamo

Della villetta

Osteria
Via Marconi, 104
Tel. 0 30 / 73 20 51
Ruhetag: Dienstag
Betriebsferien: drei Wochen im August
60 Plätze
Preise: 5-7 000 Lire pro Gericht
Keine Kreditkarten
Reservierung: nicht notwendig

Maurizio Rossi stammt aus einer alten Gastwirtsfamilie. Von seinen Urgroßeltern und Eltern hat er die Begeisterung für seinen Beruf und natürlich für gutes Trinken und noch besseres Essen geerbt. Maurizio hat die »Osteria della Villetta« zusammen mit seiner Schwägerin Ornella selbst renoviert. Ihr Verdienst ist es, daß bei den umfangreichen Arbeiten der ursprüngliche Stil des Lokals wieder zum Vorschein kam: das Wirtshausschild ist reiner Jugendstil, ebenso die Einrichtung, die den Aufenthalt zum Vergnügen macht. Dazu tragen natürlich auch die angenehme Atmosphäre der Osteria und die erstklassige Qualität des Angebots bei. Der fachkundige und aufmerksame Wirt hat in etwa hundert Weine von den besten Erzeugern Italiens zusammengestellt. Zum Wein werden Wurstwaren und Käse gereicht, die von Bauern aus der Gegend oder aus renommierten Feinschmeckergebieten kommen. Da sind vor allem der **San-Daniele-Schinken**, **Grana aus dem Trentino**, der natürlich gereifte **Gorgonzola** der Firma Croce, Speck mit Rosmarin, phantastischer toskanischer Schafskäse und natürlich die Spezialitäten aus der Gegend und einige köstliche **Ziegenkäse** aus dem Valcamonica. Wie man sieht, liegt das Erfolgsrezept der Osteria in dem ausgesuchten Angebot an Weinen und Speisen und in der gemütlichen Atmosphäre. Die Preise sind angemessen (ca. 5 000 Lire für die kalten Beilagen, ca. 1500 bis 2 000 Lire für ein Glas Wein). Die Osteria ist durchgehend von zehn Uhr morgens bis ein Uhr nachts geöffnet.

Perledo

54 km nordöstl. von Como

Il caminetto

Trattoria
Viale Progresso, 4 - Gittana
Tel. 03 41 / 83 06 26
Ruhetag: Mittwoch
Betriebsferien: 14 Tage im Juli und Jan.
35-40 Plätze
Preise: 35-40 000 Lire, ohne Wein
Keine Kreditkarten
Reservierung: empfohlen

Die roten Geranien an den Fenstern erinnern an ein Schweizer Bauernhaus. In der Tat ist die Schweiz auch nicht weit. Die Trattoria liegt am oberen Ende des Comer Sees und ist über die Panoramastraße in Richtung Colico zu erreichen. Hier waren früher einmal Poststation und Osteria. Die Galerieräume der heutigen Trattoria sind nicht besonders groß, aber geschickt auf zwei Stockwerke verteilt. Die Einrichtung ist rustikal, die Tische sind schlicht gedeckt. Seele des Lokals ist der Koch Mario Nasazzi. Er kennt sich mit den Spezialitäten dieser Gegend recht gut aus; seine Erfahrung erlaubt es ihm auch, das Angebot durch Spezialitäten aus anderen Regionen Italiens zu ergänzen. Als Antipasti serviert er Ihnen gegrilltes Gemüse, eingelegte Auberginen, Paprika und Zucchini, Hausmacherwürste und **Bresaola** und die typischen **Missultit**, Alsen aus dem Comer See, die von Mario und seinem Compagnon Luigi selbst getrocknet werden. Die »Primi« werden ausnahmslos mit hausgemachter Pasta bestritten. Lassen Sie sich dazu am besten einen Gemüsesugo servieren. Dann können Sie zwischen schönen Rindersteaks oder zarten Lammkoteletts wählen. Probieren Sie auch den Fisch aus dem Comer See: **Felchen** und **Alsen** in Butter oder einen zarten **Risotto** mit gebratenen Barschfilets. Die Fische sind garantiert frisch und leicht bekömmlich. Dazu trinken Sie Weißweine aus Friaul und Süditalien oder einen der guten Rotweine. Die Auswahl ist um so beachtlicher, als das Restaurant in einer Gegend liegt, in der der Wein einen vergleichsweise niedrigen Stellenwert einnimmt.

Piadena

30 km von Cremona, S. S. 10

Dell'alba

Trattoria
Via del Popolo, 31
Tel. 03 75 / 9 85 39
Ruhetag: Samstag
Betriebsferien: im August
30 Plätze
Preise: 25 000 Lire, ohne Wein
Keine Kreditkarten
Reservierung: empfohlen

Der Name des Lokals hat nichts mit den Öffnungszeiten zu tun (»alba« bedeutet »Morgendämmerung«). Historische Urkunden belegen, daß es an dieser Stelle schon immer eine Einkehr gegeben hat. Wenn Sie sich gut mit ihrem Gaumen verstehen, der bekanntlich nicht weit vom Gehirn entfernt ist, dann lassen Sie sich von der Begeisterung der jungen Leute anstecken, die vor kurzem das »Dell'alba« übernommen haben. Hier bekommen Sie in der Mittagspause natürlich auch schnelle Gerichte, aber eben auch jene zeitaufwendigen Speisen (Slow Food!), die nichts für Leute sind, die beim Essen ständig auf die Uhr blicken. Wer diese Spezialitäten probieren will, hat die Wahl zwischen **Tortelli di zucca**, **Marubini in brodo**, **Stracotto mit Polenta**, Trippa (nur sonntags) und Geflügel oder Kaninchen, die alle aus der eigenen Aufzucht stammen. Auch die Weine legen von der Begeisterung und dem guten Gespür dieser jungen Leute Zeugnis ab: die Auswahl ist nicht groß, aber von gehobener Qualität. Zur familiären Atmosphäre des Lokals trägt auch die flinke Bedienung bei. Das Lokal liegt an der sehr verkehrsreichen Straße nach Mantua. Daher ist es besonders erfreulich, daß die Besitzer auf Qualität setzen und sich nicht von bloßer Geschäftemacherei leiten lassen.

Proserpio

20 km östl. von Como

Baita alpina Inarca

Osteria-Trattoria
Via Inarca, 16
Tel. 0 31 / 62 04 24 und 65 51 76
Ruhetag: Mi. von Mai bis September
Betriebsferien: September
30 Plätze + 40 im Freien
Preise: 20–25000 Lire, ohne Wein
Keine Kreditkarten
Reservierung: empfohlen

Ein Tag an der frischen Luft und im Grünen macht gleich noch mehr Spaß, wenn man weiß, daß es da auch eine Einkehr gibt, in der man natürliche Kost und ordentlichen Wein zu einem angemessenen Preis bekommt. Proserpio liegt auf der Halbinsel zwischen den beiden Armen des Comer Sees. Die beiden Wirtsleute der »Baita Inarca« machen sofort einen sympathischen und ruhigen Eindruck. Die Osteria selbst ist schlicht, aber recht ansprechend. Im Sommer können Sie unter einer schattigen Pergola im Freien essen. Zu jeder Zeit können Sie hier einen kleinen Imbiß einnehmen; eine komplette Mahlzeit allerdings müssen Sie vorbestellen. Da bekommen Sie dann lauter norditalienische Spezialitäten: **Bollito misto** und gesottenes Huhn, Brasato und Stufato mit Polenta oder **Busecca** und **Casoeûla**. Sie bekommen auch Schweinekoteletts und die berühmten **Missoltini**, d.h. getrocknete Alsen aus dem Comer See. Wer nur ein paar kalte Kleinigkeiten essen will, der sollte unbedingt die Käse aus der Gegend und die Wurstwaren aus der Brianza probieren. Der Wirt ist auch ein angehender Sommelier; er versteht es, eine gute Auswahl zu treffen und seinen Gästen den richtigen Tropfen zum Essen zu empfehlen, ohne dabei zu übertreiben.

Ripalta Cremasca

39 km von Cremona, 5 km südl. von Crema

Via vai

Trattoria
Via Libertà, 18 – Bolzone
Tel. 03 73 / 6 86 97
Ruhetag: Di.abend und Mittwoch
Betriebsferien: 15.8.–15.9.
35 Plätze
Preise: 35 000 Lire, ohne Wein
Keine Kreditkarten
Reservierung: empfohlen

Ein kleines Bauerndorf in der Poebene, eine öffentliche Waage, das Kommen und Gehen der Bauern, die ihre Ernte wiegen lassen wollen – und schon wissen Sie, wie die Trattoria zu ihrem Namen gekommen ist (»Via vai« bedeutet »Kommen und Gehen«). Als Marco und Stefano Fagioli 1986 das Lokal übernahmen, hatten Sie keinerlei gastronomische Erfahrung; sie besaßen nur viel Begeisterung für ihre neue Aufgabe und die wertvolle Unterstützung von Clementina Tacchi, die sich mit den Spezialitäten der Gegend bestens auskennt. Inzwischen ist das Lokal ein Begriff für ausgezeichnetes traditionelles Essen geworden. Bestellen Sie sich **Tortelli cremaschi**; sie müssen lange warten, aber es lohnt sich, denn die Tortelli sind die besten in der ganzen Gegend. Essen Sie auch die gute hausgemachte Salami, **Frittata con luertis** (ein Omelett mit Hopfendolden), hausgemachte Pasteten, Gemüseterrinen, Käseaufläufe oder Hirn. Vergessen Sie aber nicht die verschiedenen Suppen, die stets zur Jahreszeit passen, beispielsweise die »Zuppa dei morti« (an Allerheiligen) mit kleinen Würsten und roten Bohnen. Dann die Fleischgerichte: **Gänseschenkel mit Wirsing**, Ente mit Pilzen, **Kaninchen mit Kräutern** oder den ganz klassischen Stracotto und Brasato. Und was soll man zum »Pipetto« sagen? Das Gericht aus Wirsing, Parmesan, Butter und Knoblauch wurde früher zur Polenta gegessen, heute bekommen Sie dazu **Salva**, eine Käsespezialität aus Crema, die Sie unbedingt probieren müssen. Zum Abschluß serviert man Ihnen eine **Torta Bertolina**, Apfelstrudel oder eine selbstgemachte Bayrische Creme.
Neben den großen italienischen Weinen entdecken Sie Otto Filari di Bronda, Chardonnay La Castellada, Lugana di Dal Cero und viele andere.

Rovato

18 km von Brescia, S.S. 11

Da Gina

Trattoria
Via Vantini, 3
Tel. 0 30 / 72 11 25
Ruhetag: Mo.-, Di.-, Mi. abend
Keine Betriebsferien
70 Plätze
Preise: 25-35 000 Lire
Keine Kreditkarten
Reservierung: notwendig

Die Trattoria »Da Gina« ist in der ganzen Provinz Brescia berühmt. Hier kann man das berühmte Ochsenfleisch von Rovato probieren. Es ist noch nicht lange her, als Mamma Gina mit ihrem Sohn Aldo große Fleischspieße und herrlichen Bollito misto, Manzo all'olio und in den frühen Morgenstunden Trippa für die Marktbesucher zubereitete. Nach Aldos Tod erwarb Carlo Legina im Juni 1990 das Lokal und ließ es unverändert. Der Kamin und der Kühlschrank aus den fünfziger Jahren stehen immer noch da. Sicher ist es für Carlo nicht leicht, den hohen Standard der traditionellen Speisen beizubehalten, doch er ist ein kluger und umsichtiger Wirt. Jeden Tag bietet er **Trippa bresciana**, **Manzo all'olio**, **Casoncelli** und (auf Vorbestellung) den klassischen **Spiedo valsabbino** für mindestens 15 Personen an. Die Schokoladentorte ist gut, der Espresso wird ausschließlich in der Kanne gebraut. Einige Gerichte bedürfen noch der Verbesserung, der Weinkeller läßt ebenfalls noch Wünsche offen. Man trinkt Weine aus der Franciacorta (Maggi Martinoni, Barone Pizzini und Bellavista). Man bekommt auch einige Dessertweine (Pasini, Antinori) und Grappe.

Rovato

18 km von Brescia, S. S. 11

Due colombe

Trattoria
Via Bonomelli, 17
Tel. 0 30 / 72 15 34
Ruhetag: Sonntag
Betriebsferien: drei Wochen im August
40 Plätze
Preise: 32-36000 Lire, ohne Wein
Kreditkarten: AE, Visa
Reservierung: empfohlen

An dieser kleinen Piazza stand schon immer ein Gasthaus. Hier stellten die Händler ihre Pferde und Karren unter, bevor sie Käse und Wurst aus den Tälern um Bergamo und Brescia auf dem Wochenmarkt feilboten. 1979 baute Giuseppe Cerveni den alten Familiengasthof in eine Trattoria um. Er und seine Frau Clara servierten so traditionelle Gerichte wie **Casônsei**, **Trippa**, Pasta e fagioli, frische Pasta in jeder Form, den Klassiker **Manzo all'olio**, Stufato, Brasato und Bollito. Sie bekamen natürlich auch Käse aus der Gegend, denn hier reifen **Taleggio** und Stracchino am besten. Inzwischen ist die Küche anspruchsvoller geworden. Nachdem Giuseppes Sohn Stefano seine Lehre als Koch absolviert hatte, wurde die Speisekarte erweitert und erneuert. Darauf stehen jetzt auch Gerichte wie Nudelaufläufe, Lammbraten, Garnelensalat, Thunfischbällchen, ofenfrische Blätterteigtäschchen mit Birnen oder Tiramisù mit heißer Schokolade. Im »Due Colombe« kann man sich wohl fühlen. Signora Clara kümmert sich um die Gäste; auch Stefano verläßt schon einmal seine Küche und setzt sich dann ans Klavier. Die Weinkarte nennt einige Weine von guter Qualität und verdient durchaus Beachtung.

Salò

30 km von Brescia, S. S. 45 bis

Alle rose

Trattoria
Via Gasparo da Salò, 35
Tel. 03 65 / 4 32 20
Ruhetag: Mittwoch
Betriebsferien: November
60 Plätze
Preise: 35 000 Lire, ohne Wein
Kreditkarten: AE, Visa
Reservierung: empfohlen

Die Trattoria »Alle rose« in der Altstadt von Salò ist leicht zu finden: gehen Sie einfach Ihrer Nase nach. Der Wohlgeruch, der aus der Küche strömt, zieht in der Tat sehr viele Leute an, so daß Sie unbedingt reservieren müssen, wollen Sie bei Gianni Briarava und seiner Truppe einkehren. Die Geschichte der Trattoria begann 1986, als Gianni Briarava, seine Frau und einige Verwandte das Lokal zu neuem Leben erweckten. Mit dem Umbau stellten die Briaravas ihr meisterliches Können erstmals unter Beweis. Das »Alle Rose« hebt sich wohltuend von den vielen Lokalen in dieser Gegend ab. Durch den starken Fremdenverkehr am Gardasee erhoffen sich viele eben nur schnelle Gewinne bei geringer Gegenleistung. Hier dagegen speisen Sie gediegen: **Zicklein**, Pilzgerichte, gedünsteten oder gegrillten Fisch aus dem Gardasee, **Baccalà in umido**, **Pasta e fagioli**, Trippa und Wild. Das Angebot folgt dem Jahreszeitenlauf. Hier gibt es das beste Olivenöl aus der ganzen Gegend; die verschiedenen Kräuteressigsorten stammen alle aus eigener Herstellung. Die Gaumenfreuden werden durch ein reichhaltiges Weinangebot sinnvoll ergänzt. Das Lokal war schon immer für guten Wein bekannt. Lassen Sie sich also von Gianni einen Wein aus der Gegend oder aus dem übrigen Italien empfehlen.

Salò

30 km von Brescia, S. S. 45 bis

La campagnola

Trattoria
Via Brunati, 11
Tel. 03 65 / 2 21 53
Ruhetag: Montag und Di.mittag
Betriebsferien: 14 Tage im Januar
60 Plätze
Preise: 35 000 Lire, ohne Wein
Kreditkarten: Visa, CartaSi, AE
Reservierung: empfohlen

1954 wurde an dieser Stelle eine einfache Osteria eröffnet. Man trank dort Wein und aß Fleischspieße oder »Aole«. Inzwischen hat das »La campagnola« eine gewaltige Entwicklung durchgemacht. Mamma Angela hat ihre Kochkunst verfeinert, andere Zutaten in ihr Repertoire aufgenommen und so eine ganz neue Küche zusammengestellt. Diese orientiert sich zwar an der Tradition, ist insgesamt aber frischer und vielfältiger geworden. Angelas Küche ist sehr »weiblich«, voll zarter Köstlichkeiten, Farben und Düfte. Die Küche wandelt sich mit den Jahreszeiten, geht dabei aber von ein paar Grundkonstanten aus: Kräutern und Gewürzen (Minze, Thymian, Majoran); dem Gardasee mit seinen stets frischen Sprotten, **Felchen**, **Forellen**; Haus und Hof, die Hühner, Kaninchen, **Perlhühner** liefern. Alle Gerichte werden ausschließlich mit dem Olivenöl vom Gardasee zubereitet. Dieses ist angenehm im Geruch, schmeckt besonders zart und gilt deshalb als eines der besten in ganz Italien. Sollen wir Ihnen hier noch ein paar konkrete Beispiele aus der Speisekarte des »La Campagnola« nennen? Tagliolini mit Gemüse und Pilzen, Kalbs- und Zucchinifagottini, Mousse von Hecht, Sardine alla barcaiola, gegrilltes Lammfilet, Pferdefleisch, Rinderfilet in Balsamessig, Bayerische Creme mit Erdbeeren, leichte Mürbteigkuchen. In der Zeit von Oktober bis Mai bekommen Sie sonntags (auf Vorbestellung) den traditionellen **Spiedo valsabbino**. Zu trinken bekommen Sie Weine aus ganz Italien und natürlich besonders die ansprechenden Weine vom Gardasee. Die Weinkarte ist so umfangreich, daß auch wesentlich renommiertere Restaurants vor Neid erblassen könnten. Angelo Dal Bon kennt sich aus und berät Sie gerne.

Salò

20 km von Brescia, S. S. 45 bis

Santa Giustina

Weinkeller mit Imbiß
Salita Santa Giustina, 8
Tel. 03 65 / 52 03 20
Ruhetag: Montag
Betriebsferien: September
50 Plätze
Preise: 15-30 000 Lire
Keine Kreditkarten
Reservierung: empfohlen

25 Jahre lang hat Mario Felter ein Feinkostgeschäft im Zentrum von Salò betrieben. Mit Wurst und Käse kennt er sich aus. Als er schließlich seinen Beruf wechselte, entfernte er sich nicht weit von seinem Fachgebiet: 1986 übernahm er eine Weinkellerei mit jahrhundertelanger Tradition (sie existierte bereits im 15. Jahrhundert) und baute sie um. Der rustikale Charakter des Lokals blieb dabei vollständig erhalten. Das »Santa Giustina« entwickelte sich zu einem beliebten Treffpunkt für Jung und Alt. Die Weine kommen aus dem Valtenesi, das den meisten unbekannt sein dürfte. Es erstreckt sich zwischen Salò und Desenzano del Garda und ist die Heimat einiger wichtiger Öl- und Weinerzeuger. Zum Wein dürfen natürlich Coppa und Pancetta, Salami oder Geräuchertes nicht fehlen. Daneben gibt es noch Käse aus dem Valcamonica, hausgemachte **Bagoss**, d.h. in Öl und Essig eingelegtes Gemüse. Dazu werden Filatini (Schrippen), Blätterteigtaschen und Focaccia serviert. Mario hat mit seiner Cantina eine Herausforderung angenommen und – entgegen vielen Prophezeihungen – bestanden. Die jungen Leute haben die einheimischen Spezialitäten wieder schätzen gelernt. Viele der Fast-Food-Betriebe am Gardasee sollten Marios Beispiel folgen!

San Benedetto Po

22 km südöstl. von Mantova

Ai caret

Restaurant
Via Schiappa, 51 – San Siro
Tel. 03 76 / 61 21 41
Ruhetag: Montag
Betriebsferien: August
55 Plätze
Preise: 30 000 Lire
Kreditkarten: AE
Reservierung: empfohlen

Pasquale Bellintani ist eine außergewöhnliche Persönlichkeit: ein berühmter Koch, der sich auch selbst um seine Gäste kümmert und ihnen gerne seine Kreationen erläutert. Dazu gehören sicherlich die Maccheroncini mit Meeralgen. Wir halten uns aber lieber an traditionelle Gerichte wie Tortelli, Tagliatelle mit Ragout, **Agnolini**, Maccheroni. Auf die guten Nudeln folgen ausgezeichnete Fleischgerichte. Probieren Sie auf alle Fälle den **Stracotto vom Esel** oder, wenn Sie Kräftiges mögen, Büffelfleisch als Braten, Stracotto oder Ragout. Auch der geräucherte Schinken ist gut. Die Büffel stammen aus Mastbetrieben der Gegend. Das Räuchern von Fleisch ist laut Signor Bellintani in Mantua und Umgebung durchaus üblich (Schinken u.ä. wird in Italien sonst nur luftgetrocknet). Die Süßspeisen lassen alte Mantuaner Traditionen wieder aufleben: **Sbrisolona**, **Tagliatellina** mit Mascarpone (eine delikate Torte aus Tagliatelle, Zucker und Mandeln). Die Weine stammen alle aus der Kellerei Quistello. Ihr Lambrusco ist einer der besten in der Gegend. Lassen Sie sich als Digestif den obligatorischen Nocino des Hauses servieren.

Katalog anfordern!

EBERHARD SPANGENBERG'S
GARIBALDI
Italienische Weine

SCHELLINGSTRASSE 60
8000 MÜNCHEN 40
TELEFON (089)2720906

ÖFFNUNGSZEITEN:
MONTAG BIS FREITAG 10.00-22.00 UHR
SAMSTAG 10.00-14.00 UHR

LA BARCA

RISTORANTE PIZZERIA

Tel. 0201/777459
Fax 0201/777429
Rühlestraße 2 · 4300 Essen 1
Tägl. 12^{00}–14^{30} u. 17^{30}–24^{00} · Montags Ruhetag

Mit dem Begriff WEIN-BASTION verbindet sich stetes Bemühen, die Arbeit guter Winzer dem Weinfreund nahezubringen.

Wir legen wie der Verfasser dieses Werkes großen Wert auf Originalität, auf Bodenständigkeit aller Produkte.

Für unsere Arbeit haben wir das ideale Umfeld, eine alte Festungsanlage aus dem 19. Jahrhundert, Gewölbe an Gewölbe. Einmalig in dieser Größe, beeindruckend die Auswahl.

H. Zitzelmer

WEIN-BASTION, 7900 ULM, SCHILLERSTR. 7
Tel.: 0731/66993   Fax: 0731/69199
geöffnet: Mo. – Fr. 10^{00} – 18^{00}, Sa. 09^{00} – 14^{00}

Santa Maria della Versa

32 km von Pavia, 11 km von Stradella

Al Ruinello

Trattoria
Ortsteil Ruinello Sotto, 1/A
Tel. 03 84 / 79 81 64
Ruhetag: Dienstag
Betriebsferien: Juli
50 Plätze
Preise: 35–40 000 Lire
Keine Kreditkarten
Reservierung: empfohlen

Donatella und Pietro Bersani sind die alten und neuen Pächter des »Al Ruinello«. Früher führten sie hier die »Hostaria il Casale«, ein bäuerliches Lokal, in dem man hauptsächlich Fleisch mit Polenta essen konnte. Inzwischen haben die beiden das alte Bauernhaus geschmackvoll umgebaut und vergrößert, den Service und das Speisenangebot verbessert. Zur passenden Jahreszeit gibt es nach wie vor **Polenta** aus Maismehl mit **Stracotto**, **Wachteln** oder **Pollo alla cacciatora**, daneben bekommen Sie aber auch typische Wurstwaren (Coppa, Salami, Pancetta) und so schmackhafte Primi wie **Ravioli di stufato** (auf Vorbestellung), Risotto mit Pilzen oder mit Wachteln und eine Spezialität aus dem benachbarten Piacenza: **Pisarei e fasò**. Leider wird der Rosso del Roccolo nicht mehr gekeltert. Sie müssen sich nun mit namenlosen Weinen begnügen, obwohl wir uns hier in einer so guten Weingegend wie dem Oltrepò Pavese befinden.

Serle

16 km von Brescia, S. S. 45 bis in Richtung Salò

Castello

Trattoria
Via Castello, 20 – Castello
Tel. 0 30 / 6 91 00 01
Ruhetag: Dienstag
Betriebsferien: Januar und 14 Tage im
100 Plätze   [September
Preise: 30 000 Lire
Keine Kreditkarten
Reservierung: empfohlen

Die Trattoria befindet sich genau hinter der Ruine der alten Burg, die diesem Weiler seinen Namen gegeben hat. Castello liegt in 800 m Höhe und war immer schon bekannt für seine Amarenakirschen, Maroni und ausgezeichneten Pilze. Heute gründet sich die Wirtschaft eher auf Holz, Kohlebergbau und vor allem auf die Stein- und Marmorbrüche in Botticino. Pilzgerichte sind aber nach wie vor eine Spezialität der Gegend, ebenso der **Spiedo**. In der Zeit von Oktober bis Mai können Sie den Spiedo (auf Vorbestellung) im »Castello« essen. Mamma Rosina macht Ihnen gern auch **Capretto** alla bresciana oder Frittate. Von der eigenen Schweinemast kommen Salami, Coppa, Pancetta und Cotechino. Im Herbst können Sie hier allerlei Pilzgerichte essen: **Steinpilzsuppe**, frische Pasta mit Pilzsauce, Käse mit Pilzen. Emilio kümmert sich um den Service und um den Wein. Er ist in dieser Hinsicht ein wahrer Profi und empfiehlt Ihnen gerne einen der gut 50 interessanten Weine auf seiner Karte.

LOMBARDEI

Sermide

50 km südöstl. von Mantua

Il Cenacolo

Enoteca mit Imbiß
Via Fratelli Bandiera, 17
Tel. 03 86 / 6 18 72
Ruhetag: Dienstag und Mo.abend
Betriebsferien: August
60 Plätze
Preise: 30 000 Lire, ohne Wein
Kreditkarten: CartaSi, Visa
Reservierung: für das Restaurant

Sermide liegt am Ufer des Po zwischen Mantua und Ferrara. Das »Il Cenacolo« ist in einem wunderschönen alten Herrensitz am Flußufer untergebracht. Seine Gastzimmer sind mit alten Familienerbstücken eingerichtet. Unser Lokal ist Weinschenke und Restaurant zugleich: auf der einen Seite serviert man Wein und kalte Platten, auf der anderen kann man (auf Vorbestellung) eine vollständige Mahlzeit bekommen. Aber das »Il Cenacolo« ist vor allem der Padrone: Benso Bertolasi ist wohl der letzte echte Gastwirt in der Poebene. Er vereint in sich die Züge der legendären Opernfiguren aus Mantua. Wie Sparafucile ist er rühriger Wirt und großer Weinkenner, wie Rigoletto ist er spitzzüngig und polemisch. Hier trinkt man den Wein, den der Wirt selbst ausgesucht und abgefüllt hat: die natürlich vergorenen Schaumweine aus der Umgebung. Es sind auch Flaschenweine aus ganz Italien zu haben. Dazu wird eine reiche Auswahl an traditionellen Käse- und Wurstsorten geboten. Auf Vorbestellung bekommt man wie gesagt warme Speisen: **Tortelli di zucca** mit **Trüffeln** aus der Gegend, Tortellini mit Pilzen, **Bigoli** und **Agnolini** in brodo oder gefülltes Kaninchen, Schweinefleisch und Entenbrust in Cognacsauce.

Suzzara

27 km von Mantua, S.S. 62

Campagnola

Trattoria
Strada Zamiola – Riva di Suzzara
Tel. 03 76 / 53 10 22
Ruhetag: Montag
Betriebsferien: Mitte Aug.–Mitte Sept.
60 Plätze + 20 im Freien
Preise: 35-40 000 Lire
Keine Kreditkarten
Reservierung: empfohlen

Direkt unterhalb des Hauptdeichs des Po führt Giovanna Segrini mit ihrem Mann eine Trattoria wie aus alter Zeit. In einem Speisesaal stehen die typischen Holztische und Strohstühle. Die Nähe zur Emilia hat zu einer Verschmelzung der Eßkulturen geführt, die Verbundenheit der Menschen mit dem Fluß überraschende Gerichte hervorgebracht. Giovanna hat die Antipasti abgeschafft, so daß man die Primi, Giovannas Stärke, in ihrer ganzen Vielfalt genießen kann. Giovanna macht die Pasta grundsätzlich von Hand, füllt die Nudeltäschchen selbst mit Kräutern und Gemüsen der Saison. Essen Sie also die »Cicche della nonna«, **Sciatò**, **Tortelloni di castagne** mit Pfeffer und zerlassener Butter, **gefüllte Nudeln in Brühe**, **Pasta al forno** mit Schalotten und Ricotta oder Fettuccine mit Zucchini. Lassen Sie aber noch Platz für die herrlichen Secondi wie **Brasato alle verdure**, **Faraona alle olive**, **Spanferkelbraten** mit Kräutern. Im Herbst gibt es ausgezeichneten Hammel mit frischer Polenta. Die Beilagen entsprechen stets der Jahreszeit, am besten schmecken jedoch die **Kartoffeln mit Paprikaschoten** und die **Zwiebeln mit Pfeffer**. Die **Torta di amaretti e cioccolato** und den **Mandel-Kastanienkuchen** müssen Sie unbedingt probieren. Man trinkt Lambrusco aus Reggio Emilia und Mantua. Schließen Sie Ihre Mahlzeit mit einer Grappa aus Nebbiolo- oder Moscatotrauben ab.

Torre Pallavicina
35 km von Bergamo,
S. S. 498 in Richtung Bergamo

Stella

Trattoria
Via SS. Nazzaro e Celso – Villanuova
Tel. 03 63 / 99 65 18
Ruhetag: Monatag
Betriebsferien: August
40 Plätze + 30 im Freien
Preise: 30–35 000 Lire
Keine Kreditkarten
Reservierung: notwendig

Die meisten Familienbetriebe dieser Art waren früher einmal Gasthäuser mit Übernachtungsmöglichkeit und Stallungen. Die Küche war bodenständig, am Herd stand die Mamma und kochte nach alten Familienrezepten. So ist es im »Stella« auch heute noch. Pierina Soldo und ihre Mutter Angela haben in ihre Speisekarte ein paar neue Gerichte aufgenommen (z.B. Panzerotti, Pappardelle mit Hasenfleisch). Die traditionellen Speisen aber schmecken uns am besten. Spezialitäten des Hauses sind **Minestrina di rigaglie** (mit Hühnerklein), Minestrone mit Kutteln oder dicken Bohnen, gebratene Frösche und Schnecken, Kaninchen auf Bergamasker Art und Lepre in salmì. Die Köchinnen sind wahre Meisterinnen im Füllen von Perlhühnern und Lachsforellen. Im Winter können Sie hier Casoeûla bekommen. Einen Großteil der Spezialitäten bekommen Sie nur auf Vorbestellung. Rufen Sie also am besten vorher an. Der Wein ist nicht so berühmt. Genauso nichtssagend ist die Einrichtung des Lokals. Im Sommer können Sie allerdings im Freien essen.

Trescore Balneario
14 km von Bergamo, S. S. 42

Conca verde

Trattoria
Via B. Croce, 31
Tel. 0 35 / 94 02 90
Ruhetag: Mo.abend und Di.
Betriebsferien: August und 1 Woche
40 Plätze   [im Januar
Preise: 30 – 35 000 Lire, ohne Wein
Kreditkarten: Visa, CartaSi
Reservierung: empfohlen

In der Trattoria der Signora Elda Bombardieri ißt und trinkt man hervorragend. Mittags essen hier die Angestellten aus den umliegenden Betrieben eine schlichtere Form des »Slow Food«, aber vernünftigerweise nie und nimmer »Fast Food«. Abends erschließt sich dem Gast ein wahres Paradies. Eldas behutsame Kreativität läßt die traditionellen Gerichte der Gegend zu wahren Gaumengenüssen werden. Das «Conca verde« ist modern eingerichtet und wirkt deshalb ein wenig nüchtern. Die freundliche und familiäre Art, die wohl dosierte Aufmerksamkeit, mit der Eldas Sohn Antonio auf die Gäste eingeht, machen den Aufenthalt aber sehr angenehm. Mit Antonio kommt man schnell ins Gespräch, und schon bald fühlt man sich wie zu Hause. Jedes Gericht ist ein neues Meisterwerk. Hühner, Kaninchen und Schweine aus der eigenen Aufzucht werden mit Gemüsen aus dem eigenen Garten serviert. Die Hausweine sind der Mühe wert, probiert zu werden. Kann man überhaupt von Mühe sprechen, wenn es um solche Köstlichkeiten geht? Jeden Tag macht Gina, Eldas Tochter, eine andere Nudelsorte (Ravioli, Teigtäschchen mit Käse- und Walnußfüllung). Danach kommen **gesottenes Rindfleisch**, Salami und **Cotechino** aus eigener Herstellung auf den Tisch. Zur Wahl stehen auch **gefülltes Kaninchen**, Brathähnchen mit Pilzen, Wurstwaren und Käse aus eigener Produktion. Sie bekommen hier einige gute Flaschenweine, vor allem aus der Franciacorta. Wir gehen aber jede Wette ein, daß Sie sich für einen Wein des Hauses entscheiden werden. Antonios Weine sind frisch und unverfälscht, besonders der trockene Moscato, den Sie einfach probieren müssen.

Treviglio

19 km von Bergamo, S. S. 42

Usteria

Trattoria
Via dei Mille, 3
Tel. 0 36 36 / 4 16 86
Ruhetag: Sonntag
Betriebsferien: August
30 Plätze
Preise: 30–45 000 Lire, ohne Wein
Keine Kreditkarten
Reservierung: abends notwendig

Das Angebot der »Usteria« liegt über dem Durchschnitt dieser Gegend. Franco Fonzaga beschäftigt sich seit einigen Jahren schon mit den Spezialitäten aus dem südlichen Bergamasco. Dabei hat er viele alte Rezepte entdeckt und den heutigen Eßgewohnheiten ein wenig angeglichen. Einmal die Woche organisiert er Feinschmeckerabende, die unter einem bestimmten Motto stehen (Regionalküche, Deftiges usw.). Es gibt hauptsächlich sehr zeitaufwendige Fleischgerichte wie **Gans mit Maronen** (nur im Winter), Kaninchen mit Kräutern. Der **Schweineschlegel mit Renetten** muß z.B. in Traubenmost mariniert und mehrere Stunden im Ofen geschmort werden. Franco serviert auch die Schwarte, die ausgelassen und mit Thymian und Myrte gewürzt wird. Besonders rustikal wird es, wenn im Winter **Kartoffeln** in der Asche gegart werden. Sehr gut schmecken die kleinen Pfannkuchen, die mit Ricotta und Gemüse gefüllt und in Hühnerbrühe gegessen werden. Neben all dieser bodenständigen Kost bekommen Sie auch einige »exotische« Gerichte serviert: Gänseleberpastete und Lachs oder eine Kaninchenterrine mit Gewürzkräutern. Qualität ist hier genauso angesagt wie bei den verschiedenen Käsesorten aus ganz Italien und dem Ausland. Wenn es um den Wein geht, braucht Franco keine Konkurrenz zu fürchten. Seine große Auswahl an guten Weinen wird noch durch einige besondere Grappe und Liköre bereichert. Als Digestif wird Ihnen Franco »Moretta« empfehlen, einen Cocktail aus Kaffee, Anis, Zitrone, Brandy und Zucker. Der besondere Service, flämische Tischdecken, erlesene Gläser rechtfertigen teilweise die Preise, die je nach Bestellung auch noch höher steigen können.

Treviso Bresciano

50 km von Brescia, S.S. 237

Lamarta

Trattoria-Pension
Via Speri, 36 – Vico
Tel. 03 65 / 8 33 90
Ruhetag: Donnerstag
Betriebsferien: August
40 Plätze
Preise: 35 000 Lire
Keine Kreditkarten
Reservierung: notwendig

Treviso ist ein kleiner Ort in den Bresciander Voralpen hoch über dem Idrosee. Das »Lamarta« steht am Ortsende am Rande von Wiesen und Tannenwäldern. In dieser ursprünglichen Landschaft bekommt man noch unverfälschte Grundstoffe, die Graziella herrlich zu verarbeiten weiß. Die freundliche Wirtin kocht nach traditionellen Rezepten, die sie manchmal nach modernen Gesichtspunkten ausarbeitet. Da sie nichts von künstlichem Frühgemüse und Gefriertruhen hält, gibt es hier nur Gerichte, die dem jeweiligen Saisonangebot entsprechen. In den Wintermonaten bekommt man **Wildgerichte**, **Spiedo valsabbino** mit Butter, **Cesene ripiene** (mit frischem Salamibrät gefülltes Geflügel). Es wird auch viel Schweinefleisch verarbeitet. Es gibt zum einen die traditionellen Wurstwaren aus eigener Herstellung sowie zum anderen frische **gegrillte Schweineschwarten** und die außergewöhnliche **Turta**, eine Vorspeise aus Milch und Blut, die in einem Kupferkessel in der Glut gegart wird und so köstlich schmeckt, daß sie auch einem vornehmen Restaurant zur Ehre gereichen würde. In der milderen Jahreszeit ißt man einfache Grillplatten oder ein gutes **Zicklein mit Polenta**. Im Sommer folgen Pilze, Spargel, Bergradicchio, Brennesseln, Löwenzahn, wilde Kräuter. Die Nudeln sind grundsätzlich hausgemacht. Es werden **Nudeltäschchen** mit verschiedenen Füllungen, Tagliatelle und **Gnocchi verdi** angeboten. Zum Abschluß ißt man guten Käse aus der Gegend und Süßspeisen wie zu Großmutters Zeiten mit Butter, Rahm, Beeren und ... vielen Kalorien.

Viadana

43 km von Mantua, 23 km von Parma, S. S. 62

Caolila

Enoteca mit Küche
Vicolo Quartierino, 10
Tel. 03 75 / 8 16 31
Ruhetag: Montag
Betriebsferien: August
20 Plätze
Preise: 20 000 Lire, ohne Wein
Keine Kreditkarten
Reservierung: empfohlen

Das wohlhabende Städtchen Viadana am Po, das wegen seiner Melonen berühmt ist, sollte jeder Feinschmecker und Weinliebhaber einmal besuchen. Auch wer nur auf der Durchreise ist, sollte in diese Enoteca in der Nähe der Burg einkehren. Der kleine und geschmackvoll renovierte Speisesaal ist der ideale Rahmen für die vielen Überraschungen, die die Osteria für Sie bereithält. Giuseppe und Roberto servieren Ihnen Hausmacher-Salamis (»Gola« und »Strolghino«, eine Salami aus mariniertem Culatello), abgehangenen und milden Schinken, Coppa und ausgezeichneten Culatello. Wenn Sie mit den Spezialitäten aus der Gegend fortfahren wollen, empfehlen wir **Tortelli di zucca**, **Surbir di agnoli**, **Maltagliati** mit dicken Bohnen, Tagliatelle mit Culatello und Paprika. Zur passenden Jahreszeit bekommen Sie (auf Vorbestellung) **Prete** mit Kürbis, Kaninchen in Sauvignon, **Polenta mit gras pistà**, d.h. mit gewürfeltem Speck, Petersilie und Knoblauch. Nicht nur Liebhaber von süßen Speisen werden die traditionellen Desserts probieren wollen: da sind die hausgemachte **Sbrisolona**, **Bussolano** und Castagnaccio, zu denen ein Dessertwein gut passen würde. Bei den Weinen können Sie Ihren Gelüsten freien Lauf lassen. Das Angebot ist reichhaltig; interessant sind sicher die kleinen Erzeuger, die ihre Weine nach herkömmlichen Methoden anbauen und keltern. Schnäpse und Liköre sind mit viel Liebe und Sorgfalt zusammengestellt, denn sie können hier einfach nicht fehlen – das Lokal trägt schließlich den Namen einer besonderen Whiskysorte.

Vigevano

36 km nordwestl. von Pavia

Dei passeggeri da Mariuccia

Trattoria
Corso Pavia, 164 – Sforzesca
Tel. 03 81 / 8 32 38
Ruhetag: Mittwoch
Betriebsferien: August
40 Plätze
Preise: 20-30 000 Lire, ohne Wein
Keine Kreditkarten
Reservierung: empfohlen

Maria Vittoria Milanesi, ihr Sohn Antonio und seine Frau Anna betreiben diese Trattoria, die bereits seit hundert Jahren besteht. Das etwas nüchterne Ambiente wird durch die gute Küche wieder aufgewogen. Sie bringt sehr traditionelle Gerichte hervor, die andernorts schon fast niemand mehr kennt. Die Küche hält sich auch an die Gepflogenheiten der Gegend und an den Jahreszeitenlauf. Im Winter bekommen Sie freitags **Trippa**, von November bis Februar Frittura aus frisch geschlachtetem Schweinefleisch oder Ragò, eine lokale Variante der Casoeûla. Im Herbst ißt man Pilze mit Salsiccia oder Schweineschnitzel und Polenta. Den deftigen Sanguinaccio mit Zwiebeln bekommen Sie das ganze Jahr über. Manchmal gibt es auch gebackene und geschmorte Frösche, Risotto mit Fröschen und dicken Bohnen und Schnecken mit Petersilie und Knoblauch. Die Weine sind hier leider nicht besonders. Wer weiß, vielleicht stellt man eines Tages ein paar Weine zusammen, die der guten Küche ebenbürtig sind?!

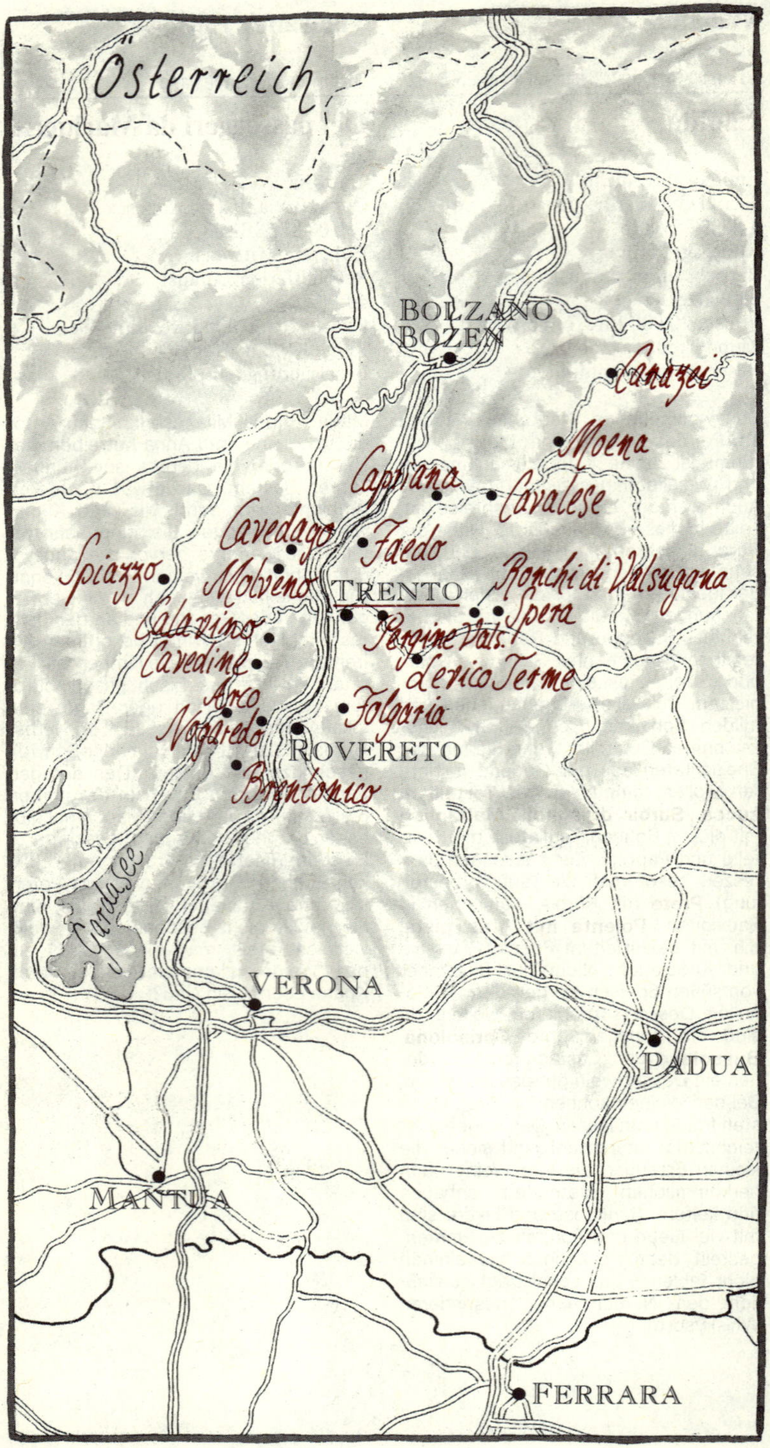

Österreich
BOLZANO
BOZEN
Canazei
Moena
Capriana
Cavalese
Cavedago
Faedo
Spiazzo
Molveno
TRENTO
Ronchi di Valsugana
Spera
Calavino
Pergine Vals.
Cavedine
Levico Terme
Arco
Folgaria
Nogaredo
ROVERETO
Brentonico
Gardasee
VERONA
PADUA
MANTUA
FERRARA

TRENTINO

Für jemanden wie mich, der noch keine vierzig Jahre alt ist, ist es gar nicht so einfach, über die Osterie des Trentino zu schreiben. Ich habe meine Großeltern leider nicht mehr gekannt. Denn sie stellen doch die Verbindung zur Vergangenheit und zu den Dingen, die es nicht mehr oder nur noch in veränderter Form gibt, her.

Im Trentino wie im übrigen Italien hat die Osteria sich dem Lauf der Zeit anpassen müssen und ist eben nicht mehr das, was sie einmal war. Viele vor allem junge Leute bemühen sich zwar, in alten Lokalen nach alten Rezepten zu kochen. Ich habe aber sicher nicht unrecht, wenn ich behaupte, daß es die Osteria in ihrer ursprünglichen Gestalt nicht mehr gibt. Nur wenige haben die echte Osteria, in der man essen, trinken und auch übernachten konnte, noch erlebt. Ich gehöre nicht dazu. Auch in meinem Heimatdorf (Palù di Giovo, im Valle di Cembra) erinnert man sich eher an Bars als an eine Osteria. Das liegt vielleicht auch daran, daß kaum Fremde nach Palù kamen und die Bauern im Dorf weder das Bedürfnis noch die Mittel hatten, ein Wirtshaus zu besuchen.

Viele Jahre lang war das Feld, das meine Eltern bestellten, meine Osteria. Nach der Schule – ich durfte eine halbe Stunde früher als die anderen nach Hause gehen – aß ich mit ihnen auf dem Feld zu Mittag. Es gab deftige Polenta, Kraut, »Luganeghe« oder Kartoffeln, weil man das am leichtesten mitnehmen konnte. Bei großen Feiern traf man sich in einem ehemaligen Herrenhaus aus dem 18. Jahrhundert, das wir »den Palast« nannten. In den Sälen mit den Wandfresken wurde dann das gegessen, was die Frauen des Dorfes gekocht hatten. Ich erinnere mich folglich hauptsächlich an einfache, aber kräftige Kost. Sie war typisch für unsere Gegend, denn sie mußte den Bauern bei ihrer schweren Feldarbeit über den Tag helfen und ganze Generationen von Kindern heranwachsen lassen.

Auch jetzt noch, da ich in allen Restaurants der Welt gegessen habe, muß ich zu meiner Mutter Cecilia zurückkehren, wenn ich Kaninchen und Polenta essen will. Meine Lieblingsgerichte unter den Spezialitäten des Trentino sind allerdings »Orzetto« (Gerstensuppe) und »Canederli« (Knödel). Sie bekommt man auch in vielen Gasthäusern oder Bauernhöfen zu essen. Mit etwas Wehmut denke ich an den »Brustol« und geröstete Kartoffeln und Polenta mit Milch zurück. Das war lange Zeit unser Frühstück. Der »Brustol« bestand aus einer Mehlschwitze, die dann mit Milch aufgegossen wurde. Kartoffeln und Polenta waren in der Regel die Reste vom Vortag. Der Teig aus den gerösteten Kartoffeln und der Polenta wurde mit einem Löffel abgestochen und dann in eine Tasse mit Milch gegeben. Das waren eben noch andere Zeiten.

Heute ißt kaum jemand mehr solche Speisen. Aber es wäre gut, wenn sie nicht ganz in Vergessenheit gerieten. Und genau das sollte Aufgabe der »modernen« Osteria sein, weil die Unterschiede zwischen Gestern und Heute einfach zu groß sind.

Francesco Moser

Arco

35 km von Trento, S. S. 45 bis

Da Gianni

Trattoria
Via San Marcello, 21 – Chiarano
Tel. 04 64 / 51 64 64
Ruhetag: Montag
Betriebsferien: September
90 Plätze
Preise: 30 000 Lire
Kreditkarten: AE, BA
Reservierung: notwendig

Bei »Gianni« essen gehen ist ein Vergnügen. Wir sind hier am Gardasee, und man weiß ja, wie sehr der Massentourismus die Gasthäuser verderben kann. Hier befinden wir uns aber auf der Tridentiner Seite des Gardasees, die noch recht ursprünglich geblieben ist. Man ißt hier richtig, denn die gesamte Familie Negri verteidigt mit ihrer Trattoria das gastronomische Erbe dieser Gegend. Gianni und sein Sohn Ivano kümmern sich um den Einkauf und die Verwaltung, Giannis Frau Annamaria ist für die Küche verantwortlich, Sonia und Paolo besorgen den ausgezeichneten Service. Als Vorspeisen empfehlen wir einen Salat aus **Nervetti und Zwiebeln**, den Sie auf Vorbestellung bekommen, und die Spezialität der Gegend schlechthin, **Carne salada** mit selbst eingelegten Gemüsen und Pilzen. Anschließend müssen Sie entweder die **Strangolapreti** oder die **Canederli** mit Fleisch oder Käse oder **Orzet alla Trentina** probieren. Essen Sie als Hauptgericht gekochte Carne salada mit dicken Bohnen oder Kaninchen mit Polenta. Die Süßspeisen sind alle hausgemacht, der Tiramisù ist wirklich gut. Als Signor Gianni noch mehr Zeit hatte, machte er den Wein selbst. Heute bietet er eine gute Auswahl an Weinen aus der Gegend und offenen Wein aus einer Genossenschaftskellerei in der Nähe an. Das Öl ist eine besondere Erwähnung wert. Das Klima am Gardasee ist so mild, daß hier Ölbäume angepflanzt werden können. Die Oliven werden hauptsächlich zur landwirtschaftlichen Genossenschaft in Riva del Garda oder zu Luigino Bertamini nach Vignole d'Arco gebracht, der das Öl mit Steinmühlen auspreßt. Das so gewonnene Öl ist mild, intensiv und besonders fruchtig im Geschmack.

Brentonico

40 km südwestl. von Trento

Maso Palù

Trattoria
Ortsteil Palù
Tel. 04 64 / 39 50 14
Ruhetag: Dienstag
Betriebsferien: Oktober
90 Plätze
Preise: 28 000 Lire
Kreditkarten: BA, CartaSi, Master
Reservierung: nicht notwendig

An der Stelle dieses Spezialitätenlokals stand früher ein Bauernhof. Erst vor kurzem haben Emiliana Amadori und ihr Mann Elio Girardelli ihr »Maso« (so nennt man die Bauernhöfe im Trentino) in ein Restaurant umgebaut. Die zahlreiche Kundschaft bekommt bodenständige Gerichte aus der Val Lagarina, die man von hier aus wunderbar überblickt. Es gibt natürlich die traditionellen **Strangolapreti**, Kaninchen, **Tonco de pontesel** und im Winter die köstliche **Peverada**; dabei handelt es sich um eine Sauce aus Rindermark und Weißwein, die zu rohen und gekochten Wurstwaren gereicht wird. Das »Maso Palù« bezieht seinen Wein von einem erfahrenen Händler aus dem Tal. Man serviert den Navesel (ein Wein aus Cabernet und Merlot), der in großen Ballonflaschen direkt vom Erzeuger kommt. Beachten Sie, daß das Lokal außerhalb der Fremdenverkehrssaison nur am Wochenende geöffnet ist.

Calavino

18 km von Trento, S. S. 45 bis

Da Cipriano

Trattoria
Via Graziadei, 13
Tel. 04 61 / 56 47 20
Ruhetag: Mittwoch
Keine Betriebsferien
60 Plätze
Preise: 30–35 000 Lire
Keine Kreditkarten
Reservierung: nicht notwendig

Als Cipriano Bosetti vor etwa zehn Jahren beschloß, in seinem Heimatort ein Lokal zu eröffnen, erklärte man ihn schlicht für verrückt: die Touristen vom Gardasee oder aus Madonna di Campiglio wären zu weit weg, er selbst hätte zu wenig Erfahrung, waren die Argumente. Doch die Zeit hat unserem sympathischen Wirt recht gegeben. Mit der Hilfe seiner Frau Carla, die kocht, konnte Cipriano das Speiseangebot verbessern und das Lokal verschönern. Das Lokal befindet sich übrigens in einem Herrschaftshaus aus dem 18. Jahrhundert, das einst den Fürstbischöfen gehörte. Die Adeligen kamen zum Essen und Trinken am liebsten nach Calavino. Daran knüpft unsere Trattoria an, die heute noch Gerichte anbietet, die schon vor 200 Jahren Tradition waren. Da sind die berühmten **Strangolapreti**, kleine Klöße aus Spinat, Brot, Eiern und Mehl. Man sagt, daß die Prälaten des Tridentiner Glaubenskonzils ganz verrückt nach diesen Klößen waren, weshalb man ihnen dann diesen Namen (»Priestermörder«) gegeben hat. Besonders sorgfältig werden hier **Forellen** und Braten zubereitet. Eine lange Tradition hat die **Torta di fregoloti**. Diese Süßspeise wird zu gleichen Teilen aus Mehl, Zucker, Butter, Ei und zerstoßenen Mandeln hergestellt. Dazu trinkt man Vin Santo. Er wird aus getrockneten Nosiola-Trauben gekeltert, die man in der Karwoche preßt. Zum Hauptessen können Sie die einfachen und ehrlichen Weine von den kleinen Erzeugern aus der Gegend trinken.

Canazei

92 km von Trento, S. S. 48

La montanara

Osteria
Via Dolomiti, 147
Tel. 04 62 / 6 13 52
Kein Ruhetag
Betriebsferien: im November
30 Plätze
Preise: 10 000 Lire, ohne Wein
Keine Kreditkarten
Reservierung: nicht notwendig

Diese kleine Osteria zu Füßen der Dolomiten hat nur ein schmales Angebot an Speisen und Weinen. Doch die Auswahl, die Gian Carlo Casali trifft, ist wohlüberlegt. Unser Wirt stammt eigentlich aus der Romagna, lebt aber schon seit Jahren im Herzen des Fassatals. So bekommt man hier neben Faßbier auch einige Weine, die Gian Carlo bei winzigen Erzeugern in der Romagna selbst aussucht und mitbringt. Obwohl es sich bei dem Wirt um einen »Einwanderer« handelt, entspricht seine Speisekarte den Eßgewohnheiten dieser Gegend. Die **Pasta e fagioli** ist nach bester venetisch-tridentinischer Tradition zubereitet: Lamon-Bohnen werden ganz langsam geschmort, in einer Mehlschwitze mit Öl, Knoblauch und Tomaten geschwenkt und dann in die Pasta gegeben, die separat gekocht wurde. Es gibt aber auch noch andere Spezialitäten wie **Minestra di orzo** oder **Trippa**. Die Gerichte sind üppig und preiswert. Der Wein kommt aus zwei riesigen Fässern und ist recht ansprechend.

Capriana

43 km nordöstl. von Trento

Azienda zootecnica Signorini Carlo
Bauernhof
Ortsteil Carbonare, 16
Tel. 04 62 / 8 63 29
Ruhetag: Dienstag
Betriebsferien: unterschiedlich
20 Plätze
Preise: 25 000 Lire
Keine Kreditkarten
Reservierung: obligatorisch

Sich aufs Land zurückziehen, um der eigenen Naturverbundenheit Ausdruck zu verleihen; in Carbonare landen, wo die Val di Cembra und die Val di Fiemme zusammentreffen; ein altes Bergbauernhaus ausbauen und drei Steinmühlen betreiben; die Eßkultur der Gegend hochhalten und die Gäste beglücken – das waren die Ziele, die sich Carlo Signorini und seine Freundin Laura gesteckt und erreicht haben. Mit ihrem »Restaurant auf dem Bauernhof« wollen sich die beiden jungen Leute von den übrigen, nichtssagenden Einrichtungen abheben, mit denen die ganze Provinz übersät ist. Den Unterschied erkennen Sie, sobald Sie sich hier an den Tisch setzen. Die **Polenta** aus selbstgemahlenem Mehl wird mit einer Scheibe **Zinzin**, einem gebratenen Frischkäse, und mit Heidelbeeren serviert. Eine solche Polenta schmeckt hervorragend und ist überdies noch schön anzuschauen. Hier im Trentino existieren die Begriffe »Polenta« und »Polenda«, die beide einen Brei bezeichnen. Zur Zeit der Fürstbischöfe, als Amerika noch nicht entdeckt und der Mais in Europa noch nicht bekannt war, sprach man bereits von »Polenda«. Damit war ein Brei aus Hirse, Reis, Gerste, Emmer oder Dinkel gemeint, der mit Butter oder Eiern gegessen wurde. Auch andere Erzeugnisse vom Hof kommen auf den Tisch: selbstgemachte Wurstwaren, Kaninchen mit **Polenta aus Buchweizenmehl**. Wer kein Fleisch ißt, kann hier auch eine rein vegetarische Mahlzeit einnehmen. Der Wein kommt von einem befreundeten Bauern und ist einfach und trocken.

Cavalese

54 km von Trento, S. S. 48

Al cantuccio
Osteria
Via Unterberger, 14
Tel. 04 62 / 3 01 40
Ruhetag: Dienstag
Betriebsferien: November
20 Plätze
Preise: 25–35 000 Lire, ohne Wein
Kreditkarten: AE, BA
Reservierung: nicht notwendig

Im alten Stadtkern von Cavalese können Sie immer ein Glas ausgezeichneten Wein trinken und ein paar Kleinigkeiten dazu essen. Am besten lassen Sie sich aber von den Empfehlungen des fachkundigen Maurizio Tait verführen. Der junge Wirt hat bereits sehr klare Vorstellungen und sieht das »Al cantuccio« lediglich als Ausgangsbasis für ein traditionelles Speiselokal, in dem bodenständige Küche und gute Weine angeboten werden sollen. Zur Zeit wechselt die Speisekarte wöchentlich, die Weinkarte sogar beinahe täglich. Probieren Sie unbedingt die **Caronzei fiemmesi**, d.h. mit Kartoffeln und Rüben gefüllte Ravioli, die mit zerlassener Butter und Mohn serviert werden. Versuchen Sie auch den **Salmerino**, einen ziemlich seltenen Fisch aus der Gruppe der Salmoniden, der in den Bergseen des Trentino lebt. Im Winter kommen besondere Spezialitäten aus der Val di Fiemme auf den Tisch: **Hammel mit Rüben**, Lamm, Schleien, Karpfen und **Forellen in schwarzer Sauce**, d.h. in Weinsud, dem etwas Fischblut beigefügt wird, damit er dunkel bleibt. Zu trinken gibt es ausgezeichnete Weine aus der Gegend und aus ganz Italien, ausgesuchte Liköre und Obstschnäpse.

Cavedago

33 km von Trento, S. S. 421

Bellavista

Trattoria
Via Doss, 1
Tel. 04 61 / 65 42 38
Ruhetag: Montag
Keine Betriebsferien
60 Plätze
Preise: 20 000 Lire, ohne Wein
Keine Kreditkarten
Reservierung: nicht notwendig

Das »Bellavista« im Val di Non ist das Ziel vieler Ausflügler und gleichzeitig Ausgangspunkt für Wanderungen durch die Wälder, in denen noch Braunbären leben. Heute wird das Lokal von Enrico Dalsass, seiner Frau Faustina und ihren Kindern betrieben. Die Küche hält sich an langjährige Familientraditionen und bietet so typische Gerichte wie z.B. die echte **Torta de patate** (Kartoffelauflauf). Daneben bekommt man auch **Polenta**, Wurstwaren und Käse aus der Gegend: der **Grana** kommt aus den Käsereien des Trentino, die nur die beste Milch verwenden und zum Führen des Qualitätszeichens Padangrana berechtigt sind. Das »Bellavista« könnte Schauplatz alter Jäger- oder Holzfällergeschichten gewesen sein. Aus dieser alten Zeit stammen auch noch der »Folgolar«, eine spezielle Feuerstelle, auf der die »Torta de patate« zubereitet wird und über dem auch Fleisch geräuchert werden kann, und der »Bronzin«, ein Bronzetopf; über Jahrhunderte war er das einzige Kochgeschirr in diesen Alpentälern. Man trinkt hier Teroldego, der nur in Campo Rotaliano, Mezzolombardo und Mezzocorona gedeiht.

Cavedine

25 km von Trento
S. S. 45 bis Richtung Riva del Garda

Pedrotti

Osteria
Ortsteil Masi di Cavedine
Tel. 04 61 / 56 41 23
Ruhetag: Mittwoch
Betriebsferien: zur Weinlese
30 Plätze
Preise: 15 000 Lire, ohne Wein
Keine Kreditkarten
Reservierung: nicht notwendig

Hier können Sie nur kalt essen; auf Vorbestellung bereitet man Ihnen manchmal auch ein paar besondere Spezialitäten zu. Das »Pedrotti« ist eine echte Tridentiner Osteria. Der Wein kommt direkt vom Faß, die Wurstwaren werden frisch aufgeschnitten. Das Lokal mit seinen Bocciabahnen ist insgesamt einfach und ländlich. Seele des Lokals ist Gino Pedrotti, der stets ein wenig mürrisch dreinblickt. Seine großen Leidenschaften sind die Berge und der Vin Santo, den er selbst (zusammen mit sieben anderen Winzern) einem alten Brauch zufolge jedes Jahr an Ostern preßt. Für den Vin Santo wählt man Nosiola-Trauben, die in der Valle dei laghi in winzigen Weingärten oberhalb des Seeufers angebaut werden. An diesem beschaulichen Ort am Ufer des Sees von Cavedine können Sie ein paar deftige Kleinigkeiten essen und einen wertvollen Jahrgang Vin Santo (der jüngste Vin Santo wurde acht Jahre gelagert) oder eine selbstgebrannte Grappa trinken. Am besten aber trinken Sie hier einen Cabernet Jahrgang 1970.

Faedo

20 km von Trento, S. S. 12 Richtung Bozen

Maso Nello

Bauernhof
Ortsteil Pineta
Tel. 04 61 / 65 03 84
Ruhetag: Montag
Keine Betriebsferien
30 Plätze
Preise: 17 000 Lire
Keine Kreditkarten
Reservierung: nicht notwendig

Die typische Küche des Trentino bekommt man auf den etwa zweihundert Bauernhöfen, die sich dem Fremdenverkehr verschrieben haben. Das behauptet jedenfalls ihr Dachverband. Diese Behauptung ist natürlich aus der Luft gegriffen, wird aber durch einige erfreuliche Ausnahmen wenigstens teilweise bestätigt. Eine von diesen Ausnahmen ist der »Maso Nello«, der auch durch seine erstklassigen Weißweine bekannt geworden ist. Cristina Arman und ihr Mann Niccolò Sandri betreiben ein Lokal, wo man wirklich noch völlig unverfälschte und natürliche Speisen essen kann. Die beiden kaufen nur das Allernötigste bei anderen Betrieben ein. Sie kochen wie in alten Zeiten, machen selbst Würste aus den selbstgemästeten Schweinen und keltern Wein. Die Speisekarte richtet sich nach dem, was die Natur gerade zu bieten hat. Es gibt **Gemüsegnocchi** mit Kartoffeln oder den einfachen, aber schmackhaften **Tortel**, eine Art Kartoffelpuffer. Man bekommt auch **Minestra di orzo**, **Trippa** und manchmal den **Smacafam** aus Buchweizen, Speck, Würsten, Eiern, Milch, Semmelbröseln und geriebenem Käse. Das mag auf Anhieb nicht sehr appetitlich klingen, macht aber wirklich satt (»Smacafam« bedeutet in etwa »Hungertöter«). Der »Maso Nello« ist also ein glänzendes Beispiel für gutes und deftiges Essen, das auch ohne edle Tischdecken schmeckt.

Folgaria

27 km von Trento, S. S. 350

Rifugio Passo Coe

Berghütte
Via Caduti di Malga Zonta, 7
Tel. 04 64 / 7 17 54
Ruhetag: Mittwoch
Keine Betriebsferien
45 Plätze
Preise: 25 000 Lire, ohne Wein
Keine Kreditkarten
Reservierung: nicht notwendig

Es ist schon seltsam, 1628 m ü.d.M. auf einen sympathischen Wirt mit Schnurrbart und Pfeife im Mundwinkel zu treffen, der viel eher wie ein nordischer Seemann als wie ein Bergbauer aussieht. In der Tat ist Mathijs Plegelmus Louis de Waele Holländer. Hier oben nennen ihn die Leute aber einfach Matteo. Es ist mit Adriana verheiratet, die ihrerseits aus Vicenza stammt. Matteo kann Ihnen die Spezialitäten des Hauses empfehlen, die Adriana nach Rezepten aus ihrer Heimat und dem Trentino zubereitet. Da sind vor allem die **Bigoi**, dicke, hausgemachte Spaghetti mit **Sugo aus Hasenfleisch**, **Pasticcio ai funghi** (mit Pilzen, die gleich in der Nähe der Hütte wachsen) oder der deftige **Orzet**, eine Fleischsuppe mit Gerste. Dann gibt es Wild, **Gulasch mit Kartoffeln** und **Baccalà alla vicentina**, ein altes Familienrezept. Sie bekommen auch verschiedene Alpenkäse, darunter den **Vezzena**, der zu den Spezialitäten des Trentino gehört; nach sechsmonatiger Reifezeit ist er zum Verzehr geeignet; läßt man ihn länger reifen, kann man ihn reiben. Sie können den Vezzena auf den Almen der Umgebung kaufen und unter verschiedenen Reifegraden wählen. Doch zurück zu unserer Berghütte: die Süßspeisen und Weine aus dem Trentino sind gut.

Levico Terme

20 km von Trento, S. S. 47

Del Romanda

Osteria
Via Garibaldi, 11
Tel. 04 61 / 70 71 22
Ruhetag: Montag
Betriebsferien: im Winter
40 Plätze
Preise: 20 000 Lire, ohne Wein
Kreditkarten: CartaSi
Reservierung: nicht notwendig

Riccardo Bosco ist ein schweigsamer junger Mann, offenherzig, voller Tatendrang und Phantasie. Er ist zwischen den Kochtöpfen des Familienhotels aufgewachsen, und so hilft er auch manchmal in der Küche seines Restaurants mit. Am liebsten aber zieht er sich in die alten Weinkeller des Hauses zurück, empfiehlt und sucht passende Weine aus. Aber das ist noch nicht alles. In seinem Lokal kann man noch Züge der alten Osteria entdecken, als diese noch Treffpunkt der Dorfbewohner war. Die konnten hier nach getaner Arbeit Karten spielen und Wein trinken. Damals war der Wein noch in zwei Kategorien eingeteilt: es gab den groben und den Cipro, einen gesüßten Wein. Im Kellergewölbe des »Romanda« treffen sich gewöhnlich die jungen Leute, die einen netten Abend bei einem Glas Wein und einem kleinen Imbiß verbringen möchten, ohne dafür ein Vermögen auszugeben. Gewöhnlich gibt es **Trippa alla trentina** mit Fleischsugo oder Brühe, Gulasch, verschiedene Alpenkäse und gute Wurstwaren. Man bekommt auch Käsefondue aus frischem Asiago, Spressa und etwas **Spetz tsaori** aus Moena mit seinem unverwechselbaren Geruch (wörtlich in etwa »Stinkkäse«). Zum Käse werden auch Pilze und Polenta gereicht. Die Osteria ist nur abends geöffnet.

Moena

75 km von Trento, S. S. 48

Malga Panna

Trattoria
Via Costalunga, 29
Tel. 04 62 / 5 34 89
Ruhetag: Montag
Betriebsferien: im Spätherbst
70 Plätze
Preise: 25-40 000 Lire, ohne Wein
Keine Kreditkarten
Reservierung: empfohlen

Der Sage nach überredete eine Fee König Laurin, von seinen wunderschönen Bergen hinabzusteigen, um zu sehen, wie schön das Leben auch in den Tälern sein konnte. In der Sage ist die Rede von Moena. Das Fassatal ist Ziel vieler Touristen. Über Jahre hinweg wurde die Küche vernachlässigt, doch in jüngster Zeit scheint man sich auf die kulinarischen Spezialitäten der Gegend zu besinnen. Virgilio Donei spielt bei der Suche nach alten Rezepten und Traditionen in Moena sicher eine Hauptrolle. Er ist mit Leidenschaft bei der Sache: seine Gäste bekommen bei ihm nur ganz frische Speisen, die er selbst im Tal ausgewählt hat. Virgilio will aus seiner Alm am Waldrand (hat hier vielleicht die Fee aus der Sage gewohnt?) eine Adresse für echte Spezialitäten aus dem Fassatal machen. Um dem Namen des Lokals (in etwa »Rahmhof«) alle Ehre zu machen, serviert Virgilio in erster Linie verschiedene Käsesorten. Da ist einmal der Käse aus Moena schlechthin, der Puzzone oder **Spetz tsaori** wie er auf Ladinisch heißt. Dieser Käse ist sehr schmackhaft und riecht sehr streng; seine Rinde ist etwas schmierig; er reift fünf Monate in Formen, die jede Woche mit lauwarmem Wasser und Salz abgespült werden müssen. Die Speisen entsprechen der waldreichen Gegend: es gibt viele Pilz- und Wildgerichte. Das Fleisch wird von Virgilios Sohn Paolo zubereitet. Der geschickte Koch hat seine Erfahrungen in den bedeutendsten Restaurants gesammelt. Das Weinangebot ist ausgezeichnet und mit über zweihundert Weinen sehr umfangreich.

Molveno

40 km von Trento, S. S. 421

Antica Bosnia

Trattoria
Via Paganella, 7/b
Tel. 04 61 / 58 61 23
Ruhetag: Mittwoch
Betriebsferien: Juni
35 Plätze
Preise: 20 000 Lire, ohne Wein
Kreditkarten: BA
Reservierung: nicht notwendig

Vor zweihundert Jahren gelangten derbe Holzfäller aus Bosnien in die Dolomiten der Brenta. Sie ließen sich hier in Häusern nieder, die bereits aus der Mitte des 15. Jahrhunderts stammten. Inzwischen ist viel Wasser die Brenta hinabgeflossen, aber hier auf der Paganella-Hochebene erinnert der Name unseres Lokals noch an die Zeit, als das Trentino noch zu Tirol und damit zum Habsburgerreich gehörte. Im »Antica Bosnia« bekommen Sie traditionelle Gerichte. Die Küche der Paganella ist nicht sehr reichhaltig. Einzige Ausnahme bilden da die Würste mit dem Namen **Ciuighe**, die aus Schweinefleisch, Rüben und Walnüssen und Gewürzen hergestellt, geräuchert und im Winter abgehangen werden. Rio Donini und seine Frau Mariella Favaro betreiben ihre Trattoria mit viel Liebe und kochen typische Tridentiner Gerichte wie **Strangolapreti** und **Taiadele smalzade**, d.h. sehr breite Bandnudeln mit Bratensauce. Dieses Rezept war bereits im 16. Jahrhundert bekannt. Sie können hier auch viele **Wildgerichte** essen. Als Nachspeise serviert man Ihnen Apfelstrudel. Die Weine sind sehr einfach und kommen aus den großen Kellereien des Trentino.

Nogaredo

5 km nördl. von Rovereto

Maso Sasso

Trattoria
Ortsteil Sasso di Nogaredo
Tel. 04 64 / 41 12 68
Ruhetag: Montagabend u. Dienstag
Betriebsferien: Januar
45 Plätze
Preise: 35 000 Lire
Keine Kreditkarten
Reservierung: nicht notwendig

Andrea Bassetti hat zehn Jahre lang eines der beliebtesten Tridentiner Restaurants geführt. Schließlich hat der küchenbegeisterte Geologe die Stadt verlassen, um sich ganz aufs Land zurückzuziehen. Landschaftliche Schönheit und gutes Essen lassen sich kaum irgendwo besser kombinieren als in diesem alten Landhaus zwischen den Weinbergen oberhalb Roveretos. Das Angebot setzt sich ausschließlich aus traditionellen Gerichten der Gegend zusammen und wechselt täglich. In seinem »Maso Sasso« serviert Andrea Antipasti, die gerade der Jahreszeit entsprechen, und fast immer **Trippa**. Neuschöpfungen und moderne Küche bedeuten ihm nichts. Er konzentriert sich ganz auf die Tradition, was natürlich auch bedeutet, daß alle Nudeln von Hand gemacht werden. Auf der Speisekarte entdeckt man dann Tagliatelle und andere frische Nudeln mit verschiedenen Saucen, Ragout oder sogar Kaninchenleber. Es folgen **Braten** und (abends) Grillspezialitäten, die vor den Augen der Gäste auf einem großen Rost im Speisesaal zubereitet werden. Süßspeisen sind Andreas Leidenschaft: er bietet Schokoladendesserts und die **Torta Barozzi** an. Die Weinauswahl ist umfangreich. Man bekommt alle Erzeugnisse aus der Vallagarina und ausgesuchte Weine aus dem übrigen Italien.

Pergine Valsugana

11 km von Trento, S. S. 47

Capriolo

Restaurant
Masi alti Viarago
Tel. 04 61 / 55 11 08
Ruhetag: Dienstag, nur im Winter
Betriebsferien: 15. Januar - 15. März
30 Plätze
Preise: 25-30 000 Lire, ohne Wein
Keine Kreditkarten
Reservierung: obligatorisch

Das »Capriolo« liegt in 1300 m Höhe am Monte Calvo und ist nicht leicht zu finden. Haben Sie das rustikal gehaltene Lokal erreicht, setzen Sie sich und lassen Sie sich von Maurizio Bernardi durch das kulinarische Reich der Valsugana führen. Da sind vor allem einmal die vielen **Pilzgerichte**: Im Herbst bekommen Sie Steinpilze als Salat, mariniert mit verschiedenen Schinken von Reh, Hirsch, Esel, Pferd und Gemse, Pilze mit Risotto, mit Petersilie und Knoblauch, mit Polenta, paniert und gebacken oder gegrillt. Im Frühjahr ißt man die zarten **Gnocchetti mit Ricotta und Brennesseln** oder mit Ricotta und wildem Spinat oder **Risotto mit wildem Spargel**; in der kälteren Jahreszeit serviert man Ihnen eine Art in Weinblätter gewickelte Semmelknödel oder die eher österreichischen Zwetschgenknödel. In diesem Restaurant können und dürfen **Wildgerichte** nicht fehlen: Rehkoteletts mit Wacholder, Hirschkoteletts in Grappa oder »Uccelletti« sind die Spezialitäten des Hauses. Zu empfehlen ist auch das sehr schmackhafte **Kaninchen mit Wiesenkräutern**. Bei den Süßspeisen fällt die Wahl nicht schwer: probieren Sie unbedingt die verschiedenen frischen Beeren oder das hausgemachte Eis mit heißen Himbeeren. Die Weine kommen fast ausschließlich aus dem Trentino. Erst kürzlich hat man eine kleine, aber ausreichende Karte zusammengestellt, auf der auch folgende Spitzenweine zu finden sind: Teroldego Vigneto Morei di Foradori, San Leonardo del Marchese Guerrieri Gonzaga und einige Weine von Pojer & Sandri.

Ronchi di Valsugana

48 km von Trient, S.S. 47

Alla Stua

Berghütte
Ortsteil Desene
Kein Telefon
Kein Ruhetag
Betriebsferien: Oktober bis Mai
25 Plätze
Preise: 25 000 Lire, ohne Wein
Keine Kreditkarten
Reservierung: nicht notwendig

Die Hütte der Familie Oberosler liegt in der wunderschönen Gebirgslandschaft der Valsugana. Von hier genießt man den Blick auf ausgedehnte Wälder und grüne Wiesen. Wer bis zum »Alla Stua« in knapp 2000 m Höhe hinaufsteigt, wird mit weitgehend unberührter Natur und unverfälschten, traditionellen Spezialitäten belohnt. Alle Speisen werden sachgerecht und sorgfältig zubereitet. Die Polenta wird nach alter Tradition in einem Kupferkessel über dem offenen Kaminfeuer gerührt. Die großen Holzscheite, die im Kamin brennen, verleihen dem ganzen Lokal eine besonders gemütlich-rustikale Atmosphäre. Vielleicht schmeckten uns deshalb die Würste, das eingelegte Gemüse, das Hausbrot, die hausgemachten Nudeln und die Wildgerichte so gut. Die Almkäse und die Süßspeisen waren einfach köstlich. Sehr gut schmeckte überraschenderweise auch der Wein, denn Papa Alessandro keltert ihn selbst zusammen mit befreundeten Bauern. Ein Abstecher in diese Gegend lohnt sich auf alle Fälle.

Spera

42 km von Trento, S. S. 47

Rifugio Crucolo

Trattoria
Ortsteil Val Campelle
Tel. 04 61 / 76 60 93
Ruhetag: Mittwoch
Betriebsferien: Januar und Februar
150 Plätze + 30
Preise: 30 000 Lire, ohne Wein
Kreditkarten: alle
Reservierung: nicht notwendig

Auf einer Paßhöhe (»crucolo«) steht seit knapp zweihundert Jahren diese Trattoria. Früher machten hier Schaf- und Kuhhirten Rast, die ihre Tiere auf die Weide brachten. Inzwischen hat sich das Lokal zu einem großen Speiserestaurant entwickelt, ohne aber das typische Ambiente einer Osteria aufzugeben. In der Tat wird die Familie, die das »Rifugio« seit drei Generationen bewirtschaftet, auch »osto«, Gastwirt, genannt. Quirino Purin weiß sehr genau, was er will. Sein Lokal ist rationell eingerichtet, so daß er auch die gewaltigen Touristenströme bewirten kann, die an Feiertagen aus dem Veneto herüberkommen. Angeboten werden nur ausgesuchte Erzeugnisse sowie Wurstwaren, die in den geräumigen Kellern des »Rifugio« trocknen: Würste, Coppa und Pancetta von Schweinen, die hier in der Gegend gemästet wurden. Ganz traditionell sind die **Canederli**, und die **Minestra mit Steinpilzen**. Die Schweinshaxe wird hier mit Karotten, Rosmarin, Salbei, Lorbeer, Weißwein und Öl im Ofen geschmort. Gegrilltes oder Kraut mit Koteletts und Cotechino kann man hier immer bekommen. Abschließend sollte man die Spezialität des Hauses probieren. »Parampampoli« haben die Purins ihr Getränk genannt, das aus Kaffee, Alkoholischem, Karamel und einer geheimen Gewürzmischung gebraut wird. Aus Quirinos Weinkeller kommen recht derbe Weine, die sich aber in Gesellschaft (und die findet man hier immer!) gut trinken lassen.

Spiazzo

52 km von Trento, S. S. 239

Mezzosoldo

Landgasthof
Via Nazionale, 196 - Mortaso
Tel. 04 65 / 8 10 67
Ruhetag: Donnerstag
Betriebsferien: Mai und November
40 Plätze
Preise: 30 000 Lire, ohne Wein
Keine Kreditkarten
Reservierung: nicht notwendig

Zwischen Tione und dem mondänen Campiglio ist das »Mezzosoldo« wohl der einzige Gasthof geblieben, in dem man ursprüngliche und unverfälschte Küche bekommt, ohne gleich Phantasiepreise dafür bezahlen zu müssen. Das rustikale Restaurant im Erdgeschoß des Hotels verdankt seinen Namen dem Gründer Miradio Lorenzi. Er bekam nämlich bei sämtlichen Käseauktionen wegen eines halben Talers (d.i. »mezzo soldo«) Vorsprung den Zuschlag. Miradios Enkel Rino und seine Frau Eleonora setzen die Tradition des Großvaters fort und betreiben ein Restaurant, in dem man zu einem anständigen Preis essen kann. Die Antipasti machen dem Lokal alle Ehre; berühmt ist diese Gegend für ihre **Luganeghe** und viele andere Wurswaren. **Brò brusà** ist eine weitere Spezialität der Gegend: Weizenmehl wird in Öl angebraten und in Wasser aufgekocht; dazu reicht man Pilze (oftmals Pfifferlinge) mit Petersilie und Knoblauch. **Reh** und Wildgeflügel ergänzen die Speisekarte. Man trinkt ausgesuchte Weine aus dem Trentino.

Trento

4 km von der Stadtmitte

Agritur Bergamini

Bauernhof
Ortsteil Bergamini, 3 – Cognola
Tel. 04 61 / 98 30 79
Ruhetag: Montag
Betriebsferien: zur Weinlese
50 Plätze
Preise: 35 000 Lire, ohne Wein
Keine Kreditkarten
Reservierung: obligatorisch

Vor sieben Jahren haben sich Remo Tomasi und Laura Girelli zwischen ihre Weinberge zurückgezogen. Vor kurzem wurden der Weinkeller und die technischen Einrichtungen renoviert, so daß die beiden beschlossen, in ihrem Bauernhaus auch Mahlzeiten anzubieten. Sie machen alles allein und selbst; sogar das Brot wird auf dem Hof gebacken. Sie keltern Müller-Thurgau, Chardonnay, Pinot nero und einen kräftigen Lagrain. Während sie noch auf die ersten Erträge des seltenen Moscato rosa warten, bauen sie auch verschiedene Gemüse an, die dann im Restaurant angeboten werden. Die Primi bestehen meist aus Gemüse und Gerste (anstatt Reis), es gibt aber auch frische hausgemachte Pasta. Als Hauptgericht serviert man **Forelle**, die auf verschiedene Weisen zubereitet wird. Als Nachtisch bekommt man Crostata mit hausgemachter Marmelade und **Panna cotta**. Die Weine kommen selbstverständlich aus dem hauseigenen und sorgfältig bestückten Weinkeller.

Trento

Alla baracca

Osteria
Via Galass, 4 – Villazzano
Tel. 04 61 / 92 00 49
Ruhetag: Sonntag
Betriebsferien: unterschiedlich
50 Plätze
Preise: 15 000 Lire
Keine Kreditkarten
Reservierung: nicht notwendig

In einer alten Osteria auf einem Hügel oberhalb von Trient bekommt man nach wie vor bodenständige und traditionelle Gerichte. Vor kurzem wurde die »Baracke« renoviert und ansprechend eingerichtet. Giovanna Bailoni, ihre Mutter Rita und ihre Schwester Cesarina halten mit der Osteria eine alte Familientradition hoch. Die Küche ist in erster Linie auf die Gäste ausgerichtet, die hier in ihrer Mittagspause einkehren und ordentliche Hausmannskost verlangen. Die drei Signore verstehen es, ihren Gerichten eine persönliche Note zu verleihen: **Strangolapreti**, **Carne salada**, **Gulasch** alla trentina. Wenn Sie Gerichte von der Tageskarte essen und einen guten offenen Wein trinken, bezahlen Sie ca. 15 000 Lire. Sie spüren hier noch die etwas nostalgische Atmosphäre, der das Gedicht von Fabrizio da Trieste, ein bekannter Mundartdichter, Ausdruck verleiht: »... e alora me godo/ me godo da mati/pensar a quei piati/ de'n temp ch'è passà./Magnari poreti/ cosinà sincera/profumo de tera/saor de onestà« («... ich denk' mit Vergnügen/ an diese Speisen aus alter Zeit./ Einfaches Essen/ duftet nach Erde/ und schmeckt nach Ehrlichkeit«). Das Weinangebot entspricht den Gepflogenheiten der Tridentiner Kundschaft. Man ißt ja auswärts, um in netter Gesellschaft zu sein, satt zu werden und gut zu trinken, ohne ein Vermögen dafür bezahlen zu müssen.

Trento

Locanda Port'Aquila

Trattoria
Largo Port'Aquila
Tel. 04 61 / 98 29 50
Ruhetag: Sonntag
Betriebsferien: August
30 Plätze
Preise: 25 000 Lire, ohne Wein
Keine Kreditkarten
Reservierung: nicht notwendig

Über die Tridentiner Küche ist schon viel geschrieben worden; man hat sie kritisiert und in den Himmel gelobt. Mit diesem Thema haben sich die Historiker des Glaubenskonzils, Philologen, Köche, Feinschmecker und auch einige Schlaumeier auseinandergesetzt. Letztere meinten sogar, aufgrund einiger importierter Rezepte behaupten zu können, was man in den vergangenen Jahrhunderten in Trient so alles gegessen hat. Sagen wir es gleich: eine typisch Tridentiner Küche gibt es fast nicht. Zuerst die Fürstbischöfe, dann Napoleon und schließlich die Österreicher haben von der armen Tridentiner Küche nichts mehr übriggelassen. Glücklicherweise gibt es noch ein paar Leute, die die Tradition hochhalten. Dazu gehört auch die Familie Gius, die in Trient schon lange ein Begriff für ausgezeichnetes Essen ist. Das ist das Verdienst der inzwischen fast achtzigjährigen Mamma Alma, die auch heute noch ihre kochbegeisterten Kinder unterweist. Sohn Guido und seine Frau Marisa haben heute die »Locanda« übernommen, Tochter Lucia ist Chefin des Nobelrestaurants »Maso Cantanghel«. Tochter Paola ist eine bekannte Journalistin und Weinkennerin. In ihrer »Locanda« unter der Burg servieren die Gius die Tridentiner Küche schlechthin. Alle traditionellen Gerichte sind schmackhaft, aber eines ist besonders zu empfehlen. Der **Stracotto al Teroldego** besteht aus gespicktem Fleisch und wird ganz langsam im edelsten Rotwein dieser Gegend geschmort. Ansonsten bekommt man viele Gerichte mit Schweinefleisch und fast jeden Tag Polenta. Die ausgezeichneten Süßspeisen sind hausgemacht. Zu Weihnachten serviert man **Zelten**, zur Faschingszeit **Grostoi**. Die Weine passen gut zum Essen.

Trento

5 km von der Stadtmitte

Mangiarbene

Trattoria
Ortsteil Tavernaro, 2
Tel. 04 61 / 23 47 70
Ruhetag: Montag und Di. mittag
Betriebsferien: unterschiedlich
40 Plätze
Preise: 35 000 Lire, ohne Wein
Keine Kreditkarten
Reservierung: nicht notwendig

Das Lokal liegt etwas außerhalb der Stadt in Richtung Valsugana. Rita und Luca Jungg haben ihr vielleicht etwas zu alternatives Restaurant »L'erbavoglio« in der Stadt aufgegeben und bieten nun im »Mangiarbene« ganz traditionelle Küche an. Mit diesem Lokal, das in einem Bauernhof untergebracht ist, beweisen die Junggs, daß sie dazugelernt haben; das Angebot ist insgesamt größer und besser geworden. Jeden Tag gibt es ein anderes, einfaches Menü. Es beginnt mit Wurstwaren aus der Gegend, es folgen Pasta oder so traditionelle Primi wie **Gnocchi, Minestra** mit Gerste oder frisches Gemüse. Die Hauptgerichte sind mit besonderer Sorgfalt zubereitet. Hervorragend ist der **Kaninchenbraten**, der nur mit etwas Speck gegart wird und deshalb besonders leicht bekömmlich und dennoch sehr schmackhaft ist. **Polenta** gibt es natürlich immer. Das Vanilleeis aus eigener Herstellung ist zu empfehlen. Im Sommer wird es mit frischen Aprikosen serviert. Beim Wein hat man die Qual der Wahl: nur Doc-Weine aus dem Trentino. Einen speziellen Rotwein läßt sich Luca Jungg eigens von Ruggero De Tarczal keltern. Mit seinem vollmundigen Charakter paßt er genau zum Ambiente der Trattoria.

Trento

5 km von der Stadtmitte

Maso Comuni

Bauernhof
Via ai Comuni, 23 – Romagnano
Tel. 04 61 / 4 91 35
Ruhetag: Montag bis Mittwoch
Keine Betriebsferien
30 Plätze
Preise: 22 000 Lire, ohne Wein
Keine Kreditkarten
Reservierung: empfohlen

Der »Maso Comuni« liegt am Monte Bondone und ist ein beschaulicher Ort. Der Hof wird von den Pasqualis und ihren beiden Töchtern bewirtschaftet. Das Restaurant ist nur am Wochenende geöffnet. Sicherheitshalber sollten Sie vorher anrufen. Ein Besuch lohnt sich auf alle Fälle, denn die Wirtsleute sind herzlich, die Atmosphäre ist heiter und gelassen, das Preis-/Leistungsverhältnis recht günstig. Das Speisenangebot ist nicht sehr umfangreich, aber von erstklassiger Qualität. Mamma Maria kocht oft **Canederli** und viele andere Tridentiner Gerichte aus Kartoffeln. Die Canederli oder Speckknödel sind eigentlich eine Südtiroler Spezialität. Die **Kartoffelroulade mit Gemüse** muß eigens in ein Leinentuch gewickelt werden, damit der Kartoffelteig nicht zerbricht. Das älteste Gericht ist sicherlich der **Tonco de Pontesel**, der auf ein Rezept aus dem 17. Jahrhundert zurückgeht. Er besteht aus sehr einfachen Grundstoffen und wird zur Polenta gegessen: Kalbs- und Rindfleisch wird langsam in etwas Weißwein geschmort, dann zusammen mit einer frischen Luganiga-Wurst und Knoblauch in einer Mehlschwitze gebraten. Der Name des Gerichts bedeutet »Balkon-Essen«, da früher die Maiskolben auf dem Balkon der Bauernhäuser zum Trocknen aufgehängt wurden. Der Hauswein wird direkt unterhalb des Maso angebaut und von Verwandten der Pasqualis gekeltert.

Trento

Piedicastello

Trattoria
Piazza Piedicastello, 11
Tel. 04 61 / 23 07 30
Ruhetag: Sonntag
Betriebsferien: unterschiedlich
35 Plätze
Preise: 25 000 Lire, ohne Wein
Keine Kreditkarten
Reservierung: nicht notwendig

Man wird nicht als Wirt geboren, aber man kann es werden. Adriano Parteli war ein bekannter Steuerbeamter der Stadt. Eines Tages hat er ein heruntergekommenes Gebäude in der Altstadt erworben, es renoviert und dort eine ansprechende Trattoria eingerichtet. Er leitet sein Lokal sogar selbst. Zwei junge Köche bieten eine willkommene Alternative zu den üblichen Fast-Food-Stätten: ihre Gerichte sind wohlschmeckend, die Pasta ist hausgemacht. Als Primo reicht man **Taiadele smalzade**, d.h. Tagliatelle mit Ragout und frischer Sahne. Die Braten sind sehr gut, ebenso der **Ossobuco mit Erbsen**. Leider stehen neben dem – guten – offenen Wein keine weiteren guten Flaschenweine zur Auswahl. Vielleicht läßt sich unser tüchtiger Adriano noch dazu überreden?

Trento

4 km von der Stadtmitte

Al Parol

Trattoria
Ortsteil Mesiano
Tel. 04 61 / 23 99 51
Ruhetag: Sonntag
Betriebsferien: August
30 Plätze
Preise: 35 000 Lire, ohne Wein
Keine Kreditkarten
Reservierung: empfohlen

Mit »parol« wird im Dialekt der Kupferkessel bezeichnet, in dem man **Polenta** kocht. Nun wissen Sie auch schon, was die Spezialität des »Al Parol« sein muß. Giuliano und Ierta Battisti führen diese nette Trattoria in den Hügeln bei Trient bereits seit zehn Jahren. Mit großer Sorgfalt überarbeiten die beiden ständig ihr Angebot, das sich wirklich sehen lassen kann. Das Menü wechselt täglich und setzt sich aus einfachen, aber traditionellen Gerichten zusammen. Duft, Geschmack und nicht zuletzt die Darbietung (die Augen essen schließlich auch mit!) der einzelnen Speisen sind verführerisch. Als Antipasti essen Sie Carne cruda mit einer Sauce aus grünen Paprikaschoten, aber auch deftige Wurstwaren mit Polenta. Als Primo bekommen Sie Risotto, z. B. mit Kräutern, und traditionelle Tridentiner Mehlspeisen wie **Strangolapreti** und Canederli. Als Secondo empfehlen wir Ihnen den **Coniglio con il lardo**, Gegrilltes, Brasato und die eigenwillige, aber sehr schmackhafte Kombination Forelle mit polenta. Die Süßspeisen sind hausgemacht (Crostata und die klassische **Torta de fregoloti**). Das Kapitel Wein wird hier allerdings ein wenig nachlässig behandelt. Man sollte anstelle der nichtssagenden Supermarktware vielmehr die ehrlichen Weine der kleinen Erzeuger aus Trient und Umgebung ins Angebot aufnehmen.

Trento

10 km von der Stadtmitte

Trattoria Montevaccino

Trattoria
Ortsteil Montevaccino
Tel. 04 61 / 99 17 17
Ruhetag: Dienstag
Betriebsferien: Juni
25 Plätze
Preise: 20 000 Lire
Keine Kreditkarten
Reservierung: nicht notwendig

Auf dem Weg nach Montevaccino kommt man an den alten Silberbergwerken aus dem Mittelalter vorbei. Auch heute noch vermeint man das Hämmern und Klopfen der Minenarbeiter zu hören, wenn man aus Trient hier herauf fährt. In dieser netten und einfachen Trattoria ißt man einfach himmlisches **Coniglio al forno** alla trentina. Giorgio Clementi, der die Trattoria allein bewirtschaftet, schmort das gespickte Kaninchen in Zwiebeln, Basilikum und anderen Kräutern. Dazu reicht er natürlich dampfende Polenta, die noch im klassischen Paiolo (ein Kupferkessel) über einem Holzfeuer gerührt wird. Manchmal bekommen Sie **schwarze Polenta** aus Buchweizenmehl oder **weiße Polenta** aus Kartoffeln. Zur Faschingszeit kocht Giorgio die **Baldonazzi** eine Art Blutwurst mit Kastanienmehl, Speck, Rosinen und verschiedenen Gewürzen. Die Wurstwaren werden besonders sorgfältig direkt bei den Metzgern in den Bergen ausgesucht. Hier werden nämlich noch »Ciughe«, d.h. deftige Würste mit Schweinefleisch und gehackten Rüben und andere Würste gemacht, die alle sehr gut zur frischen Polenta passen. Der Wein kommt aus der Genossenschaftskellerei und wird von Giorgio in Ballonflaschen gekauft. Es werden auch einige Flaschenweine von Kellereien aus der näheren Umgebung angeboten.

NOTIZEN

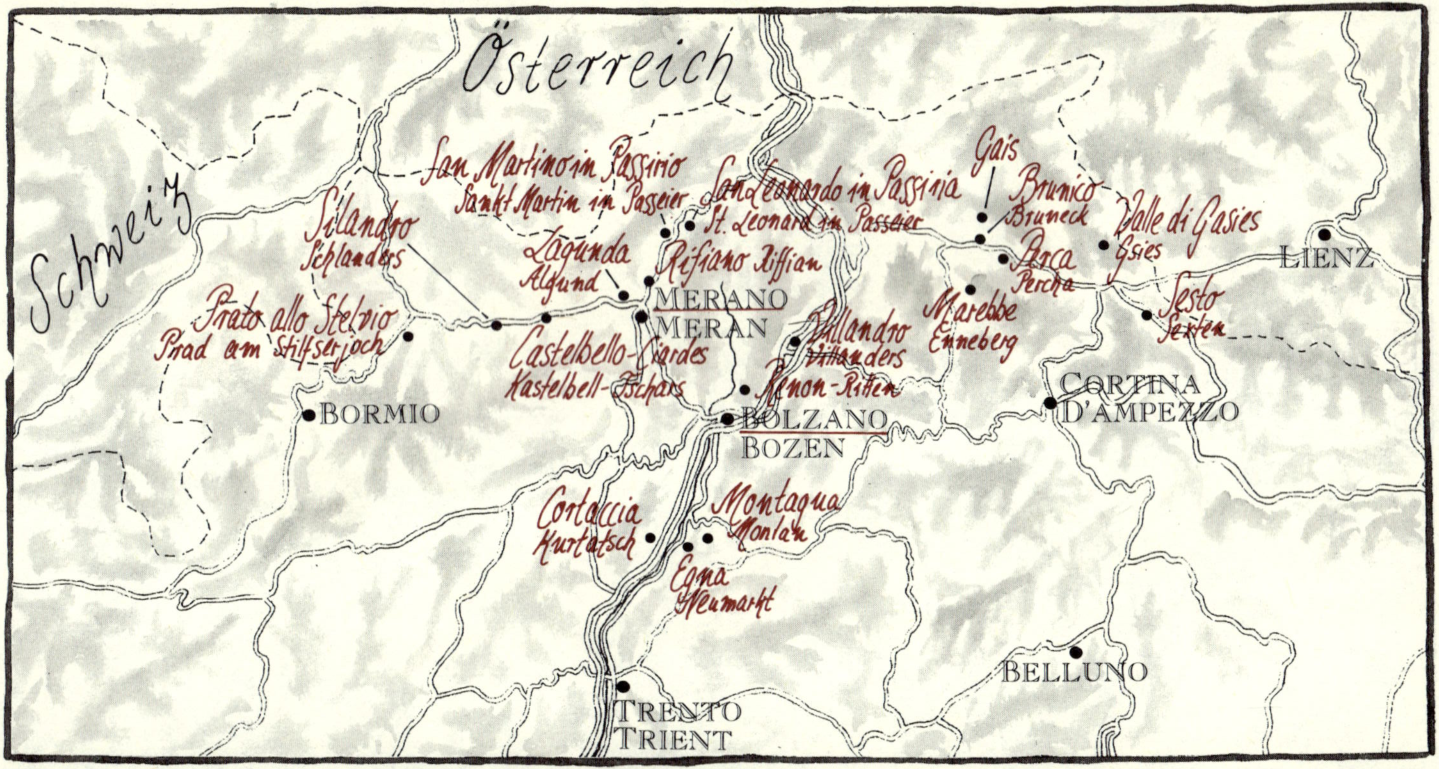
Österreich
Schweiz
San Martino in Passirio
Sankt Martin in Passeier
San Leonardo in Passiria
St. Leonard in Passeier
Gais
Brunico
Bruneck
Valle di Casies
Gsies
LIENZ
Silandro
Schlanders
Lagunda
Algund
Rifiano Riffian
Perca
Percha
Marebbe
Enneberg
Sesto
Sexten
Prato allo Stelvio
Prad am Stilfserjoch
MERANO
MERAN
Villandro
Villanders
Castelbello-Ciardes
Kastelbell-Tschars
Renon-Ritten
CORTINA
D'AMPEZZO
BORMIO
BOLZANO
BOZEN
Cortaccia
Kurtatsch
Montagna
Montan
Egna
Neumarkt
BELLUNO
TRENTO
TRIENT

SÜDTIROL

Als junger Mensch bin ich nur ganz selten in die Osteria, in die Bar nebenan gegangen. Zuerst war ich zu klein dazu, dann schimpfte mich jedesmal mein Vater, wenn ich, wie er sagte, dort mein Geld verschwendete. Ich bin nicht sehr oft in der Osteria eingekehrt, aber manchmal doch, wenn ich z. B. von einer großen Klettertour zurückkam. Es herrschte dort eine ganz besondere Atmosphäre, die, wenn sie auch anders war als daheim auf dem Hof, ich so mag: diese Gemütlichkeit, dieses heimelige Gefühl, das so typisch für Südtirol ist.
Diese Stimmung habe ich oft auf meinen Reisen um die ganze Welt wiedererlebt. Zum Beispiel in Tibet, das mich in vieler Hinsicht an meine Heimat erinnert. Oder in Pakistan, wo die Bauern ein Fladenbrot backen, das ähnlich schmeckt wie das Südtiroler Bauernbrot. Es gibt natürlich auch einige Gasthäuser, die hier heroben so etwas wie Gemütlichkeit ausstrahlen. Dorthin gehe ich immer wieder gern zum Essen. Ich liebe die schweren, weißen Baumwolltischdecken, das einfache Geschirr und die Korbstühle. Ich liebe auch die kleinen Gaststuben, in denen man mit Freunden ißt und nicht allzu viele Fremde um sich hat. Man fühlt sich dann wie in einer Bauernstube, in der man an einem Winterabend um den Ofen sitzt. Diese familiäre Zurückgezogenheit kennt man in italienischen Restaurants nicht. Dorthin geht man zum Essen, weil man sehen und gesehen werden will.
Für einen Bergsteiger wie mich mag es seltsam klingen, aber ich habe diese Stimmung in den zahlreichen Berghütten, die ich in den ersten Jahren meiner Kletterei weit öfter aufgesucht habe als Wirtshäuser, nie empfunden. Jetzt könnte ich sie ohnehin nicht mehr nacherleben, aber ich hätte sie auch damals nicht erlebt. Für mich waren Berghütten immer nur der Stützpunkt, den ich spät abends aufsuchte, um schon beim ersten Morgengrauen wieder von dort aufzubrechen.
Mir sind nicht nur die Südtiroler Gaststuben die liebsten, ich esse auch am liebsten Südtiroler Spezialitäten. Unsere Küche erscheint auf den ersten Anblick arm, ist in Wirklichkeit aber reich an verschiedenen herrlichen Düften. Ihr Geschmack erinnert immer an unsere Bergbauernkultur. Knödel und »Kasnocken«, ein paar Fleischgerichte oder unsere Obstkuchen mögen einfach sein, sie stehen aber für eine sehr feine Küche. Das gilt vor allem jetzt, da man endlich begriffen hat, die Traditionen zu achten. **Reinhold Messner**

Bolzano-Bozen

Ca' de' Bezzi
Batzenhausl
Trattoria
Via Andreas Hofer, 30
Tel. 04 71 / 97 61 83
Ruhetag: Dienstag
Betriebsferien: Juli/August
140 Plätze
Preise: 25–30 000 Lire
Keine Kreditkarten
Reservierung: empfohlen

Unbestritten ist das »Batzenhausl« eines der geschichtsträchtigsten Lokale der Stadt. Es existierte bereits im Mittelalter unter dem gleichen Namen. Das Lokal ist ein wunderbarer Turmbau, der sich auf drei Stockwerke und zwei Weinkeller erstreckt. Die Schankgeräte im Erdgeschoß und in den beiden Gasträumen sind noch original und gut erhalten. Als Kontrast zu den alten Gerätschaften hängen an den Wänden Bilder von zeitgenössischen Malern. 1984 haben Helene Esler und ihr Mann Carlo das »Batzenhausl« übernommen. Sie haben ein familiäres Ambiente geschaffen, das zu einer echten Osteria paßt. Von 19 Uhr bis 1.30 Uhr bekommt man hier warme Küche. Bei diesem Service bleibt der Erfolg nicht aus; das Lokal wird von Italienern und Südtirolern gleichermaßen gut besucht. Jedes Gericht entspricht einer vollständigen Mahlzeit, Sie können sich aber auch selbst ein Abendessen zusammenstellen. Das Angebot reicht von Gersten- und Gemüse-**Minestra** über **Weinsuppe** mit Steinpilzen bis zum **Gröstl**, das Sie freitags und samstags auch mit Baccalà anstatt mit Rindfleisch serviert bekommen. Wenn Sie einen guten Magen haben, dann probieren Sie den **Graukäse**, einen sehr kräftigen Käse, der mit Zwiebeln, Öl und Pfeffer angerichtet wird, oder Kalbskopf mit Meerrettich und Zwiebeln. Als Dessert reicht man eine Sbriciolata aus Buchweizenmehl und **Apfelküchl** mit Eis. Von den offenen Weinen empfehlen wir den Chardonnay und den Schiava aus der Kellerei Castel Rametz. Die zahlreichen Flaschenweine kommen aus der Gegend und z.T. auch aus dem übrigen Italien. Man ist gerade dabei, eine Weinschenke einzurichten. Dort soll man nach der Arbeit zum Feierabend noch ein Gläschen guten Weins trinken können.

Bolzano-Bozen

Fossa dei leoni
Löwengrube
Osteria
Piazza Dogana, 3
Tel. 04 71 / 97 07 49
Ruhetag: Sa. abend und Sonntag
Betriebsferien: August/September
100 Plätze
Preise: 35 000 Lire
Keine Kreditkarten
Reservierung: empfohlen

Hier ist zu jeder Tageszeit viel Betrieb, geht man schnell mal an die Bar oder verzehrt vormittags seine Brotzeit und genießt die familiäre Atmosphäre. Man redet über Geschäfte, über Politik (die Zentrale der Südtiroler Volkspartei ist ganz in der Nähe) und pflegt die zwischenmenschlichen Kontakte. Falls Ihnen die Inschrift am Eingang entgangen sein sollte, merken Sie spätestens jetzt, daß das Lokal schon gut vierhundert Jahre alt ist. Die Bar ist noch ziemlich neu und ganz im Wiener Stil eingerichtet. Sie ist aber so gut besucht, daß man meinen könnte, sie existiere schon ewig. Wenn es Ihnen in der Bar zu laut zugeht, können Sie sich in das eigentliche Speisezimmer zurückziehen. Die Gewölbedecke, die Holztäfelung und die Fresken an den Wänden entsprechen dem klassischen Südtiroler Stil. Der Raum wurde um die Jahrhundertwende eingerichtet und ist bis heute unverändert geblieben. Hier können Sie so typische Gerichte wie Gemüse- oder **Gerstensuppe**, **Kuttelsuppe**, **Knödel**, **Herrengröstl** und **Kalbskopf mit Meerrettich** essen. Sie können auch unter verschiedenen Käsesorten wählen. Als Dessert serviert Ihnen Markus Waldthaler den klassischen **Apfelstrudel** oder hausgemachte Kuchen. Trinken Sie dazu einen guten Wein aus der Kellerei Waldthaler, einen offenen Kalterer See oder Pinot bianco. Sie können auch einige Weine aus Italien und dem Ausland bekommen. Wenn Sie lieber Bier trinken, können Sie sich hier Hefeweißbier vom Faß bestellen.

Bolzano-Bozen

Oxnoschmid Flora's bistro
Osteria
Via Argentieri, 34
Tel. 04 71 / 97 40 86
Ruhetag: Sonntag
Keine Betriebsferien
25 Plätze
Preise: 30 000 Lire, ohne Wein
Keine Kreditkarten
Reservierung: nicht notwendig

In einem Turm der Stadtmauer im Herzen der Altstadt war schon immer eine Osteria untergebracht. Die junge und dynamische Flora Oberhauser hat das Lokal renoviert, das nun im alten Glanz erstrahlt und zu den nettesten Winkeln der Stadt gehört. Die Stube ist mit viel Fingerspitzengefühl restauriert worden und wirkt keinesfalls kitschig; hier ist alles echt. Die Küche beschränkt sich ausschließlich auf alte Südtiroler Spezialitäten. Die Grundstoffe besorgt Flora selbst auf abgelegenen Bauernhöfen oder bei zuverlässigen Schäfern und Metzgern. Von ihnen bekommt sie die unbeschreiblich guten Eisacktaler Käsesorten und den Speck. Burgi möchte eigentlich nicht als Köchin bezeichnet werden, denn sie kocht ja nur das, was jede Südtiroler Hausfrau kochen würde: verschiedene **Knödel** und **Schlutzkrapfen**, gefüllte Teigtaschen, die man überall bekommt, die bei Flora aber besonders gut schmecken. Dann geht es weiter mit **Schweinebraten**, Wild und Polenta oder einigen hausgemachten Süßspeisen. Flora möchte, daß sich ihre Gäste wie zu Hause fühlen und zu den bodenständigen Speisen einen ausgezeichneten Wein trinken können. Daß Flora sich beim Wein auskennt, zeigen ihre hervorragenden Crus aus dem Trentino und aus Südtirol oder ihre großen Weine aus Piemont, der Toskana und Frankreich. Die Preise stehen in einem angemessenen Verhältnis zur Qualität.

Brunico-Bruneck

50 km von Bozen, S.S. 49

Oberraut
Restaurant
Ortsteil Amato/Amaten, 1
Tel. 04 74 / 8 54 93
Ruhetag: Donnerstag
Betriebsferien: Januar
40 Plätze
Preise: 30 000 Lire, ohne Wein
Keine Kreditkarten
Reservierung: nicht notwendig

In diesem typischen Gasthof oberhalb von Bruneck kann man sich wohl fühlen. Das Panorama und die kulinarischen Spezialitäten des Pustertals werden jeden begeistern: Man ißt natürlich Tiroler **Speck**, Schlutzkrapfen, aber auch Gulasch, Braten mit Kartoffeln, **Rindskopf** in Essig sowie die traditionellen Südtiroler Süßspeisen (vor allem Strudel und Obstkuchen). Daneben gibt es Desserts mit Erdbeeren, weißer Schokolade und andere Köstlichkeiten. Inzwischen verzeichnet man in ganz Südtirol wie auch hier ein gutes Angebot an Weinen und Spirituosen. Im Pustertal arbeiten die zuständigen Behörden seit einigen Jahren daran, das Niveau des Fremdenverkehrs entscheidend zu verbessern. Tragender Bestandteil dieser Initiative sind natürlich Gasthöfe wie dieser, die einige schön eingerichtete Zimmer zu günstigen Preisen vermieten.

Castelbello-Ciardes
Kastelbell-Tschars
52 km von Bozen, S. S. 38

Angerguthof

Bauernhof
Strada Vecchia, 1 - Maragno
Tel. 04 73 / 62 40 92
Kein Ruhetag
Betriebsferien: Dezember bis Mai
40 Plätze
Preise: 25 000 Lire
Keine Kreditkarten
Reservierung: nicht notwendig

Kehren Sie nach einer Wanderung im »Angerguthof« ein. Von hier haben Sie einen schönen Blick auf die Burgen unten im Tal. Teodor Mitterer bewirtschaftet den Hof und keltert den Wein, den er in den Weingärten um den Bauernhof anbaut, selbst. Da gibt es einen recht herben Rotwein und einen Müller-Thurgau sowie den sehr seltenen Kerner, der aus einer Kreuzung von Schiava- und Rieslingtrauben hervorgegangen ist. Natürlich kommen auch die anderen Erzeugnisse aus der Landwirtschaft auf den Tisch: z.B. der perfekt abgehangene **Speck** von selbstgemästeten Schweinen. Im Herbst bekommen Sie herrlich duftende Äpfel. Wenn Schweinefleisch das **Kraut** schmackhafter macht, dann unterstreichen auch die hausgemachten Süßspeisen die Gastfreundschaft, die auf den Bauernhöfen heilig ist. Essen Sie abschließend die köstlichen, noch heißen **Krapfen**, die hier mit Maroni oder Marmelade gefüllt werden und nichts mit dem sonst üblichen Industriegebäck gemeinsam haben.

Castelbello-Ciardes
Kastelbell-Tschars
52 km von Bolzano, S. S. 38

Schloßwirt

Bauernhof
Ortsteil Juval
Tel. 04 73 / 8 82 38
Ruhetag: Mittwoch
Betriebsferien: Ende Nov. bis Ostern
50 Plätze
Preise: 25-30 000 Lire
Keine Kreditkarten
Reservierung: empfohlen

Unterhalb des Schlosses Juval, in dem Reinhold Messner residiert, wurde 1989 in einem umgebauten Bauernhof der »Schloßwirt« eröffnet. Das Gebäude stammt aus dem 15. Jahrhundert und wurde aus den Steinen der Burgruine gebaut. Vor ein paar Jahren hat Messner den ganzen Komplex gekauft. Das Lokal ist ca. sechs Monate im Jahr bewirtschaftet. In der übrigen Zeit kümmert man sich um die Weinlese, die Obst- und Getreideernte oder ums Schlachten des Mastviehs. Hier serviert man typisch Südtiroler Küche mit **Knödeln**, **Kasnocken**, Kaninchen und Lammfleisch. Die Köchin verleiht den Gerichten meist noch eine feine italienische oder französische Note. Reinhold Messner hat von seinen Expeditionen nach Tibet ein besonderes Gerät mitgebracht, in dem »Momo«, d.h. mit Fleisch und Gemüse gefüllte Teigtäschchen gedämpft werden können. Hier ißt man auch Yakbraten. Die Tiere hat ebenfalls Messner mitgebracht; sie werden nun auf Hochalmen am Ortlermassiv gezüchtet. Als Dessert reicht man Kuchen oder Obsttorten. Ehrliche und typische Weine aus der Gegend werden im Hause abgefüllt. Hier kann man auch eine richtige Südtiroler Brotzeit bekommen: Wurstwaren, eingelegtes Gemüse, Käse und Obstkuchen. Das Verhältnis von Preis und Qualität fällt sehr günstig aus.

Cortaccia-Kurtatsch

28 km von Bozen, S. S. 12 in Richtung Trento

Schloß Turmhof

Osteria
Ortsteil Niclara-Entiklar
Tel. 04 71 / 88 01 22
Ruhetag: Sonntag
Betriebsferien: Januar
100 Plätze
Preise: 25 000 Lire, ohne Wein
Kreditkarten: alle
Reservierung: nicht notwendig

Das Schloß an der Südtiroler Weinstraße wurde im vorigen Jahrhundert in einem recht eigenwilligen Stil erbaut. Die Lüftlmalereien mit ihren Motiven aus der Bibel und germanischen sowie griechisch-römischen Heldensagen sind liebenswert kitschig. Das Essen ist einfach. Zahlreiche deutsche Touristen kommen hierher und probieren in rauhen Mengen den Wein des Hauses und essen dazu ein paar kalte Kleinigkeiten. Das Lokal gehört der Kellerei Tiefenbrunner, die in Südtirol sehr bekannt ist. Noch in 1000 m Höhe wird hier Müller-Thurgau angebaut. Der Wein aus diesen Reben ist nach einem »Feldmarschall« aus dem kaiserlichen Heer benannt. Probieren Sie also unbedingt die Weine aus dem Hause Tiefenbrunner. Es gibt auch einige Verschnitte aus Pinot nero, Cabernet und Lagrein, über deren Qualität man allerdings streiten kann. Ausgezeichnet ist der Schiava, der hier Kalterersee Doc heißt. Essen Sie zum Wein Käse, **Speck**, eingelegte Gemüse und **Schüttelbrot**.

Gais

79 km von Bozen, S. S. 621 von Bruneck

Huber

Trattoria
Riomolino-Mühlbach
Tel. 04 74 / 5 41 20
Ruhetag: Donnerstag
Betriebsferien: unterschiedlich
50 Plätze
Preise: 15-25 000 Lire, ohne Wein
Keine Kreditkarten
Reservierung: notwendig

Den »Gasthof Huber« zu finden ist wahrlich nicht einfach. Sie müssen schon mehrmals nach dem Weg in die Val Aurina fragen. Die Landschaft inmitten des Naturparks ist überwältigend schön. Auch von der Trattoria werden Sie begeistert sein. Karl Wolfsgruber bewirtschaftet einen Bauernhof aus dem 15. Jahrhundert. Er bietet in seinem Lokal die Erzeugnisse aus seiner Landwirtschaft an. Von einer Alm kommen Milch und Käse; dort wird auch geschlachtet; das ausgezeichnete Fleisch wird Ihnen als Braten serviert. Sogar das Brot wird auf dem Hof gebacken. Das Speisenangebot ist naturgemäß schlicht: Gnocchi, **Speckknödel**, **Gulasch** und manchmal Wildgerichte mit Pilzen. Als Dessert reicht man Ihnen einen köstlichen **Kaiserschmarrn mit Heidelbeerkompott**. Auf Vorbestellung bekommen Sie die Spezialität des Hauses: ein im ganzen gebratenes **Spanferkel**. Dies ist einmal mehr der Beweis für beste Südtiroler Küche. Hinzu kommt, daß Herr Karl stets um die Auswahl besonders guter und natürlicher Grundstoffe bemüht ist. Hier ist eben alles noch echt und nicht verkitscht – auch der Wein!

Lagundo-Algund

33 km von Bozen, 4 km von Meran

Leiter am Waal

Trattoria
Plars di Mezzo, 26
Tel. 04 73 / 4 87 16
Ruhetag: Mo. abend und Dienstag
Betriebsferien: Januar
45 Plätze + 45 im Freien
Preise: 35 000 Lire
Keine Kreditkarten
Reservierung: nicht notwendig

In dieser Ortschaft in der Nähe von Meran liegt eine der bedeutendsten Brauereien Italiens. Um so verwunderlicher ist es, daß Sie in diesem Familienlokal kaum Bier bekommen werden. Aber Ernst Hafner ist eben ein großer Weinliebhaber und serviert seinen Gästen nur den gepflegten eigenen Wein. Der Wirt, seine Kinder und seine Frau Christine wollen hier nur ganz echte Meraner Küche anbieten. Mit diesem Ziel ist auch das Hotel umgebaut worden; die Stuben hat man im alten Stil eingerichtet. Salami und Schinken sind von selbstgemästeten Schweinen. Den **Schinken** können Sie auch warm und mit Kartoffeln essen. Für seinen verschiedenen Knödelsorten ist das Lokal berühmt. Sie bekommen Käse- und Speckknödel, Mascarpone- und Buchweizenknödel, Leberknödel und die süßen Zwetschgen- oder Aprikosenknödel. Zur entsprechenden Jahreszeit serviert man Ihnen auch Pilzgerichte, **Schmorbraten** oder **Zwiebelbraten**. Die Süßspeisen sind selbstverständlich alle hausgemacht. Probieren Sie den Kuchen aus Buchweizenmehl, Schokoladentorte oder **Apfelstrudel**. Der Wein wird aus Pinot bianco und aus Schiava-Trauben gekeltert. Er schmeckt so gut, daß sogar eingeschworene Biertrinker hier dem Wein den Vorzug geben.

Marebbe-Enneberg

84 km von Bozen, 18 km von Bruneck

Munt de Sennes

Berghütte
Ortsteil San Vigilio
Tel. 04 74 / 5 10 92
Kein Ruhetag
Betriebsferien: Oktober bis April
100 Plätze
Preise: 18 000 Lire, ohne Wein
Keine Kreditkarten
Reservierung: nicht notwendig

In die Berge geht man zum Wandern. Warum sollte man bei dieser Gelegenheit nicht nachprüfen wollen, was man den Bergsteigern in großen Höhen vorsetzt? Die Berghütte liegt 2126 m hoch; und hier bekommt man tatsächlich mehr als nur etwas Warmes zu essen. Hier gibt es dampfende **Polenta**, **Pfannkuchen**, **Schweinshaxen** und Gulasch. Wir befinden uns hier im Ladinischen; eine Spezialität der Gegend sind »Krafuns«, eine Art **Krapfen**, die mit Tomaten, Bratensauce oder auch süßen Cremes gefüllt werden. Es ist sicher eine rühmliche Ausnahme, daß auf dieser Hütte so traditionelle Gerichte aus der Gegend serviert werden. Der Wein ist nicht gerade hervorragend, läßt sich aber ganz gut trinken. Der Hüttenwirt sucht den Wein in Genossenschaftskellereien im Tal aus und transportiert ihn dann selbst hier herauf.

Merano-Meran

28 km von Bozen, S. S. 38

Dolomiten Parthanes

Trattoria
Via Haller, 4
Tel. 04 73 / 3 63 77
Ruhetag: Mittwoch
Betriebsferien: Januar und Juni
100 Plätze + 60 im Freien
Preise: 15 000 Lire, ohne Wein
Keine Kreditkarten
Reservierung: nicht notwendig

Die Bauern aus dem Passeiertal kehren immer in diesem traditionsreichen Gasthof ein, wenn sie nach Meran kommen. Zu den Gästen gehören aber auch Jugendliche, die gerade die Schule schwänzen, und ein paar Touristen, die echte Südtiroler Atmosphäre schnuppern möchten. Franz Prousch kümmert sich um all seine Gäste im großen Speisesaal, in den beiden Stuben oder im Freien. Das ganze Jahr über ißt man hier einen **Bauernschmaus**. Er besteht hier aus einem Stück Kaiserfleisch, Bauchspeck, Würsteln, einem Knödel und Sauerkraut. Sie können natürlich auch variieren und sich von dieser Riesenportion nur Knödel und Wurst bestellen. Das Gasthaus ist auch für die offen, die nur ein Glas Wein trinken wollen. Der Wein kommt aus der Genossenschaftskellerei Marlengo und heißt »Küchelberg«. Auf diesem Weinberg wird nämlich die Meraner Traubensorte Schiava angebaut. Wenn es in Meran noch einen ursprünglichen Gasthof gibt, dann ist es sicher der »Parthanes«. Früher war hier eine Zollstation mit Stallungen und Gästezimmern. Dort übernachteten die Herren und Knechte, bevor sie in die Stadt und auf den Markt zogen.

Montagna-Montan

24 km von Bozen, S. S. 48

Dorfnerhof

Osteria
Casignano-Gschnon, 5
Tel. 04 71 / 81 97 98
Ruhetag: Montag
Betriebsferien: 8 Tage im Juni
25 Plätze
Preise: 15 000 Lire, ohne Wein
Keine Kreditkarten
Reservierung: nicht notwendig

Der Dorfnerhof liegt inmitten eines herrlichen Kiefernwaldes und ist deshalb nicht leicht zu finden. Hier können Sie noch das echte Südtirol erleben. Die Familie Vescoli empfängt ihre Gäste so herzlich wie liebe Verwandte und führt sie in ihren wunderschönen alten Gasthof. Die Küche ist sehr schlicht und typisch. Sie bekommen hier **Knödel** und **Gulasch**, wie Sie es nur in Südtirol essen können: das Rindfleisch ist butterzart und mit der richtigen Schärfe abgeschmeckt. Die Beilagen, Bratkartoffeln mit Speck und Eiern, sind ebenfalls gut. Die Süßspeisen, vor allem der **Apfelstrudel**, sind ausgezeichnet. Der »Dorfnerhof« ist einen Besuch wert, denn nach dem Essen können Sie schöne Wanderungen in den umliegenden Wäldern unternehmen oder Eisstockschießen. In diesem kleinen Bergdorf, das nur aus ein paar Häusern und drei Gasthöfen besteht, finden Sie schnell Anschluß.

Perca-Percha

80 km von Bozen, S. S. 49

Ameto-Amaten

Trattoria
Via Ameto, 3
Tel. 04 74 / 8 57 65
Ruhetag: Dienstag
Keine Betriebsferien
100 Plätze
Preise: 20 000 Lire, ohne Wein
Kreditkarten: Eurocard
Reservierung: nicht notwendig

In diesem alten Gasthof können Sie ein Festtagsessen oder ein einfaches Gericht bekommen. Der Unterschied besteht hauptsächlich im Fleisch. Alle Tage bekommen Sie **Gulasch**, an Sonn- und Feiertagen Wild. Der Preisunterschied ist verschwindend gering, denn auch für das traditionelle **Reh** oder den **Hirsch** mit Beilagen bezahlen Sie nicht mehr als 20 000 Lire. Eduard Wolfgruber serviert Ihnen das Wild so, wie es die Tradition verlangt; mehr noch, der Wirt ist stolz darauf, auch heute noch einen Gasthof zu führen, der sich in seinem Angebot nach den Jahreszeiten und nach den Wochentagen richtet. **Rehbraten** und **Hase** sind die Spezialitäten des Hauses. Dazu können Sie Roggenbrot und Käse aus dem Pustertal (z.B. Tielser) und eine ganze Reihe gut abgehangener Wurstwaren essen. Die Weinkarte nennt alle größeren Kellereien Südtirols und einige gute Weine aus Friaul. Die Preise dafür sind sicher angemessen. Zwischen Festtagswein und »normalem« Wein ist jedenfalls kein Unterschied festzustellen.

Prato allo Stelvio
Prad am Stilfserjoch

80 km von Bozen, S. S. 38

Cavallino bianco
Weißes Rößl

Osteria
Via Mercato, 8 – Montechiaro
Kein Telefon
Ruhetag: Mittwoch
Betriebsferien: unterschiedlich
20 Plätze
Preise: 15 000 Lire
Keine Kreditkarten
Reservierung: nicht notwendig

Wer eine Reise in die Vergangenheit machen möchte, wer wissen möchte, wie man in dem mittelalterlichen Städtchen Glurns mit seinen dicken Mauern und seinen wunderschönen Laubengängen gelebt hat, der muß im »Weißen Rößl« einkehren. Der Gasthof existiert bereits seit 1376 und hat sich bis heute kaum verändert. Der Wirt, Franz Tschenett, will nicht einmal ein Telefon, denn alles soll so bleiben, wie es immer war. Sie können hier ausschließlich kalt essen und dazu Weine vom Kalterer See trinken. Sie brauchen hier auch nicht mehr, denn der Gasthof wirkt von allein. Alles hier ist so echt, daß die deutsche Regisseurin Karin Brandauer ihren preisgekrönten Film »Die verkaufte Heimat« dort gedreht hat. Das »Weiße Rößl« steht gleichsam als Symbol für das alte Südtirol, das heute einem ständigen Wandel unterworfen ist. Man muß Franz ermutigen weiterzumachen. Denn er verteidigt schließlich zusammen mit seiner Frau und seinem Sohn eine Welt, die am Aussterben ist. Sie helfen uns, die geschichtlichen Wurzeln dieser Täler und ganz Südtirols besser zu verstehen.

Renon-Ritten

15 km nordöstl. von Bozen

Buschenschrank Baumannhof
Bauernhof
Costa di Sor sopra, 6 – Signato
Tel. 04 71 / 96 62 06
Ruhetag: Montag
Betriebsferien: Juli und August
30 Plätze
Preise: 20 000 Lire
Keine Kreditkarten
Reservierung: nicht notwendig

Die Bauernhöfe auf den Bergen der Provinz Bozen sind von unten leicht zu erkennen. Um so schwieriger ist es dann aber, auch wirklich dorthinauf zu gelangen. Das gilt auch für den klassischen »Baumannhof«. Mali Höller ist eine sehr sympathische Frau. Sie schafft es trotz ihrer vielen Kinder, alles zu kochen, was die klassischen Rezeptbücher für Südtirol vorschreiben. Dazu verwendet sie nur Grundstoffe aus der eigenen Landwirtschaft. Die **Schlutzkrapfen** werden mit Spinat gefüllt und mit reichlich zerlassener Butter und frischem Salbei serviert. Die Gnocchi sind mit frisch gepflückten Wiesenkräutern zubereitet. Die Schweine dürfen hier im Freien weiden, damit ihr Fleisch kräftig im Geschmack wird. Ansonsten ißt man hier Würste, **Speckknödel** und **Speck**, der hier kunstgerecht serviert wird: eine etwa fingerdicke Speckscheibe wird in kleine Streifen geschnitten. Die sind so zart, daß sie fast auf der Zunge zergehen. Hier oben wird natürlich auch der Wein selbstgemacht. Man keltert nur Rotwein. Im Herbst, wenn der Most gärt, findet das traditionelle »Törggelen« statt.

Renon-Ritten

15 km nordöstl. von Bozen

Kematen
Trattoria
Via Caminata, 29 – Klobenstein
Tel. 04 71 / 5 61 48
Ruhetag: Montag
Betriebsferien: November bis April
150 Plätze, weitere im Freien
Preise: 30 000 Lire, ohne Wein
Keine Kreditkarten
Reservierung: nicht notwendig

Man braucht fast eine Stunde mit dem Auto bis zur »Kematen«, doch die Fahrt lohnt sich. Man könnte meinen, in einem Freilichtmuseum gelandet zu sein. In einem Viehstall ist heute das alte landwirtschaftliche Gerät ausgestellt. Der Begriff »rustikal« ist eigentlich zu wenig für dieses Lokal. Probieren Sie doch einfach mal die **Schlutzkrapfen** mit Spinat- und Quarkfüllung. Sie könnten in jedem teuren Restaurant bestehen. Die Gerichte sind alle sehr typisch für Südtirol. Dazu gehören mit Sicherheit auch die Pfannkuchen und der Apfelstrudel. Nach einer schönen Wanderung auf der Hochebene schmeckt der erst richtig! Wenn nicht allzu viele Touristen hier einfallen, können Sie die Echtheit des Hofs, die stille Atmosphäre an dem kleinen See und das beeindruckende Dolomitenpanorama wahrlich genießen.

Renon-Ritten

15 km nordöstl. von Bozen

Loosmannhof

Bauernhof
Ortsteil Signat, 177
Tel. 04 71 / 96 62 37
Kein Ruhetag
Betriebsferien: Mitte Mai–Mitte Sept.
30 Plätze
Preise: 25 000 Lire
Keine Kreditkarten
Reservierung: nicht notwendig

Als 1810 Südtirol ans Trentino fiel und damit Teil des Habsburgerreiches wurde, erlebte die traditionelle Küche dieser Gegend eine einschneidende Veränderung: Es wurde Lebensmittelautarkie verlangt. Im Trentino starben so z.B. einige Gerichte mit Hartweizengrieß aus, denn man durfte nur noch Weichweizen aus Ungarn verwenden. Auf den Bergbauernhöfen war von dieser neuen Verordnung weniger zu spüren, denn man ernährte sich nach wie vor von dem, was auf dem Hof erwirtschaftet wurde. Es ist gar nicht so einfach, bis zu einem dieser Bauernhöfe zu gelangen. Wer es einmal geschafft hat, der versteht, was mit dem Begriff »geschlossener Hof« gemeint ist. Der »Loosmannhof« ist nur dann für Gäste geöffnet, wenn es die Feldarbeit zuläßt. Die Küche ist so echt, wie die Bauersfamilie selbst. Barbara Pircher kocht nur mit Zutaten vom eigenen Hof. Probieren Sie die **Schlachtplatte** mit Würsten, Schweinefleisch, Sauerkraut und Kartoffeln. Oder lassen Sie sich eine Brotzeit mit **Speck**, Essiggurken und selbstgemachtem Käse bringen. Essen Sie dazu selbstgebackenes Brot und selbstgemachten Wein. Die Schiava-Trauben aus diesen hochgelegenen Weingärten sind herb und säuerlich und geradezu ideal für eine deftige Brotzeit. Genießen Sie dabei den Blick auf den Rosengarten und den unbeschreiblich schönen Sonnenuntergang oder, wie man hier dazu sagt, das Alpenglühen. Prosit!

Renon-Ritten

15 km nordöstl. von Bozen

Patscheiderhof

Bauernhof
Ortsteil Signat
Tel. 04 71 / 96 62 67
Ruhetag: Dienstag
Betriebsferien: 14 Tage an Ostern, Juli
30 Plätze
Preise: 30 000 Lire
Keine Kreditkarten
Reservierung: notwendig

Der Hof liegt hoch über Bozen und ist Ziel der Touristen, die vor allem Qualität verlangen. Zu oft ist leider das Speisenangebot in den typischen Südtiroler Gasthäusern enttäuschend. Hingeschluderte Gerichte, Quantität anstatt Qualität, wenig Geschmack, fast untrinkbare Weine. Dieser wunderschöne Bauernhof ist allerdings der Beweis dafür, daß man immer richtig liegt, wenn man sich an die Tradition hält. Alois Rottensteiner hat den Familienbetrieb geerbt. Aber er hat sich nicht auf seinem Hof eingeschlossen. Er besucht Köche, die gerne etwas Neues kreieren, experimentieren oder revolutionäre Rezepte zusammenstellen. Alois bildet sich weiter, um die Qualität und den Ruf seines Bauernhofs ständig zu steigern. Und das gelingt ihm auch: Das Ambiente ist noch genauso wie früher; die Wurstwaren sind einfach wohlschmeckend. Es gibt luftgetrockneten **Speck** und geräucherten Schinken, zu dem man Brot und Meerrettich ißt. Als Primo bekommt man verschiedene **Gnocchi** und danach **Schweinefleisch**. Und dann erst die Kuchen mit Buchweizen oder mit Mohn! Zu Ostern sollten Sie das traditionelle **Osterbrot** versuchen. Der Hauswein ist herb und säuerlich. Der Schiava wird in den Bergen angebaut und nach einfacher Tradition gekeltert. Er hat nicht viel mit dem Schiava di Santa Maddalena gemeinsam, der weiter unten im Tal erzeugt wird. Aber es gibt Gründe genug, mit diesem einfachen Schiava zufrieden zu sein.

Rifiano-Riffian

33 km nordwestl. von Bozen

Oberwirtshof

Bauernhof
Ortsteil Centro, 35
Tel. 04 73 / 4 10 11
Ruhetag: Donnerstag
Keine Betriebsferien
40 Plätze
Preise: 15 000 Lire
Keine Kreditkarten
Reservierung: nicht notwendig

Im Gebiet um Meran ist immer Saison. Das Klima, die Landschaft, die unzähligen Gasthäuser haben die Gegend zu einer wichtigen Kur- und Fremdenverkehrsregion für die vornehmlich deutschen Urlauber werden lassen. So sind die vielen Bergbauernhöfe immer gut besucht. Nur selten jedoch bekommt man echte Südtiroler Spezialitäten zu essen. Der »Oberwirtshof« ist recht gemütlich. Hier ißt man hauptsächlich kalt. **Speck**, Käse und Brot sind stets frisch und duften herrlich. Der einfache Meraner Wein kommt direkt aus den Fässern, die im hauseigenen Weinkeller lagern. Der Wein wird aus den Schiava-Trauben der umliegenden Weingärten gekeltert, schmeckt säuerlich und läßt sich ganz gut trinken. Auf Vorbestellung macht Ihnen Carla Lainer auch warme Südtiroler Spezialitäten wie die typischen **Speckknödel** und im Winter **Sauerkraut** mit Kümmel. Dazu gibt es Schweinswürstel. Oder Sie essen **Gerstensuppe**, **Geräuchertes**, hausgemachte **Krapfen**. Probieren Sie den natürlichen Johannisbeersaft und die selbstgebrannte Grappa.

San Leonardo in Passiria
Sankt Leonhard in Passeier

49 km von Bozen, S. S. 44

Jägerhof

Restaurant
Via Passo del Giovo, 80 – Walten
Tel. 04 73 / 8 62 50
Ruhetag: Montag
Betriebsferien: November bis Weihn.
80 Plätze
Preise: 25 000 Lire, ohne Wein
Keine Kreditkarten
Reservierung: nicht notwendig

Im Winter ist das Passeiertal die reinste Postkartenlandschaft. Aus diesem Tal stammt der Südtiroler Freiheitskämpfer Andreas Hofer. Der Fremdenverkehr hat hier noch nicht alle Bräuche und Gepflogenheiten zur Pseudo-Folklore verkommen lassen. Auf dem Weg zum Jaufenpaß kehrt man bei der Familie Auchscheller ein, ißt Spezialitäten aus Südtirol und trinkt dazu guten Wein. Der junge Koch Siegfried, Sohn des Gastwirts, bereitet seine Gerichte aus Erzeugnissen des Passeiertals zu: **Omelette** mit Spinat, **Rehbraten** und andere Wildgerichte. Vor allem aber gibt es **Forellen**, die nach einem Familienrezept mit Speck, Zwiebeln und Gewürzen gegart werden. Die Fische werden im hauseigenen Weiher gezüchtet. Wenn Sie keine vollständige Mahlzeit zu sich nehmen wollen, bestellen Sie sich am besten eine Brotzeit. Trinken Sie dazu Wein, denn die Auswahl des Hauses ist bemerkenswert groß.

SÜDTIROL **129**

San Leonardo in Passiria
Sankt Leonhard in Passeier
49 km von Bozen, S. S. 44

Sandwirt

Trattoria
Via Passiria, 72
Tel. 04 73 / 8 61 43
Ruhetag: Dienstag
Betriebsferien: November bis Ostern
100 Plätze + 50
Preise: 15 000 Lire, ohne Wein
Keine Kreditkarten
Reservierung: nicht notwendig

In diesem großen Gasthof wurde der Südtiroler Nationalheld Andreas Hofer geboren. Er führte die Kämpfe um die Unabhängigkeit seiner Heimat von Österreich und Italien an und wurde in Mantua erschossen. Im »Sandwirt« kehren aber nicht nur ausgesprochene Südtiroler Patrioten ein. Es kommen auch Leute, die einfach ein paar angenehme Stunden an einem so geschichtsträchtigen Ort verbringen möchten. Der »Sandwirt« ist sehr groß; man findet dort alles, was mit der (gastronomischen) Tradition zu tun hat: **Wurstwaren** aus Südtirol, die fast obligatorische »Andreas-Hofer-Platte«, **Wild**, **Bergkäse** und stets frischen **Apfelstrudel**. Die Familie Pachmann hat den Gasthof zur Zeit gepachtet. Sie bemüht sich nach Kräften, alle »Pilger« zufriedenzustellen. Entsprechend groß ist die Speisekarte. Auch die ordentliche Weinkarte mit anständigen Preisen verdient Erwähnung.

San Martino in Passiria
Sankt Martin in Passeier
44 km von Bozen, S. S. 44

Muchen-Bauer

Bauernhof
Ortsteil Cresta, 5
Tel. 04 73 / 8 62 46
Ruhetag: Freitag
Betriebsferien: Oktober bis April
20 Plätze
Preise: 15 000 Lire, ohne Wein
Keine Kreditkarten
Reservierung: nicht notwendig

Das Passeiertal ist eines der malerischsten Täler Südtirols. Es gibt keine Ortschaft, in der nicht ein einladender Gasthof stünde. Dort trinken die Bauern ihren Wein, die (meist deutschen) Urlauber essen ihre deftige Brotzeit. Im Herbst kommt man zum Törggelen. Da trinkt man dann Most und ißt Maroni dazu. Im Sommer werden viele Wurstwaren, **Speck** und traditionelle Bauerngerichte serviert. So hält man es auch auf diesem typischen Bergbauernhof. Hier ißt man Rühreier mit Speck oder Palatschinken mit hausgemachter Marmelade. Eine besondere Spezialität ist der **Schmarren**, der hier aus Buchweizenmehl gemacht und mit Preiselbeermarmelade serviert wird. Beim Wein macht man keine großen Umstände. Man reicht hauptsächlich den Meraner Schiava. Die Preise fallen bei den riesigen Portionen recht günstig aus.

Sesto-Sexten

113 km von Bozen, S. S. 52

Weinstube zum Hans

Trattoria
Angerweg 1
Tel. 04 74 / 7 03 57
Ruhetag: Sonntag
Betriebsferien: Okt. bis Dez.
40 Plätze
Preise: 12-25 000 Lire, ohne Wein
Keine Kreditkarten
Reservierung: notwendig

Angefangen hat es damit, daß zwei Leute ein Lokal mit echten alten Tiroler Stuben umgebaut haben. So haben Hans und Clara Pfeifhofer ihre sympathische Weinstube eingerichtet. Das Lokal ist ab Nachmittag geöffnet. Zu dieser Tageszeit kommen hauptsächlich Touristen, die eine Brotzeit mit ausgezeichnetem Speck essen wollen. Abends gibt es dann die eigentlichen Spezialitäten. Dazu gehören natürlich **Speckknödel** und **Herrengröstl**. Zur entsprechenden Jahreszeit serviert man **Reis mit Pfifferlingen**. Das ganze Jahr über gibt es Pustertaler **Kasnocken**, **Gerstensuppe** und **Schweinshaxen**. Hans ist ein wahrer Fachmann, wenn es um Pilzgerichte geht. Außerdem besitzt er eine feine Nase für den richtigen Speck. Wissen Sie überhaupt, wie diese berühmte Spezialität hergestellt wird? Die Lebensmittelindustrie beschleunigt heutzutage oft den Reifeprozeß durch Trockenöfen, die allerdings den natürlichen Geschmack des Specks beeinflussen. Früher mästete man die Schweine, die den Speck liefern sollten, nur mit Gras, Kartoffeln und Molkereiabfällen. Die Schweine weideten im Freien; sie stellten schließlich die Lebensgrundlage für eine ganze Familie dar. Nach der Schlachtung wurden die besten Teile zerlegt, mindestens eine Woche in Salz und Gewürze eingelegt und anschließend im Rauchfang geräuchert. Auch heute noch wird der echte Speck in etwa so hergestellt. Heute wird er mit Wacholder und anderen Gewürzen in speziellen Kaminen geräuchert und dann zum Trocknen ins Hochgebirge gebracht – dorthin, wo vorher die Schweine geweidet haben.

Silandro-Schlanders

62 km von Bozen, S. S. 38

Vogelsang

Trattoria
Vogelsang, 11
Tel. 04 73 / 7 00 84
Ruhetag: Mittwoch
Betriebsferien: im Winter
70 Plätze + 70 im Garten
Preise: 20 000 Lire
Keine Kreditkarten
Reservierung: nicht notwendig

Die Äpfel aus Schlanders sollen die besten in ganz Südtirol sein: Geschmack und Farbe rühren von den starken Schwankungen zwischen Tag- und Nachttemperaturen her. Der schöne Landgasthof wird von der herzlichen Trudi Noggler bewirtschaftet. Sie erzählt Ihnen gerne etwas über die Spezialitäten ihrer Heimat. **Knödel** bekommen Sie in jeder Form; seien es Kasnocken, Speckknödel, Knödel mit Pilzen oder mit brauner Butter. Probieren Sie auch die ausgezeichneten **Schlutzkrapfen**, das eingelegte Fleisch mit Öl, Petersilie und Zwiebeln oder **Rindskopf**. Sie trinken hier venetischen Merlot vom Faß oder Kalterer See. In diesem Tal werden hauptsächlich Äpfel angebaut. Die bringen reichere Erträge und schmecken sicher besser als die sehr säuerlichen Weintrauben.

Valle di Gasies-Gsies

98 km von Bozen,
S. S. 49 in Richtung Dobbiaco

Durnwald

Trattoria
Planca di Sotto – Durnwald, 33
Tel. 04 74 / 7 69 20
Ruhetag: Montag
Betriebsferien: Juni/Juli
50 Plätze
Preise: 20–40 000 Lire, ohne Wein
Keine Kreditkarten
Reservierung: notwendig

Hier ist Italien nicht mehr weit. In dieses wunderschöne Seitental kommen hauptsächlich die Bergfans, denen Cortina zu überzogen und zu modisch ist. In Gsies lebt eine Familie, die sich ganz der Pustertaler Küche verschrieben hat. In ihrem ausgebauten Rustico geben Erich Mayr, seine Frau Barbara und die Eltern Scholastica und Anton ihr bestes. Jeden Tag halten sie eine neue Überraschung für ihre Gäste bereit. Denn neben dem üblichen Angebot an kalten Speisen kann man ein Fünf-Gänge-Menü bestellen. Ambiente, Geschirr und Gläser sind gediegen. Die Spezialitäten des Hauses sind zahlreich: handgemachte **Schlutzkrapfen**, **Tirtlan**, ein Gericht aus Quark und Spinat oder Kraut. Den Ziggerkäse bekommt man nur in dieser Gegend. Er wird mit Schnittlauch serviert. Alle Erzeugnisse kommen aus diesem Gebirgstal. Den **Speck** räuchern die Mayrs sogar selbst. Die Süßspeisen sind ebenfalls hausgemacht. Zum **Apfelstrudel** nimmt man hier Buchweizenmehl. Bei den Weinen findet man edle Südtiroler Sorten und ein paar große Barolos wie z.B. den Monfortino. Was will man mehr?

Villandro-Villanders

7 km von Klausen, S. S. 12, 31 km von Bozen

Steinbock

Gasthof
Via Santo Stefano, 32
Tel. 04 72 / 5 31 11
Ruhetag: Montag
Betriebsferien: Februar
40 Plätze
Preise: 38 000 Lire
Kreditkarten: alle
Reservierung: empfohlen

Eine herrlich restaurierte mittelalterliche Burg beherbergt das »Hotel Steinbock« und das zugehörige Südtiroler Spezialitätenrestaurant. Im Erdgeschoß dieses faszinierenden Gebäudes sitzen meist Bauern aus der Gegend bei einem Glas Wein und einem Teller Speck. Die Einheimischen unterscheiden sehr wohl zwischen Echtem und falscher Folklore, und nicht zuletzt deswegen möchte man den »Steinbock« als einen der schönsten Gasthöfe Südtirols bezeichnen. Die Speisen tun ihr übriges, damit sich auch der Fremde wohl fühlen kann: der **Speck**, für den Villanders berühmt ist, schmeckt ausgezeichnet, dasselbe gilt für die Nudelgerichte, wie z.B. die grünen **Spätzle**, das Gulasch und einige edle Speisen, die Wolfgang Kerschbaumer für sein Restaurant im Obergeschoß zubereitet: Hirsch, Fasan, Lamm und Schwein in verschiedenen Versionen. Eine Besonderheit ist sicher auch das **Brot**: jeden Tag kommen etwa 20 verschiedene Sorten frisch auf den Tisch, denn Wolfgangs Bruder Georg ist einer der bekanntesten Bäcker im ganzen Pustertal. Beide Brüder lassen sich nicht von bloßer Geschäftemacherei leiten; vielmehr sind sie mit großem Engagement bei der Sache und suchen ihr Angebot ständig noch weiter zu verbessern. Das gilt auch für die Getränke. So bietet Wolfgang in seinem Gasthof ausgewählte Südtiroler Weine, Weine aus Österreich und die besten Erzeugnisse Italiens an.

NOTIZEN

Map

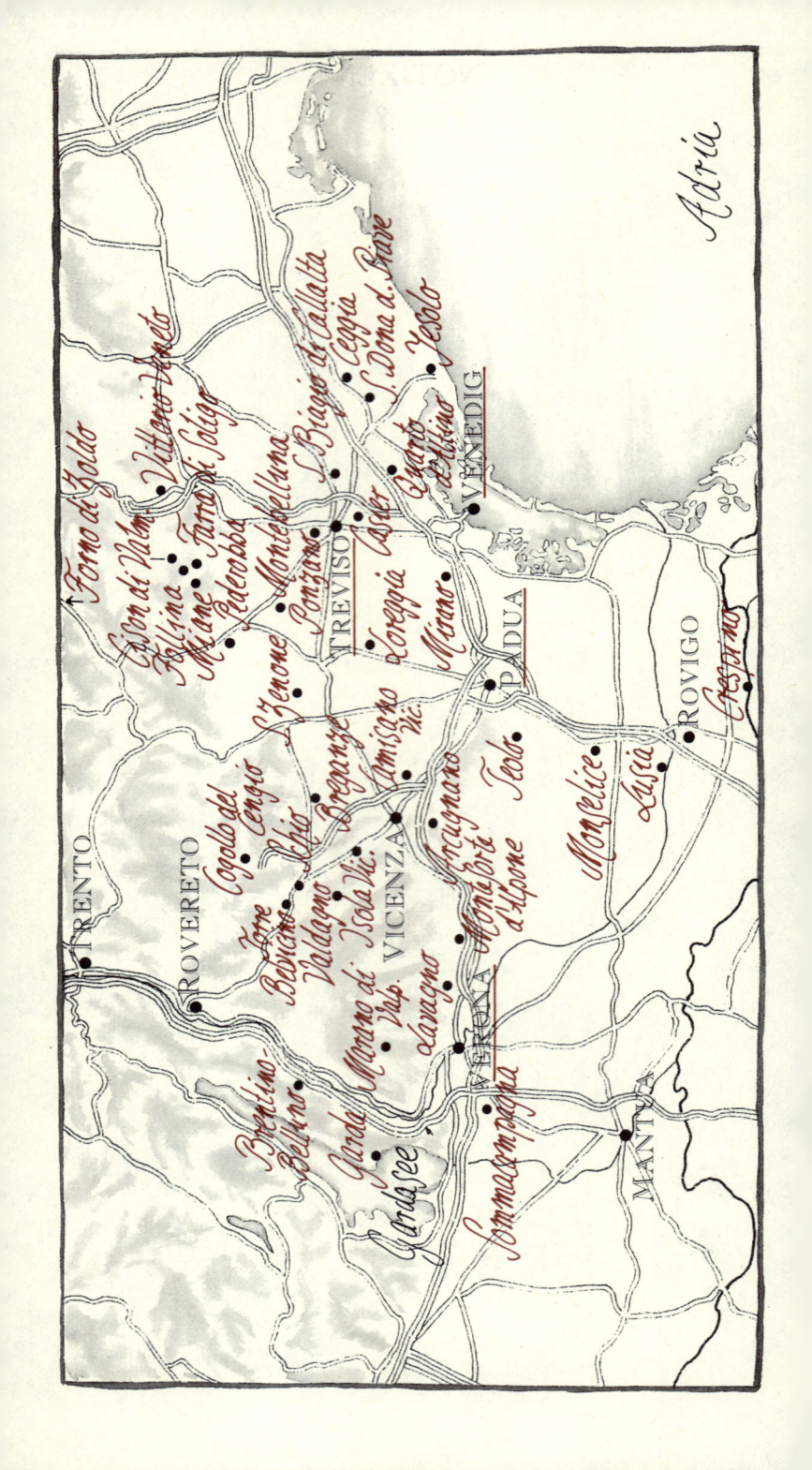

Locations shown on map (northern Italy / Veneto region):

- Trento
- Rovereto
- Forno di Zoldo
- Vittorio Veneto
- Cison di Valm.
- Follina
- Miane
- Farrò di Solig.
- Pederobba
- Montebellana
- Ponzano
- S. Biagio di Callalta
- Ceggia
- S. Donà di Piave
- Jesolo
- Treviso
- Asolo
- S. Zenone
- Loreggia
- Cavarzere (Mirano)
- Quarto d'Altino
- Venedig
- Padua
- Rovigo
- Crespino
- Cogollo del Cengio
- Velo
- Breganze
- Torre Bellvicino
- Valdagno
- Monro di Vulp.
- Isola Vic.
- Mignano Vic.
- Vicenza
- Arcugnano
- Montefort d'Alpone
- Teolo
- Monselice
- Lusia
- Verona
- Lavagno
- Sommacampagna
- Brentino-Belluno
- Garda
- Gardasee
- Mantua

Adria (sea label)

VENETIEN

Um Venetien zu verstehen, muß man bei seiner Landschaft, die von der Natur und von Menschenhand gestaltet wurde, beginnen. Zwischen dem größten italienischen See, dem Gardasee, und Friaul, dem Tor zum Balkan, erstreckt sich eine weite Ebene, die auf einer Seite von lieblichen Hügeln begrenzt wird, hinter denen die Dolomiten aufragen. Sechs große Flüsse fließen wie langgestreckte Finger von den Alpen in die Adria: Po, Etsch, Brenta, Sile, Piave und Livenza. In den Mündungsgebieten der Flüsse, wo sich Süß- und Salzwasser mischen, sind Lagunen mit großen und kleinen Inseln entstanden.

Im Laufe von Jahrhunderten haben die dortigen Völker und Kulturen aus dieser bunten Landschaft ihren eigenen Mikrokosmos geschaffen. Viele Generationen haben ihn geformt, Wertvorstellungen entwickelt, die letzlich aus ihren mühevollen Erfahrungen hervorgegangen sind. Unsichtbare symbolische Fäden halten die gemeinsame Geschichte zusammen und geben dem Leben des einzelnen erst einen Sinn. Die materielle Kultur dagegen zeigt, daß Taten und Bedeutungen, Gesten und Erwartungen, Arbeit und Gesellschaft unlösbar miteinander verbunden sind. In soviel Gemeinsamkeit und doch Verschiedenheit liegt der Reichtum unserer Tradition begründet: in einer Kultur, die hervorgegangen ist aus den ständigen Gegensätzen zwischen adeliger Vornehmheit und bäuerlicher Einfalt, zwischen dem Leben auf dem Festland und der Seeluft, zwischen stolzer Erdverbundenheit und Aufgeschlossenheit gegenüber dem Fremden. Jedes einzelne Element der geistigen und materiellen Kultur der Veneter zeugt von diesem lebendigen Austausch zwischen Heimatgefühl und Weltoffenheit: die Sprache, die sozialen Beziehungen, die Architektur, der Tatendrang, die kulinarischen Errungenschaften.

Der Gemeinschaftssinn der Veneter hat sich immer schon an Orten der Geselligkeit genährt: seien es nun Messen oder Märkte, seien es Ställe in langen Winternächten oder Feste zu Ehren eines Schutzheiligen. Dieses Gesellschaftsleben im großen kennt auch seine Entsprechung im kleinen und alltäglichen: die Osteria.

Osterien gibt es in jeder menschlichen Ansiedlung, ob sie nun aus ein paar Häusern besteht, die sich im Hinterland neben einem Kirchturm ducken, oder aus den tausend Gäßchen und Plätzen in der Stadt, die einst über mehr als ein Viertel des Römischen Reiches herrschte. Die Osteria ist ein Ort reger Geselligkeit. Sie hat sich im Alltagsleben der Leute einen wichtigen Platz erobert. Wer die Geschichte im kleinen studieren will, der muß unbedingt eine Osteria aufsuchen. Sie kann sich vielleicht hinter Bezeichnungen wie den folgenden verbergen: »Osteria con cucina«, »Vino birra e coloniali«, »Al Bàcaro«, »Vini da Mario« oder »Da Bepi Pacara«, »Da Toni forchetò« und »Da Siora Alba«. Hinter diesen Mauern, im Dunst von Tabak und Wein, wird Lokalpolitik betrieben, werden aus dem Stegreif Wahlreden gehalten, wird stundenlang gespielt, kommt Sportbegeisterung auf. Hier ißt man Kutteln, »Folpeti« mit Reis oder »Bovoéti« (kleine Schnecken mit Knoblauch), hier schließt man gute und weniger gute Geschäfte ab, hier wird man von hartnäckigen und unheimlichen Geschäftemachern in die Enge getrieben. Bei einem Liter Rot- oder Weißwein sind schon ganze Genossenschaften gegründet worden, wird Jäger- und Anglerlatein erzählt. Laute Diskussionen im Dialekt der Gegend und das rhythmische Aufklatschen der Spielkarten auf Tischplatten bilden die Geräuschkulisse dazu. Mundartdichter wie Berto Barbarani haben die »armen Schlucker« beschrieben, die nach Amerika auswandern mußten und in ohnmächtiger Wut in der Osteria ihren Abschied von Italien feierten.

Im Laufe der Jahre haben die Osterie in den Dörfern, die schließlich das Rückgrat des vielgestaltigen Venetien bilden, einige Wunden davongetragen. Sie sind weniger geworden. Vor allem aber wurde ihre Einrichtung viel zu oft geradezu vergewaltigt: anstatt mit den Jahren nachgedunkeltes Holz, sieht man jetzt künstliches Kristall und gräßlich glänzenden Kunststoff. Das paßt letztendlich auch zur neuen Mittelmäßigkeit. Andere Osterie wieder haben »den großen Umbau« überlebt, wieder andere sind neu entstanden. Sogar in Übersee. Die Nachfahren venetischer Auswanderer haben 1990 in Australien die alte »Osteria Antoniolli« dort wieder eröffnet, wo ursprünglich die erste italienische Siedlung gestanden hatte. Es werden gute australische Weine ausgeschenkt; dazu reicht man das Gericht des Dogen. Am 25. April, dem Tag des Stadtpatron San Marco, veranstaltete der Doge ein großes Festessen, bei dem es traditionsgemäß »Risi e bisi« gab. Auf der zweisprachigen Speisekarte steht dann »Risi e bisi« bzw. »Rice cooked with peas and cheese«.

Auch mit der aufkommenden Industrialisierung war die Osteria in Venetien stets Treffpunkt aller sozialen Schichten. Arbeiter und Firmeninhaber, Handwerker und Beamte tranken Seite an Seite ihren Wein. Auch junge Leute, Frauen und Mädchen fanden sich am Tresen ein. Zu einer »Ombra« Weißwein ißt man gern ein paar »Cicheti«, wie kleine Happen in Venedig genannt werden: Deftiges wie Käse, Salami, hartgekochte Eier mit eingelegtem Gemüse oder Raffiniertes wie geröstete Polenta mit einer Scheibe Musetto oder ein weißes Bällchen Stockfischmus, eine Sardelle »in Saor« oder ein Heringsfilet, das zuerst in Milch eingelegt und dann im Ofen gebakken wurde.

Unter den vielen möglichen Begebenheiten, die sich in einer Osteria ereignen können, sei folgende erwähnt: Es kann passieren, daß gerade die Zusammenkunft einer Gruppe eiserner Sparer stattfindet. Seit den Anfängen der freien Unternehmerschaft haben die »Casse peòte«, die in ganz Venetien bekannt sind, in der Osteria ihre Niederlassung. Es handelt sich bei diesen »Casse« um eine Art formloser Bank. Man zahlt jede Woche ein bißchen ein und kann im Notfall umgehend einen kleinen Kredit bekommen. Wer bei einer »Cassa« ist, hat am Ende ohne große Mühe ein nettes Sümmchen angespart. Die Sparzinsen, die jedes Jahr anfallen, sind allerdings zweckgebunden: ein großes Festessen oder ein Ausflug mit allen Mitgliedern der »Cassa«. Die Bezeichnung »Cassa peòta« leitet sich von einem Schiff ab, das mehrere Personen befördern konnte. Die »Peòta« war ein

Boot mit acht Ruderern und diente dem Volksvergnügen auf der Lagune.

Auf der Suche nach gutem Essen und gutem Wein kann man entdecken, daß es bei allem Wandel immer drei verschiedene Lebensweisen gibt: »vivar, vivolar e tribolar« – leben, sich durchschlagen und sich plagen. Erstere, die von den Medien heute als »guter Lebensstandard« definiert wird, könnte das Ziel einer gerechten Gesellschaft sein, in der es Mühe und Leid nicht mehr zu geben braucht. **Ulderico Barbieri**

Arcugnano

7 km südl. von Vicenza

Antica osteria da Penacio

Osteria
Via Soghe, 22
Tel. 04 44 / 97 30 81
Ruhetag: Mittwoch
Betriebsferien: Januar
80 Plätze
Preise: 30 000 Lire, ohne Wein
Kreditkarten: AE, DC, CartaSi, Visa
Reservierung: notwendig

Seit drei Generationen ist die Osteria im Besitz der Familie Gianello. Der Name »Penacio« leitet sich vom Geschirr des Lokals ab. Auf den Tellern ist nämlich der Kopf eines Ochsen zu sehen, der hinter den Spitzen von Maispflanzen (»Pennacchi«) hervorlugt. Die Osteria liegt auf einem Hügel oberhalb des Lago di Fimon und ist in wenigen Autominuten von Vicenza aus zu erreichen. An das alte Gebäude hat man einen Festsaal mit großen Fenstern angebaut. Der andere Teil der Osteria wurde umgebaut und ist recht gemütlich. Während der Winterzeit brennt Feuer im Kamin des Speisezimmers. Seit etwa zehn Jahren werden hier traditionelle Gerichte neu vorgestellt. Man verwendet hauptsächlich Wildkräuter. Dem Jahreszeitenwechsel folgt man mit frischen Kräutern im Frühling; mit frischen Gemüsegerichten, Tomaten und Basilikum im Sommer; mit Ente, **Trüffeln** und Pilzen im Herbst; mit Radicchio, Artischocken und Wild im Winter. Am meisten empfehlen wir die **Gnocchi di patate** mit wildem Rucolasalat. Probieren Sie die »Pescantine« (ganz feine Suppennudeln) mit schwarzen Trüffeln, die zusammen mit Rindfleisch, Käse- und Trüffelraspeln und zerlassener Butter gereicht werden. Oder die klassische **Polenta mit Pilzen**, geschmortes Perlhuhn mit Polenta und Rosmarin, **Schnecken** mit Polentacreme und milden Montasio-Käse mit Trüffeln und Polenta. Zu den ausgezeichneten Desserts gehören Cremespeisen, **Panna cotta mit Erdbeeren** und Waldbeeren mit einer Creme aus weißen Pfirsichen. Die Weine sind sicher bemerkenswert. Neben so großen Namen wie Maculan, Lazzarini, Venica, Schiopetto, Jermann usw. finden Sie auch kleine Erzeuger aus der Gegend. Die Qual der Wahl haben Sie auch bei den vielen ausgezeichneten Digestifs.

Breganze

20 km von Vicenza, 8 km von Thiene

La cusineta

Trattoria
Via Pieve, 19
Tel. 04 45 / 87 36 58
Ruhetag: Montag
Betriebsferien: unterschiedlich
40 Plätze
Preise: 25-35 000 Lire
Keine Kreditkarten
Reservierung: empfohlen

In Breganze fallen die Alpen zur Poebene ab. Deshalb ist diese Gegend reich an kulinarischen Spezialitäten aus beiden Landstrichen. Da ist einmal der Wein, der auch über die Grenzen Venetiens hinaus bekannt ist (Torcolato di Maculan). Und da sind die »Torresani« oder vielmehr zarte kleine Täubchen. Wer Regionalküche liebt, der muß in Breganze in der »Cusineta« einkehren. Die Trattoria in ihrem elegant-rustikalen Stil ist ansprechend und gemütlich. Die beiden jungen Pächter haben sich der Küche Vicenzas verschrieben. So bekommt man hausgemachte Antipasti und Nudeln, Gegrilltes und Wild. Man ißt hier die eingangs erwähnten **Torresani**, aber auch **Baccalà alla vicentina**, der nach einem alten Rezept zubereitet wird. Genauso zu empfehlen sind die **Pilz**- und auch die Spargelgerichte. Viele Gerichte werden mit Raspeln von weißen Trüffeln verfeinert. Man trinkt gute Doc-Weine aus Vicenza und Umgebung.

Brentino-Belluno

37 km von Verona, S. S. 12 in Richtung Trento

Al ponte

Trattoria
Piazza Vittoria, 12 – Belluno Veronese
Tel. 0 45 / 7 23 01 09
Ruhetag: Mittwoch
Betriebsferien: August
50 Plätze
Preise: 30 000 Lire
Keine Kreditkarten
Reservierung: empfohlen

Hier mischen sich Traditionen des Trentino mit Veroneser Bräuchen. Die Trattoria ist ein echter Familienbetrieb. Signor Walter empfängt seine Gäste und zeigt ihnen den Speisesaal im oberen Stockwerk. Dort befindet sich auch die Küche, das Reich der Signora Annamaria. Tochter Grazia und ihre Schwägerin Monica kümmern sich um den Service. Sie wird Ihnen als erstes einen Teller frischer hausgemachter **Tagliatelle** servieren. Sie können auch zusehen, wie sie gemacht werden, denn die Tür zur Küche steht immer offen. Dort arbeitet auch Grazias Bruder Stefano. Wenn Sie vor den Nudeln noch einen Antipasto essen wollen, haben Sie die schwierige Wahl zwischen **Forelle** und Hausmacherwurstwaren zu treffen. Die Tagliatelle können Sie mit Tomatensauce, mit Sugo vom Kaninchen oder Hasen essen. Sie schmecken immer köstlich. Im Herbst werden Sie sich anschließend sicher für ein Pilzgericht oder die hervorragenden **Schnecken** entscheiden. Oft können Sie auch **Peverada** mit gesottenem Rindfleisch oder **Baccalà alla veneta** essen. Das Weinangebot ist nicht sehr groß. Sie bekommen einen Rotwein eigener Herstellung oder Weine aus der Genossenschaftskellerei. Es könnte sicher nicht schaden, noch ein paar Weine aus dem Etschtal ins Angebot aufzunehmen. Die natürliche Kost ist auf jeden Fall einen Besuch der Trattoria wert.

Camisano Vicentino

15 km östl. von Vicenza

Fiorluce

Osteria
Via Badia, 171
Tel. 04 44 / 61 01 80
Ruhetag: Montag
Keine Betriebsferien
50 Plätze, 100 im Sommer
Preise: 18–25 000 Lire
Keine Kreditkarten
Reservierung: nicht notwendig

Diese traditionsreiche Osteria liegt mitten auf dem Land zwischen Padua und Vicenza. Das Ambiente ist ein wenig nüchtern, dafür sind die Speisen bodenständig und die Wirtsleute besonders herzlich. Luisa Agostini kocht ohne Unterlaß und serviert an der Schanktheke kalte und warme Kleinigkeiten: Frikadellen, gebratene Hühnerleber, Baccalà oder auch Bruschette. Wenn Sie zum Essen hierher kommen, bewirtet man Sie mit einfachen Gerichten: **Nervetti**, Lunge, Pferdefleisch, Polenta und **Stufato vom Esel**, **Trippa**, die sie nach Paduaner Art »in bianco« (d.h. ohne Sauce) oder nach Vicentiner Art »in rosso« (mit Tomatensauce) essen können. Das »Fiorluce« ist für seine gute hausgemachte Pasta und für den **Bollito misto** bekannt. Die Wirtin hat früher in einer Metzgerei gearbeitet und kennt somit die besten Fleischteile. Neben offenen Weinen aus den Euganeischen Hügeln bekommen Sie auch Qualitätsweine (Amarone di Gambellara, Prosecchi Doc Berlucchi). Wie alle richtigen Osterie ist auch das »Fiorluce« durchgehend von 9 Uhr morgens bis 2 Uhr nachts geöffnet. Und hier herrscht auch ein ständiges Kommen und Gehen.

Casier

3 km südöstl. von Treviso

Osteria dalla Pasina

Trattoria mit Weinausschank
Via Peschiere, 15 - Dosson
Tel. 04 22 / 38 21 12
Ruhetag: Mo. abend und Dienstag
Betriebsferien: August
45 Plätze
Preise: 25-40 000 Lire, ohne Wein
Kreditkarten: AE, DC, Visa
Reservierung: abends und feiertags

Der **rote Radicchio** aus Treviso ist das »Wahrzeichen« der gesamten Region um Treviso geworden. Er wird auch heute noch nach herkömmlichen Methoden angebaut. Seinetwegen werden in Treviso und in den Dörfern der Provinz eine Reihe von Volksfesten und Musterschauen abgehalten. In Dosson di Casier soll man begonnen haben, den Radicchio systematisch zu züchten, bis die heutige hervorragende Qualität erreicht wurde. In der »Osteria dalla Pasina« ist das natürlich bekannt; so hat Carlo Pasin den Radicchio auch auf das Banner seiner Küche geschrieben. Sie bekommen hier ein ganzes Menü mit Radicchio. Pasin hat die inzwischen gut hundert Jahre alte Osteria zusammen mit seiner Frau übernommen. Er läßt hier seiner Leidenschaft für guten Wein und gutes Essen freien Lauf und bietet phantasievoll interpretierte venetische Küche an. Sein Freund und Lehrmeister Giuseppe Maffioli hat ihn dazu ermutigt. Hier essen Sie »Haute Cuisine«, die ausschließlich aus Grundstoffen dieser Gegend zubereitet wird: im Winter Radicchio; Spargel und wilde Kräuter im Frühjahr; **Pilze** im Herbst. Probieren Sie Steinpilzsalat, Radicchio mit zerlassenem Käse, auch **Pasta e fagioli mit Radicchio** (der Kontrast zwischen den knackigen Salatblättern und den weichen Bohnen ist herrlich). Essen Sie auch die »Zuppa Dossonese« aus Entenfleisch und Pilzen oder Radicchio. Mittags ißt man einfach und für etwa 25 000 Lire. Abends wird aufwendiger gekocht. Zu trinken bekommen Sie offenen Wein (Weißwein von Lison di Pramaggiore und Roséwein) und gute Flaschenweine. Die Auswahl an Grappe ist sehr groß; der Kaffee ist ausgezeichnet. Teresa Prasin serviert Ihnen nach alter venetischer Tradition auch »Cicheti e ombre« am Schanktresen.

Ceggia

46 km von Venedig, S. S. 14

Al Trovatore

Trattoria
Via Noghera, 27
Tel. 04 21 / 32 99 10
Ruhetag: Montag
Betriebsferien: August
60 Plätze
Preise: 30-40 000 Lire
Kreditkarten: Visa
Reservierung: empfohlen

Graziano Nies und seine Frau Graziella betreiben in diesem klassischen Landhaus seit Jahren ihr »Trovatore«. Hier treffen sich alle Feinschmecker der Gegend. Und hier hat auch die Sektion der Arcigola ihren Sitz. In diesem familiären Lokal bekommen Sie nie Einheitskost. Das Angebot richtet sich vielmehr nach dem Jahreszeitenwechsel. Hier essen Sie **Risotto** mit Wiesenkräutern und **Radicchio** oder Schnecken und Pilze. Im Winter gibt es so Deftiges wie **Füllenfleisch** und **Reh** mit einer klassischen Polenta. Zu Ostern ißt man das traditionelle **Zicklein** und **Bigoli** in einer Sauce aus **geräuchertem Hering**, eine Spezialität dieses Landstrichs. Im Sommer serviert man Ihnen Carpaccio mit Spargel, Rucola oder rohen Steinpilzen oder geschmortes Kaninchen mit Gemüse aus dem hauseigenen Garten oder Paprika. Der offene Wein (roter Manzoni und trockener weißer Verduzzo) ist ausgezeichnet. Die Auswahl an Flaschenweinen ist klein, aber gut.

Cison di Valmarino

45 km nördl. von Treviso

Da Andreetta

Trattoria
Via Enotria, 5 – Rolle
Tel. 04 38 / 8 57 61
Ruhetag: Mittwoch
Betriebsferien: August
60 Plätze
Preise: 35–40 000 Lire
Keine Kreditkarten
Reservierung: notwendig

Zum Gemeindegebiet von Cison di Valmarino gehören mehrere kleine Dörfer, die auf den grünen Hügeln verstreut liegen. In dieser Gegend gedeihen auch die besten Prosecco- und Verdisoreben. In einem dieser Dörfer steht die einfache Trattoria »Da Andreetta«. Hier wird echte, und damit schlichte, venetische Küche angeboten: **Salame con l'aceto** e polenta, Wurstwaren wie **Soppressa**, Salami, Cotechino oder Polenta mit geräucherten Heringen und **Schnecken**, die der Großvater selbst sammelt. Auf den Wiesen und Feldern der Umgebung wächst auch Löwenzahn. Seine zarten Triebe werden im Frühjahr mit Essig und Speck als Salat gereicht, im Sommer dient er zusammen mit anderen Gemüsesorten als Beilage für den **Bollito**. Es werden auch verschiedene Sorten **Radicchio** für Risotti, Aufläufe und Füllungen verwendet oder gegrillt. Den **Risotto** bekommt man auch mit **Pilzen** oder wilden Kräutern. Es gibt außerdem **Tagliatelle mit Enten-** oder Wildragout sowie die klassische Pasta e fagioli. Klassisch sind auch die Hauptspeisen wie z.B. der **Baccalà alla veneziana** (mit Tomaten), das gegrillte Fleisch, die **Spiedi di uccelletti** und Wildgerichte. Die **Obstkuchen** mit Obst aus dem hauseigenen Garten schmecken ausgezeichnet. Die Weine stammen aus eigener Herstellung, daneben sind auch edle Weine aus der Gegend zu haben, die der Wirt, ein gelernter Sommelier, selbst aussucht. Ein Freund der Familie beliefert das »Da Andreetta« mit verschiedenen Grappasorten.

Cogollo del Cengio

30 km von Vicenza, S. S. 350

All'isola

Trattoria
Strada statale, 350 – Schiri
Tel. 04 45 / 88 03 41
Ruhetag: Mittwoch abend, Sonntag
Betriebsferien: die ersten drei August- [wochen
25 Plätze
Preise: 40-45 000 Lire, ohne Wein
Keine Kreditkarten
Reservierung: empfohlen

Kein Dorf ohne Wirtshaus, und sei es noch so klein. Cogollo besteht nur aus ein paar Häusern. Die alte Osteria wurde 1982 mit viel Gefühl renoviert. Piero und Daniele Menegante haben dort nach dem dringend notwendigen Umbau eine ansprechende Trattoria eingerichtet. Im vorderen Gastraum steht immer noch der alte Schanktisch, auf einer Schiefertafel sind mit Kreide die Empfehlungen des Wirts zu lesen. Das Speisezimmer ist recht gemütlich. Diese angenehme Atmosphäre schaffen Holzbalken, handgeflochtene Korbstühle, geklöppelte Spitzen und alte Bilder. Mamma Annamaria kocht sehr vielseitig und verwendet hauptsächlich das, was Gemüsegarten, Wald und Fluß gerade hergeben: Fisch, Pilze, wilde Kräuter, Käse aus der Hochebene von Asiago. Annamaria macht ihre Pasta selbst: Pasta mit Brennesseln, gefüllte Pasta, Tagliolini »alla fratellanza« mit Ragout, Ravioli mit Ricotta und Fenchel, Gnocchi »Brutti e boni«. **Forelle** wird auf verschiedene Arten zubereitet. Der gegrillte Tosella (ein Frischkäse) mit Polenta und frischen Saisongemüsen ist wohlschmeckend und immer zu haben. Bei den Hauptgerichten hat man die Qual der Wahl, denn alle werden nach guten und alten Rezepten zubereitet. Nimmt man nun gefülltes Kaninchen, geschmortes Kaninchen, **Baccalà alla vicentina** oder Stockfischmus, Perlhuhn mit Pilzen oder mit **Peverada** oder doch vielleicht Leber »alla barcaiola«? Die Dessertcremes sind ausgezeichnet. Etwas deftig ist der **Macafame**, eine Kuchenspezialität aus Vicenza. Man beendet die Mahlzeit am besten mit einer Grappa. Die Weinkarte bietet keine namenlosen Allerweltsweine, sondern gute Erzeugnisse aus Piemont, der Lombardei, dem Trentino, aus Friaul und natürlich aus Venetien.

Crespino

17 km südöstl. von Rovigo

Al pescatore

Trattoria
Piazza XX Settembre, 13
Tel. 04 25 / 77 17 79
Ruhetag: Montag
Betriebsferien: Juli
90 Plätze
Preise: 45 000 Lire
Keine Kreditkarten
Reservierung: empfohlen

»Zum Fischerwirt« könnte man den Namen der Trattoria übersetzen. Und schon ist klar, welche Spezialitäten das Haus hauptsächlich zu bieten hat: gedünstete Miesmuscheln und Venusmuscheln mit Öl und Petersilie, Hummer und Jakobsmuscheln in Cognac, Risotto mit Scampi oder Fröschen, Spaghetti mit Meeresfrüchten. Berühmt ist das »Pescatore« für seinen ausgezeichneten **Bisato in tocio**, d.h. gedünsteter Aal, und für den hervorragenden gedünsteten **Stör** aus dem Podelta. Wer allerdings lieber Fleisch ißt, kann zwischen Gegrilltem, **Eselbraten** mit Polenta und »Pipette al pisto« wählen. »Pisto« nennt man das Wurstbrät, mit dem die Nudeln angerichtet werden. Die Bedienung im »Pescatore« ist flink und freundlich. Man trinkt hier auch guten Wein. Aligi Travagli führt das Restaurant seit zwölf Jahren. Früher arbeitete er als Kellner, heute ist er ein herzlicher und kompetenter Wirt. Der Wein ist gewöhnlich im Preis inbegriffen, es sei denn, Sie entscheiden sich für einen Cru oder ganz besonders edle Weine.

Farra di Soligo

35 km nördl. von Treviso

Da Giotto

Osteria
Via Canal Nuovo, 42–Col San Martino
Tel. 04 38 / 89 81 10
Ruhetag: Montag
Betriebsferien: unterschiedlich
30 Plätze
Preise: 20-25 000 Lire
Keine Kreditkarten
Reservierung: empfohlen

Früher machten hier die Postkutscher halt, aßen eine Kleinigkeit oder blieben über Nacht. Heute führt Sabina die Osteria und bietet ihren Gästen allerlei Köstlichkeiten an. Die verschiedenen **Risotti**, besonders der Risotto mit Pilzen, sind sehr beliebt. Das **Kaninchen mit Gewürzkräutern** und das Huhn mit Paprikaschoten werden allseits gepriesen. Ansonsten ißt man Wild oder Geflügel vom Spieß. Man bekommt ebenfalls den klassischen **Bollito misto** mit gekochter Rinderzunge und Cotechino. Giotto keltert den Wein für seine Osteria selbst. Am meisten werden natürlich Verduzzo, Prosecco und Cabernet verlangt.

Farra di Soligo

35 km nördl. von Treviso

Locanda da Condo

Trattoria
Via Fontana, 134 – Col San Martino
Tel. 04 38 / 89 81 06
Ruhetag: Di. abend und Mittwoch
Betriebsferien: unterschiedlich
50 Plätze
Preise: 25-35 000 Lire
Keine Kreditkarten
Reservierung: notwendig

»Da Condo el più bon speo del mondo«: die Inschrift über der Tür zum Weinkeller bezeugt, daß man hier den besten Spieß der Welt bekommt. Seit zehn Jahren betreibt Enrico nun das Lokal seines Vaters Giocondo Canal. In dieser Zeit hat er sich ständig weitergebildet, an Seminaren über italienische und internationale Küche teilgenommen. Er wendet sein so erworbenes Wissen auch in der Locanda an: klassische Spezialitäten aus Treviso und dem Veneto werden auf leichte und bekömmliche Art zubereitet. Im Winter gibt es die obligatorische **Pasta e fagioli** sowie **Minestra** mit **Trippa** oder mit Radicchio. Fleisch wird natürlich am Spieß gebraten. Die Süßspeisen sind meist mit Maroni oder Mascarpone zubereitet. Im Sommer bekommt man **Risi e bisi**, Frittate mit frischen Kräutern und die typischen Käsesorten Montasio und Latteria. Die Locanda ist rustikal und gleichzeitig elegant eingerichtet, die Atmosphäre ist wie in alten Zeiten: Man spielt bis spät in die Nacht Karten und trinkt dazu ein Gläschen Prosecco. Im »Da Condo« bekommt man grundsätzlich offenen Wein. Edle Weine von guten Erzeugern sind aber ebenfalls vertreten.

Follina

40 km nördl. von Treviso

Al castelletto

Trattoria
Via Castelletto, 15 – Pedeguarda
Tel. 04 38 / 84 24 84
Ruhetag: Dienstag
Betriebsferien: September
60 Plätze + 30 im Freien
Preise: 30-45 000 Lire
Keine Kreditkarten
Reservierung: empfohlen

Im Gebiet um Treviso gibt es zahlreiche rotgetünchte Häuser, die an besonders schönen Aussichtspunkten stehen. Sie gehörten den Conti Brandolini D'Adda, den einstigen Feudalherren der Gegend. In einem dieser Häuser bietet heute Clementina Viezzer traditionelle Gerichte aus Treviso und Umgebung an. Ein großer Kamin, Holztische und -stühle, Anrichten und bunte Tischdecken schaffen ein zurückhaltend schlichtes Ambiente. Die wohlschmeckende Kost wird aus Grundstoffen der Gegend zubereitet. Dazu zählen die Pilze aus den umliegenden Kastanienwäldern, der Spargel aus Cimadolmo und der Radicchio aus Treviso. Das Speisenangebot setzt sich aus den Klassikern der venetischen Küche zusammen. Als Primo bekommen Sie **Pasta e fagioli**, **Minestra di orzo e fagioli**, verschiedene **Risotti** (mit Radicchio, Spargel oder Pilzen), **Tagliatelle ai funghi**. Als Secondo bietet man Ihnen **Bollito misto** (Rindfleisch, Kalbskopf, Knorpel, Huhn, Musetto) mit Meerrettich- und grüner Sauce. Sie können auch Fleisch, **Spieße** oder Pilze vom Grill essen. Obstkuchen und die traditionellen venezianischen »zaleti« (Kekse), die man in Dessertwein taucht, runden die Mahlzeit ab. Sie können hier die verschiedensten Weine aus der Gegend trinken: Prosecco, Incrocio Manzoni bianco und rosso, Verdiso, Cabernet und Merlot. Sie bekommen auch Flaschenweine aus anderen Landesteilen, wobei die Auswahl dabei doch eher dem Zufall überlassen ist. Die Trattoria ist auf jeden Fall einen Besuch wert, ist sie doch inzwischen auch Einkehr zahlreicher Prominenter geworden. Vielleicht treffen Sie dort ja Ihren Lieblingsstar?

Forno di Zoldo

36 km von Beluno, S. S. 251

Insonnia

Trattoria
Via Canale, 7
Tel. 04 37 / 78 72 43
Ruhetag: Dienstag
Betriebsferien: unterschiedlich
30 Plätze
Preise: 15-20 000 Lire
Keine Kreditkarten
Reservierung: empfohlen

Zu diesem Gebirgstal nördlich von Belluno sind bis jetzt nur wenige Touristen vorgedrungen. In dieser wildromantischen Landschaft steht ein altes Bauernhaus. Die Familie Meneghetti (Vater, Mutter und sieben Kinder) hat das Haus umgebaut und gemütlich eingerichtet. Die Gäste werden auf eine eher etwas unfreundliche Art empfangen. Aber die Bewohner solch einsamer Gegenden sind ja grundsätzlich mißtrauisch gegenüber Fremden und halten wenig von überflüssigen, weil falschen Höflichkeitsfloskeln. Die Meneghettis kochen streng nach alten Rezepten ihrer Heimat. Meist steht nur ein einziges Menü zur Auswahl. Das beginnt dann mit einer ausgezeichneten **Polenta**, die auf großen Holzbrettern serviert wird. Es geht weiter mit deftigen Speisen wie gebackenem Käse, **Musetto**, »Pastin« (kleine gegrillte Klöße aus Salamibrät), Spezzatino, **Minestra** mit dicken Bohnen und Gerste. Alle Portionen sind sehr reichlich. Leider wird nur offener Wein ausgeschenkt. Aber die unverfälschte und natürliche Kost tröstet über diesen Umstand hinweg. Zum Abschluß sollten Sie eine aromatische Grappa auf die erstaunlich niedrige Rechnung trinken.

Garda

31 km von Verona, S. S. 249

Locanda San Silvestro

Trattoria
Via San Giovanni, 19/23
Tel. 0 45 / 7 25 50 38
Ruhetag: Dienstag
Betriebsferien: im Winter
40 Plätze
Preise: 30-35 000 Lire
Kreditkarten: CartaSi
Reservierung: empfohlen

Am Gardasee ist es gar nicht so einfach, noch ursprüngliche Lokale wie diese Locanda zu entdecken. Der starke Fremdenverkehr hat die meisten Gasthäuser zu reinen Abfütterungsstätten verkommen lassen. Unsere Locanda liegt in der Nähe des Hafens, direkt an der Küstenstraße. Bis vor kurzem noch konnte man hier sogar übernachten. Die Wirtsleute planen, die Gästezimmer demnächst wieder zu vermieten. Auf den ersten Blick erscheint die Trattoria eher nichtssagend. Bei genauerem Hinsehen jedoch entpuppt sie sich als Lokal, in dem hauptsächlich Einheimische verkehren – abgesehen von ein paar deutschen Urlaubern, die jedes Jahr wieder die gastliche Atmosphäre und die gute Küche genießen wollen. Man ißt hier in erster Linie Fisch aus dem Gardasee. Es gibt bekömmliche und frische **Fritture**, gedünstete und gegrillte **Felchen**, **Barsche** und **Alsen**. Auch wer keinen Fisch mag, kommt hier auf seine Kosten, denn das Speiseangebot ist reichhaltig. Man trinkt offenen Wein aus der unmittelbaren Umgebung oder weiße und rote Flaschenweine vom Gardasee.

Isola Vicentina

13 km von Vicenza, S. S. 46

Alla pesa

Trattoria
Via Roma, 14 - Castelnovo
Tel. 04 44 / 97 51 46
Ruhetag: Mo. abend und Dienstag
Betriebsferien: 20. 8. - 10. 9.
90 Plätze
Preise: 30–35 000 Lire, ohne Wein
Keine Kreditkarten
Reservierung: empfohlen

In den berühmten Villen von Vicenza verbrachte früher der Adel den Sommer. Eine dieser Villen hat schon die verschiedensten Umbaumaßnahmen erlebt. Heute beherbergt sie die Trattoria der Familie Bruni. Vor dem Gebäude befindet sich die alte öffentliche Waage (»pesa«). Neoklassische Treppenaufgänge führen in den Salon der Villa, der Platz für kulturelle Veranstaltungen aller Art bietet. Die Mahlzeit beginnt mit einem Glas Durello spumante und köstlichen Crostini mit Gemüsecremes. Die gute Küche bringt je nach Jahreszeit verschiedene Spezialitäten aus ganz Venetien und natürlich besonders aus Vicenza hervor: **Pasta e fasioi**, **Bigoli** mit Ente (oder mit **Baccalà**, mit frischem Salamibrät), **Gnocchi di patate** oder (nur auf Vorbestellung) verschiedene Risotti. Es folgen **Torresani** (Tauben), »Paeta« (Pute) mit Granatäpfeln, Pferdefleisch, geschmortes Kaninchen, rohe oder gegrillte **Soppressa**, Spargel aus Bassano und **Forellen**. Die geröstete Polenta mit Käse aus der Genossenschaftsmolkerei des Dorfes ist zu empfehlen. Die Grissini und Gallette sind hausgemacht. Die Auswahl an Weinen ist nicht groß, aber gut. Eine wahre Seltenheit für die Gegend um Vicenza ist eine eigene Karte für Spirituosen. Das Preis-/Leistungsverhältnis ist günstig; das gilt besonders mittags: da bekommt man schon für 15 000 Lire ein Menü.

Jesolo

41 km von Venedig,
S. S. 14 in Richtung S. Donà del Piave

Alla grigliata

Osteria
Via Buonarroti - Lido di Jesolo
Tel. 04 21 / 97 28 64
Ruhetag: Mittwoch, nur im Winter
Keine Betriebsferien
80 Plätze
Preise: 20–25 000 Lire
Keine Kreditkarten
Reservierung: empfohlen

Nur wenige Schritte von den großen Hotels und den Pizzerie entfernt trotzt in Lido di Jesolo eine alte Osteria den Fast-Food- und Hamburger-Restaurants. Die Familie Lorenzon hat unter der Führung der energischen Mamma ein gemütliches Lokal geschaffen, wo man bodenständige Kost essen kann. Da gibt es Hausmacher-**Soppressa** und Salami, Pastasciutta mit Ragout. Man ißt natürlich viel **Gegrilltes**: zarte Koteletts, gemischte Fleischspieße, Würste, Hähnchen. Als Beilagen reicht man Lamon-Bohnen mit Zwiebeln und den ausgezeichneten **Radicchio mit dicken Bohnen**. Die offenen Weine – Raboso und Tocai del Piave – kommen von einem guten Erzeuger. Die edlen Flaschenweine beziehen die Lorenzons von der Weinhandlung »La caneva« ihres Vetters Mauro. Übrigens wird das Fleisch direkt über dem Feuer gegrillt. Auf diese Weise tritt das ganze Fett aus den Poren, und das Fleisch erhält einen besonders guten Geschmack.

Jesolo
41 km von Venedig,
S. S. 14 in Richtung S. Donà del Piave

Enoiteca La caneva

Enoteca
Via Antiche Mura, 13
Tel. 04 21 / 95 23 50
Ruhetag: Mittwoch
Betriebsferien: unterschiedlich
30 Plätze + 40 im Sommer
Preise: 25-35 000 Lire
Kreditkarten: AE, DC, Visa
Reservierung: nicht notwendig

Mauro Lorenzon nennt sich selbst am liebsten Gastwirt. Aber auch andere Bezeichnungen würden auf ihn zutreffen, da er sich mit Leidenschaft der Suche nach neuen, guten Weinen hingibt. Diese Weinschenke würde nicht in unserem Führer stehen, wenn man hier nur internationale Spezialitäten wie französische Austern oder persischen Kaviar bekäme. Die Grundlage der »Cichetti«, wie die Menüs hier genannt werden, sind vielmehr traditionelle Gerichte: und da haben wir **Soppressa**, Pancetta, Coppa, geräucherten Schinken, Käse (frischen und reifen Montasio). Es geht weiter mit **Sardinen** mit Zwiebeln und Venusmuscheln. Auf der »gemischten Platte«, die Liviana ihren Gästen empfiehlt, findet man noch mehr Spezialitäten: Carne salada, in Brotteig gebackenen Schinken, Pecorino mit Pfeffer und geräucherte Ricotta. Selbstverständlich sind die Süßspeisen hausgemacht. Eine besondere Spezialität ist »il dolce della nonna«, ein Mürbteigkuchen mit Mandeln und Vanillecreme. Die besten Erzeuger der Gegend liefern den Wein: Raboso, Cabernet und Merlot, Malvasia und Tocai. Man bekommt auch erstklassige italienische und ausländische Weine.

Lavagno
12 km von Verona, S.S. 11 Verona-Vicenza

L'osteria dei Tomasi

Trattoria
Via Monti Lessini, 20 - Vago
Tel. 0 45 / 98 34 00
Ruhetag: Sonntag
Betriebsferien: August u. Januar
40 Plätze
Preise: 30 000 Lire, ohne Wein
Keine Kreditkarten
Reservierung: empfohlen

Die Osteria hatte vor dreizehn Jahren bereits einmal geschlossen. Doch Corrado Moserle gab seinen Beruf als Handelsvertreter auf, widmete sich wieder dem Familienbetrieb, baute die alte Osteria geschmackvoll um und schuf ein gemütliches Lokal, in dem man sich nun wie zu Hause fühlen kann. Corrados Frau Antonella und seine Schwiegermutter kochen traditionelle und schlichte Hausmannskost. Da sich das Angebot nach den Jahreszeiten richtet, bekommt man **Bollito**, **Pasta e fagioli** sowie **Pastissada** nur im Winter. Das gegrillte Fleisch ist von erstklassiger Qualität, sehr gut und erfrischend schmeckt auch den Rucola-Salat mit Tomaten und Garnelen. Zum ständigen Angebot gehören Tagliatelle mit Erbsen oder anderen Saisongemüsen, Tortellini, **Trota con polenta** und **Pesce in saor**. Die »Torta della nonna« ist ein vorzügliches Dessert. Corrado beschränkt sein Weinangebot bewußt auf hochwertige Erzeugnisse aus Verona und Umgebung.

Loreggia

22 km von Padua, S. S. 307

Locanda Aurilia

Trattoria-Enoteca
Via Centro, 29
Tel. 0 49 / 5 79 03 95
Ruhetag: Mo. abend und Dienstag
Betriebsferien: einige Tage im August
100 Plätze
Preise: 35 000 Lire, ohne Wein
Kreditkarten: Visa
Reservierung: empfohlen

Ferdinando De Marchi ist ein großer Wein- und Käsekenner. Mit einer guten »Spürnase« zieht er in ganz Venetien von Alm zu Alm, von Molkerei zu Molkerei und sucht die Käsesorten aus, die am besten zu den Weinen seiner Enoteca passen. Zur Weinhandlung gehört auch eine alte Locanda, wo man essen kann. Die drei Speisezimmer sind sachlich, aber ansprechend eingerichtet. Der Service ist sehr gepflegt – wie es sich eben für einen wahren Gastronomen und Kenner gehört. Auf den Tischen stehen frische Blumen, zu jedem Wein gibt es das passende Glas. Das Speisenangebot ist recht vielfältig: auf der einen Seite hält man sich an die Tradition, auf der anderen Seite läßt man auch der kreativen Küche ihren Raum. So bekommen Sie hier Steaks vom Angusrind, saures Reh, Agnolotti di magro, Kürbisgnocchi in Amaretto. Wenn Sie lieber venetische Spezialitäten essen, haben Sie die Wahl zwischen **Pasta e fagioli**, verschiedenen Risotti, **Baccalà alla vicentina**, Kaninchen süß-sauer, Käse-Fondue und der ganz schlichten **Frittata di bruscandoli** (ein Omelett mit einem besonderen Kraut, das im Frühjahr an Böschungen von Bächen und Gräben wächst). Natürlich können Sie auch eine Platte mit verschiedenen Käsesorten bestellen. Fragen Sie nach den Weinen: Sie können zwischen edlen Flaschenweinen berühmter Erzeuger und »gewöhnlichen« Weinen wählen. Die Preise sind angemessen. Die Enoteca ist durchgehend, die Trattoria ist nur zur Mittagszeit und abends geöffnet.

Lusia

12 km da Rovigo, S. S. 499 in Richtung Legnano

Al ponte

Trattoria
Via Bornio, 13 – Bornio
Tel. 05 25 / 6 91 77 und 6 98 90
Ruhetag: Montag
Betriebsferien: August
60 Plätze
Preise: 30–35 000 Lire, ohne Wein
Kreditkarten: alle
Reservierung: empfohlen

Das »Al ponte« ist sicher die älteste Trattoria der ganzen Gegend. Seit über zweihundert Jahren ist das Lokal in Familienbesitz. Die Mutter des derzeitigen Besitzers, die lebhafte Signora Margherita, steht seit über vierzig Jahren in der Küche des »Al Ponte«. Inzwischen hat Margherita Verstärkung bekommen, denn das Lokal ist stets gut besucht. Die Gerichte entsprechen nach wie vor der Tradition dieses Landstrichs; Gemüse aus den üppigen Gärten von Lusia bereichern die Küche. So gibt es als Antipasti gebackenes Gemüse oder Gemüseaufläufe (Zwiebelauflauf, Blätterteigstrudel mit Gemüse). Zu den Primi zählen Reis mit dicken Bohnen, **Risi e bisi** und die außergewöhnlichen »Malafanti«: Brühe aus Schweineknochen mit Wirsing und Maismehl. Die Hauptgerichte sind hervorragend: Schleien, **fritierter Aal**, mit Gemüse **gefüllte Frösche**, Baccalà, Trippa und hausgemachte Würste. Dazu ißt man **Pinza onta**, ein Brot mit Schmalz und Grieben. Luciano Rizzato kümmert sich um den Service. Er kann Ihnen zu jedem Gericht den passenden Wein empfehlen, denn er kennt sich gut aus. Trinken Sie Weine aus Venetien, Friaul, aus dem Trentino oder aus der näheren Umgebung.

VENETIEN

Marano di Valpolicella

19 km nördl. von Verona

L'osteria

Trattoria
Via Monti Lessini, 35 – San Rocco
Tel. 0 45 / 7 75 50 10
Ruhetag: Dienstag
Betriebsferien: unterschiedlich
20 Plätze
Preise: 25–30 000 Lire
Keine Kreditkarten
Reservierung: empfohlen

In dieser Gegend kann man wunderschöne Ausflüge unternehmen: die Landschaft ist herrlich, die vielen guten Weinkeller laden zu einem Besuch ein. Auf der Piazza von San Rocco steht ein einfaches Haus mit der Aufschrift »Osteria«. Die Einrichtung ist schlicht, doch Spitzenvorhänge an den Fenstern und frische Blumen auf den Tischen verleihen dem Lokal eine angenehme Atmosphäre. Marina Pittavino empfängt Sie überaus freundlich und bietet Ihnen die Gerichte des Tages an: eingelegte Zucchini, überbrühte Paprikaschoten, frischen Ziegenkäse mit Petersilie und gutem Öl, **Gemüsetortelli**, gegrillte Fleischspieße und schließlich Zitronenkuchen. Die Gerichte werden meistens aus frischem Saisongemüse zubereitet (z.B. die ausgezeichnete **Torta di zucchine**). Dazu reicht Marina Holzofenbrot. Marina arbeitete früher als Angestellte in der Stadt. Nun hat sie sich aufs Land zurückgezogen und betreibt seit drei Jahren ihr Lokal, in dem sie in erster Linie die Erzeugnisse aus der näheren Umgebung anbieten will. Sie bleibt den Prinzipien der »Osteria« treu; vor ihr hatte eine Gruppe junger Leute das Lokal betrieben und das Angebot auf guten Wein konzentriert. Marinas Auswahl an Weinen dürfte ruhig etwas größer sein. Zur Zeit trinkt man einen ehrlichen Valpolicella, der offen auf den Tisch kommt, oder Flaschenweine von Erzeugern aus der Gegend.

Miane

40 km nordwestl. von Treviso

Al contadin

Osteria
Via Capovilla, 11 – Combai
Tel. 04 38 / 89 32 17
Ruhetag: Montag
Keine Betriebsferien
30 Plätze
Preise: 20 000 Lire
Keine Kreditkarten
Reservierung: notwendig

Zwischen Follina und Valdobbiadene liegt inmitten von Kastanienwäldern und den Weinbergen des Prosecco und Verdiso die kleine Ortschaft Combai. Hier wird jedes Jahr im Herbst der berühmte und gut besuchte Maroni-Markt abgehalten. In einer kleinen Gasse mit Häusern aus grob behauenen Steinen steht die »Osteria al contadin«, in der man essen kann, was Hof und Garten hergeben. Der Name der Osteria (»Zum Bauern«) hat nichts mit falscher Folklore zu tun, sondern entspricht den Tatsachen. Ein Bauer baut Kartoffeln, Bohnen, Mais und Wein an, züchtet Schweine, Gänse, Hühner, Kaninchen usw., und seine Mutter und seine Ehefrau verwandeln all diese Erzeugnisse in Köstlichkeiten: eingelegtes Gemüse; cremige **Pasta e fagioli**, die nur mit Zwiebeln, Kartoffeln, Lamon-Bohnen und Ditalini zubereitet wird; üppige **Polenta e tocio**, bestehend aus Kaninchen, Perlhuhn, Huhn oder Gans und einer hervorragenden festen **Polenta** aus grob gemahlenem Weizenmehl. Unser »Bauer« hilft auch in der Küche mit, wenn es darum geht, einen Spieß zu bestücken. Seine Hilfe ist unerläßlich beim Abfüllen der Soppressa oder beim Trocknen der Pilze, die er in den umliegenden Kastanienwäldern sammelt. Verlangen Sie hier keine herausragenden Weine. Trinken Sie den Verdiso, den Prosecco oder den »nero misto« aus eigenem Anbau. Die Osteria bietet sich als Ausflugsziel an. Sie müssen aber unbedingt vorbestellen, denn die Gemüse werden frisch aus dem Garten geholt und die Tiere eigens für Sie geschlachtet.

Mirano

20 km westl. von Venedig

Cooperativa La ragnatela

Circolo Arcigola
Via Caltana, 79 – Scaltenigo
Tel. 0 41 / 43 60 50
Ruhetag: Mittwoch
Keine Betriebsferien
150 Plätze
Preise: 25-30 000 Lire
Keine Kreditkarten
Reservierung: empfohlen

Im Hinterland von Venedig hatte einst der venezianische Adel seine Sommerresidenzen. Da steht auch die einfache und ehrliche Trattoria der Genossenschaft »La Ragnatela«. Das Lokal läßt den Gästen freie Wahl: in der Bar kann man Karten spielen, Arbeiter und Handelsreisende bekommen mittags eine preiswerte Mahlzeit, für Feinschmecker gibt es mittags und abends auch ein aufwendigeres Menü. Dabei sind Service und Küche gleichbleibend gut. Hier bekommen Sie zahlreiche Primi mit Gemüse und Gnocchi mit verschiedenen Saucen. Die Küche folgt bei ihrem Gemüseangebot streng dem Jahreszeitenwechsel und bietet **roten Radicchio aus Treviso**, Rucola, Spargel mit kaltgepreßtem Olivenöl. Die geographische Lage, die Art des Lokals und die feste Überzeugung der Mitglieder gewährleisten, daß die Küche der Tradition verbunden bleibt. So hat man auch eine typisch venezianische Speisenauswahl zusammengestellt, die wir nur empfehlen können: **Baccalà alla vicentina**, **Risi e bisi**, **Bigoli**, **eingelegte Sardinen**, **geschmorte Tintenfische**, **Anatra in peverada**, **Polenta**. Die Weinkarte ist mit edlen Flaschenweinen gut bestückt. Man wird Ihnen, wie es hier üblich ist, sicher auch den offenen Wein anbieten, der im Preis inbegriffen ist: ein guter Cabernet Doc di Pramaggiore und ein frischer Tocai Doc di Lison. Schnäpse und Liköre sind auf einer kleinen Extrakarte zusammengestellt. Der Platz reicht nicht aus, um alle Mitglieder des »La Ragnatela« zu nennen, die sich mit Begeisterung und Sachkenntnis dem Landgasthaus widmen. Stellvertretend für alle sei Annamaria Cazzin genannt, die sich seit der Gründung dieser Genossenschaft um die Küche kümmert. Sie sollten sie kennenlernen.

Monselice

23 km von Padua, S.S. 16

La torre

Trattoria
Piazza Mazzini, 14
Tel. 04 29 / 7 37 52
Ruhetag: Sonntagabend und Montag
Betriebsferien: August, um Weihn.
50 Plätze
Preise: 40-50 000 Lire
Kreditkarten: DC, Visa
Reservierung: empfohlen

Norberto Gallo und seine Frau Franca haben an der Stelle einer alten Osteria aus dem 15. Jahrhundert 1978 ihre Trattoria »La torre« eröffnet. Auf Betreiben seines Vaters, eines begeisterten und aufmerksamen Gourmets, hat Norberto eine Karriere in der Gastronomie angestrebt. Nach einigen Jahren in Deutschland und bei guten Köchen in Venetien kann er sich nun auf solide Fachkenntnis stützen. Sein Speisenangebot richtet sich nach der jeweiligen Jahreszeit. Im Herbst und im Winter bietet er **Pilze** und **Trüffeln** aus der Gegend an. Es gibt auch heiße oder lauwarme **Pasta e fagioli**, **Tagliatelle mit Erbsen**, **Capretto al forno** und Fleischspießchen vom Rost. Freitags und im Sommer ißt man Fisch. Auf der einen Seite werden die einfachen Fischgerichte der traditionellen venetischen Küche gereicht (**geschmorte Tintenfische mit Erbsen**, **Baccalà alla vicentina**), auf der anderen Seite aufwendigere Speisen mit Krusten- und Weichtieren und Edelfischen. Dafür muß man logischerweise auch etwas mehr bezahlen. Die gute Küche geht einher mit ebenso guten Weinen; die Weinkarte nennt Erzeugnisse aus Venetien, dem übrigen Italien und dem Ausland. Man kann auch einen ordentlichen offenen Wein trinken.

Montebelluna

21 km von Treviso, S. S. 348

Vecchia Marca

Osteria
Corso Mazzini, 64
Tel. 04 23 / 60 19 09
Ruhetag: Mi. abend und Donnerstag
Betriebsferien: unterschiedlich
50 Plätze
Preise: 30 000 Lire
Keine Kreditkarten
Reservierung: am Wochenende

»Den ganzen Tag wirst du arbeiten und jeden Abend alles wegwerfen müssen, weil niemand in dein Lokal zum Essen kommt.« Mit diesen Worten versuchte Signora Tessari ihren Sohn Flavio von seiner verrückten Idee abzubringen. Denn Flavio wollte von der Universität abgehen und lieber Koch werden. Aber zum Glück irren sich Mütter oft. So übernimmt Flavio 1982 die Osteria seiner Schwiegereltern. Er baut das Lokal in eine gediegene Trattoria um, besucht Kochkurse bei Roger Vergé im »Moulin des Mougins« und macht sich an die Arbeit. Er beginnt zunächst mit der Nouvelle Cuisine, bevor er allmählich den Reichtum seiner Regionalküche entdeckt. Bei seinen Forschungen nach den Ursprüngen der venetischen Küche kommt ihm der Gedanke an eine echte alte Osteria, in der man zu jeder Tageszeit Kutteln oder Bohnensuppe essen kann. So entstand die »Osteria Vecchia Marca« im Herzen von Montebelluna. Nach altem Brauch kann man am Tresen den ganzen Tag über **Nervetti**, **Musetto** mit Püree, **eingelegte Sardinen** essen. Mittags und abends sitzt man an den schönen Holztischen und verspeist Trippa, **Baccalà**, Pasta e fagioli, **Bigoli**. Der Wein ist in Ordnung. Man trinkt hier hauptsächlich offenen Prosecco di Col San Martino oder Cabernet del Piave. Etwas außergewöhnlich sind da schon der Fragolino oder der Clinton, den man aus Schalen trinkt. Die Cotto-Fliesen und die Einrichtung aus Holz schaffen die warme und gemütliche Atmosphäre, von der Flavio immer geträumt hat. Sein Verdienst ist es ja auch, Stammpublikum und neue Gäste an die traditionelle Kost dieser Gegend herangeführt zu haben. Er läßt sie die Gastlichkeit spüren, die in unseren hektischen Städten immer mehr verloren geht.

Monteforte d'Alpone

25 km von Verona, S. S. 11 in Richtung Vicenza

Enoteca del Soave

Enoteca mit Küche
Piazza Salvo d'Acquisto, 1
Tel. 0 45 / 7 61 34 22
Ruhetag: Montag
Betriebsferien: August
75 Plätze
Preise: 18-20 000 Lire
Keine Kreditkarten
Reservierung: nicht notwendig

Die Enoteca wurde 1984 vom »Konsortium zum Schutze des Soave-Weins« eröffnet. Der mittelalterliche Palazzo war früher Bischofssitz. Das große und nüchterne Lokal wird durch die großen Tische mit den buntkarierten Tischdecken aufgelockert. Hier sitzt man im Sommer angenehm kühl. Die ausgezeichneten Soave-Weine lohnen einen Besuch. Die Enoteca ist bis spät abends geöffnet und deshalb ein beliebter Treffpunkt für junge und junggebliebene Leute. Die Genossenschaft »L'Ambrosia« hat das Lokal gepachtet. Sandro ist ein sachkundiger Wirt. Er bietet zum Wein auch ein paar typische Gerichte aus der Gegend an. Seine Frau Cinzia kocht **Pasta e fagioli**, Bigoli, **Polenta mit Baccalà** und Bohnen. Sandro und Cinzia sind erst seit kurzem in der Enoteca beschäftigt. Die Arbeit der beiden ist jetzt schon sehr vielversprechend. Es bleibt zu wünschen, daß das »Konsortium zum Schutze des Soave-Weins« neben den zahlreichen Weißweinen aus der Gegend auch ein paar weitere Rotweine aus der Provinz Verona in ihr Angebot aufnimmt.

Padova

L'ostricaro

Osteria
Via Marsilio da Padova
Tel. 0 46 / 8 75 12 71
Ruhetag: Montag
Betriebsferien: August
Plätze: –
Preise: s. u.
Keine Kreditkarten
Reservierung: nicht notwendig

Sante Dorigo aus Venedig stellte eines Tages fest, daß es in Padua keine Fischhändler gab. Da packte er einen Sack voll Meeresfrüchte über die Schulter und begann, regelmäßig nach Padua zu reisen. Sein Sohn Cencio half ihm dabei. Dieser bekam schon sehr bald den Beinamen »L'ostricaro« (»Austernverkäufer«). Nach der Jahrhundertwende siedelte Cencio endgültig nach Padua über. In seinem Fischgeschäft bekam man neben frischem Fisch auch bereits gekochte Leckereien aus Meeresfrüchten, die vorzüglich zu einem Gläschen Wein passen: Tintenfische, Muscheln, Miesmuscheln, Austern ... Cencios Kinder – Dina und Danilo – sind heute auch nicht mehr die Jüngsten, aber den »Ostricaro« gibt es immer noch. Das Lokal ist mit seiner Mischung aus Osteria und Pariser Bistro eine Institution in Padua. Hier machen Aperitif und »Cicheti« schon fast ein komplettes Abendessen aus. Der Star unter all den Köstlichkeiten ist nach wie vor der **Folpeto**, ein kleiner Polyp, der gekocht und mitsamt den Eingeweiden gegessen wird. Aber die ausgezeichneten **Bovoleti** sind ebenfalls nicht zu verachten: dabei handelt es sich um kleine Schnecken, die mit Öl und Knoblauch angerichtet werden. Früher wurden sie auf einem Platanenblatt serviert; heute bringt man sie auf einem Teller. Wer größeren Hunger hat, kann ein ganzes Gericht mit Meeresfrüchten bestellen. Die Preise richten sich nach dem Fisch und der Art seiner Zubereitung und sind demnach sehr unterschiedlich. Bovoleti bekommt man bereits für 1500 Lire, Folpeti für 5000, während man für einen kleinen Hummer schon 20–25 000 Lire bezahlen muß. Man trinkt Pinot bianco di Collabrigo oder Flaschenweine aus Venetien. Die Öffnungszeiten (9.30 bis 13.00 und 16.00 bis 20.00 Uhr) lassen leider nur wenig Spielraum.

Pederobba

32 km von Treviso, S. S. 348

Da Domenico

Osteria
Via Curogna, 129 – Onigo
Tel. 04 23 / 6 40 02
Ruhetag: Dienstag
Betriebsferien: unterschiedlich
45 Plätze
Preise: 15–20 000 Lire
Keine Kreditkarten
Reservierung: am Wochenende

Zum Glück ist die Neu- und Umbauwelle der sechziger Jahre nie bis in diese waldreiche Hügellandschaft vorgedrungen. Somit ist diese Osteria aus dem vorigen Jahrhundert vollständig erhalten geblieben. Natürlich sind inzwischen einige Veränderungen notwendig geworden (Küche und Speisesaal müssen voneinander getrennt sein). Aber heute nimmt man bei Restaurierungsarbeiten auf die alten Strukturen Rücksicht und versucht, sie so weit wie möglich zu erhalten: die gekalkten Wände, die niedrige Decke mit den Holzbalken, die Cotto-Fliesen, die große Feuerstelle in der Mitte des Lokals, die alten Kommoden, die langen Tische und schließlich die Korbstühle. Auch das Speisenangebot hat sich nicht gewandelt. Schon immer kam man zur Jagd in diese Wälder. Die Jäger brachten ihre Beute zu Domenico; heute macht Augusta **Hasenbraten**, **Spiedi di tordi** und reicht dazu eine phantastische **Polenta**. Diese Gerichte sind an sich schon recht üppig. Sollten Sie dennoch eine Vorspeise essen wollen, dann lassen Sie sich Gnocchi mit der Sauce und den Eingeweiden vom Hasen bringen. Die jungen Leute, die sonntags in hellen Scharen bei »Domenico« einkehren, essen lieber die ausgezeichnete hausgemachte Soppressa, Käse und Gemüse aus dem hauseigenen Garten. Cabernet und Verduzzo werden in den typischen Keramikkrügen serviert und sind recht einfach. Genießen Sie hier die einzigartige Atmosphäre. Die Dorfbewohner treffen sich hier und kaufen Brot, denn es gibt keinen einzigen Laden im Ort. Die Jäger verzehren hier ihre selbsterlegte Beute und übertreffen sich gegenseitig mit ihrem Jägerlatein. Diese Osteria ist noch echt und voller Wärme. Und das alles für wenige Lire.

Ponzano

5 km nördl. von Treviso

Trattoria Marchi

Osteria
Via Capitello, 2 - Merlengo
Tel. 04 22 / 96 91 45
Ruhetag: Sonntag
Betriebsferien: zweite Augusthälfte
50 Plätze
Preise: 20-25 000 Lire
Keine Kreditkarten
Reservierung: empfohlen

Wer sehnt sich nicht ab und zu nach Zärtlichkeit, nach Wärme und Trost für Leib und Seele? Wer hat nicht manchmal Sehnsucht nach der frischen Hühnerbrühe, die die Mamma eigens kochte? Aber nicht immer ist die Mamma in der Nähe, nicht immer hat die Mamma gerade ein Suppenhuhn greifbar. In solchen Fällen geht man am besten zu Rina. Sie setzt sich zu dir an den Tisch, fragt dich, wie es dir geht, erzählt dir etwas über das, was sie gerade gekocht hat. Bei Rina gibt es immer eine ausgezeichnete **Hühnersuppe**, die dich sofort an deine Kindertage erinnert, oder eine **Kuttelsuppe**, die bekanntlich Trost und Kraft spendet. Die Trippa ist zart und weich und ein wahres Symbol der »Slow-Food-Küche«, denn sie muß mindestens fünf Stunden köcheln! Man kann die Kutteln aber auch mit Sugo und Muskat oder mit reichlich Parmesan bekommen. Inzwischen hat man seinen Kummer schon wieder vergessen und Lust bekommen auf etwas Kräftiges: da ist der **Bollito misto** mit Meerrettichsauce gerade recht. Man kann sich auch frische Tintenfische und Calamari fritieren lassen (nicht montags). Die Frittura ist stets bekömmlich, denn Rina verwendet nur frisches Öl. Der offene Merlot oder Verduzzo ist nicht gerade berauschend, aber in Ordnung. Man kann den Wein zum Essen oder auch am Schanktresen der Osteria trinken. Mehr kann man von Rina nicht erwarten. Aber das ist ohnehin mehr als genug. Ein Psychotherapeut würde ein Vermögen dafür verlangen, daß er deine Kindheitserinnerungen in dir wach werden läßt. Und was wäre dann mit dem guten Essen?

Quarto d'Altino

26 km von Venedig, A4

Trattoria Cesaro

Osteria
Via Trieste, 2 - Ortsteil Trepalade
Tel. 04 22 / 82 91 25
Ruhetag: Mittwoch
Betriebsferien: Januar
80 Plätze
Preise: 25-30 000 Lire
Keine Kreditkarten
Reservierung: nicht notwendig

Wie viele Osterie in dieser Gegend ist auch das »Cesaro« aus einem Lebensmittel- und Tabakgeschäft hervorgegangen. Erst 1927 wurde der Laden in eine Osteria umgebaut. Angeboten wurden die einfachen traditionellen Gerichte der Gegend: **Baccalà** »in bianco« oder »in rosso« (d.h. mit Butter bzw. mit Tomatensauce), **fritierte Tintenfische** und die allgegenwärtige Soppressa sowie hartgekochte Eier. Der Besitzer führt zusammen mit seiner Mamma Lola und seiner Frau Nives unbeirrt die alte Tradition der Osteria fort. Inzwischen serviert er aber auch vollständige Mahlzeiten. Seine Regionalküche richtet sich nach dem Wechsel der Jahreszeiten und dem jeweiligen Marktangebot. Besonders wohlschmeckend sind der Coniglio alla cacciatora, die verschiedenen **Wildgerichte**, der Baccalà und der hervorragende **Aal**, der auf verschiedene Weisen zubereitet wird. Die Weine (Cabernet und Tocai Doc di Pramaggiore) werden offen oder in Flaschen mit Schnappverschlüssen serviert. Sie sind gut zu trinken und stehen manchen Flaschenweinen mit Korkenverschluß in nichts nach.

San Biagio di Callalta

10 km von Treviso, S.S. 53

Da Procida

Trattoria
Via Casaria, 1 – Spercenigo
Tel. 04 22 / 79 78 18
Ruhetag: Montag und Dienstagabend
Betriebsferien: Aug. u. 14 Tage im Jan.
45 Plätze
Preise: 35-40 000 Lire
Keine Kreditkarten
Reservierung: empfohlen

Nur zehn Autominuten von Treviso entfernt scheint es noch eine völlig intakte Landschaft zu geben. In den Hecken nisten zahlreiche Vögel, in den Wassergräben blühen im Frühjahr leuchtend gelbe Schwertlilien. In dieser ruhigen und verschlafenen Gegend steht seit über hundert Jahren die berühmte Trattoria »Da Procida«; das typische Landhaus ist mit einer schönen Pergola geschmückt. In der Osteria treffen sich schon seit Generationen die Bauern der Gegend. Signor Giorgio wird auch Sie herzlich empfangen und Sie der Obhut seines Sohnes Andrea anvertrauen. Signora Malvina werden Sie nicht zu Gesicht bekommen, denn sie ist zusammen mit ihrer Schwiegertochter in der Küche zugange. Ihre Botschaft an Sie sind ihre berühmten **Frittate con le verdure**, die »sopa di tripe« (**Kuttelsuppe**) mit Rosmarin, Lorbeer, Knoblauch und Nelken; dieses Familienrezept ist sogar in den einschlägigen Kochbüchern über venetische Küche veröffentlicht. Den Höhepunkt der Mahlzeit erreichen Sie mit dem ausgezeichneten **Bollito**, der sich aus Rindfleisch, Zunge, Huhn, (Kalbs-)Kopf und Cotechino zusammensetzt; er wird mit Meerrettichsauce oder Salsa verde (aus Essig, Sauerampfer, Petersilie, eingelegten grünen Paprikaschoten und hartgekochten Eiern) serviert. Aus einer Holzschale nehmen Sie sich grobkörniges Salz und streuen es nach Belieben auf die dampfenden Fleischteile. Freitags können Sie im »Da Procida« auch **Baccalà** essen. Sehr schmackhaft sind auch die **geschmorten Tintenfische mit Erbsen**. Im Frühsommer reicht man Ihnen als Dessert frische Erdbeeren. Der offene Wein ist in Ordnung, die Weine aus der Gegend füllt Signor Giorgio selbst ab, die wenigen Flaschenweine im Angebot sind von guter Qualität.

San Donà di Piave

38 km von Venedig, S. S. 14

Osteria Pavan

Osteria
Via Caposile, 45 – Santa Maria di Piave
Tel. 04 21 / 23 01 87
Ruhetag: Mittwoch
Betriebsferien: unterschiedlich
30 Plätze
Preise: 10-15 000 Lire
Keine Kreditkarten
Reservierung: nicht notwendig

Fährt man auf der Staatsstraße von Venedig in Richtung Jesolo, weist ein Schild in die kleine Ortschaft Santa Maria di Piave. Sie liegt am Fluß Sile, der früher Piave vecchio hieß und nach seiner Umleitung in Piave nuovo umbenannt wurde. Cicci Pavan unterhält sich mit seinen geschichtsbewußten Gästen gerne über den alten und den neuen Piave; er ist vielleicht der letzte echte Gastwirt in dieser Gegend. In seiner Osteria scheint die Zeit stehengeblieben zu sein. Der Wirt und seine Frau stellen ihre Wurstwaren selbst her. So bekommen Sie Würste, die in Wachspapier stecken. Probieren Sie die hervorragende Pancetta, den Cotechino, Salami und Coppa und natürlich die klassische **Soppressa**. Die Käsesorten aus der Gegend, Montasio und Latteria, sind natürlich ebenso zu bekommen wie das hartgekochte Ei mit etwas Salz. Dazu werden selbsteingelegte Silberzwiebeln, Artischockenherzen und viele andere gute Gemüsesorten gereicht.

San Zenone degli Ezzelini

38 km von Treviso, S. S. 248

Maci Martin

Osteria
Via Barbarigo, 17 - Liedolo
Tel. 04 38 / 56 74 77
Ruhetag: Mittwoch
Keine Betriebsferien
60 Plätze
Preise: 25-30 000 Lire
Keine Kreditkarten
Reservierung: empfohlen

Beim Öffnen der Eingangstüre erklingt ein kleines Glöckchen. Man fühlt sich dadurch sofort in eine andere Zeit versetzt. Das Haus ist schließlich das älteste in diesem Dorf, das nicht weit von Asolo entfernt liegt. Hier ist auch alles noch echt: Niemand kann das genaue Alter der Tische, der Strohstühle, des Tresens oder der Ölbäume auf den umliegenden Hügeln bestimmen. Auch die Kartenspieler, die Jahr um Jahr am gleichen Tisch sitzen, sind zusammen alt geworden. Im schlichten Hinterzimmer wird gegessen: Sowohl die ausgezeichnete **Bohnen-** als auch die **Kuttelsuppe** ist schön sämig und weich. Die **Schnecken** werden mit Knoblauch und Gewürzkräutern serviert. Da gibt es auch **Polenta e osei**. Der herbe Geschmack der (zur Jagd freigegebenen) Vögel geht eine gelungene Verbindung mit dem Salbei, dem zarten Speck und der kräftigen gelben Polenta ein. Diese Gerichte sollte man am besten vorbestellen, da sie nicht immer vorrätig sind. Die Weine (offener Merlot und Cabernet) sind annehmbar. Bei einer so sorgfältigen Küche würde man sich allerdings auch ein paar gute Flaschenweine wünschen. Wer weiß, unser Wirt ist sicher noch für manche Überraschung gut.

Schio

25 km von Vicenza, S. S. 46

All'antenna

Trattoria
Via Raga Alta - Magré
Tel. 04 45 / 52 98 12
Ruhetag: Dienstag
Betriebsferien: erste Septemberhälfte
30 Plätze
Preise: 30-40 000 Lire, ohne Wein
Kreditkarten: AE, BA
Reservierung: empfohlen

Es ist ein wahres Vergnügen festzustellen, daß zwei junge Leute ein gutes Restaurant aufmachen. Schio ist vielleicht etwas abgelegen, aber sicher bestens für einen beschaulichen Lebensrhythmus geeignet. Laura und Giovanni del Santos Trattoria liegt auf einem Hügel oberhalb von Schio. Orientieren Sie sich am besten an der großen Antenne. Die charmante Laura wird Sie sogleich in den geschmackvollen Speisesaal bitten. Im Sommer können Sie auch unter der Pergola im Freien sitzen und den herrlichen Ausblick genießen. Die Stärke des Kochs liegt zweifelsohne in der Zubereitung von Spezialitäten aus der Umgebung. Probieren Sie also die **Gargati col consiero**. Man versteht darunter frische Pasta, die von Hand gepreßt und mit Messingmodeln geformt wird. Eine »Küchenverordnung« schreibt den passenden Sugo Monat für Monat vor. Die nächste Spezialität des Hauses nennt sich **Coniglio alla valleogrina**. Das Kaninchen wird in einer kräftigen süßsauren Sauce serviert. Von der Pasta bis zu den Süßspeisen macht Giovanni alles selbst. Seine zehnjährige Erfahrung lehrt ihn Sorgfalt und Gewissenhaftigkeit. Laura ist frischgebackener Sommelier und legt eine gutsortierte Weinkarte mit Erzeugnissen aus Venetien und dem übrigen Italien vor.

Sommacampagna

13 km von Verona, A4

Al ponte

Trattoria
Via Corrobiolo, 30
Tel. 0 45 / 8 96 00 24
Ruhetag: Di. abend und Mittwoch
Betriebsferien: drei Wochen im August
80 Plätze
Preise: 15–25 000 Lire
Keine Kreditkarten
Reservierung: empfohlen

Die »Trattoria al ponte« liegt an der Strada del Custoza, die alle Natur- und Weinliebhaber einmal entlangfahren sollten. In dieser sanften Hügellandschaft befinden sich ein paar kleine Weinkellereien, die durchaus einen Besuch wert sind. Zu Mittag kehren Sie dann in diesem ansprechenden Lokal ein. Angelo Pedrazzini ist nicht sehr gesprächig, und es ist schwer, etwas aus ihm herauszubekommen. Gleichwohl gelingt es ihm, bei den Gästen Interesse und Begeisterung für seine Arbeit zu wecken. Mit besonderer Sorgfalt wählt man hier die Grundstoffe für die Küche aus: sei es nun Grana, Butter oder kaltgepreßtes Olivenöl (anderes Öl wird hier gar nicht verwendet). Auf Einsparungen, die nur auf Kosten der Qualität gehen, wird grundsätzlich verzichtet. Man bemerkt sofort, daß es sich um qualitativ hochwertiges Essen handelt, das mit Sachkenntnis zubereitet wird. Tortellini, Tagliatelle, Gnocchi, **Baccalà**, **Hecht** sind nur ein paar der Spezialitäten, die Sie regelmäßig bekommen können. Hervorragend sind auch die Ravioli und die **Pilzsuppe**. Als Hauptgericht bekommen Sie Gegrilltes, Tintenfisch und Lachs. Es gibt zwar keine Weinkarte, Sie können aber gute Weine von kleinen Erzeugern und aus der Genossenschaftskellerei von Custoza trinken. Das ausgezeichnete Preis-/Leistungsverhältnis setzt einen weiteren positiven Akzent auf die ohnehin vergnügliche Mahlzeit.

Teolo

20 km westlich von Padua

Trattoria al Sasso

Trattoria
Via Ronco, 11 – Castelnuovo
Tel. 0 49 / 9 92 50 73
Ruhetag: Mittwoch [im Jan.
Betriebsferien: 10 Tage im Sept., 14
60 Plätze
Preise: 30–35 000 Lire, ohne Wein
Keine Kreditkarten
Reservierung: empfohlen

Lucio Zalaon besitzt eine Trattoria in den Euganeischen Hügeln unweit von Teolo. Nach den unlängst durchgeführten Renovierungsarbeiten wirkt die Trattoria noch gemütlicher. Der dynamische und engagierte Lucio forscht ständig nach alten Rezepten der Gegend, um sein heute schon gutes Angebot noch weiter zu verbessern. Den Grundstock bilden traditionelle Gerichte wie **Insalata di baccalà**, **Pasta e fagioli** oder **Soppressa con polenta**. Darum ranken sich jahreszeitliche Spezialitäten aus den Grundstoffen dieser Gegend: **Tortino di ortiche**, Risotto con le erbe, hausgemachte Tagliatelle mit Hühnerragout, **Lamm mit Thymian**, Zicklein, gegrilltes Huhn, entbeinte **Wachteln** mit **Stachelbeeren** und Kürbisblüten. An Käse stehen zahlreiche italienische und französische Sorten zur Auswahl. Die Weine sind der Küche durchaus ebenbürtig. Auf der Karte sind gute Erzeugnisse aus Venetien und dem übrigen Italien zu finden. Der offene Wein ist im Preis inbegriffen, Flaschenweine werden extra berechnet. Es sind auch vielerlei Grappe und andere Spirituosen zu haben. Tischwäsche, Geschirr und Gläser sind gepflegt, die Bedienung ist fachkundig und aufmerksam. Im Sommer kann man auf der Terrasse und unter Arkaden im Freien essen. Der umliegende Park lädt zu einem Spaziergang ein.

Torre Belvicino

35 km von Vicenza, S. S. 46

Alla sorgente

Trattoria
Via Tenaglia, 6 – Val dei Mercanti
Tel. 04 45 / 66 12 33
Ruhetag: Montag und Dienstag
Keine Betriebsferien
40 Plätze
Preise: 20–30 000 Lire, ohne Wein
Keine Kreditkarten
Reservierung: empfohlen

Die Trattoria von Claudio Brego liegt malerisch mitten im Grünen, am Fuße des Monte Pasubio. In drei großen Becken mit Quellwasser werden Forellen gezüchtet. In der Umgebung der Trattoria kann man herrliche Spaziergänge durch die Wälder machen und die alten Silberminen oder die Kaolinbrüche besichtigen. Erst vor einem Jahr hat der sympathische Claudio die Trattoria übernommen. Außen hat er das Lokal in seiner ursprünglichen Gestalt belassen, während er es innen nach eigenen Vorstellungen umgebaut hat. Zu seiner Philosophie gehört auch eine Küche, die sich an die Traditionen der Gegend hält und möglichst nur mit Grundstoffen aus eigener Herstellung auskommt. Das Brot (es gibt verschiedene Formen und Sorten) wird mit Mehl aus biologischem Anbau im Holzofen gebacken; die Pasta ist immer selbstgemacht; die frischen Saisongemüse kommen aus der näheren Umgebung. Die Forellen sind natürlich das Aushängeschild des »Alla sorgente«. Probieren Sie als Vorspeise **Sauerkraut** (das noch auf natürliche Weise mit Salz und Gewürzen vergoren wird) mit warmen Forellenstückchen oder den herben Wiesenradicchio mit geräucherter Forelle. Als Primi können Sie Lasagnette mit frischen Forellen, **Ravioli mit Forellenfüllung** oder Gemüsesuppe mit Gerste und, im Winter, Kartoffelgnocchi essen. Die Süßspeisen sind ausgezeichnet: vom Apfel- oder Birnenauflauf über den überragenden **Strudel** oder das klassische Apfelmus bis hin zur ganz frischen Panna cotta. Wer keinen Fisch essen möchte, kann bei Agnese auch anderes bestellen. Die ausgewogene Weinkarte ist aufmerksam zusammengestellt. Sie finden darauf auch drei toskanische Weine aus biologischem Anbau; die Auswahl an Spirituosen ist gut. Die Preise sind sehr angemessen.

Treviso

7 km von der Stadtmitte

Righetto

Restaurant
Via Ciardi, 2 – Quinto
Tel. 04 22 / 37 91 01
Ruhetag: Montag
Betriebsferien: 8 Tage im Jan., 8 Tage
80 Plätze, im Sommer 120 [im Herbst
Preise: 45–50 000 Lire
Kreditkarten: alle bekannteren
Reservierung: empfohlen

»Das ›Righetto‹ wird es solange geben wie den Sile«, behauptet Antonio Righetto, Nachkomme einer Gastwirtsdynastie aus Quinto di Treviso. Seit der Mitte des vorigen Jahrhunderts betreibt die Familie dieses typische Gasthaus am Ufer des Sile. Das »Righetto« ist schon immer ein Begriff für zarten und milden Aal gewesen. Dem Aal wird hier nämlich noch mindestens zwei Monate Zeit gelassen, sich im Flußwasser zu reinigen, bevor er verwendet wird. In Treviso ist der Aal außerdem ein typisches Weihnachtsessen. Ihn gab es auch in mageren Zeiten: man brauchte nur die Schleusen der Wassermühlen zu schließen, und schon waren die Fische darin gefangen. Jetzt dagegen ist Aal sehr teuer geworden. Aber die Righettos geben nicht auf. Und jeden Tag kommen aus der Küche »herrlich duftende« Risotti mit Aal, wie ein »Lob des Sile-Aals« aus dem Jahre 1905 schwelgte, der beliebte **gebackene Aal**, im Winter auch **Brodetto** und der milde **Aal mit Polenta**. Auch die neueren Speisen werden ausnahmslos mit Aal zubereitet: Aalröllchen, geröstete Brotscheiben mit Aalterrine, Tagliatelle mit Aalsugo. Antonios Sohn kümmert sich um den Service und empfiehlt zu jedem Gericht den passenden Wein: gute Proseccos und Weine aus dem Trentino und Friaul. Die Trattoria wurde in den letzten Jahren eleganter gestaltet, aber die Holzbalken, die Feuerstelle, der Schanktisch, die Fotos und die schönen Kommoden halten die Erinnerung an vergangene Zeiten wach. Die Delikatessen der Righettos haben natürlich ihren Preis. Doch der ist angemessen. Mittags kann man hier übrigens wie in einer alten Osteria ein preiswertes Menü bekommen.

Treviso

Toni del Spin

Trattoria
Via Inferiore, 7
Tel. 04 22 / 54 38 29
Ruhetag: Sonntag und Montagmittag
Betriebsferien: 3 Wochen im August
70 Plätze
Preise: 25–35 000 Lire
Kreditkarten: CartaSi, Visa
Reservierung: empfohlen

Die echten Trevisaner trauern noch der Zeit nach, in der Treviso eine lebendige Stadt war, in der man bis spät abends durch die Kneipen ziehen und sich vergnügen konnte. Im »Toni del Spin« aß man traditionsgemäß Baccalà. Auch die frommen Hausfrauen holten sich jeden Freitagmittag dort ihre Portion, selbst Atheisten beachteten die Fastenregeln der Katholiken und aßen freitags bei Toni ihren Fisch. Baccalà bedeutet in Treviso »Toni del Spin« und umgekehrt. »Spin« war vermutlich der Spitzname des ersten Wirts, denn das Wort bedeutet im Dialekt »Fischgräten«. Die Pächter haben gewechselt, die Gäste sind nicht mehr die gleichen wie früher. Aber auch heute noch stellt das »Toni del Spin« eine gute Alternative zu den sonst üblichen Abfütterungsstätten dar. Das Lokal wurde renoviert und erstrahlt nun wieder im alten Glanz. **Baccalà**, **Pasta e fagioli** und **Trippa** bekommt man jeden Tag. Von November bis Februar ißt man die traditionelle **Oca rosta** (Gänsebraten) mit Sellerie. An großen Schiefertafeln stehen nach wie vor gute Flaschenweine aus Venetien und Friaul angeschrieben, die man zu günstigen Preisen am Tresen ausgeschenkt bekommt. Der offene Wein (Merlot und Tocai) ist in Ordnung und kostet 700 Lire das Glas. Auch die Preise sind noch wie früher ... Das Speisenangebot sollte allerdings noch etwas überarbeitet werden. Vielleicht bekommt man ja eines Tages noch mehr typische Spezialitäten zu essen?

Valdagno

45 km von Vicenza, S. S. 246

Hostaria a le Bele

Trattoria-Osteria
Via Maso, 11 – Maso
Tel. 04 45 / 97 02 70
Ruhetag: Montag
Betriebsferien: August
70 Plätze
Preise: 25–38 000 Lire, ohne Wein
Kreditkarten: AE, DC, Visa
Reservierung: empfohlen

Seit dem vorigen Jahrhundert steht hier ein Gasthaus. Ganz zu Anfang kümmerten sich »le bele«, zwei hübsche und freundliche Schwestern, um Weinausschank und Pferdewechsel, verkauften Chinin und was man sonst noch brauchte. Heute bieten in dieser traditionsreichen Trattoria die Gebrüder Pianegonda Kost an, die sich genau an den Bräuchen dieser Gegend orientiert. Wenn Sie eintreten, sollten Sie einen Blick auf das »Eßzimmer« werfen, in dem etwa 12-16 Personen an einem mächtigen ovalen Tisch Platz finden, in dem Kommoden und einige klug ausgewählte Weine stehen. Mauro wird Ihnen dann die kräftigen und wohlschmeckenden Gerichte dieser »Gebirgsküche« vorstellen. Typisch hierfür ist die **Gallina imbriaga**, geschmortes Huhn, das zuvor in Cabernet, Gemüse, Gewürze, Olivenöl, Brühe und Grappa eingelegt wurde. Ein ebenso sicherer Treffer ist die **Polenta** mit zerlassenem Almkäse, d.h. die besten Käsesorten der Gegend werden geschmolzen und über die weiche Polenta gegossen. Häufig bekommen Sie hier auch **Pasta e fagioli**, **Risi e bisi** oder Fleischspieße. Vom Brot werden Sie begeistert sein. Vittorio und Enrico backen es im hauseigenen Ofen selbst. Ausschließlich selbstgemacht sind auch die Süßspeisen. Mauro und Vittorio beschäftigen sich immer eingehender mit dem Wein. Die Resultate sind spürbar: man trinkt ordentliche Erzeugnisse und freut sich schon auf eine Erweiterung des Angebots. Aber schon heute ist das Lokal, nicht zuletzt wegen der günstigen Preise, zu empfehlen.

Venezia

Al Bacco

Trattoria mit Weinausschank
Cannareggio, 3054 – Fond. Capuccine
Tel. 0 41 / 71 74 93
Ruhetag: Montag
Betriebsferien: 14 Tage im August und
55 Plätze + 30 im Freien   [im Februar
Preise: 30–45 000 Lire
Keine Kreditkarten
Reservierung: empfohlen

Hinter dem Ghetto, in einem der abgelegensten und zugleich faszinierendsten und zugleich faszinierendsten Winkel Venedigs, liegt dieses ansprechende Lokal. Außerhalb der üblichen Essenszeiten bekommt man hier eine »Ombretta« an der Theke. Die Stadtflucht der Venezianer hatte diese Trattoria wie soviele andere auch in Schwierigkeiten gebracht. Vor etwa zehn Jahren haben ein paar junge Leute (ein Schiffskapitän, ein Angestellter, ein Bauer) ihre angestammten Berufe an den Nagel gehängt und ein Lokal im traditionellen venezianischen Stil eröffnet. Sie erwarben die Trattoria, restaurierten die Galerie und richteten sie mit Möbeln aus der Zeit der Jahrhundertwende ein. Der Erfolg stellte sich sogleich ein. Anfangs kamen hauptsächlich Gäste aus dem Viertel hierher, nun wird es auch von Reisenden frequentiert, die ein ursprüngliches Lokal abseits der großen Touristenströme suchen. Der Empfang ist offen und herzlich. Es gibt keine Speisekarte. Dafür sagt Ihnen Roberto Meneghetti auswendig auf, was es gerade gibt. Bodenständiger könnte die Küche nicht sein, die Zutaten sind stets frisch und werden zu wohlschmeckenden, einfachen Gerichten verarbeitet. Fisch nimmt natürlich den Löwenanteil des Angebots ein: **Pastete mit Hummer**, **Tagliolini mit Krabbenfleisch**, Risotto mit Meeresfrüchten. Am Wochenende werden Sie eher **Stockfischmus** und **Saor** bekommen. Der Wein paßt stets zu dem, was Sie gerade essen. Es wäre allerdings nicht schlecht, wenn die inzwischen routinierten Wirte neben den regionalen Weinen auch verschiedene edlere Weine anbieten würden. Schließlich heißt das Lokal ja »Zum Bacchus«!

Venezia

Al mascaron

Trattoria mit Weinschenke
Castello, 5225 – calle S. Maria Formosa
Tel. 041/5225995
Ruhetag: Sonntag
Betriebsferien: 15. Dez.–20. Jan.
50 Plätze
Preise: 30–45 000 Lire
Keine Kreditkarten
Reservierung: empfohlen

Das »Al mascaron« ist eine jener alten Osterien, die durch einen Umbau wieder zu neuem Leben erweckt worden sind. Viele traditionsreiche Lokale in Venedig sind ja der traurigen Kombination von Wurzelholz- und Marmorplatten zum Opfer gefallen. Hier hat man jedoch den typischen Osteria-Stil beibehalten und eine recht lebendige Atmosphäre geschaffen. Auch wenn das »Al mascaron« nicht durchgehend geöffnet ist, können wir hier von einer echten Osteria sprechen: Es werden rauhe Mengen von »Ombra e cicheti« konsumiert – und das auch zur eigentlichen Essenszeit! Das Lokal bietet eine große Anzahl verschiedener **Gemüsesorten** an. Sie können das Saisongemüse gedünstet, gegrillt oder **»in saor«** bekommen. Probieren Sie den Radicchio di Treviso. Ansonsten werden Ihnen hier die typischen Gerichte der venezianischen Küche serviert: Bohnensuppe, Stockfisch oder Baccalà in verschiedenen Variationen: als Mus, fritiert oder gedünstet und mit Petersilie und Knoblauch angerichtet. Hier essen Sie auch den klassischen Saor mit Fisch oder Leber, **Fegato alla veneziana**, Risotto mit Fisch oder Saisongemüsen, Spaghetti mit frischen Meeresfrüchten. Der Service ist familiär und herzlich, manchmal sogar etwas improvisiert. Im Vergleich zu anderen Lokalen dieser Art zeichnet sich das »Al mascaron« durch eine Auswahl an bemerkenswert guten Weinen aus. Hier bekommen Sie auch einige aromatische Grappasorten.

Venezia

Al milion

Trattoria mit Weinschenke
Cannaregio, 5841 – Corte del Milion
Tel. 0 41 / 5 22 93 02
Ruhetag: Mittwoch
Betriebsferien: August
40 Plätze
Preise: 30–40 000 Lire
Keine Kreditkarten
Reservierung: nicht notwendig

In der »Corte del Milion« soll einmal die Familie Marco Polos gelebt haben. Auch dieses Lokal ist ein gutes Beispiel dafür, wie man eine Osteria behutsam restaurieren und ihre typischen Eigenschaften, ihre Einrichtung und ihr Ambiente in die heutige Zeit hinüberretten kann. Hinzu kommt die traditionelle venezianische Küche zu einem vergleichsweise anständigen Preis. Das »Al milion« wird hauptsächlich von Venezianern besucht, die genug haben von den Lokalen, die nur darauf aus sind, Touristen auszunehmen und deshalb nur eine seichte Nachahmung dessen bieten, was für Venedig typisch ist. Diese Osteria bietet sich also auch für Reisende an, die etwas Muße mitbringen und ein wenig Lokalkolorit genießen wollen. Vor sechs Jahren haben Piero und Roberto Bocus das Lokal übernommen. Das Angebot wurde insgesamt erweitert. Die sehr venezianische Tradition der »ombre e cicheti« hat man natürlich beibehalten. Piero und Roberto haben das Gastgewerbe im Blut. Der Vater der beiden ist lange Zeit Barman in der berühmten »Harry's Bar« gewesen. Dort hat vor gut dreißig Jahren auch der Küchenchef Mario Bravetti seine Karierre begonnen, bevor er viele Jahre im Ausland kochte und nun in seine Heimatstadt zurückgekehrt ist. Vielleicht spricht er deshalb nur noch venezianischen Dialekt. Man ißt hier verschiedene Suppen mit Hülsenfrüchten (**Pasta e fagioli**), Fisch, **Risotto mit Fisch** oder mit frischem Gemüse, **Saor**, **Stockfischmus** und frischen Fisch vom Markt. Man trinkt offenen Wein aus Venetien und Friaul oder einen der wenigen Flaschenweine.

Venezia

All'antica mola

Osteria-Trattoria
Cannaregio, 2800 – Fond. Ormesini
Tel. 0 41 / 71 74 92
Ruhetag: Samstag
Betriebsferien: August
70 Plätze + 40 im Freien
Preise: 25–45 000 Lire
Keine Kreditkarten
Reservierung: empfohlen

Die Trattoria »All'antica mola« liegt im Herzen des einfachen Stadtteils Cannaregio, gegenüber dem Ghetto Nuovo. Das Lokal ist ein gutes Beispiel für die neu verstandene Gastronomie Venedigs, die sich durch die Achtung und Aufwertung alter Traditionen auszeichnet. Davon zeugen der Tresen aus Lärchenholz und Marmor aus der Zeit der Jahrhundertwende, die großen massiven Holztische, die schönen Bilder mit venezianischen Motiven, der kleine Garten mit einem Fresko der Lagune. Die neuen Pächter, die Familie Cravin, und der erfahrene Küchenchef Paolo di Corrado haben das Lokal zu neuem Leben erweckt. Trotz seiner Beliebtheit war es in der letzten Zeit erschreckend weit heruntergekommen. In der Osteria kann man jetzt wieder wie in der alten Zeit Ombrette trinken und dazu zahlreiche Cicheti aus Fisch oder Gemüse essen. Man kann hier aber auch eine komplette Mahlzeit bekommen. Paolo kocht verschiedene **Risotti** (z.B. mit Schnekken), Gnocchetti mit Sugo aus Fisch, Muscheln und Krustentieren. Es gibt immer so traditionelle Gerichte wie **Saor**, **Baccalà**, **Artischocken**. Neben einigen Flaschenweinen aus Venetien und Friaul trinkt man hier den ausgezeichneten Hauswein Pinot bianco.

»Andar per ombre«

»Ombra« nennt man ein Glas Wein mit ca. 100 ml Inhalt. Die glaubwürdigste Erklärung des Begriffes ist folgende: früher wurde auf dem Markusplatz der Wein von fliegenden Händlern verkauft. Man sagt, daß die Verkäufer dem Schatten (»ombra«) des Kirchturms folgten, damit der Wein kühl blieb. Seitdem sagt man »andar all'ombra«, wenn man ein Glas Wein trinken geht. Nane trifft Bepi und Toni, die er schon lange nicht mehr (das kann auch nur ein Tag sein) gesehen hat. Um die Freundschaft neu zu beleben, lädt er die beiden zu einer Ombra ein. Bepi und Toni erwidern die Einladung sofort. Diese Ombre kann man in ein und derselben Osteria trinken. Man kann aber auch langsam von Kneipe zu Kneipe ziehen und sich dabei unterhalten oder Witze reißen. Das nennt man dann »far un giro de ombre«. Dann trifft Nane Gigio, Marco ... Das heißt dann »andar a ombre«.

Selbstverständlich braucht man bei diesen vielfältigen »sozialen« Aktivitäten auch eine gute Unterlage. In den Osterie bekommt man in der Regel traditionelle Gerichte mit viel frischem Gemüse, fritiertem oder gebratenem Fisch, Muscheln oder Krustentieren. Man ißt gleich am Tresen. Dort sind nämlich alle Speisen aufgebaut und auf einen Zahnstocher aufgespießt oder auf einer Scheibe Polenta bzw. Brot angerichtet. Nur selten bekommt man die Spezialitäten auf einem eigenen Teller serviert. Zu diesen »cicheti« gehören natürlich der Baccalà, gebratene oder fritierte Tintenfische und Calamari, Fisch »in saor«, gedünstete »castraure« oder »botoli«), Meerschnecken mit Knoblauch, Öl und Petersilie (»bovoleti«). Üblicherweise werden auch Gerichte aus weniger wertvollen Fleischteilen (das berühmte »fünfte Viertel«) angeboten: Milz (»spienza«), Pansen (»rumegal«), Kutteln (»rissa«), gedünstetes Euter, Nervetti, Füßchen und Kalbskopf.

Die Ombre sind keine großartigen Weine, die zum Meditieren anregen. Man wird ihretwegen sicher nie vom Gesprächsthema abkommen, etwa um sie zu loben. Sie sind leicht und gut zu trinken. Die Ombre laden viel eher zu einer »ombretta« ein: d.h. man trinkt sein Glas nicht in kleinen Schlückchen, sondern leert es vielmehr in einem Zug. Eine Ombra trinken ist nicht Selbstzweck, sondern eher das Mittel zum Zelebrieren einer Kulthandlung, die man als Symposion von Peripathetikern bezeichnen könnte. Das Schöne an diesen Symposien ist, daß keine Unterschiede zwischen Geschlecht und Stand gemacht werden.

Warum gibt es so etwas hauptsächlich in Venedig? Ist es eine Reaktion auf das Hochwasser der Lagune, das einfach alles umspült und formt? Oder ist es ein Wiederaufleben der frenetischen Jagd nach Vergnügungen wie sie uns aus dem 18. Jahrhundert bekannt ist? Oder ist es vielleicht Ausdruck der leidigen Wohnungsfrage, die auch heute noch aktuell ist? Die Stadtbevölkerung ist zwar drastisch zurückgegangen (heute leben nur noch halb so viele Menschen in Venedig wie noch vor vierzig Jahren), aber nach wie vor ist das Leben auf der Straße oder in der Osteria angenehmer als in den Häusern.

Der Leser möge selbst entscheiden, sobald er – möglichst in guter und zahlreicher Gesellschaft – seine Untersuchungen vor Ort angestellt hat. Und wenn es in den nächsten Jahren noch möglich sein sollte, in den Osterie Venedigs eine Ombra zu trinken, dann ist das auch dem Feingefühl einiger Parlamentarier zu verdanken: zuerst hat nämlich das europäische, dann das italienische Parlament die Expo 2000 in Venedig abgelehnt. Eine solche Veranstaltung hätte mit Sicherheit den Tod vieler alter Osterie und das Aufleben der Fast-Food-Kultur bedeutet.

Domenico Nordio

»Andar per ombre«

Aciugheta

Trattoria mit Weinausschank
Castello, 4357 – Campo SS. Filippo e Giacomo
Tel. 0 41 / 5 22 42 92
Ruhetag: Mittwoch
Keine Betriebsferien
Plätze:–

Um bis zum Schanktresen vorzudringen, müssen Sie sich erst zwischen den Tischen der Trattoria hindurchschlängeln. Das Lokal ist hinter den vielen Schmuck- und Kitschständen in der Nähe des Markusplatzes kaum zu finden. Gianni Bonaccorsi hat eine alte Tradition beibehalten und bietet als »Cicheto« auch Sardellen (»Acciughe«) an. Höchstwahrscheinlich zahlt sich das für ihn gar nicht mehr aus: der Fisch ist wie alle Mittelmeerfische selten geworden und sehr aufwendig in der Zubereitung. Zuerst muß er entgrätet und gesäubert werden, dann werden die Filets wieder zusammengelegt, auf einen Zahnstocher gespießt und in Öl eingelegt, bis sie zusammen mit den kleinen Semmeln gegessen werden. Für 1600 Lire bekommen Sie hier eine »Aciugheta« und eine ansprechende Ombra Tocai del Piave. Abends und Sonntag mittags essen Sie kleine Pizzette aus Brotteig mit Sardellen. Und davon werden Sie natürlich durstig!

Ca' d'Oro, genannt »Alla Vedova«

Osteria
Cannaregio, 3912 – Calle del Pistor
Tel. 0 41 / 5 28 53 24
Ruhetag: Donnerstag und So. vorm.
Betriebsferien: Aug. und erste Sept.-woche
50 Plätze

Die Familie Di Giulio kam vor über hundert Jahren nach Venedig, um dort eine Weinhandlung zu betreiben. Die Geschwister Mirella und Renzo Doni sind die Erben dieses Familienunternehmens und führen das Lokal weiter. Das »Alla vedova« sieht heute noch genauso aus wie früher, Einrichtung und Atmosphäre sind die gleichen geblieben. Das Lokal hebt sich von den vielen anderen am Cannaregio auch durch seine reichhaltige Auswahl an Cicheti ab: gedünstete Artischocken und Artischockenböden (nur im Winter), gegrilltes oder gedünstetes Gemüse, Fleischfrikadellen, »Folpeti«, Saor mit Fisch, gebratene Tintenfische, Baccalà und Käse aus Venetien. Stellen Sie sich aus diesen Mosaiksteinchen eine außergewöhnliche Mahlzeit zusammen, die allerdings nicht ganz billig ist. Trinken Sie dazu die venetischen Weine, die aus großen Ballonflaschen abgefüllt werden (eine Ombra kostet 500 Lire) oder Flaschenweine aus Venetien und Friaul. Im Winter können Sie hier auch Bohnensuppe, Kutteln und Fleischsuppe essen.

Cantina do Mori

Osteria
San Polo, 429 – Calle do Mori
Tel. 0 41 / 5 22 54 01
Ruhetag: Sonntag
Betriebsferien: 15. Juli–15. August
Plätze:–

Die beiden Eingangstüren dieser netten Osteria können kaum all die Leute durchlassen, die in Scharen vom nahen Mercato di Rialto hereinströmen. Roberto Biscontin hat sein Handwerk gelernt. Seit dreißig Jahren schenkt er in seinem Lokal Ombrette aus. In der Cantina aus dem 17. Jahrhundert können Sie leichte Weiß- und Rotweine (die Ombra zu 500 Lire) oder auch anspruchsvollere Weine trinken. Robertos Angebot umfaßt die besten Erzeugnisse Italiens. Essen Sie dazu Cicheti: Stockfischmus oder Baccalà alla vicentina, Folpeti, Coppa vom Bullen.

VENETIEN **161**

»Andar per ombre«

Cantina do spade

Osteria
San Polo, 860 – Calle de le do spade
Tel. 0 41 / 5 21 05 74
Ruhetag: Sonntag
Betriebsferien: August
40 Plätze

Die »Osteria do Spade« gab es schon im Mittelalter. Früher konnte man hier übernachten. Inzwischen ist das Lokal umsichtig und stilvoll restauriert worden. Die großen Tische stammen noch aus der Zeit der Jahrhundertwende. Hier werden Ihnen Weine aus allen Regionen Italiens angeboten. Leider sind nicht immer gerade die besten Erzeuger vertreten. Bei den Gästen, die meist vom nahegelegenen Mercato di Rialto herüberkommen, sind die phantasievollen Tramezzini besonders beliebt. Stattdessen können Sie aber auch verschiedene Nudelgerichte und bodenständige Bigoli, Pasta e fagioli, Saor vom Fisch oder Baccalà essen. Giorgio Lanza ist ein stolzer Wirt. So ist es nicht verwunderlich, daß er sich auch den Ruf und Namen seines Lokals bezahlen läßt: Ombre bekommen Sie ab 1000 Lire, Primi ab 6000 bzw. 8000 Lire.

Minibar da Lele

Osteria
Santa Croce, 183 – Campo dei Tolentini
Ruhetag: Sa. nachmittag und Sonntag
Betriebsferien: zweite Augusthälfte

Autos und Busse müssen am Piazzale Roma abgestellt werden. Wenn Sie dann von dort in die Stadt gehen, stoßen sie als erstes auf Leles Minibar. Mit ihren 14 qm ist sie wirklich so winzig, daß keine Küche Platz hat. Essen Sie also deftige Sandwiches, Toasts oder die guten Tramezzini. Gabriele ist ein Gastwirt alter Prägung. So klappert er auch heute noch selbst alle Kellereien des Piave, in Lison und in Valdobbiadene ab und sucht sich vor Ort seine Weine aus. Die Ombra kostet 500 bzw. 600 Lire, für ein Glas Prosecco bezahlen Sie 1000 Lire. Da die Bar sehr klein ist, verlegen die Ombra-Jünger ihre Zusammenkünfte auch unter den Säulengang der Kirche auf dem Campo Tolentini.

Osteria al ponte, genannt »Alla patatina«

Osteria Ponte di San Polo, 2741
Tel. 0 41 / 5 23 72 38
Ruhetag: Sonntag
Betriebsferien: zwei Wochen im August
30 Plätze

In dieser netten und stets gut besuchten Osteria bekommt man seit über dreißig Jahren große, heiße und knusprige Kartoffelchips. Man ißt aber auch im Teigmantel gebackenes Gemüse, Euter, Milz, Nervetti mit Zwiebeln, Zunge, Saor, Kutteln usw. Dazu trinkt man kräftigen Tocai aus Friaul oder Raboso del Piave (600 Lire die Ombra). In den fünfziger Jahren wurde das Lokal ganz mit Lärchenholz und Messing ausgekleidet. Die Atmosphäre in den sonst vielleicht recht nüchternen Räumen ist somit sehr angenehm. An den riesigen Tischen kann man sich auch eine einfache und preiswerte Mahlzeit servieren lassen.

»Andar per ombre«

Osteria alla botte

Osteria
San Marco, 5482 – Calle della Bissa
Tel. 041/5223946
Ruhetag: Samstag
Keine Betriebsferien
24 Plätze

Die Osteria liegt in der Nähe von Rialto. Die schmale und gewundene Gasse trägt den sinnfälligen Namen »Schlangengasse«. Giovanni Padoan, genannt Ciopa, ist ein Bankangestellter im Ruhestand. Zusammen mit seinen drei Söhnen hat er dieses Lokal eröffnet. Hier befand sich früher eine sehr bekannte Tripperia (ein Geschäft, in dem hauptsächlich Kutteln verkauft wurden). Der halbrunde Tresen voll verschiedener Cicheti ist ein herrlicher Blickfang. Dort stehen dicht an dicht aufgereiht Gemüse, Pansen, Euter, Milz, Nervetti mit Zwiebeln. Diese weniger edlen Fleischteile nennt man in Venedig scherzhaft »das fünfte Viertel«. In der Osteria wird aber auch Fisch angeboten: gebratene Tintenfische, marinierte Folpeti, Cagnoletto (eine kleine Haiart mit sehr wohlschmeckendem Fleisch) mit Polenta. Die Ombra Pinot bianco oder Cabernet kostet 500 Lire. Für 20 bis 25 000 Lire essen hier zahlreiche Arbeiter und Angestellte zu Mittag.

Vini da Pinto

Osteria
San Polo, 367 – Campo de le Becarie
Tel. 0 41 / 5 22 45 99
Ruhetag: Montag
Keine Betriebsferien
Plätze: –

Das Wirtshausschild verkündet stolz, daß die Osteria bereits seit 1890 existiert. Um neuen Gästen Platz zu machen, weichen die Leute gern auf den Campo de le Becarie aus. Dort können sie sich dann in aller Ruhe unterhalten, ihre Ombra trinken und sich durch das große Durchreichefenster neuen Wein Stockfischmus von Venedig. Es wird als Brotaufstrich oder mit Sandwiches serviert. Probieren Sie auch die Wurst- und Käsesorten aus Venetien (Soppressa, Montasio), Parmaschinken und Pancetta, Baccalà alla vicentina, Folpeti. Dazu trinken Sie dann am besten Tocai, Merlot rosé und gewöhnlichen Merlot del Collio. Der Wirt Giovanni Locorotondo sucht seinen Wein selbst aus. Ein Glas kostet 700 Lire. Giovannis Vorfahren stammten aus Apulien. Sie siedelten sich in Venedig an und verkauften hier Wein, den sie sich auf dem Seeweg bringen ließen.

Vino Vino

Enoteca mit Küche
San Marco, 2007 – Calle delle Veste
Tel. 0 41 / 5 23 70 27
Ruhetag: Dienstag
Keine Betriebsferien
30 Plätze

Es war schon eine gute Idee von Emilio Baldi, die reich bestückten Weinkeller seiner Restaurants »Antico Martini« und »Martini Scala« auch für diese Weinschenke zu nutzen. Hier steht auch einer der ersten Stickstoff-Schanktresen Italiens. Diese Vorrichtung verhindert, daß der Wein oxydiert, wenn die Flasche angebrochen ist. Man kann somit auch sehr edle Weine ausschenken, ohne um ihre Qualität fürchten zu müssen. Anstelle der großen italienischen und internationalen Weine können Sie auch eines der preiswerteren Erzeugnisse trinken. Hier bekommen Sie auch zahlreiche Grappe und Obstschnäpse. Für 20-25 000 Lire können Sie hier ein komplettes Tagesmenü bestellen. Wählen Sie eine der venezianischen Spezialitäten wie Saor, Polypen mit Staudensellerie, Trippa, Pasta e fagioli, Risotto.

Venezia

12 km von der Stadtmitte

Alla campana

Osteria
Via Catene, 61 – Catene di Marghera
Tel. 0 41 / 92 31 77
Ruhetag: Freitag
Betriebsferien: zwei Wochen im August
50 Plätze
Preise: 22–40 000 Lire
Keine Kreditkarten
Reservierung: empfohlen

Tische und Korbstühle stammen noch aus dem vorigen Jahrhundert. Der Rauchfang des Kamins besteht aus der Gußform einer Kirchenglocke (»campana«). Dort wird bereits seit den frühen Morgenstunden die Zuppa di trippa warm gehalten, denn hier trinkt man zum Frühstück Suppe und keinen Cappuccino. Auf der Theke stehen zahlreiche Cicheti: gebackenes Gemüse und Fisch, Nervetti und dicke Bohnen mit Zwiebeln, Schnecken in Öl und Knoblauch, Artischockenböden, Musetto und vieles mehr. An den Tischen wird Karten gespielt und krügeweise Wein getrunken. Das ist also die Atmosphäre der »Osteria alla Campana«, die im alten Arbeiterviertel Porto Marghera liegt. Das Lokal ist auch Versammlungsort von Gewerkschaften und Parteien. Es wurde vor über hundert Jahren eröffnet. Seit 1928 ist es im Besitz der Familie Zamengo. Vor kurzem hat sich auch Schwiegersohn Walter Carrer hinzugesellt, der seine Familienweine (Weißweine und Raboso veronese) in der Osteria ausschenkt. Zur Essenszeit werden die Spieler von den Tischen vertrieben und den Gästen deftige Speisen serviert: **Zuppa di trippa**, Pasta e fagioli, hausgemachte Gnocchi, Risotti, Baccalà, fritierter Fisch, **Fohlenkotelett vom Grill**, Braten. Die unermüdliche Köchin Elda Rossi kocht auf Vorbestellung auch nach ganz alten Rezepten: **gefüllte Täubchen mit Polenta** und **Risotto di secole**, d.h. Risotto mit Fleisch von der Wirbelsäule eines ausgewachsenen Ochsen. Diese Fleischteile bekommt man beim Metzger umsonst, da sie eigentlich nicht viel wert sind. Für 40 000 Lire kann man hier richtig tafeln. Die Osteria liegt in der Nähe der Autobahnausfahrt Mestre und ist somit leicht zu erreichen.

Venezia

Alla Rivetta

Osteria-Trattoria
Castello, 4625
Tel. 0 41 / 5 28 73 02
Ruhetag: Montag
Betriebsferien: unterschiedlich
40 Plätze
Preise: 25–40 000 Lire
Keine Kreditkarten
Reservierung: empfohlen

Lino Scevola war lange Jahre unser »Mäzen«: vor 25 Jahren, als wir von unseren nächtlichen Streifzügen zurückkamen und bei ihm einkehrten, verkaufte er uns für wenige hundert Lire eine Ombra Wein und sämtliche Cicheti, die so kurz vor der Sperrstunde noch übriggeblieben waren. Die verbesserte Kühltechnik hat diese Quelle versiegen lassen, aber Lino erzählt dafür Geschichten und Anekdoten aus Venedig, philosophiert und unterhält sich mit seinen zahlreichen Gästen: Stammkundschaft, Gondolieri und auch einige Touristen, denn die Trattoria liegt in einer zentralen und deshalb sehr belebten Gegend der Stadt. Auch heute noch bekommen Sie hier Ombre und Cicheti – ein Gasthaus ist schließlich ein Ort der Geselligkeit. Selbst wenn Sie in Eile sind, sollten Sie **fritierte Calamari**, die Spezialität des Hauses, probieren. Essen Sie auch von den **Sardoni alla greca**, d.h. ausgenommene und gebratene Sardellen mit Petersilie, Knoblauch und Öl oder eine der vielen anderen Köstlichkeiten, die auf dem Tresen aufgebaut sind. Wenn Sie Zeit haben, sollten Sie die traditionellen Gerichte bestellen. Zu ordentlichen Preisen bekommen Sie hier viele Fischgerichte wie **Saor**, **Baccalà** (nur im Winter), **Tintenfische in schwarzer Sauce mit Polenta**. Trinken Sie dazu leichte Weine aus dem Veneto. Die Atmosphäre des Lokals mit seinem bunt gemischten Publikum ist sehr ansprechend.

Venezia

Von Venedig aus 40 Min. mit dem Vaporetto

Antica trattoria alla Maddalena

Trattoria
Mazzorbo, 7/A – Burano
Tel. 0 41 / 73 01 51
Ruhetag: Donnerstag
Betriebsferien: 20.12.–20.1.
80 Plätze + 80 im Freien
Preise: 30–45 000 Lire
Keine Kreditkarten
Reservierung: abends empfohlen

Fisch, Muscheln und Krustentiere sind den meisten Leuten als venezianische Spezialitäten vertraut. Dazu gehören aber auch Gemüse aus dem Küstengebiet und **Wildgeflügel**, das hauptsächlich in den umliegenden Gegenden gejagt wird. Die Trattoria wurde bereits 1928 in einem Führer erwähnt. Seit 1955 wird sie von der Familie Simoncin betrieben. Zur Jagdsaison (September bis Mai) bekommt man hier verschiedene Wildenten nach einem alten Familienrezept zubereitet: mit vielen Kräutern und Gewürzen, Zitronenschale und den Innereien. Damit macht man auch eine ausgezeichnete Sauce zur Pastasciutta. Leider muß man hier auf die hervorragenden Riserva-Weine verzichten, die so gut zu diesen Wildgerichten passen würden, und sich mit einem Merlot oder Raboso von den Inseln begnügen oder die ordentlichen Weine aus Friaul trinken. Das ganze Jahr über werden auch die traditionellen Fischgerichte und andere Spezialitäten der Lagune serviert: **Risotto mit Venusmuscheln**, Risotto mit Fisch, **Castraure** (Artischocken), Zuppa di Trippa, Baccalà (auf Vorbestellung) und Gemüse von den Inseln. Zur warmen Jahreszeit kann man im Freien unter einer schattigen Pergola sitzen, die Stille des Gartens genießen und auf den Kanal hinausblicken. Die bodenständige Küche, die herzliche Gastlichkeit der Simoncins, die Fahrt über die Lagune bis nach Burano und die Atmosphäre der kleinen Insel Mazzorbo sind sicher einen Ausflug wert.

Venezia

Antiche Cantine Ardenghi

Osteria-Trattoria
Cannareggio, 6369 – Calle della Testa
Tel. 0 41 / 5 23 76 91
Ruhetag: Sonntag
Betriebsferien: 14 Tage im August und 30 Plätze [um Weihnachten
Preise: 25–35 000 Lire
Keine Kreditkarten
Reservierung: empfohlen

Seit 1884 ist diese klassische alte Osteria im Besitz der Familie Ardenghi. Sie liegt in einem einfachen Stadtviertel ganz in der Nähe des Campo Santi Giovanni e Paolo, wo sich Kunst und Geschichte Venedigs förmlich konzentrieren. Wie alle Gastwirte ihrer Zeit suchten sich die Ardenghis ihren Wein in den entsprechenden Anbaugebieten selbst aus und transportierten ihn dann in großen Fässern auf dem Seeweg nach Venedig. Heute trinkt man anstatt Aleatico und Zibibbo aus Apulien leichte offene Weine aus Friaul oder aus der näheren Umgebung. Der junge Luigi Ardenghi hat den Stil des Lokal der starken Nachfrage nach gutem Essen zu angemessenen Preisen angepaßt. Neben den traditionellen »Ombre e cicheti« bekommt man hier hauptsächlich frischen Fisch, der nach alten Rezepten zubereitet wird. Gewöhnlich ißt man **Bigoli in salsa**, Pasta e fagioli, **Spaghetti mit Venusmuscheln**, Baccalà, **Sardinen in saor**. Die verschiedenen Risotti mit Fisch und frischem Gemüse sind durchweg schmackhaft. Das Lokal ist recht gemütlich, obwohl die alte Einrichtung nur teilweise erhalten blieb. Die Atmosphäre ist recht lebendig. Es kommt durchaus vor, daß abends gesungen wird, wenn einer der Gäste zur Gitarre greift. Das »Ardenghi« wird viel von Venezianern besucht, die die frische Kost und die maßvollen Preise zu schätzen wissen. Montags, wenn kein Fischmarkt stattfindet, bekommt man nur »Ombre e cicheti«. Am Wochenende sollte man unbedingt einen Tisch reservieren lassen.

Venezia

Da Bruno

Friggitoria
Dorsoduro, 2754/A – c. S. Barnaba
Tel. 0 41 / 5 20 69 78
Ruhetag: Samstag und Sonntag
Betriebsferien: 3 Wochen im August
50 Plätze
Preise: 20-45 000 Lire
Keine Kreditkarten
Reservierung: nicht notwendig

Wir wünschen Gianfranco De Bernardo von ganzem Herzen, daß es ihm nicht so ergeht wie dem letzten Mohikaner. Und dennoch sind Lokale wie das seine vom Aussterben bedroht. Das »Da Bruno« ist wohl der letzte »Fritolin« in ganz Venedig. In diesen Lokalen bekam man für wenig Geld **fritierten Fisch** und ein Stück Polenta. Bis in die jüngere Vergangenheit konnte man dort nicht einmal Wein trinken. Man besorgte sich vielmehr seinen Fisch und zog damit in die nächste Osteria. Einige Fische sind inzwischen sehr teuer geworden, andere fast ausgerottet, die Bevölkerung von Venedig ist stark zurückgegangen – da ist es nur eine traurige Konsequenz, daß auch die »Fritolin« von den Gassen der Stadt verschwinden. Gianfranco und Maria Rosa fritieren unverdrossen weiter ihren Fisch und stellen ihn in der Auslage ihres Geschäfts zusammen mit der Polenta aus. In Venedig aß man gebratenen Fisch übrigens immer kalt, nachdem man ihn einige Stunden oder bereits am Tag vorher in Öl, Salz, Pfeffer und Petersilie (manchmal auch noch in ein paar Tropfen Essig und Knoblauch) eingelegt hatte. Die Polenta dagegen wurde heiß (oder gegrillt und dann kalt) gegessen. Gianfranco geht natürlich mit der Zeit und bietet zu vernünftigen Preisen auch andere Gerichte an: **Risotto** mit Fisch oder Gemüse, **Bigoli in salsa**, **Stockfischmus**, **Fegato alla veneziana**, gebratene, geschmorte oder in schwarze Sauce eingelegte **Tintenfische** und frischen Fisch vom Markt. Man trinkt offene und Flaschenweine aus Venetien. Viele Angestellte nutzen ihre Mittagspause zu einer Einkehr im »Da Bruno«. Abends trifft man hier Rentner oder Studenten.

Venezia

Von Venezia aus 20 min. mit dem Vaporetto

Ristoro Ca' Vignotto

Bauernhof
Stadtteil Chiesa – Isola di Sant'Erasmo
Tel. 0 41 / 5 28 53 29
Kein Ruhetag
Keine Betriebsferien
90 Plätze
Preise: 15-30 000 Lire
Keine Kreditkarten
Reservierung: unerläßlich

Alessandro ist ein echter Lagunenbauer. Die Vignottos besitzen außerdem den einzigen Backofen, die einzige Bottega (Lebensmittelgeschäft, Metzgerei usw.) und die einzige Tankstelle auf der Insel Sant'Erasmo. Sie besaßen auch eine Trattoria, die aber wegen der vielfältigen weiteren Aktivitäten der Familie wieder geschlossen wurde. Jetzt können Sie in dem nagelneuen Haus ursprünglichen »Agriturismo« erleben: auf Vorbestellung essen Sie hier die Erzeugnisse aus dem Gemüsegarten, Fleisch aus eigener Aufzucht und trinken Wein von den Reben, die hier auf der Insel gedeihen. Probieren Sie **Castraure in tecia**: ganz junge und zarte spitze Artischocken (die breiten heißen »Botoletti«) werden in der Pfanne geschmort und mit Knoblauch, Petersilie und reichlich Öl angemacht, damit sie schön weich bleiben. Daneben gibt es Zucchini, Erbsen, grüner Spargel als Auflauf oder im Risotto alla veneta; hausgemachte **Kartoffelgnocchi** mit Entensauce, Risotto mit gebratenen Hühnerstückchen und zur entsprechenden Jahreszeit **Risi e bisi**; Fleisch von freilaufenden Hühnern, Gänsen, Truthähnen und Wildenten, Stockenten und Perlhühner. Zu trinken reicht man Trebbiano und Raboso di Verona, die hier auf der Insel wachsen. Sie weisen den typischen Salzgeschmack auf und haben einen relativ geringen Alkoholgehalt. Die Vignottos sind herzlich und zuvorkommend. Unter der etwas harten Schale von Alessandro verbirgt sich eine wahre Flut von Geschichten über die Lagune und die Ruderregatten. Die Insel ist mit öffentlichen Verkehrsmitteln leicht zu erreichen. Bei der Fahrt über die Lagune lernt man auch die andere Seite Venedigs kennen. Ein Grund mehr, die ausgezeichnete Küche der Signora Gabriella auszuprobieren.

Venezia

Tre spiedi da Bes

Trattoria
Cannaregio, 5906 – San Cancian
Tel. 0 41 / 5 20 80 35
Ruhetag: So. abend und Montag
Betriebsferien: zwei Wochen im Aug.
50 Plätze [und an Weihnachten
Preise: 30–40 000 Lire
Kreditkarten: CartaSi, MC, Visa
Reservierung: nicht möglich

Familiärer kann ein Gasthaus wohl kaum geführt werden! Daß zwei Ehepaare eine Trattoria bewirtschaften, ist keine Seltenheit; daß sich unter den Ehepaaren zwei Geschwister befinden, ist auch noch relativ häufig der Fall; aber daß zwei Brüder zwei Schwestern heiraten, dürfte dann doch eher eine Ausnahme sein! Elio und Sandro Boscolo haben die Hotelfachschule absolviert und danach einige Jahre im Ausland gearbeitet. Seit 1975 betreiben sie zusammen mit ihren Frauen das »Tre spiedi«. Sie kümmern sich selbst um Küche und Service. Früher war hier ein »Fritolin« untergebracht, den ebenfalls zwei Familien betrieben: die eine war ausschließlich für Fisch und Polenta zuständig, die andere besorgte den Weinausschank. Die heutige Trattoria wird gerne von Venezianern besucht. Sie alle schätzen das rechte Verhältnis von Preis und Qualität, die übersichtliche Rechnung (es gibt keine Zuschläge für Bedienung oder Gedeck) und die frische Kost. Die Küche ist auf Fisch spezialisiert. Die Boscolos kennen sich da gut aus und suchen sich auf dem Markt die besten Stücke aus. Essen Sie also **gemischten Antipasto mit Fisch**, Risotto und die **mit Fisch gefüllten Cannelloni**. Sie bekommen auch typische Gerichte der Gegend wie **Fegato alla veneziana**, Baccalà, **Saor**, **schwarze Tintenfische mit Polenta** (nur zur passenden Jahreszeit). Der Wein stammt aus Venetien und wird von den Boscolos selbst besorgt.

Venezia

Vini da Gigio

Trattoria-Enoteca
Cannaregio, 3628/A – Fond. San Felice
Tel. 0 41 / 5 28 51 40
Ruhetag: Montag
Betriebsferien: im August und Januar
35 Plätze
Preise: 40–50 000 Lire
Kreditkarten: AE, CartaSi, DC
Reservierung: empfohlen

Nach ihrer grundlegenden Renovierung zeigt sich die Trattoria in anspruchsvoller Gestalt. Jahrzehntelang war das »Vini« die Stammkneipe von Schiffern, die am Kanal anlegten. Seit 1981 wird das Lokal von der Familie Lazzari betrieben: Mutter Nicoletta und Tochter Laura kochen, der junge Paolo kümmert sich um den Wein und die Gäste. Die Küche zeichnet sich durch hervorragende Grundstoffe aus. Man verarbeitet frischen Fisch vom Markt und frisches Gemüse zu herrlichem Risotto. Dann reicht man **Zuppa di pesce**, Morette (Bandnudeln mit der Tinte vom Tintenfisch) mit Scampi und Jakobsmuscheln, Spaghetti mit Venusmuscheln, **Tortelloni mit Krabbenfleisch**. Traditionelle Gerichte sind die **Bigoli in salsa**, der **Saor**, der **Baccalà**, **Fegato alla veneziana**. Die Süßspeisen sind hausgemacht: unter anderem bekommt man Mürbteigkuchen mit Obst und Kekse. Die Weinkarte ist reich bestückt mit italienischen und ausländischen Weinen. Sie ist um so erwähnenswerter, als sich die Preise im Rahmen halten und das Weinangebot in der Stadt sonst recht enttäuschend ausfällt. Die Bedienung ist flink, freundlich und unaufdringlich. Wenn Sie nicht allzusehr den Versuchungen der Weinkarte nachgeben, können Sie hier für weniger als 50 000 Lire essen. Der Preis ist der guten Qualität des Hauses angemessen. Wir wünschen uns nur, daß das Angebot auch in Zukunft so bodenständig bleibt.

Venezia

Zanella

Osteria-Trattoria
Piazza SS. Trinità, 6 – Treporti
Tel. 0 41 / 96 60 11
Ruhetag: Montag
Betriebsferien: unterschiedlich
80 Plätze
Preise: 35-45 000 Lire
Keine Kreditkarten
Reservierung: empfohlen

Immer noch streitet man sich, welche Kost in einer echten Osteria serviert werden darf. Heute noch gibt es Leute, die behaupten, daß in einem solchen Lokal nur kalte Gerichte angeboten werden sollen, während andere für warme Küche sind. Die »Trattoria Zanella« stellt beide Parteien zufrieden: auf einer langen Theke stehen aufgereiht die klassischen Cicheti: gekochte Bohnen, geschmorte und gegrillte Tintenfische, Sardinen mit Zwiebeln, Baccalà »in rosso« oder »in bianco«, Trippa, Nervetti vom Rind, gegrillte Sardinen, fritierte Sardellen, frisches Gemüse, Maizwiebeln und Zucchini. Im Gastzimmer und auf der Terrasse im Freien bekommt man die warmen Speisen. Die Küche ist sachlich und ohne Schnörkel und bietet in erster Linie frischen Fisch. Besonders beliebt ist der **Antipasto misto** mit lauwarmem Fisch: Polypen, Heuschreckenkrebse, Tintenfische und Krabben, Meerschnecken. Man sollte auch die anderen Spezialitäten des Hauses probieren: **Risotto alla marinara**, den typisch venezianischen **Fischauflauf** oder den guten gegrillten Fisch. Als Nachspeise ißt man warme Weinschaumcreme mit hausgemachtem Gebäck.

Verona

Al carro armato

Enoteca
Vicolo Gatto, 2/A
Tel. 0 45 / 3 71 75
Ruhetag: Mittwoch
Betriebsferien: unterschiedlich
100 Plätze
Preise: 10 000 Lire
Keine Kreditkarten
Reservierung: nicht notwendig

Das geräumige Lokal ist in einem wunderschönen Haus aus dem 14. Jahrhundert untergebracht. Zwischen 1930 und 1950 befand sich hier schon einmal eine Osteria, deren Namen man beibehalten hat. 1988 wurden die Räumlichkeiten geschmackvoll zur jetzigen Weinschenke umgebaut. Begeisterung und Sachkenntnis zeichnen die Wirtsleute Annalisa Morandini und Fortunato Gildoni aus. Sie haben das »Al carro armato« zu einem beliebten Lokal gemacht. Die alten Männer spielen hier Karten und trinken ein Gläschen Weißwein, die jungen Leute studieren aufmerksam die Weinkarte und diskutieren dabei. Zu essen bekommt man hier ein paar Kleinigkeiten wie Käse und Wurstwaren, Nervetti, **Cotechino mit Sauerkraut** und manchmal **Forelle**. Die Weine sind bemerkenswert. Die Karte nennt Flaschenweine aus der Umgebung sowie aus der Toskana und Friaul und sogar aus Frankreich. An der Theke bekommt man täglich verschiedene Weine von guter Qualität. Das Interessanteste an dieser Osteria ist neben ihrem gutbestückten Weinkeller und der guten Küche sicher ihre Eigenschaft als sozialer Anziehungspunkt. Hier trifft man sich und unterhält sich; jeden Donnerstagabend finden hier Live-Konzerte statt.

Verona

Alla pigna

Osteria-Trattoria
Via Pigna, 4
Tel. 0 45 / 8 00 40 80
Ruhetag: Donnerstag und Fr. mittag
Betriebsferien: im August
80 Plätze
Preise: 25-30 000 Lire, ohne Wein
Keine Kreditkarten
Reservierung: empfohlen

Die Via Pigna liegt auf halbem Weg zwischen dem Dom und der Piazza delle Erbe. Die Straße und die gleichnamige Trattoria leiten ihren Namen von dem riesigen Kiefernzapfen aus Stein ab, der am Eingang zu diesem Stadtviertel steht. Bis vor ein paar Jahren war das »Alla pigna« eine einfache, urtümliche Osteria. Mittags kamen die Bankangestellten herüber, um ein Gläschen Wein zu trinken; ansonsten verbrachten hier die alten Männer ihre freie Zeit. Die neuen Pächter ließen dann einen völlig frischen Wind durch das Lokal wehen. Fachkundig ausgeführte Restaurierungsarbeiten legten die alten Strukturen, Säulen und Rundbögen wieder frei. Die Einrichtung (Holzbänke und -tische) und die gemütliche Atmosphäre sind unverändert geblieben. Man bekommt auch heute noch hauptsächlich Wein. Dieser wird allerdings nicht mehr frisch vom Faß gezapft. Man trinkt vielmehr gute Flaschenweine von Erzeugern aus der Umgebung und dem übrigen Italien. Die Küche ist einfach. Man kocht streng nach alten Rezepten und hält sich bei der Speisenzusammenstellung in der Regel an den Jahreszeitenlauf. Als Antipasto reicht man **Hecht**, Pasta e fagioli, **Risotto mit Wirsing, Minestra di trippa** werden als Primi serviert. Als Hauptgericht bietet man **Fegato alla veneziana** und **Pferderagout**, das auch eine ausgezeichnete Sauce zu den Kartoffelgnocchi abgibt. Die hausgemachte »Torta della nonna« beschließt die Mahlzeit. Die Gerichte werden originalgetreu gekocht. Manchmal kommen auch einige persönliche Varianten auf den Tisch. Dabei behält man aber immer die Tradition der Regionalküche im Auge.

Verona

Bottega del Vino

Osteria
Via Scudo di Francia, 3
Tel. 0 45 / 8 00 45 35
Ruhetag: Dienstag, nicht im Sommer
Keine Betriebsferien
Gedecke: 80
Preise: 30-40 000 Lire, ohne Wein
Kreditkarten: die bekannten
Reservierung: empfohlen

Das hundertjährige Bestehen der »Bottega del Vino« wurde gebührend gefeiert. Der stolze und freundliche Wirt Severino reichte Veroneser Spezialitäten und die besten Weine der Umgebung. Sagt man in Verona »Osteria«, meint man die »Bottega«. Das traditionsreiche Lokal wird immer schon von einem bunt gemischten Publikum besucht: Künstler, Geschäftsleute und Nachtschwärmer fühlen sich hier wohl und bestellen sich ein Glas Wein, ein paar Kleinigkeiten oder ein Mittags- bzw. Nachtmahl. Der Weinkeller ist ausnehmend gut bestückt und bietet für jeden Gaumen das Richtige. Severino besorgt sich die besten Erzeugnisse aus der Provinz, aus dem übrigen Italien und aus der ganzen Welt. Er arbeitet in der Weinforschung mit namhaften Kellereien zusammen. Er untersucht mit ihnen die Vorgänge der Gärung bei Trauben von bodeneigenen Weinbergen. Dabei hütet er eifersüchtig die Proben seiner Experimente. Aber dann teilt er mit Ihnen die überraschenden Ergebnisse und seine Freude darüber. Im vornehmeren Restaurant können Sie praktisch alle Veroneser Spezialitäten probieren. Dort essen Sie natürlich ein wenig teurer als vorne in der Osteria am Schanktresen. Ausgezeichnet sind die **Bohnen**, das **Pferdefleisch**, der **Risotto all'Amarone** (auf den man besonders stolz ist), die **Pasta e fagioli**, der Bollito vom Wagen und schließlich die Polenta, die meist als Beilage gereicht wird. Die traditionellen Gerichte können Sie immer bekommen. Im Restaurant essen Sie eher saisonale und ausgefallene Speisen.

VENETIEN

Verona

8 km von der Stadtmitte

Ciccarelli

Trattoria
Ortsteil Madonna di Dossobuono
Tel. 0 45 / 95 39 86
Ruhetag: Fr. abend und Samstag
Betriebsferien: Ende Juli bis 15.8.
100 Plätze
Preise: 30-35 000 Lire
Kreditkarten: AE, CartaSi, DC, Visa
Reservierung: empfohlen

Es gibt keinen echten Veroneser, der nicht schon einmal eine Familien- oder Jubiläumsfeier bei »Ciccarelli« ausgerichtet hätte. Und jedesmal wieder hat er dann das gleiche Lokal, den gleichen Stil und die gleiche Speiseauswahl vorgefunden. In diesem Fall bedeutet das nicht Eintönigkeit, sondern eine Garantie für die Qualität der Küche, der Zubereitung, der Grundstoffe. Hier versteht man unter der Wahrung von Traditionen keine Modeerscheinung, sondern die ständige und enge Bindung an die eigene Heimat. Die hausgemachten Tagliatelle sind mit einfachen Saucen angerichtet (Tomaten, Ragout, Hühnerleber) und werden manchmal mit frischem Saisongemüse gereicht. Sie können hier auch Pasta e fagioli essen. Braten und Bolliti sind auf einem beeindruckenden Servierwagen aufgebaut. Sie können sicher sein, daß Sie hier nur gutes und vor allem frisch zubereitetes Fleisch essen. Versuchen Sie auch die hervorragenden **Pearà**. Die Süßspeisen sind ebenfalls einfach und bodenständig: Karamelcreme, Mürbteigkuchen und Kompott. Trinken Sie dazu Wein aus der Gegend um Verona oder den offenen Valpolicella, der durchaus zu empfehlen ist. Das »Ciccarelli« liegt an der Straße nach Mantua. Hierher kommt man in der Gewißheit, in Ruhe eine anständige Mahlzeit genießen zu können. Die Einrichtung stammt noch aus den fünfziger Jahren. Im Gegensatz zu vielen anderen Restaurants der Gegend hat man hier alles unverändert gelassen. Die ruhige und sachliche Art des Personals, die reichhaltigen Portionen und sicher auch die Einrichtung tragen zu der wohltuenden Atmosphäre bei.

Verona

La fontanina

Osteria-Trattoria
Portichetti Fontanelle, 3
Tel. 0 45 / 91 33 05
Ruhetag: Sonntag und Mo.mittag
Betriebsferien: August
60 Plätze
Preise: 40-45 000 Lire, ohne Wein
Kreditkarten: AE
Reservierung: empfohlen

In der alten Osteria spürt man auch heute noch die Atmosphäre längst vergangener Zeiten. Vormittags schauen noch die Bewohner aus dem Viertel herein und trinken ihren Wein. Das »La fontanina« liegt in einem schönen Winkel der Altstadt von Verona und hat sich zu einem interessanten Speiselokal entwickelt. Auch nach der Renovierung ist das Ambiente einfach und traditionell geblieben; Tischwäsche und Gläser jedoch wirken gepflegt und zeugen von Gediegenheit. Nicola und seine Frau Marta bieten bodenständige Veroneser Kost (**Pasta e fagioli**, **Gnocchi**, **Pastissada de caval**) sowie ein Fleisch- und ein Fischmenü an. Die Menüs sind etwas teurer als die gewöhnlichen Gerichte von der Karte, aber auch von erstklassiger Qualität. Die Küche folgt dem Marktangebot und dem Jahreszeitenlauf; den Fisch kauft Nicola sogar persönlich ein. Die Weinkarte ist gut sortiert. Sie nennt Erzeugnisse aus der Umgebung und ganz Italien. Im Sommer kann man auch auf der kleinen Piazzetta sitzen und die Altstadtatmosphäre genießen.

Verona

Pane e vino

Osteria
Via Garibaldi, 16
Tel. 0 45 / 3 15 48
Ruhetag: Sa. vormittag und Sonntag
Betriebsferien: drei Wochen im August
35 Plätze
Preise: 20-25 000 Lire
Kreditkarten: CartaSi, Visa
Reservierung: nicht notwendig

Giovanni Caltagirone hat ein wirklich neues Lokal geschaffen, das dennoch als echte Osteria bezeichnet werden kann. Bescheidenheit und Sachkenntnis (vor allem beim Wein) zeichnen den Wirt aus. Sein Lokal ist mittags sehr gut besucht. Die Gäste genießen die moderne und gemütliche Atmosphäre des Lokals. Man ißt hier die gängigen Veroneser Spezialitäten. Man kann nur einen kleinen Imbiß einnehmen oder sich auch eine komplette Mahlzeit bestellen. Dazu trinkt man hervorragenden Wein aus der Gegend oder wählt einen Wein aus der gutbestückten Weinkarte aus. Zu empfehlen sind die klassische **Pasta e fagioli**, Trippa, **Baccalà mit Polenta**, **Bohnengerichte**, Polenta mit Käse. Das »Pane e vino« ist eine richtige Osteria im Stil ihrer Zeit. Sie hebt sich wohltuend von vielen anderen neuen Lokalen ab, die nichts als falsche Folklore an den Tag legen. Hier gehen Sie auf Nummer sicher, wenn Sie bodenständige Kost wollen.

Vittorio Veneto

Alla cerva

Osteria-Trattoria
Piazza Flaminio, 8
Tel. 04 38 / 5 73 53
Ruhetag: Dienstag
Betriebsferien: unterschiedlich
20 Plätze
Preise: 20-25 000 Lire
Keine Kreditkarten
Reservierung: empfohlen

Die Trattoria liegt an der herrlichen Piazza Flaminio im Herzen der Altstadt von Vittorio Veneto. Früher kehrten hier Kaufleute und Reisende ein, die Richtung Norden unterwegs waren. Auch heute noch ist die Trattoria sogar bis nach Venedig und Triest bekannt. Die Küche hat sich seit jener Zeit nicht sehr verändert. Nach wie vor reicht man bodenständige Kost und Gerichte aus der Gegend, die man natürlich den neuen Eßgewohnheiten angeglichen hat. Giancarlo Pasini und seine Mutter Maria bieten nur eine kleine Auswahl an Weinen und Speisen, die aber alle von guter Qualität sind. Die Klassiker der venetischen Küche sind würdig vertreten: **Pasta e fagioli**, Bohnensuppe, **Bigoli**, **Baccalà**, Trippa und Wild (auf Vorbestellung). Man spürt auch Einflüsse aus Friaul und dem Trentino. So bekommt man auch Ravioli mit Speck, Gulasch, Ossobuco, Kalbskoteletts mit Zitronensauce. Versuchen Sie auf jeden Fall die guten Wurstwaren (Soppressa, Coppa, Salami) und den Käse: Montasio aus der Gegend. Die Weine sind nur zu empfehlen. Probieren Sie Prosecco und Incrocio Manzoni oder die Rotweine Cabernet Franc und Cabernet Sauvignon.

Österreich
LIENZ
CORTINA D'AMPEZZO
Prato Carnico
Sauris
Forni di Sopra
Moggio Udinese
Bordano
Tarcento
Tricesimo
Cassacco
Frisanco
Castelnovo d. Fr.
Nimis
Pulfero
Andreis
Attimis
Arba
S. Daniele
Faedis
Spilimbergo
Reana d. Rojale
Stregna
BELLUNO
Rive d'Arcano
Torreano
Remanzacco
Cordenons
UDINE
Pavia d. Udine
PORDENONE
Valvasone
Sedegliano
San Vito al Tagl.
Mortegliano
Lignano Sabbiadoro
TREVISO
TRIEST
VENEDIG
Adria

FRIAUL

So Gott will, dringt der Umweltschutz immer stärker ins Bewußtsein der Öffentlichkeit. Jeder von uns weiß doch sehr genau, daß das Überleben bestimmter Lebewesen an den Fortbestand ihres natürlichen Lebensraums gebunden ist. Und genau deswegen bin ich ohne Zögern dem CFDO beigetreten. Der Comitato Friulano Difesa Osterie (in etwa »Friaulisches Komitee zur Erhaltung der Osteria«) hat sich zum Ziel gesetzt, den klassischen Ort der Geselligkeit vor der Ausrottung zu bewahren und gleichzeitig der Verbreitung unpersönlicher Pizzerias, Imbißstuben und Fast-Food-Betrieben Einhalt zu gebieten.
Ich bin nun einmal Friauler und sehe in meiner Heimat etwas Heiliges. Die Leute, die hier leben, besitzen eine genau bestimmbare Identität, ihre Sprache, Kultur und Lebensgewohnheiten sind einzigartig. Viele mögen nun einwenden, daß alle Völker zusammenwachsen und daß gerade heute das Heimatbewußtsein des einzelnen mehr denn je überholt sei. Ich halte dagegen, daß die Menschen die Moralvorstellungen, das Kultur- und Gedankengut ihrer Heimat nicht vergessen können, ja vielmehr nicht einmal dürfen. Ich persönlich habe Angst, daß die Friauler aufhören könnten, Friauler zu sein, und ihre kulturellen Eigenheiten verlieren, um schließlich in der »gens una« aufzugehen. Ich bin natürlich nicht so töricht zu glauben, daß die »Friaulität« nur mit Hilfe der Osteria aufrecht erhalten werden kann. Aber ich bin auch der Meinung, daß man nicht einfach zusehen darf, wie diese klassischen Gasthäuser immer weniger werden.
Es ist klar, daß der CFDO nicht todernst zu nehmen ist. Dennoch sind seine Ziele nicht als Scherz zu verstehen. Wie würde denn ein Friaul ohne Osteria aussehen? Ohne diesen klassischen Zufluchtsort für alle, die Durst oder Appetit haben, die Geselligkeit suchen und einen »tajut«, ein Glas Wein, trinken wollen? Zum Glück ist die Lage längst noch nicht so hoffnungslos, wie der Aufschrei des CFDO dem ersten Anschein nach glauben machen mag. Wer durch Friaul fährt, wird immer Gelegenheit haben, ein Gläschen Wein zu trinken und eine traditionelle Brotzeit zu verspeisen. Auch die beliebte Frasca gibt es nach wie vor. In diesen »Privat-Osterie« schenken die Bauern ihren eigenen Wein aus. Zu sagenhaft günstigen Preisen ißt man da hartgekochte Eier, Salami, Schinken und Käse. Dabei sitzt man meist im Freien auf rustikalen Bänken und schnuppert den Duft längst vergangener Zeiten.
Früher war die Osteria ein Gasthaus nur für Männer. Sie tranken da ein Viertel oder gar einen halben Liter Wein, aßen Kutteln, Stockfisch oder Musetto, spielten endlose Partien Briscola oder Tressette mit diesen wunderbaren Karten, die es sonst nirgendwo mehr gibt. Wenn ich heute nach Friaul zurückkehre, empfinde ich beim Anblick dieser Spielkarten fast so etwas wie Rührung. Heute hat sich die Osteria auch in Friaul gewandelt. Und nicht nur zum Schlechteren.

Vor allem haben heutzutage auch Frauen Zutritt. Früher merkte man in der Osteria von den Frauen nur dann etwas, wenn sie ihre Kinder losschickten, um Ehemann bzw. Vater wieder heimzuholen: denn Tressette und Männergespräche kennen keinen genauen Zeitplan. Heute sieht man auch Frauen in der Osteria und nur ein Fremder wundert sich darüber, daß sie in Grüppchen zusammenstehen und ihr Gläschen Wein trinken.

Man sagt uns Friaulern nach, wir seien hart und verschlossen. An diesem wenig schmeichelhaften Ruf ist auch etwas Wahres. Ich möchte an dieser Stelle aber allen Fremden einen Rat geben. Sie sollten in eine Osteria gehen und ein Glas Wein und ein paar Scheiben Schinken (natürlich San-Daniele-Schinken) bestellen, wenn sie mit den Leuten ins Gespräch kommen wollen, und nicht in eine Imbißstube oder eine Pizzeria. In der Osteria ist jeder willkommen, der sich an die örtlichen Gepflogenheiten hält. Und die sind einfach und seit alters her bekannt.

Zur Zeit beschäftigt man sich wieder sehr mit den kulinarischen Traditionen der eigenen Heimat. Die Gerichte sind aus einfachen Zutaten zubereitet, ihre interessante Note erhalten sie durch die zahlreichen Einflüsse der benachbarten Kulturkreise. Friaul grenzt an Slowenien und an Österreich. Die gastronomische Wiederentdeckung spielt sich in einigen berühmten Luxusrestaurants ab. Aber auch die angeblich so einfachen Dorfwirtshäuser tragen einen wesentlichen Teil dazu bei. In Friaul geht man in erster Linie zum Trinken in eine Osteria. Aber oft und gern kann man dort auch gut essen. Und niemand läuft dabei Gefahr, sich hungrigen Blickes vor einer Nouvelle-Cuisine-Kreation wiederzufinden.

Arcigola zeigt in diesem Band das echte Friaul und mit ihm die gute alte Osteria. Wieviele Freunde, wieviele Erinnerungen verbinden mich doch mit diesem Friaul! **Bruno Pizzul**

Andreis

35 km von Pordenone, S. S. 251

Ponte Molassa

Osteria-Trattoria
Ortsteil Ponte Molassa
Tel. 04 27 / 7 61 47
Ruhetag: Montag
Betriebsferien: Oktober bis Ostern
26 Plätze
Preise: 30-33 000 Lire, ohne Wein
Kreditkarten: alle außer AE
Reservierung: notwendig

Die Osteria »Ponte Molassa« ist etwas ganz Besonderes. Die Straße dorthin führt durch tiefe und enge Schluchten und über rauschende Gebirgsbäche. Stefano Gislon hat eine alte Osteria vor 13 Jahren wiedereröffnet. Seit 1910 stand hier eine Weinschenke mit Bäckerei und Konditorei. Es war vorauszusehen gewesen, daß das Geschäft eines Tages würde schließen müssen. Ponte Molassa liegt in einer ziemlich einsamen Gegend, im Winter dringen kaum Sonnenstrahlen ins Dorf, die Läden warfen fast nichts ab. Stefano hingegen hat eine recht eigenwillige Vorstellung vom Leben: die Wintermonate verbringt er in einer Palmhütte in Salvador de Bahía. Von Frühjahr bis Herbst bietet er in seinem interessanten Lokal ausgesuchte Spezialitäten aus Friaul an: **Rehbraten mit Polenta**, **Lammschlegel in Salzkruste** und Pilze in jeder Form (besonders gut sind der Salat von rohen Steinpilzen und die Tagliatelle mit Pilzsauce), **Zicklein vom Spieß**, den ungarischen oder chinesischen Gallo forcello (eine Hühnerart) mit Beeren. Die **Soppressa** wird mit »Cao«, einer Sauce aus zerlassener Butter, Essig und Rahm, serviert. Das Weinangebot ist nicht umfangreich, aber ausgezeichnet. Der Wein aus Friaul, dem übrigen Italien, aus Frankreich oder Kalifornien wird aus Kelchgläsern getrunken – für ein Berggasthaus wahrlich keine Selbstverständlichkeit! Zum Abschluß der Mahlzeit sollte man sich einen der hervorragenden Kräuterliköre genehmigen: Latschenkiefer, Salbei, Heidelbeere, Thymian, wilder Fenchel, Basilikum, wilder Spargel und Minze stehen zur Auswahl. Das Brot wird im Hause gebacken. Die Bedienung ist freundlich und aufmerksam. Die Preise sind wirklich angemessen.

Arba

30 km nordöstl. von Pordenone

Grappolo d'oro

Osteria
Piazza IV novembre, 14 - Colle
Tel. 04 27 / 9 30 19
Ruhetag: Montag
Betriebsferien: September
30 Plätze
Preise: 25-30 000 Lire, ohne Wein
Keine Kreditkarten
Reservierung: empfohlen

In der unmittelbaren Nähe von Sequals (dem Geburtsort des legendären Boxkämpfers Primo Carnera) liegt auf der anderen Seite des Meduna der kleine Ort Colle. Sicher haben ihm die Karnischen Voralpen zu seinen Namen verholfen (»Colle« bedeutet »Hügel«). In Colle gibt es keine besonderen Sehenswürdigkeiten – ausgenommen den selten häßlichen modernen Kirchturm, der so gar nicht zu seiner Umgebung passen will. Die eigentliche Attraktion des Dorfes liegt direkt an der Piazza: die Osteria von Giuglielmo Di Pol und Adolfo Del Mistro. Das Lokal besitzt eine langjährige Tradition. Es ist in einem Haus aus grob behauenem Stein untergebracht. Adolfo kocht Spezialitäten der Gegend, wie z.B. **marinierte Forelle** und je nach Jahreszeit verschiedene Risotti: mit Spargel, mit frischen Brennnesseln, Pilzen mit Kräutern. Sie können hier auch weniger traditionelle Kost bekommen: Steak vom Angusrind oder **Entenbrust mit Äpfeln**. Das Angebot ist auf jeden Fall recht interessant und durchweg gut. Der Wein ist den guten Speisen ebenbürtig. Guglielmo sucht ihn mit großer Begeisterung selbst aus. Die Weine der Colli Orientali del Friuli kommen von Erzeugern wie La Viarte oder Volpe Pasini, den Collio bezieht Guglielmo von Villa Russiz, den Grave del Friuli von Vigneti Le Monde, um nur einige Beispiele zu nennen. Sieht man von den Getränken ab, fallen die Preise recht günstig aus. Das Angebot ist von hervorragender Qualität, die Bedienung sehr freundlich und zuvorkommend.

Attimis

18 km von Udine, S. S. 356

Da Mauro

Osteria
Via Campolongo, 18
Tel. 04 32 / 78 90 04
Ruhetag: Montag
Betriebsferien: Juli
50 Plätze
Preise: 18–20 000 Lire
Keine Kreditkarten
Reservierung: empfohlen

Attimis liegt im Weinbaugebiet Colli Orientali del Friuli. Obwohl der Weg zu so berühmten Weinorten wie Nimis (Heimat des Ramandolo), Savorgnano und Faedis nicht weit ist, werden in Attimis keine Weine von besonderer Bedeutung hergestellt. Anstatt Weingärten stehen hier Wälder, in denen Ruscus wächst. Die zarten Triebe (»rusclis«) werden im Frühjahr geschnitten. Man ißt sie wie Spargel zu hartgekochten Eiern oder im Omelett. Von Ende März bis Mitte Mai können Sie bei Fides und ihrer Mamma in der Osteria »Da Mauro« die Ruscustriebe probieren. Fides meint zwar, es sei inzwischen gar nicht mehr so einfach, die zarten Triebe zu bekommen. Ihr Vater scheute, als er noch lebte, weder Zeit noch Mühen (man kommt nie ohne Kratzer auf Gesicht und Armen davon) und brachte den Ruscus bündelweise mit nach Hause. Wenn es gerade keine »rusclis« gibt, servieren die beiden Köchinnen typische Gerichte aus Friaul: **Frittata mit Kräutern**, Frico mit Kartoffeln, Minestrone di orzo e fagioli, **Brovada** und **Musetto**. Wenn Sie eine dieser Spezialitäten probieren wollen, sollten Sie vorbestellen, sonst kann es Ihnen passieren, daß Sie sich mit einer klassischen Wurst- oder Käseplatte mit gerösteter Polenta begnügen müssen. Fides' Mann, Ermanno, bezieht den Wein von Erzeugern aus Savorgnano. Sein Weinkeller birgt manche Überraschung wie den Franconia und den Refosco. Ermanno setzt den Gästen, die das zu schätzen wissen, gerne auch ein paar besonders edle alte Jahrgänge vor.

Bordano

34 km von Udine, S. S. 13 in Richtung Gemona

Alla terrazza

Trattoria
Via Principale, 69 – Interneppo
Tel. 04 32 / 97 91 39
Ruhetag: Samstag
Betriebsferien: im Herbst
40 Plätze
Preise: 15–30 000 Lire
Keine Kreditkarten
Reservierung: empfohlen

Die kleine Ortschaft Interneppo liegt direkt oberhalb des Cavazzo-Sees. Seit über siebzig Jahren schon wird die Trattoria »Alla terrazza« von ein und derselben Familie bewirtschaftet. Es sind hauptsächlich die Frauen, die sich um die Gastwirtschaft kümmern und Tradition sowie Qualität hochhalten. Die Männer hingegen treiben Politik oder bewirtschaften die einfachere Osteria, die inzwischen zur Bar umgebaut worden ist. Heute trägt Adriana die Verantwortung für die Küche; ihre Mutter Carmen geht ihr gelegentlich zur Hand. Im »Terrazza« paaren sich Tradition und erstklassige Qualität. Wichtigste Voraussetzung dafür ist natürlich eine besonders sorgfältige Auswahl der Grundstoffe: das Brot und die ausgezeichneten Grissini kommen von der namhaften Bäckerei Resiutta, der **luftgetrocknete Schinken** stammt aus San Daniele, der **geräucherte Schinken** aus Sauris, das Fleisch wird von den besten Metzgereien der Gegend bezogen. Hinzu kommt, daß sich das Speisenangebot ausschließlich auf Spezialitäten aus Friaul beschränkt: **Minestrone di orzo e fagioli** oder Minestrone aus frischen Saisongemüsen, Kartoffel- oder Kürbisgnocchi, **geschmorte Schweinshaxe** und **Musetto con brovada**. Die bescheidene Rechnung trägt ihrerseits zur Beliebtheit des Lokals bei. Man kann hier ein »Menù di lavoro« und ein »Menù turistico« für 15 000 bzw. 20 000 Lire bekommen und dabei zwischen verschiedenen Gerichten wählen. Auch bei einer ausgiebigen Mahlzeit bleibt das günstige Preis-/Leistungsverhältnis gewahrt. Man trinkt hier die besten Weine aus ganz Friaul, die Cesare selbst ausgesucht hat. Er interessiert sich nämlich besonders für Wein, Politik und Sport: er ist Präsident des Fußballclubs von Bordano.

Casacco

15 km von Udine, S. S. 13

Mauro

Enoteca mit Küche
Vicolo Simone, 1 - Montegnacco
Tel. 04 32 / 85 16 43
Ruhetag: Montag - Donnerstag
Keine Betriebsferien
60 Plätze
Preise: 7-10 000 Lire, ohne Wein
Keine Kreditkarten
Reservierung: nicht notwendig

Wir wollen Stefano Mauro Mut machen. Eigentlich ist er Getränkehändler, doch seit Ende 1990 hat er aus seiner Leidenschaft einen Beruf gemacht. In der Enoteca, die seinen Namen trägt, bietet er Qualitätsweine und köstliche Häppchen an, die seine Frau oder seine Mutter zubereiten. Sie bekommen demnach Bröllchen, je nach Jahreszeit verschiedene Frittate, ausgebackene Kürbis- oder Holunderblüten. Daneben werden Salami, **San-Daniele-Schinken**, **Schinken im Teigmantel** und **Mortadella** sowie Käse aus der Umgebung angeboten. All das können Sie in einer besonders behaglichen Atmosphäre im Lokal oder im Freien genießen. Das Bauernhaus ist wunderbar ausgebaut worden, im ehemaligen Stall lagern jetzt die Weine, im Laubengang, in dem früher Gerätschaften und Wagen untergestellt waren, befindet sich der Schankraum. Eine alte Kalesche steht noch an ihrem Platz neben der wunderschönen Theke aus Intarsienholz, einem herrlichen Tisch mit aufwendig gedrechselten Stühlen und zwei Faßböden, die jetzt als Probiertischchen dienen. Die Auswahl an Weinen ist sehr umfangreich und berücksichtigt natürlich besonders die namhaften Erzeuger Friauls. Die besten Weine aus dem übrigen Italien, aus Frankreich, Deutschland und Kalifornien sind ebenfalls zu haben. Wir dürfen noch hinzufügen, daß Stefano durch seine Sachkenntnis und freundliche Art besticht. Vielleicht setzt sich die Kundschaft gerade deshalb in erster Linie aus jungen Leuten zusammen. Zur Zeit ist die Enoteca nur am Wochenende geöffnet (Freitag- und Samstagabend sowie den ganzen Sonntag), aber Stefano ist zuversichtlich, daß er schon bald längere Öffnungszeiten und eine größere Speisenauswahl wird anbieten können.

Castelnuovo del Friuli

45 km nordöstl. von Pordenone

La piccola

Trattoria
Ortsteil Ghet, 7
Tel. 04 27 / 9 02 08
Ruhetag: Montag
Betriebsferien: 14 Tage im März u. im Oktober
30 Plätze
Preise: 25-30 000 Lire
Keine Kreditkarten
Reservierung: nicht notwendig

Nach dem Erdbeben von 1976 wurde »La piccola« völlig renoviert. Die Trattoria liegt sehr schön mitten im Grünen auf einem Hügel. Wie in vielen Landgasthäusern herrscht auch hier besonders an Feiertagen und im Sommer Betrieb, wenn man im Freien sitzen kann. Seit zwölf Jahren bewirtschaften Rina und ihr Mann Franco das Lokal. Franco kümmert sich um die Gäste, Rina und ihr Bruder Valter stehen am Herd und kochen friaulische Spezialitäten. Als Primi reichen sie hausgemachte **Gnocchi di patate**. Als Hauptgericht servieren sie in erster Linie gegrilltes Fleisch; im Winter gibt es **Reh** und **Wildschwein**. Im September und Oktober bekommt man jede Menge frische Pilze: Chiodini, Pfifferlinge und Steinpilze werden auf unterschiedliche Weisen zubereitet. Man bekommt zahlreiche offene Weine, die Auswahl an Flaschenweinen geht über ein bestimmtes Mittelmaß nicht hinaus. Die Trattoria ist einfach, der Service recht familiär, Geschirr und Gläser aber zeugen von gutem Geschmack.

Cordenons

3 km von Pordenone

Al curtif

Trattoria
Via del Cristo, 3
Tel. 04 34 / 93 10 38
Ruhetag: Dienstag
Betriebsferien: Oktober
30 Plätze + 60 im Freien
Preise: 25-35 000 Lire
Keine Kreditkarten
Reservierung: notwendig

Der kluge Umbau eines alten Bauernhauses hat Platz für diese nette Osteria geschaffen. Man sitzt an langen Tischen und ißt, unterhält sich mit den Nachbarn oder trinkt einfach nur ein Gläschen Wein. Mit »curtif« wird im Dialekt der große Hof bezeichnet, der von Arkaden umgeben ist. Im Sommer ißt man im »Al curtif« nur Grillspezialitäten: vom schottischen Angusrind über **Pferdefleisch** bis zu traditionellen Grillplatten mit Saisongemüsen. Im Winter wird die Speisekarte durch verschiedene **Wildgerichte** (Wildschwein, Reh, Hirsch), **Trippa**, **Baccalà** und schmackhafte Primi bereichert. Wie in allen Familienbetrieben ist auch hier der Mann für den Grill zuständig, während die Mutter mit den Kochtöpfen hantiert und die Kinder die Bedienung besorgen. Das Lokal legt auch eine Weinkarte mit etwa hundert Erzeugnissen aus Venetien und Friaul vor.

Faedis

15 km nordöstl. von Udine

Da Giulietta

Osteria
Via Ciclamini – Valle
Tel. 04 32 / 71 12 06
Ruhetag: Donnerstag
Betriebsferien: Juni
40 Plätze
Preise: 20 000 Lire
Keine Kreditkarten
Reservierung: empfohlen

In Valle di Faedis steht eine Osteria, für die sich die anstrengende Fahrt über die endlosen Haarnadelkurven lohnt. Sie erreichen den Ort über Canal di Grivo und über Campeglio. Vor allem die Aussicht ist die Reise wert. Von der Veranda genießt man einen herrlichen Blick über Friaul. Außerdem ist die Osteria blitzsauber, ein Umstand, den viele Wirte und Gäste gerne vernachlässigen. Neben diesen angenehmen Umständen sind es aber in erster Linie Giuliettas Gerichte, und da wiederum zwei friaulische Spezialitäten, die die weite Anfahrt rechtfertigen: die **Pasta e fagioli** und der **Frico** mit Kartoffeln schmecken überwältigend gut. Giuliettas klassische Pasta e fagioli aus dicken Bohnen, Ditalini und Schweineschwarten ist sämig, schmackhaft und dennoch leicht bekömmlich. Und dann erst der Frico! Unter einer goldgelben Kruste verbirgt sich zarter Käseschmelz, Kartoffeln und Käse harmonieren auf einzigartige Weise. Die Wurstwaren, die man als Antipasto und Brotzeit serviert bekommt, sind von erstklassiger Qualität. Besonders zu empfehlen sind der **San-Daniele-Schinken** und die **Räucherschinken aus Sauris**. Die offenen Weine schmecken ehrlich. Der Merlot und der Refosco aus den Colli Orientali del Friuli sind recht gut. Günstige Preise.

Forni di Sopra

95 km von Udine, S. S. 52

Polenta e frico

Trattoria
Ortsteil Nouitas, 330
Tel. 04 33 / 8 83 87
Ruhetag: Dienstag
Keine Betriebsferien
50 Plätze
Preise: 15 000 Lire
Keine Kreditkarten
Reservierung: empfohlen

Wenn Sie über den Passo di Mauria nach Cadore fahren, kommen Sie ein paar Kilometer hinter Forni di Sopra an die Abzweigung zum Rifugio Giaf. Gleich darauf stoßen Sie auf eine weitere Abzweigung und ein Hinweisschild mit der Aufschrift »Polenta e frico«. Die Bar-Trattoria heißt eigentlich »Nouitas«, wie der Ortsteil von Forni di Sopra, in dem sie steht. Aber sowohl die einheimische Bevölkerung als auch die Urlauber benennen das Lokal lieber nach seiner Spezialität: **Polenta e frico**. Es muß also wohl nicht mehr eigens erwähnt werden, weswegen die Leute hierher kommen. Polenta und Frico sind fast schon ein Muß. Aber auch den duftenden Minestrone nach Art des Hauses mit frischem Gemüse sollten Sie sich nicht entgehen lassen. Polenta e frico ist eigentlich schon eine Mahlzeit für sich. Sie brauchen dazu weder Vor- noch Nachspeisen, höchstens vielleicht etwas frischen Salat als Beilage. Man wird Ihnen zwei verschiedene Arten von Frico servieren: den fast schon klassischen, gebräunten Frico mit Kartoffeln und einen zarten und cremigen Frico, der über die Polenta gegossen wird. Diese ungewöhnliche Zubereitungsart erinnert ein wenig an ein Käsefondue. Schließlich sind die Wirtsleute einmal Gastarbeiter in der Schweiz gewesen. Wenn Sie keinen Käse mögen, können Sie Polenta und Salsiccia essen. Etwas anderes gibt es nicht. Und – ehrlich gesagt – etwas anderes braucht man auch nicht. Die Trattoria ist ein reiner Familienbetrieb: die Mamma steht in der Küche, der Papa schenkt Wein aus, die beiden Söhne bedienen die Gäste. Die Tochter Myriam hat vor ein paar Jahren im Ort eine einladende Pasticceria eröffnet. Sie liefert ihren Eltern täglich frischen **Strudel** und Crostata: die reinste Versuchung. Trinken Sie dazu ein Glas Heidelbeerlikör.

Frisanco

33 km von Pordenone, S. S. 251 hinter Maniago

La cucagne

Osteria
Piazza XX settembre, 4 – Poffabro
Tel. 04 27 / 7 80 15
Ruhetag: Mittwoch
Betriebsferien: 14 Tage im November
25 Plätze
Preise: 25–30 000 Lire
Keine Kreditkarten
Reservierung: empfohlen

Im wildromantischen Val Colvera liegt kurz hinter Maniago die kleine Ortschaft Poffabro. An der Piazzetta steht die Osteria, in der man auch essen kann. Sie besteht aus einem steinernen Bogen, den Räumen eines ehemaligen Lebensmittelgeschäfts und den beiden eigentlichen Gastzimmern zur Rechten. Gewöhnlich ißt man hier Spezialitäten aus Friaul: geräucherte Gänsebrust mit gerösteten Brotscheiben oder Soppressa mit eingelegtem Gemüse als Antipasto. Anschließend werden Tagliatelle mit Steinpilzen oder Pappardelle mit Lachsforelle serviert. Die Hauptgerichte sind recht interessant: da sind einmal die **Lumache trifolate** mit Polenta, das gegrillte Hirschkotelett mit Polenta, der **Frico**, die **Frittata mit Kräutern** und die **gebackene Salami in Essig**, zu der natürlich auch Polenta gereicht wird. Als Dessert bietet man oft einen guten Apfelkuchen und im Sommer Semifreddo mit Sahne, Himbeeren und Brombeeren. Im »La cucagne« trinkt man gut: da gibt es offenen Wein aus den Grave del Friuli oder auch Flaschenweine aus dem Collio und der Grave. Weine aus anderen Regionen Italiens und aus Frankreich sind ebenfalls zu haben. Wir empfehlen auch die zahlreichen guten Grappe, die teils aromatisch, teils trocken im Geschmack sind. Auch lädt Poffabro zu einem kleinen Spaziergang ein. Nach dem Erdbeben von 1976 wurde es originalgetreu wieder aufgebaut. Von den Gäßchen hat man einen schönen Blick auf die umliegenden Dörfer im Grünen. Die herrlichen Holzbalkone der alten Häuser machen neugierig auf die Bogengänge und Galerien in den klassischen alten Innenhöfen.

Lignano Sabbiadoro

59 km von Udine, S. S. 354

Bidin

Enoteca
Viale Europa, 1
Tel. 04 31 / 7 19 88
Ruhetag: Mittwoch, nicht im Sommer
Betriebsferien: im Oktober
25 Plätze + 30 im Freien
Preise: 10-15 000 Lire für den Imbiß
Kreditkarten: alle
Reservierung: nicht notwendig

In Lignano Sabbiadoro blüht der Massentourismus. Es ist daher eher erstaunlich, daß hier eine Enoteca dieses Zuschnitts existiert. Hier kann man nämlich seinen Wein nicht nur kaufen, sondern auch trinken. Die Preise sind anständig, die Qualität der Speisen und der Service sind stets gleichbleibend gut. Das Lokal wird vom Besitzer Luigino Bidin selbst geführt. Die Familie Bidin ist in Lignano schon immer ein Begriff für gute Küche gewesen. Luiginos Bruder Marino kümmert sich hauptsächlich um das Restaurant, eine Art die Enoteca gehört. Luigino trägt eine Lederschürze, aus der sein Arbeitsgerät hervorlugt. Er führt die Gäste seiner Enoteca sicher durch die faszinierende Welt seiner umfangreichen Weinkarten. Es gibt eine Weinkarte für das Lokal und eine weitere für den Straßenverkauf. Eine dritte Weinkarte hat Luigino im Kopf. Daraus sucht er nur zu ganz besonderen Anlässen etwas aus. Das kann z.B. der Fall sein, wenn er sich mit einem seiner Gäste besonders gut versteht. Bei Luigino findet man die bedeutendsten Erzeugnisse verschiedener Jahrgänge aus Friaul neben großen Weinen aus Piemont, der Toskana, der Lombardei und aus Venetien. Franzosen, Kalifornier und Österreicher sind natürlich ebenfalls vertreten. Zu essen bekommt man hier mehr als die paar Kleinigkeiten, die üblicherweise zum Wein gereicht werden. Auf rustikalen Holztellern werden Polpette, roher Schinken, grüner Käse und eine Art Montasio, Bauernsalami und ein überragend guter, zarter und gehaltvoller **Frico mit Kartoffeln** serviert. Und es werden selbstverständlich auch die Tagesgerichte aus dem benachbarten Restaurant herübergereicht.

Moggio Udinese

45 km von Udine, S. S. 13

San Gallo

Trattoria
Via Traversigne, 1
Tel. 04 33 / 5 10 78
Ruhetag: Mittwoch
Betriebsferien: Januar/Februar
30 Plätze
Preise: 35 000 Lire
Kreditkarten: AE, DC, Visa
Reservierung: am Wochenende

Anfang der siebziger Jahre erwarb die Gemeindeverwaltung von Moggio Udinese ein zentral gelegenes Anwesen in Moggio di Sotto. Man wollte dort ein Lokal einrichten und es an Privatpersonen verpachten. Im Gespräch war eine Pizzeria. Nach dem Erdbeben von 1976 hatte die Gemeindeverwaltung von Moggio allerdings andere Sorgen. Erst vor wenigen Jahren, als das Gebäude wieder instand gesetzt war, konnte man das ursprüngliche Vorhaben verwirklichen. Es ist zwar keine Pizzeria, aber dafür ein richtiges Speiselokal daraus geworden. Die Trattoria trägt den Namen der Abtei, die das Dorf beherrscht. Tiziano und Roberto Filaferro stammen aus Moggio. Sie sind beide um die dreißig Jahre alt und bewirtschaften das Lokal mit großem Eifer, viel Liebe zu ihrem Beruf und ihrem Heimatort. Hell und freundlich ist demnach das Ambiente. Häkelgardinen und schmiedeeiserne Wandleuchten verleihen dem Speisesaal eine besondere Note. Der Service ist ausgezeichnet. Fulvia Petris, Tizianos Frau, kocht hervorragend. Versuchen Sie den **Tortello alle erbette rosse** (ein salziger Kuchen mit einer Füllung aus rotem Blattgemüse) und den Tortello mit Entenfülle. Tradition und Phantasie spüren Sie auch bei den Antipasti: wir erwähnen an dieser Stelle den **Frico**, die **Crostini di fegato** und die köstlichen Röllchen aus Schinken und Chicorée. Essen Sie als Hauptgericht den sehr guten **Stracotto** in Refosco oder den leichte und wohlschmeckende »Robespierre« mit Rosmarin. Die Weinkarte nennt gute Weine aus Friaul. Wir empfehlen den ausgezeichneten Pinot rosa, den man als Aperitif trinkt. Danach sieht die Welt gleich viel besser aus.

Mortegliano

15 km von Udine, S. S. 353

Enoiteca da Blasut

Enoteca
Via Aquileia, 7 - Lavariano
Tel. 0432/767017
Ruhetag: So. abend und Montag
Betriebsferien: August
10 Plätze
Preise: 10-15 000 Lire für den Imbiß
Kreditkarten: DC
Reservierung: nicht notwendig

Im vorderen Gastzimmer des Restaurants ist die Enoteca untergebracht. Sowohl Restaurant als auch Enoteca wurden 1981 von Dante Bernardis, einem »Vollblut-Friauler« eröffnet. Er ist in der Welt der Gastronomie des Friaul bestens bekannt. Er stellt Salami, Soppressa, Ossocollo und Pancetta selbst her. Am Andreastag (30. November) schlachtet er dazu Schweine aus der eigenen Mast. Sprechen Sie sich vorher mit Dante ab, dann können Sie beim Schlachten mithelfen. Als »Honorar« wird Dante Ihnen eine Salami o.ä. überreichen. An den darauffolgenden Tagen können Sie Minestrone mit Schweineknochen essen. Bei »Blasut« (Dantes Spitzname) bekommen Sie den ausgezeichneten leicht **geräucherten Schinken** aus Cormons, verschiedene Käsesorten aus der Umgebung, dem übrigen Italien und aus Frankreich, sauer eingelegtes Gemüse, **Frittate**, die gerade zur Jahreszeit passen. Dante hat uns versprochen, daß er demnächst auch einfache warme Speisen anbieten wird. Jeden Tag werden am Tresen zehn verschiedene offene Weine ausgeschenkt. Ansonsten stehen nicht weniger als 200 Flaschenweine zur Auswahl: die besten Erzeugnisse aus Italien, Frankreich und Kalifornien sowie einige österreichische und deutsche Weine. Trinken Sie abschließend auch eine guten Grappa, Cognac oder Whisky.

Nimis

18 km von Udine, S. S. 13 in Richtung Gemona

Alla valanga

Trattoria
Via San Gervasio
Tel. 04 32 / 79 00 42
Ruhetag: Donnerstag
Betriebsferien: unterschiedlich
40 Plätze
Preise: 25 000 Lire
Keine Kreditkarten
Reservierung: empfohlen

Fahren Sie auf der Staatsstraße 356 von Nimis in Richtung Cividale. Hinter Nimis macht die Straße eine gefährliche Kurve und führt an der eindrucksvollen Kirche SS. Gervasio e Protasio vorbei. Hinter der Kirche befindet sich auf der linken Seite die Osteria »Alla valanga«. Freunde des Hauses nennen sie auch »Li di valanghe« oder einfach »Da Livio«. Livio ist der Padrone. Unermüdlich grillt er mittags und abends über der großen Feuerstelle die Spezialitäten des Hauses. Die gemischte Grillplatte (Huhn, Schweinekotelett, Wurst und Roastbeef) ist zu Recht berühmt. Am Wochenende sollten Sie deshalb auf Nummer sicher gehen und einen Tisch reservieren lassen. Versäumen Sie auch nicht, die herrlichen Steaks zu probieren. Das Fleisch bezieht Livio direkt von einem befreundeten Metzger. Es ist genau richtig abgehangen und infolgedessen schön zart. Im »Alla valanga« bekommen Sie auch ordentliche Primi zu essen. Wir empfehlen die hausgemachten **Kartoffelgnocchi**, die mit Gulaschsauce gereicht werden. Sie können sich als Hauptgericht u.a. **geschmorte Schweinshaxe**, Perlhuhn und in der Osterzeit Zicklein bestellen. In der Trattoria kommen aber auch Vegetarier auf ihre Kosten: es wird eine Reihe von Gemüsebeilagen und Rohkost angeboten. Die Portionen sind gut und reichlich. Die Weine sind nicht gerade hervorragend und somit der guten Küche nicht ebenbürtig.

Nimis

18 km von Udine, S. S. 13 in Richtung Gemona

Alla vite

Enoteca
Via Manzoni, 17
Tel. 04 32 / 79 05 84
Ruhetag: Dienstag
Betriebsferien: Juli
50 Plätze
Preise: 15 000 Lire
Keine Kreditkarten
Reservierung: nicht notwendig

Sandra und Maurizio Zaccomer sind ein sehr sympathisches Geschwisterpaar. Aber sie sind auch und vor allem große Kenner italienischer und ausländischer Weine. Ihre Eltern waren Winzer. In Maurizio erwachte deshalb schon sehr früh der Wunsch, den elterlichen Beruf zu ergreifen. Er besuchte eine Landwirtschaftsschule und später Fachseminare in Kalifornien. Sandra hat eine kaufmännische Ausbildung absolviert. Bei einer Winzerfamilie in Burgund frischte sie ihre Französischkenntnisse auf und entdeckte ihre Liebe zum guten Wein. Als sie 1983 nach Italien zurückkehrte, eröffnete sie gemeinsam mit ihrem Bruder die Enoteca »Alla vite« in Nimis. Das Lokal ist oft bis spät in die Nacht geöffnet. Man trinkt dort Wein und ißt dazu Schinken, der im öffentlichen Backofen des Dorfes geschmort wurde, oder **Wildschinken und -wurst**, auch sardischen und sizilianischen Schafskäse. Bei Sandra können Sie unter mehr als 300 Weinen und 150 Grappa- und Likörsorten wählen. Die Zaccomers bauen auf den Hügeln von Ramandolo den gleichnamigen Dessertwein an sowie die klassischen friaulischen Rotweine Merlot, Cabernet und Refosco, die offen verkauft werden. In der Enoteca können Sie natürlich edle Weine der großen Erzeuger aus der Gegend trinken. Daneben bekommen Sie auch Weine aus dem übrigen Italien. Interessant ist sicher das Angebot an hochwertigen Erzeugnissen aus Frankreich, Kalifornien, Südafrika und Australien, Chile, dem Libanon, Spanien, Griechenland und Österreich. Das Lokal zeichnet sich durch eine herzliche und freundliche Atmosphäre aus. Ein Besuch dort stellt auch anspruchsvolle Gäste zufrieden.

Nimis

18 km von Udine, S. S. 13 in Richtung Gemona

Ridolf

Osteria
Via Tubetti, 1
Kein Telefon
Ruhetag: Mittwoch
Betriebsferien: Oktober
30 Plätze
Preise: 20 000 Lire
Keine Kreditkarten
Reservierung: empfohlen

Das Erdbeben von 1976 hat viele alte und typische Lokale zerstört. Das »Ridolf« ist zum Glück verschont geblieben, und so kann man hier auch heute noch die bäuerlich einfache Atmosphäre genießen. Ridolf, der Großvater der jetzigen Besitzerin, wurde 1863 geboren. Es ist aber erwiesen, daß das Lokal mindestens seit 1860 besteht und auch damals schon in den Händen derselben Familie lag. Der geräumige Innenhof liegt im Schatten eines riesigen alten Kastanienbaums und mehrerer Kakibäume. Neben der winzigen Eingangstüre zur Osteria weist ein Relief auf das Lokal hin: darauf ist ein Weinkrug abgebildet. Meist wird hier ein »Tajut«, d.h. ein Glas offenen Weins, verlangt. Bier wird nur selten getrunken. Wählen Sie zwischen einem vollmundigen Refosco, einem sogenannten Hauswein (ein Verschnitt aus verschiedenen Rotweintrauben), einem trockenen Tocai, der nach alter Sitte vielleicht ein wenig zu lang vergoren wurde, und dem klassischen Ramandolo aus der Gegend, dem lieblichen Weißwein. Von November bis März können Sie bei Signora Teresina einfache und wohlschmeckende Gerichte vorbestellen: weiße oder gelbe **Polenta**, verschiedene **Frittate**, Salami, Pancetta, Käse, »lidric cu lis fricis« (Radicchio mit angelastem Speck und reichlich Essig). Aber das Lokal ist in erster Linie berühmt wegen seiner Salami und seines **Musetto**. Er wird unter der Asche des alten Holzofens gegart, der die Weinschenke und das Spielzimmer beheizt. Die Preise sind bescheiden, die Bedienung ist freundlich. Im Speisezimmer können Sie sich auch bis spät in die Nacht hinein amüsieren. Eine herrliche Kneipe!

Pavia di Udine

12 km von Udine, S. S. 56 in Richtung Palmanova

Da Maria

Trattoria
Via Manzoni, 5 – Persereano
Tel. 04 32 / 67 50 45
Ruhetag: Montag
Betriebsferien: Juli
90 Plätze
Preise: 25–30 000 Lire
Keine Kreditkarten
Reservierung: sonntags empfohlen

»Pollo alla diavola« oder »Pollo alla griglia«? Das kann man leicht verwechseln. Um die Verwirrung perfekt zu machen, könnten wir Ihnen jetzt erzählen, daß »Pollo alla diavola« stets auch »Pollo alla griglia« ist, während das Gegenteil nicht immer zutrifft. Zwei Meister der italienischen Kochkunst – der Fundamentalist Artusi und der moderner gesinnte Buonassisi – beschreiben die wichtigsten Merkmale eines »Pollo alla diavola« (»al diavolo« laut Artusi) wie folgt: das Huhn muß möglichst flach sein und mit zerlassener Butter bepinselt werden, während es auf dem Rost gegart wird. Die einzige Meinungsverschiedenheit zwischen den beiden Meisterköchen besteht in Bezug auf das »Teuflische«: Artusi würzt sein Huhn mit reichlich Cayennepfeffer, Buonassisi empfiehlt schwarzen Pfeffer. Eben dieses **Pollo alla diavola** ist die Spezialität der Trattoria »Da Maria« in Persereano di Pavia di Udine. Das Lokal zeichnet sich durch eine flinke und freundliche Bedienung aus. Es ist seit mindestens 40 Jahren in den Provinzen Udine und Görz für sein herrliches Huhn bekannt, das außen knusprig, innen zart und richtig gegart ist und überhaupt nichts Teuflisches an sich hat ...!
Die Trattoria ist leicht zu finden; wenn Sie von Udine kommen, sehen Sie sie gleich rechter Hand am Ortseingang liegen. Sie bekommen hier nicht nur das »teuflische Huhn« zu essen (Sie sollten es sicherheitshalber vorbestellen). Es lohnt sich durchaus, die Primi zu versuchen. Vielleicht erliegen Sie ja der Versuchung und bestellen sich gleich Gnocchi, Pasticcio und Crêpes. Die rohen und gekochten Beilagen sind sehr sorgfältig zubereitet. Die Süßspeisen sind es wert, probiert zu werden. Die roten Hausweine von den Colli Orientali del Friuli sind recht ordentlich. Die Preise sind anständig.

Pordenone

Vecia osteria del Moro

Osteria
Via Castello, 2
Tel. 04 34 / 2 86 58
Ruhetag: Sonn- und Feiertage
Betriebsferien: an Weihn. u. Ostern
40–50 Plätze
Preise: 35–40 000 Lire
Kreditkarten: CartaSi, Visa
Reservierung: empfohlen

Die Osteria liegt in der Altstadt von Pordenone unter den Säulengängen eines mittelalterlichen Klosters. Sie ist mit ihrer langjährigen Tradition sicher eines der bemerkenswertesten Lokale der Gegend. Ihre ursprüngliche Gestalt ist auch nach den Sanierungsarbeiten noch zu erkennen bzw. wird sogar noch besonders betont, wie z.B. die Gewölbedecke und der Holzfußboden. Die antiken Möbel vermitteln Wärme und Gemütlichkeit. Auch der ungezwungene und freundliche Service leistet einen erheblichen Beitrag zur ansprechenden Atmosphäre des Lokals. Die Spezialitäten aus Friaul und Venetien sind sehr gut zubereitet: **Pasta e fagioli**, Trippa, **Musetto con brovada**, Baccalà, geschmortes Kaninchen, gegrillter Montasio. Es handelt sich also um einfache und bäuerliche Gerichte. Zur entsprechenden Jahreszeit gibt es auch die »sciosi«, wie die **Schnecken** im Dialekt heißen. Angelo Fedrigo zeichnet für die Küche verantwortlich, sein Partner Ilario Sortor kümmert sich um den Service. Man kann hier auch einen kleinen und ausgezeichneten Imbiß einnehmen: Gemüseomelettes, Wurstwaren, Nervetti. Dazu werden sorgfältig ausgewählte Weine aus Friaul und ganz Italien gereicht. Die Auswahl an Schnäpsen und Likören (darunter auch besondere Riserve) läßt nichts zu wünschen übrig. Die Osteria ist auf alle Fälle einen Besuch wert. Selbst wenn Sie sich einen besseren Wein bestellen, bleiben die Preise im Rahmen.

Prato Carnico

30 km von Tolmezzo, S.S. 465

Osteai

Bar-Trattoria
Ortsteil Osteai
Tel. 04 33 / 6 93 85 und 6 94 14
Nur im Juli, August und zur Weihnachtszeit geöffnet
35 Plätze
Preise: 20 000 Lire
Keine Kreditkarten
Reservierung: empfohlen

Gianna Unfer und Verio Solari haben mit ihrer Trattoria am Ende der Welt sicher die richtige Entscheidung getroffen. Sie stehen erst am Anfang, doch sind es auf dem rechten Weg. Das Gasthaus steht in der Nähe der Talstation einiger Lifte. Als Antipasti essen Sie hier **geräucherten »Speck«** aus der Gegend. Das anschließende Nudelgericht wäre allein schon die Fahrt in die Val Pesarina wert. Die **Cjarsons** sind eine Art Ravioli aus Mehl und Wasser und werden je nach Gebirgstal mit verschiedenen Füllungen gegessen. In der Val Pesarina füllt man sie meist mit Kakao, Rosinen, Keksen und Zucker (Verios Version), in der Val del Bût werden sie mit einer Paste aus Ricotta, Rosinen, Äpfeln, Minze, Melisse, Geranien und Thymian gefüllt (Giannas Lieblingsspeise). Am besten probieren Sie beide Sorten. Wenn Sie eine »italienischere« Füllung bevorzugen, können Sie sich die Morbidelli mit Mozzarella und Schinken bestellen. Außerdem sind die »casunziei« und die Tagliatelle mit Speck und Rucola sehr beliebt, aber nicht typisch für diese Gegend. Köstlich schmeckt hier auch der **Frico** mit Kartoffeln und Polenta oder die gegrillte Salsiccia. Im Winter bekommt man **Musetto** oder Würste mit Kraut. Im Sommer dominieren **Risotti ai funghi** und weitere **Pilzgerichte** auf der Speisekarte. Leider ist die Weinauswahl sehr begrenzt. Das ist aber das einzige, was wir an dieser gemütlichen und zudem preisgünstigen Trattoria zu bemängeln haben. Giannas Crostate und Kuchen schmecken übrigens herrlich. Im Juli, August und zur Weihnachtszeit ist die Trattoria immer geöffnet. In den übrigen Monaten muß man sich einen Tag vorher anmelden.

Pulfero

29 km von Udine, S. S. 54

Osteria all'antica

Osteria
Ortsteil Cras, 125
Tel. 04 32 / 70 90 52
Ruhetag: Mittwoch
Betriebsferien: August
45 Plätze
Preise: 20 000 Lire
Keine Kreditkarten
Reservierung: am Wochenende

Die Täler entlang des Natisone gehören bereits zur »Slavia Veneta«: der Landstrich ist zwar italienisches Hoheitsgebiet, wird aber von einer slowenisch sprechenden Bevölkerung bewohnt. Das Flußtal selbst ist herrlich grün, waldreich und wild, aber nicht bedrohlich. Verstreut liegen unzählige kleine Dörfer mit Namen, die Zungenbrechern gleichkommen. In jeder Ortschaft steht zumindest eine Osteria, in der man meist auch essen kann. Ein Lokal dieser Art ist die »Osteria all'antica« in Cras di Pulfero, das nur kurz vor der Grenze, an der Straße nach Caporetto/Kobarid liegt. Sie können Ihr Auto auf dem Parkplatz vor der Osteria abstellen. Drinnen empfängt Sie dann sogleich der klassische »fogolâr«, d.h. eine große Feuerstelle. Die Speisen sind sehr einfach und schmackhaft. Der **Frico** wird auf verschiedene Arten zubereitet: da gibt es den normalen Frico, eine Variante mit Kartoffeln oder eine mit Milch. Probieren Sie die **Frittata** mit Zwiebeln, Kräutern, Käse oder Salami. Die **Kochsalami mit Essig** und Zwiebeln oder mit Ricotta ist recht interessant. Die Weine sind nicht gerade hervorragend. Mit dem offenen Wein ist man noch besser beraten als mit den Flaschenweinen. Das Angebot an Grappe und eingelegten Früchten ist entschieden besser. Im Sommer können Sie im Freien essen und dabei das Rauschen der Buchenwälder und der Wasser des Natisone genießen.

Reana del Rojale

15 km von Udine, S. S. 13 in Richtung Gemona

Da Rochèt

Trattoria
Via Rosta Ferracina, 8 – Zompitta
Tel. 04 32 / 85 10 90
Ruhetag: Dienstag und Mittwoch
Betriebsferien: 20.8.-20.9.
120 Plätze
Preise: 30 000 Lire
Kreditkarten: Visa
Reservierung: empfohlen

Wenn man in Udine und Umgebung von Risotto spricht, denkt man unweigerlich an diese historische Trattoria. Das ansprechende Gasthaus liegt unter großen Bäumen an einem Bewässerungsgraben mit glasklarem Wasser. Hier spürt man eine familiäre Atmosphäre, der weder die Zeit noch die Größe des Betriebs etwas anhaben konnten. Santina Mauro führt die Trattoria. In der Küche gehen ihr ihre Schwägerinnen Santina und Giovanna zur Hand. In den einzelnen Speisesälen arbeitet eine ganze Reihe von Frauen unter Anleitung der großartigen Romana, die ebenfalls zum Clan der Mauros gehört. Je nach Jahreszeit werden verschiedene **Risotti** angeboten. Das ganze Jahr über bekommt man Risotto mit Salsiccia, der auch im Sommer angenehm schmeckt. Im Winter ißt man die traditionelle **Minestra di orzo e fagioli** oder Pappardelle mit Rehsauce. Oft gibt es **Hasen- oder Rehbraten**. Von Weihnachten bis Juni wartet man mit dem **Capretto al forno**, einer besonderen Spezialität des Hauses, auf. Der eine Speisesaal wird von einem Kamin beherrscht der allerdings nicht nur zur Zierde da ist: zu Recht ist das Lokal für seine Grillspezialitäten berühmt. Sie reichen vom Huhn über Kalbs- und Schweinekoteletts bis zu Würsten. Der Wein ist eine Schwachstelle im Angebot des »Rochèt«. Er wird in Ballonflaschen bei kleinen Erzeugern des Collio oder der Colli Orientali del Friuli erworben und direkt im Hause abgefüllt. Es wäre zu wünschen, daß bald wenigstens eine kleine Karte mit Qualitätsweinen zusammengestellt wird. Dann wird allerdings die Rechnung nicht mehr ganz so günstig ausfallen.

Remanzacco

8 km von Udine, S. S. 54

Ai cacciatori

Trattoria
Via Pradamano, 22 – Cerneglons
Tel. 04 32 / 67 01 32
Ruhetag: Montag
Betriebsferien: Mitte Juli–Mitte August
80 Plätze
Preise: 20-25 000 Lire
Keine Kreditkarten
Reservierung: notwendig

Wie sieht nun der echte »Frico« aus? Ist er dünn, knusprig und durchbrochen wie eine feine Hohlsaumstickerei? Oder ist er eine weiche Creme, die Fäden zieht und in die man die Polenta taucht? Und was ist mit dem Frico mit Zwiebeln oder Kartoffeln? Jeder »Frico« hat seine Freunde und Feinde. Höchstwahrscheinlich ist eine Variante genauso echt wie jede andere. Denn alle sind sie einfach zubereitet und auf eine bestimmte Gegend beschränkt. Vor allem aber war er früher ein Gericht für arme Leute. Der Frico wurde aus den Käselaiben zubereitet, die nicht richtig reiften und sonst hätten ausgemustert werden müssen. Im »Ai cacciatori«, in einem Ortsteil von Remanzacco, ist der **Frico** wirklich etwas Besonderes. Hier ist er weder knusprig noch weich: er ist beides – eine Art Soufflé mit einer goldbraunen, knusprigen und schmackhaften Kruste. Bricht man nun den Frico auf und zerteilt ihn, entfaltet sich sein typischer Duft. Eine weitere Spezialität in diesem einfachen und ansprechenden Gasthaus ist die **Frittata con le erbe**, die mit frischen und wild wachsenden Frühlingskräutern zubereitet wird. In den Wintermonaten ißt man hier einen **Musetto con fagioli**, der seinesgleichen sucht, oder die traditionelle **Kochsalami mit Essig**. Die im Hause abgefüllten Weine, vor allem der kräftige Refosco, sind gut.

Remanzacco

8 km von Udine, S. S. 54

Al posto di conversazione

Trattoria-Enoteca
Via Marconi, 20
Tel. 04 32 / 66 73 66
Ruhetag: Sonntag, nicht im Sommer
Keine Betriebsferien
40 Plätze
Preise: 25-40 000 Lire
Kreditkarten: AE, CartaSi, DC, Visa
Reservierung: empfohlen

Bereits seit der Gründung der Arcigola del Friuli kommen die Mitglieder im »Posto di conversazione« zusammen. Paolo Candelotto führt gemeinsam mit seiner Frau Miriam diese ansprechende Trattoria. Ständige Fortbildung und die Lust auf Neues und Besseres zeichnet die Arbeit der beiden Wirtsleute aus. Das Interessanteste an der Trattoria ist zweifelsohne der Weinkeller. Eine wahre Schatzkammer tut sich da auf: auf kleinem Raum lagern die besten Erzeugnisse Friauls sowie sehr edle toskanische und Piemonteser Weine. Paolo hat sie alle selbst zusammengetragen. Miriams Reich ist die Küche. Dort bereitet sie täglich frische Pasta zu. Ihre Mamma, selbst eine erfahrene Köchin, steht ihr dabei mit Rat und Tat zur Seite. Probieren Sie also ihre Tagliatelle und andere Nudelspezialitäten. Sie werden mit einem Sugo serviert, der immer der Jahreszeit entspricht. Auch bei der Zubereitung von **Minestrone di verdure** oder den Füllungen für Hühner- und Perlhuhnrouladen greift sie auf das jeweilige Saisonangebot zurück. Das gilt natürlich auch für die Gemüserisotti, die vielleicht sogar noch besser sind als die Risotti mit Pilzen. Im Winter ißt man **Pasta e fagioli**. Ein typischer Primo sind die **Gnocchi mit Butter und geräuchertem Ricottakäse**. Paolo berät seine Gäste bei der Auswahl der Speisen. Giovanni bringt sie dann an den Tisch. Einer besonderen Erwähnung ist sicher der wunderschöne Salon wert. Dort können Sie es sich auf Stilmöbeln bequem machen, sich unterhalten oder gute Musik hören und dabei einen edlen Tropfen aus dem reich bestückten Weinkeller genießen. Trotz der sehr anspruchsvollen Aufmachung ist das Lokal keineswegs übertreuert. Besonders zu empfehlen sind die verschiedenen Probiermenüs.

Remanzacco

8 km von Udine, S.S. 54

Da Edi

Trattoria
Piazza Angeli, 3 - Orzano
Tel. 04 32 / 66 81 27
Ruhetag: So.abend und Montag
Betriebsferien: Januar u. August
45 Plätze
Preise: 30-40 000 Lire
Kreditkarten: CartaSi, AE
Reservierung: empfohlen

Gianni und seine Frau Edi haben das Lokal, das sie vor sechs Jahren erworben haben, von Grund auf renoviert und damit eine rundum angenehme Atmosphäre geschaffen. Die Speisen werden von Edi und ihrem Hilfskoch Michelino stets frisch zubereitet. Gianni und die Kinder Catia und Rudi kümmern sich um die Gäste. Gianni wirkt auf den ersten Blick vielleicht etwas furchterregend, aber schon bald entpuppt er sich als ein leutseliger Wirt. Die Küche konzentriert sich hauptsächlich auf Spezialitäten aus der Gegend, die mit viel Fingerspitzengefühl neu umgesetzt werden. Den **Schweineschlegel** oder die geräucherte Putenbrust kann man kalt als Vorspeise oder warm als Hauptgericht bekommen. Als Primi stehen **Gnocchi al radicchio** e mascarpone oder Tagliolini mit »sclopìt« (ein Wildkraut) oder in der kalten Jahreszeit »cicis e argjelùt« (Grieben und Baldrian) auf der Speisekarte. Zu jeder Jahreszeit bekommt man die **Zuppa di verdure con orzo**, im Winter die Rigatoni »alla contadina« (mit Wirsing und Cotechino) oder »alla rustica« (mit Gulasch und Ricotta). Wildgerichte sind fast immer zu haben, ebenso **Stracotto d'asino** mit Polenta, Fohlensteak mit Gemüse, Putenschnitzel mit Radicchio und San-Daniele-Schinken, Gegrilltes und hausgeräuchertes Schweinefleisch. Im Winter gibt es außerdem den besonders guten **Musetto** oder in der Asche gegarte Salami. 15 verschiedene frische Primi und ebensoviele Secondi, ein reich und gut bestückter Weinkeller sowie angemessene Preise sind mehr als einen Besuch wert.

Riva d'Arcano

19 km von Udine, S. S. 464 in Richtung Spilimbergo

Antica bettola da Marisa

Osteria
Via Coseano, 1 – Rodeano Basso
Tel. 04 32 / 80 70 60
Ruhetag: Donnerstag
Betriebsferien: 1.–15. September
40 Plätze
Preise: 25–30 000 Lire, ohne Wein
Kreditkarten: Visa
Reservierung: unbedingt notwendig

Im Sommer werden hier hauptsächlich gemischte Grillplatten serviert. Von Oktober bis März werden im monatlichen Wechsel verschiedene Menüs angeboten: drei Antipasti, zwei Primi, zwei Hauptgerichte und zwei Beilagen, ein Dessert, Caffè corretto und ein Digestif stehen dann zur Auswahl. Die originelle Speisekarte ist im friaulischen Dialekt abgefaßt und auf eine Art Packpapier gedruckt. Die Liste der Spezialitäten ist interessant, denn sie gibt einen guten Überblick über die typischen Gerichte der Gegend. Sie werden schon bald feststellen, daß es sich hierbei nicht gerade um besonders leichte Kost handelt. Aus diesem Grund wird die friaulische Küche auch nur in den Wintermonaten angeboten. Wer des Friaulischen nicht mächtig ist, kann sich von dem bärtigen Wirt Roberto die einzelnen Spezialitäten erklären lassen. Gern erzählt er Ihnen, daß sich z.B. hinter »gnocs di séspes« **Zwetschgenknödel** verbergen. »Lidric cul pòc e lis frizis« bezeichnet jungen Radicchio, den man mit angeglasten Speckwürfeln und Essig anmacht und mitsamt der Wurzel ißt. Mit dem **San-Daniele-Schinken** (»persut di San Danêl«) können Sie immer rechnen. Das »Schinken-Paradies« San Daniele liegt ja nicht weit entfernt. So nimmt es auch nicht weiter wunder, daß man hier den Schinken noch sorgfältig von Hand aufschneidet. Sicherlich interessieren Sie sich auch für die »gnocs di cjocolate e scuete« (**Knödel aus Schokolade und Ricotta**) oder die **Cjarsos** »dal cjanâl di Guàrt« (Teigtäschchen, gefüllt mit Rosinen und Walnüssen). Die Verwandtschaft mit der Küche Österreichs, Sloweniens und der Karnia kann man wohl kaum leugnen! Die Weinkarte der Trattoria ist überraschend gut bestückt: Sie entdecken da die besten Weine Friauls zu einem günstigen Preis.

San Daniele del Friuli

24 km von Udine, S. S. 463

Ai bintars

Osteria
Via Trento e Trieste, 63
Tel. 04 32 / 95 73 22
Ruhetag: Donnerstag
Betriebsferien: Juli
50 Plätze
Preise: 15–20 000 Lire
Keine Kreditkarten
Reservierung: nicht notwendig

»Bintars« heißen in Friaul die Müßiggänger. Ein Besuch in der gleichnamigen Osteria ist wahrlich eine sehr angenehme Art von Müßiggang. Seit 1950 wird das Lokal von den vier Söhnen der früheren Pächter geführt. Das »Ai bintars« liegt am Rande der Altstadt gegenüber dem Krankenhaus von San Daniele. Im Speisezimmer hinter der Bar können Sie eine Reihe von friaulischen Spezialitäten probieren. Da ist zuerst einmal natürlich der hervorragende San-Daniele-Schinken. Die Firma Prolongo beliefert die Osteria nur mit den allerbesten Stücken. Sicher finden auch die übrigen Wurstwaren, vom **Speck** aus San Daniele bis zur **Bresaola**, Ihren Beifall. Der Montasio kommt von Molkereien der Umgebung und aus den karnischen Alpen. Dazu trinken Sie am besten Weine aus der Gegend (Tocai, Merlot) oder andere edle Flaschenweine aus Friaul. Im »Ai bintars« und auch in anderen Lokalen von San Daniele reicht man inzwischen Prosecco zum Schinken. Der Prosecco ist ein sehr feiner Wein, der den zarten Geschmack des **San-Daniele-Schinkens** nicht übertönt, sondern erst voll zur Geltung bringt. Den Imbiß können Sie mit einem Stück **Gubana** oder mit den **Struccoli** abschließen. Die Firma Giuditta Teresa liefert sicher die besten Süßspeisen dieser Art. Die Preise halten sich in der Regel im Rahmen. Es sei denn, Sie lassen sich von Ihrer Begeisterung für den überragenden San-Daniele-Schinken fortreißen ...

San Daniele del Friuli

24 km von Udine, S. S. 463

Da Catine

Trattoria
Via Vittorio Veneto, 54 - Aonedis
Tel. 04 32 / 95 65 85
Ruhetag: Montagabend, Dienstag
Betriebsferien: August, 1.-15. Januar
50 Plätze
Preise: 25-30 000 Lire
Keine Kreditkarten
Reservierung: empfohlen

Direkt am Ufer des Tagliamento liegt ein kleines Dorf mit dem geheimnisvollen Namen Aonedis bzw. Savonelis, wie es die Einheimischen nennen. Sie erreichen die Ortschaft, wenn Sie von San Daniele auf der Staatsstraße Richtung Villanova fahren, den Hinweisschildern folgen und rechts abbiegen. In Aonedis stoßen Sie auf die Trattoria »Da Catine«. Catine, die dem Lokal ihren Namen gegeben hat, lebt nicht mehr. Heute steht Tochter Regina in der Küche. Ihr Sohn und ihre Schwiegertochter arbeiten ebenfalls hier: Raffaele beschickt den Grill, Nella kümmert sich um Küche und Kunden. Im »Da Catine« essen Sie gute Wurstwaren. Der **Schinken** (wir sind schließlich immer noch im Gemeindegebiet von **San Daniele**) und die Hausmachersalami machen sich gut für eine kleine Zwischenmahlzeit. Spezialität des Hauses sind aber die Primi. Sie sind wirklich interessant und bemerkenswert gut. Probieren Sie die schmackhaften **Spaghetti mit geräucherter Forelle**, Rigatoni mit Salsiccia, Crêpes mit Artischocken oder **Spinatgnocchi**. Als Hauptgericht essen Sie Gegrilltes, **geschmorte Schweinshaxe**, verschiedene Arten **Frico** oder Frittata. Das Angebot entspricht also genau dem, was man sich von einer Trattoria in Friaul erwartet – aber längst nicht immer bekommt. Auch die Beilagen sind ausgezeichnet und obendrein noch schön anzusehen. Die gegrillten Paprikaschoten sind da besonders zu empfehlen. Die Weine sind in Ordnung.

San Vito al Tagliamento

19 km von Pordenone, S. S. 463

Al colombo

Trattoria
Via Roma, 6
Tel. 04 34 / 8 01 76
Ruhetag: Di.abend und Mittwoch
Betriebsferien: September
60 Plätze
Preise: 25-30 000 Lire
Keine Kreditkarten
Reservierung: empfohlen

Das »Al colombo« sieht genau so aus, wie man sich eine richtige Trattoria vorstellt. Vor wenigen Jahren wurde das Lokal umgebaut und erweitert. Nun kann man auch auf einer Veranda im Freien essen. Man bekommt hier traditionelle Kost, die auf das Angebot der jeweiligen Jahreszeit zugeschnitten ist. Die gelernte Köchin verwendet viel frisches Gemüse und wilde Kräuter. Im Frühjahr gibt es demnach die typischen **Frittate mit wildem Hopfen** oder grünem Spargel. Im Herbst reicht man Pilzgerichte. Genauso typisch sind sicher die **Gnocchi di pane** und der **Stracotto vom Fohlen**. Auf Vorbestellung bekommt man auch Fisch. Getrunken wird hauptsächlich ein offener Wein aus der Gegend. Einige Flaschenweine aus Friaul sind ebenfalls zu haben. Der Wirt führt das »Al colombo« schon seit rund dreißig Jahren. Er ist nett und zuvorkommend. In seiner freundlichen Art kann er leicht etwas aufdringlich wirken.

Sauris

90 km von Udine, S.S. 52

Alla pace

Trattoria
Via Roma, 38 - Sauris di Sotto
Tel. 04 33 / 8 60 10
Ruhetag: Mittwoch, nicht im Sommer
Betriebsferien: im Mai und Oktober
45 Plätze
Preise: 30-35 000 Lire
Keine Kreditkarten
Reservierung: empfohlen

Sauris ist eine österreichische Sprachinsel inmitten von Tälern, die ausschließlich von karnischer Bevölkerung bewohnt werden. Um bis nach Sauris zu gelangen, muß man den kurvenreichen Straßen folgen, die vom oberen Flußlauf des Tagliamento zum künstlichen Stausee Maina führen. In Sauris di Sotto steht die Trattoria »Alla pace«, die seit 1804 im Besitz der Familie Schneider ist. Vinico und Franca sind gleichermaßen für Küche und Bedienung zuständig. Ihr Angebot umfaßt **Speck**, Culatello, Wurstwaren und mit Waldkräutern geräucherten Schinken, der entsprechend stark duftet und gut schmeckt. Von den Primi sind die **Gnocchi di zucca**, Gnocchi alle ortiche oder **alla ricotta**, **Pasta e fagioli** und **Zuppa di ortiche** zu empfehlen. Bei den Secondi reicht das Angebot von **Wildgerichten** über **Frico** mit Kartoffeln und Zwiebeln bis zu Cotechino und **Musetto con la brovada**. Mauro ist für den Wein verantwortlich, sein Bruder Andrea ist noch in der Ausbildung und hilft nur gelegentlich im elterlichen Betrieb mit, den er eines Tages übernehmen wird. Die Beschreibung des »Alla pace« wäre unvollständig, wenn wir die überschwengliche Herzlichkeit der Signora Franca unerwähnt ließen. Ebenso soll das Lokal kurz beschrieben werden. Vor etwa zehn Jahren führten die Schneiders kluge Renovierungsarbeiten durch, so daß die typische Form des Gasthauses erhalten bleiben konnte. Dazu zählen der klassische (karnische) »fogolâr« (eine große offene Feuerstelle) und die typisch österreichische Stube. Gutes Preis-/Leistungsverhältnis.

Sedegliano

21 km südwestl. von Udine

Da Menini

Trattoria
Via Nazionale, 7 - Rivis
Tel. 04 32 / 91 80 91
Ruhetag: Mittwoch
Betriebsferien: Juli
50 Plätze
Preise: 30-35 000 Lire
Kreditkarten: Visa
Reservierung: empfohlen

Wir sind nicht weit entfernt von San Daniele del Friuli. In der Luft liegt der Duft des berühmten **Schinkens**. In der einfachen und bäuerlichen Trattoria »Da Menini« bekommen Sie auch andere interessante Spezialitäten zu essen. Hinter der Bezeichnung »Regina di San Daniele« verbirgt sich **geräucherte Forelle**, die dem bekannteren Prosciutto Konkurrenz angesagt hat. Versuchen Sie doch auch die »Gnocchi al papavero« (Klößchen aus Kartoffeln und Rucola in einer Sauce aus zerlassener Butter, Käse und Mohn) oder die **ciaspes**, deftige Crêpes, gefüllt mit Käse aus der Gegend. Hierbei handelt es sich tatsächlich um ein landestypisches Gericht und nicht etwa um eine beliebige Nachahmung der französischen Spezialität. Das Wort »ciaspes« bedeutet im karnischen Dialekt nämlich »Schneeteller« - und so sehen die Pfannkuchen auch aus. Essen Sie als Beilage gegrilltes Gemüse. Auf Vorbestellung können Sie Fisch- und Wildgerichte bekommen. Die Einrichtung ist gepflegtem bäuerlichen Stil nachempfunden. Die kleine Weinkarte ist mit Sorgfalt zusammengestellt.

Spilimbergo

33 km von Pordenone,
33 km von Udine, S. S. 464

Al bachero

Osteria
Via Pilacorte, 5
Tel. 04 27 / 23 17
Ruhetag: Sonntag
Betriebsferien: Juni
40 Plätze
Preise: 15 000 Lire
Keine Kreditkarten
Reservierung: empfohlen

Die Osteria wurde 1886 von Antonio Laurora eröffnet. Er stammte aus Apulien, wie auch der kräftige Wein, der jahrzehntelang in der Osteria ausgeschenkt wurde. Obwohl das »Al bachero« in einer Seitengasse der herrlichen Via di Mezzo versteckt liegt, können Sie es leicht finden. Gehen Sie einfach Ihrer Nase nach. Jeden Tag gibt es **Baccalà mit Polenta**. Der typische Geruch ist in der ganzen Gegend wahrzunehmen. Ziehen Sie zu einem Besuch im »Al bachero« keine besonders edlen Kleidungsstücke an. Sie riechen sonst noch tagelang nach Fisch. Der Baccalà wird hier nach allen Regeln der Kunst zubereitet. Dazu wird er z.B. in der alten Mühle von Spilimbergo mit einem Holzstampfer weichgeklopft. Giuseppe Zavagno führt derzeit das Lokal. Zusammen mit seinem Sohn besorgt er den Weinausschank und den Service. Giuseppes Frau kocht. Sie trinken hier offene Weine aus den Grave del Friuli (Tocai, Merlot). Im Andenken an den ersten Padrone der Osteria wird immer noch apulischer Zibibbo ausgeschenkt. Wenn Sie keinen Baccalà essen wollen, können Sie sich Spezzatino, **Frico und Polenta** oder den deftigen **Musetto con brovada** bestellen. Hier geht es zu wie in einer alten Osteria. Das rustikale Ambiente ist echt und unverfälscht, die Zeit scheint hier stehengeblieben zu sein. Das gilt übrigens auch für die Preise: Sie werden hier kaum mehr als 15 bis 17 000 Lire ausgeben.

Spilimbergo

33 km von Pordenone,
33 km von Udine, S. S. 464

Da Afro

Osteria
Via Umberto I, 14
Tel. 04 27 / 22 64
Ruhetag: Dienstag
Betriebsferien: Juli
30 Plätze + 40 im Freien
Preise: 20-30 000 Lire, ohne Wein
Keine Kreditkarten
Reservierung: empfohlen

Das »Da Afro« liegt im Zentrum von Spilimbergo. Hier können Sie ein typisch friaulisches Abendessen einnehmen und anschließend zur Entspannung eine Partie Boccia spielen. Der Speisesaal ist ganz im alten Stil eingerichtet: teilweise holzgetäfelte Wände, Wandleuchten aus der Zeit der Jahrhundertwende, eine große Anrichte aus dem 18. Jahrhundert und ein Kamin. Auf dem Tisch thront ein riesiges Blumenbouquet. Es ist so schwer, daß es mit einer Seilwinde vom Tisch gehoben werden muß. Im Speisesaal können etwa 25-30 Gäste sitzen. Im Sommer kommen noch 40 Plätze im Freien hinzu. Das Tagesmenü wird auf einer Schiefertafel angeschrieben. Hier steht dann da meist **Orzo e fagioli** (Gerstensuppe mit dicken Bohnen), **Frico**, **Brovada con il musetto**, Schweinekoteletts mit Wirsing, Spezzatino. Jeden Donnerstag gibt es **Gesottenes** aus zehn verschiedenen Fleischsorten. Im Frühjahr werden wie in ganz Friaul hauptsächlich **Frittate mit Kräutern** oder mit Borretsch angeboten. Kräuter, Blattgemüse und grünen Spargel ißt man auch im **Risotto**. Im Sommer verarbeiten die Geschwister Dario und Iliana Martina frisches Gemüse aus dem elterlichen Garten. Ab August stehen dann viele verschiedene Pilzgerichte auf der Tafel. Einer besonderen Erwähnung ist der Weinkeller wert. Das Angebot beginnt bei offenen Weinen, die Dario von kleinen Erzeugern des Collio und aus anderen Doc-Gebieten Friauls bezieht. Es geht weiter mit Flaschenweinen von renommierten Kellereien aus der Gegend. Ein guter Brunello oder Taurasi sind ebenfalls zu bekommen. Für ausgesprochene Kenner hält man auch große französische Weine bereit. Ein Lokal also, das man nur empfehlen kann. Nicht zuletzt wegen der anständigen Preise.

Spilimbergo

33 km von Pordenone,
33 km von Udine, S. S. 464

Enoiteca La torre orientale

Enoteca
Via di mezzo, 2
Tel. 04 27 / 29 98
Ruhetag: Dienstag
Betriebsferien: unterschiedlich
35 Plätze
Preise: 10-15 000 Lire für den Imbiß
Kreditkarten: alle
Reservierung: empfohlen

Stefano Zannier hatte die Idee, im östlichen Stadtturm von Spilimbergo ein Lokal einzurichten. Das Ambiente ist außergewöhnlich ansprechend. An den Tischen sitzen meist ganze Gruppen, oft junge Leute. Sie essen die Spezialitäten, die Stefano Ihnen vorschlägt und die das aufmerksame und freundliche Personal auftischt. Die Weinkarte nennt über 200 Erzeugnisse und noch einige seltene Flaschen für ganz besondere Anlässe. Natürlich werden hauptsächlich Weißweine aus Friaul verlangt. Auch den Wünschen nach französischen, kalifornischen und österreichischen Weinen kommt man nach. Die Auswahl an Spirituosen ist sehr groß. Zum Wein werden ausgezeichnete Wurstwaren gereicht. Zu erwähnen sind da besonders der **San Daniele-Schinken**, der gekochte Schinken, die **Soppressa** und die Salami »punta di coltello«: d.h. das Brät wurde nicht durch den Fleischwolf gedreht, sondern mit dem Messer kleingeschnitten. Den seltenen Formaggio salato darf man sich auf keinen Fall entgehen lassen, denn nur mehr wenige Molkereifachleute wissen, wie dieser Weichkäse hergestellt wird. Aus dem Restaurant im Obergeschoß werden weitere Köstlichkeiten heruntergereicht. Sie sind dazu angetan, aus einem einfachen Imbiß ein hervorragendes Mahl werden zu lassen. Angemessene Preise.

Stregna

28 km von Udine, S.S. 54

Sale e pepe

Trattoria
Via Capoluogo, 19
Tel. 04 32 / 72 41 18
Ruhetag: Mittwoch
Betriebsferien: Juli
40 Plätze
Preise: 40 000 Lire
Kreditkarten: BA, Visa
Reservierung: notwendig

Stregna liegt etwa eine halbe Autostunde von Cividale del Friuli entfernt. Am östlichsten Zipfel Oberitaliens leben Friauler und Slowenen nicht immer in bester Eintracht zusammen. »Benecjan« (»Venezianer«) nennen die Slowenen verächtlich die Italiener, d.h. die Sklaven Venedigs. »Benecjana« ist der Begriff, den Teresa Covceuszach stolz für ihre Küche gebraucht. In der Tat stellt sie eine recht außergewöhnliche Kost vor. Man lese nur Namen wie »bizna is kampiri« (eine kräftige Suppe), »žličnjaki« (Kürbisklößchen mit zerlassener Butter, Zucker und Zimt), «plučinče« (Lungenwürste). Einflüsse aus Slowenien, Mitteleuropa und Italien verschmelzen hier zu einem wunderbar eigenartigen Angebot. Teresa ist für die Küche zuständig; ihr Mann Franco Simoncig betreut die Gäste, sucht Wein und Grundstoffe aus. Im Winter füllt er auch selbst Würste ab (z.B. **Musetto** und »plučinče). Gemeinsam suchen die beiden nach alten Rezepten, die sie leicht abwandeln. Selbst die klassischen Wildgerichte werden durch eine persönliche Note Teresas bereichert. Probieren Sie ihren **Spezzato di cinghiale** mit Buchweizenpolenta oder das **Rehfilet** in Grappa. Die Süßspeisen entsprechen der Tradition Friauls. Man bekommt **Gubana** und heiße **Strucchi** (Kipfel) sowie gute Obstkuchen.

Tarcento

16 km von Udine, S.S. 13

Osteria di Villafredda

Trattoria
Via Liruti, 7 - Loneriacco
Tel. 04 32 / 79 21 53
Ruhetag: Sonntagabend und Montag
Betriebsferien: Juni/Juli, Jahreswechsel
70 Plätze
Preise: 28-35 000 Lire
Keine Kreditkarten
Reservierung: am Wochenende

Auf der Hügelstraße von Tricesimo nach Tarcento gelangt man zur malerisch gelegenen »Osteria di Villafredda«. Das Anwesen ist in mehrere Räume aufgeteilt. Man kann sich in dem kleinen Zimmer mit dem »fogolâr«, der typischen Feuerstelle, aufhalten und vielleicht eine Partie Karten spielen; man kann sich auch in die größeren Räume begeben, in denen gegessen wird. Jahrelang zeichnete sich das Lokal vor allem durch seine Schlichtheit aus. Heute gesellt sich bei Ausstattung und Speisen ein Hauch von Eleganz hinzu. Guia Castellarin Krcivoj hat dieses Wunder vollbracht. Ihr gelingt es, die traditionellen friaulischen Spezialitäten so hervorragend zuzubereiten, daß selbst ein **Frico** mit Kartoffeln und Polenta, ein Gulasch oder Kutteln leicht und bekömmlich ausfallen. Die Antipasti bestehen aus **San-Daniele-Schinken**, Salami und Soppressa, Kaiserfleisch mit Meerrettich oder aus einem marinierten Rindercarpaccio mit Rucola. Typische Primi sind **Pasta e fagioli**, Risotto mit frischen Kräutern, Gnocchi di patate e spinaci, **Cjarsons** (wir ziehen die karnische Variante dieser gefüllten Teigtäschchen vor). Neben den bereits erwähnten Secondi ißt man ausgezeichnete **Frittata con le erbe**, ausgelöste **Kalbshaxe**, geschmorte Hackfleischbällchen mit Erbsen und Filet vom Rost. Die hausgemachten Süßspeisen fallen sehr gut aus: meist gibt es **Strudel** und Kuchen mit frischem Obst. Die offenen und Flaschenweine aus der Gegend sind im Hinblick auf die Preise in Ordnung. Selten gibt man mehr als 35 000 Lire aus.

Torreano

22 km von Udine, S. S. 464
in Richtung Spilimbergo

Al passeggio

Osteria
Ortsteil Togliano
Tel. 04 32 / 71 51 33
Ruhetag: Dienstag
Betriebsferien: 1.-20. Juli
50 Plätze
Preise: 20-25 000 Lire
Keine Kreditkarten
Reservierung: nicht notwendig

Togliano di Torreano ist ein typisches Dorf am Fuße der Berge von Cividale. Die Trattoria »Al passeggio« ist ein klassisches Ausflugsziel der »sparsamen« Jugend aus Udine und Umgebung: hier bekommt man nämlich natürliche Kost zu günstigen Preisen. Die Tradition des Lokals reicht bis an den Beginn unseres Jahrhunderts zurück. »Nur während des Faschismus (1922 bis 1943) mußten wir wegen der politischen Überzeugung meines Vaters für einige Jahre schließen«, erzählt der Wirt. Nach dem Erdbeben von 1976 wurde das Anwesen sorgfältig wieder aufgebaut. Der Torbogen und der geräumige Innenhof des Landhauses sind erhalten geblieben. Der alte »fogolâr« (Feuerstelle), der das Gasthaus besonders gemütlich gemacht hat, konnte leider nicht mehr gerettet werden. Die traditionelle Kost ist über all die Jahre hinweg gleichbleibend gut geblieben. Signora Fedora und ihr Sohn Walter wechseln sich am Herd ab. Sie schmoren Coniglio in umido oder mit Paprikaschoten, Perlhuhn, **Schweinshaxe**. Sie braten ausgezeichneten **Frico** mit Kartoffeln, **Frittata mit Kräutern**. Sie kochen Minestrone mit frischem Saisongemüse und servieren **frische Salami in Essig**. Die hausgemachten Wurstwaren und besonders die Salami sind hervorragend. Das Weinangebot bedarf allerdings noch einer Verbesserung. Schließlich liegt Torreano in einem bekannten und guten Weinbaugebiet.

Tricesimo

12 km von Udine, S. S. 13

Ai Cuei di Barêt

Osteria-Trattoria
Via dei Valentinis, 44
Tel. 04 32 / 85 45 33
Ruhetag: Mo.nachmittag, Dienstag
Betriebsferien: drei Wochen im Juli
70 Plätze
Preise: 25 000 Lire
Keine Kreditkarten
Reservierung: empfohlen

Paolo Artico, Jahrgang 1949, hat sein Handwerk von der Pike auf gelernt. Bereits in sehr jungen Jahren arbeitete er im Gastgewerbe. Da er aus Tricesimo stammt, konnte in seinem Lebenslauf eine Lehre im berühmten »Boschetti« nicht fehlen. Schon lange hegte er den Traum, ein eigenes Lokal zu eröffnen. 1985 konnte er ihn schließlich verwirklichen: kein Restaurant, keine Trattoria, nein, eine echte Osteria wie in der alten Zeit hatte es ihm angetan. Die Hügellandschaft um Tricesimo schien ihm der rechte Platz dafür. Mit »Cuei di Barêt« bezeichnen die Einheimischen den Ortsteil, in dem sie sich am Ostermontag zum Picknicken niederlassen. Im Anklang an diese alte Tradition hat Paolo nun auch sein Lokal so benannt. Paolo bezieht seine Weine direkt von den Erzeugern in Nimis, in den Colli Orientali del Friuli (der Schwiegervater ist dort Weinbauer) und im Collio. Im »Cuei di Barêt« kann man auch außerhalb der üblichen Essenszeiten ein paar Kleinigkeiten zum Wein bekommen. Typisch für Friaul ist da natürlich der **Frico**. Die Küche hat aber noch mehr zu bieten: hausgemachte **Kartoffelgnocchi**, Gemüseminestrone; zur entsprechenden Jahreszeit kräftige Wildgerichte, **Gulasch** alla friulana, Frittata mit Kräutern und **Salami in Essig**.

Tricesimo

12 km von Udine, S. S. 13

Al cavallino bianco

Trattoria
Ara Grande di Tricesimo
Tel. 04 32 / 85 11 21
Ruhetag: Donnerstag
Betriebsferien: Ende August
50 Plätze
Preise: 20 000 Lire
Keine Kreditkarten
Reservierung: nicht notwendig

Das »Al cavallino bianco« besitzt eine lange Familientradition. Es ist eine sichere Adresse für gutes Essen. Olinto Benedetti führt heute die Trattoria, die sein Großvater 1904 eröffnet hat. Das Lokal war damals noch eine einfache Osteria mit einem Monopol auf den Weinausschank. Ein Kolonialwarenladen gehörte ebenfalls zum Lokal. Hier bekommt man auch heute noch besonders bodenständige und natürliche Kost. Vieles wird hausgemacht und nach alten Rezepten originalgetreu zubereitet. Das gilt einmal für das Bauernbrot und die Gnocchi, dann für die Tagliatelle, die Salsiccia und Salami in Essig. Traditionell sind ebenfalls **Brovada con musetto**, **Minestrone di orzo e fagioli** und im Herbst die **Wildgerichte** mit Polenta. Zu empfehlen sind die Tagliatelle mit Kürbis und geräuchertem Ricotta und besonders die **Frittata alle erbe**: die Kräuter bzw. Blattgemüse sind stets frisch, die Eier von Freilandhühnern werden direkt bei den Bauern im Dorf gekauft, der Montasiokäse schmilzt schön in der Frittata, die hier wie ein Pfannkuchen zusammengerollt wird. Die offenen und die Flaschenweine sind in Ordnung, aber keiner besonderen Erwähnung wert. Die Preise fallen recht günstig aus.

FRIAUL

Tricesimo

12 km von Udine, S. S. 13

Da Toso

Trattoria
Via Pozzuolo, 16 - Leonacco
Tel. 04 32 / 85 25 15
Ruhetag: Di.abend und Mittwoch
Betriebsferien: 15.8. - 15.9.
80 Plätze
Preise: 25-30 000 Lire
Kreditkarten: Visa
Reservierung: empfohlen

Hier wurden Pferde gewechselt, Kolonialwaren verkauft, Wein ausgeschenkt und Geflügel bzw. Wild am Spieß gebraten. Seit 1911 ist das Gasthaus der Treffpunkt in dem kleinen Dorf Leonacco di Tricesimo. Nur schwer werden Sie sich der Faszination der alten Inneneinrichtung entziehen können: im Speisesaal steht immer noch ein typisch friulischer »fogolâr«, Tische und Stühle sind um ihn herum gruppiert. An den Wänden hängen Kupferkessel, alte Fotografien und Tuschezeichnungen. Das »Da Toso« ist hauptsächlich wegen seiner Grillspezialitäten berühmt. Zu Recht, wie wir meinen, denn das Fleisch ist stets gleichbleibend gut. Giancarlo Toso wählt es sorgfältig aus und grillt es dann artgerecht über dem offenen Feuer. Ansonsten wird eine Reihe von typischen Gerichten aus Friaul angeboten. Unter den vielen – stets frisch zubereiteten – **Risotti** ist besonders der Risotto mit weißem Spargel (eine Spezialität aus Tricesimo) zu empfehlen. Auf ganz alter Tradition beruhen der **Risotto con gli urticiòs** (mit wildem Hopfen) und der **Risotto con lo sclopit** (mit Borretsch). Die **Bohnensuppe** (mit und ohne Gerste) ist immer ausgezeichnet, ebenso die Minestra di verdure, die Polpette aus frischem Rindfleisch (keine Reste!) mit leicht bekömmlichem Sugo und Polenta. Der gute rote Hauswein kommt aus den Colli Orientali del Friuli. Auf der Weinkarte entdecken Sie auch die ganz großen Rotweine Friauls (Ronco del Gnemiz, Vigne dal Leon, Abbazia di Rosazzo) und einige toskanische Klassiker (Sassicaia, Tignanello und Peppoli). Der Service ist familiär und dabei kompetent. Einfachen Wein trinkt man aus den schlichten »tajut«. Für edle Weine gibt es dann besondere Gläser.

Udine

Ai tre musoni

Osteria
Via Marsala, 38
Tel. 04 32 / 60 21 76
Ruhetag: Sonntag
Betriebsferien: 14 Tage im August u. [September
60 Plätze
Preise: 15 000 Lire
Kreditkarten: CartaSi
Reservierung: nicht notwendig

»Komm, ich gebe bei den 'Tre Musoni' einen aus«: mit diesem Versprechen geleitet man den Ortsunkundigen zum Brunnen an der Piazza Libertà. Dort sprudelt in der Tat Wasser aus drei steinernen Fratzen (d.h. »mascheroni« oder »musoni«). Der dumme und mittlerweile vielleicht etwas überholte Streich beruht auf einem Mißverständnis, denn die Osteria »Ai tre musoni« gibt es ja wirklich. Und da bekommen Sie gleich gute Laune. Sei es nun wegen des einfachen Streichs, sei es nun wegen der drei Fratzen auf dem Kupferschild hinter der Theke. Aus ihnen sprudelt aber Gott sei Dank kein Wasser, sondern richtiger Wein. Auch der lustige Wirt trägt dazu bei, Ihre Stimmung zu heben. Das Lokal liegt ein wenig außerhalb des Stadtkerns, was natürlich das Parkplatzproblem wesentlich vereinfacht. Trinken Sie bei Attilio Tomada einen »tajut« Wein und essen Sie dazu eine Kleinigkeit oder – besser noch – eine ganze Mahlzeit (abends nur auf Vorbestellung). Die Kost ist schlicht, aber unverfälscht und schmackhaft: **Pasta e fagioli**, **Musetto** mit Bohnen oder **Brovada**, Kalbsplätzchen mit Wein. Freitags gibt es Fisch: Spaghetti mit Venus- und Miesmuscheln, Frittura mista oder gegrillten Fisch. Zum Lokal gehört auch die liebenswerte Verwirrung, die Attilio stiftet, sobald er versucht, die Arbeit seiner Frau und der anderen Familienmitglieder zu koordinieren. Attilio läßt dann wohl eine Bemerkung fallen, Franca gibt eine schlagfertige Antwort. Und die Gäste halten sich den Bauch vor Lachen.

Udine

Ai provinciali

Osteria
Via Vittorio Veneto, 14
Tel. 04 32 / 29 78 14
Ruhetag: Sonntag
Betriebsferien: September
20 Plätze
Preise: 15 000 Lire
Keine Kreditkarten
Reservierung: nicht notwendig

In der Mittagspause suchen ganze Heerscharen von Angestellten die zentral gelegene Osteria »Ai provinciali« auf. Die »Colletti binachi« (»weiße Hemdkrägen«), wie die Büro- und Bankangestellten spöttisch genannt werden, essen lieber in Ruhe eine landestypische Mahlzeit als in aller Eile irgendein Sandwich. Das kleine Gastzimmer ist holzgetäfelt und somit recht gemütlich. Man bekommt traditionelle Kost aus Friaul vorgesetzt: Minestrone di verdure, Risotto al formaggio, **Minestra di orzo e fagioli**. Auch die weniger typischen Rigatoni al ragù finden großen Anklang und sind durchaus nicht zu verachten. Je nach Jahreszeit ißt man einen herrlichen **Musetto con la brovada**, **Frico**, ausgezeichnete Trippa und köstliche **Frittata alle erbe**. Da Udine immer mitteleuropäischen Einflüssen ausgesetzt war, ißt man auch häufig Gulasch mit Kartoffeln. Man trinkt Tocai, Merlot, Cabernet Franc, die alle aus kleinen Fässern am Schanktresen gezapft werden. Freundliches Personal, anständige Preise.

Udine

Al cappello

Enoteca mit Küche
Via Paolo Sarpi, 1
Tel. 04 32 / 29 93 27
Ruhetag: Montag
Betriebsferien: August
30 Plätze
Preise: 10 000 Lire, ohne Wein
Keine Kreditkarten
Reservierung: nicht notwendig

Wenn es Monica nicht gäbe, müßte man sie erfinden. Mit ihrer entschlossenen und geradezu männlichen Art konnte sie sich in einer reinen Männerwelt behaupten und Respekt verschaffen. Denn seit Adam und Eva ist der Wein Männersache. Wenn sie sich nicht mit Leib und Seele ihrer Osteria verschrieben hätte, hätte sie gut Schauspielerin werden können: Mimik und Gestik beherrscht sie jedenfalls vollendet. Aber ihr Werdegang war bereits vorgezeichnet, ist sie doch in einer Osteria in allernächster Nähe geboren und aufgewachsen. Es sind sicher nicht nur Monicas schöne Augen, die die Gäste in Scharen anlocken. Das »Al cappello« quillt zur Happy Hour förmlich über, so daß die Gäste mit dem »tajut« in der Hand ihren Wein auf der Straße trinken. Es sind sicher auch nicht Antonellas schöne Augen. Sie ist Monicas rechte Hand und inzwischen ihrem »Boß« in vielem ähnlich. Das Erfolgsgeheimnis ist ein anderes: eine ausgewogene Auswahl an offenen und Flaschenweinen, zu denen zahlreiche Leckereien gereicht werden. Daraus kann man sich eine wirklich originale Mahlzeit zusammenstellen. Zu den Rennern gehören die Kanapees mit Speck und Paprika, die auch an heißen Tagen unglaublich gut schmecken. Dann gibt es da noch Polpette, Reis- und Kartoffelkroketten, phantasievolle Omelettes und die klassischen Wurstwaren: Mortadella, **San-Daniele-Schinken**, **Speck** oder so Ausgefallenes wie gefüllte Coppa. Wahre Meisterwerke sind die Sandwiches mit gegrilltem Gemüse und Mozzarella. Neben Kanapees aller Art sind auch die berühmten Pizzette zu haben: geröstetes Bauernbrot mit Tomaten und Käse. Wenn sie gerade frisch aus dem Ofen kommen, sind sie ein Genuß. Entsprechend schnell sind sie dann auch ausverkauft!

Udine

Al lepre

Osteria-Trattoria
Via Poscolle, 27
Tel. 04 32 / 29 57 98
Ruhetag: Sonntag
Betriebsferien: August
60 Plätze
Preise: 30–35 000 Lire
Kreditkarten: AE, CartaSi, DC, Visa
Reservierung: empfohlen

Wer das »Dreieck des Todes« in der Via Poscolle kennenlernen möchte, kommt an der Trattoria »Al lepre« nicht vorbei. Die anderen beiden Lokale nennen sich »Speziaria pei Sani« und »Roma«. Das »Al lepre« ist in erster Linie eine herkömmliche Osteria. Hier trinkt man seinen »tajut« Wein und ißt ein paar Kleinigkeiten dazu. Auf der Schanktheke sind frischer und reifer Montasio, Hausmachersalami, San-Daniele-Schinken und geräucherter Sauris-Schinken aufgebaut. Samstag abends können Sie im Stehen einen köstlichen Risotto essen und dabei den zahlreichen Gästen zusehen, die ihre Tippscheine fürs Totocalcio (Fußballtoto) abgeben. Wenn Sie eine komplette Mahlzeit einnehmen wollen, wird man Sie in die Nebenzimmer bitten. Die sind warm und gemütlich. Die Speisen sind garantiert von guter Qualität. Essen Sie also **Minestra di orzo e fagioli** und zur passenden Jahreszeit Tagliatelle mit Steinpilzen. Im Winter bekommen Sie so herrliche Spezialitäten wie **Schweinshaxe mit Polenta**, **Baccalà**, **Trippa** oder **Lepre in salmì**. Trinken Sie dazu die besten Weine Friauls oder einen guten Tropfen aus anderen Teilen des Landes. Stofftischdecken, Kelchgläser, spezielles Geschirr vor allem das kompetente und zuvorkommende Personal lassen eine Mahlzeit im »Al lepre« zu einem angenehmen Erlebnis werden. Die höchstens 35 000 Lire zahlt man gern.

Udine

Al marinaio

Osteria
Via Cisis, 2
Tel. 04 32 / 29 59 49
Ruhetag: Dienstag
Betriebsferien: Mitte Juli – Mitte Aug.
50 Plätze
Preise: 20 000 Lire
Keine Kreditkarten
Reservierung: nicht notwendig

Das »Al marinaio« ist sicher eine der ältesten Osterie in Udine. Im Stadtteil Borgo Grazzano leben hauptsächlich einfache Leute. So ist das »Al marinaio« auch heute noch Treffpunkt für die Bewohner aus dem Viertel und dem näheren Umland. Die Osteria ist in einem Anwesen aus dem 17. Jahrhundert untergebracht, das durch seine einzigartigen Arkaden besticht. Der Name »Al marinaio« geht wohl auf den Gründer des Lokals zurück. Bereits im vorigen Jahrhundert schenkte hier ein Seemann (»marinaio«) aus Apulien Wein aus seiner Heimat aus. Seit 1962 führt Umberto Sartori die Osteria. Er ist ein Wirt, wie er im Buche steht, und man merkt, daß er seiner Heimatstadt aufs innigste verbunden ist. Demnach steht das Speisenangebot ganz im Zeichen traditioneller Regionalküche. Die wenigen Gerichte, die zur Auswahl stehen, sind durchweg gut: von der **Minestra di orzo e fagioli** über das **Gulasch** (die Spezialität des Hauses) bis zum gebakkenen Schinken. Im Winter gibt es jeden Donnerstag **Trippa** und jeden Freitag **Baccalà**. Ende April veranstalten alle Restaurants in der Via Cisis die »Sagre dai Croz« (in etwa »Frosch-Messe«). Wer nur schnell einen »tajut« am Tresen trinken möchte, kann dort auch ein paar Kleinigkeiten essen: Nervetti, dicke Bohnen mit Zwiebeln, Polpette, gedämpfte Kartoffeln und natürlich ausgezeichnete Wurstwaren. Der ehrliche offene Wein kommt aus dem Collio und den Colli Orientali del Friuli.

Udine

Al vecchio stallo

Osteria
Via Viola, 7
Tel. 04 32 / 2 12 96
Ruhetag: Mittwoch
Betriebsferien: Juli
50 Plätze, im Sommer 120
Preise: 12 000 Lire, ohne Wein
Keine Kreditkarten
Reservierung: empfohlen

Aus dem alten Stallo haben die Pächter den Fußboden herübergerettet: blanke Holzbohlen, die im Lauf der Zeit völlig ausgebleicht sind. Der Boden lag auch schon in den zwanziger Jahren hier, als Züge und Autos die alten Pferdekutschen ablösten. Zu jener Zeit wurde aus dem »Al vecchio stallo« wie aus vielen anderen Poststationen Italiens eine Osteria. Bis Anfang der achtziger Jahre ist das Lokal auch eine einfache Osteria geblieben, in der man Wein trinken und allenfalls ein Wurst- oder Käsebrötchen essen konnte. Die neuen Pächter habe zwar das Ambiente der alten Osteria beibehalten, bieten inzwischen aber komplette Mahlzeiten an. Die Menüvorschläge orientieren sich strikt an der kulinarischen Tradition Friauls. Als Primi werden **Minestra di orzo e fagioli** oder Pasta e fagioli, **Kartoffelgnocchi** und Gnocchi verdi genannt. Sonntags gibt es auch die karnischen **cjalcjons**, Teigtäschchen mit einer eigenwilligem, aber sehr ausgewogenen Füllung. Es folgen **Frittata con le erbe**, **Frico** mit Kartoffeln. Auch die klassischen Nervetti sind zu haben. Sie bekommt man auch außerhalb der üblichen Essenszeiten zum Wein serviert. Freitags werden interessante fleischlose Gerichte (z.B. **Baccalà**) zubereitet. Der offene Hauswein, ein würziger Tocai, paßt ganz ausgezeichnet dazu.

Udine

All'allegria

Osteria
Via Grazzano, 18
Tel. 04 32 / 50 59 21
Ruhetag: Montag
Betriebsferien: August/September
90 Plätze
Preise: 25–30 000 Lire
Kreditkarten: CartaSi
Reservierung: empfohlen

Ihren Wein trinken die Udineser schon immer im »All'allegria« im alten Stadtteil »Borc dai crotârs«. Das Lokal existierte nachweislich bereits im vorigen Jahrhundert. Während des Zweiten Weltkriegs bekam es den Beinamen »Al muii«, was soviel bedeutet wie »Zum Meßdiener«. In diesem Fall handelte es sich um den Meßdiener der Kirche San Giorgio, die direkt gegenüberliegt. Er hatte für kurze Zeit das Lokal übernommen. Heute führen Emilio und Angela Innocente die Osteria. Ihre Mutter, Signora Elena, leistet unschätzbare Dienste, denn sie verfügt über große Erfahrung beim Kochen. So ist es auch Signora Elena, die für die Spezialitäten des Hauses geradesteht: **Minestra di orzo e fagioli**, **Gnocchi** aus Kartoffeln oder Kürbis und Pappardelle mit Rehragout. **Geschmorte Schweinshaxe** ist immer zu haben. Im Winter wird häufig **Trippa**, **Baccalà alla vicentina** und **Musetto con la brovada** angeboten. Bedenken Sie, daß es in Udine für jeden Wochentag bestimmte Gerichte gibt: donnerstags Gnocchi, freitags Baccalà und samstags Kutteln. Elena ist es auch, die den Kuchen mit Pinienkernen oder mit Ricotta macht. Die Preise halten sich immer im Rahmen. Die offenen Weine kommen aus den Colli Orientali del Friuli, sind aber nicht außergewöhnlich. Die niedrigen Decken und die holzgetäfelten Wände verleihen dem Lokal eine besondere Note. Im vorderen Teil, der eigentlichen Osteria, können Sie sich zum Wein oder Bier Polpette, Nervetti, San-Daniele-Schinken, Makrelen und dicke Bohnen servieren lassen. Eine moderne Lüftungsanlage sorgt für saubere Luft. Das »All'allegria« ist somit eines der ganz wenigen Lokale im Zentrum von Udine, das nicht rauchgeschwängert ist.

Udine

Alla ghiacciaia

Osteria-Trattoria
Vicolo Portello, 2
Tel. 04 32 / 50 89 37
Ruhetag: Montag
Betriebsferien: 14 Tage im Oktober
40 Plätze
Preise: 40 000 Lire
Kreditkarten: AE, CartaSi, DC, Visa
Reservierung: für eine Mahlzeit

1991 wird die Osteria »Alla ghiacciaia« 180 Jahre alt. Sie ist vielleicht sogar die älteste Osteria in ganz Udine. Viele andere ursprüngliche Lokale aus jener Zeit sind ganz verschwunden, manchmal deutet gerade noch ein Schild darauf hin, daß da einmal ein Gasthaus gestanden hat. Auch das »Alla ghiacciaia« war schon vom Untergang bedroht. In den siebziger Jahren war es noch ein beliebter Treffpunkt für Bocciaspieler. In den achtziger Jahren dagegen konnte es sich kaum mehr halten. Vor ein paar Jahren hat nun Luigi Tavian das Lokal übernommen, von Grund auf saniert und 1989 wiedereröffnet. Im neuen »Alla ghiacciaia« kommt die alte Bausubstanz schön zur Geltung: Mauern und Säulen paaren sich mit dem ultramodernen Stil des neuen Lokals. Im vorderen Gastzimmer hat Tavian eine Osteria eingerichtet. Wenn es Zeit für den »tajut« ist, bekommt man hier kaum einen Platz. Das zweite Zimmer ist von schlichter Eleganz, ansprechend und gemütlich. Das Angebot orientiert sich meist an traditionellen Rezepten, die mit Umsicht und Bedacht neu umgesetzt werden. Den zahlreichen Primi aus hausgemachter (das schmeckt man!) Pasta und den außergewöhnlichen Hauptgerichten (z.B. Geschnetzeltes mit Melisse) werden Sie wohl kaum widerstehen können! Der gemischte **Bollito** ist bemerkenswert: die Qualität ist hervorragend, die Auswahl an verschiedenen Fleischsorten reichhaltig. Die Bedienung ist tadellos. Die Weine sind entsprechend: Collio und Colli Orientali del Friuli und andere namhafte Erzeugnisse. Zu guter Letzt können Sie bei den hausgemachten Süßspeisen einfach nicht nein sagen. Dazu serviert Tavian einen Tropfen Dessertwein, wie z.B. Ramandolo oder Passito di Pantelleria.

Da Pozzo

Osteria
Piazzale Cella, 10
Tel. 04 32 / 51 01 35
Ruhetag: Sonntag
Keine Betriebsferien
40 Plätze
Preise: 8-10 000 Lire
Keine Kreditkarten
Reservierung: notwendig

Es gibt sicher nur noch sehr wenige Osterie, in denen auch Lebensmittel und Kolonialwaren verkauft werden. Am sehr belebten Piazzale Cella steht noch so ein Lokal. Die Osteria »Da Pozzo« wurde von den Eigentümern vor ein paar Jahren unter der Bedingung verpachtet, so heißt es, Einrichtung und Stil des Betriebs unverändert zu lassen. Im Vorderzimmer stehen reihenweise Regale an den Wänden, auf denen Lebensmittel zum Verkauf angeboten werden. Im nächsten Raum können Sie einen Imbiß einnehmen und gegebenenfalls auch Karten spielen. Im zweiten Gastzimmer schließlich stehen gedeckte Tische. Ein Besuch im »Da Pozzo« macht Sie mit den verschiedensten Anforderungen vertraut, denen eine Osteria Genüge leisten mußte, denn hier geht es auch heute noch zu wie in alter Zeit. Hier wird am späten Vormittag oder vor dem Abendessen ein Glas Rot- oder Weißwein getrunken. Einen anderen Aperitif gibt es nicht. Hier kann man in aller Ruhe einen Sommernachmittag vorbeigehen lassen und sich in die kühlen Gastzimmer oder in den schattigen Hof zurückziehen. In der Mittagspause nehmen hier viele Berufstätige eine einfache Mahlzeit zu sich. Wir empfehlen den ausgezeichneten **Montasio**, den Sie frisch oder reif bekommen können, den milden Gorgonzola und die Wurstwaren: vom **gebackenen Schinken** (die Spezialität des Hauses) über die Mortadella bis zu den köstlichen und zarten Speckscheiben. Zu trinken gibt es ein paar offene Weine (Tocai, Merlot, Cabernet) und einige Flaschenweine aus der Umgebung. Hier noch ein wertvoller Hinweis: die Osteria darf bis zur Sperrstunde auch Lebensmittel verkaufen. Nicht selten ist sie die letzte Rettung, wenn man dringend noch etwas braucht.

Udine

La ciacarade

Osteria-Trattoria
Via San Francesco, 6
Tel. 04 32 / 51 02 50
Ruhetag: Sonntag
Betriebsferien: August
30 Plätze
Preise: 20 000 Lire
Keine Kreditkarten
Reservierung: empfohlen

Das »Ciacarade« im Zentrum von Udine ist ein beliebter Treffpunkt. Hier trinkt man gern seinen »tajut«. Das Restaurant liegt im hinteren Teil des Lokals. Seine Einrichtung erinnert wohl eher an eine deutsche Kneipe. Hier serviert Ihnen die freundliche Signora Lucia die bekanntesten Spezialitäten Friauls. Beginnen Sie mit der obligatorischen Pasta e fagioli oder mit einer anderen typischen Minestra, mit Reis und dicken Bohnen oder mit den köstlichen hausgemachten **Gnocchi**. Je nach Jahreszeit essen Sie als Hauptgericht Braten oder Gesottenes, den typischen **Musetto con brovada**, schmackhafte Trippa, Gulasch mit Kartoffeln oder den **Baccalà**, der in der ganzen Stadt berühmt ist. Milder San-Daniele-Schinken und andere hervorragende Wurstwaren aus der Gegend sind ebenfalls zu haben. Die offenen Weine kommen aus der näheren Umgebung; der Cabernet ist da recht interessant. Sie können auch einige Flaschenweine aus Friaul bekommen. Die Preise sind im Verhältnis zur Qualität günstig.

Valvasone

20 km von Pordenone, S. S. 13 in Richtung Codroipo

Alla scala

Trattoria
Via Cesare Battisti, 3
Tel. 04 34 / 8 90 37
Ruhetag: Sonntag
Betriebsferien: August
40 Plätze
Preise: 20-30 000 Lire
Keine Kreditkarten
Reservierung: empfohlen

Diese Familientrattoria wird bereits in der dritten Generation bewirtschaftet. Valvasone ist ein kleines mittelalterliches Städtchen. Seine Altstadt ist fast vollständig erhalten und wunderschön restauriert worden. Ivana und Giancarla Volpati sind vom Fach. Sie sehen, es gibt genügend Gründe, in diesem alten und gepflegten Lokal einzukehren. Die Küche hält die Tradition hoch und ist dabei keineswegs langweilig. Signora Ivana kocht beinahe täglich verschiedene Gerichte, die zu den Jahreszeiten passen. Somit ist immer alles frisch zubereitet, und auch so manch angenehme Überraschung läßt sich da entdecken. Im Winter können Sie des öfteren **Minestra di orzo e fagioli** oder Gemüsesuppe, Spezzatino mit Polenta, **Wildgerichte** und **Musetto con la brovada** essen. Im Sommer gibt es gute Primi aus frischer Pasta, viele Gemüsegerichte und als traditionellen Antipasto Gesottenes mit eingelegtem Gemüse. Zum Dessert serviert man **Strudel** und Crostata. Giancarla wird Ihnen dazu einen Flaschenwein aus Friaul empfehlen. Vor allem abends sollten Sie einen Tisch reservieren lassen.

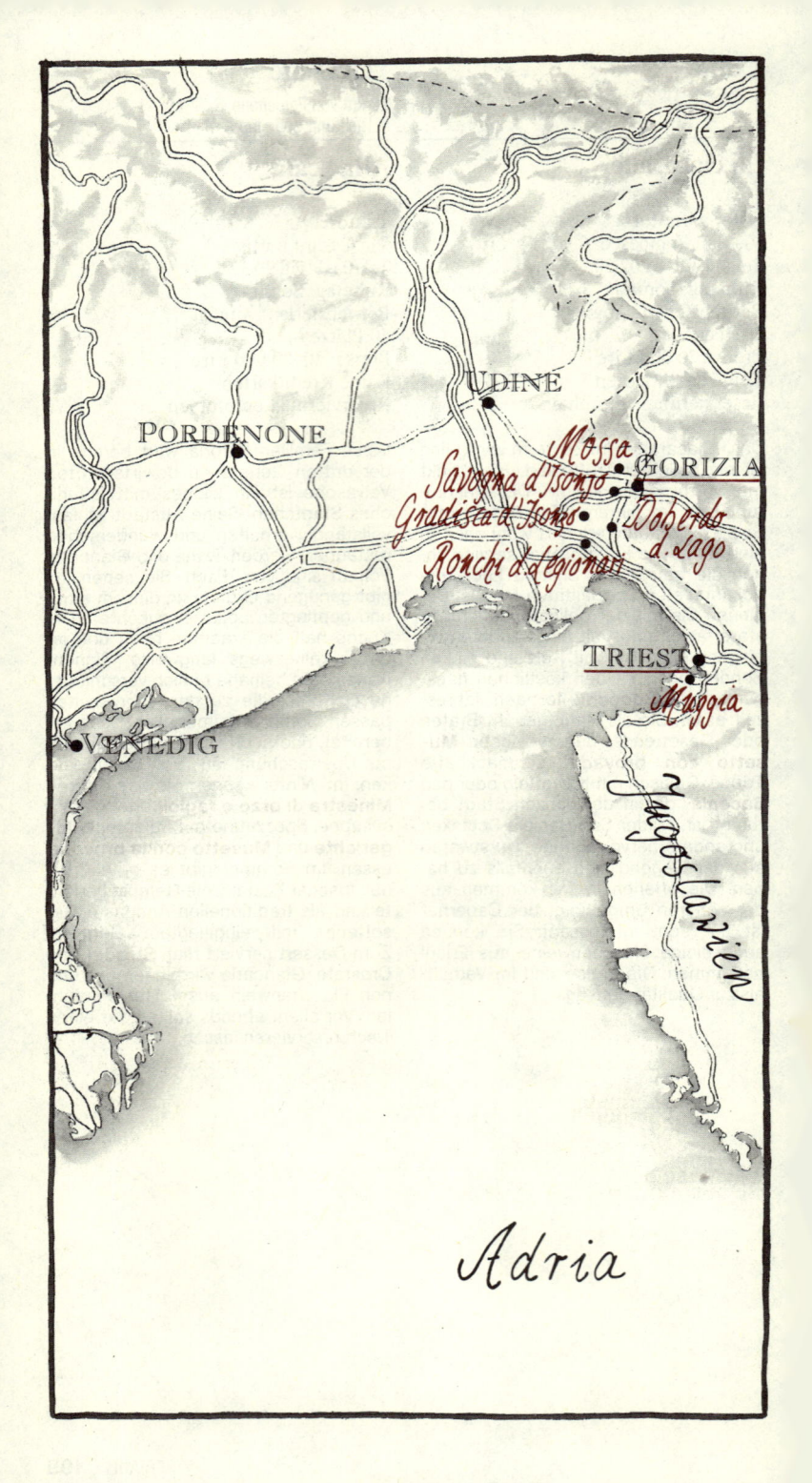

Pordenone · Udine · Mossa · Gorizia
Savogna d'Isonzo
Gradisca d'Isonzo · Doberdò d. Lago
Ronchi d. Legionari
Triest
Muggia
Venedig
Jugoslawien
Adria

JULISCH-VENETIEN

Mittag, 12 Uhr hat's geschlagen. Ab in die Osteria, einen Aperitif trinken. Ein Glas Weißwein und dazu ein paar Venusmuscheln. »Probier diesen Traminer. Zu den Muscheln paßt keiner besser«. Freunde treffen ein, noch ein Glas. »Wie geht's?« »Ganz gut.« »Erinnerst du dich noch?« »Schmeckt gut, dieser Weißwein.« »Noch ein paar Muscheln.« Es war ein Feiertag, Allerheiligen. **Ein Uhr.** Ein paar Freunde gehen nach Hause. Andere kommen. Wir essen: rohen Schinken, eingelegtes Gemüse, Jota, Fleisch mit Wirsing, wir trinken roten Teran. Zum Schluß Espresso und Grappa, den guten Bauernschnaps aus Istrien. **Zwei Uhr.** Wieder stehen ein paar auf. Sie gehen auf den Friedhof, um der Toten zu gedenken. Andere nehmen ihre Plätze ein. **Drei Uhr.** Noch ein Espresso, noch ein Schnaps. Ein paar Abstinenzler bleiben beim Wein, wollen aber eine andere Sorte probieren, denn »der Teran ist ein bisserl zu fein«. Wir probieren den Refosco, also Gläser für alle. Nun reden wir über den Wein, »der so raffiniert ist«. Schließlich sind sich alle einig, daß es nur zwei Sorten Wein gibt: den guten und den schlechten. **Vier Uhr.** Wir sind zu siebt und wollen Karten spielen. Einer fehlt noch. Aber da springt schnell der Wirt ein. Jetzt können vier Leute Scopa und vier Leute Briscola spielen. **Fünf Uhr, sechs Uhr, sieben Uhr.** Wer verliert, zahlt. Jetzt trinken wir wieder Weißwein. Nicht den, den wir zu den Muscheln getrunken haben, sondern einen trockeneren. Wir essen jetzt rohen oder Prager Schinken, der grundsätzlich von Hand aufgeschnitten wird, vielleicht ein bißchen Käse, aber kein eingelegtes Gemüse, das verdirbt die Geschmacksnerven für den Wein. Wir reden über Politik, über die Regierung, die uns wieder mal betrogen hat; wir sind fast alle Freidenker. Wir reden nur wenig über Fußball, die Mannschaft von Triest spielt in der zweiten Liga, wir denken an die schönen Zeiten mit Rocco Valcareggi und Memo Trevisan. Es sind auch zwei Musiker, ein Maler und ein Dichter dabei, »Saba, der war ein großer Dichter« (gemeint ist Umberto Saba, 1883- 1957), dann ist da noch ein Versicherungskaufmann und einer, der im Hafen arbeitet. Oder besser gesagt nicht arbeitet. »Es ist eine Schande, keiner belädt die Schiffe, keiner löscht ihre Ladung.« Armer Hafen, arme Werft. »Damals, unter den Österreichern ...« **Acht Uhr.** »Wirklich gut, dieser Weiße, kommt der aus Istrien?« »Nein, das ist ein Tocai del Collio.« »Wirt, bring uns ein paar hartgekochte Eier.« »Die besten Weißweine kommen aus dem Collio.« »Ja, aber das hängt von den Kellereien ab.« »Wirt, hast du ein paar dicke Bohnen mit Radicchio?« »Ja, auch für mich, aber mit Rucola.« »Gut, ich geh' jetzt heim, denn heute abend ist auch meine Schwiegermutter da.« »Warte, wir kommen auch mit.« Inzwischen sind die zurückgekommen, die auf dem Friedhof waren, und haben ihre Frauen mitgebracht. »Signora, möchten Sie ein Glas Weißwein?« »Ja, danke, mit Spritz (d.h. eine Schorle) und vielleicht noch ein hartgekochtes Ei dazu. Man trinkt besser nicht auf nüchternen Magen.«

Neun Uhr. Leute kommen und gehen. Wir sind immer noch zu siebt, sogar zu neunt, wenn wir die Signore mitzählen. »Wirt, was können wir essen?« »Jota habt ihr schon heute mittag gegessen, ich habe noch Pasta e fagioli.« »Also Jota für die Damen, wir probieren die Pasta e fagioli.« »Ich habe Schweineschwarten und Schinkenknochen mitkochen lassen. Ich bringe euch einen guten Rotwein dazu, einen Merlot. Den haben schon Cäsars Legionäre getrunken.« »Signora, Ihre Jota?« »Gut, genau wie die von meiner Mamma!« »Meine konnte so gute Kartoffeln kochen.« »Heute morgen sind wir fischen gegangen.« »Was habt ihr gefangen?« »Nichts. Wir haben nur kalte Füße bekommen.« »Du Trottel, häng doch mal deinen Hintern raus, dann wirst du schon sehen, wieviele Fische du fangen kannst!« »Gut, dieser Rotwein!« »Alla salute! Prosit!« **Zehn Uhr.** »Kennt ihr schon den neuesten, den mit den zwei Taubstummen?« »Laß uns mit deinen Witzen in Ruhe, erzähl ihn morgen deinen Kollegen von der Versicherung.« **Elf Uhr.** »Wirt, eine Runde Grappa.« Ein paar fangen zu singen an: »Dove te ieri fino sta ora ... iero in malora, iero a far l'amor ...« Wir bringen keinen richtigen Chor zustande, jeder singt so ein wenig vor sich hin. »La mula di Prenzo, ga messo su botega ...« klingt schon besser, aber immer noch ganz schön falsch. Obwohl ich selber eigentlich zu denen gehöre, die nicht singen können, versuche ich, etwas Ordnung in das Ganze zu bringen. Denn ich muß gestehen, ich dirigiere gern. Ich dirigiere also das berühmte Lied »Che belle tettine che ga la Marianna« und gebe genaue Anweisungen zu den Tempi: adagio, und allegro con brio am Anfang, die »Tettine« (Brüste) müssen im Tenor gesungen werden. Beim »Cul« (Hintern) setzen dann die Bässe mit ihrem berühmten andante con rimpianto ein. Das Finale ist natürlich »maestoso«, aber immer noch »con rimpianto« (mit Wehmut). Und wie wir so im Chor singen, kommen auch unsere Gefühle zutage. Und wenn die letzten »Evviva«-Rufe mit heiserer Stimme hervorgebracht werden, ist das ein gutes Zeichen. Morgen ist die Stimme dann wieder klar. **Mitternacht, zwölf Uhr hat's geschlagen.** Seit zwölf Stunden sitze ich auf dem gleichen Platz. Die ersten gehen nach Hause »Buona notte«, »Grüße an deine Familie«. »Morgen wird's schön, wollen wir fischen gehen?« »Ja, wenn bloß die Bora nicht bläst.« »Gute Nacht, Wirt.« Ich gehe auch. »Bis bald.« Ich mache mich auf den Heimweg, eingehüllt in ein Gefühl von freundschaftlicher Wärme und Dankbarkeit. Und wie zu jedem Glück ein Wermutströpfchen gehört, so kehren auch jetzt die Erinnerungen an meine Freunde jenseits der Grenze zurück, die genauso sind, wie meine Freunde diesseits der Grenze. Und ich singe die alten Lieder vor mich hin: »Val più un bicer de dalmato, che l'amor mio, che l'amor mio, mio proprio amor. Non voglio amar più femmine perché son false, perché son false nel fare l'amor ...«   **Ottavio Missoni**

Doberdò del Lago

13 km südlich von Görz

Peric Branco

Trattoria-Gostilna
Via Preseren, 10 – Marcottini
Tel. 04 81 / 7 81 17
Ruhetag: Mi.abend und Donnerstag
Betriebsferien: 15. Aug.–15. Sept.
70 Plätze
Preise: 30 000 Lire, ohne Wein
Keine Kreditkarten
Reservierung: am Wochenende

Familienbetriebe sind im Karst die Regel. Branco Perics Trattoria ist da keine Ausnahme: Brancos Mutter Floriana und seine Frau Rosanna sind für die Küche zuständig, seine Schwester Nervia und seine Tochter Katjusa bedienen im Speisesaal und an der Bar, Vater Giuseppe betreut den Weinkeller und bestellt den Gemüsegarten, Branco selbst schließlich sitzt an der Kasse. Die Familie Peric betrieb bereits vor dem Zweiten Weltkrieg eine Osteria an der Strecke Görz-Doberdò del Lago-Monfalcone; 1963 eröffnete die Mutter Floriana mit ihren fünf Kindern die Trattoria. Seit 1977 führen Mutter und Sohn sie gemeinsam und sichern somit den Fortbestand der Familientradition. Die Küche besticht durch ihre einfachen und unverfälschten Speisen: Wurstwaren aus der Gegend, **Gnocchi mit Wildragout**, Wildbraten mit geschmorten Kartoffeln, die hier »patate in tecia« heißen, und anderen Beilagen. Rosannas **Apfelstrudel** und Cremedesserts sind hervorragend. Im Winter bekommt man außerdem **Minestre con orzo e crauti** und »Orzo e rapa« (Graupen und saure Rüben), die mit der Triester Jota, einer sehr kräftigen Suppe, verwandt sind. Das ist aber längst noch nicht alles. Täglich wird nämlich in großen Mengen duftendes Brot mit Gemüse gebacken, das vorzüglich zu den einzelnen Gerichten paßt. Branco bietet offene Weine aus der näheren Umgebung und Flaschenweine aus der Region an. Sehr gutes Preis-/Leistungsverhältnis.

Gorizia-Görz

Rosenbar

Trattoria
Via Duca d'Aosta, 96
Tel. 04 81 / 53 14 00
Ruhetag: Montag
Keine Betriebsferien
30 Plätze + 60 im Freien
Preise: 30 000 Lire
Kreditkarten: Visa
Reservierung: samstags notwendig

Die »Rosenbar« ist eine kleine Trattoria mit Garten. Die Mauern, Fenster und hohen Decken, die Eingangstür, der Schanktresen und nicht zuletzt die typische Atmosphäre beweisen, daß das Lokal auf eine lange Vergangenheit zurückblicken kann. Michela und Piero führen ihre Trattoria seit 1974 mit viel Schwung, Sympathie und gutem Geschmack. Piero ist für den guten Wein zuständig, der im Collio relativ einfach zu bekommen ist. Michelas Reich sind die Küche und der angrenzende Speisesaal. Sie bewältigt ihre Aufgabe souverän, denn sie stammt aus einer Gastwirtsfamilie und hat darüber hinaus in Holland einschlägige Erfahrungen gesammelt. Die Gerichte stehen ganz in der Tradition: **Gnocchi di pane**, Trippa, **panierte Sardellen**, **geschmorte Tintenfische** und andere stets frische Speisefische sind regelmäßig zu bekommen. Besonders typisch für dieses grenznahe Gebiet ist der **Kartoffelstrudel** mit Rucola oder wildem Spargel (»urtisons«), ein vegetarisches Gericht aus Gerste, Grieß und Gemüse sowie die Süßspeisen (z. B. **Sachertorte**, **Linzer Torte**). Die **Apfelpita** ist ein gutes Beispiel für die besonnene Experimentierfreude der Köchin. Wenn Sie in Eile sind, können Sie in der »Rosenbar« auch nur einen heißen Crostone (eine Brotschnitte) mit Tomaten und Auberginen oder mit Käse essen und ein Glas guten Ribolla gialla dazu trinken.

Gradisca d'Isonzo

12 km von Gorizia-Görz, A 4

Mulin vecio

Osteria
Via Gorizia, 2
Tel. 04 81 / 9 97 83
Ruhetag: Mittwoch und Donnerstag
Betriebsferien: unterschiedlich
120 Plätze
Preise: 5–15 000 Lire, ohne Wein
Keine Kreditkarten
Reservierung: nicht notwendig

Leonardo da Vinci baute die mächtigen Stadtmauern von Gradisca d'Isonzo, die noch erhalten sind. Außerhalb dieser Mauern steht in einem Kastanienwäldchen die alte Mühle, in der heute eine Osteria untergebracht ist. Man sieht noch das alte Holzrad, das das Wasser aus dem Kanal schaufelt, die Holzbalken und den Holzfußboden. Auf der langen Theke sind sämtliche Spezialitäten des Hauses aufgereiht: Schinken, Würste, Käse, eingelegtes Gemüse und eine riesige Bologna. Wenn Sie im »Mulin vecio« einkehren, dürfen Sie nicht in Eile sein, denn hier herrscht immer Hochbetrieb. Außerdem werden hier Schinken und Würste nicht einfach gegessen, sondern zelebriert. Wie es das Ritual verlangt, wird der Schinken hier grundsätzlich von Hand aufgeschnitten. Und das ist ein wahres Schauspiel. Padron Bruno, der Hexenmeister, mustert seine Gäste zuerst aufmerksam. Dann beugt er sich über den Schinken, den er mit scharf geschliffenen Messern fein säuberlich aufschneidet. Mit einer Hand stützt er sich dabei auf dem Schinkenknochen ab. Mit geübten und genauen Bewegungen folgt er der Faserung des Fleisches. Die Scheiben haben immer genau die richtige Stärke: hauchdünn der Schinken, die Salami etwas dicker; die Mortadella schneidet er in Würfel. Heiß und mit etwas Meerrettich wird der **Schinken in Brotteig** gegessen. Der Service ist einfach. Wie in vielen Osterie ißt man hier von Papptellern und Wachspapier. Gewöhnlich kann man auch Kleinigkeiten wie Bohnensalat mit Zwiebeln oder Heringsfilets in Öl bekommen. Jeden Freitagabend und Samstagvormittag gibt es **Pasta e fagioli**. Anstelle von Faßbier kann man hier gepflegte Weißweine aus dem Collio trinken.

Mossa

6 km westl. von Gorizia-Görz

Blanch

Trattoria und Osteria
Via Blanchis, 35
Tel. 04 81 / 8 00 20
Ruhetag: Mittwoch
Betriebsferien: 23.8. – 23.9.
100 Plätze
Preise: 32 000 Lire
Keine Kreditkarten
Reservierung: empfohlen

Blanchis di Mossa piccola ist ein beschauliches Dorf an der Landesgrenze. Hier ist die Natur noch unverfälscht. Seit Tite Blanch Anfang des Jahrhunderts diese Osteria eröffnete, hat sich hier nicht mehr viel verändert. Heute führt Tites Urenkel Giovanni das Lokal. Er hat es erweitern und modernisieren lassen. Giovannis Mutter Pine Spessot sorgt dafür, daß die kulinarische Tradition nicht in Vergessenheit gerät. Sie unterweist inzwischen ihre Schwiegertochter Valentina in der Zubereitung der verschiedensten Spezialitäten. Da sind z.B. die **Blecs** aus frischem Nudelteig, die mit einer deftigen Hühnersauce serviert werden. Valentinas Stärke sind die Süßspeisen: **Strudel**, Crostate, **Presniz** und Gubana goriziana. Im Herbst kann man zahlreiche Pilz- und Wildgerichte probieren: Rebhühner, Wildenten, Reh und Hase stehen dann auf der Speisekarte. Im Frühjahr wird viel mit frischem Gemüse gekocht: Risotto mit wildem Spargel (»urtisons«) oder Kürbisblüten, die traditionelle **Frittata** mit wilden Kräutern und Gewürzen. Täglich stehen mehrere Fleischgerichte zur Auswahl: **geschmorte Schweinshaxe**, **Zicklein**, Koteletts und Leber mit Zwiebeln. Freitags serviert man auch **Baccalà**. Der offene Wein aus dem Collio Goriziano ist gut. Einige bemerkenswerte Flaschenweine aus Julisch-Venetien sind ebenfalls zu haben. Bei den Blanchs kann man auch einfach nur »sbecottare«, d.h. eine kleine Zwischenmahlzeit einnehmen. Da werden dann Wurst und Käse, gekochter Schinken mit Meerrettich gereicht. Sämtliche Grundstoffe sind von guter Qualität. Die traditionelle Kost ist erstklassig.

Muggia

12 km südl. von Triest

Azienda agricola Scheriani

Trattoria
Via Darsella di San Bartolomeo, 20
Tel. 0 40 / 27 25 91
Ruhetag: Dienstag
Betriebsferien: September – März
150 Plätze
Preise: 20–25 000 Lire
Keine Kreditkarten
Reservierung: nicht notwendig

Nicht weit von der jugoslawischen Grenze liegt die Trattoria von Bepi Scheriani inmitten von Obstbäumen und Rebstöcken. Von dieser friedlichen Oase kann man einen unvergleichlich schönen Ausblick auf die blaue Adria und die üppig grüne Küstenlandschaft Istriens genießen. Die rustikalen Gasträume liegen direkt unter der großen Wohnung der kinderreichen Familie Scheriani. Das kleinere Speisezimmer mit seinen Holzbalken und Wänden aus grob behauenen Steinen ist besonders gemütlich. Die meisten Gäste werden aber im Freien Platz nehmen wollen: unter einer großen Pergola stehen zwischen Weinstöcken und einer alten Zisterne zahlreiche Holztische. Seit 1964 ist das Lokal für seine Grillspezialitäten berühmt. Hühner und Koteletts, **Ćevapčići** (Hackfleisch mit Zwiebeln), Rasnići (Fleisch- und Gemüsespießchen), aber auch **Frittata mit Spargel**, **Jota**, Minestra mit Bobici (Maiskörner), Trippa und **Baccalà** stehen auf der Speisekarte. Der Wein wird auf dem Hof gekeltert und offen serviert. Auch die Flaschenweine tragen das Etikett des Hauses und sind durchaus in Ordnung. Der Service ist recht einfach. Bei Hochbetrieb kann es schon einmal zu Engpässen kommen. Die Trattoria ist auf alle Fälle einen Besuch wert. Wenn Sie von einem Ausflug zurückkommen, können Sie hier auch eine Brotzeit einnehmen und dazu den erfrischenden »Spritz« (Schorle) trinken. Genießen Sie dabei die angenehme Kühle und die herrliche Aussicht.

Muggia

12 südl. von Triest

Taverna Cigui

Trattoria
Via Colarich 92/D – Santa Barbara
Tel. 0 40 / 27 33 63
Ruhetag: Mittwoch
Betriebsferien: 14 Tage im Jan. u. Aug.
60 Plätze + 60 im Freien
Preise: 35–40 000 Lire
Kreditkarten: CartaSi
Reservierung: empfohlen

Stelio Cigui ist in der Gastronomie Triests bestens bekannt. Nach langen Jahren in einer engen Osteria in der Stadt hat er sich schließlich in die Hügel zurückgezogen. In dem kleinen Dorf Santa Barbara hat er zusammen mit seiner Familie ein neues Feinschmeckerlokal geschaffen. Drei Speisesäle unterschiedlicher Größe scheinen in Wein- und Obstgärten eingebettet zu sein. Wenn man den gepflasterten Weg entlangläuft, der von der Hauptstraße zur Osteria führt, hat man das Gefühl, einen Freund zu besuchen. Die Speisesäle sind mit rustikaler Eleganz eingerichtet, hell und ordentlich, Geschirr und Tischdecken sind gediegen, die Weingläser lassen allerdings zu wünschen übrig. Die Küche bietet jahreszeitliche Spezialitäten aus Triest und Istrien. Stelios Sohn Paolo sucht Fisch, Venus- und Miesmuscheln, manchmal auch Hummer und Meerspinnen, persönlich bei den Fischern im Dorf aus. Man bekommt natürlich auch Triester Spezialitäten wie **Jota**, **Minestra de bobici** (mit Maiskörnern), **Gnocchi** di patate und **di pane**, **Zwetschgenknödel**, Bratkartoffeln und **Kipfel**. In den Wintermonaten werden zu den Nudel- und Fleischgerichten Trüffeln gereicht. In der warmen Jahreszeit serviert man **Frittate con le erbe**, Spargel, Pilze, Minestre mit Gemüsen aus dem eigenen Garten und Risotto. Die hausgemachten Süßspeisen (**Strudel** und »**Palacinke**«) schmecken ausgezeichnet. Der Wein aus eigener Herstellung ist in Ordnung. Ab und zu ergattert man auch einen seltenen Wein aus dem Collio oder den Colli Orientali. Insgesamt ist das Angebot für ein Lokal dieser Kategorie zu gering. Dennoch ist Stelios Osteria eine Empfehlung wert.

Ronchi dei Legionari

21 km von Gorizia-Görz, 3 km von Monfalcone

La corte

Trattoria
Via Verdi, 57
Tel. 04 81 / 77 75 94
Ruhetag: Dienstag
Betriebsferien: unterschiedlich
45 Plätze
Preise: 35 000 Lire, ohne Wein
Kreditkarten: die bekannteren
Reservierung: am Wochenende

Wer am Flughafen von Ronchi dei Legionari ankommt, kann sich glücklich preisen: in nächster Nähe steht die Trattoria »La corte« und lädt zum Verweilen ein. Geist und Körper werden hier aufs trefflichste wiederhergestellt. Davide Morsolin wird Ihnen eine ausgezeichnete Mahlzeit auftischen. Er versteht sein Handwerk, hat er doch die Hotelfachschule absolviert und in den besten Restaurants der Gegend Erfahrungen sammeln können. Das Lokal mitsamt seiner herrlichen Pergola sieht auch heute noch so aus wie vor etwa vierzig Jahren, als es eröffnet wurde. Der neue Pächter (eben Davide) legt keinen Wert auf überkandidelte Kost. Die Küche ist vielmehr einfach und setzt in erster Linie auf das Talent des Kochs und immer frische Grundstoffe. Ausgezeichnet sind die **Spaghetti mit Hummer alla busara** (eine kräftige Sauce mit Tomaten und Gartenkräutern), der **Boreto de rombo** (Steinbutt) mit cremiger Polenta. Diese Spezialitäten müssen Sie allerdings vorbestellen. Zum ständigen Angebot gehören die schwarzen **Tagliatelle al nero di seppia**, die Risotti mit Fisch und gebratener Fisch. Zur passenden Jahreszeit können Sie »sepe sofegade« (Tintenfische in Sauce) mit Polenta essen. Wenn Sie lieber Fleisch essen, müssen Sie auch nicht Hungers sterben: wir empfehlen Ihnen da die hervorragenden Gioielli di Toro oder eine Grillplatte. Im »La corte« können Sie auch unter zahlreichen kalten Speisen wählen. Auf Davides Karte stehen ein paar Flaschenweine und außerdem eine köstliche Auswahl an verschiedenen Speiseölen: aus Ligurien, Sardinien, der Toskana und Apulien.

Savogna d'Isonzo

7 km von Gorizia-Görz, S. S. 252

Devetak

Trattoria-Gostilna
Ortsteil San Michele, 48
Tel. 04 81 / 88 24 88
Ruhetag: Montag und Dienstag
Betriebsferien: Juli und September
80 Plätze
Preise: 30 000 Lire
Kreditkarten: alle
Reservierung: am Wochenende

So nah an der Grenze zu Jugoslawien heißen die Gasthäuser »Gostilna«. Wir sind im Görzer Teil des Carso, der ein wichtiger Kriegsschauplatz war. Die Familie Devetak hat alle Kriegswirren miterlebt, denn schon seit 1870 (Zeit der Freiheitskriege) bewirtschaftet sie die »Gostilna«. Heute kümmert sich Agostino zusammen mit seiner Schwester Nerina um die Gäste und um den gut bestückten Weinkeller. Aber auch die anderen Familienmitglieder arbeiten im Gasthaus mit: Papa Renato und Schwager Claudio bestellen den Gemüsegarten und lassen Würste trocknen. Die Frauen wirken in der Küche: Mamma Michela kann auf 35 Jahre Erfahrung als Köchin zurückblicken. Agostinos Frau Gabriella ist mit großem Eifer dabei, die Zubereitung der Spezialitäten des Carso und Sloweniens zu erlernen und einige neue Varianten zu entwickeln. Das Lokal wurde vor einigen Jahren umgebaut und wirkt jetzt sehr gediegen. Die Bedienung ist spontan und aufmerksam. Die Küche hält sich streng an die Tradition der Gegend. Das »Menu del Carso« nennt z.B. folgende Speisen: Frittata mit Wiesenkräutern, die »Selinka«, **Wildschweingulasch**, **Patate in tecia** und Struccoletti mit Walnüssen. Zu empfehlen sind die Süßspeisen wie die **Gubana** mit Walnüssen, oder der **Apfelstrudel** oder die ganz typischen »Palačinke«, eben Palatschinken mit Nüssen und Sahne. Von Herbst bis Frühjahr serviert man **Rehrücken mit Preiselbeeren**, Pilze und andere Braten vom Wild. Anstelle der herkömmlichen Vorspeisen wie Kartoffelgnocchi oder Minestra kann man sich ein besonders typisches Gericht dieser Gegend bringen lassen: der **Brodo brustolà** (eine Mehlschwitze, die mit Flüssigkeit aufgegossen wird) ist eigentlich eine Armenspeise und wird heute kaum mehr zubereitet.

Trieste

Acquario

Trattoria
Via Crispi, 33
Tel. 0 40 / 75 02 89
Ruhetag: Montag
Betriebsferien: Juli/August
45 Plätze
Preise: 25-35 000 Lire
Keine Kreditkarten
Reservierung: empfohlen

Jahrelang ist Elvo Pesaro auf den Weltmeeren umhergefahren und hat hungrige Passagiere auf Kreuzfahrtschiffen verköstigt. Vor ein paar Jahren hat er sich endgültig auf dem Festland niedergelassen und diese Trattoria eröffnet. Elvio ist ein typischer Triestiner Gastwirt: sympathisch, witzig, schlagfertig und auch wagemutig. Seine Trattoria ist lang und schmal, aber hell, ordentlich und sauber. Zu seiner Kundschaft zählen in erster Linie Familien, ältere Ehepaare, Geschäftsleute und Handelsreisende. Alle wollen sie zu günstigen Preisen gute heimische Kost essen. Elvio ist ein erfahrener Koch und so bietet er gleichermaßen Fleisch- und Fischgerichte an. In der kalten Jahreszeit bekommt man hier auch die kräftigen Triestiner Suppen und deftigen Speisen mit Fleisch. Elvios Talent kommt aber wahrscheinlich bei den Fischgerichten am besten zur Geltung. Fast täglich gibt es frischen Fisch vom Markt, **Meeresfrüchte** und **Krustentiere**. Der offene Wein ist gut, verglichen mit dem etwas enttäuschenden Angebot ähnlicher Lokale. Außerdem sind hier auch ein paar Flaschenweine aus dem Collio zu haben. Die Tische sind mit Stofftischdecken und Stoffservietten gedeckt, jedem Gast stehen automatisch zwei Gläser zur Verfügung. Der Service ist einfach, aber stets flink. Stammgäste können sogar über den Preis verhandeln. Aber auch für die anderen birgt die Rechnung keine unangenehmen Überraschungen.

Trieste

Al raspo de ua

Osteria-Enoteca
Via Giulia, 67
Tel. 0 40 / 5 44 56
Ruhetag: Sonntag
Betriebsferien: an Weihn. u. 14 Tage
25 Plätze   [im Aug.
Preise: 30-35 000 Lire
Keine Kreditkarten
Reservierung: empfohlen

Endlich hat Franco Rendina sein Lokal gefunden. Nachdem er als Koch und als Bedienung tätig war, hat er nun eine schöne Osteria in Zentrumsnähe eröffnet. Wände und Rundbögen sind unverputzt, was das Lokal sehr gemütlich erscheinen läßt. Das Angebot umfaßt traditionelle Gerichte aus Triest und wird entsprechend der jeweiligen Jahreszeit zusammengestellt. Man ißt **Jota**, hausgemachte **Gnocchi di pane** e di patate, **Crauti**, rohen Schinken aus dem Karst und freitags Fisch. Spezialität des Hauses ist die **Anatra al Terrano**, Ente, die in einem Wein aus dem Karst geschmort wird. Tischwäsche, Geschirr und Gläser sind ansprechend. Francos Frau und ein rüstiger Rentner sind für die Küche verantwortlich. Hier hat man die Möglichkeit, auch am Tresen guten Wein zu trinken, was in Triest relativ selten der Fall ist.

Trieste

All'antica ghiacceretta

Trattoria
Via dei Fornelli, 2
Tel. 0 40 / 30 56 14
Ruhetag: Sonntag
Betriebsferien: Juli/August
40 Plätze
Preise: 15-20 000 Lire
Keine Kreditkarten
Reservierung: empfohlen

Die »Antica ghiacceretta« liegt im volkstümlichen Stadtteil Cavana. Der einzige Gastraum ist nur durch eine Milchglasscheibe von der Küche abgetrennt. Tischen und Stühlen sieht man an, daß sie schon lange Jahre in Gebrauch sind. Die Tischdecken sind mit durchsichtigem Zellophan abgedeckt, Geschirr und Gläser sind einfach und gewöhnlich. Claudio Ugu kümmert sich in seiner entschlossenen und tatkräftigen Art um seine Gäste. Seine Mutter hilft ihrerseits beim Service mit. Hier befinden wir uns im wahrsten Sinne des Wortes im »vecio triestin«, im alten Triest: das hohe Durchschnittsalter der Gäste wird alle Fremden überraschen. Die Kundschaft setzt sich hauptsächlich aus ehemaligen Hafenarbeitern, Seeleuten und Fischern zusammen, manchmal sind sie in Begleitung einer lebhaften Dame. Gesprochen wird Triestiner Dialekt. Wer die »Amtssprache« des Lokals nicht versteht, kann diese urtypische Stimmung nur erahnen. Auch das Speisenangebot steht ganz im Zeichen des alten Triest: da ist natürlich die **Jota**, die **Minestra di orzo e fagioli**, die **Polenta mit geschmorten Tintenfischen**, **Fisch »in savor«**, **Risotto di mare**. Die treuen Stammgäste kann man einfach nicht enttäuschen. Deshalb ist die Qualität der Speisen garantiert; sie sind schlicht, aber die Grundstoffe werden aufs sorgfältigste ausgesucht (besonders der Fisch). Der offene Wein ist nicht überragend. Flaschenweine gibt es nicht. Die Trattoria lebt also von ihrem typischen Charme, ihrer traditionellen Küche, die wenige, aber gute Gerichte hervorbringt und von den alten Stammgästen, die sich gemeinsam an die schönen Zeiten ihrer Jugend erinnern.

Trieste

10 km von der Stadtmitte

Gabriella Gregori

Trattoria
Stadtteil Padriciano, 36
Tel. 0 40 / 22 61 12
Ruhetag: Mittwoch
Betriebsferien: Januar
80 Plätze
Preise: 30 000 Lire
Keine Kreditkarten
Reservierung: nicht notwendig

Vor den Toren der Stadt liegt die beschauliche Ortschaft Padriciano. Hier betreibt die Signora Gabriella Gregori ihre Trattoria. Sie gehen erst durch einen Hof, der von einer Pergola überwuchert ist. Dann stehen Sie in einem rustikalen, aber dennoch eleganten Lokal. Die Tische in den einzelnen Speisezimmern sind mit einfachem Geschirr und ebensolchen Gläsern gedeckt. Dafür sind Tischwäsche und Räumlichkeiten bemerkenswert sauber, die Bedienung ist ausgezeichnet. Die Küche ist sehr typisch für diese Gegend. Signora Gabriella hat ihre Rezepte mit Sicherheit schon von ihren Eltern und Großeltern übernommen. In der kalten Jahreszeit ißt man natürlich die **Jota** und **Minestra di orzo e fagioli**, **Gnocchi** aus Kartoffeln oder aus Brot und Spinatstrudel. Unter den Fleischgerichten sind besonders **Schweins-** und **Kalbshaxe** zu erwähnen. Daneben werden noch Wild und Filet in Brotrinde angeboten. Dazu gehören die deftigen Beilagen: **Kartoffeln** aus der Pfanne (»Patate in tecia«) und die »chifel«, eine Art längliche Kartoffelpfannkuchen. Im Carso wird kein Fisch gegessen; somit ist er auch hier nicht auf der Speisekarte zu finden. Die interessanteste Spezialität des Hauses sind ohnehin die »slincrofi«, mit Ricotta gefüllte **Teigtaschen**. Zur guten Küche wird leider kein angemessener Wein gereicht. Neben einigen Flaschenweinen aus dem Collio di Primosic muß man sich mit offenem Malvasia oder Terrano begnügen, die gerade noch trinkbar sind. Die Trattoria ist bei den Triestinern recht beliebt. Reisegruppen und ganze Sippen kehren hier ein. Sie alle schätzen die gute Küche, die familiären Bedienung (alle sieben Kräfte sind sehr flink). Im Sommer kann man in wenigen Minuten der Hitze der Stadt entfliehen und hier angenehm im Freien essen.

Trieste

La de Brunetta

Trattoria
Via della Guardia, 15/B
Tel. 0 40 / 76 36 18
Ruhetag: Dienstag und Mittwoch
Betriebsferien: August
40 Plätze + 40 im Freien
Preise: 30–35 000 Lire
Keine Kreditkarten
Reservierung: empfohlen

Im einfachen Stadtviertel San Giacomo gibt es jede Menge Kneipen und Gasthäuser. Die Trattoria der Signora Bruna Biecheri Metz ist ein traditioneller und schlichter Familienbetrieb. Links steht der Schanktresen, an dem sich die Stammgäste (meist Rentner) treffen, weiter vorne liegen die beiden Speisesäle und der kleine Garten, in dem man im Sommer auch essen kann. Die Küche bietet traditionelle Fleisch- und Fischspezialitäten: **Gnocchi di patate**, **Gnocchi di pane**, **Jota**, **Gulasch** oder **Baccalà** und **geschmorte Tintenfische** mit Polenta, fritierte **Calamari** und je nach Marktangebot weitere Fischgerichte. Für die Küche ist »Brunettas« Mann zuständig. Ab und zu schaut er auch zu seinen Stammgästen heraus und plaudert ein wenig mit ihnen. Die Bedienung ist freundlich und flink. Besonders edle Weine oder gar Kristallgläser darf man sich hier nicht erwarten. Aber eine Trattoria wie diese, die allen Modeerscheinungen trotzt, besitzt ihren ganz eigenen Charme und verrät den Fremden viel über die Bräuche und Kultur einer Stadt.

Trieste

Re di coppe

Osteria-Trattoria
Via Geppa, 11
Tel. 0 40 / 37 03 30
Ruhetag: Sa.nachmittag, Sonntag
Betriebsferien: Mitte Juli – Mitte Aug.
30 Plätze
Preise: 20–30 000 Lire
Keine Kreditkarten
Reservierung: nicht notwendig

Das »Re di coppe« ist ein berühmter Klassiker in der Gastronomie Triests. Nach einigen Jahrzehnten haben nun Mario und Carmela Vellich ihr Lokal abgegeben. Die neuen Wirtsleute haben das »Re di coppe« aber ganz im alten Stil belassen. Das Ambiente ist gemütlich, Tische, Theke und Regale sind aus glänzendem Holz, an den hohen Wänden hängen viele Bilder. Seit ein paar Jahren sind Bruno und Anna Beltramini mit Begeisterung bei der Sache: er steht am Tresen, sie am Herd. Das Lokal ist eigentlich keiner Kategorie so genau zuzuordnen und hat etwas von einer Trattoria, von einer Osteria und sogar einige Züge einer Enoteca und des typischen Triestiner Buffets. Das Publikum ist bunt gemischt. Mit allen wird ein wenig geplaudert und gescherzt. Die Küche bietet bodenständige Triester Spezialitäten, die gut zubereitet sind. Das Lokal ist von acht Uhr morgens bis Mitternacht geöffnet, und man kann praktisch zu jeder Tageszeit etwas zu essen bekommen. An den Tischen mit Papiertischdecken serviert man **Brodetto di seppie**, **Jota**, Gnocchi, Rouladen, die hier »useletti scampai« heißen und zur entsprechenden Jahreszeit **Zicklein** aus der Val Resia. Der offene Wein ist in Ordnung. Ansonsten werden Flaschenweine von Hofstetter, Rubini, Cantarutti, Villa Banfi und u.a. ein paar Chiantiweine angeboten. Vielleicht sollte man das Lokal mit einer besseren Lüftungsanlage ausrüsten.

Trieste

Scabar

Trattoria
Erta Sant'Anna, 63
Tel. 0 40 / 81 03 68
Ruhetag: Mo.abend und Dienstag
Betriebsferien: Juli und Ende Januar
45 Plätze
Preise: 40–50 000 Lire
Kreditkarten: Visa
Reservierung: empfohlen

Zwischen dem Stadtteil Altura und dem Friedhof Sant'Anna liegt die Trattoria der Signora Amalia Scabar. Von außen wirkt das Lokal eher unscheinbar, um so ansprechender sind die Innenräume gestaltet; sie sind hell, pastellfarben getüncht, Pflanzen und Regale sind geschickt verteilt. Tischwäsche, Geschirr und Gläser sind gediegen, die Bedienung ist sehr aufmerksam. Die Wirtin und ihr Bruder betreuen die Gäste, die Eltern zeichnen für die Küche verantwortlich. Die Köche setzen traditionsgemäß auf erstklassige Grundstoffe, wagen sich aber auch an eine Neuumsetzung der herkömmlichen Rezepte heran. In erster Linie bekommt man Fisch. Man beginnt mit einer großen Auswahl an warmen Vorspeisen: **Miesmuscheln, Jakobsmuscheln, Venusmuscheln.** Je nach Marktangebot gibt es geschmorten und gegrillten Fisch und Fisch Müllerin. Als Primo sind die hausgemachten **Spaghetti al nero di seppia** zu empfehlen. Die Tinte wird hier gleich in den Nudelteig gemischt, die Nudeln selbst werden mit Hummer, **Folpeti** oder Meeresfrüchten garniert. Im Winter reicht man zu Tagliatelle und Hauptspeisen gerne Trüffeln. Nudeln und Süßspeisen sind grundsätzlich hausgemacht. Umfangreiche Auswahl an Weinen der besten Erzeuger des Collio, Isonzo und der Colli Orientali. Sicher eines der interessantesten Lokale der Stadt.

Trieste

I buffet

Da Giovanni – Via San Lazzaro, 14

Da Marascutti – Via Battisti, 2

Da Mario – Via Torrebianca, 41

Da Pepi – Via Cassa di risparmio, 3

Da siora Rosa – Piazza Hortis, 3

Masé – Via Valdirivo, 32

Zu guter Letzt seien noch die besten Buffets erwähnt. Sie sind für die Gastronomie der Stadt Triest besonders typisch. Mit dem französischen Wort Buffet bezeichnet man im Triestiner Dialekt ein Lokal, in dem hauptsächlich **gesottenes Schweinefleisch** gegessen wird. Das Wort bezeichnete ursprünglich ein Brett, auf dem das hausgeschlachtete Schweinefleisch ausgebreitet wurde. Es gibt noch eine ganze Reihe von Buffets in Triest. Einige haben jedoch ihr Speisenangebot erweitert und fallen eher schon unter die Kategorie Trattoria. Es handelt sich aber in jedem Fall um ein Lokal, in dem man zu jeder Tageszeit einen köstlichen Imbiß oder eine kräftige Brotzeit bekommen kann: hartgekochte Eier, fritierten Fisch oder »in savor«, verschiedene Gerichte mit Schweinefleisch. Dazu werden schmackhafte Saucen gereicht, die eigentlich aus Mitteleuropa stammen. Ferner ißt man hier Wurstwaren und Käse und trinkt selbstverständlich ein Glas Wein oder Bier vom Faß.

NOTIZEN

Ligurisches Meer

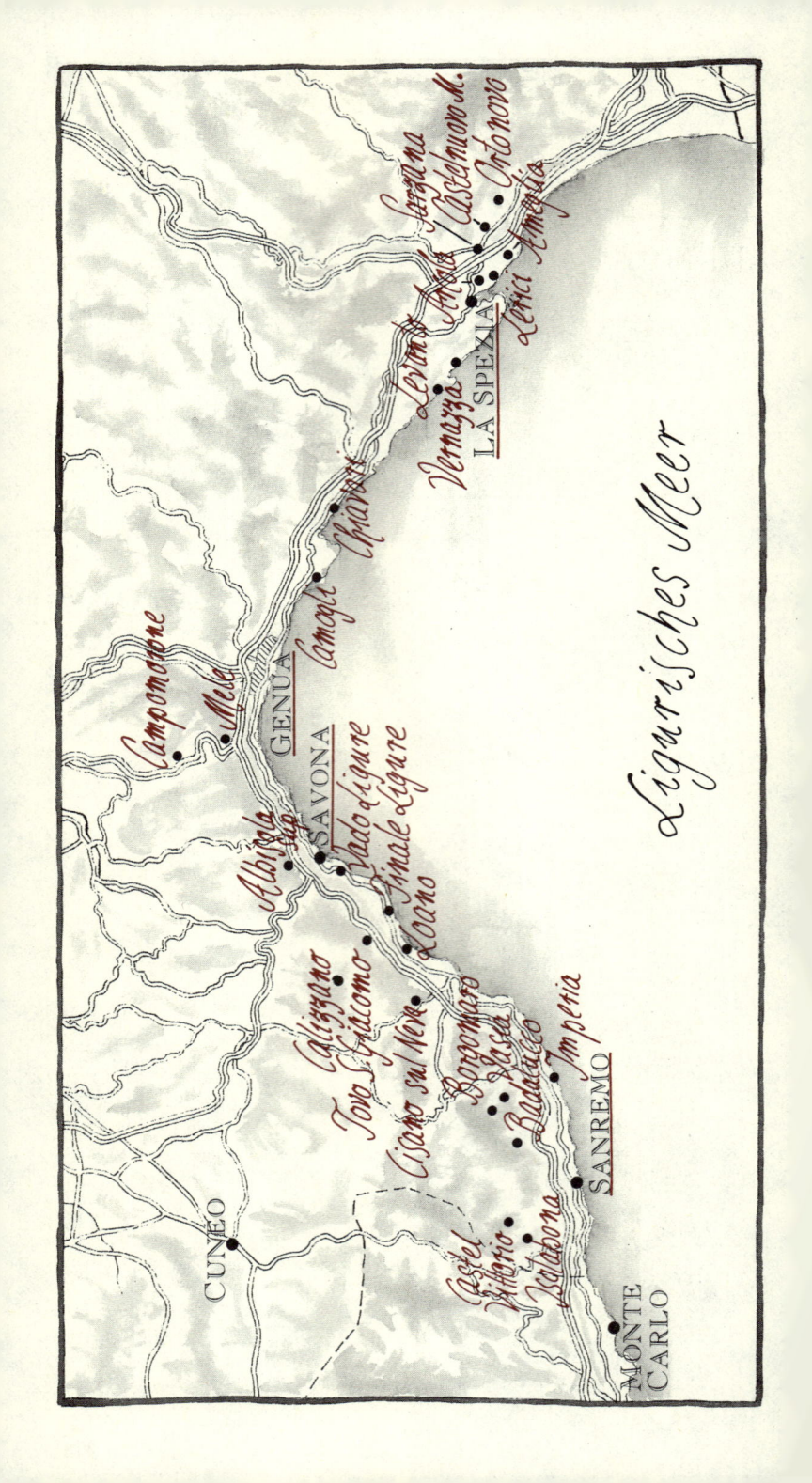

- Ortonovo
- Castelnuovo M.
- Sarzana
- Arcola
- Levanto
- LA SPEZIA
- Ameglia
- Lerici
- Vernazza
- Camogli
- Chiavari
- Campomorone
- Mele
- GENUA
- SAVONA
- Vado Ligure
- Albisola
- Finale Ligure
- Loano
- Calizzano
- Tova S. Giacomo
- Cisano sul Neva
- Borgomaro
- Sassa
- Budalicco
- Imperia
- SANREMO
- Castel Vittorio
- Aglabora
- CUNEO
- MONTE CARLO

LIGURIEN

Die Frau war so dick, daß man sie so nicht hätte erfinden können. Sie hieß Lina. Die halbdunkle, rauchgeschwängerte Spelunke mit ihren geheimnisvollen Düften lag in Genua, in der Nähe der Via Caffaro, wo damals wie heute die guten Stadtviertel beginnen. Gut bei Lina war der Duft nach geschmortem Fisch und nach Minestrone aus anderen Zeiten, der wie der Rauch in den Wänden des Lokals hängenblieb. Die Küche befand sich damals noch mitten im Raum. Man konnte also sehen, wie Lina mit Pfannen und Töpfen hantierte und sich zwischen den wenigen Tischen mit ihren Papiertischdecken und den Schemeln mit einem Loch in der Mitte hindurchzwängte.

Aber das eigentliche Wunder war etwas anderes. Es waren nicht ihre wogenden Hüften, die niemand umspannen konnte und die nur von einer rauhen, schwarzen Schürze zusammengehalten wurden. Das eigentliche Wunder, das auch heute noch tief in meinem Gedächtnis verankert ist, war die Verwandlung. Die Verwandlung geschah am frühen Nachmittag, wenn die Essenszeremonie beendet war. Die Essensgerüche hingen immer noch in der Luft (kein Mensch hätte sie je von diesem auserwählten Ort vertreiben können), und das Licht wurde ein anderes. Die roten Farbtöne der Nachmittagssonne zerteilten schräg und langsam die Luft, die so stark nach gefüllten Auberginen und nach Wein roch. Wenn die Natur ihr Schauspiel vollbracht hatte, also zwischen vier und fünf Uhr, wurde aus der »Bottiglieria Cannone«, denn so hieß dieses himmlische Wirtshaus, eine einfache Osteria. Nun konnte man sich hier in aller Ruhe unterhalten, über das Gesagte sinnieren. Das war so die alte Gewohnheit der Stammgäste aus dem Viertel: Notare, Rechtsanwälte, Freiberufler, Rahmenhändler und Delucchi, (mein) Italienischlehrer in der Mittelschule. Und dann die vielen, unter denen auch ich manchmal war. Zum ersten Mal geriet ich 1970 in diese Spelunke. Mein Freund Oscar hatte mich mitgenommen, denn er kannte in Genua und anderswo eine ganze Reihe solcher Lokale. Linas Kneipe wurde zur Osteria oder zur Bottiglieria, wie die Aufschrift auf den fettigen Fensterscheiben bezeugte. Ich sah diese Lichtstrahlen nur ein paarmal. Vielleicht nur zwei- oder dreimal. Mit zwanzig läuft man anderen Dingen nach, das ist nur verständlich, die Bottiglieria war nichts für einen jungen Musiker, der Bestätigung brauchte. Später erst bin ich mir bewußt geworden, daß die Erinnerung Schmerz und Glück gleichermaßen bedeutet. Das war zu der Zeit, als ich geträumt habe, die »Bottiglieria Cannone« sollte Nationaldenkmal oder wenigstens doch besonders geschützt werden. Staatsoberhäupter, Monarchen, Filmstars, Künstler oder Vips sollten ihr einen Besuch abstatten.

Träume sind trügerisch. Die nackte Wirklichkeit ist grausam, und ich werde nicht erzählen, was mit der Bottiglieria passiert ist. Man kann es sich wohl denken. Solche Lokale müßten von elektromagnetischen, geheimnisvollen oder sogar nuklearen Schwingungen eingehüllt werden, damit sie hochgehoben und in unserer Zukunft wieder abgesetzt werden können. **Ivano Fossati**

P.S.: In meiner Heimat gibt es noch so ein Lokal. Ein kleines und ein größeres Speisezimmer und zwei eingerahmte Schilder, auf denen »ufficio da gotti« und »ufficio da quarti« zu lesen steht. Gott schütze den Wirt.

Albisola Superiore

12 km von Savona, S. S. 1

Da Marietta

Trattoria
Via Schiappapietra, 17 – Ellera
Tel. 0 19 / 4 90 59
Ruhetag: Donnerstag
Betriebsferien: 27.12.–6.1.
70 Plätze
Preise: 25–30 000 Lire
Kreditkarten: Visa, CartaSi
Reservierung: empfohlen

Die Kochkunst der Signora Graziella Saettone gipfelt in den köstlichen und denkwürdigen **Pansoti mit Walnußsauce**. Die freundliche und rundliche Köchin bereitet sie nach einem alten Rezept zu und erlaubt uns somit einen kleinen Ausflug in die Vergangenheit. Signora Graziella hat die Trattoria von ihrer Tante Marietta übernommen. Mittags essen hier Arbeiter, Vertreter und Maurer ihre einfachen Gerichte zu günstigen Preisen. Abends und an Feiertagen fällt das Angebot wesentlich umfangreicher und aufwendiger aus. Neben den eingangs erwähnten Pansoti bekommt man **Tagliatelle** mit Kaninchenragout oder die gleichfalls sehr beliebten **Ravioli di carne**. Als Hauptgericht kann man immer das **Kaninchen mit Thymian** und die klassische **Cima** essen. Je nach Jahreszeit gibt es auch **Lamm mit Artischocken** (Frühjahr), **Schnecken** mit Kräutern (Juni-September) oder Hasen- und Wildschweinbraten (Jagdsaison). **Frittelle di baccalà** und **Buridda**, das klassische Genueser Fischgericht, muß man eigens vorbestellen. Man trinkt Flaschenweine aus Ligurien und Piemont sowie einen angenehmen Wein aus der näheren Umgebung. Die Bedienung ist nett und flink. Manchmal helfen auch Graziellas Kinder mit. Im kleinen Speisezimmer sitzt man gemütlicher als auf der Edelstahlveranda, die sich so gar nicht in die Landschaft einfügen will. Die Trattoria liegt am Ortsausgang von Ellera und ist von Albisola aus über die Straße nach Sassello zu erreichen.

Ameglia

25 km von La Spezia, S. S. 331

Dai Pironcelli

Trattoria
Via delle Mura, 45 – Montemarcello
Tel. 01 87 / 60 12 52
Ruhetag: Mittwoch
Betriebsferien: unterschiedlich
40 Plätze
Preise: 35–45 000 Lire
Kreditkarten: die bekannteren
Reservierung: empfohlen

Die bestickten Gardinen, die alte, ja fast schon antike Einrichtung, all die Gegenstände, die an vergangene Zeiten erinnern, die rosagetünchte Fassade, die für Ligurien so typisch ist, das Fresko über der Eingangstür – all das verleiht dieser Trattoria ihre so einzigartige Atmosphäre, hebt sie von anderen Gasthäusern ab. Hier ißt man traditionelle Gerichte, die mit außergewöhnlich viel Liebe und Sorgfalt zubereitet werden. Zu den Spezialitäten des Hauses zählen in Essig und Honig eingelegtes Gemüse, leichte, rosafarbene **Seppie in zimino**, **Tagliatelle »bastarde«** (sie werden so genannt, weil sie zu gleichen Teilen aus Weizen- und Kastanienmehl bestehen) mit Öl und scharfem sardischen Schafskäse, zartschmeckende Crostini mit Speck und Thymian. Es geht weiter mit gefüllten Gemüsen auf ligurische Art und den **salzigen Kuchen**, die mit Gemüsen und Wiesenkräutern gefüllt werden. Probieren Sie diese vielfältige und bunte Küche in solch angenehmer und entspannender Atmosphäre.
Nur abends geöffnet.

Arcola

9 km östl. von La Spezia

Trattoria delle sette lune

Trattoria
Salita Castello, 27 - Trebiano
Tel. 01 87 / 98 85 66
Ruhetag: Donnerstag
Betriebsferien: Oktober
40 Plätze
Preise: 35-45 000 Lire
Kreditkarten: die bekannteren
Reservierung: notwendig

Die Trattoria gehört zu den ältesten Gasthäusern in der Val di Magra. Das Dorf Arcola liegt hoch oben auf einem Hügel. Seine Geschichte läßt sich bis zur Römerzeit zurückverfolgen. Das »Sette lune«, wie das Lokal einfach genannt wird, besteht bereits seit 150 Jahren. Hier kann man noch die Atmosphäre einer echten Osteria erleben und traditionelle Kost essen. Die Signora Lucia kocht nach bäuerlichen Rezepten Pasta e fagioli und **Zuppa di fave**. Gemüse und wilde Kräuter sind die wichtigsten Ingredienzien dieser einfachen, aber sehr wohlschmeckenden Küche: sie erinnert an alte Zeiten, an die Gerichte, die die Frauen abends kochten, wenn sie von der Feldarbeit zurückkehrten. Crostini mit Artischocken und Oregano, Crêpes, Minestrone, **Stoccafisso con olive**, **gefülltes Kaninchen** alla Val di Magra, **Gemüse- und Kräuterkuchen** (auch mit wilden Kräutern), **Gnocchi al pesto** schmecken so wie in alter Zeit. Olivenöl »extravergine« und Wein von den Colli di Luni verleihen den Gerichten eine besonders feine Note. Man ißt hier in heiterer Atmosphäre; unten zieht der silbern glänzende Fluß Magra vorbei, der schon nach wenigen Kilometern ins Mittelmeer mündet.

Badalucco

29 km von Imperia, S. S. 548

Canon d'oro

Osteria
Via G.B. Boeri, 32
Tel. 01 84 / 4 00 06
Ruhetag: Montag
Keine Betriebsferien
60 Plätze
Preise: 25-30 000 Lire
Keine Kreditkarten
Reservierung: notwendig

Badalucco ist ein malerisches altes Dorf am Ende der Valle Argentina. Sie erreichen es nach etwa 10 km, wenn Sie in Rossat di Arma di Taggia ins Hinterland abbiegen. Das »Canon d'oro« gibt es schon lange. Zwei sehr lebhafte und nette Damen im rüstigen Alter von etwa 70 Jahren führen das Lokal. An den Wochenenden helfen die Kinder und Kindeskinder mit. Sie alle bilden ein eingespieltes Team. Paolinetta ist eine Großmutter und Köchin wie aus dem Märchen. Mit wenigen und einfachen Mitteln weiß sie auch anspruchsvolle Gaumen zufriedenzustellen. Probieren Sie nur ihre »frisceu de faiscioi« (eine Art **Pfannkuchen mit Bohnen**, eine Spezialität der Gegend), Ravioli di magro oder ihre Tagliatelle. Den »stocafi a-a baaucogna« (**Klippfisch nach der Art von Badalucco**) sollten Sie auf keinen Fall auslassen. Um ihn geht es auch bei dem Dorffest, das jedes Jahr im September gefeiert wird: dank der Vorräte an diesem wertvollen Fisch hatte das Dorf einer Belagerung durch die Sarazenen standgehalten. Die Zubereitung dieser Spezialität ist sehr zeitaufwendig. Sie sollten sie deshalb einige Tage vorher bestellen. Als Hauptgericht können Sie auch **Kaninchen auf ligurische Art**, **Cima**, Ziegenkitz in Weißwein und - zur Jagdsaison - Wildschwein essen. Der Weg ins Restaurant führt durch die Weinschenke. Dort sitzen alte Männer und spielen Karten oder diskutieren lauthals. Dabei trinken sie genüßlich ihren Wein. Über eine steile Treppe gelangt man in die Speisezimmer, die recht schlicht eingerichtet sind. Erst die **gefüllten Gemüse**, der verführerische Duft der **Sardenaira** und der Gemüsekuchen bringen Leben in die Räume. Der ordentliche offene Hauswein und ein guter Hefekuchen werden Sie noch mehr über die günstige Rechnung staunen lassen.

Borgomaro

15 km von Imperia, S. S. 28

Ristorante-Fattoria U rugiu

Trattoria
Ortsteil Conio
Tel. 01 83 / 5 49 72
Ruhetage: Montag – Donnerstag, nicht
Keine Betriebsferien [im Sommer
100 Plätze
Preise: 22-25 000 Lire
Keine Kreditkarten
Reservierung: empfohlen

Das einladende Landgasthaus ist zugleich ein Bauernhof, auf dem Kleinvieh gezüchtet und Gemüse angebaut wird. Hier fließt auch ein kleiner Bewässerungskanal vorbei, von dem das Lokal seinen Namen ableitet. Da die Wasserversorgung gesichert ist, können auch die kleinen schmackhaften weißen Bohnen angebaut werden. Sie sind typisch für diese Gegend und Hauptbestandteil vieler Speisen. Sie werden einfach gekocht und mit etwas Öl und Essig angerichtet oder zur Minestra mit handgemachten Lasagne gegessen. Normalerweise bekommen Sie hier ein Menü aus Speisen, die gerade der Jahreszeit entsprechen: **Insalata di fagioli**, **Pasta e fagioli**, verschiedene Antipasti: **Pizzalandrea**, salzige Kuchen mit frischem Saisongemüse, Carne cruda mit Käse, Pilzen, Öl und Zitronensaft oder **gefülltes Gemüse**, Frittata, Marinata vom Aal oder Fleisch. Wenn sie Glück haben, können Sie die hervorragenden **Chiocciole** (Schnecken) auf ligurische Art mit Petersilie und Knoblauch probieren. Alle Gerichte werden mit frischen Kräutern verfeinert: Borretsch, Majoran, Minze, Schnittlauch, Basilikum, um nur einige zu nennen. Das gilt auch für die Ravioli, die mit frischen Brennesseln gefüllt sind, für die **Tagliatelle al pesto** oder mit Tomatensauce, für die wohlschmeckenden Fleischgerichte wie **Kaninchen mit Oliven**, Perlhuhn oder Zicklein. Versuchen Sie auch die Käsesorten aus der Gegend und die hausgemachten Süßspeisen. Trinken Sie zum Essen die recht ordentlichen offenen Weine: Rotwein aus Venetien und Piemont oder Pigati, Vermentini und Rossesi aus Ligurien. Die ligurischen Spezialitäten sind alle mit Sorgfalt zubereitet. Das Lokal ist angenehm rustikal, der Service herzlich, die Preise wirklich anständig.

Calizzano

50 km von Savona, S. S. 490

Msé Tutta

Trattoria
Via Garibaldi, 5
Tel. 0 19 / 7 96 47
Ruhetag: Montag
Betriebsferien: unterschiedlich
25 Plätze
Preise: 25-35 000 Lire
Kreditkarten: Visa, CartaSi
Reservierung: notwendig

Seinem Großvater wollte der junge Alessandro seine Trattoria widmen. Er und seine Frau haben den Lehrerberuf an den Nagel gehängt und sind nun mit Leib und Seele Wirtsleute. Sie versteifen sich nicht auf Haute Cuisine, experimentieren auch nicht mit internationalen Spezialitäten herum, sondern beschränken sich auf die echte Regionalküche Liguriens. Und darin sind sie wirklich groß. Es war eben keine Notlösung, traditionellen Rezepten und alten Gartechniken nachzuspüren. Die beiden sehen in der authentischen, wohlschmeckenden Kost aus dieser Gegend zwischen dem Meer und den Bergen ein weiteres Einsatzgebiet für ihre Bemühungen im Umweltschutz. Vielleicht sehen Sie gerade einen freundlichen, dunkelhäutigen Ägypter in der Küche stehen. Unsere beiden Wirtsleute beschäftigen gern junge Einwanderer. Das Speiseangebot wechselt wöchentlich. Auf der Karte stehen drei Antipasti, zwei Primi, zwei Secondi und zwei Desserts. Wir haben uns einen Tortino mit Ricotta und Pecorino, Pfannkuchen mit **Spargelspitzen** und Schnittlauch, **gefüllten Kopfsalat in Brühe**, Entenbrust mit Wacholderbeeren und Birnen in Muskatellerwein mit Erdbeersauce schmecken lassen. Es sind auch **gefülltes Kaninchen**, **Polenta bianca** und eine Pilz- und Kartoffelpfanne zu haben. Hier sieht man somit, wie gut es die beiden verstehen, die interessantesten Details der Regionalküche zu erfassen: da sind die vielen Kräuter, die weichen Focacce all'olio und die aromatischen und frischen Almkäse. Wenn wir jetzt noch hinzufügen, daß Alessandro Sie mit einer erstklassig bestückten Weinkarte überraschen kann, dann verstehen Sie sofort, warum Sie auf dem Weg nach Finale Ligure unbedingt hier einkehren müssen. Nur abends geöffnet.

Camogli

23 km von Genova, S. S. 1

San Rocco da Egidio

Trattoria
Via Molfino, 150 - San Rocco
Tel. 01 85 / 77 22 08
Ruhetag: Mittwoch
Betriebsferien: unterschiedlich
30 Plätze + 100 im Freien
Preise: 35-50 000 Lire
Kreditkarten: alle
Tischreservierung: empfohlen

Erst vor kurzem hat die Trattoria »San Rocco« ihr dreißigjähriges Bestehen gefeiert. Seit jener Zeit ist zum Glück noch nicht alles anders geworden. Sicher, viele neue Häuser sind an diesem Hügel gebaut worden, der von Ruta-San Rocco bis zum Hafen von Camogli abfällt. Der Ausblick von Egidios Terrasse ist nach wie vor zauberhaft. Im Hintergrund schweigt still der bewaldete Monte di Portofino. Lassen Sie sich Zeit, wenn Sie bei Egidio einkehren. Denken Sie nicht an den anstrengenden Aufstieg über die vielen Treppen, einmal nicht ans Meer, das weit unten rauscht. Nehmen Sie sich die Zeit und schauen Sie dem Wirt zu, wenn er eine Goldbrasse in der Kruste, eine **Frittura** aus Meeresfrüchten oder herrlich duftende **Spaghetti mit Scampi und Krustentieren** zubereitet. Essen Sie in der Zwischenzeit **Focaccette**: die gibt es salzig mit Stracchino oder Gorgonzola oder süß mit Honig und Mascarpone oder Marmelade. Ihr luftiger Teig und ihr zarter Geschmack sind unübertroffen. Bei den typisch ligurischen Primi haben Sie die Qual der Wahl: **Trofie** oder zarte, knusprige Lasagne mit **Pesto** und überbacken, oder vielleicht die **Pansoti**? Letztere sollten Sie probieren, denn die Füllung aus »preboggion«, d.h. verschiedenen wilden Kräutern, die nur hier in der Gegend wachsen, schmeckt herrlich frisch. Egidio ist ein großer Weinliebhaber. Er selbst sucht seine Weine aus und bietet somit eine ausgezeichnete Auswahl an ligurischen (Vermentino und Pigato) und Piemonteser Erzeugnissen an. Manchmal können Sie auch am Nachmittag eine kleine Zwischenmahlzeit bekommen: eingelegte Pilze mit Knoblauch und Petersilie, Moscardini – Erinnerungen und Geschichten von 1959, als er als Sechzehnjähriger zusammen mit seiner Mutter das Lokal eröffnete.

Campomorone

20 km von Genua, S.S. 35

Da Iolanda

Trattoria
Piazza Niccolò Bruno, 6-7r
Tel. 0 10 / 79 01 18
Ruhetag: Di.abend und Freitag
Betriebsferien: Mitte Aug.–Mitte Sept.
60 Plätze
Preise: 35-40 000 Lire
Kreditkarten: die bekannteren
Reservierung: empfohlen

Die Val Polcevera verbindet die Poebene und die karstigen Täler des ligurischen Hinterlands mit der Küste. In Pontedecimo biegen wir nach links in die Val Verde ab. Nach einigen Kilometern haben wir unser Ziel erreicht. Noch bis vor etwa hundert Jahren gab es in dieser Gegend jede Menge Mühlen und Bäckereien. In Isoverde kann man noch die historische Mühle Santa Marta besichtigen. Danach kehren Sie am besten bei Iolanda ein. Von außen wirkt das Lokal eher unpersönlich, drinnen empfängt die Gäste eine bunt zusammengewürfelte Einrichtung. Silvano ist für die beiden Speisezimmer zuständig und betreut seine Gäste fachkundig und zuvorkommend. Am Wochenende allerdings muß er sich dem Druck der zahlreichen Gäste beugen und kann dem einzelnen nur wenig Aufmerksamkeit widmen. Signora Iolandas Angebot wechselt mit den Jahreszeiten. Sie bäckt **Torta di riso**, Kürbis- und **Artischockenkuchen**, macht **Panissa con bottarga** und **gefüllte Gemüse**. Neben den traditionellen **Lasagne con pesto** kann man auch **Ravioli** mit Kräuterfüllung oder auch grüne Tagliatelle essen. Wer besonders viel Hunger hat, kann sich auch alle drei Nudelgerichte zusammen bestellen! Fleischgerichte werden in großer Zahl angeboten: Kaninchen, Hühnerfrikassee, **Cima alla genovese**, paniertes Lamm, **Fritto misto ligure** (Karotten, Artischocken, Zucchini, Hirn, Lamm, Kalb und Grieß). Die Weinkarte beinhaltet zwar einige Ungereimtheiten, nennt aber ordentliche italienische und einige französische Weine (Chablis Ier cru Laroche, Mersault Ier cru Matrat, Château d'Yquem). Interessante Auswahl an Grappe und Whiskys.

Castel Vittorio

49 km von Imperia, 25 km nördl. von Ventimiglia

Osteria del portico

Osteria
Via Umberto I, 6
Tel. 01 84 / 24 13 52
Ruhetag: Montag
Betriebsferien: unterschiedlich
35 Plätze
Preise: 30 000 Lire
Keine Kreditkarten
Reservierung: am Wochenende

Lassen Sie das Meer mit seinem Salzgeruch hinter sich und machen Sie sich auf die Suche nach herrlichen und zarten Düften. Fahren Sie das romantische Val Nervia mit seinen dichten Kastanienwäldern hinauf. Unter den Arkaden des kleinen mittelalterlichen Dorfes wird Sie Signora Mara Allavena in ihrem kleinen und beschaulichen Lokal willkommen heißen. Kosten Sie die wilden Kräuter, mit denen der »turtun« (ein salziger Kuchen) gefüllt wird, die **Frisceu**, die gefüllten Gemüse oder auch die **Torta di patate**. Die Primi sind bemerkenswert gut: den Gästen offenbart sich ein regelrechter Reigen aus Tagliatelle mit Wildschweinsauce, Raviolini, »crosetti« (**Farfallone**) mit grünen Bohnen und Tomaten, pasta »scianca« (Nudelblätter, die mit frischem Gemüse in Olivenöl, Knoblauch und Parmesan angebraten werden) und **Ravioli di patate** (nehmen Sie die mit Pesto!). Signora Mara kocht nach Rezepten aus dieser Gegend und wird Ihnen somit als Hauptgericht geschmortes Kaninchen, Lamm in Rotwein und Wildschweinbraten anbieten. Im Winter können Sie auch einen ausgezeichneten **Ziegenbraten mit dicken Bohnen** essen. Eine wahre kulinarische Sensation ist der für das ligurische Hinterland einstmals so typische »gran pistau«: eine Minestra aus Getreidekörnern, die in Wasser eingeweicht und dann mit dem Mörser zerstoßen werden, Speck, Öl, Knoblauch, einen ordentlichen Porreestange, Pecorino oder Parmigiano. Dazu trinken Sie einen ordentlichen Hauswein. Für anspruchsvollere Gäste stehen auch ein paar Flaschenweine zur Verfügung. »Peti de munega« (fritierte Teigstreifen) mit Zabaglione, **Frittelle** mit Äpfeln und »mazzapai« sind Süßspeisen, für die Sie nach einer guten Mahlzeit sicher noch etwas Platz haben.

Castelnuovo Magra

25 km von La Spezia, S. S. 1 in Richtung Massa

Da Armanda

Trattoria
Piazza Garibaldi, 6
Tel. 01 87 / 67 44 10
Ruhetag: Mittwoch
Betriebsferien: September
30 Plätze
Preise: 45–50 000 Lire
Keine Kreditkarten
Reservierung: notwendig

Valeriano Giampietri hat die Trattoria im Jahre 1908 eröffnet. Jetzt trägt das Lokal den Namen einer sehr gescheiten Frau. Ihre Küche ist ihr Reich, und nur selten verläßt sie es. Sehr zum Leidwesen vieler, die diese exzellente Köchin einmal kennenlernen wollen. Carolina Ponzanelli, genannt Armanda, ist nämlich eine Spezialistin für die traditionelle Küche aus Castelnuovo. Ihre **Tagliatelle verdi** sind wahrhaft überragend: Wiesenkräuter (vor allem Borretsch) verleihen ihnen ihre typische Farbe und bilden einen angenehmen Kontrast zum milden Lammfleisch. Zu den beliebtesten Gerichten zählen die **gefüllten Kopfsalatblätter in Brühe**, die **Ravioli mit Artischocken**, das gefüllte Kaninchen mit gefülltem Kohl, gefüllte Gemüse und **Lamm mit Artischocken**. All diese Rezepte kennt Armanda bereits von ihrer Mutter und weiß sie geschickt zu umzusetzen. Mit großer Liebe zur Tradition kocht sie **Testaroli**, **Mes-ciua**, **Panigacci**, leichte, hauchdünne Fladen aus Weizenmehl. In der Trattoria spürt man bereits den Einfluß der Lunigiana. Das gilt auch für die Würste: hier bekommt man eine so ausgezeichnete und milde Testa in cassetta (in etwa »eingelegter Kopf«) zu essen, daß man allein deswegen wieder bei Armanda einkehren möchte. Im Weinkeller lagern die besten Crus der Gegend und interessante Flaschenweine aus ganz Italien.

LIGURIEN **219**

Castelnuovo Magra

25 km von La Spezia, S. S. 1 in Richtung Massa

Pane Martino

Trattoria
Via Caprignano, 13
Tel. 01 87 / 67 46 18
Ruhetage: Montag und Dienstag
Betriebsferien: Januar
36 Plätze
Preise: 35-40 000 Lire, ohne Wein
Keine Kreditkarten
Reservierung: notwendig

Für Rita Sepich und Fausto Bianchi war das die Gelegenheit ihres Lebens: sie haben sich kennen- und liebengelernt und gemeinsam eine Trattoria aufgemacht. Nach einer kurzen Lehrzeit in berühmten Küchen der Gegend widmet sich Rita nun mit Entschlossenheit der traditionellen Kost. Sie erreichen die winzige Ortschaft Caprignano auf einer Gebirgsstraße, die Ihnen bei jeder Biegung einen neuen Ausblick auf die grüne Landschaft gewährt. Das Lokal bietet Platz im Freien unter einer Pergola; in einem Gastraum stehen ein Kamin und ein großer Tisch, an dem Sie in aller Gemütlichkeit einen guten Tropfen genießen können. Das Speisezimmer ist hell, blitzsauber und geräumig. Trinken Sie als Aperitif ein Glas Weißwein und probieren Sie dann die verschiedenen Wurstwaren aus dem Ort, die **Torte di verdura**, für die der beste Vermentino gerade gut genug ist, und die **Panigacci**. Diese Fladen sind sehr einfach und ein gutes Beispiel für die schmackhafte, bodenständige Kost der Gegend. Zu den Ravioli mit Hackfleischsauce, zu den Tagliatelle (zur entsprechenden Jahreszeit mit Steinpilzen) sollten Sie einen der edlen Piemonteser Rotweine trinken. Als Fleischgericht bietet man Ihnen **geschmortes Kaninchen mit Oliven** oder Lammkoteletts. Schließen Sie Ihre Mahlzeit mit einem **Buccellato**, einer für diese Gegend typischen Süßspeise, ab. Darüber gibt man gern einen Schuß von dem natürlichen Moscato der Vignaioli di Santo Stefano Belbo. Auch der Espresso und der Grappa di Moscato von Giovanni Poli di San Massenza sind großartig. Ein Besuch bei Fausto wird Sie etwa 50 000 Lire kosten. Das ist nicht zuviel verlangt, wenn Sie bedenken, daß Sie in einem Stück Paradies gegessen und getrunken haben.

Chiavari

43 km von Genova, S. S. 1, A 12

Luchin

Osteria
Via Brighetti, 53
Tel. 01 85 / 30 10 63
Ruhetag: Sonntag
Betriebsferien: November
50 Plätze
Preise: 20-30 000 Lire
Keine Kreditkarten
Reservierung: nicht notwendig

1907 hat Luchin Bonino in einer alten Backstube seine Osteria eröffnet. Wir sind zu jung, um zu wissen, wie die Osteria zu Anfang ausgesehen hat. Dennoch haben wir den Eindruck, als sei das »Luchin« eine der besterhaltenen Osterie, eine von den wenigen, die noch ganz echt sind. Da stehen der Schanktisch, die langen Tische mit ihren Holzstühlen, der Ofen, in dem mit die beste **Farinata** gebacken wird, die wir je gegessen haben. Bei frühzeitiger Reservierung kann man im Speisesaal im Obergeschoß Platz nehmen; er ist mit einem Fresko geschmückt. Nicola Bonino bereitet Ihnen einen herzlichen Empfang. Da kann dann schon einmal eine ironische Bemerkung fallen. Und gleich ist man mittendrin in der lebhaften Bestellung, im fröhlichen Schlagabtausch zwischen Gästen und Personal. Trotz dieses scheinbaren Wirrwarrs ist die Bedienung flink und zuverlässig, und schon bald stehen die Köstlichkeiten der ligurischen Küche auf Ihrem Tisch. Fangen Sie mit einem Minestrone oder mit dem typischen »preboggion« (verschiedene frische Gemüse aus Ligurien) an. Sie können mit den hervorragenden **gefüllten Sardinen**, Sardellen in Öl oder mit den **Frittelle di stoccafisso** fortfahren. Wenn Sie keinen Fisch mögen, essen Sie am besten die bodenständige Kost aus dem ligurischen Hinterland: Hühner, grilliertes Fleisch, **gefülltes Gemüse**, **Cima alla genovese** oder die zarten frischen Salate. Auf Bestellung bekommen Sie **Cappon magro**, ein sehr typisches ligurisches Gericht. Als Dessert empfehlen wir Ihnen Pesche al moscato. Die offenen Weine sind kräftig und in Ordnung. Der Weißwein aus Castell'Arquato, der Barbera d'Oltrepò, der Dolcetto delle Langhe und der Hauswein sind keinesfalls zu verachten. Sie können auch Flaschenweine trinken.

Cisano sul Neva

54 km von Savona, S. S. 582

Ristorante bar Sport

Osteria
Via Colombo, 2/D
Tel. 01 82 / 5 93 23
Ruhetag: Dienstag
Betriebsferien: im Oktober und März
60 Plätze
Preise: 30–35 000 Lire
Kreditkarten: die bekannteren
Reservierung: an Feiertagen

Cisano sul Neva ist eines von diesen Dörfern im ligurischen Hinterland, in die sich kaum je ein Tourist verirrt. Die weitgehend unberührte Landschaft ist einmalig schön. Nicht zufällig hat die EG das Hinterland Liguriens als den am wenigsten zerstörten Landstrich Europas bezeichnet. Irgendwann werden also auch diese alten Dörfer den Aufschwung erleben, den sie verdienen. Wir genießen die Stille, in der sie jetzt noch dahinleben. Wir kehren in der vielleicht interessantesten Osteria von ganz Ligurien ein. Der Name »Ristorante bar Sport« läßt eigentlich eher an eines dieser trostlosen Vorstadtlokale denken. Unsere Osteria dagegen gibt es schon lange, und sie hat sich die Geheimnisse der ligurischen Küche aufs sorgfältigste bewahrt. Bei Giancarlo Zorro, dem Padrone, können Sie Gerichte essen, die sonst kaum mehr zu bekommen sind. Probieren Sie also den **Zimino di ceci con funghi** (eine Kichererbsencreme mit Pilzen), die **Sbira** (der genuesische Name für Kuttelsuppe), gedünsteten **Stockfisch** mit Kartoffeln, **Torta pasqualina** mit Artischocken. Sie schmecken hier die würzigen Kräuter und frischen Gemüse. Dazu paßt ein ansprechender Pigato oder ein einfacher Hauswein.

Finale Ligure

15 km von Savona, 60 km von Genova, S. S. 1

Osteria della Briga

Restaurant
Ortsteil Mànie
Tel. 0 19 / 69 85 79
Ruhetag: Dienstag
Betriebsferien: Dezember/Januar
40 Plätze
Preise: 30–35 000 Lire
Keine Kreditkarten
Reservierung: empfohlen

Nur wenige Autominuten vom Ortskern von Finale Ligure entfernt finden Sie herrliche Wiesen. Dort steht auch die »Osteria della Briga«: sie ist rustikal eingerichtet und wirkt dadurch fast wie eine Berghütte. Gekocht wird nach alten Rezepten und mit ganz frischen und unverfälschten Zutaten. Oddera heißt der Wirt. Er überläßt die Küche seiner Frau Liliana und der Köchin Maria. Adelio kümmert sich um den Service, während Maurizio für die Grillspezialitäten verantwortlich ist. Wein, Öl und Pasta sowie eine ganz besondere Milch-Grappa stammen aus eigener Herstellung oder von kleinen Betrieben aus der Umgebung. Am beliebtesten sind bei den Gästen das **gegrillte Fleisch** und die **Gemüse**. Zur entsprechenden Jahreszeit bekommt man auch sehr gute Pasta e fagioli und verschiedene **Lasagne al forno**: besonders zu empfehlen sind die Lasagne mit schwarzen Trüffeln oder auch die Lasagne mit frischen Brennesseln. Zahlreiche namhafte Flaschenweine aus Italien und dem Ausland sowie eine ganze Reihe bemerkenswerter Grappe stehen zur Auswahl.

Genova

Antica trattoria dei cacciatori
Trattoria
Corso Martinetti, 317r - Sampierdarena
Tel. 0 10 / 46 73 82
Ruhetag: Dienstag
Betriebsferien: unterschiedlich
70 Plätze
Preise: 30-60 000 Lire
Keine Kreditkarten
Reservierung: empfohlen

Seit 100 Jahren ist die Trattoria im Besitz der Familie Bruno Adreani. Seit dreißig Jahren führen Bruno und seine Frau Serina das Lokal; inzwischen arbeiten auch die Tochter und der Schwiegersohn mit. Die Trattoria belegt einige sehr saubere Räume in einem Gebäude aus dem 17. Jahrhundert. Von der Terrasse blickt man auf einen alten Obstgarten. An den Fenstern sind schmiedeeiserne Gitter angebracht; die alten Gaslampen funktionieren auch heute noch. Die Küche bietet ausschließlich Genueser Hausmannskost. Im Winter werden **Stoccafisso**, Trippa und **Fagiolane con le cotiche**, Bohnen mit Speckschwarten, angeboten. Am Sonntagvormittag serviert Bruno die traditionelle Kuttelsuppe. Der Brauch geht auf die Zeit zurück, als die Gegend von den Schergen (»sbirri«) beherrscht wurde. In Anlehnung daran heißt die Suppe heute **Sbira**. Der **Minestrone** wird in den Sommermonaten auch kalt gegessen und zeigt einmal mehr, daß hier nur mit frischen Saisongemüsen gekocht wird. Auch die **Chiocciole**, Pilze und Trüffeln sind besonders typisch für Genua. Der Fisch ist immer frisch, die **Buridda** wird kunstgerecht zubereitet. Fischsuppe und Wildgerichte muß man vorbestellen. Die Pasta ist immer hausgemacht: seien es nun die **Tagliolini al nero di seppia**, Lasagne, Ravioli oder **Pansoti**. Der Pesto ist urtypisch, denn er wird ohne irgendwelche artfremden Zutaten angerührt. Der Wein kommt hauptsächlich aus Piemont. Man kann aber auch einen seltenen und interessanten Tropfen probieren: In den wenigen Weingärten auf dem Promontrio, die die Stadt und ihre Neubauten noch nicht verschlungen haben, baut manch mutiger Winzer noch einen frischen Weißwein an, der ein wenig nach Schwefel schmeckt.
Nur abends geöffnet.

Genova

Caffè del Porto
Osteria
Via Sottoripa, 1
Tel. 0 10 / 20 68 50
Ruhetag: Sonntag
Betriebsferien: August
20 Plätze
Preise: 25-30 000 Lire
Keine Kreditkarten
Reservierung: freitags empfohlen

Die langen Arkaden der Via Sottoripa in Genua zeigten ursprünglich auf das Meer und den Hafen. Die Straße, die an diesen Arkaden vorbeiführt, heißt auch Via Oliverio oder Via Gramsci. In der Via Sottoripa 1 (und demnach auch Via Oliverio, 1) steht das Caffè del Porto. Schon das Schild draußen vor der Tür läßt ahnen, was uns drinnen erwartet: auf der dicken emaillierten Blechtafel ist die Zeichnung einer alten Taverne zu sehen, in der auch ein wilder Seefahrer einkehren könnte. Stattdessen wird das »Caffè« von den bekanntesten Architekten der Stadt frequentiert, manchmal schaut auch der Komponist und Sänger Gino Paoli vorbei oder russische Diplomaten erfreuen sich mehr an leiblichen Genüssen als an der Perestrojka. Wenn Sie mehr als einmal hier einkehren, dann lädt Sie beim zweiten Mal sicher jemand zu einem Gläschen ein. Gründe zum Anstoßen gibt es ja immer. An der Bar im Erdgeschoß steht Sergio, genannt Sergino. Er ist ein wahrer Meister im Zusammenstellen von Tramezzini und Cocktails und bereitet Ihnen freitags (nur im Sommer) einen **Stocche alla genovese** wie aus dem Bilderbuch. Auf Vorbestellung können Sie hier Fisch-, Pilz- und Wildgerichte bekommen. Probieren Sie aber auf alle Fälle die **Sardellen**. Mit ein wenig Butter schmecken sie wirklich vorzüglich. Unter den Arkaden kann man ebenfalls sehr angenehm an Marmortischchen sitzen. Die Speisenabfolge spricht Sergio mit seinen Gästen vorher ab. Sie können sich dabei aber immer noch auf eine kleine Änderung oder Überraschung freuen.

Genova

6 km von der Stadtmitte

Gigino

Osteria-Trattoria
Via Romana della Castagna, 27r
Tel. 0 10 / 33 57 11
Ruhetag: Sonntagabend u. Montag
Betriebsferien: 15.7.-15.8.
40 Plätze
Preise: 30-35 000 Lire
Keine Kreditkarten
Reservierung: empfohlen

Aus der »Castagna«, eine der ältesten Osterie Genuas und nun ein renommiertes Restaurant, ist ein neues Lokal hervorgegangen: Giorgio Bove hat vor kurzem das Lokal des berühmten Gigino wieder eröffnet. Gigino ist eine bekannte Figur des Genueser Stadtlebens und betrieb über lange Jahre hinweg diese Osteria. Jetzt ist Gigino im Ruhestand, aber gern schaut er noch in seinem ehemaligen Lokal vorbei und verbreitet mit seinen lustigen Sprüchen gute Laune. Die Küche hat sich auf **Wildgerichte** spezialisiert: Wildschwein, Hase, Fasan, Rebhuhn und Reh. Auch der Sugo für die Pappardelle und Taglierini ist aus Wild. Daneben ißt man **Ravioli gefüllt mit Ente**, Tortelloni mit Ricotta und Rucola oder mit Artischocken, wenn die Jahreszeit danach ist. Interessant sind sicher auch die handgemachten **Corzetti**, kleine runde Nudeln, die je nach Jahreszeit mit verschiedenen Sughi angerichtet werden. Der **Stoccafisso** ist das einzige Fischgericht, das regelmäßig zu bekommen ist: dafür ist er auch nach einem typisch Genueser Rezept zubereitet. Die Weine kommen hauptsächlich aus Piemont, einige Flaschen aus dem Oltrepò, aus der Gegend um Verona und aus Ligurien sind ebenfalls zu haben.

Genova

Pintori

Trattoria
Via San Bernardo, 68r
Tel. 0 10 / 20 08 84
Ruhetag: Sonntag u. Montag
Betriebsferien: August u. 1 Woche
40 Plätze [um Weihnachten
Preise: 25-30 000 Lire, ohne Wein
Keine Kreditkarten
Reservierung: empfohlen

In der Via San Bernardo stehen alte Patrizierhäuser. Als der Adel sich in der Via Balbi und der Via Garibaldi niederließ, ergriffen die niederen Stände von diesen Häusern Besitz. Die Form der Arkaden, die reichen Säulengänge, die einst so üppigen und prächtigen Wandmalereien strahlen fast antike Vornehmheit aus. Die kulturellen Einrichtungen in diesem Viertel gewinnen zusehends an Bedeutung und leisten einen wertvollen Beitrag zum Stadtleben. Auf Nr. 57 steht die »Trattoria Pintori«. Wenn Sie nicht genau hinsehen, gehen Sie an der Trattoria vorbei, ohne die graue Schaufensterscheibe bemerkt zu haben. Und dabei hätten Sie den Patron Sebastiano aus Sardinien in seinem Lokal wirtschaften sehen können. Am Herd stehen seine Frau Antonina und die reizende Tochter Angela. Mit viel Fingerspitzengefühl bereiten sie die Spezialitäten ihrer Heimat zu. Sebastianos Erfahrung und Wissen sind unverzichtbare Stützen des ganzen Unternehmens. Die praktische Umsetzung dieses Wissens durch die beiden Köchinnen läßt jeden Tag aufs neue kleine kulinarische Wunder wahr werden. Silvio (das zweite Kind) ist Sommelier: er reist, beobachtet und lernt. Silvios Charme, seine Sicherheit im Umgang mit Gästen, Speisen und Weinen lassen jede Mahlzeit zu einer Abenteuerreise werden. Zu jedem Gericht reicht er den passenden Wein, zu jedem Wein das passende Glas. Sie können von den besten Weine Italiens über Spitzenerzeugnisse wie Châteaux d'Yquem et Latour zu den wunderbaren offenen Weinen schweifen. Fleisch und **Fisch** werden im »Pintori« stets fachkundig zubereitet. Einige Beilagen sind besonders schmackhaft: gekochte Kartoffeln in Butter und Parmesan, **Spargel** oder **Fave**. Die **Gemüsekuchen** würden an sich schon eine vollständige Mahlzeit abgeben.

Genova

Spano

Osteria
Via Santa Zita, 35r
Tel. 0 10 / 54 65 45
Ruhetag: Sonntag
Betriebsferien: August
40 Plätze
Preise: 15-20 000 Lire
Keine Kreditkarten
Reservierung: nicht notwendig

An diesem Stadtviertel von Genua wird besonders deutlich, welche Verwirrungen die Einigung Italiens erst einmal stiftete: aus der Via Minerva z.B. ist der Corso Buenos Aires geworden. Die Via Santa Zita ist von der chinesischen Invasion (in dieser Gegend gibt es einige China-Restaurants) und von neumodischen Lokalen verschont geblieben. Hier steht vielmehr eine einfache Osteria ohne Namen. Auf den Tischen liegt nicht einmal eine Speisekarte, denn das Angebot des Tages wird mit Filzstift auf eine große Tafel geschrieben. Das ist Salvatores Aufgabe, während seine Frau in der Küche bodenständige Kost zubereitet. Ihre drei Kinder sind für den Service in dem schlichten Speisesaal zuständig. Sie kümmern sich mit jugendlichem Charme und Eifer um die Wünsche des bunt gemischten Publikums. Man ißt hier schnell und gut, bekömmlich und schmackhaft. Von der wirklich hervorragenden Minestra über ausgezeichnete Polpette (es kommt kein Verdacht auf Resteverwertung auf) bis zum Bollito. Als Primi reicht man verschiedene Risotti oder Nudeln mit Ragout, Tomatensauce oder Pesto. **Farinata**, **Gemüsekuchen**, **fritierter** oder gedünsteter **Baccalà** und überbackene Zwiebeln sind ebenfalls zu haben. Wenn man Glück hat, wird auch gerade eine gute **Focaccia** aus dem Backofen geholt. Wenn Sie Salvatore sympathisch sind, setzt er Ihnen einen kräftigen, unverfälschten und ungekünstelten Wein vor. Er baut ihn selbst an, denn er besitzt in der Gegend von Cremolino ein Stück Land. Dort mästet er auch Hühner, die bald Federn lassen müssen und dann auf den Tellern der Osteria landen.

Genova

Vegia Arba'

Trattoria
Piazza Leopardi, 16 r
Tel. 0 10 / 36 33 24
Ruhetag: Sonntag und Mo.abend
Betriebsferien: 10.-30. August
40 Plätze
Preise: 35 000 Lire
Kreditkarten: Visa, AE
Reservierung: empfohlen

Roberto und Marina Soriano stammen aus einer Gastwirtsfamilie. So ist es nicht weiter verwunderlich, daß auch sie mit Begeisterung dem elterlichen Beruf nachgehen. Das »Vegia Arba'« ist nach einem alten, ruhigen Stadtteil von Genua benannt. Das Lokal liegt an einer schattigen Piazza, die von großen Bäumen und zwei romanischen Kirchen (Santa Maria del Prato und San Francesco di Albaro) beherrscht wird. Das Speisenangebot orientiert sich an den Bräuchen der Gegend. Roberto und die betagte Angestellte Albina kümmern sich um die Gäste. Im Winter beginnt man am besten mit der klassischen **Farinata** oder mit einem Mangold- bzw. Artischockenkuchen. Im Sommer bekommt man als Vorspeise gefüllte Gemüse und **Sardellen**. Die Primi sind Marinas Stärke. Probieren Sie ihre **Zuppa di ceci**, ihre Vollkorntrenette, die **Corzetti**, die Penne mit Schwertfisch und den beliebten **Minestrone alla genovese**. Wenn Sie noch Hunger haben, können Sie jetzt eine **Cima** oder **Tomaselle** (eine Art Rouladen), geschmorte **Trippa**, **Stoccafisso** und **Baccalà** oder auch **Seppie in zimino** essen. Als Dessert bekommen Sie hausgemachte Kuchen mit Äpfeln, Birnen oder Pinienkernen. Der offene Hauswein (Soave) ist leicht.

Imperia

Osteria dell'olio grosso

Trattoria
Piazza Parrasio, 36
Tel. 01 83 / 6 08 15
Ruhetag: Mittwoch und Sonntagmittag
Betriebsferien: unterschiedlich
40 Plätze
Preise: 25-35 000 Lire
Keine Kreditkarten
Reservierung: notwendig

Der Parrasio ist ein alter Stadtteil am Porto Maurizio mit Häusern aus dem Mittelalter. Früher war diese Gegend dicht bewohnt, heute haben hier vornehmlich ausländische Italienfans Quartier bezogen. Hier entstand 1977 die »Osteria dell'olio grosso«. Die Gebrüder Bavassano haben eine alte Ölmühle für ihre Zwecke umgebaut. Dort sammelte ein stadtbekannter Ölhändler (eben »quello dell'olio grosso«) die Preßrückstände in den Filtern. Das Lokal ist rustikal, nur schwach beleuchtet, nett und gleichzeitig stilvoll eingerichtet. An großen alten Holztischen, auf alten Kirchenbänken und Mühlsteinen sitzt die Fangemeinde. Sie ist bunt gemischt und wird stets mit der für Ligurien so typischen zurückhaltenden Höflichkeit bedient. Die Bedienung ist aufmerksam und flink. Aus der einfachen Küche kommen nur wenige Speisen. Als Antipasto ein **Pinzimonio** mit frischen Gemüsen aus der Umgebung und Öl aus der Steinmühle. Bei den Primi empfehlen wir eine schmackhafte **Zwiebelsuppe**. Als Hauptgericht serviert man frischen **Fisch** (meist gebraten) oder Fleisch (das Filet mit grünem Pfeffer ist sehr gut). Im Keller lagern Vermentino und Pigato von namhaften Erzeugern. Stofftischdecken wären eines Tages durchaus wünschenswert. Aber vielleicht würden sie dem rustikalen Stil der Trattoria abträglich sein. Schließlich fühlt man sich hier auch so wohl, gleich ob man nur eine Kleinigkeit oder eine vollständige Mahlzeit zu sich nimmt.
Nur abends geöffnet.

Imperia

Pane e vino

Enoteca
Via Des Geneys, 52
Tel. 01 83 / 29 00 44
Ruhetag: Mittwoch
Betriebsferien: 3 Wochen im Juli/Aug.
80 Plätze
Preise: 20 000 Lire, ohne Wein
Keine Kreditkarten
Reservierung: nicht notwendig

Dreißig Jahre lang hat Luciano Limarelli von einem solchen Lokal geträumt. Die Idee entstand zu einer Zeit, als man noch mehr auf Quantität als auf Qualität setzte. Jahrzehntelang mußte Luciano im Gastgewerbe tätig sein, zahlreiche Schwierigkeiten – auch finanzieller Art – überwinden, bevor er sich vor drei Jahren seinen Lebenstraum erfüllen konnte. Seine Enoteca liegt unter Arkaden am Hafen von Oneglia. Das Lokal ist gemütlich; wer Anschluß sucht, ist schnell in Gesellschaft, aber auch wer einen ruhigen Abend verbringen will, ist hier richtig. Unter den 620 Weinen aus acht Ländern ist sicher für jeden der passende dabei. Dazu werden köstliche Häppchen gereicht. Das einzigartige Probierangebot für Gruppen wird sicher viele interessieren: sechs Personen können dann fünf große Weine kosten. Normalerweise werden zwei Weißweine, zwei Rotweine und ein süßer Dessertwein vorgestellt. Dazu werden dann **getrocknete Tomaten**, seltene Wurstwaren, italienischer und französischer Käse (55 verschiedene Sorten!) und knuspriges Gebäck gereicht. Hier seien stellvertretend einige Menübeispiele genannt: Château Haut-Brion, I grandi d'Italia, Château Margaux, Château Lafite-Rothschild, Riviera ligure di Ponente – all die Namen wecken Lust auf die Genüsse, die sich dahinter verbergen. Nur selten werden Sie auf ein Weinlokal stoßen, in dem wie im »Pane e vino« alle Weine auch offen zu absolut vernünftigen Preisen angeboten werden. Ausdruck für Lucianos Liebe zur Piemonteser Küche ist sicher die Bagna caoda.

Isolabona

52 km von Imperia, 15 km nördl. von Ventimiglia

Locanda degli amici

Bar-Trattoria
Via Roma, 16
Tel. 01 84 / 20 81 24
Ruhetag: Montag
Betriebsferien: Juni – September
25 Plätze
Preise: 45 000 Lire, ohne Wein
Keine Kreditkarten
Reservierung: unbedingt notwendig

Rosanna Boero ist eine attraktive Signora um die vierzig. Energisch und mit sicherer Hand führt sie die »Locanda degli amici«, die unter dem Namen »Da Piombo« eigentlich besser bekannt ist. Seit etwa eineinhalb Jahrhunderten ist das Lokal in Familienbesitz. Die Signora weiß die kulinarische Tradition mit den zahlreichen Familienrezepten ihrer Mutter und Großmutter zu wahren. Aus diesem Grund ist die Trattoria in den Sommermonaten geschlossen: laut Signora Rosanna ist die warme Jahreszeit für den Verzehr von üppigen Mahlzeiten ungeeignet. Die zeitaufwendige Zubereitung der doch so schlichten Speisen, die begrenzte Anzahl an Plätzen und schließlich die Öffnungszeiten (nur abends) machen eine Reservierung in diesem einzigartigen Lokal unumgänglich. Sie werden hier hauptsächlich den wertvollen **Stoccafisso** zu essen bekommen. »Branda cujon« ist sicher das Aushängeschild des Hauses. Es folgt die **Coda ripiena** (gefüllter Ochsenschwanz). Die ganz besonderen Feinschmecker unter Ihnen können sich Pasta alla frantoiana, **Stoccafisso** als Salat oder geschmort mit Polenta bestellen. Wenn Sie lieber Fleisch essen, sollten Sie ruhig einmal die »massetti« probieren: die Därme vom Ziegenlamm werden gebündelt (»massetti« bedeutet im Dialekt »kleines Bündel«) und in Öl, Knoblauch, Petersilie und Weißwein gebraten. Wagen Sie sich auch an die panierten Stierhoden heran. Harmloser ist da sicher das Ziegenlamm in heller Sauce. Obligatorische Desserts sind die »cubaite« (eine Art Krokant) und **Fritelle di mele** (Apfelpfannkuchen). Dazu reicht man den Hauswein oder ein paar Flaschenweine wie z.B. Rossese di Mandino Cane von Dolceacqua.

La Spezia

Al negrao

Trattoria
Via Genova, 428 – Chiappa
Tel. 01 87 / 70 15 64
Ruhetag: Montag
Betriebsferien: im September, u. Weihn.
50 Plätze
Preise: 25–30 000 Lire
Keine Kreditkarten
Reservierung: empfohlen

In diese nette Osteria kehrten ursprünglich Fuhrleute ein und aßen ihren **Stoccafisso** oder eine **»mes-ciua«**, die Spezialität aus der Küche La Spezias schlechthin. Es handelt sich dabei um eine dicke Suppe aus verschiedenen Hülsenfrüchten und Getreidesorten, so z.B. kleine weiße Bohnen, Dinkel und Kichererbsen. Dieses sehr einfache und ärmliche Gericht entstammt der Zeit, als die Schiffe prall gefüllte Getreidesäcke anlieferten. Beim Löschen der Ladung wurden immer einige Körner verschüttet. Die lasen die Hafenarbeiter auf und kochten daraus ihre kräftigen Suppen. Im »Negrao« ißt man Gerichte aus anderen Zeiten. Sie werden nach alten Rezepten zubereitet und scheinen heute sogar den Geschmack der jungen Leute zu treffen. Manchmal nimmt man hier nur eine schnelle Mahlzeit ein, denn Hülsenfrüchte haben bekanntlich einen hohen Sättigungswert. Ein anderes Mal wieder läßt man sich mehr Zeit und hält sich noch ein wenig Platz frei für eine **Frittella di baccalà** oder für einen Gemüsekuchen, der zu einem Glas frischen Hausweins einfach unwiderstehlich gut schmeckt. Im Winter gibt es natürlich Polenta mit Pilzen und den **Castagnaccio**, hier nur ein dünner Fladen aus Kastanienmehl, der noch warm auf den Tisch kommt. Abschließend noch eine Bemerkung zum Namen des Lokals: mit »negrao« bezeichnet man schwarze Oliven. In der Tat befand sich neben der Trattoria früher eine Ölmühle. Außerdem sind die kleinen schwarzen Oliven wichtiger Bestandteil der ligurischen Küche, man denke da nur an Kaninchenbraten oder Stoccafisso.

La Spezia

Antica osteria da Caran

Trattoria
Via Genova, 1
Tel. 01 87 / 70 37 77 und 70 56 73
Ruhetag: Dienstag
Betriebsferien: Mitte März und Anfang Oktober
80 Plätze
Preise: 25-35 000 Lire
Keine Kreditkarten
Reservierung: samstags notwendig

Die Einheimischen lieben diese Trattoria, weil sie hier so schön Boccia spielen und dazu ihren Wein trinken können. Als die »Antica osteria« abgerissen werden sollte, erhoben sich lautstarke Proteste von allen Seiten, und das Lokal konnte gerettet werden. Im »Caran« kann man auch heute noch auf Bänken im Freien sitzen. Der Innenhof erinnert an ein altes Herrenhaus. In der Tat handelt es sich bei dem Anwesen um die Dépendance einer Villa aus dem 19. Jahrhundert, die dem alten Adelsgeschlecht der Carani gehörte. Hier verkauften sie überschüssigen Wein. Hier kehrten Fuhrleute auf dem Weg nach Genua ein. Sie tranken Wein und aßen Wurstwaren und kauften Mehl und andere Erzeugnisse, die auf dem großen Gut der Familie erwirtschaftet wurden. 1902 wurde aus dem kleinen Laden ein kleines Landgasthaus, wo man heiße und dampfende »mes-ciua« bekommen konnte. Und auch heute noch steht dieses einfache und typische Gericht immer auf der Speisekarte. Daneben werden salzige Kuchen mit Gemüse- und Reisfüllung und traditionelle Fischgerichte angeboten: **Stoccafisso bogi** (d.h. gedünstet, mit Kartoffeln und Zwiebeln), **Muscheln** aus dem Golf von La Spezia mit einer schmackhaften Füllung aus Muschelfleisch, Mangold, Hackfleisch und Schinken, Eiern und Parmesan. **Gefüllte und gebackene Sardellen**, sowie **Miesmuschelsuppe** »alla marinara« werden ebenfalls angeboten. Natürlich bekommt man auch typische ligurische Speisen wie Minestrone al pesto oder Cima. Dazu trinkt man einen ordentlichen Hauswein.

Piccolo mondo

Restaurant
Via Gramsci, 63
Tel. 01 87 / 3 82 15
Ruhetag: Mittwoch
Betriebsferien: im November
40 Plätze
Preise: 25-35 000 Lire
Kreditkarten: die bekannteren
Reservierung: empfohlen

Das Lokal blickt auf eine lange Geschichte zurück. Schon 1915 war es unter dem Namen »Ristorante alla piemontese« bekannt. Vor allem die Offiziere der benachbarten Admiralität kehrten hier ein. Es liegt in der Nähe des Gerichtshofs und wird von Jugendstilbauten eingerahmt. Giovanni Andreani bietet in seinem Restaurant traditionelle und individuelle Kost. Seine Stärke liegt eindeutig bei den typischen Fischspezialitäten: so z.B. die Primi mit Venusmuscheln und **Miesmuscheln** aus dem Golf von La Spezia. In La Spezia werden seit jeher auch Focacce gebacken (es gab sogar Focacce mit Kohl). Giovanni Andreani hält diese Tradition hoch und bietet sie verschieden Sorten davon an. Zu empfehlen ist die **Focaccia mit Zwiebeln**. Etwas Besonderes sind sicher die gebackenen **Paprikaschoten**, denn Giovanni fügt immer eine Prise Zucker hinzu, wie das früher auch bei eingelegtem Gemüse üblich war. Auch der **Pesto** erinnert an vergangene Zeiten. Er wird hier als Sauce verstanden, die zu verschiedenen Speisen gereicht wird. Man ißt ihn sogar zu Ricotta und Mozzarella. Früher klappte man ja auch einfach ein Stück Focaccia zusammen und füllte es mit den Resten von Pasta und Pesto vom Vortag.

Lerici

10 km von La Spezia, S. S. 331

Il maestrale

Trattoria
Ortsteil Zanego, 8
Tel. 01 87 / 96 69 52
Ruhetag: Dienstag
Betriebsferien: 8 Tage im November
40 Plätze + 30 im Freien
Preise: 35-45 000 Lire
Keine Kreditkarten
Reservierung: empfohlen

Erwarten Sie hier kein Nobelrestaurant. Die Trattoria wurde ein bißchen schnell am Rand eines Olivenhains hochgezogen. Robè und Giacomina machen mit ihrer verbindlichen und zuvorkommenden Art diesen Umstand schnell wieder wett. Robè hat von seiner Großmutter kochen gelernt und weiß einfach alles über die Küche von Lerici und der Val di Magra. Er hat eine alte Ölmühle zu einem Wohnhaus umgebaut. In seiner Jugend in der Ölmühle hat er einen feinen Geruchssinn und Gespür für die Speisen entwickelt, die er nun mit viel Geschick an Herd oder Backofen hinzuzaubert. Spezialität von Lerici ist das Gemüse. Hier wird es mit Sandthymian zubereitet, der ihm einen so köstlichen Geschmack verleiht. Das Angebot ist reichhaltig. Miesmuscheln werden gefüllt oder »alla marinara« serviert, daneben werden noch gefüllte Calamari, gegrillte Tintenfische und Sardellen »al verde« oder mit Kartoffeln angeboten. Tagliatelle mit roten Bohnen und Pilzgerichte kocht Robè für Gäste, die keinen Fisch essen wollen. Roberto bietet auch eine spezielle Version der **Testaroli** an. Die Spezialität stammt aus der Lunigiana (einem südlich angrenzenden Landstrich) und besteht aus dünnen Blätterteigstreifen, die mit dem guten ligurischen Olivenöl und Pesto »alla lericina«, d.h. mit Pinienkernen und Petersilie, aber ohne Knoblauch, angerichtet werden. Auf der Theke stehen immer **Sardellen** bereit, die in Öl, Knoblauch und Petersilie eingelegt sind. Trinken Sie dazu einen guten Weißwein aus den Colli di Luni. Sie werden sich gern an dieses Lokal erinnern.

Levanto

36 km von La Spezia, S. S. 332

Cavour

Restaurant
Piazza Cavour, 1
Tel. 01 87 / 80 84 97
Ruhetag: Montag, nicht im Sommer
Betriebsferien: 20.10.-20.11.
45 Plätze
Preise: 35-45 000 Lire
Kreditkarten: CartaSi, Eurocard, Visa
Reservierung: empfohlen

Das »Ristorante Cavour« belegt heute die Räumlichkeiten einer ehemaligen Gerberei. Das Haus stammt noch aus dem Mittelalter, die Räume sind niedrig. Gleich in der Nähe liegt das Klarissinnenkloster. Wie in allen typischen Lokalen Liguriens sitzt man auch hier unter Gewölbedecken und meint, noch das Seemannsgarn zu vernehmen, das die Matrosen von einst sponnen: Geschichten von Seewölfen und Meerjungfrauen. Die Speisen passen zur Atmosphäre des »Cavour«. Adele Motto hat ihren Sohn auf die Hotelfachschule geschickt und bemüht sich selbst um eine möglichst artgerechte Zubereitung der Levanteser Küche. Denn einige Gerichte, betont sie, müßten eben behutsam an die heutigen Eßgewohnheiten angeglichen werden. Zu den Spezialitäten zählen **Sardellen mit Zitrone**, **Pansoti** alla levantese, sowie **Trofie** mit Pesto. Das Geheimnis dieser wunderbaren Speisen liegt einmal bei den Fähigkeiten der Köchin selbst, zum anderen in den ausgesuchten Grundstoffen: fangfrischer Fisch, Kräuter von den Hügeln um Levanto. In der Küche ist noch etwas von der Piratenzeit zu spüren. Sie ist es wohl auch, die den Spaghetti diesen unvergleichlichen Geschmack verleiht. Man trinkt hier die typischen Weine der Cinque Terre und der Colli di Luni.

Loano

34 km von Savona, S. S. 1

Vecchia trattoria

Trattoria
Via Rosa Raimondi, 3
Tel. 0 19 / 66 71 62
Ruhetag: Montag
Betriebsferien: im Herbst
30 Plätze
Preise: 40 000 Lire
Kreditkarten: die bekannteren
Reservierung: empfohlen

In Loano wie auch in Noli und in einigen anderen Orten an der ligurischen Riviera gibt es Fischereigenossenschaften. Das Meer gibt zwar nur mehr wenig her, aber der Fisch, den Sie hier zu essen bekommen, ist garantiert fangfrisch. Dazu gehen Sie am besten in die »Vecchia trattoria«, ein typisches ligurisches Fischlokal. Auch bei Fischrestaurants gibt es natürlich Unterschiede. Heben Sie sich diese Empfehlung gut auf, wenn Sie nicht in eine schreckliche Pizzeria oder in ein Fünf-Sterne-Luxusrestaurant geraten wollen. Die Familie Rapetti hat die rustikale Trattoria ein wenig modernisiert und heißt Sie nun an schön gedeckten Tischen Platz nehmen. Tochter Cristina steht in der Küche, Mama Eugenia kümmert sich hauptsächlich um die Desserts. Auf dem Tisch stehen sieben verschiedene hausgemachte Brotsorten zum Verzehr bereit: vom Olivenbrot bis zum Vollkornbrot ist alles vertreten. Besonders gut dazu schmeckt die Sardellenbutter. Nach einigen Amuse-gueules mit Fisch werden Sie sich entscheiden müssen: **Spaghetti ai frutti di mare** in allen erdenklichen Variationen oder vielleicht die seltenen **Pappardelle alle seppie**? Dann stehen ein bekömmlicher **Fritto di pesce** aus dem Golf von Savona, Oktopus in Sauce oder mit Kartoffeln, **Zuppa di pesce** und Fisch in Alufolie zur Auswahl. Alle Gerichte sind hervorragend zubereitet. Die Weine keltert Signor Rapetti selbst; sie sind weder gut noch schlecht. Die Preise sind im Hinblick auf die Qualität angemessen.

Mele

18 km von Genova, S. S. 456

Da Beneito

Osteria
Piazza della Chiesa, 6 - Acquasanta
Tel. 0 10 / 63 80 04
Ruhetag: Dienstag
Betriebsferien: Ende September
35 Plätze
Preise: 25 000 Lire, ohne Wein
Keine Kreditkarten
Reservierung: empfohlen

Die Osteria ist nicht leicht zu finden. Man fährt eine steile und kurvenreiche Straße hinauf, bis man in die kleine Ortschaft Acquasanta gelangt. Das Dorf hat sich eine etwas nostalgisch anmutende Atmosphäre bewahrt und ist bekannt für sein wunderbar klares Wasser. Hier befindet sich sogar ein Kurzentrum. In wenigen Metern Entfernung voneinander stehen zwei Gasthäuser, die beide recht interessant sind. Das »Da Beneito« ist sehr typisch. Es liegt eingebettet zwischen Kirche, Pfarrzentrum, Kindergarten und Pfarrhaus. Benedetto Parodi und seine Frau Paola Sabatini bieten einfache Gerichte an. Sie entsprechen stets der jeweiligen Jahreszeit und werden mit viel Liebe gekocht. Auf der Speisekarte stehen Wurstwaren aus der Gegend, im Herbst Pilze und vor allem die Spezialität des Hauses, die **Cima alla genovese**. Sie wird hier ganz traditionell mit Karotten, Pinienkernen und Hirn zubereitet. Die kleine persönliche Note macht sich sehr gut. Alle Speisen, auch Pasta und Desserts, sind hausgemacht. Im Herbst werden über viele Gerichte auch **Trüffeln** geraspelt. Die schlichte Weinauswahl ist sorgfältig zusammengestellt. Solange der Vorrat reicht, wird ein einfacher und kräftiger Weißwein aus Genua ausgeschenkt, den ein befreundeter Weinbauer keltert. Die Rotweine stammen aus Piemont.

Ortonovo

29 km von La Spezia, 10 km von Carrara

Da Cappetta

Osteria
Via Case sparse, 5 - Nicola
Tel. 01 87 / 6 68 57
Ruhetag: Donnerstag
Betriebsferien: September
40 Plätze
Preise: 25-30 000 Lire
Keine Kreditkarten
Reservierung: notwendig

Schon im vorigen Jahrhundert kehrten ganze Reisegesellschaften aus Fossola und sogar Carrara hier ein. Das Lokal ist durch viele verschiedene Hände gegangen. Signora Fiorella Cappetta wollte aus der Osteria eigentlich eine Trattoria machen. Die Aussicht über das Tal, das Meer am Horizont ist nach wie vor herrlich. Das Lokal selbst ist trotz Fiorellas Bestrebungen so einfach geblieben, wie es war: es besteht aus der Weinschenke, einem Speisezimmer und einer schönen Sitzgelegenheit im Freien. Das zufriedene Lächeln der Köchin, Signora Lea, gibt schon einen angenehmen Vorgeschmack auf die Speisen, die Sie erwarten. Auch die ganze Wirtsfamilie ißt das, was Lea so sorgfältig gekocht hat: Minestrone mit Reis oder Pasta, Pasta al forno, Gnocchi, Tagliatelle, Ravioli mit Fischsugo (auf Vorbestellung) oder mit Flußkrebsen, die Fiorellas Mann gerade gefangen hat. Besonders typisch sind die **Panigacci**, die mit Öl und Käse oder einem leichten, zartgrünen Pesto serviert werden. Es folgen **Coniglio alla cacciatora**, Spezzatino (besonders im Frühjahr zu empfehlen), auf Vorbestellung Stoccafisso (im Winter), Selleriekuchen und die üppigen und herrlich duftenden **Coratelle d'agnello**. Der offene Wein aus der Gegend ist frisch und schmeckt leicht fruchtig. Er paßt gut zu diesen ausgewogenen Speisen. Wenn Sie Fernando, Fiorellas Vater, treffen, dann erzählt er Ihnen sicher alles Wissenswerte über die Festa di San Guglielmo, die zu einer Zeit abgehalten wurde, als man die Heringe noch im Gebälk zum Trocknen aufhing.

Ortonovo

29 km von La Spezia, 10 km von Carrara

Locanda Cervia

Osteria
Piazza della Chiesa, 20 - Nicola
Tel. 01 87 / 66 04 91
Ruhetag: Montag
Betriebsferien: Oktober
30-40 Plätze
Preise: 35 000 Lire
Keine Kreditkarten
Reservierung: empfohlen

In Nicola di Ortonovo herrscht noch eine beschauliche Dorfatmosphäre. Auf der kleinen Piazza steht die »Locanda Cervia«, halb Osteria, halb Trattoria. Signora Vittoria Lorenzini Genovesi ist die unumstrittene Gebieterin über das Unternehmen. Denn sie kennt sich mit der Küche der Gegend aus. Und sie ist es auch, die ihren Gästen die traditionellen Spezialitäten ihrer Heimat vorsetzt. Hier oben in den ligurischen Hügeln sind das meist sehr einfache wie schmackhafte Speisen. Die klar definierten Geschmacksrichtungen fügen sich unter Vittorias Händen zu einer harmonischen und unverfälschten Köstlichkeit. Für die etwas herbe **Torta verde** nimmt sie Gemüse aus dem eigenen Garten und wilde Kräuter, die hier überall auf den Hängen gedeihen. Der Kuchen mit Pilzen und Artischocken ist eine unübertroffene Komposition. Brot und Basilikum schmecken herrlich frisch. Dann gibt es noch **Tagliatelle mit Bohnen**, Ravioli mit Fleischfüllung, »marocca« (eine Mehlspeise mit Rosinen und Öl), fritierte »sgabelletti« (Teigwaren), **Panigacci**, Minestrone di pasta, Tagliolini alle erbe. An Hauptgerichten bekommt man Kaninchen, **gebackenes Lamm mit Artischocken** oder mit Zucchini, **gefülltes Huhn**, **Stoccafisso mit Oliven** und Polenta »incatenata«. Dazu werden Vermentini und Doc-Weine aus den Colli di Luni getrunken. Alles scheint hier so einfach. Und nicht zuletzt dank Signora Vittorias Persönlichkeit fühlt man sich wie in einem Bauernhaus bei Freunden, wo alles einfach und gut schmeckt.

Sanremo

26 km von Imperia, S. S. 1

Bacchus

Enoteca mit Küche
Via Roma, 65
Tel. 01 84 / 8 01 54
Ruhetag: Sonntag
Betriebsferien: 14 Tage im Juli/Aug.
40 Plätze
Preise: 15–20 000 Lire
Keine Kreditkarten
Reservierung: nicht notwendig

Für ein Weinlokal oder eine »gastronomia in enoteca«, wie sich das Lokal selbst definiert, ist der Name nicht gerade besonders originell. Es liegt dafür sehr zentral in der Via Roma und ist leicht zu finden. Die Familie Fabris hat sich auf einfache, aber wohlschmeckende Spezialitäten aus Ligurien beschränkt und mit dieser Konzeption genau ins Schwarze getroffen. Probieren Sie die **Focaccia mit Käse**, die **Gemüsekuchen**, den Hühner-, Krabben- oder Oktopussalat oder eines von den aufwendigeren Gerichten aus dem täglich wechselnden Angebot. Zu den beliebtesten Primi zählen **Trofie al pesto**, **Pasta e fagioli**, Farfalle mit Pesto und frischen Tomaten, **Spinatgnocchi**. Sehr oft verlangt werden **Buridda** mit Tintenfischen, gefüllte Tintenfische, **Stoccafisso** und zur entsprechenden Jahreszeit Baccalà. Die Speisen sind sorgsam zubereitet, die Umgebung ist ansprechend und gepflegt. Der junge Sommelier Giovanni empfiehlt Ihnen gern einen passenden Wein aus seinem gut sortierten Angebot. Das Lokal ist von 10 bis 20 Uhr geöffnet. Außerhalb der Mittagszeit können Sie hier verführerische Kanapees mit Käse, Leberpastete oder verschiedenen Saucen zu sich nehmen.

Sanremo

26 km von Imperia, S. S. 1

Nuovo piccolo mondo

Trattoria
Via Piave, 7
Tel. 01 84 / 50 90 12
Ruhetag: Sonntag u. Mittwochabend
Betriebsferien: die letzten 3 Juniwo.
35 Plätze
Preise: 20–40 000 Lire
Keine Kreditkarten
Reservierung: mittags

Zarter und weicher Oktopus, milde und schmackhafte Kartoffeln, Olivenöl aus erster Pressung, ein Hauch von Gewürzkräutern: der **Polpo con patate** ist die Spezialität und kulinarische Visitenkarte dieses kleinen Lokals in Sanremo. Das »Nuovo piccolo mondo« besteht seit 1926. 1980 haben es Signora Renata und ihr Mann übernommen. Die Chefin und ihre Schwester stehen in der Küche. Signor Umberto und seine hübsche Tochter Monica bedienen die Gäste aufmerksam und unaufdringlich. Das Lokal ist gepflegt, ansprechend und gemütlich. Die kleinen, blitzblanken Tische, die Stühle aus der Zeit der Jahrhundertwende und der warme Farbton des Fußbodens verleihen dem Lokal eine angenehm vertrauliche, familiäre Note. Die aufmerksame Küche bietet Spezialitäten aus der Region: **Cima** bis hin zu **gefüllten Sardellen**, Zucchini- oder Artischockenkuchen, gefülltem Gemüse, grilltem Fisch. Dürfen es vorher vielleicht noch ein Minestrone, Gnocchi oder **Trenette al pesto** sein? Im Winter wird Deftiges aufgetischt: **Trippa accomodata**, Baccalà, **Stoccafisso**. Fegato all'aggiada, eine ganz besondere Köstlichkeit, wird sonst nur noch ganz selten angeboten: Knoblauch wird mit dem Mörser zerstoßen und zusammen mit anderen Kräutern und Gewürzen über die Leber gegeben. Zum Dessert bekommt man Apfel- oder Zitronentorte und Crostate mit frischem Obst. Noch ein Wort zu den Preisen: eine einfache Mahlzeit mit dem nicht so aufregenden, offenen toskanischen Hauswein ist sehr preiswert. Wenn Sie Flaschenweine (Trebbiano und Sangiovese) trinken, zahlen Sie etwas mehr. Für 40 000 Lire bekommen Sie ein vollständiges Menü mit Antipasti und einem ordentlichen Flaschenwein, z.B. Lupi, Enofriulia oder La Chiara.

Sarzana

15 km von La Spezia, S.S. 1

Osteria del Monsignore

Trattoria
Via Cisa, 100 – Olmo
Tel. 01 87 / 62 43 43
Ruhetag: Mittwoch
Betriebsferien: unterschiedlich
20 Plätze
Preise: 30–35 000 Lire
Keine Kreditkarten
Reservierung: notwendig

Im 17. Jahrhundert gehörte dieses Anwesen dem Monsignor Ferruccio Casabianca. Die Osteria, die noch seinen Namen trägt, ist recht gemütlich. Raffaella und Antonio Bassano bieten in ihrer herzlichen Art eine Reihe traditioneller Gerichte an. Zu den Antipasti reichen sie knusprige **Foccacce** vom Holzofen, typische Salamis aus der Gegend, **Torte di verdura** (mit Paprika, Lauchzwiebeln und Zucchini) und zur entsprechenden Jahreszeit **Fave con pecorino**. Als Primo ißt man **Ravioli di verdura** mit zerlassener Butter oder mit Sugo und pikantem Pecorino, **Tagliolini bastardi** (aus Weizen- und Kastanienmehl) **al pesto** (Raffaellas Pesto mit vielen Pinienkernen und reichlich Parmesan ist schön mild), **Tagliatelle al basilico**. Besonders typisch sind sicher die **Tagliolini mit Saisongemüsen** (grüne Bohnen, Zucchini, Kürbisblüten). Das Gericht geht noch auf die Zeit zurück, als die Frauen auf den Feldern arbeiteten und nicht viel Zeit zum Kochen hatten; sie warfen dann einfach das frisch geerntete Gemüse zusammen mit den Nudeln in einen Topf. Die Suppen, wie z.B. die klassische **Zuppa di farro**, werden nach Rezepten aus Lucca zubereitet, denn im Mittelalter führte hier die Handelsstraße nach Lucca vorbei. In Ligurien ißt man kaum Secondi. Man bekommt demnach ein Rindersteak mit Saucen, **Polpo alla diavola** und Gegrilltes. Die Süßspeisen, die Raffaella selbst zubereitet, sind allesamt zu empfehlen. Man trinkt Vermentino Doc aus den Colli di Luni. Im Sommer kann man im kleinen Garten essen. Die Osteria ist nur abends geöffnet.

Sarzana

15 km von La Spezia, S.S. 1

Osteria nei fondachi

Osteria
Via dei fondachi, 40
Tel. 01 87 / 62 63 17
Ruhetag: Montag
Betriebsferien: Juni
70 Plätze
Preise: 25–30 000 Lire
Keine Kreditkarten
Reservierung: notwendig

Sarzana bietet mit seinen spätmittelalterlichen Gäßchen und Antiquitätengeschäften eine willkommene Alternative zu den überfüllten Küstenstraßen. Im Erdgeschoß des Palazzo Remedi steht heute an der Stelle der früheren Ställe und Speisekammern eine waschechte Osteria. Man trinkt hier nur gute Weine und ißt köstlich. Giovanni Lagomarsini alias Boccaccio ist eine beeindruckende Persönlichkeit. Mit viel Phantasie stellt er Gerichte vom Festland und Meeresspezialitäten zusammen. Probieren Sie den **Lardo di Colonnata** mit Roggenbrot, den schmackhaften **Kichererbsensalat** mit Oregano, frischen Tomaten, Sardellen und Meeräschenrogen. Essen Sie auch von den kleinen hauchdünnen »Frange« (eine Nudelart) mit Krebsen und Spinat oder mit Krebsen und Zucchini. Auch früher schon milderten die Hausfrauen den Fischgeschmack mit feinen Gemüsen. Die **Foccacce** mit Zwiebeln, Rosmarin oder Paprika passen gut zum frischen Vermentino Doc aus den Colli di Luni, ebenso die herrlichen **Torte di verdura** oder die **Torta di farro**, die Aurora und Roberta mit großer Sorgfalt zubereiten. Interessant ist auch die Auswahl an Weinen aus anderen Regionen Italiens. Die Crostate, Biscotti und Amaretti bäckt Boccaccio nachmittags selbst. Die Osteria ist nur abends geöffnet.

Savona

Bacco

Osteria
Via Quarda superiore, 17-19r
Tel. 0 19 / 3 53 50
Ruhetag: Sonntag
Betriebsferien: um den 15.8. u. Weihn.
70 Plätze + 70 im Freien
Preise: 35 000 Lire
Kreditkarten: AE, CartaSi, Visa
Reservierung: empfohlen

Nicht weit von der sehr zentral gelegenen Via Paleocapa und fast gegenüber der Torre di Leon Pancaldo (Wahrzeichen der Stadt), steht das »Bacco«. Die Osteria besteht erst seit knapp zehn Jahren, strahlt aber ganz die Atmosphäre vergangener Zeiten aus, denn das Gebäude stammt bereits aus dem Mittelalter. In den einstmaligen Lagerhallen mit den typischen ligurischen Gewölbedecken stehen jetzt Bistro-Tischchen, rote Holzstühle und der mächtige, ebenfalls rote Tresen. An den Wänden hängen Bilder, Fotos und Nippes. Die Küche kann gut eingesehen werden, Geschirr und Besteck sind tadellos. Der Wirt, Francesco Doberti, paßt hervorragend in dieses Bild. Im »Bacco« wird echte ligurische Küche serviert. Man setzt auf Tradition und läßt nur bei den Desserts moderne Einflüsse zur Geltung kommen. Die Antipasti setzen sich aus köstlichen Häppchen zusammen: Sardellen mit Zitrone, **fritierter Baccalà**, Zucchinicrêpes, geräucherter Schwertfisch, Thunfischsalat, **gefüllte Sardinen, Polipo al verde** und, je nach Jahreszeit, andere Leckereien. Als Primo stehen ein Bilderbuch-Minestrone, **Trofie al pesto** mit Kartoffeln und grünen Bohnen, Spaghetti mit frischen Sardinen und im Winter Zuppa di ceci und Pasta e fagioli zur Auswahl. Es folgen original ligurische Fischspezialitäten: **gefüllte Tintenfische, Tintenfische mit Erbsen**, Stockfisch als Salat oder geschmort, ein herrlich duftender **Fritto misto**. Wer keinen Fisch mag, bestellt **Trippa** mit Kartoffeln oder den inzwischen seltenen »berodo« (eine Art Blutwurst) mit Zwiebeln. Der Hauswein wird im typischen Seidel serviert. Die guten Weine aus Ligurien oder Piemont stellen auch anspruchsvollere Gaumen zufrieden.

Tovo San Giacomo

34 km von Savona, S. S. 1, hinter Pietra Ligure

Cà di Giurni

Trattoria
Via G.B. Accame, 20
Tel. 0 19 / 64 80 75
Ruhetag: Mittwoch
Betriebsferien: im Nov. u. Febr.
70 Plätze
Preise: 30-45 000 Lire
Kreditkarten: die bekannteren
Reservierung: empfohlen

Das Geschlecht der Giurni ist heute praktisch ausgestorben. Es muß für Tovo aber sehr bedeutend gewesen sein, denn hier ist sogar eine Straße nach ihm benannt. Einige Güter tragen noch den Namen Giurni. Dieses Anwesen aus dem 17. Jahrhundert mit seinen mächtigen Außenmauern wird auch heute noch »Haus der Giurni« genannt. Seit mehreren Generationen gehört es allerdings schon der Familie Manca. Stall und Vorratsräume wurden in eine gemütliche Taverne umgebaut. Man kann hier unter Gewölbedecken und charakteristischen Rundbögen oder auf einer kühlen und beschaulichen Terrasse essen. Die Bedienung ist aufmerksam und verbindlich. Zuständig dafür sind Signor Mario, das Familienoberhaupt, seine Tochter Luisella und seine Schwiegertochter Gladys. Die traditionelle Küche erfährt zuweilen eine persönliche Veränderung von seiten der beiden Köchinnen, Nonna Letizia und ihre Mitschwiegermutter. Ihr Angebot reicht von **Ravioli mit Fleischfüllung** über **Pansoti in Walnußsauce, Trenette al pesto** mit Kartoffeln und Gemüseminestra bis zu den außergewöhnlichen Gnocchi mit schwarzen Trüffeln. Weitere typische Gerichte sind **Schnecken** mit wilden Kräutern, geschmortes Kaninchen mit Oliven, **Polipo mit Kartoffeln**, Wild, Baccalà und **Buridda** (nur zur entsprechenden Jahreszeit). Braten, Filetsteaks und gegrillter Fisch sind ebenfalls zu haben. Als Nachtisch werden hausgemachte Kuchen und Pudding gereicht. Die Portionen sind (mehr als) reichlich! Paolo Manca ist als Sommelier und Inhaber des Lokals auch für den Weinkeller verantwortlich. Dort lagern gute Flaschenweine aus Ligurien und aus ganz Norditalien.

LIGURIEN

Vado Ligure

4 km von Savona, S. S. 1

Ca' dei gatti

Osteria
Via dei Tedeschi
Tel. 0 19 / 88 82 93
Nur am Wochenende geöffnet
Betriebsferien: Januar/Februar
30 Plätze
Preise: 30 000 Lire
Keine Kreditkarten
Reservierung: empfohlen

Auf der Alta Via dei Monti Liguri (ein Höhenwanderweg) grenzen in Höhe der Rocche Bianche drei Gemeinden aneinander. Hier steht mitten auf weiter Flur eine Trattoria, die es wirklich wert ist, in diesem Buch erwähnt zu werden. Ursprünglich diente sie als Stützpunkt in den Partisanenkämpfen, dann bot sie Jägern und Forstbeamten Unterkunft. Das Speisenangebot ist nicht sehr umfangreich, aber so ausgezeichnet, daß sich ein Abstecher lohnt. Pancetta in Knoblauch, Ravioli, Tagliatelle in sugo, **Kaninchen mit Kräutern**, **Wildschwein**, manchmal gesottenes Huhn und Käse kann man hier essen. Abschließend gibt es einen Kuchen und einen Espresso aus der Kanne und nicht aus der Maschine. Die Weine werden von den Wirtsleuten selbst gekeltert und halten jedesmal aufs neue eine Überraschung bereit. Nicht immer ist sie angenehm. Der Weg zur »Ca' dei gatti« ist etwas weit und umständlich. Fahren Sie von Spotorno oder Vado Ligure in Richtung Vezzi Portio. Beim Rathaus sehen Sie dann ein Hinweisschild. Die Rückfahrt wird Ihnen sicherlich leichter fallen, denn Sie werden sich über diese Reise in die Vergangenheit freuen.

Vasia

8 km nordwestl. von Imperia

Trattoria dell'ulivo

Trattoria
Via Case Martini, 4
Tel. 01 83 / 28 21 79
Ruhetag: Montag
Keine Betriebsferien
50 Plätze
Preise: 20 000 Lire, ohne Wein
Keine Kreditkarten
Reservierung: empfohlen

Verlassen Sie Porto Maurizio in Richtung Caramagna. Haben Sie diesen dicht besiedelten Ortsteil durchfahren, sind Sie schon auf dem Land. Die Straße führt über steile Hänge und durch silbriggrün glänzende Olivenhaine. Auf den Anhöhen klammern sich kleine Häuser eng aneinander, als suchten sie Schutz vor dem Wind. Sie erreichen schließlich die Abzweigung nach Dolcedo, Vasia und Pantasina, wo der höchste Kirchturm des Tales steht. Wieviel Wein werden die Maurer bei seinem Bau wohl getrunken haben? Die Häuser sind auf Terrassen angeordnet. Auf dem untersten Streifen steht die »Trattoria dell'ulivo«. Anna Dutto führt mit ihren beiden Kindern das Lokal. Vorne befindet sich die Bar, im hinteren Teil das helle Speisezimmer. Die Tische sind einfach und weiß gedeckt. Von der windgeschützten Terrasse haben Sie einen schönen Blick über das Tal. Die Mahlzeit beginnt mit guten Antipasti: **Pizzalandrea**, **Torta verde**, salziger Blätterteigkuchen, Reissalat und Pastetchen mit zarter Fonduta. Die **Tagliatelle al pesto** sind sehr fein; der dicke Teig wird noch von Hand ausgerollt und ist angenehm im Geschmack. Die fleischlose Füllung des Cannellone di magro ist sehr gut, die rosa Sauce eigentlich überflüssig. Das **Kaninchen** ist ausgezeichnet, das **Wildschwein** zart und aromatisch, ebenso das Zicklein und der Braten mit frischen Erbsen und grünem Salat aus dem hauseigenen Gemüsegarten. Als Dessert empfehlen wir den verführerisch zarten und leichten Tiramisù. Der Hauswein, ein Vermentino, trinkt sich recht angenehm. Obst- und Kräuterschnäpse (probieren Sie den »recanissu de legnu«, den Holz-Lakritz-Likör) runden die Mahlzeit ab.

Vernazza

27 km von La Spezia, S. S. 370

Osteria a cantina De Mananan

Osteria-Trattoria
Via Fieschi, 117 – Corniglia
Tel. 01 87 / 82 11 66
Ruhetag: Dienstag
Betriebsferien: unterschiedlich
30 Plätze
Preise: 30–40 000 Lire
Keine Kreditkarten
Reservierung: empfohlen

Auch trotz des starken Fremdenverkehrs findet man auf den Cinque Terre noch ein paar ruhige Fleckchen, wo man traditionelle Hausmannskost und frischen Fisch essen kann. Die Osteria ist in einem Haus aus dem 14. Jahrhundert untergebracht. Es gehörte einst zum Schloß der Fieschi, die hier herrschten. Dann diente es einer Familie aus dem Dorf als Weinkeller. Bei den unlängst durchgeführten Restaurierungsarbeiten stellte man lediglich die Steinmauern wieder her, so daß das Lokal auch heute noch seine ursprüngliche Gestalt aufweist. Hier ißt man typische Genueser Küche. Wir empfehlen besonders die hervorragenden frischen **Spaghetti ai frutti di mare**. Eine echte Spezialität sind die Sardellen. Sie werden hier im Haus nach alter Tradition in Salz eingelegt, in große Vorratsgläser gepreßt und mit Schieferplatten abgedeckt. Sie können sie mit gutem Olio extravergine essen. Einzig die Desserts entsprechen nicht der ligurischen Tradition: Gallettis Frau stammt aus der Schweiz und hat von dort köstliche Rezepte mitgebracht. Man trinkt Rot- und Weißwein aus eigener Herstellung. Daneben werden sämtliche Erzeugnisse der Genossenschaftskellerei Cinque Terre und zahlreiche edle Weine angeboten.

NOTIZEN

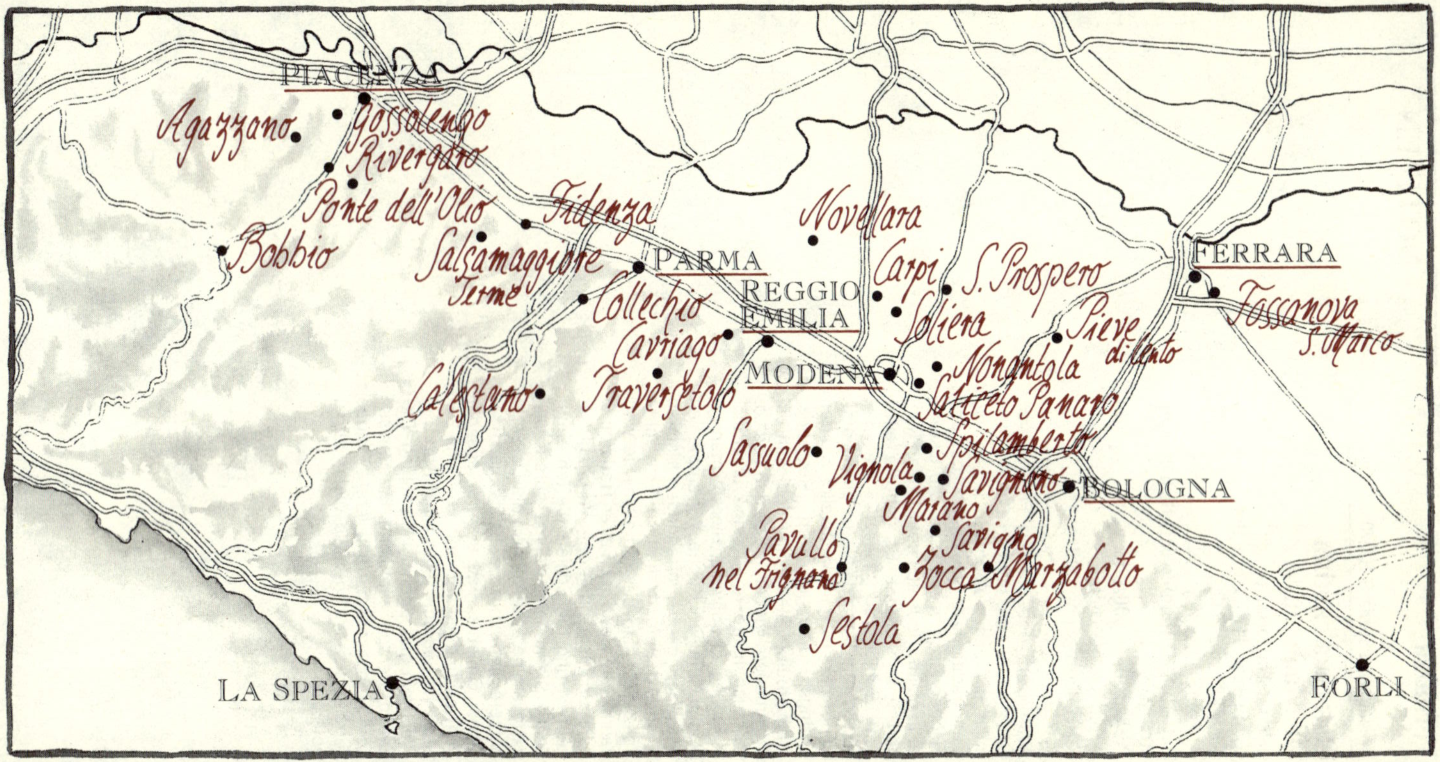
PIACENZA
Agazzano
Gossolengo
Rivergaro
Ponte dell'Olio
Bobbio
Fidenza
Salsamaggiore Terme
PARMA
Collechio
Calestano
Novellara
REGGIO EMILIA
Cavriago
Traversetolo
Carpi
S. Prospero
Soliera
MODENA
Nonantola
Salliceto Panaro
Sassuolo
Spilamberto
Vignola
Savignano
Marano
Savigno
Pavullo nel Frignano
Zocca
Marzabotto
Sestola
BOLOGNA
Pieve di Cento
FERRARA
Fossanova S. Marco
LA SPEZIA
FORLI

EMILIA

Wenn man über die Osterie von Bologna spricht, spricht man von einer Mode, einer städtischen und hohlen Mode, die in den sechziger Jahren aufgekommen war und gegen Ende der siebziger Jahre wieder verschwand. Auch heute gibt es natürlich noch Osterie in Bologna, aber die sind aus der Asche der alten, echten Osterie entstanden. Ich meine also nicht solche, die sich »Hostaria« (und nicht einfach »Osteria«) schreiben. Denn dort haben die Preise große Ähnlichkeit mit einem bewaffneten Raubüberfall. Mit dem einzigen Unterschied, daß echte Räuber ihren Kragen riskieren.
Eine von den ganz echten alten Osterie ist die »Osteria del Sole« im Vicolo Ranocchi, zwischen der Via Orefici und den Pescherie Vecchie: im Staatsarchiv liegt noch eine Planzeichnung aus dem Jahre 1745, was beweist, daß sie schon ein paar hundert Jahre alt ist. Auch Giuseppe Maria Mitelli erwähnt sie in seinem »Gioco nuovo di tutte l'osterie che sono in Bologna« (ein Würfelspiel) auf Feld 59, wo Straße und Spezialität des Hauses, nämlich »buone frittate«, angegeben sind. Die Einrichtung hat sich im Lauf der Jahrhunderte natürlich geändert. Die Atmosphäre des Lokals ist immer die gleiche geblieben. Nach wie vor ist die Osteria nur tagsüber geöffnet. Da sieht man dann einen Gast Champagner trinken (darüber sehen wir lieber hinweg, denn so ganz die alte Art ist das nicht), neben ihm steht vielleicht ein älterer Herr, der ein Glas Albana trinkt und Brot und Salami dazu selber mitgebracht hat, wie das früher eben üblich war. Soweit Geschichte und Tradition.
Doch wenden wir uns jetzt den persönlichen Erlebnissen zu. Ich gehöre zur Bar-Generation, die alten »piòle« waren etwas für alte Männer und ihren Lambrusco. Wir waren ja viel moderner und wollten Whisky und andere exotische Getränke. Niemals hätten wir auf unseren Festen Wein getrunken, der wäre für die Mädchen nicht fein genug gewesen. Wein tranken wir nur ganz selten: auf unseren nächtlichen Freßgelagen, wo wir Männer unter uns waren und jede Menge Gnocco fritto und verschiedene Wurstwaren vertilgten.
In Bologna entdeckte ich die Osteria als festen Treffpunkt. Meine neuen Freunde trafen sich jeden Abend vor dem Essen in der »Osteria dei Poeti« in der gleichnamigen Straße. Sie steht stellvertretend für viele. Damals war die Osteria ein kleines Lokal. Im Gastraum stand der Schanktisch, dahinter schloß sich ein kleines Zimmer mit ein paar Tischen, Stühlen und Bänken an. Es wurde behauptet, daß sich auf einer Bank schon Giosuè Carducci (italienischer Dichter, 1835-1907) verewigt hätte. An einer Wand hing auch sein Konterfei, unter dem in etwa Folgendes geschrieben stand: »Nach meinem Tode will ich in einem Weinberg begraben werden, damit ich der Erde zurückgeben kann, was ich in meinem Leben getrunken habe.« Der Wirt hieß Paolo. Er war Stalinist und tat manchmal so, als würde er zu einem Gewehr greifen. Damit wollte er uns deutlich machen, was

er mit seinen politischen Gegnern, natürlich alles Faschisten, am liebsten gemacht hätte. Einer davon befand sich auch unter den Gästen: Nach ein paar Gläsern Albana wurde er sentimental. Dann zog er aus seiner abgewetzten Brieftasche ein Foto von Mussolini heraus. Falls Paolo ihn trotz aller Vorsichtsmaßnahmen doch auf frischer Tat ertappte, schoß er ihn bildlich mit Flaschenkorken ab und beschimpfte ihn mit den Worten: »Schäm' dich, du widerlicher Kerl!« Wir beobachteten und sogen diese Szenen förmlich in uns auf, fühlten wir uns doch wie Bohemiens, und tranken dazu ein Viertel oder einen halben Liter Wein, den Paolo damals noch offen ausschenkte. Ein Glas kostete 25 Lire, man trank natürlich Albana. Ab und zu nahm man auch ein hartgekochtes Ei aus dem Korb, der auf dem Tresen stand. Man sprach über Politik und Literatur, über Systeme und die Menschheit im allgemeinen. Wir führten Gitarren und Mädchen ein. Das gefiel auch den alten Stammgästen, die uns oft eine Runde Wein spendierten. Ein paar Vertreter des Bologneser Bürgertums brachen zusammen. Sie waren Opfer des verlorenen Charmes geworden, den ein Lied oder ein Glas Wein ausstrahlen können. An jenen Tischen tat ich so, als würde ich studieren, als würde ich mich verlieben, an jenen Tischen mimte auch ich den Künstler und hörte den langen Lebensgeschichten der alten Männer zu, die erzählten, warum sie so geendet waren und was sie so alles erlebt hatten. (Ich spreche immer von den alten Männern, vielleicht bin ich heute älter als sie damals.)

Manche Osteria war auch bis spät in die Nacht geöffnet. Hinter der Porta S. Màmolo hatten wir die »Osteria Gandolfi« entdeckt. Zwei große Räume waren durch einen kleineren miteinander verbunden. Im vorderen Zimmer stand der Schanktresen. Dort saßen auch die alten Männer und spielten Karten. Hinten saßen wir mit unseren Gitarren und Diskussionen. Aber die ehemaligen Pächter verschwanden eines Tages, und die Osterie wurden anders. Wir machten also selbst eine Osteria auf, aber die »Osteria delle Dame« war schon wieder ewas anderes. Vielleicht war sie nur ein Nachahmungsversuch, ein Versuch, den Lauf der Zeit aufzuhalten und die Osteria vor dem Aussterben zu bewahren.

Die Osteria mit den neuen Pächtern, die ich lieber Manager nennen würde, ist eine Modeerscheinung, die vielleicht sogar schon wieder am Abklingen ist. Man mag heute seine Weine mit mehr Sorgfalt auswählen, aber ich denke wehmütig an die rauhbeinigen Weine oder einfach an meinen genügsameren Gaumen von früher zurück, als alles noch neu war.

Man hat mich gebeten, dieses Kapitel zu schreiben, weil ich mich angeblich mit Osterie auskenne. Ich stelle fest, daß ich mich nur an ganz wenige und an eine ganz bestimmte Zeit erinnere. Vielleicht wird in ein paar Jahren jemand einen wehmütigen Artikel über die sterie schreiben, die es heute gibt.

Francesco Guccini

Agazzano

24 km südwestl. von Piacenza

Giovanelli

Osteria
Via Roma, 5 – Sarturano
Tel. 05 23 / 9 71 55
Ruhetag: Montag
Betriebsferien: August
50 Plätze
Preise: 30 000 Lire
Keine Kreditkarten
Reservierung: an Feiertagen

»Da Giovanelli Antica Trattoria – Rinomata Salumeria« steht auf dem Wirtshausschild. Das Adjektiv »antico« ist sicher gerechtfertigt, kann die Osteria doch bereits auf mehr als hundert Jahre Geschichte zurückblicken. Seit fünfzig Jahren liegt sie in den Händen derselben Pächter. Das »Giovanelli« ist also ein alteingesessenes, traditionsreiches Landgasthaus. Die großen Holztische, die Bilder, die Fotos und die bäuerlichen Gegenstände an den Wänden, der schöne Innenhof für die Sommermonate erinnern an frühere Zeiten. Gegessen wird hier einfache und bodenständige Kost, wie sie für Piacenza und Umgebung typisch ist. Es geht also los mit hausgemachten Wurstwaren (Crudo, Coppa, Soppressata), **frischen Ciccioli**. Zu den besten Primi gehören die **Tortelli alla piacentina, Agnolotti in Hühner- oder Kapaunbrühe**, die **Pisarei e fasò**. Es geht weiter mit Trippa, gebratenem Perlhuhn, Ente, **frischem Schweinehalsgrat**, um dann mit Ciambelle und Crostate abzuschließen. Alles in allem also eine sehr deftige Kost, die die Giovanellis nach eigenen Rezepten zubereiten. Die verbindliche Art der Wirtsfamilie tröstet über den manchmal etwas improvisierten Service hinweg. Aber auch der paßt gut zur Stimmung in der Osteria. Man trinkt Weine aus der Gegend. Bemerkenswert sind der Gutturnio und der Trebbianino aus der Cantina Bonelli.

Bobbio

45 km von Piacenza, S. S. 45

San Nicola

Enoteca
Contrada dell'Ospedale
Tel. 05 23 / 93 23 55
Ruhetag: Dienstag
Betriebsferien: unterschiedlich
30 Plätze
Preise: 30-35 000 Lire, ohne Wein
Kreditkarten: AE, CartaSi
Reservierung: empfohlen

Die Slow-Food-Bewegung sieht im menschlichen Streben nach leiblichen Genüssen nichts Verwerfliches. Sie bricht somit mit der jahrhundertealten, repressiven Haltung der katholischen Kirche, die die Befriedigung der Sinne stets mit Sünde gleichsetzt. Soweit jedenfalls der renommierte Historiker Massimo Montanari. Die ehemalige Abtei aus dem 17. Jahrhundert versinnbildlicht wohl am besten die völlige Umkehrung dieser Wertvorstellungen: früher Nonnenkloster, heute »Enoteca San Nicola«, wo dem Schutzpatron mit gutem Essen und Trinken gehuldigt wird. Im Erdgeschoß liegt die Weinschenke, das Restaurant belegt die Räume im ersten Stock. Die geschmackvolle Einrichtung läßt die Architektur der Räumlichkeiten gut zur Geltung kommen. Ausgesuchte Tischwäsche, Gläser und Geschirr verleihen dem Ambiente eine gewisse Eleganz. Hinter diesem Unternehmen stehen Piero und Miriam Bonacina. Die beiden Mailänder wollten dem Großstadtstreß entfliehen und haben hier eine passende Bleibe gefunden. Pieros Weinkeller beherbergt eine wahrhaft außergewöhnliche Sammlung. Da lagern Tausende von klug und sorgfältig ausgewählten Flaschen: die berühmtesten Namen neben den letzten Neuheiten kleiner Erzeuger und über 200 ausländische Weine (große Bordeaux, Burgunder und Kalifornier). Zum Wein werden ausgezeichnete Häppchen gereicht: Wurst, Käse und Gemüsekuchen. Wer möchte, kann auch eine vollständige Mahlzeit bekommen: **Tortellini** gefüllt mit geschmortem Entenfleisch, **Taglierini** mit Steinpilzen und Fleisch (im Herbst), Risotto, **Manzo in olio extravergine**, Grillspezialitäten, Wildgerichte, Pasteten, Bayerische Creme, Mousse und Gebäck sind nur einige Beispiele aus dem hervorragenden Angebot.

Bologna

Boni

Trattoria
Via Saragozza, 88/A
Tel. 0 51 / 58 50 60
Ruhetag: Freitagabend und Samstag
Betriebsferien: August
70 Plätze
Preise: 25-35 000 Lire
Kreditkarten: die bekannteren
Reservierung: empfohlen

Die **Tortellini in brodo** im »Boni« sind so gut, daß sie sogar in der Zeitung standen. In dieser bekannten und beliebten Trattoria ißt man Bologneser und vor allem emilianische Küche. Norio Serafini ist dafür zuständig. Sein Partner Antonio Ramini kümmert sich um den Service. Die beiden Padroni haben das alte Lokal renoviert und sehr gemütlich gestaltet. In dieser so herzlichen Atmosphäre können Sie sich schnell wohl fühlen. Die traditionellen Speisen sind gut zubereitet. Neben den allseits gefeierten Tortellini empfehlen wir Ihnen **Tagliatelle ai funghi** und **Lasagne al forno**. Alle drei Nudelsorten zusammen können Sie auf dem »Probierteller«, dem »Tris di assaggi«, kosten. Als Hauptgericht sollten Sie anstelle von Ossobuco oder Florentiner Steak den Bollito oder **Zampone**, Cotechino, gemischte Braten (einschließlich Schweinshaxe) oder vielleicht sogar die **Cotoletta alla bolognese** (paniertes Kalbskotelett mit Schinken und Käse) essen. Die Beilagen entsprechen dem Saisonangebot und sind ausgezeichnet: Pilze, Zucchiniblüten, gebratene Kartoffeln. Das Dessert »Bologna« ist die Spezialität des Hauses: Vanillecreme, Kakao, in Rum und Cognac getränkter Biskuitteig und Kaffee – eine kalorienreiche Köstlichkeit! Weine gibt es für jeden Geschmack: Galestro, Castello di Ama, guten Lambrusco und offenen Sangiovese oder Albana. Das Lokal ist immer gut besucht, denn es bietet für alle das Passende.

Bologna

Bottega del vino Olindo Faccioli

Osteria
Via Altabella, 15/B
Tel. 0 51 / 22 31 71
Ruhetag: Sonntag
Betriebsferien: 15.7.-15.8.
40 Plätze
Preise: 20-30 000 Lire
Kreditkarten: alle
Reservierung: empfohlen

1924 eröffnete Olindo Faccioli seine Bottega-Osteria. In den dreißiger Jahren siedelte er von der Torre degli Asinelli in die Via Altabella im Zentrum von Bologna über. Die Weinregale und Holzbänke von damals stehen immer noch im Lokal. 1990 renovierte Olindos Enkel Carlo den Fußboden, die Theke aus rotem Marmor und die Toiletten, die selbst einem Privathaushalt Ehre machen würden. Das Speisenangebot wird jeden Tag neu zusammengestellt und auf einer Tafel am Eingang angeschrieben. Meistens gibt es zwei Primi, ein Nationalgericht und eine Spezialität aus Bologna (z. B. **grüne Lasagne**, **Tagliatelle al ragù**, **Pasta e fagioli**). Kalte Leckereien sind immer zu haben: hervorragende Wurstwaren und Käse, verschiedene **Pasteten**, **Olive ascolane** (sie werden mit der klassischen Tortellinifüllung gefüllt, ausgebacken und heiß serviert). Die Süßspeisen wirken nicht weniger einladend: Cantucci di Prato, Schokoladenpudding, Obstkuchen und **Pinza bolognese** mit Mostarda. Im Herbst bekommt man Ciambella und **Maronen** mit jungem Wein vom Faß. In dieser Osteria werden typische Weine aus der Gegend angeboten: trockener und lieblicher Albano, Trebbiano, trockener und lieblicher Sangiovese, trockener und lieblicher Lambrusco, Cabernet Sauvignon (auch vom Faß). Daneben sind 410 verschiedene Weine zu haben, die in wechselnder Zusammenstellung auch offen am Tresen ausgeschenkt werden. Ein Glas kostet im Durchschnitt 2 000 Lire. Die Osteria ist mittags und abends bis spät in die Nacht geöffnet.

Bologna

Caminetto d'oro

Trattoria
Via dei Falegnami
Tel. 0 51 / 26 34 94
Ruhetag: Mittwoch, im Sommer So.
Betriebsferien: August
35 Plätze + 20 im Sommer
Preise: 35–40 000 Lire, ohne Wein
Kreditkarten: AE, CartaSi, DC, Visa
Reservierung: empfohlen

Zwei Leute haben das »Caminetto d'oro« berühmt gemacht. Maria stammt aus den Abruzzen, lebt aber schon seit vielen Jahren in Bologna. Von ihrer Schwiegermutter, einer Vollblut-Bolognesrin, wurde sie in die Geheimnisse der Küche Bolognas eingeweiht. Gino ist Herr über den Ofen am Eingang des Lokals. Sie sehen ihn dort mit dem Feuer, Fleisch und Gemüse hantieren. Das Restaurant wurde in den zwanziger Jahren eröffnet und war ein halbes Jahrhundert lang Inbegriff für ein Stück Toskana im Herzen Bolognas. Auch heute noch werden im Andenken an die langjährige Tradition des Lokals einige toskanische Spezialitäten angeboten. Den Löwenanteil macht aber die Bologneser Küche aus, die in mancher Hinsicht neu umgesetzt und vor allem leichter zubereitet wird. **Tortellini**, Tagliatelle und andere Nudelsorten werden täglich frisch gemacht. Der Brodo für die Tortellini wird mit sehr großer Sorgfalt gekocht. Weitere Primi sind aus anderen Regionen Italiens »importiert«, wie Gemüse, Olivenöl und Peperoncino beweisen. Als Hauptgericht sollten Sie Ginos Grillspezialitäten bestellen. Bei der Lektüre der Weinkarte fällt sofort das günstige Preis-/Leistungsverhältnis auf. Es sind auch einige edle Weine zu bekommen.

Bologna

Cantina Bentivoglio

Enoteca mit Küche
Via Mascarella, 4/B
Tel. 0 51 / 26 54 16
Ruhetag: Montag
Betriebsferien: um den 15. August
200 Plätze
Preise: 25–35 000 Lire, ohne Wein
Keine Kreditkarten
Reservierung: empfohlen

Hier können Sie auch in großen Gruppen einkehren, denn es ist für alle Platz. Sie können einen guten Tropfen aus der reichbestückten Weinkarte trinken, eine Kleinigkeit oder eine vollständige Mahlzeit essen und gute Musik hören. Von September bis Mai wird jeden Abend Jazz gespielt. Sie hören junge Talente und bekannte Künstler. Obwohl das Lokal sehr geräumig ist, wirkt es nicht ungemütlich. Die Jugendstilmöbel lassen den ehemaligen Abfüllkeller behaglich erscheinen und finden den Beifall der vornehmlich jungen Kundschaft. Carlo Cipolletti und seine Partner bieten neben verschiedenen appetitanregenden Crostini einzelne Gerichte oder ein vollständiges Menü an. Meiden Sie die neumodischen Kreationen und halten Sie sich lieber an traditionelle Speisen. Besonders zu empfehlen sind da **Pasta e fagioli** alla bolognese mit Maltagliati, **Tagliatelle al ragù**, Zwiebelsuppe, **Tortelloni** und **Lasagne**, Lende in Milch, geschmortes Kaninchen, Gulasch mit Kartoffeln **Schinken in Balsamessig**. Die Wurstwaren sind in Ordnung: Mortadella di Bologna, Prosciutto di Parma, Salami aus den Bergen, Wildschweinswürste aus der Toskana. Sie können unter mehreren hausgemachten Desserts wählen. Trinken Sie abschließend eine Grappa. Die »Cantina« ist nur abends geöffnet. Bis in die späte Nacht hinein haben Sie hier Gelegenheit, mit den anderen Gästen zu plaudern.

Bologna

Osteria del Moretto

Osteria
Via San Mamolo, 5
Tel. 0 51 / 58 02 84
Ruhetag: Sonntag
Keine Betriebsferien
80 Plätze
Preise: 20 000 Lire, ohne Wein
Keine Kreditkarten
Reservierung: nicht notwendig

Das »Moretto« ist eine der ältesten Osterie Bolognas. Es wurde Ende des vorigen Jahrhunderts an der Stelle einer Kirchenruine erbaut, die unter dem Namen Badia delle Acque bekannt ist. Die Osteria sieht noch genauso aus wie vor gut hundert Jahren: der Tresen, die Tische und Stühle, jeder Einrichtungsgegenstand ist echt. Die vier sympathischen Pächter (Paola, Rossella, Steve und Artemio) wollen wieder an die alte Osteria-Tradition anknüpfen und einen Treffpunkt für ein bunt gemischtes Publikum schaffen. Wer zu seinem Gläschen Wein etwas essen möchte, kann auf verschiedene kalte und warme Speisen zurückgreifen. Man bekommt die besten Wurstwaren und Käsesorten aus der Gegend, Crostini und heiße Sandwichs, **Vitello tonnato, salzige Kuchen,** klassischen **Thunfischsalat, dicke Bohnen und Zwiebeln.** Das Angebot an warmen Primi wechselt täglich und richtet sich nach der jeweiligen Jahreszeit. Man ißt **Pasta e fagioli,** Tagliatelle, **Garganelli, Parmigiana di melanzane, Gemüseaufläufe.** Die Süßspeisen sind mit Ausnahme der Kekse hausgemacht. Dazu werden verschiedene Dessertweine (Malvasia delle Lipari, Moscato Passito, Vin Santo, Aleatico, Verduzzo u. a.) gereicht. Die Weinkarte ist gut bestückt, das Angebot an Spirituosen (Grappa und Whisky) ebenfalls umfangreich. Die Bedienung ist fachkundig und freundlich, aber nie aufdringlich.

Bologna

Paradisino

Trattoria
Via Vighi, 33
Tel. 0 51 / 56 64 01
Ruhetag: Dienstag
Keine Betriebsferien
45 Plätze + 80 im Freien
Preise: 30–35 000 Lire, ohne Wein
Kreditkarten: BA, Visa
Reservierung: empfohlen

Seit Beginn dieses Jahrhunderts befanden sich am Ufer des Reno kleine Bauerngasthäuser, in denen man hauptsächlich Frösche sowie fritierte oder geschmorte Fische aus dem Fluß essen konnte. Auch das »Paradisino« war ursprünglich Einkehr für die Fährleute, die Sand und Kies den Fluß hinuntertransportierten. Das beliebteste Gericht sind nach wie vor die **gebackenen Frösche.** Natürlich bekommt man auch andere traditionelle Gerichte, wie **Tagliatelle al ragù, Tortelloni, Strichetti** (Nudeln in Schmetterlingsform) und **Garganelli.** Sämtliche Nudelsorten werden handgemacht. Als Hauptgericht serviert man u. a. **Kaninchenrücken, Schweinshaxe** und Wild. Die Gemüse, die auf verschiedene Art zubereitet werden, schmecken gut: **Zucchiniblüten, Kartoffel, Auberginen** und weitere Gemüseaufläufe. Geschirr, Gläser und Tischwäsche fallen gediegen aus, die Bedienung ist aufmerksam. Die Weinkarte ist sehr sorgfältig zusammengesellt, die Flaschenweine sind gut. Das »Paradisino« ist eines der wenigen Speiselokale in der Provinz Bologna, in denen man auch nur ein einzelnes Gericht bestellen kann und sich nicht von der Vorspeise bis zum Dessert durcharbeiten muß. Nur so kann man auch die jungen Leute für traditionelle Kost interessieren. Sie weichen ja nicht zuletzt aus wirtschaftlichen Gründen auf Lokale ganz anderer Art aus.

Calestano

32 km südwestl. von Parma

Locanda Mariella

Trattoria
Ortsteil Fragnolo
Tel. 05 25 / 5 21 02
Ruhetag: Montag
Keine Betriebsferien
150 Plätze
Preise: 25 000 Lire, ohne Wein
Keine Kreditkarten
Reservierung: notwendig

Die »Locanda Mariella« ist hauptsächlich das Ziel eingefleischter Stammkunden. Die Gäste genießen die Ruhe der Hügellandschaft um Parma und helfen Virginio Gennari schon einmal bei der Feldarbeit. Virginio ist Bauer und Koch in einer Person. Wenn es ihm die Zeit erlaubt, setzt er sich zu seinen Gästen (oder sollte man sagen: Freunden?) an den Tisch und spielt mit ihnen Karten. Seit rund 150 Jahren betreibt die Familie Gennari die Trattoria und verkauft in ihrer Bottega die typischen Erzeugnisse aus ihrer Landwirtschaft. Seit Mariella ihr Studium abgeschlossen hat, hilft auch sie in der »Locanda« mit. Seither weht ein ganz frischer Wind durch das altangestammte Lokal. Sie versteht viel vom Wein und bietet somit Weine namhafter italienischer Erzeuger an (Gaja, Jermann, Soldera, Ceretto u.v.a.). Die Küche hält sich an traditionelle Rezepte der Gegend: **Tortelli mit Kräutern und Kartoffeln Cappelletti in brodo Stracotto vom Wildschwein** mit Polenta, Punta al forno, Bollito misto sind das ganze Jahr über zu bekommen. Im Oktober und November ißt man **Gnocchi mit Trüffelcreme** Salat aus Radicchio, Birnen, Walnüssen, Trüffeln und Parmesan oder Polenta mit Trüffelcreme und Parmesan. Auf Vorbestellung werden **Zuppa al forno mit Steinpilzen** Schweineschwarten mit Bohnen, Cima alla parmigiana und Lepre alla cacciatora zubereitet (Sie können auch Ihre eigene Beute mitbringen und braten lassen). Wer die Ruhe des Landgasthauses genießen will, sollte an den Sonntagen während der Jagd- und Trüffelsaison besser nicht hier einkehren.

Carpi

18 km von Molena, S. S. 413

Teresa Baldini

Osteria-Trattoria
Via Livorno, 30 – San Martino Secchia
Tel. 0 59 / 66 26 91
Ruhetag: Donnerstag
Betriebsferien: August
50 Plätze
Preise: 20–30 000 Lire
Keine Kreditkarten
Reservierung: notwendig

San Martino ist nicht sehr leicht zu finden. Die winzigkleine Ortschaft liegt am Secchia, im Schatten des mächtigens Damms. Im Sommer ist das Flußbett fast ausgetrocknet, im Herbst kann der unberechenbare Fluß Secchia beängstigend viel Hochwasser führen. Fahren Sie von Carpi oder von San Prospero in Richtung San Martino und fragen sie dann nach Teresa oder ihrem Mann Nandino. In ihrer Osteria-Trattoria-Drogheria ißt man schmackhafte Modeneser Kost. Die Speisen richten sich nach Jahreszeit, Marktangebot und hauseigenem Gemüsegarten. Zu Teresa kommt man allerdings hauptsächlich, um den **»gnoc fritt«** zu essen. Es handelt sich dabei um kleine Teigklößchen, die schwimmend in Schmalz ausgebacken und heiß gegessen werden. Dazu reicht man Wurstwaren aus der Gegend (Schinken, Coppa, Pancetta, Salami, Ciccioli), in Öl oder Essig eingelegtes Gemüse oder frisches Gemüse als Pinzimonio. Wenn Sie rechtzeitig vorbestellen, bereitet Ihnen Teresa andere kulinarische Kunststückchen zu: **Tagliatelle Cappelletti in brodo Tortelloni Maccheroni al pettine** Kaninchen, Hühner und zur Jagdsaison Hasen und Fasane. Lassen Sie sich auch ein Stück Parmigiano Reggiano bringen. Die hausgemachten Desserts sollten Sie auf jeden Fall probieren. **Zuppa inglese** Salame dolce und Crostate werden nach alten Rezepten zubereitet. Das Angebot wechselt, denn jede Jahreszeit und jedes Fest kennt eigene Süßspeisen. Man trinkt guten Lambrusco. Die Preise liegen zwischen 20 000 Lire für Gnocco fritto und Beilagen und 30 000 Lire für eine komplette Mahlzeit.

EMILIA

Cavriago

7 km westl. von Reggio Emilia

La Capra

Enoteca
Via Rivasi, 34
Tel. 05 22 / 57 64 45
Ruhetag: Donnerstag
Betriebsferien: unterschiedlich
40 Plätze
Preise: 30 000 Lire, ohne Wein
Keine Kreditkarten
Reservierung: nicht notwendig

Über dem Eingang hängt ein Schild mit einer Ziege (»capra«). Sie werden sich in der Enoteca sofort wie zu Hause fühlen. Wie in einem Wohnhaus sind hier fünf Räume auf zwei Stockwerke verteilt, wie ein Wohnhaus ist die Enoteca eingerichtet: mit viel Holz und alten Möbeln. Die Enoteca gibt es noch nicht lange, denn sie ist aus dem Restaurant »Il leone« hervorgegangen, mit dem sie sich die Küche teilt. Da werden auch die Speisen zubereitet, die man zum Wein bestellen kann. Signora Angela kocht spontan und instinktiv, bleibt dabei aber immer der kulinarischen Tradition der Gegend verbunden (Canossa liegt nicht weit entfernt). Auf der Tageskarte stehen etwa zwanzig Gerichte. Wir empfehlen in erster Linie die kreativen und für die jeweilige Jahreszeit gerade typischen Speisen. Wurstwaren und Käse sind immer zu haben. Das Weinangebot ist großartig. Es orientiert sich hauptsächlich an den Erzeugnissen Norditaliens: Aostatal, Trentino, Piemont und Friaul sind mit großen Namen und kleinen Erzeugern vertreten. Die Grappasorten verdienen ebenfalls Beachtung. Einige besonders wertvolle Flaschen wurden von der Brennerei Neive Romano Levi speziell für die Wirtin kreiert. Wenn Sie bestimmte Weine trinken, fallen die Preise nicht gerade niedrig aus. Genießen Sie trotzdem die gemütliche Atmosphäre; manchmal wird unter den Stammgästen auch musiziert. Nur abends geöffnet.

Collecchio

11 km von Parma

Podere Miranta

Enoteca
Via Libertà, 54 – Gaiano
Tel. 05 21 / 80 90 60
Ruhetag: Mittwoch
Betriebsferien: unterschiedlich
28 Plätze
Preise: 40 000 Lire, ohne Wein
Keine Kreditkarten
Reservierung: empfohlen

Ein alter Viehstall mit Cotto-Fußboden und abgesenkter Holzdecke ist zur Weinschenke umgebaut worden. Durch eine Glasscheibe kann man auch jetzt noch die interessante Giebelkonstruktion mit den dicken Holzbalken und den alten Dachpfannen sehen. Im Gastzimmer steht ein Kamin, um den große Holztische gruppiert sind. Die »Enoteca Podere Miranta« ist also faszinierend und geschmackvoll zugleich. Sandro Levati bietet seinen Gästen große Weine und dazu interessante Speisen an. Wenn Sie nur eine Kleinigkeit essen möchten, bekommen Sie Wurstwaren sowie italienischen und französischen Käse. Das können Sie auch ohne Vorbestellung noch zu später Stunde essen. Wenn Sie dagegen lieber eine komplette Mahlzeit einnehmen möchten, gibt es einfallsreiche Gerichte, die nicht unbedingt der Regionalküche entsprechen. Man orientiert sich hier vielmehr am aktuellen Marktangebot und geht mit der ganzen »Kreativität« vielleicht sogar ein bißchen zu weit. Die Risotti mit frischem Saisongemüse (z.B. Spargel) sind zu empfehlen. Daneben werden **Tagliatelle nere mit Spargel und Shrimps**, **Hühnerleber mit Maizwiebeln**, **Carpaccio vom Stör mit Öl und Zitrone** angeboten. Die Weine bleiben jedoch die Stärke des Lokals. Auf der Karte entdecken Sie eine sorgfältige Auswahl an italienischen und ausländischen Erzeugnissen. Die Preise sind anständig. Service und Vertrautheit im Umgang mit den Gästen können nur noch besser werden – man bedenke, daß das Lokal erst vor ein paar Monaten eröffnet wurde. Nur abends geöffnet.

Ferrara

Al brindisi

Enoteca
Via Adelardi, 11
Tel. 05 32 / 20 91 42
Ruhetag: Sonntag
Betriebsferien: 20. Juli – 20. August
30 Plätze
Preise: 25–30 000 Lire, ohne Wein
Keine Kreditkarten
Vorbestellung: warme Speisen

Die älteste Osteria der Welt durfte in unserem Führer nicht fehlen, steht sie doch auch schon im Guinness-Buch der Rekorde. Niemand weiß mehr so genau, wie alt die Osteria eigentlich ist. Es gilt jedoch als gesichert, daß 1435 hier schon kolossale Trinkgelage stattgefunden haben. Auf der Weinkarte entdecken Sie heute etwa 600 italienische Weine, ca. 80 Portweine, rund 100 Single Malt Scotch Whiskys und schließlich vier Dutzend italienische Grappasorten. Zu jeder Tageszeit können Sie einige Ferrareser Spezialitäten kosten. Maurizia Govoni bietet Ihnen ein einfaches Sandwich mit Sugo-Salami oder anderen Wurstwaren (»Salame gentile« oder »Zia all'aglio«), **Maccheroniauflauf in Blätterteig**, **Panpepato** und **Mandurlin dal pont** (eine Art Mandelplätzchen) an. Der junge Sommelier Federico Pellegrini sucht Ihnen stets den passenden Wein aus. Wir empfehlen Ihnen hier die Erzeugnisse vom Bosco Eliceo. Wenn sie rechtzeitig vorbestellen, können Sie auch aufwendigere Gerichte essen: **Cappellacci mit Kürbis**, Pasta e fagioli, **Salamina da sugo** mit Kartoffelpüree, »Mariconda o paparucia« (Bohnen in Polenta) oder einen »Pasto completo alla ferrarese« mit verschiedenen Wurstwaren aus der Gegend, Pastete, Cappellacci, Salama da sugo und Panpepato. Wenn die Ausstattung des Lokals auch denkbar rustikal und einfach ausfällt, so ist das Personal doch kompetent und mit Eifer bei der Sache. Besondere Sorgfalt verwendet man auf die Auswahl der Grundstoffe und natürlich auf den Wein. Die Preise fallen recht günstig aus, wenn Sie das Ferrareser Menü essen (unbedingt rechtzeitig vorbestellen!). Die Rechnung schnellt in die Höhe, wenn Sie sich zu Schnäpsen und anderen sehr gehaltvollen Getränken hinreißen lassen.

Antica trattoria il cucco

Trattoria
Via Voltacasotto, 3
Tel. 05 32 / 76 00 26
Ruhetag: Mittwoch
Betriebsferien: Oktober
50 Plätze + 70 im Freien
Preise: 30–35 000 Lire
Keine Kreditkarten
Reservierung: empfohlen

Eine Urkunde von 1897 besagt, daß es diese Trattoria in einem der ältesten Viertel der Stadt bereits vor hundert Jahren gab. Das Lokal wird heute von drei jungen Leuten (Durchschnittsalter 25) geführt. Mit viel Begeisterung stellen sie die typische Küche von Ferrara vor. Dabei genießen sie natürlich die unschätzbare Unterstützung von Mamma und Nonna Correggioli. Die berühmte Salamina (oder **Salama da sugo**) können Sie auf Vorbestellung essen. Auch den **Maccheroniauflauf** müssen Sie vorher bestellen. Leicht abgewandelte Gerichte wie »Strigoli« mit Steinpilzen sind ebenso zu empfehlen. Die Weinkarte ist gut bestückt und nennt neben Bosco Eliceo aus der Kellerei Corte Madonnina große Namen wie Ceretto, Felluga, Villa Russiz, Maculan und Caparzo. Die günstigen Preise sind im Hinblick auf die unverfälschte Küche und die edlen Weine sicher der Erwähnung wert. Der Service ist gepflegt und aufmerksam, das Ambiente wirkt fast schon bäuerlich. Im Sommer kann man unter einer schönen Pergola im Freien sitzen. Im Rahmen des jährlichen Festivals der Straßenmusikanten werden Sie hier im September die »Buskers« bestaunen können.

Ferrara

Antica trattoria Volano

Trattoria
Via Volano, 20
Tel. 05 32 / 76 14 21
Ruhetag: Freitag
Betriebsferien: 28.7. – 28.8.
80 Plätze
Preise: 35-40 000 Lire
Kreditkarten: AE, CartaSi, DC, Visa
Reservierung: empfohlen

Einer Erzählung aus dem Jahre 1750 zufolge stärkte sich hier in dieser Trattoria am Ufer des Po ein Gesetzesbrecher auf der Flucht. Signora Maria Teresa Cenacchi bietet in ihrem Lokal die Klassiker der Ferrareser Küche an. Da sind einmal die **Cappelletti in brodo** die **Cappellacci mit Kürbis** die **Salamina da sugo** und der **Panpapato** Auch die **Mandurlin dal pont** (eine traditionelle Süßspeise mit Eischnee und Mandeln) sind zu empfehlen. In einem elegant umgebauten Rustico, bei gepflegtem Service und flinker Bedienung können Sie diese bodenständigen Speisen genießen, die vor allem durch die frischen und ausgesuchten Zutaten bestechen. Dazu können Sie guten Wein aus Venetien, Friaul, der Toskana und natürlich aus der Emilia trinken. Der Wein vom Bosco Eliceo darf keinesfalls fehlen. Der Fortana uva d'oro paßt vorzüglich zur schmackhaften Salama.

Ferrara

La trattoria

Trattoria
Via del lavoro, 13/17
Tel. 05 32 / 5 51 03
Ruhetag: Mo. abend und Dienstag
Keine Betriebsferien
50 Plätze + 100 im Freien
Preise: 35-40 000 Lire
Kreditkarten: CartaSi, DC, Visa
Reservierung: empfohlen

Mit Engagement und Sachkenntnis hat der junge Wirt Sergio Pesci ein Lokal geschaffen, in dem Eleganz und Rustikales zu einer harmonischen Einheit verschmelzen. Der Speisesaal ist schlicht eingerichtet, kleine Details beweisen, daß »La trattoria« der gehobenen Kategorie von Speiselokalen zuzuordnen ist. Passende Kristallgläser für die edlen Weine, hochwertige Tischwäsche und vornehmes Besteck und schließlich das angenehme Gefühl von Frische machen den Aufenthalt in diesem Lokal in Zentrumsnähe sehr angenehm. Das Speisenangebot konzentriert sich auf die typischen Spezialitäten der Stadt: **Salama da sugo Cappellacci Cappelletti in brodo Pasticcio di maccheroni** in salzigem oder süßen Teigmantel. Daneben werden moderne Varianten jüdischer Gerichte serviert, die in Ferrara eine langjährige Tradition besitzen. Für seine eigenen Kreationen verwendet der Küchenchef Marco Salmi gerne Gemüse und Gänsefleisch. Sergio und seine Frau Rita betreuen die Gäste. Wenn Papa Giordano neben seiner Eisdiele noch Zeit bleibt, schaut er gerne in die Trattoria herüber und erteilt wertvolle Ratschläge.

Ferrara

3 km von der Stadtmitte

Tenuta Santa Teresa

Trattoria
Via Gramicia, 83
Tel. 05 32 / 75 03 37
Ruhetag: Montag
Betriebsferien: September
110 Plätze
Preise: 30-35 000 Lire
Keine Kreditkarten
Reservierung: empfohlen

Sicher ist Schlichtheit das Erfolgsgeheimnis der Familie Bottoni. Ihr Gut liegt einsam auf dem flachen Land hinter Ferrara und ist nur über eine Schotterstraße zu erreichen. Das »Tenuta Santa Teresa« ist in einem alten Landhaus untergebracht, dessen Charme zahlreiche Gäste anlockt. Das Angebot umfaßt in erster Linie typische Gerichte aus Ferrara (**Cappellacci con la zucca, Cappelletti in brodo, Salama da sugo**), aber auch die freien Interpretationen der traditionellen Rezepte sind empfehlenswert: es gibt Cappellacci alla Santa Teresa (über die Füllung wird nichts verraten), Bigoli alla contadina oder auch **Tagliatelle alle lumache**. Besonders typische Hauptgerichte sind die **fritierten Frösche** oder die **geschmorten Schnecken**. Die Süßspeisen, zu denen ein Dessertwein gereicht wird, sind hausgemacht. Die Bedienung ist zuvorkommend und vermittelt den Gästen rasch ein angenehmes Gefühl von Vertrautheit. Weiß- und Rotwein sind in Ordnung, das Angebot könnte aber noch etwas erweitert werden.

Fidenza

23 km von Parma, S. S. 9

Trattoria del sole

Trattoria
Via Tabiano, 76 – Santa Margherita
Tel. 05 24 / 6 31 31
Ruhetag: Mittwoch
Betriebsferien: je 14 Tage im Febr. u.
70 Plätze   [Juli
Preise: 30 000 Lire, ohne Wein
Keine Kreditkarten
Reservierung: notwendig

Fahren Sie auf der Staatsstraße Nr. 9, der Via Emilia, von Parma in Richtung Piacenza. Kurz vor Fidenza biegen Sie nach links in Richtung Santa Margherita ab. Etwa einen Kilometer hinter der Ortschaft liegt mitten im Grünen, am Fuße der Hügel, die traditionsreiche Trattoria. Roberta und Luca haben das Lokal erst vor kurzem wiedereröffnet und bieten dort bodenständige Küche an. Besondere Sorgfalt verwenden die beiden auf das Trocknen der typischen Wurstwaren. Zu empfehlen sind die **Tortelli** sicher mit das Beste, was die Küche zu bieten hat. Gut sind ebenfalls die Panzerotti, hier kleine, mit Ricotta gefüllte und mit Béchamelsauce überbackene Pfannkuchen, die verschiedenen Braten (besonders Ente und Perlhuhn) und das gegrillte Fleisch. Luca bietet interessante Weine aus der Gegend an. Auch Weine aus dem übrigen Italien sind zu haben.

Fossanova San Marco

8 km von Ferrara, S. S. 16

Alla Cà Vecia

Trattoria
Via Ravena, 588
Tel. 05 32 / 4 23 62
Ruhetag: Di.abend und Mittwoch
Betriebsferien: August
35 Plätze
Preise: 35 000 Lire
Keine Kreditkarten
Reservierung: notwendig

Auf der Straße von Ferrara nach Ravenna kommt man an einer Trattoria vorbei, die eine gutes Beispiel für die Slow-Food- Kultur abgibt. Franco Carboni hat eine alte Locanda geschmackvoll umgebaut und empfängt hier nun in seiner verbindlichen Art seine Gäste. Damit scheint er durchaus Erfolg zu haben, denn angeblich muß man lange vorher einen Tisch reservieren. Im »Cá Vecia« wird die klassische Ferrareser Küche angeboten. Dabei legt man besonderen Wert auf immer frische Zutaten. Der Küchenchef, Francos Bruder, ist in seinem Element, wenn es um die Primi geht. Demnach immer zu bekommen sind die **Cappellacci mit Kürbis**, die **Cappelletti in Kapaunbrühe**, die **Lasagne al forno**. Auf Vorbestellung können Sie den **Pasticcio di maccheroni** probieren und dabei zwischen der süßen Version mit Mürbteig und der salzigen Version mit Blätterteig wählen. Ganz klassisch ist wieder die **Pasta e fagioli** mit Schinkenschwarte und »gambuccio«, der hier in der Gegend den Zungenbrechernamen »sguazabarbuz« trägt. Nur im Winter ißt man die **Salamina da sugo**. Eine ordentliche Auswahl an Flaschenweinen aus der Romagna und Venetien oder der offene Hauswein werden zu trinken angeboten. Die Preise fallen im Hinblick auf die Qualität wirklich sehr günstig aus.

Gossolengo

9 km südwestl. von Piacenza

Vecchia Pergola

Osteria
Piazza Roma, 1
Tel. 05 23 / 5 61 23
Ruhetag: Dienstag
Betriebsferien: August
60 Plätze
Preise: 25-30 000 Lire, ohne Wein
Keine Kreditkarten
Reservierung: notwendig

Alt ist diese Osteria nicht nur ihrem Namen nach. Bereits Ende des vorigen Jahrhunderts konnte man hier sein Gläschen Wein trinken. Das Ambiente ist rustikal, der Wein wird aus Schalen oder aus dicken Gläsern getrunken. Bis zu später Stunde kann man hier die einfachen, aber typischen Speisen genießen. Beginnen Sie mit der Torta fritta. Sie ist heiß, knusprig und reichlich und paßt hervorragend zu den guten Wurstwaren wie Coppa, Pancetta, Vorderschinken. Probieren Sie dann Pasta e fagioli, **Pisarei e fasò**, **Tortelli**, **Stracotto vom Esel**, **Picula d'caval** (Pferdefleisch), Trippa, **Torta sbrisolona**, Schokoladen- und Amaretto-Torte. Sie bekommen hier das Beste, was dieser Teil der Poebene zu bieten hat. Hinzu kommt, daß hier stets ausgezeichnet gekocht wird. Ist es wirklich nur ein Zufall, daß die Wirtin Barbara Artusi heißt? (Artusi heißt auch ein bekannter Feinschmecker Italiens.) Der offene Weiß- und Rotwein ist in Ordnung. Sie können auch von der kleinen Weinkarte einen Antinori, Anselmi, Abbazia di Rosazzo, Ca'del bosco, Rocche dei Manzoni und andere wählen. Angemessene Preise.

Marano sul Panaro

22 km südl. von Modena

Leonelli

Osteria
Via Ospitaletto, 100 – Rodiano
Tel. 0 59 / 79 45 17
Ruhetag: Montag
Betriebsferien: zweite Augusthälfte
60 Plätze
Preise: 20–25 000 Lire
Keine Kreditkarten
Reservierung: empfohlen

Im Sommer, wenn die schwüle Hitze über der Ebene unerträglich wird, fährt man von Modena gern nach Rodiano. Die Osteria liegt schon seit einem halben Jahrhundert in den Händen von Dolores Leonelli, die ihr Leben zwischen Crescentine und Kaminfeuer verbracht hat. Pollo und Coniglio alla cacciatora sind ihre Spezialität. Aber Sie können keine Mahlzeit beginnen, ohne vorher ihre Crescentine probiert zu haben. Die kleinen Teigfladen aus Mehl und Wasser werden in einem Tiegel gegart, der über dem Feuer angewärmt wurde. Zwischen den Teig und den Topfboden legt man ein Kastanienblatt, damit die Fladen nicht anbrennen. Dolores macht die Crescentine, wie es in alten Kochbüchern zu lesen steht. Daher schmecken die **Crescentine** hier wie früher das Brot. Brechen Sie sie auf und füllen Sie sie mit Speck, Rosmarin und geriebenem Parmesan. Das ist die beste Füllung, aber Sie können die Crescentine auch mit Wurst oder Pecorino aus der Gegend essen. Dolores' Tochter Claudia bietet auch handgemachte, kleine **Tortellini** in gelblicher Brühe an. Die schmecken wie zu Großmutters Zeiten! Als Alternative dazu können Sie **Tortelloni mit Ricotta und Mangold**, Tagliatelle al ragù oder mit Pilzen (z.B. Steinpilzen) und grüne **Lasagne al ragù** essen. Von den Secondi empfehlen wir die **Grigliata mista** mit Schweinekotelett und -braten, Kalbfleisch, Pute, Perlhuhn, Ente und Kaninchen. Dazu essen Sie Radicchio mit Balsamessig und Kartoffeln. Essen Sie abschließend unbedingt etwas Käse. Hier bekommen Sie nämlich ausgezeichneten Parmigiano Reggiano. Als süßes Dessert sind die **Zuppa inglese** und die Crostate mit Obst zu empfehlen. Der Wein ist nichts Besonderes; Lambrusco und Barbera aus der Gegend lassen sich aber ganz gut trinken.

Marzabotto

25 km von Bologna, S.S. 64

Castello di Medelana

Circolo Arcigola
Via Medelana, 38 – Medelana
Tel. 0 51 / 84 23 81
Ruhetag: Montag
Betriebsferien: Januar – Mitte Febr.
65 Plätze
Preise: 40–45 000 Lire, ohne Wein
Kreditkarten: AE, CartaSi, Visa
Reservierung: empfohlen

Das Lokal befindet sich in einem schönen Bau aus der Zeit der Jahrhundertwende. Spaß und Begeisterung bewogen vor etwa zehn Jahren die Mitglieder der landwirtschaftlichen Genossenschaft »La casetta« dazu, ein eigenes Restaurant zu eröffnen. Schon bald gehörte es zu den ersten Circoli der Arcigola. Einige von den Gründungsmitgliedern führen auch heute noch das Restaurant, versetzen Grappa mit Kräutern und Früchten und überarbeiten ständig ihr Angebot. Die Küche stützt sich immer schon auf erstklassige Grundstoffe, die der Jahreszeit entsprechen und vorzugsweise aus der näheren Umgebung kommen, und pflegt eine enge Bindung an die bestehenden Traditionen. Seit einem Jahr wird hier das Beste angeboten, was die traditionelle Bologneser Küche kennt. Neben den Gerichten der Tageskarte stehen zwei »Probiermenüs« mit Spezialitäten aus Bologna bzw. des »Castello« zur Auswahl. Sie werden jeden Monat neu zusammengestellt. Von den Bologneser Gerichten empfehlen wir das kleine **Mortadellasoufflé**, die **Tigellina montanara**, Ritortelli (**Tortelloni**) mit Ricotta und Pinienkernen, **Tagliatelle di ortica** mit Schinkensauce, **Strichetti montanari**, **Perlhuhn in Aspik**, Lammkoteletts mit Sahnesauce und gebakkenen Artischocken. Es geht weiter mit Gemüsestrudel, **gespicktem Ziegenlamm**, Entenbrust, **Tortelloni mit Steinpilzfüllung**, verschiedenen fleischlosen Speisen und guten hausgemachten Desserts. Der Nudelteig wird von Signora Giovanna selbst ausgezogen. Im Weinkeller lagern die Erzeugnisse der besten Kellereien der Umgebung und etwa hundert der bekanntesten italienischen Flaschenweine. Nur abends, sonntags auch mittags geöffnet.

Modena

Ermes

Osteria-Trattoria
Via Ganaceto, 89/91
Kein Telefon
Ruhetag: Sonntag
Betriebsferien: August
30 Plätze
Preise: 20 000 Lire
Keine Kreditkarten
Reservierung: nicht notwendig

Wenn Sie die letzte Osteria-Trattoria Modenas und die Küche der Gegend kennenlernen wollen, müssen Sie bei Ermes einkehren. Der sympathische und überschwengliche Wirt betreibt das Lokal seit knapp 30 Jahren. Er wird Ihnen gerne die Pasta all'uovo servieren, die seine Frau Bruna je nach Marktangebot und Jahreszeit zubereitet. Am besten ißt man hier im Herbst und Winter, wenn die Minestra und seine Majestät das Schweinefleisch uneingeschränkt regieren. Seit einigen Jahren ist die Trattoria nur noch mittags geöffnet. Da können Sie dann Lasagne, **Maccheroni al pettine**, Tagliatelle und als Hauptgericht geschmortes Kaninchen und Schweinekoteletts essen. Samstags müssen Sie unbedingt die **Tortellini in brodo** und die seltenen »Parpadlein« mit »consa« probieren: kleine Vierecke aus Eierteig werden in Kapaun- und Rinderbrühe gekocht und mit einer Sauce aus Eiern, Parmesan und Muskatnuß serviert. Samstags bekommt man auch den großen **Bollito misto** mit Hühner- und Rindfleisch. Im Winter kommen noch Cotechino und **Zampone** hinzu. Ab und zu gibt es auch eine kleine Überraschung: Wenn der befreundete Metzger gerade Eselfleisch hat, macht man daraus Stracotto mit Polenta, wenn der Wirt guten Baccalà auftreibt, bekommt man Stockfisch mit Polenta. Das Stück Parmesan darf natürlich zum Abschluß nicht fehlen. Probieren Sie auch den **Belsone**, einen kranzförmigen Kuchen, den der benachbarte Bäcker liefert. Trinken Sie zu dieser außergewöhnlichen Vieille Cuisine einen guten Lambrusco di Sorbara. Sehr anständige Preise.

Modena

Hostaria Giusti

Osteria
Vicolo Squallore, 46
Tel. 0 59 / 22 25 33
Ruhetag: Sonntag und Montag
Betriebsferien: August u. Dezember
24 Plätze
Preise: 40 000 Lire, ohne Wein
Keine Kreditkarten
Reservierung: unbedingt notwendig

Im Herzen von Modena steht ein dreihundert Jahre altes Feinkostgeschäft. An den Wänden hängen Culatello und Prosciutto, Würste und Zampone in ganzen Bündeln, Kaskaden von Mortadella und Salami, Coppa und Pancetta in Garben. Auf der Theke stehen Lasagne in Béchamel, goldbraune frische Pasta, verschiedene russische Salate, cremiger Mascarpone, reifer Gorgonzola, ganze Pyramiden Parmigiano Reggiano Stravecchio, Torta di Riso, Kompott. Das sind die Steinchen aus dem kulinarischen Mosaik, das Adriano Morando seinen zahlreichen Gästen präsentiert. Er selbst hat bereits als Laufbursche hier gearbeitet und schließlich den Betrieb von den Giustis übernommen, die jetzt Balsamessig herstellen. Dieses Schlaraffenland ist bis über die Grenzen der Provinz hinaus bekannt. Vor kurzem hat Nano, wie Adriano auch genannt wird, hinter dem Laden ein kleines Speisezimmer mit fünf Tischen eingerichtet. Hier kann man mittags traditionelle Modeneser Kost bekommen (abends nur auf Vorbestellung geöffnet): da sind einmal der Antipasto, Fritelline di Minestrone, Risotto oder Baccalà oder die winzigkleinen **Tortellini in Kapaunbrühe**. Oder ißt man lieber **Tortelloni di ricotta e spinaci**, Tagliatelle oder auch »strichetti« all'uovo (Eierteigwaren) mit frischem Saisongemüse? Als Hauptgerichte stehen geschmorte Koteletts mit Erbsen, kleine **Cappelli da prete** (wörtlich »Priesterhüte«; mit der gleichen Füllung wie der Zampone, nur eben in der typischen Dreiecksform) mit Püree, Luganeghe mit Kartoffeln in **Balsamessig** zur Auswahl. Nano berät Sie beim Wein, seine Frau ist Herrin über die Desserts. Die **Panna cotta alla saba**, eine süßsaure Sauce aus aufgekochtem Trebbiano-Most ist ihre Spezialität.

Modena

La francescana

Trattoria
Via Stella, 22
Tel. 0 59 / 21 01 18
Ruhetag: Montag
Betriebsferien: August
60 Plätze
Preise: 35 000 Lire
Kreditkarten: AE, Visa
Reservierung: empfohlen

Diese alte Trattoria in einem der schönsten und charakteristischsten Viertel von Modena wurde erst vor kurzem wiedereröffnet. Hier stehen inzwischen viele sanierte Altbauten, hier haben die letzten Handwerker ihre Botteghe. Doris und Sandra haben ein Lokal übernommen, das in den letzten Jahren von einem wechselhaften Schicksal heimgesucht worden war. Sie haben es gereinigt und geschmackvoll eingerichtet. Sie bieten hier typische Küche an, die frisch, leicht und köstlich schmeckt. Täglich werden gewaltige Mengen Pasta hergestellt. Ein Großteil der Primi wird eben durch Nudelgerichte bestritten. Den Rest besorgt Doris. Sie ist auch eine leidenschaftliche Kuchenbäckerin und bereitet daher traditionelle Modeneser Süßspeisen und andere Köstlichkeiten zu. Versuchen Sie unbedingt die **Maccheroni al pettine**, den **Savarin di riso**, die **Pasta e fagioli** Hervorragende Secondi sind das Soufflé mit Pilzen, Erbsen und kleinen Kalbsplätzchen, das klassische Kotelett mit Erbsen oder die üppige **Frittata** mit Zwiebeln und **Aceto balsamico**. Süßspeisen und Desserts sind hausgemacht. Die Weinkarte ist gut bestückt, weist aber bei einige Unsicherheiten auf; so fehlen bei manchen Weinen z.B. die Angaben über Herkunft und Jahrgang.

Nonantola

10 km von Modena, S. S. 255

Osteria di Rubbiara

Osteria
Via Risaia, 2 – Rubbiara
Tel. 0 59 / 54 90 19
Ruhetag: So.abends und Dienstag
Betriebsferien: August, um Weihn.
35 Plätze
Preise: 35 000 Lire
Kreditkarten: AE, Visa
Reservierung: notwendig

In dem kleinen Weiler Rubbiara, zwischen Nonantola und Castelfranco Emilia, steht eine der letzten Osterie des Modenese. Wenn Sie hier einkehren wollen, müssen Sie frühzeitig einen Tisch reservieren lassen. Denn hier verteidigt Italo Pedroni zusammen mit seiner Familie die bäuerlich-bodenständige Küche seiner Heimat gegen das Heranrücken der gleichmacherischen Fast-Food-Kultur. Die Osteria selbst besteht schon seit dem 17. Jahrhundert. Seit 1862 ist sie im Besitz der Familie Pedroni. In der Bottega, die zur Osteria gehört, können Sie Wein, Marmelade und selbstgemachte Spirituosen sowie den mehrfach preisgekrönten Aceto balsamico kaufen. Hinter dem Laden liegen die drei kleinen Speisezimmer. Im Sommer können Sie auch unter einer luftigen Laube essen. Franca Prampolini, Italos Frau, kocht unverfälschte, traditionelle Gerichte aus ausgesuchten Grundstoffen. Jeden Tag gibt es handgemachte Nudeln; **Tortellini, Tortelloni di ricotta, Tagliatelle, Maccheroni al pettine**, die sehr selten gewordenen »strichet«. Essen Sie als Hauptgericht unbedingt die hervorragende **Frittata all'aceto balsamico**, das **Huhn in Lambrusco**, den Schweinebraten, das Kaninchen in Balsamessig und im Winter den **Cotechino** mit dicken Bohnen. Stehen Sie nicht auf, bevor Sie nicht den Parmigiano all'aceto balsamico probiert haben. Schließen Sie Ihre Mahlzeit mit einem hausgemachten Schnaps oder Likör ab. Wir empfehlen Ihnen den ausgezeichneten Nocino. Die Weine aus eigener Herstellung sind im allgemeinen in Ordnung. Sie können auch einige edlere Weine bekommen.

Nonantola

10 km von Modena, S. S. 255

Trattoria del Campazzo

Restaurant
Via Farini, 22 - Campazzo
Tel. 0 59 / 74 55 22
Ruhetag: Montag und Di.abend
Betriebsferien: August
70 Plätze
Preise: 25-40 000 Lire, ohne Wein
Kreditkarten: CartaSi, MC, Visa
Reservierung: am Wochenende

Die alten Mauern dieses Künstlerlokals sollen auch die Stimmübungen des jungen Luciano Pavarotti vernommen haben. Heute ist die ehemalige Poststation ein ruhiges Speiselokal. Es wurde geschmackvoll und sorgfältig restauriert. Im Sommer kann man auch im Freien essen. Massimo Bottura hat die Trattoria del Campazzo vor drei Jahren übernommen. Auch er bietet hier traditionelle Küche an, die jedoch auf behutsame Art neu umgesetzt wird und vor allem leichter und bekömmlicher ist. Massimo hat Seminare in den berühmtesten Restaurants Europas besucht und setzt nun sein Wissen um die Nouvelle Cuisine in seinem eigenen Lokal ein. Lidia Cristoni ist seine sehr erfahrene Köchin. Sie ist es auch, die streng darüber wacht, daß Massimo sich mit seinen Neuerungen nicht allzu weit von den Wurzeln der Modeneser Küche entfernt. Der Gesamteindruck ist jedoch eher moderner Prägung. Die typischen Zutaten der klassischen Regionalküche erfahren nun eine leichtere und schonendere Zubereitung und in mancher Hinsicht vielleicht ungewöhnliche Kompositionen. Wir nennen hier einmal die Ravioli mit Brasatofüllung, die Gnocchi aus roten Rüben mit Basilikumcreme, den Carpaccio vom Filet und die Gänsebrust mit Zitrusschale. Der in Lambrusco gedämpfte **Cotechino** mit Bohnenpüree ist besonders gelungen und beispielhaft für die neue Küche des Hauses. Auch bei den **Tortellini** in ausgezeichneter Brühe kommt die Tradition zu ihrem Recht. Das Weinangebot reicht von Weißweinen aus Friaul bis zu Rotweinen aus der Toskana (z.B. Puiatti und Antinori, um nur zwei der bekanntesten Namen zu nennen). Man sitzt in netter und gemütlicher Atmosphäre, die Bedienung ist zuverlässig.

Novellara

20 km nördl. von Reggio Emilia

La casa

Trattoria
Via Colombo, 137 - Bettolino
Tel. 05 22 / 66 52 44
Ruhetag: Sonntag
Betriebsferien: unterschiedlich
25 Plätze
Preise: 40 000 Lire
Keine Kreditkarten
Reservierung: empfohlen

Kein Wirtshausschild, sondern scharrende Hühner im Hof des kleinen Landhauses weisen auf die Trattoria hin. Wenn Sie »La casa« endlich gefunden haben, können Sie an schönen Holztischen Platz nehmen. Überall hängen Fotos von Fellini und den Komikern Benigni und Villaggio, denn hier haben sie die Szenen zu einem gemeinsamen Film gedreht. Signora Giovanna Daolio kocht ausschließlich Hausmannskost. Vom Speisesaal aus können Sie sie in der Küche wirtschaften sehen. Sie essen hier ein festes Menü zu festen Preisen, das sich aus den Spezialitäten der Gegend zusammensetzt. Beginnen Sie also mit den Wurstwaren und dem selbst eingelegten Gemüse. Es folgen eine Riesenportion **Tagliatelle** mit einem Sugo vom Wild, meist Hase oder Wildente, und köstliche **Cappelletti in brodo** (eine zarte Teigschicht umhüllt eine Füllung aus Parmesan, Prosciutto crudo, Rind- und Schweinefleisch). Die Cappelletti schwimmen in einer Hühnerbrühe und sind mit Parmesan bestreut. Als Secondo essen Sie das klassische Festtagsessen dieser Gegend: **Zampone** und gesottenes Rindfleisch mit Mostarda di Cremona oder Salsa verde, gebratenes Perlhuhn und Kaninchen mit Radicchio und wildem Endiviensalat. Zum Dessert die **Zuppa inglese**. Zu allen Gerichten trinkt man ein und denselben Wein: Der Lambrusco Mantovano, ein ehrlicher Wein, paßt gut zu dieser traditionellen Küche.

Parma

Antica cereria

Osteria-Trattoria
Via Tanzi, 5
Tel. 05 21 / 20 73 87
Ruhetag: Sonntag und Montag
Betriebsferien: August
35–40 Plätze
Preise: 30 000 Lire, ohne Wein
Keine Kreditkarten
Reservierung: empfohlen

Wundern Sie sich nicht über den ausgefallenen Namen. In diesen Räumen in der Altstadt von Parma war früher tatsächlich eine Wachszieherei untergebracht. Heute können Sie in der Trattoria typische bäuerliche Gerichte essen. Angelo Gerbella interessiert sich sehr für Wein und gutes Essen und hat bei seinen Nachforschungen einige Rezepte entdeckt, nach denen heute wohl so gut wie niemand mehr kocht. Stellvertretend für diese ungewöhnliche Kost seien folgende Gerichte genannt: Orchidee di toro (besonders zubereitete Stierhoden), Cresta di gallo (Hahnenkamm), **Bomba di riso con i piccioni** (Reisbombe mit Tauben) und der Saccottino, eine mit Ricotta, Spinat und Eiern gefüllte Teigtasche. Da die Grundstoffe für diese Gerichte nur sehr schwer aufzutreiben sind, sollte man eigens vorbestellen. Je nach Jahreszeit ißt man hier aber auch hausgemachte Pasta mit verschiedenen Saucen, **Trippa**, geschmorte Kalbsbrust, Kaninchen mit Mandeln. Die Speisen sind durchweg gut zubereitet und interessant, da man sie nirgendowo sonst bekommen kann. Aus alten geschliffenen Gläsern trinkt man Hausweine oder einige bekannte Flaschenweine. Die Trattoria ist nur abends geöffnet. Es wird höflich gebeten, nicht zu rauchen (»Con simpatia é vietato fumare«).

Parma

Antica osteria Fontana

Enoteca mit Küche
Via Farini, 24/A
Tel. 05 21 / 28 60 37
Ruhetag: Sonntag und Montag
Betriebsferien: 20.7. – 20.8.
60 Plätze
Preise: 20–25 000 Lire, ohne Wein
Kreditkarten: Visa
Reservierung: nicht notwendig

Die »Antica Osteria Fontana« ist wohl eines der ältesten Wirtshäuser, die in der Gastronomie Parmas noch mithalten können. Biagio Mantovani eröffnete sie zu Beginn des vorigen Jahrhunderts. Er war ein glühender Verehrer Mazzinis und ein glänzender Posaunist. So war es nur natürlich, daß Republikaner und Musikfreunde hier zusammenkamen. 1968 traf sich hier die Studentenbewegung. Heute essen in der Osteria Juristen, die am nahegelegenen Gerichtshof tätig sind. Bruno Fontana ist vielleicht der letzte echte Wirt alten Schlages in Parma und Umgebung. Er kennt alle renommierten Weinkellereien persönlich und stellt sich seine Auswahl dort auch selbst zusammen: von den großen Crus bis zu den Weinen kleiner, aber zuverlässiger Erzeuger ist alles vertreten. In der Küche ist Brunos Frau Annamaria zugange. Die beiden Söhne Fabrizio und Ramon helfen überall mit. Die starke Seite des Lokals tritt sicher beim Wein zutage. Neben den Hausweinen (Lambrusco, Malvasia, Sauvignon und andere) bekommt man eine reiche Auswahl an edlen Weinen aus dem In- und Ausland angeboten. Man ißt hier zum Wein ein paar Kleinigkeiten wie Wurst, Käse, belegte Brote oder Focaccia. Mittags kann man auch eine vollständige Mahlzeit einnehmen. Je nach Jahreszeit gibt es **Cappelletti in brodo**, **Pisarei mit Pilzen und Bohnen**, **Tortelli mit Kräutern** und mit Kartoffeln, geschmorte Kalbsbrust, **Trippa alla parmigiana**, gesottene Rinderzunge. Die Bedienung ist flink und korrekt. Die Preise sind angemessen.
Nur mittags geöffnet.

Parma

Dei corrieri

Trattoria
Via Conservatorio, 1
Tel. 05 21 / 23 44 26
Ruhetag: Sonntag
Keine Betriebsferien
100 Plätze
Preise: 30 000 Lire
Kreditkarten: AE, DC, Visa
Reservierung: empfohlen

Die »Trattoria dei corrieri« wurde zu Beginn unseres Jahrhunderts eröffnet. Damals kehrten Kuriere in dieses zentral gelegene Gasthaus ein. Hier konnten sie ihre Pferde unterstellen, während sie schnell eine heiße Suppe aßen und ein Glas Wein tranken. Genau hier hat der dynamische Claudio Bindani seine Karriere als Gastronom halb im Scherz begonnen. Inzwischen betreibt er in Parma vier Lokale. Das »Corrieri« entspricht dem klassischen Muster einer gehobenen Trattoria. Man reicht wenige, aber wohlschmeckende und traditionelle Gerichte, dazu guten Wein aus der Gegend. Wer einen anspruchsvollen Gaumen besitzt, kann sich an die nahegelegene »Enoteca Polidoro« wenden, denn auch sie gehört zu Claudios Imperium. Die Atmosphäre ist ansprechend und angenehm, die Bedienung flink und zuverlässig, die Preise relativ günstig. Man bekommt stets mehrere ausgesuchte Wurstwaren, **Cappelletti in brodo**, **Tortelli mit Kräutern** oder Kürbis, **gefüllte Kalbsbrust** (im Dialekt heißt sie »picaia«). Zur entsprechenden Jahreszeit gibt es dampfenden Bollito und schmackhaften **Stracotto** vom Pferd. Diese bodenständige Kost gewährt einen guten Einblick in die kulinarische Tradition Parmas. Die bunt gemischte Kundschaft, Studenten, Angestellte und Freiberufler, weiß das zu schätzen.

Parma

Polidoro

Enoteca mit Küche
Borgo Piccinini, 7/A
Tel. 05 21 / 28 56 72
Ruhetag: Sonntag
Betriebsferien: Mitte Juli – August
70 Plätze
Preise: 30 000 Lire
Kreditkarten: alle
Reservierung: empfohlen

Seit sechs Jahren belegt die »Enoteca Polidoro« die Räume einer ehemaligen Trattoria in der Altstadt von Parma. Das Lokal ist geschmackvoll eingerichtet. Die vielen Sammlergegenstände und die alten Plakate an den Wänden verleihen dem Ganzen einen reizend altmodischen Anstrich. Mittags und abends können Sie sich hier für einen kleinen Imbiß oder eine gehaltvollere Mahlzeit entscheiden. Die schöne Silvana serviert Ihnen dann mit vollendetem Savoir-faire die Gerichte des Küchenchefs Fabrizio. Da sind zunächst einmal verschiedene Crostini, Bruschette und Wurstwaren. Dann gibt es täglich verschiedene Primi wie **Pasta e fagioli**, **Gnocchi di Ricotta** mit Pilzen, Zitronenrisotto oder Risotto mit rotem Radicchio. Als Secondo können Sie z.B. auf verschiedene Arten zubereitete Filets oder eine **Tagliata di manzo** essen. Hinsichtlich der Getränke brauchen Sie sich hier keine Sorgen zu machen. Was Sie letztlich bestellen, wird wohl am ehesten von Ihrem Geldbeutel abhängen. Sie haben jedenfalls die Wahl zwischen 300 namhaften Weinen aus Italien und dem Ausland. Interessant sind sicher auch die Weine aus der Umgebung. Claudio Bindani und Antonio di Vita beziehen sie vornehmlich von kleinen Erzeugern, die auf Qualität setzen.

Pavullo nel Frignano

44 km von Modena, S. S. 12

La fiaba

Trattoria
Via Lavacchio Murales, 66
Tel. 05 36 / 2 12 56
Ruhetag: Montag
Keine Betriebsferien
30 Plätze
Preise: 30-40 000 Lire
Keine Kreditkarten
Reservierung: unerläßlich

Erst seit kurzem betreiben Rosanna und Ivo Gorzanelli zusammen mit ihren Kindern die Trattoria »La fiaba«. Ivo ist eigentlich Maurer, und das betont er immer wieder. Aber seine Gegenwart ist für das familäre Lokal unverzichtbar. Man sitzt bei Kerzenlicht in kleinen Speisezimmern, in denen gerade 30 Gäste Platz finden. Man kann in diesem alten Landgasthaus mittags und abends essen. Rosanna kennt sich mit der traditionellen Küche ihrer Heimat bemerkenswert gut aus. Manchmal ist auch der Einfluß der Provinzhauptstadt Modena zu spüren. Rosannas Spezialität sind die **Crescentine**, die sie nach alter Manier in Terracotta-Pfännchen brät. Ivo ist ihr dabei eine große Hilfe. Er sammelt nämlich jedes Jahr im Herbst Kastanienblätter, läßt sie aufkochen und dann langsam trocknen. Diese Kastanienblätter legt Rosanna dann in die heißen Tonpfannen, damit die Crescentine nicht anbrennen. Auf jedem Fladen kann man dann das feingeäderte Blattmuster erkennen. Zu empfehlen sind außerdem die **Lasagne**, die winzigen **Tortellini in brodo**, **Pollo alla cacciatora** und im Herbst die Pilzgerichte. In Ivos Keller lagern einige ordentliche Weine, nicht nur aus der Emilia. Hier noch ein kleiner Hinweis: Sehen Sie sich die interessanten Wandmalereien von Lavacchio an.

Piacenza

La Pireina

Trattoria
Via Borghetto, 137
Tel. 05 23 / 2 83 78
Ruhetag: Sonntag und Mo.abend
Betriebsferien: erste Augusthälfte
100 Plätze
Preise: 25 000 Lire
Keine Kreditkarten
Reservierung: empfohlen

»La Pireina« ist sicher eine der letzten typischen Trattorie von Piacenza. Hier kehren die einfachen Leute ein, die sommers auch gern im Innenhof im Freien sitzen. Pireina (eigentlich Pierina) und ihre Verwandten kochen. Im Speisesaal regiert Pireinas Sohn »I Gnassu« (Ignazio), eine Bud-Spencer-Figur, die auf den ersten Blick sehr mürrisch wirkt und in Wahrheit aber sehr herzlich und sympathisch ist. Die Einrichtung ist bunt zusammengewürfelt. Niemand weiß wohl mehr so recht, wie die einzelnen Teile hierher gekommen sind: alte Tische und Kommoden, ein Riesenbildschirm im vorderen Gastzimmer, ein vergessenes Klavier in einem anderen Raum. An den Wänden hängen Bilder aus den dreißiger Jahren. Darauf kann man endlos lange Tafeln und denkwürdige Gelage erkennen. Die Trattoria liegt am unteren Ende der Via Borghetto, im Herzen der Altstadt. In dieser Gegend entlang der mittelalterlichen Stadtmauern lebten einst Fischer, Fährleute und Fuhrleute, Tagelöhner und Prostituierte. Ihre Behausungen wurden jedesmal, wenn der Po Hochwasser führte, überschwemmt. Ein paar von diesen Leuten leben auch heute noch hier. Und sie besuchen immer noch die Trattoria »La Pireina«. Die schmackhaften Speisen erlauben einen guten Überblick über Piacenzas traditionelle Küche: gute Wurstwaren, **Tortelli alla piacentina**, **Pisarei e fasò**, **Polenta mit Kabeljau**, Frittata mit Lauchzwiebeln und **Picula ad caval** sind echte Klassiker. Der offene Hauswein ist in Ordnung. Einige bekannte und gute Flaschenweine aus der Gegend (Barattieri, La Stoppa, Peirano, Romagnoli) sind ebenfalls zu haben.

Piacenza

Osteria del Trentino

Trattoria
Via Castello, 71
Tel. 05 23 / 2 42 60
Ruhetag: Sonntag
Betriebsferien: August
40 Plätze + 30 im Sommer
Preise: 30-35 000 Lire
Keine Kreditkarten
Reservierung: empfohlen

In der Nachkriegszeit kehrten hier hauptsächlich Arbeiter aus dem nahegelegenen Waffenarsenal und Rekruten ein, denn hier bekamen sie alle typische Kost und reichhaltige Portionen zu günstigen Preisen. Ein kleines Speisezimmmer und ein langer Raum mit niedriger Balkendecke sind noch genauso eingerichtet wie vor rund vierzig Jahren. Das Lokal ist sauber, die Bedienung aufmerksam und freundlich. Im Sommer kann man in einem begrünten Innenhof im Freien essen. Lucietta Olivotti führt das Lokal seit fünf Jahren allein. Zuverlässiges Personal geht ihr beim Kochen und Servieren zur Hand. Das Angebot paßt gut zum Ambiente. Man bekommt hier gute bodenständige Kost aus Piacenza. Den Anfang machen traditionsgemäß Wurstwaren und salzige Kuchen. Als Primi reicht man **Pisarei e fasò**, Chicche (kleine, runde Teigwaren), **Tortelli di ricotta e spinaci**. Gegrilltes Fleisch, gefüllte Zucchini und – im Winter – Pferdefleisch bestreiten die Secondi: **Stracotto** vom Pferd mit Polenta, **Picula ad caval**. Als Dessert gibt es schließlich ein Stück hausgemachte Crostata. Die kleine, aber gut bestückte Weinkarte konzentriert sich auf die besten Erzeuger der Gegend. Im ganzen entdeckt man etwa zwanzig Weiß- und Rotweine sowie Schaum- und Dessertweine.

Pieve di Cento

30 km von Bologna, S. S. 255, 2 km von Centro

Porta Bologna da Buriani

Trattoria
Via Provinciale, 2/A
Tel. 0 51 / 97 51 77
Ruhetag: Montag
Betriebsferien: um den 15. August bis
110 Plätze   [Ende September
Preise: 25-35 000 Lire
Kreditkarten: Bancomat, CartaSi
Reservierung: empfohlen

Vier mittelalterliche Stadttore gewähren Zutritt zur wunderschönen Altstadt von Pieve di Cento. Direkt neben der Porta Bologna steht das »Buriani«. Die einstige Pizzeria wurde zur Trattoria umgebaut. Die jüngste Generation der Wirtsfamilie hat schließlich ein helles und ruhiges Speiselokal daraus gemacht. Hier bekommt man gute traditionelle Küche. Das kulinarische Angebot hält sich in der Tat an die Gepflogenheiten der engeren Umgebung und der Poebene im allgemeinen. Einige Gerichte erfahren auch eine behutsame Neuinterpretation. Der hausgemachte Tortellino ist immer ausgezeichnet. Jede Familie in Pieve hat da ihr eigenes Rezept. Wir empfehlen Ihnen auch die **Caramelle di formaggio alle erbe**, mit Käse, Eiern und Kräutern gefüllte Teigtaschen. Der Teig selbst besteht aus Mehl, Eiern und Weißwein. Versuchen Sie die handgepreßte Gramigna mit Luganiga. Es folgen zarte Artischockenhäppchen, ausgezeichnete **Tagliata agli aromi** und – nur im Winter – **Somarino con polenta** (Eselbraten). Auch die Desserts sind hausgemacht. Wir empfehlen Ihnen vor allem den Erdbeerkuchen, die **Panna cotta** und »Il dolce agli amaretti« aus Schlagsahne, Amaretti und Biskuit. Trinken sie einen der guten und sorgfältig ausgewählten Flaschenweine der Gegend. Die Preise sind günstig. Sicher werden Sie einen Bummel durch die Altstadt von Pieve ebenso genießen wie eine Mahlzeit in dieser Trattoria.

Ponte dell'Olio

22 km südl. von Piacenza

Bellaria

Trattoria
Ortsteil Biana
Tel. 05 23 / 87 83 33
Ruhetag: Donnerstag
Betriebsferien: erste Septemberhälfte
50 Plätze
Preise: 30 000 Lire
Keine Kreditkarten
Reservierung: empfohlen

Die Trattoria besteht bereits seit 1890. Seit knapp zwanzig Jahren wird sie von der Familie Trecordi geführt. Man sitzt in rustikal eingerichteten Räumen und ißt traditionelle Spezialitäten der Gegend. Da sind vor allem die Wurstwaren (Coppa, Salame crudo, gekochter Vorderschinken). Dazu ißt man oft die **Bortellina**, eine Variante des Modeneser Gnocco fritto. Als Primi werden meist Nidi di rondine (»Schwalbennester«) und **Tortelli di ricotta** angeboten: der handgemachte Nudelteig wird mit Ricotta, Spinat, Eiern und Käse gefüllt und wie ein Bonbon zusammengerollt. Als Secondo reicht man die obligatorische **Picula ad caval**, Trippa, Braten vom Halsgrat. Als Dessert kommen die hausgemachten Kuchen und ein Semifreddo mit Mascarpone und heißer Schokolade in Frage. Der Preis für eine Mahlzeit beläuft sich auf ca. 30 000 Lire, wenn man offenen Wein dazu trinkt. Etwas mehr muß man ausgeben, wenn man sich für einen der guten Faschenweine aus dem Piacentino entscheidet. Das Angebot reicht von La Stoppa und Romagnoli über Peirano bis zu Bonelli und anderen. Den Hauswein – ein guter Rotwein – besorgt der Wirt selbst, denn er kennt sich mit den Weinen der Gegend bestens aus.

Reggio Emilia

Taverna sette torri

Enoteca mit Küche
Via del Guazzatoio, 5
Tel. 05 22 / 4 27 75
Ruhetag: Sonntag
Betriebsferien: unterschiedlich
50 Plätze
Preise: 30–40 000 Lire, ohne Wein
Keine Kreditkarten
Reservierung: nicht notwendig

Die Liebe zur Musik gibt man nie ganz auf. Imer Pattacini hat seine Instrumente und seine Noten beiseitegelegt, um sich ganz der Gastronomie widmen zu können. Aber in seinem Lokal wird gute Live-Musik gespielt. Harmonie ist auch bei Wurst und Käse angesagt, die man kaufen oder gleich vor Ort mit Genuß verspeisen kann: Salami aus reinem Lendenfleisch, Salami mit Knoblauch, frische und getrocknete Salami. Und dann der Prosciutto, der **Culatello**, die gerollte Pancetta aus Reggio (eben die beste aus der Gegend) und andere Köstlichkeiten wie die Gola di Cafragna und der **Lardo** di conca di Carrara. Beim Käse hat man die Wahl zwischen Grana, **Parmigiano**, Taleggio und sogar Toma aus Biella. Man kann hier auch eine warme Mahlzeit bekommen. Das Angebot an Primi und Secondi wechselt täglich. Die Desserts sind zu empfehlen: sowohl die **Torta di riso** alla moda di Barco, als auch die Torta **sbrisolona** alla mantovana. Auch der Wein lohnt einen Besuch in der Taverne. Man bekommt ihn in ganz besonderen Gläsern serviert. Flaschen von kleinen Erzeugern aus dem Aostatal oder dem Trentino beispielsweise stehen neben den berühmtesten Weinen Italiens, von denen man lückenlos die letzten dreißig Jahrgänge probieren kann. Bei Grappa, Cognac und Armagnac sind ebenfalls gute Sorten zu haben. Man trinkt hier auch den Wein aus der unmittelbaren Umgebung, denn Imer Pattacini und seine Partner wollen die Weine stets möglichst unverfälscht – d.h. nicht pasteurisiert und ungefiltert – anbieten.

Rivergaro

18 km von Piacenza, S. S. 45

Caffè Grande

Osteria
Piazza Paolo, 9
Tel. 05 23 / 95 85 24
Ruhetag: Dienstag
Betriebsferien: Januar
30 Plätze
Preise: 30 000 Lire, ohne Wein
Keine Kreditkarten
Reservierung: unerläßlich

Das »Caffè Grande« liegt am Marktplatz von Rivergaro. Das Lokal kann auf eine lange Geschichte zurückblicken, ist es doch bereits im vorigen Jahrhundert gegründet worden. Das Gebäude ist gerade heute besonders eindrucksvoll, denn seine ursprüngliche Gestalt kommt seit der Restaurierung gut zur Geltung. Die Familie Bertuzzo hat das »Caffè Grande« vor etwa zehn Jahren erworben. Jeden Tag aufs neue setzen die Bertuzzos ihren Gästen Regionalküche aus hochwertigen Grundstoffen vor. Die **Tortelli di Ricotta** con la coda, d.h. in Bonbonform, sind sicher das Beste, was die Küche zu bieten hat. Aber auch die anderen Speisen sind gute Beispiele für die traditionelle Küche Piacenzas. Angefangen bei den Wurstwaren (Coppa, Pancetta, Prosciutto) mit **Bortellina** (eine Variante des Gnocco fritto) über die obligatorischen **Pisarei e fasò**, die zarte Kalbshaxe bis hin zu den hausgmachten Schokoladen- und Obstkuchen. Das Weinangebot ist nicht umfangreich, läßt aber Sachkenntnis und Sorgfalt erkennen. Paolo Bertuzzi bemüht sich, neben den Weinen aus Piacenza auch etwas Besonderes anzubieten.

Saliceto Panaro

5 km östl. von Modena

Giovanni Cantoni

Bauernhof
Via Montanara, 161
Tel. 0 59 / 25 35 61
Kein Ruhetag
Betriebsferien: eine Woche im Juli
30 Plätze
Preise: 25–35 000 Lire
Keine Kreditkarten
Reservierung: notwendig

Giovanni Cantoni ist im Metier zu Hause. Sein Vater führt eines der bekanntesten Restaurants in Modena. Seiner Leidenschaft für die Gastronomie frönt er nun auf seinem Bauernhof. Das alte Bauernhaus wurde geschmackvoll restauriert und eingerichtet. Es strahlt nun Wärme und Behaglichkeit aus. Der Wirt ist stets gut gelaunt und fröhlich. Giovanni kocht persönlich nach alten Rezepten, die er seit einiger Zeit zusammenträgt. Er richtet sich mit seinem Speisenangebot streng nach dem Jahreszeitenlauf. Je nach dem können Sie also **Maltagliati con fagioli**, **Tortelloni di magro**, Maccheroncini mit Kürbisblüten und Nudeln mit Brennesseln essen. Alle Nudelsorten sind hausgemacht. Für die Maccheroncini, Gramigna, Bucatini und Spaghetti benützt man sogar noch eine Presse aus dem 18. Jahrhundert. Die Forschungen des Kochs sind inzwischen so weit gediehen, daß er als Primo die seltene »Zuppa di fagioli con mandorle e funghi« (Bohnensuppe mit Mandeln und Pilzen) anbietet. Als Secondo serviert er u.a. anderem Rinderbraten in Wacholder, Geflügel und **Coniglio all'aceto balsamico**. Signora Mirella, Giovannis Frau, ist für die Zubereitung der ausgezeichneten Crostate zuständig. Als Digestif sollten Sie eine Grappa, einen Nocino, Laurino oder einen Wacholderschnaps trinken. Probieren Sie doch auch einen Schluck Aceto balsamico. Im ersten Moment mag Sie das Angebot vielleicht verwundern. Aber wir sind schließlich in der Nähe von Modena! Giovanni reicht seinen Gästen zum Essen die moussierenden Weine aus eigener Herstellung: einen Lambrusco di Sorbara und den weißen Manzolino, den wir persönlich vorziehen.

Salsomaggiore Terme

32 km von Parma, 9 km von Fidenza

Ponte grosso

Trattoria
Via Contignaco, 102
Tel. 05 24 / 57 21 92
Ruhetag: Freitag
Keine Betriebsferien
30 Plätze + 90 im Freien
Preise: 25-30 000 Lire
Kreditkarten: die bekannteren
Reservierung: empfohlen

Auf der Straße von Salsomaggiore nach Pellegrino Parmense befand sich früher eine Poststation. Dort steht nun die einfache und rustikale Trattoria »Ponte grosso«. Im Speisesaal haben gerade so viele Gäste Platz, daß Papa und Mamma von Corrado Longhi sie noch selbst verköstigen können. Das Speisenangebot ist durchaus vielseitig und wechselt mit den Jahreszeiten. Man bekommt hier die typischen Wurstwaren aus Parma und **Tortelli di ricotta** Nudelgerichte mit Sugo vom Wild und mit Pilzen, **Anolini in brodo** und **Pisarei e fasò** Im Sommer wird im Freien gegrillt. Da ißt man dann auch ein schmackhaftes Reisgericht mit Paprikaschoten. Im Herbst stehen Bollito misto und Wildgerichte auf der Speisekarte. Das Weinangebot ist nicht besonders umfangreich, aber von ausreichender Qualität. Im Sommer kann man angenehm im Freien essen. Im Winter fühlt man sich in eine alte Osteria zurückversetzt: in den kleinen, rauchgeschwängerten Geträumen wird reichlich Wein getrunken und ausgiebig Karten gespielt.

San Prospero

19 km von Modena, S. S. 12

Bistrò

Trattoria-Pizzeria
Via Canaletto
Tel. 059/906096
Ruhetag: Mittwoch
Betriebsferien: August
40 Plätze
Preise: 25-35 000 Lire
Kreditkarten: Visa
Reservierung: empfohlen

Was hat eine kleine Pizzeria in einem Buch über Osterie zu suchen? Die Frage ist berechtigt. Aber lesen Sie, was Ihnen die Mitglieder der Arcigola Modena darauf antworten, denn schließlich haben sie das »Bistrò« zu ihrem »Vereinslokal« auserkoren. Ein einziger von Rinas **Totelloni di zucca** wird sie alle Unannehmlichkeiten vergessen machen: das viel zu kleine und nicht einmal besonders schöne Lokal, die unzähligen Pizze, die ohne Unterlaß in den Ofen geschoben werden ... Aber die Tortelloni und Tortellini mit Kürbis- oder Ricottafüllung, die Tagliatelle und die **Maccheroni al pettine** sind einfach großartig. Rina macht die Nudeln täglich frisch und serviert sie mit so hervorragenden Saucen, daß sie dafür einen besonderen Preis verdient. Ein weiterer Pluspunkt für das »Bistrò«: Rinas Sohn Franco Fregni mästet und schlachtet seine Schweine selbst. Schließlich bietet er die »Endprodukte« in seinem Lokal an: Schweinskopf, **Ciccioli** köstlichen **Cotechino** frische Salami in Lambrusco, getrocknete Salami, Coppa und Pancetta und die Salciccia matta, eine Wurst aus den Innereien. Hier können Sie auch immer ein Stück Parmigiano stravecchio bekommen. Als Dessert empfehlen wir Ihnen den **Belsone** und die **Torta di tagliatelle** die Onkel Franco bäckt; aus seiner Bäckerei stammt auch das ausgezeichnete Brot. Es werden einige Lambrusco di Sorbara und ein paar weitere Weine angeboten.

Sassuolo

17 km von Modena, S. S. 486

La cantina

Enoteca mit Küche
Via Monzambano, 1
Tel. 05 36 / 80 46 48
Ruhetag: Sonntag und Montag
Betriebsferien: August
50 Plätze
Preise: 35 000 Lire
Keine Kreditkarten
Reservierung: empfohlen

Das Zentrum der Keramikindustrie hält eine wunderschöne Überraschung bereit: »La cantina« ist eine der besten Enoteche in ganz Italien. Der Palazzo Ducale des Herzogs Franceso III. gibt natürlich einen besonders eindrucksvollen Rahmen ab. Die Enoteca ist in den Mauern des ehemaligen Pulvermagazins untergebracht. In zwei geräumigen Kellergewölben lagern Tausende edler Weine aus Italien und dem Ausland. Die frühere Eiskammer des gut 300 Jahre alten Palazzos ist laut Domenico Capedri geradezu ideal, denn hier herrscht konstant die richtige Temperatur für den Wein. Die Liebe zum Wein verbindet Domenico mit seinen Partnern. Da ist einmal der in Sassuolo so berühmte Koch und Musiker Sette. Dann sind da noch die Gebrüder Muzzarelli, die ebenfalls aus der Gastronomie kommen. An warmen Speisen bekommen Sie hier lediglich **Tortelloni alle erbe** und **Minestra e fagioli**. Ansonsten ißt man zum Wein die ausgezeichneten Wurstwaren und Käse aus Italien und dem Ausland. Wenn Sie an einem Freitag- oder Samstagabend einen Sitzplatz ergattern wollen, sollten Sie unbedingt reservieren.

Savignano sul Panaro

29 km von Modena, S. S. 569

Novecento

Osteria
Via Emilia Romagna, 299
Tel. 0 59 / 73 04 34
Ruhetag: Dienstag und Mittwoch
Betriebsferien: August
35 Plätze
Preise: 20–30 000 Lire
Keine Kreditkarten
Reservierung: empfohlen

Gianni Negrini und seine Frau Adele haben sich eine Osteria nach ihren eigenen Vorstellungen gebaut. Giannis große Leidenschaft sind Pilze und Trüffeln. Im Herbst verbringt er ganze Tage in den Wäldern des Apennin. Abends widmet er sich dann seiner Osteria. Er mästet auch ein paar Schweine und schlachtet sie selber. Das Fleisch wird so zerlegt, wie es in der Emilia üblich ist. Und daraus kann man dann ausgezeichnete Würste und Salami machen. Genauso viel Sorgfalt wie auf das Fleisch verwendet Gianni auf das Brot, das sogar sonntags frisch ist. Er fährt jedesmal rund zehn Kilometer in den Apennin hinauf, wo ihm ein gefälliger Bäcker das typische Bergbauernbrot bäckt. Als Primo essen Sie **Tagliatelle**, **Tortellini**, **Tortelloni** und Agnolotti, die Mamma Ilva selbst macht. Als Hauptgerichte sind stets der hervorragende **Coniglio arrotolato** und das **gegrillte Lamm** zu haben. In der kalten Jahreszeit gibt es jeden Freitag den **Gnocco fritto,** den Sie sich auf keinen Fall entgehen lassen sollten. Trüffeln und Pilze bekommen Sie naturgemäß nur im Herbst. Wenn Sie Lust darauf haben, sollten Sie sicherheitshalber vorbestellen. Die Weinkarte ist mit Weinen aus der Gegend und dem übrigen Italien gut bestückt. Sie passen sehr gut zum Essen. Gegen Mitternacht ändert sich das Bild: man trinkt andere Weine und ißt kalte Speisen dazu.

Savigno

31 km südwestl. von Bologna

Da Amerigo

Trattoria
Via Marconi, 14
Tel. 0 51 / 6 70 83 26
Ruhetag: Montag
Betriebsferien: unterschiedlich
70 Plätze
Preise: 25-35 000 Lire
Kreditkarten: die bekannteren
Reservierung: empfohlen

Ein Lokal im Stil der dreißiger Jahre: die Glastür, die vergilbten Fotografien, der Schanktisch und die Vitrine mit den Spirituosen, die Tische: die Trattoria ist so geblieben, wie Agnese und Amerigo sie 1934 eingerichtet hatten. Ihr Enkel Alberto Bettini hat nun das Lokal übernommen. Er kümmert sich selbst um die Gäste und um den Wein. Dabei kann er sich auch auf die Erfahrung seines treuen Kellners und Sommeliers Raflein verlassen. Die Weinkarte ist gut bestückt mit Weinen aus den Colli Bolognesi, mit Lambrusco Grasparossa und seit neuerer Zeit auch mit einigen ausgesuchten Erzeugnissen aus anderen Teilen des Landes. In der Küche stehen Köchin, Verwandte und zwei ältere Damen. Letztere werden im Volksmund »sfogline« genannt und sind ausschließlich für das Ausziehen der Pasta zuständig. Die Nudelgerichte sind infolgedessen wahre Meisterwerke: **Tagliatelle, Tortelloni di ricotta, Gnocchi di patate** mit der klassischen Bologneser Hackfleischsauce, mit Sugo aus Pilzen oder vom Kaninchen. Die **Tortellini in brodo** sind tadellos. Als Secondo reicht man unter anderem Coniglio und Pollo alla cacciatora, Pilzbällchen und den traditionellen **Coniglio all'aceto balsamico**. Im Herbst ißt man Pilze und weiße Trüffeln aus der Gegend um Bologna. Anstatt Brot sollten Sie die köstlichen **Crescentine** essen. Mit einer Trüffel-Käse-Creme, mit Wurst oder eingelegtem Gemüse werden sie zu einem Antipasto, den sie unbedingt probieren müssen. Nach den Desserts (eine hausgemachte Ciambella oder die interessante Crema all'aceto balsamico) sollten Sie sich ein Gläschen Brandy Crude gönnen. Der Weinbrand aus Trebbiano ist 18 Jahre gereift! Achten Sie auf die Öffnungszeiten: an Wochentagen ist die Trattoria nur abends, am Sonntag auch über Mittag geöffnet.

Sestola

60 km von Modena, S. S. 324

Ferrari

Trattoria
Via per Fanano, 11 - Rocchetta Sandri
Tel. 05 36 / 6 70 70
Ruhetag: Mittwoch
Keine Betriebsferien
60 Plätze
Preise: 25-30 000 Lire
Keine Kreditkarten
Reservierung: notwendig

Rino Ferrari und seine Frau Domenica denken schon seit längerem an ihren wohl verdienten Ruhestand. Aber zum großen Glück für die Gäste verschieben die beiden diesen Termin immer wieder. Ihre **Crescentine** sind in der ganzen Provinz Modena berühmt. Die Zubereitung des einfachen Teigs für dieses so bodenständige Gericht grenzt schon fast ans Unwahrscheinliche. Das Mehl wird jeweils ganz frisch in einer alten Wassermühle gemahlen. Das Vollkornmehl wird dann mit großer Hingabe ausgesiebt, denn sonst gelingen die Crescentine nicht richtig. Das meint jedenfalls Signor Rino. Seine Crescentine sind etwa 3 cm hohe Teigscheiben von ungefähr 10 cm Durchmesser und werden nach alter Manier in den traditionellen Tonpfännchen gegart. Essen Sie dazu Wurstwaren, **Pollo** oder **Coniglio alla cacciatora, Schweineschwarte und dicke Bohnen** oder eine Pilzcreme. Alle Gerichte sind bodenständig und schmackhaft. Wir empfehlen Ihnen auch die Minestra von fagioli und Maccheroni mit Hackfleischsauce. Die **Gnocchi di patate** werden nur dann gemacht, wenn es die richtigen Kartoffeln dafür gibt. Die Weine aus der Gegend sind in Ordnung. Die Tischwäsche ist einfach. Wenn es ans Bedienen geht, kann es durchaus vorkommen, daß man Sie bittet mitzuhelfen. Wenn Sie diese Köstlichkeiten genießen wollen, müssen Sie unbedingt vorbestellen und den Wirtsleuten Ihre Essenswünsche mitteilen.

Soliera

12 km von Modena, S. S. 413 in Richtung Carpi

Da Lancellotti

Restaurant
Via Grandi, 120
Tel. 0 59 / 56 74 06
Ruhetag: Sa.mittag und Sonntag
Betriebsferien: im Aug. u. um Weihn.
40 Plätze
Preise: 40-45 000 Lire, ohne Wein
Kreditkarten: alle
Reservierung: empfohlen

Das Restaurant »Da Lancellotti« wirkt von außen nichtssagend und unpersönlich. Emilio und sein Partner Francesco sorgen jedoch mit ihrer natürlichen und verbindlichen Art dafür, daß Sie sich in dem gemütlichen Speisesaal schnell wohl fühlen werden. Sie bieten Ihnen Modeneser und emilianische Spezialitäten an. Angelo Lancellotti erntet jeden Tag frische Kräuter aus biologischem Anbau und verleiht den klassischen Gerichten auf diese Weise eine kleine persönliche Note. In seinem Gewürzgarten wachsen Rosmarin, Petersilie, Löwenzahn, Liebstöckel, Borretsch, Kresse und vieles andere mehr. Beginnen Sie Ihre Mahlzeit am besten mit den typischen Wurstwaren. Dazu werden Radicchio, Kopfsalat, Kräuter und Blüten gereicht. Diese **Salate** werden mit ganz klassischem **Balsamessig** und Olivenöl angemacht. Die guten Primi werden von den Eltern zubereitet. Mamma Ida ist dabei für den Nudelteig, Papa Camillo für den Sugo zuständig. Lassen Sie sich auf keinen Fall die **Maltagliati con fagioli** die **Maccheroni al pettine** die Tagliatelle oder die **Tortellini in brodo** entgehen. Angelo und seine Frau Zdena, eine Ungarin, kümmern sich um die Secondi. Wir empfehlen Ihnen den traditionellen Bollito misto, den Rostbraten, das zarte Spanferkel, die Frittata mit »Balsamita maior« und die Gerichte mit Balsamessig. Die Desserts stehen ganz im Einklang mit der Tradition: **Belsone Zuppa inglese Torta di tagliatelle** Sie können abschließend auch einfach ein Stück Parmigiano stravecchio essen. Trinken Sie einen kräftigen und spritzigen Lambrusco di Sorbara vom Hause oder einen der italienischen Spitzenweine von der Karte.

Spilamberto

20 km von Modena, S. S. 623

Da Cesare

Trattoria
Via San Giovanni, 38
Tel. 0 59 / 78 42 59
Ruhetag: So.abend und Montag
Betriebsferien: im Juli/August u. Jan.
40 Plätze
Preise: 40-45 000 Lire
Kreditkarten: AE, CartaSi, Visa
Reservierung: empfohlen

Die Trattoria »Da Cesare« liegt in einem sehr alten Gebäude in der Altstadt von Spilamberto. Das Lokal ist in der gesamten Provinz Modena berühmt. Cesare Roncaglia ist eine elegante Erscheinung. Seit einiger Zeit schon kümmert sich der Siebzigjährige nur mehr um die Bar und um den Weinkeller. Die emilianische und da vor allem die Modeneser Küche wird hier aufs vortrefflichste dargeboten. Der berühmte Aceto balsamico stammt aus Spilamberto. Jedes Jahr pilgern deswegen Tausende zur traditionellen Sagra di San Giovanni hierher. Naturgemäß ist der Balsamessig einer der wichtigsten Grundstoffe in Cesares Küche. Wir empfehlen z.B. die **Fritelle all'aceto balsamico** eine typische Modeneser Vorspeise. Die Minestra con i fagioli ist ausgezeichnet, wie alles andere auch, was in so reichhaltigen Portionen auf den Tisch kommt. **Tortelloni** und **Tortellini Coniglio alla cacciatora** und einfacher Kaninchenbraten sind immer zu haben. Als Abschluß dieser üppigen Mahlzeit sollte man die Amaretti di Spilamberto probieren. Die Leute aus Spilamberto sind einem Sprichwort zufolge alle etwas eigenwillig. Giancarlo, Cesares Schwiegersohn, ist ein waschechter Spilambertese. Er kümmert sich mit großem Engagement um seine Gäste und stellt bereitwillig all die Gerichte vor, die seine Frau Marica kocht. Aber er wird nicht mit sich reden lassen, wenn es um Sonderwünsche geht. »Friß, Vogel, oder stirb« könnte seine Devise lauten. Wir empfehlen Ihnen auf alle Fälle, auf Giancarlos Vorschläge einzugehen. Sie können auf ihn vertrauen und sich von ihm auf eine interessante kulinarische Reise schicken lassen. Das Mittagsmenü ist einfacher und preiswerter.

Traversetolo

20 km von Parma, S. S. 513

Alla luna piena

Trattoria
Via per Neviano, 27
Tel. 05 21 / 84 26 68
Ruhetag: Donnerstag, So.abend
Betriebsferien: unterschiedlich
40 Plätze
Preise: 35 000 Lire, ohne Wein
Keine Kreditkarten
Reservierung: notwendig

Biegen Sie von der Staatsstraße 513 Parma-Traversetolo in Richtung Neviano ab und Sie gelangen in ein regelrechtes Schlaraffenland. Die Trattoria »Alla luna piena« ist so großartig, daß man fast Angst haben muß, die Qualität könnte bei zunehmendem Bekanntheitsgrad nachlassen. Das Lokal ist winzig, aber gediegen und ordentlich. Jeden Tag aufs neue zelebriert man hier originalgetreue Regionalküche. Typisch für Parma und Umgebung sind vor allem die Wurstwaren: himmlischer Prosciutto, Fiocchetto, Vorderschinken, Salami (auch frische gedünstete Salami) und dazu eine leichte und knusprige **Torta fritta**. Die Primi sind gleichfalls köstlich: **Tortelli** mit Kräuter- oder Kürbisfüllung, Tagliolini, Anolini, Savarin aus Reis und Spargel. Wenn Sie rechtzeitig vorbestellen, können Sie eine besondere Spezialität aus Parma probieren: Die **Bomba di riso**, gefüllt mit jungen Täubchen. Das Gericht erinnert an die üppigen Gelage der Renaissancezeit und wird heute nur noch sehr selten angeboten. Als Hauptgerichte sind besonders zu empfehlen die zarte **geschmorte Kalbsbrust**, das ausgelöste und gefüllte Huhn, das geschmorte Perlhuhn. Die Köchin besitzt eine ganz besondere Vorliebe für Süßspeisen. Hervorragend sind ihre kalte Weinschaumcreme, der **Biancomangiare**, ihre Mousse au chocolat und ihr Zuccotto. Signora Edda versteht sich auch auf aufwendige Torten für die verschiedensten Anlässe. Edda und Bruno Ferrari zeichnen sich durch ihren persönlichen Einsatz und Sachkenntnis aus. Zum deftigen Essen trinken Sie gute Weine und Spirituosen. Sie zahlen anständige Preise.

Vignola

35 km von Modena, S. S. 569

Antica Osteria da Bacco

Enoteca-Restaurant
Via Selmi, 3
Tel. 0 59 / 76 25 69
Ruhetag: Dienstag
Keine Betriebsferien
50 Plätze
Preise: 25-35 000 Lire
Kreditkarten: die bekannteren
Reservierung: empfohlen

Freunde und Fans des gut bestückten Weinkellers von Renato hatten im alten Lokal keinen Platz mehr. So beschloß man, eine alte Sattlerwerkstatt in der Nähe in ein modernes Restaurant umzubauen. Teresa, Renatos Frau, ist die Inhaberin dieses neuen Lokals. Sie steht jetzt in einer hellen Küche am Herd. Ihr Mann kümmert sich inzwischen nicht nur um den Weinkeller und den Schanktisch, sondern auch um die Bedienung im Speisesaal des Restaurants. Sie können also in ein und demselben Lokal zwischen zwei Möglichkeiten wählen: Osteria-Enoteca mit hauptsächlich kalten Speisen auf der einen Seite und das Restaurant mit guter Regionalküche und passenden Weinen auf der anderen. **Tortellini in brodo** wie aus dem Bilderbuch, hervorragende **Tortelloni**, **Tagliatelle** und Garganelli sind unter den Nudelgerichten zu finden. Kaninchen in verschiedenen Variationen und Lamm sowie andere jahreszeitliche Gerichte bestreiten den Hauptgang. Abschließend ißt man Crostata, **Torta di tagliatelle** und die berühmte **Torta Barozzi**. Die Auswahl an Spirituosen ist sehr groß, da darf der Nocino natürlich nicht fehlen. Auf den Tischen stehen hochwertiges Olivenöl und lange gereifter Balsamessig. Der Preis für eine Mahlzeit ist angemessen und hängt in erster Linie vom Wein ab.

Zocca

48 km von Modena, S. S. 623

Tizzano

Bauernhof
Via Lamizza – Monteombraro
Tel. 0 59 / 98 95 81
Kein Ruhetag
Keine Betriebsferien
35 Plätze
Preise: 30 000 Lire
Keine Kreditkarten
Reservierung: unerläßlich

Der Bauernhof von Stefano Fogacci liegt in der lieblichen Hügellandschaft des Appennino modenese, inmitten von Kastanienwäldern und Obstgärten. Stefano ist von Grund auf vom Naturschutz überzeugt. Seinen Betrieb hat er erst vor wenigen Jahren aufgenommen. Um so älter ist dafür das Gemäuer. Der Hof ist in einem jahrhundertealten Wehrturm untergebracht, der später entsprechend umgebaut wurde. Stefano kennt all die Geschichten, die sich um ihn ranken. Neben den reizenden Gästezimmern und dem Aufenthaltsraum liegt der Speisesaal. Hier können Sie auf Vorbestellung ausgezeichnete Regionalküche essen. Stefanos Eltern kochen hauptsächlich mit Grundstoffen, die auf dem Hof selbst erzeugt werden. Kleintiere und Geflügel sowie Rinder werden auf dem Hof geschlachtet; Brot und Polenta schmecken unvergleichlich kräftig, denn das Maismehl wird hier angebaut und eigens für den Betrieb gemahlen; in den umliegenden Wäldern wachsen Pilze und Kastanien. Unter all den Köstlichkeiten empfehlen wir besonders die **Tagliatelle di ortiche** mit einem herrlichen Ragout, die **Tortelloni di ricotta**, die heißen und duftenden **Crescentine**, die ausgezeichnete Crostata, die frischen Saisongemüse (die gebackenen Kürbisblüten sind wunderbar). Im großen und ganzen bekommt man emilianische Küche, die hier in den Bergen recht kräftig schmeckt und sich streng an den Jahreszeitenlauf hält. Die Weine werden auf dem Hof selbst gekeltert. Sie sind nur mittelmäßig, denn das Weinangebot hält sich in dieser Gegend ohnehin sehr in Grenzen.

NOTIZEN

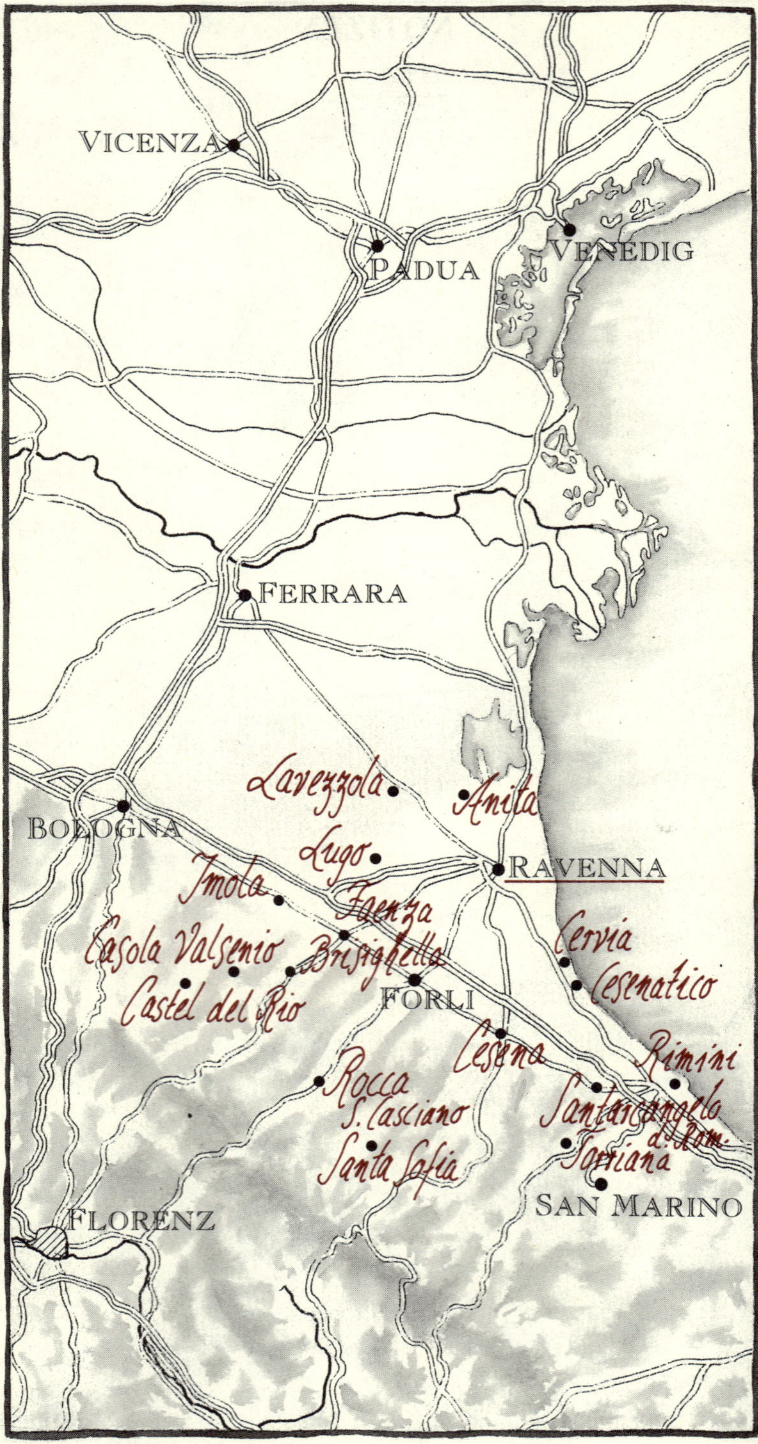
VICENZA
PADUA
VENEDIG
FERRARA
Lavezzola
Anita
BOLOGNA
Lugo
RAVENNA
Imola
Faenza
Casola Valsenio
Brisighella
Cervia
Castel del Rio
FORLI
Cesenatico
Cesena
Rimini
Rocca S. Casciano
Santarcangelo d. Rom.
Santa Sofia
Torriana
SAN MARINO
FLORENZ

ROMAGNA

Wenn ich mir eine typisch romagnolische Osteria vorstelle, denke ich zuerst an eine Osteria, die es längst nicht mehr gibt, die ich nie besucht und auch nie gesehen habe. Mein Vater hat mir oft davon erzählt, denn er hatte als Kind über jener Osteria gewohnt und sich oft zu den Gästen gesellt. Es war die Osteria seines Großvaters. Sozialisten und »Rote« kamen hier zusammen und schimpften (mit aller gebotenen Vorsicht) über den Duce und das Faschistenpack. Bei Biffi (so hieß der Großvater) kehrten auch viele Geisteskranke ein, denen die Klinik sonntags freien Ausgang gewährte. Auch die Verwandten der Geisteskranken kamen in die Osteria und aßen eine Kleinigkeit (Wurst und Schinken oder einen Teller von Großmutters Tagliatelle). Die anderen Gäste spielten Karten und sangen Romanzen, wenn sie genügend Wein getrunken hatten.
Andrea Costa war so etwas wie der Schutzgott der Osteria in der Romagna, überall hing sein Konterfei. Genauso faszinierend war aber auch diese Opernatmosphäre. Ich erinnere mich noch gut an eine Zeichnung von einem französischen Operntenor, die ein Gast mit schnellen Strichen auf ein Stück Packpapier gekritzelt hatte. All das geschah zwischen zwei Gläsern Wein, und ich könnte nicht sagen, ob unser Wein heute besser oder schlechter ist. Aber das hatte auch gar keine Bedeutung, denn was zählte, war die Tatsache, daß man in der Osteria zusammenkam, um zu reden und über Kunst und Politik zu diskutieren. So ist die Osteria auch lange verstanden worden.
Ich habe fast den Eindruck, daß die tragischen vierziger Jahre viel von dieser Atmosphäre hinweggerafft haben. Sicher, auch wir jungen Leute trafen uns in der Osteria. Daran hat auch '68 nichts geändert. Aber ich kann mich nicht nach einer Osteria zurücksehnen, die ich nicht mehr kennengelernt habe, denn schon damals drehte sich unser Leben um andere Angelpunkte. Oder, sagen wir, die Rolle der Osteria ist nicht mehr so allumfassend, wie sie es früher einmal, bis vor fünfzig Jahren, gewesen war.
Niemand kennt mehr aus eigener Erfahrung diese Welt. Dennoch ist man bemüht, das, was davon übriggeblieben ist, zu erfassen, zu erhalten und zu bewahren. Ich finde das sehr erfreulich, ich bin ja nicht umsonst Historiker. Aber wir müssen uns im klaren darüber sein, daß wir von zwei verschiedenen Welten sprechen. Die heutige Welt ist so vielgestaltig, was nicht nur von Nachteil ist. Sprechen wir also ruhig von »Osteria«, mit diesem schönen und vielsagenden Wort. Auch wenn wir genau wissen, daß es heute keine echte Osteria mehr gibt. Vielleicht deshalb, weil es heute (entgegen allem Anschein) auch keine echten Sozialisten mehr gibt.

Massimo Montanari

Anita d'Argenta

25 km von Ravenna, S. S. 16 in Richtung Ferrara

Spaventapasseri

Trattoria
Via Morelli, 1
Tel. 05 32 / 80 12 20
Ruhetag: Mittwoch
Keine Betriebsferien
120 Plätze
Preise: 40-45 000 Lire
Keine Kreditkarten
Reservierung: empfohlen

»Vogelscheuche« nennt sich diese Trattoria. Aber niemand läßt sich von ihr abschrecken. Die Gäste schon gar nicht, denn sie genießen die bäuerliche und doch raffinierte Küche der Gegend. Das Lokal sieht aus wie die Bauernhöfe in diesen Tälern. Das Gebäude ist schon fast ein Museum: Man kann zahlreiche bäuerliche Gerätschaften bewundern und natürlich von den Spezialitäten der Gegend kosten: auf die verschiedensten Arten zubereiteten **Aal**, und vor allem **Wild** (Krickenten, Wildenten, Schnepfen, Hasen, Fasane). Dazu trinkt man den einzigen Wein, der auf diesem sandigen und salzhaltigen Boden gedeiht. Der Wein vom Bosco Eliceo ist säuerlich und spritzig und paßt gut zu diesen gehaltvollen Speisen. Das Angebot an Grappe und Spirituosen im allgemeinen fällt für eine Trattoria wie diese außergewöhnlich reichhaltig aus. Im Sommer ist die Trattoria immer geöffnet. Im Frühjahr und Herbst sollten Sie Aal essen (vorbestellen!). Das Lokal ist auch Ziel vieler Hochzeitsgesellschaften. Vermeiden Sie es nach Möglichkeit, an solchen Tagen dort einzukehren.

Brisighella

43 km von Ravenna, S. S. 302

Daniele Croce

Trattoria
Via Monte Romano, 43
Tel. 05 46 / 8 70 19
Ruhetag: Montag
Betriebsferien: 7.-31. Januar
120 Plätze
Preise: 25-30 000 Lire
Keine Kreditkarten
Reservierung: empfohlen

Eine gute Trattoria in den Bergen der Romagna. Seit den fünfziger Jahren ist sie im Besitz der Familie Montevecchi. Vor kurzem hat der ehrgeizige Schwiegersohn Luciano Gentilini die Führung des Familienlokals übernommen. Die Toskana ist nicht weit, aber von ihrem Einfluß ist in diesem Teil der Romagna nichts zu spüren. Die Landschaft zwischen Brisighella und Marradi ist wunderschön. Bevor Sie essen gehen, sollten Sie ruhig ein paar Stunden in dieser herrlichen Umgebung spazierengehen. Die Küche ist hier über Jahre hinweg die gleiche geblieben. Die **Crostini** mit Pilzen und Hühnerleber, die **Tortelli alle erbe e ricotta** sind nach wie vor ausgezeichnet, werden heute aber ein wenig leichter und deshalb bekömmlicher zubereitet. Die Braten vom Holzofen sind hervorragend, denn es wird nur Fleisch aus der Umgebung verwendet. Käse und Dessert sowie die **Wildgerichte**, die Sie hier im Herbst und im Winter bekommen können, sind ebenfalls gut. Die Speisen schmecken allesamt sehr kräftig. Ausgesuchte Grundstoffe sowie die langen Garprozesse sind für diesen kernigen Geschmack verantwortlich, der für die Küche in den Bergen typisch ist. Gute Neuigkeiten was den Wein betrifft: Die Etiketten der CAB von Brisighella sind ebeso vertreten wie einige toskanische Weine.

Brisighella

43 km von Ravenna, S. S. 302

La grotta

Osteria
Via Metelli, 1
Tel. 05 46 / 8 18 29
Ruhetag: Dienstag
Betriebsferien: im Jan. und 1.–15. Juni
40 Plätze
Preise: 35-37 000 Lire, ohne Wein
Kreditkarten: alle
Reservierung: empfohlen

In der alten Lizenz steht noch »Osteria mit Küche«, aber unsere bewandert en Leser haben sicher sogleich bemerkt, daß es sich beim »La grotta« um eines der renommiertesten Restaurants Italiens handelt. Nerio Raccagni ist ein bekannter und geschätzter Sommelier, der sich stets für die Qualität der Speisen und Weine der Romagna und anderer Regionen einsetzt. Er soll aus diesem Grund auch in unserem Handbuch erwähnt werden. Denn ihm gebührt das Verdienst, gerade die Jugend wieder an gute Weine und Kost herangeführt zu haben. Auch die Küche ist in diesem Lokal natürlich ausgezeichnet, kann sie sich doch auf die hochwertigen Erzeugnisse aus der Umgebung von Brisighella stützen: Olivenöl (das Brisighello ist sehr berühmt), Gemüse, Fleisch, Käse, Maroni, Trüffeln, Pilze und Kirschen. Bleibt noch die profunde Sachkenntnis des Küchenchefs Vincenzo Cammerucci, der es vortrefflich versteht, den Eigengeschmack der einzelnen Ingredienzien zur Geltung zu bringen. Man ißt in einer natürlichen Grotte aus der Jungsteinzeit. Die Preise sind für ein Restaurant dieser Güteklasse außergewöhnlich günstig: das kleine Menü kostet 25 000 Lire, für das »Menu regionale« muß man 28 000 Lire bezahlen, während für das »Menu degustazione« 37 000 Lire (ohne Wein) verlangt werden. Zu diesem Menü gehören die **Tagliolini mit verschiedenen Pilzen**, Zucchinirisotto, **Lasagnette** mit Auberginen, Fleischgerichte wie **gebratene Tauben mit Wirsing**, Pferdefleisch mit Kornelkirschen und **Gänsebraten**. Angesichts des herrlichen Weinkellers kann die Rechnung natürlich abrupt in die Höhe schnellen.

Casola Valsenio

30 km von Faenza, 65 km von Ravenna

Fava

Restaurant
Via Cenni, 70
Tel. 05 46 / 7 39 08
Ruhetag: Montag
Betriebsferien: 28.8. – 19.9.
150 Plätze
Preise: 35 000 Lire
Keine Kreditkarten
Reservierung: notwendig

In Casola Valsenio werden Heil- und Küchenkräuter gezüchtet und angebaut. Seit Jahren schon werden hier auch interessante Veranstaltungen wie z.B. der Kräutermarkt, wissenschaftliche und auch gastronomische Kongresse durchgeführt. Im Zuge dessen hat sich auch die einfache Familientrattoria der Favas in ein Restaurant verwandelt, in dem man nun ein reichhaltiges und vielfältiges Menü mit den verschiedensten Kräutern vorgesetzt bekommt. Die Küche verwendet nur die guten Grundstoffe aus der Umgebung und erzielt damit sehr erfreuliche Ergebnisse. Die einzelnen Speisen werden beinahe schon mit wissenschaftlicher Akribie zubereitet. Seien es nun die **Tortine** (salzige Kuchen) mit **Trüffeln**, mit Schnittlauch, mit Brennesseln, seien es die **Malvensuppe** oder die Bruschette mit Kräutern. Sogar für die Süßspeisen verwendet man Kräuter. Lassen Sie sich ein auf diese interessanten und ungewöhnlichen Düfte und Geschmacksrichtungen. Die Hausweine sind in Ordnung. Sie können sogar einige Weine aus biologischem Anbau bekommen. Während der Sommermonate, wenn zahlreiche Veranstaltungen stattfinden, ist Casola Valsenio sicher am interessantesten. Da müssen Sie dann unbedingt vorher reservieren.

Castel del Rio

59 km von Bologna, S. S. 610, 26 km von Imola

Gallo

Hotel-Restaurant
Piazza Repubblica, 28/29
Tel. 05 42 / 9 59 24
Ruhetag: Dienstag, nicht im Sommer
Betriebsferien: 14 Tage im Februar
90 Plätze
Preise: 30-35 000 Lire
Kreditkarten: CartaSi, Visa
Reservierung: an Feiertagen

Eine unumstößliche Gewohnheit, ja fast schon ein Ritual, ist für die Leute aus der Emilia und der Romagna ein Familienausflug ins Grüne, d.h. in die umliegende Hügellandschaft. Und wie bei jeder Wallfahrt wird auch bei diesen Ausflügen ordentlich gegessen und getrunken. Castel del Rio ist so ein Ausflugsort im Appennino romagnolo. Die Familie Franceschelli hat das Hotel-Restaurant an der Piazza bereits vor über vierzig Jahren übernommen. Schon damals stand hier eine sehr beliebte Osteria. Schließlich machte man eine Trattoria daraus und baute ein Hotel dazu, das die zahlreichen Sommergäste beherbergen kunnte. Auch heute noch ist das »Gallo« ein reiner Familienbetrieb. Vater Alfiero und seine beiden Töchter Luciana und Fiorella arbeiten in der Küche, die Schwiegersöhne kümmern sich um die Gäste. Die Trattoria sieht wie ein typisches Berggasthaus aus. An den Wänden hängen Bilder mit unbeschreiblichen wilden Tieren. Typisch ist auch das Speisenangebot. Die Primi sind echte Klassiker: **Tortellini di ricotta** oder mit Kartoffeln in Butter und Salbei, **Garganelli al ragù**, **Lasagne al forno**, Tagliatelle. Selbstredend sind alle Nudeln hausgemacht. Zur entsprechenden Jahreszeit gibt es zu Nudeln und Fleisch **Steinpilze** und **Trüffeln**. Den Einfluß der Toskana spürt man bei den **Florentinersteaks**. Auf Vorbestellung kann man im Herbst Wildgerichte oder das schmackhafte **Kaninchen** mit einer Füllung aus Frittata und Mortadella probieren. Ende November findet hier ein **Maroni**-Fest statt. Daraus wird dann ein ganzes Menü angeboten. Traditionell sind die Süßspeisen aus Maroni, wie die Ciambella und andere. Der Wein verdient nicht so gute Noten wie das Essen. Es werden einige Weine aus der Umgebung, der Toskana und dem Trentino angeboten.

Cervia

22 km von Ravenna, S.S. 16

Casa delle aie

Trattoria
Via delle aie, 4
Tel. 05 44 / 92 76 31
Ruhetag: Mi., nicht im Sommer
Betriebsferien: 14 Tage im Oktober
350 Plätze
Preise: 30-35 000 Lire
Keine Kreditkarten
Reservierung: empfohlen

Das »Casa delle aie« wurde Ende des 18. Jahrhunderts erbaut. Bis in die zwanziger Jahre unseres Jahrhunderts hinein diente es als Wohnhaus, Lager, Schlafstätte und Unterschlupf für die »pignaroli«, d.h. für Handwerker, die Pinienzapfen verarbeiteten und Pinienkerne sammelten. Nachdem die Pinienwälder zurückgingen, wurde das Haus als Bauernhof genutzt und schließlich ganz aufgegeben. 1955 wurde es von den »Amici dell'Arte« restauriert und dient seither als Kulturzentrum. Hier kommt man zusammen, ißt und trinkt, lacht und weint, erzählt, hört zu und ist fröhlich und ausgelassen. Die Küche ist streng romagnolischer Prägung. Man bekommt demnach **Piadina** mit Wurst und Käse (»squaquarone«), frische Minestre und handgemachte Nudelsorten (**Cappelletti**, **Tagliatelle**, Strozzapreti), **Pasta e fagioli**. Als Hauptgericht wird gegrilltes Fleisch serviert. Im Winter gibt es auch **Baccalà**, **Fagioli e cotiche**, geschmorte **Schweinsfüßchen** und vieles mehr. Dazu wird Pinzimonio gereicht, als Nachtisch werden **Zuppa inglese** und Ciambelle angeboten. Wie in vielen Restaurants der Romagna sind auch hier die Hausweine leicht und den Speisen nicht angemessen. Man kann aber auf ein paar ordentliche Flaschenweine aus der Umgebung zurückgreifen. Die Bedienung ist auch bei Hochbetrieb flink und freundlich, die Stimmung ist prächtig. Die Speisen fallen stets schmackhaft, die Preise recht anständig aus.

Cesena

19 km von Forlì, A 14

Michiletta

Osteria
Via Fantaguzzi, 26
Tel. 05 47 / 2 46 91
Ruhetag: Sonntag
Betriebsferien: zweite Augusthälfte
70 Plätze
Preise: 25 000 Lire
Kreditkarten: BA
Reservierung: an Feiertagen

In der Altstadt von Cesena kann man heute noch das traditionsreiche Lokal »Michiletta« besuchen. Es ist wohl die letzte typische Osteria in einer Stadt, in der es ursprünglich sehr viele dieser Lokale gab. 1985 haben Yvette Foschi und ihr Mann das »Michiletta« übernommen und von Grund auf renoviert. Die alte Einrichtung ist erhalten geblieben. Zu ganz neuen Ehren kommt jetzt die Küche, in der wenige, aber traditionelle Speisen zubereitet werden. Man kann heute also wieder die klassischen Primi versuchen: **Monfettini con fagioli, Tagliolini al radicchio, Stringhetti** mit Auberginen, Tagliatelle al ragù. Als Secondi reicht man **Trippa**, Hammelkoteletts, Tintenfische mit Erbsen, **geschmorte Schweinshaxe, gefüllte Auberginen** und schließlich als Dessert Ciambella, die in Albana getaucht wird. Die bodenständige Kost schmeckt recht deftig und ist typisch für diese Gegend. Dazu trinkt man am besten einen offenen Wein von Erzeugern aus der Umgebung: Sangiovese, Trebbiano, Albana, Cagnina (ein lieblicher, moussierender Rotwein, der sich gut trinken läßt) oder auch eine Flasche Prosecco bzw. Cortese.

Faenza

31 km von Ravenna, A 14

La cantêna d'Sarna

Osteria
Via Sarna, 221 – Sarna
Tel. 05 46 / 4 30 45
Ruhetag: Freitag
Betriebsferien: 14 Tage im Februar
80 Plätze
Preise: 25–30 000 Lire
Keine Kreditkarten
Reservierung: empfohlen

Mitten auf dem Land liegt zwischen Pfirsichbäumen und Kiwistauden die Osteria der Familie Sangiorgi. In den Nachmittagsstunden treffen sich hier die Briscolaspieler, die mit ihren Zigarrenstumpen und Rotweingläsern dem Lokal erst die richtige Atmosphäre verleihen. Zur Essenszeit erwacht das Lokal dann zu neuem Leben und füllt sich dermaßen, daß es nicht leicht ist, einen freien Tisch zu ergattern. Im Sommer kommen allerdings noch einige Plätze im Freien hinzu. Die netten Wirtsleute, vor allem der schlagfertige Gianantonio, und die traditionelle Küche sowie die anständigen Preise machen das »La cantêna« zu einem der beliebtesten Speiselokale der Gegend. Es werden köstliche Minestre, Pasta asciutta oder in brodo aufgetischt: **Tortelli al burro, Garganelli ai funghi**, Tagliolini mit frischem Gemüse, **Passatelli in brodo**. Es folgen meist Fleischgerichte wie **Pollo alla cacciatora**, Coniglio alla Savini (Kaninchen nach Art des Hauses), Hammelfleisch mit Tomaten, **geschmorte Innereien** (»maghetti«) mit Kartoffeln. Die einfachen Süßspeisen sind hausgemacht und erinnern an unsere Kinderzeiten: man bekommt **Crema**, Ciambella und **Latte brûlé**. Man trinkt Weine aus der Gegend und Flaschenweine aus der Poebene, Toskana und Umbrien. Meist bekommt man allerdings den offenen Hauswein angeboten. Das Preis-/Leistungsverhältnis fällt im Hinblick auf die ausgesuchten Grundstoffe überraschend günstig aus.

Faenza

31 km von Ravenna, A 14

La pavona

Osteria mit Küche und Grapperia
Via S. Lucia, 45
Tel. 05 46 / 3 10 75
Ruhetag: Mittwoch
Betriebsferien: 3 Wochen im Juni/Juli
70 Plätze + 120 im Sommer
Preise: 25-35 000 Lire, ohne Wein
Kreditkarten: AE, DC, Visa
Reservierung: empfohlen

Vor vier Jahren haben ein paar junge Leute dieses moderne Lokal am Stadtrand von Faenza übernommen. Aus der ursprünglichen Pizzeria haben sie ein traditionelles Speiselokal gemacht, wo man typische Gerichte der Romagna kosten kann. Emilio Placci arbeitet tagsüber als Lebensmitteltechniker in einer großen Weinkellerei der Gegend. Abends ist er dann emsiger Wirt. Seine Frau Mara Liverani kennt sich mit den verschiedenen Regionalküchen Italiens und der internationalen Küche bestens aus. Unter den Menüs finden sich vegetarische und andere eigenwillige Kreationen, aber auch eines, das sich ausschließlich auf die Küche der Gegend konzentriert. Da gibt es dann beispielsweise Frittata mit Zwiebeln, **Strichetti con fagioli**, Pancetta und Salciccia mit gerösteten Brot, Hammelfleisch, **gegrillte Schweineleber**, zum Dessert **Zuppa inglese** und Salame dolce. Alle Spezialitäten der Romagna sind hier vertreten; sogar der Nudelteig wird hier artgerecht von Hand ausgezogen. Das Angebot an Weinen ist recht erfreulich. Viele bekannte Weine aus fast allen Regionen Italiens und natürlich die Erzeugnisse aus Emilios Kellerei sind hier vertreten. Neben der Weinkarte hat Emilio auch eine Karte mit über 170 verschiedenen Grappasorten zusammengestellt. Im Sommer kann man unter einer schönen Pergola essen.

Imola

33 km von Bologna, S. S. 9, A 14

E' Parlamintè

Trattoria
Via Mameli, 33
Tel. 05 42 / 3 01 44
Ruhetag: Do., im Juni u. Juli auch So.
Betriebsferien: August und an Weihn.
50 Plätze
Preise: 25-30 000 Lire
Kreditkarten: Visa
Reservierung: am Wochenende

Kein Name könnte für diese Trattoria wohl treffender sein als »E' Parlamintè«, was soviel bedeutet wie »das kleine Parlament«. Hier kamen Anfang des Jahrhunderts die Anarchisten und ersten Sozialisten zusammen. In dieser Stadt, die vor über hundert Jahren als erste in Italien von den Linken regiert wurde, hatten die Stadtratssitzungen meist noch ein sehr farbiges und geistreiches Nachspiel. Das »Parlamintè« ist heute wieder zu neuem Leben erwacht. Raffaele Dal Monte und sein Sohn Massimo haben es zu einem ansprechenden Restaurant gemacht, in dem man traditionelle Regionalküche oder auch ein paar persönliche Kreationen der Köche essen kann. Als Antipasto empfehlen wir den schmackhaften Salat mit warmem Schinken. Die Nudeln sind alle hausgemacht. Nur Mehl, Eier und ein Nudelholz braucht man für die **Tortelloni**, **Garganelli**, Tagliatelle, Tagliolini oder **Stricchetti**. Dazu werden verschiedene Saucen gereicht, sei es nun die klassischen Hackfleischsauce oder die etwas raffiniertere Sauce mit Paprika und Rucola. Als Hauptgericht sind neben den üblichen Grillplatten (das gegrillte Hammelfleisch ist ausgezeichnet) der köstliche Kaninchenbraten, der schmackhafte **Piccione con friggione** (Taube mit gedünstetem Gemüse), geschmorter oder gegrillter Baccalà (freitags, auf Vorbestellung) zu empfehlen. Die Desserts verraten die Handschrift Gian Luigi Morinis, bei dem der Koch gelernt hat: Bayerische Cremes mit frischen Früchten, Cassata mit Waldfrüchten, Feigentörtchen. Ein unbestreitbarer Pluspunkt für das Lokal sind die Weine, die der guten Küche ebenbürtig sind. Im Weinkeller lagern die besten Flaschen der Romagna und Weine von neuen, kleinen Erzeugern.

Imola

33 km von Bologna, S. S. 9, A 14

Osteria del vicolo nuovo

Enoteca
Via Codronchi, 6
Tel. 05 42 / 3 25 52
Ruhetag: Sonntag und Montag
Betriebsferien: Juli und August
45 Plätze
Preise: 10–35 000 Lire
Kreditkarten: CartaSi, Visa
Reservierung: empfohlen

Vor rund sechs Jahren haben ein paar junge Leute aus Imola die Räumlichkeiten aus dem 17. Jahrhundert gepachtet, einfach und traditionell eingerichtet und die »Osteria del Vicolo Nuovo« ins Leben gerufen. Heute sind von der Gruppe nur noch die Frauen übriggeblieben: Ambra Lenini, Rosanna Tozzoli und Romana Poli, die Köchin. Hier können Sie bis in den späten Abend einkehren. Auf der Weinkarte stehen die die besten Weine Italiens und große französische Weine. Zum Wein ißt man verschiedene Wustwaren (vor allem Mortadella), salzige Kuchen (probieren sie die Kuchen mit geräuchertem Bauchspeck und Eiern), Käse aus der Gegend, Frittata mit Zwiebeln oder Spinat und Tramezzini. Die Nachtschwärmer können hier aber auch eine vollständige Mahlzeit bekommen. Mit viel Fingerspitzengefühl hat die Köchin die traditionellen Speisen der Gegend neu umgesetzt. Probieren Sie also z.B. ihre **Tortellini**, **Tortelloni** oder **Tagliatelle** mit Gemüsesaucen. Sie können auch einen der zahlreichen Salate essen. Am besten schmecken sicherlich die frischen, marinierten Sardellen, die Spaghetti aus frischer Pasta mit Zucchini und Pancetta, der **gefüllte Lammschlegel**, der Rinderbraten mit Knoblauch und Rosmarin. Zum Dessert empfehlen wir Ihnen Feigen in Sirup mit oder ohne Zabaione, **Walnuß**- oder **Schokoladentorte** oder andere hausgemachte Süßspeisen. Mittags können Sie hier auch verschiedene Menüs einnehmen. Je nach Wunsch bekommen Sie klassische oder vegetarische Kost oder auch ein Menü ohne Nudeln.

Lavezzola

33 km von Ravenna, S. S. 16

Locanda dell'angelo

Trattoria
Via Bastia, 219
Tel. 05 45 / 8 09 89
Ruhetag: Montag
Betriebsferien: 8 Tage im Januar und
40 Plätze [um den 15.8.
Preise: 40 000 Lire
Keine Kreditkarten
Reservierung: notwendig

Diese »Locanda« ist noch ein ganz typisches Gasthaus vom alten Schlag: hier wird auch heute noch **Hammel** angeboten. Der Hammel wird nicht importiert, sondern in der Gegend gemästet, nach bestimmten Kriterien geschlachtet und eingelegt, bis er schließlich in einem traditionellen, sehr zeitaufwendigen Verfahren gegart wird. Wir sind hier in der Bassa Romagna zwischen Lugo und Argenta, nicht weit von Ferrara entfernt. In dieser Gegend gab es früher zahlreiche Tagelöhner und Halbpächter, die traditionsgemäß viel Hammelfleisch aßen. Und in eben dieser Gegend hatte die Familie Leonelli zu Anfang des Jahrhunderts die »Locanda« eröffnet. Die Speisenabfolge ist nahezu unverändert geblieben. Man beginnt stets mit den ausgezeichneten Grillspezialitäten (manchmal bekommt man auch Braten oder Geschmortes), die der bescheidene und rundliche Giuseppino mit seltener Sachkenntnis zubereitet. Valeria ist für die hervorragende Tomatensauce zuständig, mit der dann das gegrillte Fleisch serviert wird. Es folgen hausgemachte Minestre. Etwas eigenwillig ist sicher das Dessert des Hauses: **Grana mit hausgemachter Marmelade**. Die Leonellis bewirten nie mehr als 40 Gäste, auch wenn leicht doppelt so viele Platz hätten. Denn nur so bleibt die gute Qualität ständig gewährleistet. Nur der Wein läßt zu wünschen übrig, er paßt nicht zur guten Küche. Es ist unerläßlich, daß Sie vorher einen Tisch reservieren.

Lugo

25 km von Ravenna, S.S. 253

Antica trattoria del Teatro

Trattoria
Vicolo del Teatro, 36
Tel. 05 45 / 3 51 64
Ruhetag: Montag
Betriebsferien: unterschiedlich
40 Plätze
Preise: 19-35 000 Lire, ohne Wein
Kreditkarten: AE, CartaSi, DC, Visa
Reservierung: empfohlen

Gleich in der Nähe des Teatro Rossini liegt eine der ältesten Trattorie der Stadt. Die Erinnerung an den Gourmet Rossini wird in der »Antica trattoria del Teatro« hochgehalten. Wenn es die Jahreszeit erlaubt, bekommt man die berühmten »Cannelloni alla Rossini«. Daniele Francesconi und Fiorella Bertaccini bieten traditionelle Gerichte an, die sie selbst nach eigenen Geschmacksvorstellungen neu umsetzen. Sehr ausgewogen schmecken daher die klassischen Nudelsorten mit Sugo oder in Brühe (**Passatelli**, **Garganelli**, Tagliatelle, »Curzòli«) oder die **Minestre mit Hülsenfrüchten**. Unter aufwendigen Speisen sind auch so einfache Antipasti wie die **Frittelle di pane** zu finden. Das Angebot an Secondi reicht von Braten über Bollito bis zu Schmorbraten (je nach Jahreszeit bekommt man **gedämpften Aal** mit dikken Bohnen oder **geschmorte Ochsenzunge**). Für seine Süßspeisen ist das Lokal berühmt. Die Weinkarte ist mit Sorgfalt zusammengestellt und nennt Weine aus der Gegend sowie aus dem übrigen Italien. Daniele berät Sie gern. Die Preise bewegen sich zwischen 19 000 Lire für ein Mittagsmenü und 35 000 Lire für ein umfangreicheres Menü. Sie können auch à la carte essen.

Ravenna

Ca' de' vén

Enoteca
Via Ricci, 24
Tel. 05 44 / 3 01 63
Ruhetag: Montag
Betriebsferien: 25.12. - 15.1.
150 Plätze
Preise: 20 000 Lire
Kreditkarten: MC, Visa
Reservierung: empfohlen

In den Ferienorten der Romagna gibt es eine ganze Reihe von Weinschenken, die ausschließlich Weine aus der Umgebung anbieten. Das »Ca' de' vén« konzentriert sich auf die besten Erzeugnisse der Romagna. Das Lokal liegt mitten in der Altstadt von Ravenna, nicht weit von der Basilica di San Francesco und dem Grabmal Dantes entfernt. In der gemütlichen Schenke trinkt man in erster Linie Wein. Dazu werden einige typische Speisen gereicht: Wurstwaren, Käse, **Ciccioli**, ofenfrische **Piadina**, **Crescione** (eine mit Gemüse gefüllte Teigtasche) oder Süßspeisen wie Zuccherini und Ciambella. Das Publikum ist bunt gemischt, die Bedienung stets freundlich und zuvorkommend. Viele junge Leute trinken hier ihren Aperitif und essen eine Kleinigkeit dazu.

Ravenna

La Gardèla

Restaurant
Via Ponte Marino, 3
Tel. 05 44 / 2 71 47
Ruhetag: Donnerstag
Betriebsferien: 14 Tage im Febr. u. im August
70 Plätze
Preise: 25-30 000 Lire
Kreditkarten: alle
Reservierung: empfohlen

In Ravenna gibt es nur noch wenige Lokale wie das »La Gardèla«, in denen man typisch romagnolische Kost bekommt. Das Restaurant wurde vor zwanzig Jahren von Amilcare Casanova eröffnet. Signora Brunella kocht, Schwager Mauro Mambelli ist als Sommelier für die Getränke zuständig. Viele italienische und ausländische Urlauber, aber auch Einheimische kehren hier ein. Die typischen Gerichte sind gut und schmackhaft und stets leicht bekömmlich. Die Bedienung ist aufmerksam und fachkundig, es ist nichts von dieser gewissen Nachlässigkeit zu verspüren, die vielerorts in der Romagna Einzug gehalten hat. Man beginnt mit klassischen Antipasti, es folgen Minestre und verschiedene Nudelgerichte. Als Hauptgerichte gibt es **Grillspezialitäten** (»gardèla« bedeutet im Dialekt »Grill«), **Spezzatino »del contadino«** (dieses sehr traditionelle Gericht ist allein so üppig wie eine ganze Mahlzeit) und einige Fischgerichte. Von den Beilagen sind besonders die **gegrillten Gemüse**, von den Desserts die **Zuppa inglese** und die Karamelcreme zu empfehlen. Hier trinkt man endlich einmal nicht nur die üblichen mittelmäßigen offenen Hausweine, sondern ausschließlich Flaschenweine und Grappa, die zu einem vernünftigen Preis angeboten werden. Selbst wenn man sich einen Flaschenwein aus der Romagna bestellt, zahlt man insgesamt nicht mehr als 30 000 Lire. Das Lokal liegt in der Altstadt von Ravenna. In der ruhigen Seitenstraße in der Nähe der Markthallen ist die Parkplatzsuche ein Problem.

Rimini

49 km von Forlì, S. S. 16, A 14

Osteria dë Börg

Osteria
Via Forzieri, 12
Tel. 05 41 / 5 60 74
Ruhetag: Montag
Betriebsferien: 3 Wochen im September
80 Plätze
Preise: 18-30 000 Lire
Keine Kreditkarten
Reservierung: empfohlen

Im alten Stadtteil San Giulinao haben immer schon sehr gesellige Menschen gewohnt. Sie haben ihre Stammkneipen, denen sie aufs innigste verbunden sind. Der einstige »Circolo operaio« (ein Treffpunkt für die Arbeiter des Viertels) ist vor kurzem ansprechend und sinnvoll umgebaut worden und ist nun bei den Riminesern sehr beliebt. Denn Luisa und Veniero haben gleich Nägel mit Köpfen gemacht: das Lokal ist gemütlich, über einem großen Kaminfeuer wird gegrillt, die **Piadina** wird auf Terracottapfannen gebacken. Die Küche des Hauses ist verführerisch, der Wein aus den Colli di Covignano ist gut. Die Bedienung ist kompetent, dabei aber nicht unpersönlich, die Preise sind angemessen. Luisa kümmert sich hauptsächlich um die Nudeln, die auf der Speisekarte natürlich eine Spitzenstellung einnehmen. Der Teig wird nur mit der Hand ausgezogen. So kommen hier auch die ganz klassischen Nudelgerichte auf den Tisch: **Cappelletti**, Tagliatelle, **Strozzapreti**, die traditionelle **Minestra verde** mit Nudeln, **Patacucc** (Nudeln aus Mais- und Weizenmehl) mit dicken Bohnen. Wenn Sie Fisch mögen, können Sie Quadratini mit Tintenfischen und Erbsen und freitags **Brodetto di pesce** essen. Der junge Koch Martino ist für Fleisch, Gemüse und fürs Grillen zuständig. Bereits bei der Auswahl der Grundstoffe achtet er auf Qualität und läßt größte Sorgfalt walten. Auch die einfachen, aber wohlschmeckenden Desserts gehen auf sein Konto. Veniero steht hinter dem Tresen und schenkt den guten offenen Wein, Flaschenweine aus der Romagna sowie Grappa aus. Warme Küche nur abends, an Feiertagen auch mittags.

Rocca San Casciano

28 km von Forlì, S. S. 67

La pace

Trattoria
Piazza Garibaldi, 16
Tel. 05 43 / 96 01 37
Ruhetag: Dienstag, nicht im August
Keine Betriebsferien
130 Plätze
Preise: 30 000 Lire
Kreditkarten: Visa
Reservierung: empfohlen

Viele (und wir auch) sind der Meinung, daß das »La pace« wohl die beste Trattoria der Romagna ist. Schon beim Betreten des gemütlichen Lokals fühlt man sich wie zu Hause. Die Trattoria ist wohl deshalb so beliebt, weil dort urtypische romagnolische Küche angeboten wird. Die Kost basiert auf Grundstoffen aus dem Valle del Montone, die nach traditionellen Rezepten verarbeitet werden. Der aristokratische Einfluß der Medici läßt sich in diesem Zusammenhang nicht leugnen, denn schließlich verbindet das Valle del Montone Forlì mit der Toskana. Die Küche hält sich streng an die Tradition und den Wechsel der Jahreszeiten. Man hält nichts von einem Ausbrechen aus dem festen und steten Rhythmus der Jahreszeiten, denn nur gekünstelte Speisen wären das magere Ergebnis dieser Versuche. Stattdessen ist alles hausgemacht, **Pilze**, **Trüffeln** und Käse kommen aus Rocca San Casciano. Man kann sogar zuschauen, wie die Speisen frisch zubereitet werden. Das Verhältnis von Preis, Qualität und Quantität ist ausgezeichnet.

Santa Sofia

39 km von Forlì, S. S. 310

Dina

Trattoria
Via Nuova, 8/B – Corniolo
Tel. 05 43 / 98 00 13
Ruhetag: Montag, nicht im Sommer
Betriebsferien: Ende September
50 Plätze
Preise: 30 000 Lire
Keine Kreditkarten
Reservierung: empfohlen

In die Gegend von Corniolo kommen hauptsächlich Naturfreunde, Wanderer, Angler und Botaniker. Hier bekommt man Pilze, Trüffeln, Lammfleisch, Käse und deftiges Bauernbrot. Die Trattoria wurde vor 25 Jahren eröffnet. Heute betreiben Erminia und Carlo das gut eingeführte Lokal mitten im Dorf. Hier wird hervorragende Hausmannskost geboten. Die Grundstoffe der Gegend (besonders das Fleisch der Metzgerei Michelacci) kommen gut zur Geltung. Wir empfehlen Ihnen die **Crostini** mit Steinpilzen, die verschiedenen **Tortelli** mit Ricotta-, Kräuter-, Kartoffel- oder Kürbisfüllung, die **Tagliatelle al ragù**, das Lamm, den **Wildschweinbraten mit Steinpilzen**, den Pecorino und die hausgemachten Desserts. Alle Gerichte werden täglich frisch zubereitet, die Bedienung ist sehr aufmerksam, der Wein von den umliegenden Hügeln paßt gut zu den einzelnen Speisen. Im Bezug auf Quantität und Qualität günstige Preise. Nachmittags können Sie hier auch Brotzeit machen.

Santarcangelo di Romagna

39 km von Forlì, S. S. 9

Osteria della violina

Osteria
Vicolo D'Enzi, 4
Tel. 05 41 / 62 04 16
Ruhetag: Montag
Betriebsferien: zweite Augusthälfte
50 Plätze
Preise: 25 000 Lire
Kreditkarten: AE, DC, Visa
Reservierung: empfohlen

In der engsten Gasse (eben »la violina«) der Stadt steht seit ein paar Jahren die Osteria von Edoardo Ioli. Seine Familie ist in der Gastronomie Santarcangelos bestens bekannt, denn der Großvater hatte vor Zeiten das Restaurant »Il Lazaroun« gegründet. Edoardos Mamma und sein Frau sind für die Küche der Osteria und des Restaurants im Obergeschoß verantwortlich. Das ehemalige Gesindehaus eines Palazzo aus dem 18. Jahrhundert ist hübsch restauriert worden. Im Sommer kann man in einem Garten im Freien essen. Auf der Schiefertafel in der Osteria stehen täglich bodenständige und traditionelle Speisen angeschrieben: Tagliolini mit verschiedenen Saucen (je nach Jahreszeit), **Pasta e ceci**, Bohnen mit Schweineschwarte (im Winter), Polpette, **Trippa alla Romagnola**, Spezzatino. Freitags steht immer frischer Fisch auf der Tafel: **Brodetto**, gefüllte Tintenfische. Wenn man besonderes Glück hat, gibt es gerade so seltene Gerichte wie **gebratene Innereien vom Lamm**, fritiertes Gemüse oder im Winter den einfachen **sciavosc** (eine Art Pressack) und den **Bustrengh**, einen Auflauf aus altem Brot, Trockenobst, Nüssen, Milch und Honig. Zu allen Speisen trinkt man am besten den offenen Sangiovese. Auch wer nur schnell ein Glas Wein trinken möchte, sollte sich wenigstens eine Piadina mit Käse, gedünstetem Gemüse oder Wurst dazubestellen. Die **Piadina** wird in Santarcangelo mit etwas Natriumhydrogenkarbonat gebacken. Sie ist deshalb kräftiger in der Farbe und höher als die Piadina aus Rimini. Einige Leute behaupten, sie würde sogar noch besser schmecken.

Torriana

52 km von Forlì, S. S. 258

Osteria del povero diavolo

Osteria
Via Roma, 30
Tel. 05 41 / 67 50 60
Ruhetag: Mittwoch
Betriebsferien: 14 Tage im Januar
50 Plätze
Preise: 25 000 Lire, ohne Wein
Keine Kreditkarten
Reservierung: empfohlen

Fausto Fratti hat schon zu seinen Zeiten als Arbeiter und Gewerkschafter von einer richtigen Osteria geträumt. Aber um eine Osteria nach seinen Vorstellungen zu finden, mußte er selbst eine eröffnen. Und dafür müssen wir ihm dankbar sein. Für Fausto mag die Osteria viel Arbeit bedeuten, aber für uns ist ein Besuch dort jetzt schon ein großes Vergnügen, das wir uns sogar leisten können. Fausto hat mit großer Sorgfalt sein eigenes Geburtshaus restaurieren lassen. Es liegt an der Roccia Scorticata, von wo aus man das ganze Marecchiatal und die Küste von Rimini überblicken kann. Die Gerichte aus der Gegend haben schon viel Ähnlichkeit mit den Spezialitäten der Marken. Signora Loredana kocht sie mit Liebe und Sachverstand. Das Angebot reicht von den Crostini zum Wein bis zu den überragenden **Tagliatelle** mit Auberginen und wildem Fenchel, zu **Bigoli** mit Tomaten und Kichererbsen, zu **Malfattini** (hier: handgemachter und anschließend kleingehackter Nudelteig) mit Bohnen, **Tagliolini con la bomba** (die Gewürze, die sich entfalten, wenn der Sugo in kochende Brühe gegossen wird). Alles in allem ein einziges Crescendo traditioneller und wohlschmeckender Speisen. Täubchen, Lamm, Zicklein und Kaninchen sind ausgezeichnet und immer zu bekommen. Das köstliche **Spanferkel in Milch** muß man vorbestellen, es verspricht aber ein überwältigendes Eßerlebnis. Natürlich ist auch immer eine wunderbare **Piadina** zu haben. Dazu ißt man die gleichfalls sehr guten Wurstwaren und Käse. Die Weine sind sehr gut. Sie kommen vorwiegend aus der Romagna, es werden aber auch Erzeugnisse aus anderen Teilen des Landes angeboten.

BOLOGNA
Pontremoli
Fresana
Minucciano
Camporgiano
Castiglione
Abetone
Castelnuovo
Cutigliano
Molazzana
Palazzuolo sul Senio
Seravezza
Pietrasanta
Camaiore
PISTOIA
Scarperia
LUCCA
Montecarlo
Agliana
Badia Tebalda
FLORENZ
Limite sull'Arno
Lastra a Signa
PISA
Anghiari
S. Miniato
S. Casciano
LIVORNO
Badia a Passignano
Greve
Terranuova Bracc.
Radda
S. Gimignano
Poggibonsi
AREZZO
Rosignano Maritt.
Volterra
Montescudaio
SIENA
CECINA
Sovicille
Murlo
Sassetta
Montalcino
Portoferraio
Elba
GROSSETO
Montorgiali
Semproniano
Talamone
Magliano i. Tosc.
Manciano
Porto S. Stefano
Capalbio
Orbetello

TOSKANA

TOSCANA

ENDLICH!! DAS IST ECHTE TOSKANISCHE KÜCHE...

SOLL DAS DIE GANZE FRITTATA MIT TOMATEN SEIN?

NUN JA... ABER SIE IST SEHR GUT...

DINKELSUPPE? — **JA.**

KUTTELN? — **KLAR.**

DARF ICH IHNEN UNSEREN HISTORISCH-PHILOLOGISCHEN ABRISS ÜBER DIE SPEISEN AUS UNSEREM ANGEBOT ÜBERREICHEN?

LUCA! — **BOBO!!**

IST DAS LANGE HER!!

MENSCH, DAS WAR LUCA! DER WAR FRÜHER MAL BEI »LOTTA CONTINUA«.

WENN DU DIR DIE RECHNUNG ANSCHAUST, KÖNNTE ER JETZT ZU CRAXI GEHÖREN!

AUSSERDEM HABE ICH IMMER NOCH HUNGER.

HOT DOG 1.500
SUPER KENBURGER 2.500
FISH-CHIPS 2.000

MAMPF! MAMPF!

SIEHST DU NUN, WER UNS IN DIE ARME DER FAST-FOOD-KETTEN TREIBT?!

Abetone

49 km von Pistoia, S. S. 12

Val Buia

Enoteca
Via Brennero, 251–255
Tel. 05 73 / 6 01 34
Ruhetag: Dienstag
Betriebsferien: im Frühjahr u. Herbst
50 Plätze
Preise: 30 000 Lire, ohne Wein
Keine Kreditkarten
Reservierung: empfohlen

Luigi Ugolini hat 1972 diese rustikale und gemütliche Weinschenke eröffnet. In der Zwischenzeit hat sein Schwager Walter Chierroni das Lokal übernommen. Auch er hat es sich zur Aufgabe gemacht, nur erstklassige Weine anzubieten. Die Weinkarte ist demnach sorgfältig zusammengestellt und reich bestückt. Die Auswahl an Spirituosen ist ebenfalls sehr groß. Im Kamin brennt immer ein Feuer, und darüber brutzeln saftige Fleischstücke. Man hat also schon beim Betreten des Lokals die Gewißheit, daß man gutes Essen und guten Wein bekommt. Man trinkt hauptsächlich die großen Weine aus der Toskana, aber die Palette der besten Erzeugnisse aus ganz Italien ist breit gefächert. Manita Ugolini, Walters Frau, kocht wenige Speisen, diese aber werden mit größter Sorgfalt zubereitet: Filet und **Costata**, Salsiccia und Pancetta, aber auch mit Pilzen, Crostoni al formaggio, Fettunta ai funghi und Crespelle. Auf die diskreten Empfehlungen von Chierroni, der Seele des Lokals, können Sie sich immer verlassen. Zu jedem Wein bekommen Sie die passenden Gläser. Warme Küche von Mittag bis Mitternacht.

Agliana

9 km südöstl. von Pistoia

Ovidio

Trattoria
Via Roma, 83
Tel. 05 74 / 71 80 65
Ruhetag: Samstag und Sonntag
Betriebsferien: im August
50 Plätze
Preise: 20 000 Lire
Keine Kreditkarten
Reservierung: abends

Der Wirt Ovidio und seine Trattoria sind in ganz Agliana berühmt. Miria und Alessandra behaupten, daß ihr Vater sich nur noch um die Trattoria kümmert, seit er sie von seiner Tante Isolina geerbt hat. Signora Mina und ihre beiden Töchter wechseln sich in der Küche und bei der Bedienung ab, Ovidio seinerseits ist vornehmlich in Sachen Öffentlichkeitsarbeit tätig. Wurstwaren und Zucchini als Antipasto. Als Primi **Pappardelle alla lepre**, Zuppa di pane, »pammolle« oder **Panzanella** (eingeweichtes und ausgedrücktes Weißbrot, Olio extravergine, Salz, Petersilie, Basilikum, Tomaten, Gurken, frische Zwiebeln ... es gibt unendlich viele Variationsmöglichkeiten), **Pasta e fagioli** und Minestrone. Als Hauptgericht dann **Ente**, gemischte Bratenplatte (Kalb, Kaninchen, Huhn, Perlhuhn, Schwein und Lamm), geschmorter Schweinerücken oder ein Fritto vom Kaninchen, Huhn und Lamm mit Zucchini, Artischocken, Auberginen und **Pilzen**. Zum Dessert Tiramisù mit Früchten, Pâtisserie von der Bäckerei Tripoli in Agliana oder Crostate mit frischem Obst. Die Hausweine sind in Ordnung, der Espresso ist himmlisch. Die Kaffeebohnen dafür werden in der Torrefazione Tricaffè nämlich noch über dem Holzfeuer geröstet. Man denkt stets gern an die angenehme Gesellschaft Ovidios und an die Köstlichkeiten der Trattoria zurück.

Anghiari

28 km von Arezzo, 9 km von San Sepolcro

Da Alighiero

Restaurant
Via Garibaldi, 8
Tel. 05 75 / 78 80 40
Ruhetag: Donnerstag
Betriebsferien: unterschiedlich
50 Plätze
Preise: 20-25 000 Lire
Keine Kreditkarten
Reservierung: empfohlen

In der Vergangenheit war Anghiari vor allem wegen seiner Waffenschmiede und der Schlacht im Jahre 1440 berühmt. Heute ist der Ort eher ein Begriff für gute Küche als für kriegerische Unternehmungen. Direkt an der mittelalterlichen Stadtmauer steht das Ristorante »Da Alighiero«. Die alte Bausubstanz verleiht dem kleinen Restaurant einen sehr gemütlichen Charakter. Es empfängt Sie die Familie Roselli: Alighiero, der Erfahrung aus großen Hotels mitbringt, seine Frau Graziana, ihr Sohn Sauro und Schwiegertochter Assuntina. Hier bekommen Sie echte Regionalküche vorgesetzt. Die Antipasti mit den Hausmacherwürsten sind ein guter Auftakt. Aber es kann auch sein, daß man Ihnen gleich einen schmackhaften Primo empfiehlt: die **Ribollita** (hier wird sie mit fritiertem Brot zubereitet) oder die Bringoli (eine handgemachte Nudelsorte) mit einem Sugo aus Salciccia, Knoblauch, Tomaten und Basilikum. Graziana macht auch ausgezeichnete **Tortelli di patate**, ein sehr typisches Gericht dieser Gegend. Als Hauptgericht sollten Sie Geschmortes bestellen: **Innereien vom Lamm** mit Zwiebeln, **Trippa**, **Kalbsschwanz** mit Tomaten. Probieren Sie auf alle Fälle auch die Täubchen und die **Anatra in porchetta**. Wenn Sie mindestens einen Tag vorher bestellen, können Sie den herrlichen **Baccalà fritto** mit einer Sauce aus Tomaten und Zwiebeln bekommen. Als Beilagen reicht man Zucchine trifolate und Fagioli all'uccelletto. Graziana versteht sich auch meisterhaft auf die Zubereitung von Süßspeisen wie Torcolo und Crostata. Sauro bedient Sie freundlich und zuvorkommend. Der Wein schmeckt unverfälscht und läßt sich gut trinken.

Arezzo

Del pescatore

Trattoria
Via Sette Ponti, 19/B
Tel. 05 75 / 36 40 96
Ruhetag: Mittwoch
Betriebsferien: unterschiedlich
70 Plätze
Preise: 20-25 000 Lire
Keine Kreditkarten
Reservierung: empfohlen

Das kleine Dorf Ponte Buriano besteht nur aus ein paar Häusern und liegt am Ende der »Strada dei Sette Ponti«, die von den Hängen des Pratomagno in die Ebene von Arezzo führt. Der Name Ponte Buriano leitet sich von einer alten Römerbrücke ab, die kurz oberhalb eines kleinen Stausees über den Arno führt. Früher, als der Arno noch nicht so verschmutzt war, kamen viele Hobbyangler an den See. Alfredo Berneschi besaß direkt am See ein kleines Lebensmittelgeschäft mit Weinausschank. Dort konnten sich die hungrigen Angler verköstigen. In erster Linie für diese Kundschaft eröffnete Alfredo 1962 ein kleines Gasthaus. Heute kommen allerdings nur noch wenige Angler, denn es gibt kaum mehr Fische im Arno. Aber die Trattoria gibt es immer noch. Sie wird inzwischen von Gastone (Alfredos Sohn) und seiner Frau Marisa geführt. Marisa kocht, Gastone kümmert sich um die Gäste, sonntags hilft auch die Tochter mit. Das Lokal ist einfach, aber gemütlich. Marisa Michelini stammt aus San Giustino Valdarno. Das ist hier ein Begriff für gute traditionelle und bäuerliche Kost. Crostini neri, handgemachte **Pappardelle** mit Kaninchensauce, **Minestra** mit dicken Bohnen und Gemüse, Spießbraten, **Piccione alla diavola**, Kaninchenbraten mit Tomaten, geschmorte Ente oder Anatra in porchetta und Crostata sind die Spezialitäten des Hauses. Aber am interessantesten ist sicher die **Anguilla alla cacciatora**, im Tontopf gedämpfter Aal mit Knoblauch, Salbei und Rosmarin. Sie bekommen den Aal jeden Freitag, an den anderen Tagen nur auf Vorbestellung. Den Wein bezieht Gastone von Bauern aus der Gegend.

Badia a Passignano

30 km von Florenz, S. S. 2 Richtung Poggibonsi

La scuderia

Trattoria
Ortsteil Sambuca Val di Pesa
Tel. 0 55 / 8 07 16 23
Ruhetag: Mittwoch
Betriebsferien: Januar/Februar
30 Plätze
Preise: 35-40 000 Lire
Kreditkarten: AE, DC
Reservierung: notwendig

Bis vor zehn Jahren stand hier ein einfaches Lebensmittelgeschäft. Stella Casolaro hat eine kleine Trattoria daraus gemacht. Seit vierzig Jahren lebt die Signora in Badia und kennt sich mit der Gastronomie der Gegend aus. Sie versteht sich auf die artgerechte Zubereitung von **Coniglio chiantigiano** (Kaninchen mit schwarzen Oliven, Weißwein und Olivenöl), Perlhuhn, »Pollo in galera« (Huhn mit Zwiebeln), gefülltem Kaninchen und **Lamm nach Florentiner Art**. Wildgerichte dürfen hier natürlich nicht fehlen: **Wildschwein mit Polenta**, Ringeltaube, Hase und **Wildgeflügel** aus der Maremma. Von den Primi empfehlen wir die hausgemachte Pasta und die ausgezeichnete Pilzsuppe mit gerösteten Brotscheiben. Dazu trinkt man den ordentlichen Hauswein oder einen guten Flaschenwein aus der Toskana. Die Karte nennt Chiantiweine und die besten Brunellos. Hier nur ein paar Namen aus dem reichhaltigen Angebot: Isole e Olena, Montevertine, Antinori, Castello di Ama. Zu jedem Wein gibt es das passende Kristallglas.

Badia Tedalda

65 km von Arezzo, S. S. 258

L'erbhosteria del castello

Bar-Trattoria
Ortsteil Rofelle
Tel. 05 75 / 71 40 17
Ruhetag: Mittwoch
Betriebsferien: unterschiedlich
70 Plätze
Preise: 25-30 000 Lire
Keine Kreditkarten
Reservierung: empfohlen

Die alte Osteria Valentini hat zwar jetzt einen neuen Namen, ist im großen und ganzen aber immer die gleiche geblieben. In diesem kleinen Dorf mitten in den Apenninen sind Gasthaus und Kirche die einzigen Stätten, die den Bewohnern Abwechslung versprechen. In der »Erbhosteria« ißt man nach wie vor bodenständige Kost und wird freundlich bedient. Mamma Golmira lebt seit über dreißig Jahren nur für ihre Trattoria. In der Küche hilft ihr ihre Tochter Mara, ihr Sohn Piero kümmert sich um die Getränke. Das Zusammenspiel von traditioneller Kost und Maras Gerichten aus frischen Blüten und Kräutern ist interessant. Mamma Golmiras Kochkunst entstammen die **Ravioli di ricotta e verdura**, die handgemachten Tagliatelle, die gemischten Lammbraten und die gebratenen Tauben, die Gemüseaufläufe und die Crostate. Mara dagegen forscht schon seit einigen Jahren nach Rezepten mit Kräutern und Blüten, die hier in dieser vornehmlich landwirtschaftlich genutzten Gegend gedeihen. Sie kocht also Spaghetti mit Thymianblüten, brät **Perlhuhn mit Eicheln**, Frittata mit Brombeeren, Waldreben oder Brennesseln, bäckt Holunder- und Kürbisblüten aus. Die beiden Frauen sind wahre Meisterköchinnen und verstehen die Zeit, die in diesen Dörfern noch langsam verstreicht, sinnvoll zu nutzen. So machen sie z.B. Marmelade und Saft aus Beeren. Versuchen Sie den Ratafià aus Basilikum und das Rosenwasser. Piero sammelt im Herbst **Pilze**, schwarze und weiße **Trüffeln**. Schließlich können Sie hier noch schmackhafte Wurstwaren, Ricotta und andere Käsespezialitäten (in diesem Landstrich wird viel Weidewirtschaft betrieben) probieren.

Camaiore

25 km von Lucca, S. S. 439 Richtung Massa

Il vignaccio

Trattoria
Piazza della chiesa, 5 – Santa Lucia
Tel. 05 84 / 91 42 00
Ruhetag: Mi. u. Donnerstagmittag
Betriebsferien: Oktober/November
45 Plätze
Preise: 35 000 Lire, ohne Wein
Keine Kreditkarten
Reservierung: notwendig

Santa Lucia ist ein kleiner Ortsteil von Camaiore und liegt hoch oben auf einem Hügel. An klaren Tagen kann man von hier aus den ganzen Golf von La Spezia und den Hafen von Livorno überblicken. Riccardo Santini und Andrea Poli haben vor etwa drei Jahren das »Il vignaccio« übernommen. Sie haben das Wein- und Speisenangebot der ehemaligen Osteria erweitert und können nun mit Recht von einer Trattoria sprechen. Das Lokal selbst ist unverändert geblieben und fügt sich harmonisch in das mittelalterliche Städtchen ein. Köchin Emilia konzentriert sich ganz auf die Spezialitäten der Gegend. Seien es nun die Antipasti mit Wurstwaren aus Camaiore oder ihre Crostini. Zu den hausgemachten **Tagliatelle** ißt man Sughi aus frischem Saisongemüse. Als Secondo stehen **Trippa**, **Baccalà** mit Porree und **Spanferkel** auf der Speisekarte. Riccardo pflegt einen sehr freundschaftlichen Umgang mit seinen Gästen und zeigt ihnen voller Stolz seine Weinkarte: etwa 350 verschiedene Weiß- und Rotweine sind da aufgelistet. Von Oktober bis April gibt es jeden Dienstag Fritto: der wird hier noch wie zu Großmutters Zeiten in gußeisernen Pfannen zubereitet und anschließend mit Olivenöl serviert.

Camaiore

25 km von Lucca, S. S. 439 Richtung Massa

La dogana

Trattoria
Via Sarzanese, 442 – Capezzano Pianore
Tel. 05 84 / 91 31 43
Ruhetag: Mittwoch
Betriebsferien: November
70 Plätze
Preise: 40 000 Lire, ohne Wein
Kreditkarten: alle
Reservierung: empfohlen

Am Ortseingang von Capezzano Pianore steht das »La dogana«. »Dogana« bedeutet Zollstation, denn hier verlief die Grenze zwischen zwei Gemeindegebieten. Dem Lokal war ein wechselhaftes Schicksal beschieden. Früher war das »La dogana« eine richtige Locanda, in der man übernachten oder die Pferde wechseln konnte. Dann wurde eine Weinhandlung und -schenke daraus. Im Zweiten Weltkrieg wurde es zerstört und als Bar und Tabakhandlung wieder aufgebaut. Danach gab es eine Pizzeria »La dogana«, bis Vittoriano Pierucci sie schließlich in ein Ristorante-Enoteca verwandelte. Vittoriano bedient seine Gäste fachkundig und zuvorkommend. Seine Frau Lida und die Schwägerin Mirella sind für die Küche zuständig. Zu den Spezialitäten des Hauses zählen hauptsächlich Fischgerichte. Typisch sind die **Tagliatelle nere** mit der Tinte vom Tintenfisch, es folgen stets ganz frische Fische mit Saisongemüsen. Bei den Gästen sind aber auch die anderen Speisen, z.B. **Steinpilzsuppe** oder Entenbrust mit grünem Pfeffer, sehr beliebt. Die Desserts sind persönliche Kreationen von Vittorianos Phantasie. Die Weinkarte nennt gute Weine aus der Gegend.

Camporgiano

60 km von Lucca, S. S. 445

Mulin del Rancone

Bauernhof
Ortsteil Rancone
Tel. 05 83 / 61 86 70 und 6 57 35
Kein Ruhetag
Betriebsferien: November
40 Plätze
Preise: 25-30 000 Lire
Keine Kreditkarten
Reservierung: empfohlen

Im Herzen der Garfagnana steht eine alte Mühle. Dort können Sie sich in ruhiger und angenehmer Atmosphäre entspannen und ausgezeichnete traditionelle Kost essen. Die Garfagnana ist bekannt für ihre unverfälschten Erzeugnisse: Dinkel ist in ganz Italien wieder neu entdeckt worden, der typische Mais ist weniger ertragreich als die modernen Sorten, schmeckt aber viel intensiver, die Steinpilze der Garfagnana gehören zu den besten in ganz Europa, die Maroni werden zu einem süßen und wohlschmeckenden Mehl verarbeitet, die schmackhaften Fleischstücke verwandeln sich in den Händen der Signora Franca zu unvergeßlich guten Gerichten. Die **Dinkel-** und **Kartoffelkuchen** und die deftigen Wurstwaren geben zu jeder Tageszeit eine herrliche Brotzeit ab und dienen als Vorspeise zur klassischen **Minestra di farro**, zu den Tortelli oder Maccheroni mit Sugo aus Fleisch und Pilzen. Im Herbst müssen Sie die **Polenta coi funghi** probieren und dazu **geschmortes Kaninchen** essen. Oder möchten Sie lieber Schweinebraten, Lamm oder doch vielleicht das gekochte Huhn? Die kulinarischen Hochgenüsse erwarten Sie jedoch im Winter, wenn das frische Kastanienmehl die Hauptrolle spielt. Polenta mit Schweinefleisch, **Neccio con salsiccia** und **Biroldo** oder die **Frittelle con ricotta** sind eine Reise wert. Essen Sie als Dessert einen einfachen Apfelkuchen oder eine Crostata. Trinken können Sie einen offenen Wein aus dem Chianti oder einen Flaschenwein aus der Gegend um Lucca oder aus dem Chianti. Hier in der Garfagnana wird kaum Weinbau betrieben. Die wenigen Weine, die hier überhaupt gedeihen, sind nur selten genießbar. Die Bedienung ist freundlich. Im Winter nur samstags und sonntags geöffnet.

Capalbio

54 km von Grosseto, Richtung Civitavecchia

Trattoria toscana

Trattoria
Via Vittorio Emanuele, 2
Tel. 05 64 / 89 60 28
Ruhetag: Mittwoch
Betriebsferien: 8 Tage im Januar
100 Plätze
Preise: 25-35 000 Lire
Kreditkarten: Visa
Reservierung: empfohlen

Gleich innerhalb der schönen Stadtmauern, auf dem Weg zur Stadtmitte hinauf, liegt die »Trattoria toscana«. Der Name klingt nicht gerade besonders originell, denn »Trattorie toscane« gibt es wohl auf der ganzen Welt. Hier ist die Bezeichnung jedoch angebracht, denn sie gibt bereits einen ersten Vorgeschmack auf das, was das Lokal zu bieten hat. Die Trattoria ist also rustikal mit viel Holz und Terracotta eingerichtet; ihre Küche konzentriert sich ganz auf die Spezialitäten der Maremma: ausgezeichnete **Acquacotta**, Tortelli di ricotta, handgemachte Tagliatini und **Zuppa di funghi**. Als Antipasti bekommt man Wildschweinfilet mit Öl und Zitronensaft, **Crostini di cinghiale** oder die klassischen Crostini di milza. Das gegrillte Fleisch ist zart und schmackhaft, genauso wie der Wildschweinbraten, die Krönung des ganzen Mahls. Die kleine Weinkarte bietet einige gute Alternativen zum offenen Wein aus der Cantina Sociale di Capalbio, der hier auch gern getrunken wird.

Castelnuovo di Garfagnana
49 km von Lucca, S. S. 445

Locanda Marchetti

Osteria
Via Fulvio Testi, 10
Tel. 05 83 / 6 31 57
Ruhetag: Sonntag
Betriebsferien: September
20 Plätze
Preise: 15 000 Lire, ohne Wein
Keine Kreditkarten
Reservierung: nicht notwendig

Mitten im Ort, unter der mittelalterlichen Loggia, herrscht schon immer reges Treiben. Hier steht auch schon seit Menschengedenken eine schlichte Osteria, der selbst unsere moderne Zeit nichts anhaben konnte. Auf dem Wirtshausschild steht: »Osteria, latte e vino«. Die Zusammenstellung von Milch und Wein mag Sie vielleicht verwundern. Sie ist aber durchaus erklärlich, denn früher kam der Osteria in so kleinen Dörfern wie diesem ja auch die Rolle eines Gemischtwarenladens zu. Auch heute noch öffnet das Lokal frühmorgens für Gäste, die hier frühstücken wollen: klassisch mit Milchkaffee und frischem Brot oder garfagnanisch mit den seltenen »Marafregoli« aus Kastanienmehl. Im weiteren Tagesverlauf wird dann an den Tischen der kleinen Osteria Karten gespielt, gegessen und geredet. Zur Mittagszeit kehren die treuen Stammkunden ein und warten ungeduldig auf ihr Essen. **Marinierte Sardellen** in grüner Sauce, typische Wurstwaren, **Minestrone di verdure** oder **di fagioli** und **Polenta** können Sie jeden Tag bekommen. Das gilt auch für die gegrillten oder geschmorten Schweine- und Rindersteaks. Freitags ißt man traditionsgemäß **Minestra di farro** und gegrillten bzw. geschmorten **Baccalà**. Auf Vorbestellung können Sie im Spätherbst die überragende **Polenta di neccio** (aus Kastanienmehl) mit Schweineknochen und fritierten **Biroldo** bekommen – ein unvergleichliches Erlebnis. Der offene Wein kommt aus der Gegend um Lucca und ist im allgemeinen recht gut. Am meisten werden Sie sich wohl über die Preise der kleinen Osteria wundern: die sind wirklich noch aus einer anderen Zeit.

Castiglione di Garfagnana
56 km von Lucca, S. S. 445

Il casone

Trattoria mit Hotel
Ortsteil Casone di Profecchia
Tel. 05 83 / 66 50 95
Kein Ruhetag
Keine Betriebsferien
200 Plätze
Preise: 20-25 000 Lire
Keine Kreditkarten
Reservierung: empfohlen

»Il casone«, der dem ganzen Ortsteil zu seinem Namen verholfen hat, ist ein großes Gebäude aus unbehauenem Stein. Es wurde im 18. Jahrhundert errichtet und diente als Quartier für das Militär, das damals dieses Grenzgebiet und eine wichtige Verbindungsstraße kontrollierte. Die geräumigen Gewölbehallen im Erdgeschoß dienten einst als Stallungen. Heute findet hier der Reisende eine Bar, an der er seinen Durst löschen, einen großen Kamin, an dem er sich wärmen, und einen Speisesaal, in dem er seinen Hunger stillen kann. In den oberen Stockwerken versprechen gemütliche Gästezimmer eine angenehme Nachtruhe. Die Familie Regoli steht hinter dieser Oase. Der junge, bärtige und kräftige Giuseppe kümmert sich um die Organisation des gesamten Betriebs. In der großen Küche regiert uneingeschränkt die tüchtige Dina. Sie hat immer das Passende für den großen oder kleinen Hunger und serviert typische Wurstwaren und Käse, herrlich duftende Fritelle, geröstete Polenta oder köstliche »Torta di farro« bzw. Kartoffelaufläufe. Zu den Hauptmahlzeiten wird eine überwältigende Vielzahl von Speisen aufgetischt, so daß man versucht ist, die Wirtsleute zu bremsen: Minestrone, **Pappardelle**, **Tortelli**, **Ravioli di ricotta** und »guamaldi« (eine Art wilder Spinat), **Pilze** aller Art, üppiger Fritto misto, Geschmortes und Gebratenes, Feldradicchio und Saisongemüse. Zum Dessert die **Frittelle di neccio** mit Ricotta oder schlichte und hervorragende selbstgebackene Kuchen. Man trinkt einen ordentlichen offenen Wein oder Flaschenweine von guten Erzeugern aus der Toskana und anderen Teilen Italiens.

Cutigliano

36 km von Pistoia, S. S. 12

Le Cavi

Bauernhof
Via Le Cavi, 14
Tel. 05 73 / 6 85 50
Ruhetag: Di. abend und Mittwoch
Betriebsferien: Oktober
25 Plätze
Preise: 20-25 000 Lire
Keine Kreditkarten
Reservierung: empfohlen

Auf der Straße von Cutigliano in Richtung Melo und des Skigebiets Doganaccia steht diese kleine Einkehr. Bereits in kurzer Zeit wurde sie bei allen Bergfreunden sehr beliebt. Das Gasthaus steht an einem besonders schönen Fleckchen. Zwischen der Straße und den Kastanienbäumen erstreckt sich eine herrliche Wiese, im Hintergrund sieht man die Berge. Zu jeder Tageszeit kann man sich auf die Holzbänke im Freien setzen und eine einfache, aber schmackhafte Brotzeit aus Wurstwaren, Pecorino, Crostata zu sich nehmen. Wer eine vollständige Mahlzeit möchte, sollte besser vorbestellen. Denn die Spezialitäten des Lokals sind bemerkenswert, aber eben nicht automatisch zu haben: **Polenta con i funghi**, gefüllte Tagliatelle, **gefülltes Kaninchen** und **gebratener Schinken**. Die Tortelli mit Ricottafüllung und die hausgemachten Tagliatelle kann man immer bekommen. Als Hauptgericht gibt es meist Gegrilltes. Silvia ist eine erfahrene Köchin. Immer schon hat sie zu Hause für viele Personen gekocht. Schließlich hat sie ihre Kochkenntnisse in den Hotels der Gegend noch vertieft. Zusammen mit ihrer Schwester Emilia kocht sie nun schlichte, aber schmackhafte Speisen. Im Herbst wird die Küche mit der Spezialität der Gegend, d.h. mit **Pilzen**, noch bereichert. Der einfache Wein kommt aus der Gegend um Pistoia und um Florenz und läßt sich gut trinken. Die Bedienung ist nett und freundlich. Zur entsprechenden Jahreszeit kann man hier Steinpilze, Maronen und Beeren auch kaufen.

Firenze

Antico ristoro dei Cambi

Trattoria
Via Sant'Onofrio, 1 r
Tel. 0 55 / 21 71 34
Ruhetag: Sonntag
Betriebsferien: 8 Tage im Dezember
80 Plätze + 30 im Freien
Preise: 25 000 Lire
Kreditkarten: Visa
Reservierung: abends empfohlen

Wenn Sie sich schon die Brunelleschi-Kuppel angesehen haben, dann können Sie bei den Cambis ein weiteres architektonisches Wunder von Florenz betrachten: an den Wänden des Lokals hängen zahlreiche Fotos, auf denen gezeigt wird, wie große Korbflaschen auf Karren verladen wurden. Diese Ladevorrichtung sieht von der Seite aus wie der Kiel eines Schiffes, von hinten ähnelt sie einem Giebeldach. Die Korbflaschen wurden dann übereinander gestapelt und mit Pflanzenfasern so aneinander gebunden, daß sie selbst das Gleichgewicht halten konnten. Die Trattoria liegt in einem Anwesen aus dem 16. Jahrhundert mit typischen Gewölbedecken. In dieser Gegend der Stadt waren früher Pferdekutscher und Fuhrleute zu Hause. Um die Porta San Frediano lagen die Stallungen, Schuppen und sonstige Einrichtungen für die Fuhrleute. Wagte man sich weiter in das Stadtviertel vor, stieß man auf Gestalten der Halb- und Unterwelt. Ende des 19. Jahrhunderts entstanden in diesem Stadtteil zahlreiche Wirtshäuser. Viele davon haben lange überlebt, einige bestehen noch heute und blühen geradezu, wie eben die Trattoria der Gebrüder Flavio und Stefano Cambi. Von den Antipasti empfehlen wir die **Finocchiona sbriciolona**. Als Primo sollte man **Ribollita**, **Pappa al pomodoro** oder Panzanella probieren. Es folgt **Lampredotto** (Rindermagen) mit Reis und Kohl oder mit grüner Sauce. Manchmal bekommt man sogar Lende, **geschmorte Schweinebacke** und Beilagen. Diese erztypischen Gerichte sind leider zum Verschwinden verurteilt. Hier, bei den Cambis, handelt es sich nicht um kulinarische Wiederentdeckungen. Schon immer wurde hier ganz schlichte toskanischen Küche angeboten. Und dazu trinkt man dann eine ordentliche Flasche Chiantiwein.

TOSKANA **287**

Firenze

Da Burde

Trattoria
Via Pistoiese, 6 r
Tel. 0 55 / 31 72 06
Ruhetag: Sonntag
Betriebsferien: August
150 Plätze
Preise: 25-30 000 Lire
Keine Kreditkarten
Reservierung: empfohlen

Mit dem liebenswerten Spitznamen »burdél« wurden (und werden) in Florenz die Emilianer bezeichnet. Da die meisten Schweinehändler ebenfalls aus der Emilia stammten, galt der Spitzname auch ihnen. Ein Schweinehändler, ein waschechter Florentiner übrigens, eröffnete vor über hundert Jahren die Osteria »Da Burde«. Das Lokal ist immer noch in den Händen der Familie Gori. Heute kocht Fabrizio zusammen mit seiner schon betagten Mutter Irene Spezialitäten aus Florenz und der Toskana. Er hält sich streng an die klassischen Rezepte, hält nichts von modernen Küchengeräten wie Gefriertruhe oder Friteuse. Sein Credo heißt täglich frische Ware vom Markt. Seine bodenständigen Gerichte schmecken frisch und kräftig. Minestrone, Zuppa lombarda, **Acquacotta**, **Minestra di farro**, Pasta mit einem Sugo vom Schmorbraten oder mit »sugo finto«, d.h. einer fleischlosen Sauce, sind täglich zu haben. Im Winter bekommt man als Primo auch **Minestra di pane** mit Rotkohl. Die »Zuppa celeste«, leitet ihren Namen von der bläulichen Farbe der Blumenkohlblätter ab. Als Secondo kann man **Bollito misto** essen, der dampfend und mit Brühe auf den Tisch kommt, oder Stracotto, guten Braten oder gegrilltes Fleisch. Freitags steht **Baccalà alla livornese** auf dem Speisezettel. Die Desserts sind hausgemacht: Mantovana, Crostata oder Charlotte, Tiramisù, Kompott oder frischer Obstsalat. Der Hauswein trägt sogar ein eigenes Etikett und ist in Ordnung. Man kann auch einige gute Flaschenweine von den besten Winzern des Chianti und des Brunello trinken.
Abends geschlossen.

Firenze

Da Sergio

Trattoria
Piazza San Lorenzo, 8
Kein Telefon
Ruhetag: Sonn- und Feiertage
Betriebsferien: August
70 Plätze
Preise: 15-25 000 Lire
Keine Kreditkarten
Reservierung: nicht notwendig

Seit drei Generationen ist diese Trattoria eine Institution in Florenz. Nun wächst bereits die vierte Generation heran. Vater Sergio Gozzi und sein Sohn gleichen sich wie ein Ei dem anderen. Seit ein paar Jahren lernt der Filius bei seinem wortkargen und dennoch liebevollen Vater das Einmaleins der Gastronomie. In zwei geräumigen Speisesälen mit Renaissance-Gewölbedecken speisen Arbeiter vom Markt, Kaufleute, Geschäftsleute und Beamte. Sie kommen jeden Tag hierher und werden der guten Küche nicht müde. Frische, unverfälschte Hausmannskost ist das Geheimnis, denn die traditionelle Florentiner Küche basiert eher auf hochwertigen und stets frischen Grundstoffen denn auf aufwendigen Rezepten. Sergio geht jeden Morgen auf den Markt und besorgt frische Ware. Danach stellt er dann das Tagesmenü zusammen. Das Angebot ist nicht sehr breit gefächert, es konzentriert sich auf die typischen und bewährten Gerichte aus Florenz: Minestra und verschiedene **Gemüsesuppen**, **Bollito misto**, Spezzatino, **Trippa**, **Baccalà** oder Roastbeef und die stets perfekten **Florentinersteaks** und frischer Fisch. Der Hauswein wird in Krügen serviert und ist von guter Qualität. Flaschenweine aus dem Chianti sind ebenfalls zu bekommen. Als Dessert ißt man Biscottini (Kleingebäck) mit Vin Santo. Die Trattoria ist nur mittags (12 bis 16 Uhr) geöffnet. Das Personal ist stets freundlich und verliert auch bei Hochbetrieb nicht den Überblick.

Firenze

Il cibreo

Restaurant-Trattoria
Piazza Ghiberti, 35
Tel. 0 55 / 2 34 11 00
Ruhetag: Sonntag und Montag
Betriebsferien: August
25 Plätze
Preise: 20 000 Lire
Keine Kreditkarten
Keine Reservierung

Als Benedetta Vitali und Fabio Picchi 1979 das »Cibreo« eröffneten, hätten sie sicher nicht gedacht, daß sie damit den Grundstein zu einem kleinen Imperium legten. Zum ursprünglichen Restaurant-Trattoria haben sich ein Wein- und Lebensmittelgeschäft, ein Café und ein weiteres Restaurant in Tokio hinzugesellt. Aber der durchschlagende Erfolg der beiden hat an der Gestalt des Lokals nichts geändert: in der Mitte die Küche, zu einer Seite das Restaurant, zur anderen die Trattoria oder »Vineria«, wie sie hier genannt wird. Der Service ist einfach, aber aufmerksam; es gibt z.B. keine Tischdecken, man ißt auf Papiersets. Chianti Rufina und Bianco di Custoza sind die Hausweine; man kann aber auch einen edlen Flaschenwein bekommen. Fabio kocht traditionelle Florentiner Küche. Dabei scheut er sich nicht, im Hinblick auf eine moderne und gesunde Ernährung einige typische Rezepte zu überarbeiten und neu umzusetzen. Als Primi bekommt man Gemüsecremes (ausgezeichnet sind die Artischocken- und die Paprikacreme), Porreeauflauf mit Zucchinisauce, **Pappa al pomodoro**, Polenta mit Gewürzkräutern und, je nach Marktangebot, eine **Fischsuppe**. Hackbraten, **gefüllter Kragen**, gerollter Bauchspeck vom Kalb, »Zampa alla parmigiana« und **Baccalà alla livornese** (freitags) sind die typischen Secondi der Trattoria. Nach 22 Uhr kann es vorkommen, daß auch in der Trattoria die weniger deftigen Gerichte, die man im Restaurant zu ganz anderen Preisen ißt, serviert werden: gefüllte Tauben, Klößchen aus Kalbfleisch und Ricotta, Rouladen, Leber mit Speck, Flan mit Ricotta, Parmesan und Zunge. Giulio Corti ist der beste Konditor der Stadt und liefert die Desserts. Aber auch Fabio macht manchmal Süßspeisen. Und er braucht keinen Vergleich zu scheuen.

Firenze

Le mossacce

Trattoria
Via del Proconsolo, 55 r
Tel. 0 55 / 29 43 61
Ruhetag: Sonntag
Betriebsferien: August
35 Plätze
Preise: 20–25 000 Lire
Kreditkarten: AE, MC, Visa
Reservierung: nicht notwendig

»Le mossacce« ist ein Stützpfeiler der bodenständigen Gastronomie in Florenz. Das Lokal ist auch nach einigen Umbaumaßnahmen noch genauso familiär wie zuvor. Die Trattoria ist ganz klassisch aufgeteilt: in einem kleinen Gastzimmer stehen der Schanktresen und ein paar Stühle, im hinteren Raum wird gegessen. Heute ist die Küche durch eine Glaswand vom Speisezimmer abgetrennt. Man sitzt an einfachen Tischen vor einer gelben Papiertischdecke, einem Glaskrug und einer Stoffserviette. Man schenkt sich nach Belieben Mineralwasser und Rotwein aus den Flaschen ein, die auf jedem Tisch stehen (es gibt auch einen weißen Hauswein, der trinkbar ist). Das Angebot an schlichten und typischen Speisen ist so groß, daß für jeden Gaumen das Passende dabei ist. Man ißt vor allem Minestra di pane und **Ribollita**, **Minestrone** mit Gemüse oder **dicken Bohnen**, Penne, **Trippa**, Stracotto, Rouladen, **Ossobuco**, gute Grillspezialitäten und ein ausgezeichnetes, englisch gebratenes Roastbeef. Mittags kommen über hundert Stammgäste zum Essen. Die Bedienung ist deshalb mehr als flink und darauf aus, möglichst schnell wieder Platz für neue Gäste an den wenigen Tischen zu schaffen. Das Personal wird Sie nach dem Essen freundlich, aber bestimmt auf den Platzbedarf hinweisen. Hier ist Vorsicht geboten: falls Sie Ihren Tisch nicht freimachen, könnten Sie das heraufbeschwören, was dem Lokal seinen Namen gegeben hat: ordinäre Gesten!

Firenze

Mario

Trattoria
Via Rosina, Ecke Piazza del Mercato
Kein Telefon
Ruhetag: Sonntag
Betriebsferien: 5.-20. August
50 Plätze
Preise: 13-15 000 Lire
Keine Kreditkarten
Reservierung: nicht notwendig

Ganze Generationen von Studenten kamen von der nahen Universität hierher zum Essen. Mario Colzi hielt für alle ordentliche Portionen bereit, die zum großen Hunger und kleinen Geldbeutel paßten. Auch heute noch sind die Preise niedrig, aber sonst hat sich viel geändert, seit Marios Sohn Romeo die Trattoria übernommen hat. Früher war die Luft im Lokal so geschwängert vom Rauch der gegrillten Florentinersteaks, daß man sich gleichsam in Dantes »Inferno« versetzt fühlte. Doch diese Zeiten sind vorbei. Heute ist das Lokal hell und freundlich, nur noch wenig erinnert an früher: die runden Schemel aus Kastanienholz, die lange Reihe Kleiderhaken an der Wand, das Wachstuch auf den Tischen. Nach wie vor wirtschaftet die erfahrene Signora Elena in der Küche. Wer also echte toskanische Bauernküche essen will, landet hier richtig: Pasta mit Sugo, Gemüseminestra, **Minestra di pane** oder **Ribollita** sind das ganze Jahr über zu bekommen. Im Sommer ißt man **Pappa al pomodoro** und **Panzanella**. Die Mahlzeit fängt also schon gut an. Es kommt aber noch besser: das gebratene und gegrillte Fleisch ist hervorragend (hier wird die beste **Bistecca** von ganz Florenz und Umgebung serviert), die Spezialitäten wechseln täglich: **Trippa, Spezzatino, Ossobuco** und freitags natürlich **Baccalà**. Geschirr, Gläser und Besteck sind sehr einfach, die Bedienung recht familiär. Dafür ist die Küche ausgezeichnet. Elena verwendet nur ganz frische Zutaten und Olio extravergine aus einer kleinen Ölmühle, das in großen Tonkrügen im Keller aufbewahrt wird. Der Hauswein stammt von zuverlässigen Erzeugern und schmeckt frisch und angenehm. Man kann auch einen der wenigen, aber sehr guten Flaschenweine trinken. Die Trattoria ist nur von 12.00 bis 15.30 Uhr geöffnet.

Greve in Chianti

30 km von Florenz, S. S. 67

Borgo antico

Trattoria
Ortsteil Lucolena
Tel. 0 55 / 85 10 24
Ruhetag: Dienstag
Betriebsferien: im Winter
75 Plätze + 40 im Freien
Preise: 30-35 000 Lire
Kreditkarten: Visa, CartaSi, MC
Reservierung: empfohlen

Das »Borgo antico« verdient durchaus Beachtung, auch wenn es erst vor kurzem eröffnet wurde und seine Besitzer nicht aus dieser Gegend stammen. Die vier jungen Leute, zwei Piemonteser, ein Veneter und ein Florentiner, haben bereits Erfahrung im Gastgewerbe. Inmitten der grünen Hügel des Chianti haben die vier ein altes Bauernhaus geschmackvoll ausgebaut und schlicht, aber elegant eingerichtet. Das Lokal ist sehr ansprechend. Im Sommer kann man im Freien unter einer kühlen Pergola essen, im Winter sitzt man in den typisch eingerichteten Gastzimmern. Auf der Speisekarte halten sich Tradition und Exotik in etwa die Waage. Alles wird aus erstklassigen und ganz frischen Grundstoffen zubereitet. Als Antipasto ißt man gute Wurstwaren aus der Gegend, **Crostini di milza** und Bruschette. Es folgen hausgemachte Tagliatelle oder **Pappardelle** mit frischen Tomaten und Kräutern, Enten- oder **Wildschweinragout**, Penne mit frischem Gemüse, Polenta al sugo oder mit frischen Pilzen. Anstelle der klassischen Primi bekommen Sie auch so interessante Gerichte wie gratiniertes Gemüse, gefüllte Kartoffeln oder Pecorino al forno. Von den Hauptspeisen sind das ausgezeichnete gegrillte Fleisch oder die toskanischen Klassiker wie z.B. der **Baccalà alla livornese** zu empfehlen. Ferner werden absolute Neuheiten wie Curry-Huhn oder Schweinefleisch mit Orangen angeboten. Kuchen und Eis sind hausgemacht. Die Weinkarte ist nicht umfangreich, aber im Hinblick auf Zusammenstellung und Preise sehr ausgewogen. Neben großen Namen finden Sie auch interessante kleine Erzeuger. Die Hausweine (Weiß- und Rotwein aus dem Chianti, ein Rotwein aus Montalcino) sind ausgesprochen gut.

Lastra a Signa

13 km von Florenz, S. S. 67

Antica trattoria Sanesi

Trattoria
Via Arione, 33
Tel. 0 55 / 8 72 02 34
Ruhetag: Sonntagabend und Montag
Betriebsferien: Mitte Juli–Mitte Aug.
130 Plätze
Preise: 30–35 000 Lire
Kreditkarten: alle
Reservierung: empfohlen

Schon im vorigen Jahrhundert kehrten hier die Fuhrleute ein, die Glas aus Empoli oder Keramiken aus Montelupo nach Pisa beförderten. Auch heute noch ist die »Antica trattoria Sanesi« eine beliebte Einkehr für Handelsreisende in dieser Gegend. Ein kleines und ruhiges Gastzimmer und ein großer Speisesaal bieten genügend Platz für die zahlreichen Gäste, die sich an Markttagen und am Wochenende hier einfinden. Wenn einmal nicht Hochbetrieb herrscht, können Sie die Herzlichkeit der Familie Sanesi erst richtig schätzen lernen. Die Sanesis sind stolz auf ihre Trattoria, geben Tips, erzählen Wissenswertes und nette Anekdoten, die die Küche und ihre Spezialitäten näherbringen. Man versteht gleich, daß es sich um die typische Florentiner Küche handelt, die durch Frischgemüse und besondere Köstlichkeiten wie **Steinpilze**, weiße **Trüffeln** aus San Miniato, Spargel oder Artischocken aus Empoli bereichert wird. Das Angebot ist so umfangreich, daß Sie sich am besten an die Empfehlungen des Personals halten. Bleiben Sie auf jeden Fall bei den traditionellen Gerichten wie **Ribollita**, **Pappa al pomodoro**, **Pasta e fagioli** oder **Pasta e ceci**. Schweinebraten, Trippa und Roastbeef. Freitags gibt es natürlich **Baccalà**, während sonntags Perlhuhn, Lamm und Tauben auf der Speisekarte stehen. Auf dem großen Grill bereitet man Ihnen gerne verschiedene Spezialitäten und besonders die hervorragende **Bistecca**. Dazu können Sie den roten Hauswein trinken, der in den typischen Korbflaschen geliefert wird, oder einen der etwa 40 Flaschenweine probieren.

Limite sull'Arno

30 km von Florenz, S. S. 67 Richtung Empoli

Silvana Cinotti

Osteria
Via Castra, 32
Tel. 05 71 / 5 70 81
Ruhetag: Donnerstag
Betriebsferien: zweite Augusthälfte
30 Plätze
Preise: 15–18 000 Lire
Keine Kreditkarten
Reservierung: so. nicht möglich

Vom Montalbano aus überblickt man die ganze Ebene von Empoli. Hier oben, im Ortsteil Castra, liegt das Lokal von Silvana Cinotti. Die Bottega ist Bar, Tabak- und Lebensmittelgeschäft und Trattoria zugleich. In dem kleinen Gastzimmer betreuen Enzo und Silvana ihre Gäste, in der Küche steht die Mamma. Einrichtung und Bedienung sind einfach und familiär. Enzo wird immer besorgt sein, daß seine Gäste auch ja genug zu essen bekommen. Die Küche verwendet nur Grundstoffe aus der näheren Umgebung: vom Wein bis zum Olio extravergine aus Carmignano; die Kaninchen kommen vom Bauern nebenan. Bodenständigere und traditionellere Kost könnten Sie nirgenwo mehr bekommen. Hier essen Sie die klassischen **Crostini**, die Wurstwaren (Salami, Finocchiona, Schinken), die so gut zum toskanischen Brot passen. Die Auswahl an Primi ist nicht groß, aber gut. Probieren Sie unbedingt die Penne mit Fleischsauce. **Kaninchen** und **Wildschweinbraten** bekommen Sie jeden Tag. **Trippa alla fiorentina** und **Baccalà** sind nur an den Tagen zu haben, an denen der Fleisch- und Fischlieferant bis nach Castra hinauffährt. Das Angebot dieser Trattoria beläuft sich also auf die einfachste Hausmannskost der Gegend. Dazu trinken Sie einen ordentlichen offenen Wein. Das Essen mag Ihnen vielleicht ein wenig schwer erscheinen; dank der hochwertigen Zutaten ist es aber immer gut verträglich.

Livorno

Cantina Nardi

Osteria
Via Cambini, 6
Tel. 05 86 / 80 80 06
Ruhetag: Sonntag
Betriebsferien: August/September
20 Plätze + 20 im Freien
Preise: 20–25 000 Lire
Keine Kreditkarten
Reservierung: empfohlen

Wer in Livorno guten Wein trinken will, geht in die »Cantina Nardi«. Vor rund 25 Jahren hatte Nadio Nardi eine einfache Weinhandlung eröffnet. Im Lauf der Zeit paßte er sich den Anforderungen des Markts an, reichte zum Wein ein paar Kleinigkeiten und schuf schließlich gemeinsam mit seiner Frau Giovanna und seiner Tocher Nara dieses geschmackvolle Lokal. Am Eingang steht die Theke, an der Sie Wein trinken und ein paar Kleinigkeiten essen können, daneben sehen Sie die besten Flaschen ausgestellt und im Hintergrund das kleine Speisezimmer mit seinen 20 Plätzen. Von dort aus gelangen Sie in den Garten, in dem ebenfalls etwa 20 Gäste Platz haben und der im Sommer natürlich gut besetzt ist. Die »Cantina« ist in elegant rustikalem Stil gehalten: Cottofliesen, grob verputzte Wände, Sitzbänke, Tische und Konsolen aus Holz. In der Regel bietet man Ihnen zwei bis drei Gerichte pro Gang zur Auswahl an. Wir empfehlen die Trenette al pesto e ricotta, die klassische **Zuppa frantoiana**, Gerichte mit **Dinkel**, Bohnenpüree, kalte Minestra mit verschiedenen Kräutern und Auberginen. Als Hauptgericht schließlich die hervorragende geschmorte Ente, die **Bohnen mit Schweineschwarte**, der **Stoccafisso alla livornese** und die ausgezeichneten **Crocchette di baccalà**. Die »Cantina Nardi« wird auch gern von jungen Leuten besucht. Schade, daß sie schon um 9 Uhr abends schließt.

Livorno

Cantina senese

Osteria
Borgo Cappuccini, 95
Tel. 05 86 / 89 02 39
Ruhetag: Sonntag
Keine Betriebsferien
45 Plätze
Preise: 20 000 Lire
Keine Kreditkarten
Reservierung: nicht notwendig

Im Herzen von Livorno steht im Stadtteil Borgo Cappuccini die »Cantina Senese«. Sie ist wohl die letzte von den zahlreichen Kneipen, die es bis vor nicht allzu langer Zeit in diesem Viertel gab. Alle sind sich darin einig, daß die »Cantina« mindestens 150 Jahre alt sein muß (die alten Leute sagen: »Die hat's immer schon gegeben«). Und in der Tat, die wertvolle Marmortheke und die alte Einrichtung zeugen zuverlässig vom Alter der Osteria. Zur Zeit sieht das Lokal ein wenig zusammengewürfelt aus, denn der Wirt Paolo Sanna ist gerade dabei, die Einrichtung zu erneuern. Dieses Chaos hat aber nichts Unangenehmes an sich, vermitteln doch die wild übereinander gestapelten Weinflaschen etwas von der Atmosphäre einer echten und traditionsreichen Osteria. Unter den bunt gemischten Publikum sind immer auch ein paar Maler, die gerade wieder einmal über das neueste Bild reden, oder Gäste, die zur Gitarre greifen und singen. Signora Nadia kocht mit Sorgfalt einfache und traditionelle Gerichte. Besonders zu erwähnen sind da sicher die Antipasti mit den verschiedenen Wurstwaren, Schinken, Wildschweinwürsten und verschiedenen Pilzen in Öl. Ebenfalls ausgezeichnet sind der **Stoccafisso** mit Kartoffeln und der **Baccalà alla livornese**. Den frischen Fisch liefern befreundete Fischer. Schließlich sind noch die hervorragenden **Wildgerichte** zu empfehlen, die die Sannas zur Jagdsaison (Vater und Sohn sind Jäger) anbieten. Die Weine sind in Ordnung.

Livorno

Enoteca Doc

Enoteca
Via Goldoni, 42
Tel. 05 86 / 88 75 83
Ruhetag: Montag
Keine Betriebsferien
40/50 Plätze
Preise: 15 000 Lire, ohne Wein
Kreditkarten: die bekannteren
Reservierung: nicht notwendig

Die Via Goldoni im Zentrum von Livorno besitzt historische Bedeutung. Hier steht nämlich das Teatro Goldoni, in dem 1921 die Kommunistische Partei Italiens gegründet wurde. Nur einen Steinwurf vom Theater entfernt hat sich vor kurzem in den herrlich restaurierten Mauern eines alten Gebäudes die geschmackvolle »Enoteca Doc« eingerichtet. Die sich als klassisch verstehende Weinschenke ist mittags und abends bis spät in die Nacht geöffnet. Zum Wein kann man hier auch ein paar Kleinigkeiten essen. Hier finden Weinseminare statt, wird Praktisches und Theoretisches über die Welt des Weines gelehrt, und seit kurzen kommt auch die Sektion Livorno der Arcigola hier zusammen. Marco ist ein typischer Livorneser, schlagfertig und immer zu einem Witzchen aufgelegt. Er ist in Sachen Wein sehr bewandert und kann Ihnen kompetent und umfassend die etwa 1800 verschiedenen Weine der Enoteca erläutern. Auf den Regalen entdecken Sie die besten Weine Italiens, gute Weine aus Frankreich und einigen anderen Ländern. Einen Teil des Angebots nehmen Whisky und Öle ein. Damit der Wein richtig zur Geltung kommt, sollten Sie von den warmen Speisen probieren. Angeboten werden **Zuppa alla livornese**, Crêpes mit Lachs und gemischte **Crostini**. Die kleinen Gerichte sind mit sehr großer Sorgfalt zusammengestellt: hochwertige Wurstwaren, Gänseschinken und Culatello.

Lucca

Da Giulio

Trattoria
Piazza San Tommaso
Tel. 05 83 / 5 59 48
Ruhetag: Sonntag und Montag
Betriebsferien: 1.–20. August
85 Plätze
Preise: 25 000 Lire
Keine Kreditkarten
Reservierung: empfohlen

Giampiero und Paolo Ferroni halten die kulinarische Tradition ihrer Heimat hoch. Ihr Lokal liegt in einem sehr charakteristischen Stadtteil von Lucca. Die Trattoria wurde zwar modernen Bedürfnissen entsprechend umgebaut, hat aber ganz die typischen Eigenschaften eines alten und traditionellen Wirtshauses beibehalten. Dazu zählt auch das Speisenangebot, das einen guten Einblick in die Spezialitäten Luccas gewährt. Im »Da Giulio« können Sie zahlreiche Klassiker probieren. Wir empfehlen Ihnen besonders die Bohnen- oder Linsensuppe mit **Farro**, die **Concia**, ein raffiniertes Gericht aus den verschiedenen Teilen eines Schweinekopfs, den **Picchiante** ein Gericht mit Lunge und Milz, die einzigartige **Farinata** aus Maismehl mit verschiedenen Hülsenfrüchten und Gemüse, den **Baccalà mit Lauch**. Welches Gericht Sie auch wählen, im »Da Giulio« lernen Sie deftige und beinahe schon historische Rezepte kennen. Die Preise sind günstig. Trinken Sie die offenen Hausweine (weiß oder rot) oder einen Flaschenwein aus den Colli Lucchesi.

Magliano in Toscana

28 km von Grosseto, S. S. 323

Da Wilma

Trattoria
Via Roma - Pereta
Tel. 05 64 / 50 50 79
Ruhetag: Donnerstag
Betriebsferien: Nov. u. im Jan.
50 Plätze
Preise: 30 000 Lire
Keine Kreditkarten
Reservierung: unerläßlich

An der Trattoria »Da Wilma« in Pereta, in der Nähe von Grosseto, kommt niemand vorbei, der einfache Küche und reichhaltige Portionen schätzt und die traditionellen Gerichte aus diesem Teil der Toskana kennenlernen möchte. Wilma heißt die unersetzliche Köchin, die ihre Rezepte mit den vielen Kräutern strikt geheimhält. Ihr Mann Baldo bedient die Gäste in seiner herzlichen und zuvorkommenden Art und serviert voller Stolz seinen Morellino. Dieser Wein paßt gut zu den schmackhaften Speisen. Als Antipasto müssen Sie einfach die klassischen **Crostini** und die Wurstwaren des Hauses pobieren. Essen Sie anschließend hausgemachte Pasta oder eine der wohlschmeckenden **Suppen**, vielleicht sogar eine **Steinpilzsuppe**. Die Fleischgerichte sind zu Recht berühmt: Huhn, **Milchlamm** oder **Spanferkel**: Wilma bereitet sie alle mit ihren speziellen Kräutercocktails zu, deren Zusammensetzung sie natürlich nicht verrät. Einen würdigen Abschluß der Mahlzeit bilden die hausgemachten Desserts. Wenn Sie einen Platz in den kleinen Speisezimmern ergattern wollen, müssen Sie unbedingt vorher reservieren.

Manciano

56 km von Grosseto, S. S. 322

Da Paolino

Trattoria
Via Marsala, 41
Tel. 05 64 / 62 93 88
Ruhetag: Samstag
Betriebsferien: 10.-30. August
30 Plätze
Preise: 22-28 000 Lire
Keine Kreditkarten
Reservierung: empfohlen

Aussehen und Charakter dieses Lokals, das vielleicht sogar das älteste in diesem Dorf der toskanischen Maremma ist, sind so geblieben, wie sie einmal waren. Die Trattoria hat nur zwei Räume. Der erste liegt an der Straße und dient nach wie vor als Bar, wo sich die alten Männer treffen. Das war schon vor fünfzig Jahren so, und man könnte meinen, daß auch die wenigen Tische und Stühle aus jener Zeit stammen. Im zweiten Raum wird gegessen. Dort stehen fünf Tische; in einer Ecke dröhnt ständig der Fernseher. Es gibt noch einen Raum, den man nicht vergessen sollte und der genauso wichtig ist: die Küche, gerade so groß, »daß die Mamma noch Platz hat«. Das behauptet jedenfalls Emilio, der Sohn von Marsilia und Paolino, die seit dreißig Jahren hier leben. Ursprünglich bekam man hier nur Kleinigkeiten zu essen, doch im Lauf der Zeit hat sich diese Trattoria zu einem bodenständigen Speiselokal mit familiärer Atmosphäre und vernünftigen Preisen entwickelt. Die Küche mit ihren traditionellen Gerichten steht ganz im Einklang mit dem Charakter des Lokals. **Acquacotta** wird jeden Tag angeboten, oft gibt es daneben auch noch **Minestra di fagioli** oder **Minestra di ceci**, Tortelli oder irgendeine Variante, die gerade der Jahreszeit entspricht. Zu den Hauptspeisen gehören neben Brathuhn, in der Pfanne gebratenem Perlhuhn, schmackhaft zubereitetem **Lamm** und **Wildschwein**, je nach Wochentag auch **Trippa** oder **Baccalà**. Weiß- und Rotwein kommen offen auf den Tisch. Die Süßspeisen runden das Bild ab mit einer **Pinolata**, einem Biskuitkuchen mit Pinienkernen, und mit den **Cantucci**. Und hier noch ein kleiner Hinweis: Kommen Sie nicht zu spät! Paolino bevorzugt Gäste, die früh zu Mittag und früh zu Abend essen – genau wie in der alten Zeit.

Minucciano

80 km von Lucca, S. S. 445

Ristoro Prosperi

Trattoria
Via Statale, 83
Tel. 05 83 / 61 10 53
Ruhetag: Donnerstag
Keine Betriebsferien
20 Plätze
Preise: 20-25 000 Lire
Keine Kreditkarten
Reservierung: empfohlen

Wer von der Lunigiana in die Garfagnana fährt, überquert in der Regel den Passo dei Carpinelli. Dort lädt diese Trattoria zu einer angenehmen Pause auf dem kurvenreichen Weg ein. Serviert wird hier die regionale Küche, die die kargen Zutaten der Gegend in äußerst wohlschmeckende Gerichte zu verwandeln wußte. Ilda, die sympathische Köchin, versteht es, diese Eßkultur, die sich durch einfache, aber schmackhafte Gerichte auszeichnet, mit viel Fingerspitzengefühl umzusetzen. Auf der Speisekarte triumphieren **Pilze** und **Wildgerichte**, die auf verschiedene Arten zubereitet werden, aber auch die übrigen Spezialitäten der Garfagnana fehlen nicht: **Infarinata** und **Polenta** oder hausgemachte Maccheroni. Auf Vorbestellung bereitet Ihnen Signora Ilda gerne ein typisches Essen mit alten, einfachen Gerichten wie Kartoffelsuppe oder **Polenta di neccio** mit Schweinefleisch. Die Weine kommen direkt von den Erzeugern aus der Lunigiana (Weißwein) und aus dem Chianti (Rotwein).

Molazzana

39 km von Lucca, S. S. 445

La betulla

Bauernhof
Alpe di Sant'Antonio
Tel. 05 83 / 76 00 52
Ruhetag: Montag, nicht im Sommer
Betriebsferien: im Sept. u. März
40 Plätze
Preise: 20 000 Lire
Kreditkarten: CartaSi
Reservierung: notwendig

Bei einem Ausflug auf die apuanische Seite der Garfagnana, wo man ein atemberaubendes Panorama in frischer und sauberer Gebirgsluft genießen kann, bietet sich dieses bäuerliche Gasthaus mit seiner Auswahl an typischen und rustikalen Gerichten der Garfagnana als ideale Einkehr an. Bei Lia und Stefano Bresciani, die Sie zu jeder Tageszeit herzlich willkommen heißen, können Sie kleinere Gerichte oder einen Imbiß zu sich nehmen. Auf den Tisch kommen Erzeugnisse aus der eigenen Viehzucht, hausgemachte Käse und Wurstwaren, dazu ausgezeichnetes Brot und **Focacce** aus dem Holzofen. Wenn Sie hier zu Mittag essen wollen, sollten Sie vorbestellen, damit die Wirtsleute ihre einfachen, aber vorzüglichen Spezialitäten rechtzeitig zubereiten können: **Minestra di farro**, **Infarinata** oder hausgemachte Maccheroni und **Polenta** aus Mais- oder Kastanienmehl, worauf sich Lia besonders versteht. Das Fleisch aus der eigenen Mast ist stets zart und wohlschmeckend. Der offene Tischwein, den Stefano einkauft, stammt aus der Gegend, Flaschenweine bekannter und zuverlässiger Kellereien sind ebenfalls zu bekommen.

Montalcino

41 km von Siena auf der S.S. 2

Il pozzo

Bar-Trattoria
Sant'Angelo in Colle
Tel. 05 77 / 86 40 15
Ruhetag: Dienstag
Betriebsferien: 14 Tage im Febr. u. Nov.
50 Plätze
Preise: 30-40 000 Lire
Kreditkarten: die bekannteren
Reservierung: empfohlen

Sant'Angelo in Colle ist ein mittelalterliches Städtchen im Herzen des Anbaugebiets des Brunello. Die neue, dynamische Führung des »Il pozzo« stellt nun eine sehr interessante Küche vor. In der Bar stehen Leute aus dem Dorf, trinken Wein oder spielen Karten, am Herd steht die junge Wirtin Roberta Cinagli und kocht zusammen mit ihrer Schwiegermutter Marisa klassische toskanische Spezialitäten. Dabei verwendet sie nur ausgezeichnete Rohstoffe (das Olio extravergine aus eigener Herstellung ist ausgezeichnet). Im »Il pozzo« essen Sie in einfacher Atmosphäre sämtliche Spezialitäten dieser Gegend. Beginnen Sie mit den **Crostini**, essen Sie anschließend als Primo einen Teller **Ribollita**, **Acquacotta** oder **Pappardelle mit Hasenragout** und **Pici**. Beim Fleisch haben Sie die Qual der Wahl: es gibt Gegrilltes, **gebratene Tauben**, **Spiedino alla toscana**, **Cinghiale alla cacciatora**, **Coniglio alle cipolle**, **Scottiglia**. Die Süßspeisen sind ebenfalls sehr gut. Wir empfehlen Ihnen besonders die ausgefallene und köstliche Ricottamousse. Die Weine geben einen guten Überblick über die Erzeugnisse der Gegend (vor allem aus den Kellereien Poggione und Talenti), die, wie auch die Speisen, zu einem vernünftigen Preis angeboten werden.

Montecarlo

15 km östl. von Lucca

Da Baffo

Bauernhof
Via della tinaia, 7 - Cercatoia
Tel. 05 83 / 2 23 81
Ruhetag: Montag
Betriebsferien: Sept. bis März
50 Plätze
Preise: 25-30 000 Lire
Keine Kreditkarten
Reservierung: notwendig

Gino Carmignani hat etwas Vulkanisches an sich: es brodelt ständig in seinem Innern, denn er ist gleichzeitig Weinhändler, Gastronom, Fernsehstar und last but not least Weinbauer. Unter seiner Federführung ist der Familienbetrieb für seine ausgezeichneten Weine, seine angenehme Atmosphäre und seine erlauchte Kundschaft berühmt geworden. In dieser wunderschön gelegenen Locanda steigen Prominente, Schauspieler, Künstler und Weinkenner aus aller Herren Länder ab. Gino oder Fuso, wie der Wirt auch genannt wird, ist Bauer und daher gewitzt, unermüdlich, und ein kleines bißchen verrückt. Er empfängt all seine Gäste mit großer Herzlichkeit und tischt auf, was Mamma Antonietta gekocht hat. Und das sind unverfälschte und traditionelle Spezialitäten aus der Gegend von Lucca: Gemüsesuppen, **Minestra di fagioli** und Taglierini, **Minestra di farro**, **Fagioli e salsicce**, Kaninchen mit Oliven, Pollo alla cacciatora, **Trippa** und Kaninchen, in hauseigenem Olivenöl fritiert. Die Wurstwaren und Oliven, die als Antipasto gereicht werden, stammen vom Hof. Die Nachspeisen, Kuchen und Kleingebäck, sind ebenfalls hausgemacht. Man ißt ein festes Menü, das je nach Jahreszeit und Baffos Laune zusammengestellt wird. Man trinkt die Weine aus dem eigenen Betrieb, man kann aber auch die edelsten Tropfen der ganzen Welt bekommen. Kaffee gibt es nicht.

Montescudaio

62 km von Pisa, 5 km östl. von Cecina

Il frantoio

Circolo Arcigola
Via della Madonna, 11
Tel. 05 86 / 65 03 81
Ruhetag: Montag
Betriebsferien: im Januar
50 Plätze
Preise: 25-30 000 Lire
Kreditkarten: CartaSi, MC, Visa
Reservierung: empfohlen

Im September 1988 fuhren die Vorstandsmitglieder des Arci (Associazione Ricreativa Culturale Italiana) der Bassa Val di Cecina nach Bra und aßen im »Boccondivino« zu Abend. Das brachte sie auf die Idee, auch in ihrer Heimat eine Arcigola ins Leben zu rufen. Sie suchten in der Umgebung von Cecina nach passenden Räumlichkeiten und wurden in dem schönen mittelalterlichen Dorf Montescudaio fündig. Der Ortsverband des ehemaligen PCI (Partito Comunista Italiano) stellte ihnen ein paar Räume in einer alten Ölmühle (»frantoio«) zur Verfügung. Ziel der Vereinigung Arcigola ist es, gute Erzeugnisse der Gegend, auch Wein, vorzustellen, ihre Verbreitung zu fördern und die Mitglieder entsprechend zu schulen. Den Circolo betreiben Giorgio Scarpa, einst Seemann auf allen Weltmeeren, seine Frau Barbara und die tüchtige Köchin Spinella. Man ißt hier die typischen Gerichte der Gegend. Die Grundstoffe dafür kommen nur von ausgewählten Betrieben: so z.B. das in Öl eingelegte Gemüse; Wurstwaren und Schinken liefert der Metzger am Ort, das Brot wird im Holzofen gebacken, das Olio extravergine stammt von den umliegenden Hügeln. Zu den Spezialitäten des »Frantoio« gehören Gemüsesuppen, Penne mit Saisongemüse, **Wildschwein mit Oliven**, **Stinco al forno** und **Bistecca di chianina** Giorgio bietet auch einige Fischgerichte aus einfachem, aber fangfrischem Speisefisch an. Für die Desserts ist Barbara zuständig, denn sie besitzt viel Phantasie und das entsprechende Können: Panna cotta, Bonet, Eis, Pastiera Napoletana, Caffè in forchetta. Auf der Weinkarte stehen etwa 100 Weine aus der unmittelbaren Umgebung, die besten Weine aus der übrigen Toskana und den anderen Regionen Italiens.

Montorgiali

28 km von Grosseto, S. S. 322

Franco e Silvana

Trattoria
Via Scansanese
Tel. 05 64 / 58 02 14
Ruhetag: Montag
Betriebsferien: erste Sept.hälfte
50 Plätze
Preise: 30 000 Lire
Keine Kreditkarten
Reservierung: notwendig

Wenn Sie sehen wollen, wie Jäger aller Altersgruppen über Wildschweine und Hasen reden und dabei ungeheure Mengen Spaghetti alle vongole, frittierte Tintenfische oder Krebse in Weinsud verzehren, wenn Sie sehen wollen, wie gut doch Kastanienwälder zu Miesmuscheln und Fischsuppe passen, dann müssen Sie sich nur an einem Sommerabend unter die üppige Pergola des »Franco e Silvana« setzen. Das Gasthaus liegt an der Straße nach Scansano, in Höhe der Abzweigung nach Montorgiali. Die Trattoria ist einfach, die Einrichtung auf das Notwendigste beschränkt. Vor fünf Jahren haben sich die jungen Pächter hier niedergelassen. Sie stammen beide von der Küste und bieten deshalb sehr zur Freude der Einheimischen und Touristen in den Sommermonaten zahlreiche Fischgerichte an. In der kühleren Jahreszeit stehen Spezialitäten der Maremma (allen voran die **Acquacotta**) auf dem Speiseplan. Zu wirklich ungewöhnlich niedrigen Preisen essen Sie hier **Sardellen mit Zwiebeln**, **Muschelsuppe**, Miesmuscheln und Meeresschnecken, gratinierte Messerscheiden (eine Muschelart) oder **Oktopussalat** als Vorspeise. Es folgen Spaghetti ai frutti di mare, Risotto agli scampi, ausgezeichnete Penne mit Venusmuscheln oder Steinpilzen. Auch der zweite Gang besteht aus Fisch: Eine köstliche, leichte **Frittura**, gemischte Grillspezialitäten, Krebse und Garnelen. Lediglich der Wein stimmte uns ein wenig nachdenklich. Der weiße Hauswein schmeckt alles andere als ausgewogen. Dennoch rechtfertigen die hochwertigen Speisen und die reichhaltigen Portionen den durchschlagenden Erfolg der kleinen Trattoria.

Murlo

25 km von Siena, S. S. 2

La Befa

Osteria
Ortsteil La Befa
Tel. 05 77 / 80 62 55
Ruhetag: Mittwoch
Betriebsferien: September
60 Plätze
Preise: 20 000 Lire
Keine Kreditkarten
Reservierung: empfohlen

Die Osteria »La Befa« wurde bereits im Mittelalter urkundlich erwähnt. Im Gemeindearchiv von Murlo findet man noch die alte Lizenz aus dem 14. Jahrhundert für die Osteria, die auch »ein Lager für Reisende bereithalten« mußte. Durch die Jahrhunderte war das Gasthaus zu Füßen der Burg Montepertuso ein wichtiger Stützpunkt für Reisende durch die Maremma. Das Dorf Befa liegt in einer pilz- und wildreichen Gegend und besteht gerade aus ein paar Häusern. »La Befa« versorgte die etwa 50 Dorfbewohner mit den nötigsten Lebensmitteln. 1954 übernahm Brunello Marchetti das Geschäft und richtete wieder eine Osteria ein. Anfänglich bekam man nur Wurst und Käse, einfache Suppen oder Pastasciutta zu essen. Schließlich wurden auch vollständige Mahlzeiten angeboten. Gehörten früher nur Jäger und Wanderer zu den Gästen, kehren heute Leute aus der ganzen Provinz Siena hier ein. Vor ein paar Jahren wurden einige Restaurierungsarbeiten durchgeführt, gleichzeitig konnte man Claudio Franchi zur Mitarbeit gewinnen. Typische Grundstoffe, sorgfältige Zubereitung und die über siebzigjährige Mamma Rosa garantieren stets gutes Essen. **Pilz-** und **Wildgerichte** (Brunello ist Jäger) sind zu Recht berühmt: **Steinpilzsuppe**, Tagliatelle und **Risotto alla boscaiola** und einer der besten **Wildschweinbraten** der Umgebung sowie die Grillspezialitäten vom Kamin. Der gehaltvolle Landwein schmeckt vorzüglich zu den kräftigen Speisen. Das Personal ist sehr zuvorkommend, auch größere Gesellschaften sind stets willkommen.

Orbetello

44 km von Grosseto, S. S. 1

Il nocchino

Osteria
Via dei Mille, 64
Tel. 05 64 / 86 03 29
Ruhetag: Montag
Betriebsferien: 8 Tage im Oktober
24 Plätze + 36 im Sommer
Preise: 30 000 Lire
Keine Kreditkarten
Reservierung: empfohlen

Das Wirtshausschild ist halb versteckt hinter dem Laub einer kleinen Pergola. Draußen auf der Straße stehen ein paar schön gedeckte Tische zwischen einem Verkehrsschild und einem gußeisernen Brunnen. An den langen Sommerabenden läßt sich dann die Köchin erschöpft auf einem Stuhl neben der Eingangstür nieder und erholt sich ein wenig von ihrer anstrengenden Arbeit. Aus dem »Il nocchino« ist kein überkandideltes Restaurant geworden. Nur wenige Tische sind um die Marmotheke gruppiert. Hier bieten die Wirtsleute schmackhaft und sorgfältig zubereitete Fischgerichte und traditionelle Kost der Gegend an. Die Antipasti setzen sich aus interessanten Gemüse- und Fischspezialitäten zusammen: gratinierte Auberginen, Kohlsalat, eingelegte Zucchini und Paprikaschoten oder **Kabeljau in Kräutersauce**, Carpaccio vom Schwertfisch, **Sardellen mit Zwiebeln**. Als Primo reicht man **Risotto al nero di seppia**, Muschelsuppe, Penne mit Degen- und Adlerfisch. Als Secondi werden gegrillte Fische, Krustentiere mit Zitronensaft und Tintenfische mit Spinat angeboten. Neben einigen Weinen aus ganz Italien trinkt man auch den Ansonico, einen leichten und angenehmen Weißwein aus dem Argentario, der toskanischen Küstenregion. Die Preise fallen angesichts des guten Angebots erfreulich günstig aus.
Im Sommer nur abends geöffnet.

Palazzuolo sul Senio

62 km von Florenz, S. S. 477

Senio

Trattoria-Locanda
Via Borgo dell'ore, 1
Tel. 0 55 / 8 04 60 19
Ruhetag: Mittwoch
Betriebsferien: Januar/Februar
75 Plätze
Preise: 40 000 Lire
Kreditkarten: CartaSi, Visa
Reservierung: im Sommer/Herbst

Dieser Teil der Apenninen wird zwar von der Region Toskana verwaltet, rein geschichtlich und kulturell betrachtet gehört das Gebiet aber noch zur Romagna. Ercole Lega wird diesem Umstand auf seine Weise gerecht und bietet in seinem Lokal Spezialitäten aus beiden Regionen an. Der hauseigene Garten (Gemüse, Blüten, Heil- und Gewürzkräuter), der Wald (**Pilze**, **Trüffeln**, Maronen), die Viehzucht (Fleisch und Käse von Schafen und Ziegen), Wild (Wildschweine, Geflügel) liefern die Grundstoffe für Enzos aufmerksame Küche. Die Trattoria macht Sie also mit allen Spezialitäten der Gegend vertraut. Warme oder kalte Antipasti werden in großer Auswahl angeboten: **Crostini** mit Innereien vom Ziegenlamm, **Crescentine di ricotta** mit Raviggiolo, Frittatine mit Steinpilzen. Es folgen Brennessel-Taglioline mit Stein- oder Georgspilzen (je nach Jahreszeit), **Gnocchi di ricotta** mit Kräutern, Taglioline mit Innereien vom Ziegenlamm; als Hauptgericht schließlich der hervorragende **Rehbraten**, das Wildschwein »alla palazzuolese«. Käse und Desserts (meist mit Ricotta und Maronen) sind ausgezeichnet. Die Hausweine (Trebbiano und Sangiovese) sind in Ordnung. Zum Braten trinken Sie besser einen guten Wein aus der Romagna oder Toskana. Abschließend sollten Sie sich einen von Ercoles Kräuterlikören genehmigen. Wenn Sie rechtzeitig reservieren, können Sie hier auch übernachten. Die beste Zeit für einen Besuch in Palazzuolo ist der Oktober, wenn Pilz- und Jagdsaison ihren Höhepunkt erreichen.

Pietrasanta

30 km von Lucca, S.S. 439

Da Sci

Trattoria
Vicolo Porta a Lucca, 3/5
Tel. 05 84 / 79 09 83
Ruhetag: Sonntag
Betriebsferien: Weihn. u. Ostern
40 Plätze + 20 im Freien
Preise: 25–30 000 Lire
Keine Kreditkarten
Reservierung: notwendig

Die Trattoria »Da Sci« ist inzwischen auch über die Grenzen Pietrasantas hinaus bekannt. Sie konnte sich trotzdem ihren einfachen Charme bewahren und überzeugt durch gepflegtes Ambiente und aufmerksame Bedienung auch die anspruchsvollsten Gäste. Das Speisenangebot wechselt täglich und entspricht stets der Jahreszeit. Der Koch versteht aufgrund seiner emilianischen Abstammung, den einzelnen Gerichten eine besonders feine Note zu verleihen. Die Küche ist modern, verzichtet aber nicht auf traditionelle Elemente. Ob Sie nun die Antipasti mit Crostini und Gemüse, die frischen Nudeln, die **Tortelli**, die **Zuppa di farro**, den **Klippfisch mit Mangold** (nur dienstags und freitags) oder die **Marzipan**- und **Schokoladentorte** mit heißer Sahne bestellen: alles ist perfekt aufeinander abgestimmt. Wenn Sie spezielle Wünsche haben, müssen Sie frühzeitig (oft schon eine Woche im voraus) vorbestellen. Am besten vertrauen Sie bei der Speisenauswahl aber auf Alessandro und Giovanni und probieren jeden Gang.

TOSKANA

Pisa

Taverna Kostas

Restaurant-Enoteca
Via del Borghetto, 39
Tel. 0 50 / 57 14 67
Ruhetag: Montag
Betriebsferien: August
60 Plätze
Preise: 30 000 Lire, ohne Wein
Keine Kreditkarten
Reservierung: empfohlen

Als Kostas Touloumtzis 1982 das Lokal übernahm, kamen hauptsächlich Studenten und Dozenten von der nahegelegenen Universität zum Mittagessen herüber. Doch dann kochte Kostas auch abends. Die griechischen Spezialitäten sollten dem Lokal zum Durchbruch verhelfen, denn nun kehrten neben dem Stammpublikum auch Neugierige und Feinschmecker in der Taverna ein. Mit den Feinschmeckern stieg allerdings auch die Nachfrage nach entsprechend gutem Wein, den unser Grieche bis dato etwas vernachlässigt hatte. Also begann Kostas, Fachliteratur zu wälzen und bei den verschiedensten Erzeugern vorzusprechen. Heute ist Kostas stolzer Besitzer eines herrlichen Weinkellers. Hat sich Kostas' »Taverna« auch weiterentwickelt, so ist doch die ursprüngliche Atmosphäre nicht ganz verlorengegangen. Das Lokal ist heute Studentenkneipe, griechische Taverne, Restaurant und Weinschenke zugleich. Heute kümmert sich Kostas um den Service und um den Weinkeller, in dem die besten Weine Italiens und aus dem Ausland lagern. Am Herd steht jetzt Mario aus Kalabrien, der in Pisa heimisch geworden ist. Als echter Südländer liebt er gutes Essen aus einfachen Grundstoffen. So ißt man heute in der »Taverna« **Tagliatelle nere** mit Tintenfischragout, salzige Kuchen mit Sardellen und Auberginen, lauwarmen Salat vom Rochen, **Crocchette di baccalà**, gedünsteten Oktopus, **Anguilla in ginocchioni**. Im Winter stehen **Minestra di orzo** und **Minestra di castagne** auf dem Speiseplan. **Coniglio in umido** und griechische Spezialitäten sind ebenfalls zu haben. Das Lokal ist einfach und funktionell eingerichtet. Die Gäste können sich bei Kostas wohl fühlen.

Pistoia

Da Ildo

Trattoria
Via del Castagno, 36 – Piteccio
Tel. 05 73 / 4 21 37
Ruhetag: Mittwoch
Betriebsferien: Oktober
60 Plätze
Preise: 30–35 000 Lire
Keine Kreditkarten
Reservierung: feiertags notwendig

Die Teerstraße führt nur bis zum Dorfplatz. Dort müssen Sie das Auto abstellen und zu Fuß durch die engen Gassen gehen. Als noch keine Straße nach Piteccio führte, stand ein altes Lebensmittelgeschäft im Dorf, wo vereinzelte Touristen auch eine Kleinigkeit essen konnten. Seit zehn Jahren hat Aldo Gargini eine richtige Trattoria daraus gemacht. Er bietet die einfachen Gerichte an, die für die Gegend typisch sind. Wurstwaren mit Focaccia vom Holzofen, gegrillte Hausbrotscheiben mit Öl, Knoblauch, Kräuter- und Tomatensauce, **Bruschetta di fagioli** werden als Vorspeisen gereicht. Zu den Primi gehören **Minestra di pane**, Maccheroni mit Entenragout und im Herbst die Steinpilzsuppe. Gegrillter Baccalà, Schweinefüßchen, Grillplatten, Grigliata und Fritto aus Fleisch und Gemüse mit gebackenen Bohnen und Kichererbsen als Beilage essen Sie als Hauptgericht. Zum Nachtisch bekommen Sie Mandelplätzchen, **Castagnaccio**, Beignets und **Neccio** mit Ricotta aus Schafsmilch. Der offene Hauswein und die kleine Auswahl an Flaschenweinen sind in Ordnung. Im Sommer ist die Trattoria auch ab vier Uhr nachmittags geöffnet. Sie können dann auf einer kleinen Terrasse Brotzeit machen und Focaccia, Wurstwaren, in Öl eingelegtes Gemüse essen. Im Herbst sollten Sie die verschiedenen Spezialitäten mit Maronen probieren. Es ist auch ein Augenschmaus, zu sehen, wie Aldo sie nach alter Tradition im Kamin bäckt. Der Castagnaccio ist bei ihm ein Fladen aus Kastanienmehl mit Pinienkernen, Walnüssen und Rosmarin. Die Necci werden zwischen zwei Steinmodeln gebacken, die mit Kastanienblättern ausgelegt sind.

Pistoia

Frisco

Kiosk
Piazza San Francesco, 58 a
Kein Telefon
Ruhetag: Dienstag
Betriebsferien: unterschiedlich
18 Plätze
Preise: 10–12 000 Lire
Keine Kreditkarten
Reservierung: nicht notwendig

Auf der ehemaligen Piazza Mazzini steht seit vielen Jahren ein kleiner Kiosk. Er entstand zu einer Zeit, als die Stadt dem Betrachter noch ein völlig anderes Bild bot. Das kleine Häuschen war 1890 nichts weiter als eine einfache Holzkonstruktion. Als hätte man geahnt, daß es schwierige Zeiten zu überstehen galt, stellte man 1930 einen Kiosk aus Metall in spätem Jugendstil auf. Die erste Lizenz erlaubte den Verkauf von Obst. Später stellte ein gewisser Nello auch noch einen Spielwarenstand auf und servierte an den Tischen, die auf der ganzen Piazza verstreut standen, Granita, Espresso und Erfrischungsgetränke aller Art. Dann übernahm Parisina den Kiosk und schließlich Doriana und Marco. Die beiden sind etwa dreißig Jahre alt und lieben gute Küche und gute Weine. Sie restaurierten das Häuschen, so daß es wieder in den ursrpünglichen Farben Gelb und Grün erstrahlt. An den knapp zwanzig Plätzen kann man im Freien auf der Piazza sitzen und die unverfälschten Wurstwaren von Marini aus Pistoia genießen: **Schinken**, Salami vom Schinken, **Soppressata**, Schweinerücken in Öl, gebratenen **Rigatino** mit eingelegtem Gemüse. Die toskanische Crostini dürfen da natürlich nicht fehlen. Die berühmten **Biscotti di Prato** tränkt man in Vin Santo. Daneben bekommt man die Schiacciate, **Cofacce** oder Focacce, die mit Bananen oder Äpfeln gefüllt sind und noch warm zu einem Dessertwein gegessen werden. Auf Wein und Getränke verwendet man hier im allgemeinen sehr viel Sorgfalt. Man trinkt gepflegte ausländische Biere oder bekannte Weine. Abschließend sollte man unbedingt die Chicchi (Schokobohnen) aus der Konfiserie Catinari in Agliana probieren.

Pistoia

Il postino

Trattoria
Via di Bigiano, 60 - Sant'Alessio
Tel. 05 73 / 45 10 28
Ruhetag: Mittwoch
Betriebsferien: im August
70 Plätze + 30 im Freien
Preise: 25–30 000 Lire
Keine Kreditkarten
Reservierung: bei größeren Gruppen

Sie können auch mit dem Bus zur Trattoria »Il postino« fahren. Steigen Sie einfach an der Endhaltestelle der Linie 25 (Germinaia) aus. Mit dem Auto dagegen fahren Sie die Hauptstraße entlang, bis inmitten einer weitgehend unberührten Landschaft das Gasthaus auftaucht. »Il postino« ist gleichzeitig auch noch Lebensmittelgeschäft und Tabakladen; dort steht auch das öffentliche Telefon des Dorfes. Die Trattoria, und mit ihr mittlerweile auch das gesamte Viertel, trägt den Namen eines früheren Pächters, eben eines Postboten, der seinen Gästen einen kleinen Imbiß anbot. Inzwischen führt Signora Alì Castelli zusammen mit ihren Kindern und Enkeln das Lokal. Seit drei Generationen kann man hier also schon mehr als nur eine einfache Brotzeit bekommen. Das Angebot entspricht ganz der traditionellen toskanischen Küche. Rechtmäßige Nachfahren der ursprünglichen Brotzeiten sind das Brot und die **Schiacciata** aus dem Holzofen, der toskanische Antipasto mit **Crostini**, Wurstwaren und Schweinerücken in Öl. Im Sommer können Sie die Spezialitäten der Signora Gina auch im Freien genießen. Sie sitzen dann unter einer Pergola zwischen frisch gewaschener Wäsche, Feldern und Hügeln der Toskana. Als Primi essen Sie handgemachte Maccheroni oder Ravioli mit einem Sugo von Wildschwein, Hase, Schaf oder Ente, je nach dem, was Sie als Hauptgericht bestellt haben. Entsprechend geht es weiter mit Schweine- oder Kaninchenbraten, Tauben oder Hähnchen, mit **Fritto** von **Fischen**, **Fröschen**, Kaninchen, Hähnchen, Zucchini, Kürbisblüten. Desserts stehen in großer Zahl zur Auswahl: **Berlingozzo**, Apfelkuchen, Tiramisù, Crostata. Der Landwein, ein Chianti di Lamporecchio, ist in Ordnung.

Poggibonsi

27 km von Siena, S. S. 2

Antica osteria di Bazzino

Trattoria
Via Montorsoli, 63
Tel. 05 77 / 93 68 77
Ruhetag: Sonntag
Betriebsferien: Dezember/Januar
32 Plätze + 30 im Sommer
Preise: 20–30 000 Lire
Kreditkarten: AE, DC, Visa
Reservierung: nicht notwendig

Alle Feinschmecker von Poggibonsi konnten aufatmen, als Franco Fissi und Mario Piombini 1988 die »Antica osteria« übernahmen. Das älteste Lokal am Ort war zu einer nichtssagenden Kneipe verkommen. Die neuen Pächter bieten nun wieder traditionelle und hochwertige Kost an. Die junge Köchin Edy Giotti hatte ihre Abschlußarbeit an der Hotelfachschule von Chianciano über die toskanische Küche geschrieben. Die alte Weinschenke des Weinhändlers und Sattlers Bazzino wurde sorgsam renoviert und wirkt nun sehr ansprechend. Tischwäsche, Geschirr und Besteck wurden mit sicherer Hand ausgewählt, das kleine Lokal ist recht gemütlich. Die Bedienung schlägt gerne einen vertraulichen Ton an, ist dabei aber nie aufdringlich. Wir empfehlen besonders die **Trippa alla fiorentina**, die schon am Vorabend gemacht wird, damit über Nacht die Sauce gut einziehen kann. Freitags gibt es **Baccalà** mit Tomaten. Im Winter ißt man **Zuppa di pane** mit Rotkohl und **Ribollita**. Dazu trinkt man einen vollmundigen Rotwein aus den Colli Senesi. Die Weinkarte ist bis jetzt noch nicht allzu umfangreich. Sie beschränkt sich in erster Linie auf Chianti und Weißweine aus der unmittelbaren Umgebung.

Pontremoli

56 km von Massa Carrara, S.S. 62

Bacciottini

Osteria
Via Ricci Armani, 13
Tel. 01 87 / 83 01 20
Ruhetag: Donnerstag
Betriebsferien: unterschiedlich
25 Plätze
Preise: 25–30 000 Lire
Keine Kreditkarten
Reservierung: nicht notwendig

Gino Bacciottini zog mit seinem Onkel, einem Weinhändler, durch die ganze Toskana, bis er sich schließlich in Pontremoli niederließ. Auch Irva verließ ihren Geburtsort Lamporecchio und half Gino bei der Eröffnung des Lokals. Auch nach vielen Jahren üben die beiden Eheleute mit der gleichen Hingabe ihren Beruf aus. Nun besteht ihr größtes Anliegen darin, daß ihr Sohn Raffaello, der eines Tages die Osteria übernehmen wird, sich nicht irgendwelchen kurzlebigen Modeerscheinungen unterwirft, sondern die Osteria im traditionellen Stil weiterführt. Das »Bacciottini« ist nämlich eine der wenigen Osterie im eigentlichen Sinne. Hier stehen noch ein alter Schanktresen, Regale mit Wein, Öl und Lebensmitteln, Tische, an denen man sich zu jeder Tageszeit niederlassen und ein Glas Wein trinken, einen Happen oder eine vollständige Mahlzeit einnehmen kann. Gino besorgt den Weißwein bei den besten Erzeugern der näheren Umgebung und den Rotwein in der mittleren Toskana. Signora Irva setzt ihren Gästen heiße und duftende **Frittelle di baccalà** oder ein Stück köstlicher **Torta d'erbe** vor. Ihr Mann schneidet indessen typische Wurstwaren auf oder serviert toskanischen Pecorino. Man bekommt in Öl eingelegtes Gemüse und Oliven, Kräuter- und Reisaufläufe, zartes gedämpftes Schweinefilet. Als Primi stehen **Minestra di farro**, Ravioli di ricotta und die klassischen **Testaroli** mit herrlich zartem Pesto zur Auswahl. Der großartige **Fritto misto** mit Baccalà, Saisongemüsen, Kroketten und (zur entsprechenden Jahreszeit) ausgezeichneten **Pilzen** aus der Gegend ist immer zu haben. Zum Abschluß wird köstlicher **Neccio** mit einer Füllung aus Ricotta und Honig oder hausgemachte Crostata gereicht.

Pontremoli

56 km von Massa Carrara, S.S. 62

Da Bussè

Trattoria
Piazza Duomo, 31
Tel. 01 87 / 83 13 71
Ruhetag: Freitag
Betriebsferien: Juli
50 Plätze
Preise: 25-30 000 Lire
Keine Kreditkarten
Reservierung: empfohlen

Inzwischen kann das sechzigjährige Bestehen der Osteria »Da Bussè« gefeiert werden. Heute führt Pietro Bertocchis Tochter Antonietta das Lokal. Zu jeder Tageszeit sind Sie dieser Bilderbuchwirtin willkommen. Sie können bei ihr ein Glas Wein trinken, eine Kleinigkeit essen oder auch Karten spielen. Sie können aber auch eine komplette Mahlzeit bekommen. Signora Antonietta ist richtig stolz darauf, daß sie durchgehend warme Küche anbietet. Am Wochenende helfen ihr ihre Geschwister, damit das Lokal auch in den Abendstunden geöffnet bleiben kann. Antoniettas Küche legt Zeugnis ab von der Leidenschaft für die köstlichen bäuerlichen Speisen aus einfachen Grundstoffen. Antonietta stellt ihren Speisezettel entsprechend der Jahreszeit zusammen. Im Winter macht sie **Lasagnette mescie**, d. h. Nudeln aus Kastanienmehl, die mit Öl und Pecorino angerichtet werden, **Cavolo ripieno**, Polenta und **Farinata**. Im Frühjahr stehen »Erdabella«, ein Kuchen aus Maismehl und frischen Kräutern, Kuchen mit Kürbisblüten, gefüllte Zucchini sowie reichhaltige und köstlich duftende Gemüsesuppen auf dem Speiseplan. Im Herbst dominieren die **Pilzgerichte**: **Bomba di riso** mit Pilzen, Pilzsuppen und gebackene Pilze. Zu jeder Jahreszeit bekommen Sie die klassischen **Torte d'erbi**: der dünne Teig dieser Kräuterkuchen duftet nach gutem Olivenöl. Wenn Sie vor den **Testaroli** noch eine Vorspeise essen möchten, bekommen Sie traditionelle Wurstwaren und selbst eingelegtes Gemüse. Der offene Weißwein aus der Gegend paßt gut zu den Speisen. Sie können auch Flaschenweine von bekannten und zuverlässigen Kellereien trinken. Unter der Woche abends geschlossen.

Porto S. Stefano

46 km von Grosseto, S.S.1

Trattoria del ponte

Osteria
Via Panoramica, 15
Tel. 05 64 / 81 28 16
Ruhetag: Dienstag
Betriebsferien: Mitte Okt.-Ostern
50 Plätze
Preise: 40 000 Lire
Keine Kreditkarten
Reservierung: notwendig

»Wenn es Ihnen bei uns gefallen hat, schicken Sie uns eine Postkarte«, steht an einer Wand der Osteria geschrieben. In den vergangenen 18 Jahren haben Assunta und Gianni eine ganze Menge Postkarten erhalten. Das ist der beste Beweis dafür, daß auch in einem Touristenort wie Porto S. Stefano ein klassisches Fischlokal gefragt ist. Die »Trattoria del ponte« liegt oberhalb der Via Panoramica und ist nur zu Fuß zu erreichen. Ein hellblaues Schild kündigt die Trattoria an, die nicht so leicht auszumachen ist. Sie ist ein echter Familienbetrieb. Die Eltern sind für die Küche zuständig, die Kinder kümmern sich um die Gäste. Der Padrone macht sich schweigsam und emsig am Herd zu schaffen, die Signora kommt öfters aus der Küche und unterhält sich mit den Gästen. Dabei hält sie ihre Schürze in der Hand und erzählt, daß ihr Mann eine Hotelfachschule in der Schweiz besucht und anschließend in den bedeutendsten Restaurants der Gegend gearbeitet habe. Dann habe man sich entschlossen, sich selbständig zu machen. Die **Zuppa di pesce** schmeckt überragend. Sie wird in einer großen Terrine, mit geröstetem Brot und einer großen Serviette serviert. Es versteht sich von selbst, daß die aufwendige Fischsuppe nur für mehrere Personen zubereitet wird. Man kann auch die 15 verschiedenen Antipasti mit Fisch oder Meeresfrüchten, die **Spaghetti ai frutti di mare**, den **Riso nero** (mit der Tinte vom Tintenfisch) oder den **Riso alla marinara** probieren. Als Secondo ißt man gebratenen und frittierten Fisch oder Spießchen. Die Portionen sind reichlich und werden immer auf einer Platte serviert. Man trinkt Flaschenweine aus der Gegend oder dem übrigen Italien. Am besten läßt man sich aber Giannis offenen selbstgekelterten Wein bringen.

Portoferraio

Elba

Da Elbano

Trattoria
Ortsteil Casaccia, 7
Tel. 05 65 / 91 46 28
Ruhetag: Montag
Betriebsferien: Oktober/November
60 Plätze
Preise: 30 000 Lire
Keine Kreditkarten
Reservierung: empfohlen

Das »Da Elbano« war früher eine klassische Vorstadtkneipe. Fischer und Arbeiter aus dem Zementwerk kehrten hier ein, spielten Karten, tranken Wein und aßen dazu manchmal eine warme Mahlzeit, Trippa oder gedünsteten Oktopus. Das »Da Elbano« war auch politischer Versammlungsort. Geschichtlichen Nachforschungen zufolge trafen sich hier schon zu Beginn des 19. Jahrhunderts die »subversiven Elemente«, Sozialisten und Anarchisten. Sonntags kamen die Bauern in die Osteria. Sie aßen Spaghetti, frischen Fisch, tranken reichlich Weißwein und sahen sich anschließend das Fußballspiel auf dem nahegelegenen Sportplatz an. Elbano Benassi wurde selbst als Kommunist verfolgt; nach dem Krieg war er der erste Bürgermeister von Portoferraio. Vor 35 Jahren übernahm er das Lokal und ließ es renovieren. Unverändert geblieben ist über die Jahre hinweg das Speisenangebot, heute allerdings mit einem leicht modischen Einschlag. Zu den typischen Gerichten zählt das **Cacciucco**. **Minestra di acciughe** und »cavolo cappuccio« (ein Kohlgericht) sind Elbaner Spezialitäten. Daneben werden neuartige Gerichte wie z.B. der **Pasticcio di pesce**, eine Art Lasagne mit Meeresfrüchten und Pilzen, angeboten. Alle Speisen, entsprechen sie nun der traditionellen oder der neuen Küche, sind stets aus absolut frischen Grundstoffen und mit großer Sorgfalt zubereitet. Vor kurzem ist das »Da Elbano« in modernere und größere Räumlichkeiten umgezogen. Aber auch hier sind Benassi und sein Clan stets freundlich und zuvorkommend. Auch in den neuen Räumen hat Elbano die Bronzeteller mit den Porträts von Lenin, Marx, Togliatti und Stalin, aber auch das von Papst Johannes XXIII. und sein eigenes Konterfei wieder aufgehängt.

Portoferraio

Elba

Emanuel

Bar-Restaurant
Ortsteil Enfola
Tel. 05 65 / 93 90 03
Ruhetag: Mittwoch
Betriebsferien: Oktober – Ostern
30 Plätze + 30 im Freien
Preise: 30–50 000 Lire, ohne Wein
Kreditkarten: Visa
Reservierung: empfohlen

Seit 1986 führen Anna und Alberto mit viel Engagement die Trattoria des Fischers Emanuel, einer Persönlichkeit in dem kleinen Dorf Enfola. Anna hat bei Emanuels Frau Mara kochen gelernt. Vom Restaurant aus hat man einen wunderschönen Blick auf das Meer und die alten Fischfangstellen. Abends kann man zusehen, wie die Fischerboote zurückkehren und die Ware aussortieren. Im »Emanuel« ißt man stets frischen Fisch, der nach traditionellen Rezepten zubereitet wird. Man beginnt mit warmen **Antipasti di mare**, die sich aus vier frisch zubereiteten Fischgerichten, gemischten fritierten Fischen und Gabelmakrelenfilets zusammensetzen. Am besten probieren Sie aber die Fischmenüs des Hauses und trinken dazu einen guten Wein aus der Gegend oder einen Flaschenwein von der Karte (der Wirt empfiehlt Ihnen gerne den richtigen Tropfen). Die hausgemachten Desserts sollten Sie nicht vergessen. Trinken Sie zum Abschluß ein Gläschen hausgemachten Limoncino, einen Zitronenlikör, der nach einem alten Rezept sorgfältig angesetzt wird. Im Freien, unter dem Schatten eines herrlichen Feigenbaums, können Sie einen kleinen Imbiß einnehmen. Lassen Sie sich die **Insalata tonnara** (mit Meeresfrüchten oder Thunfisch), **geräucherten Schwertfisch**, Pennette ai faraglioni (mit Meeresfrüchten) oder die **Zuppa reale di molluschi** (Muschelsuppe) servieren. An der Bar mixt man Ihnen Cocktails, bietet frische Gemüsesäfte und an besonders heißen Tagen Sorbets an. Vom 15. Juni bis 15. September ist das Restaurant immer geöffnet.

Radda in Chianti

31 km von Siena, S. S. 429

Le vigne

Trattoria
Podere Le vigne
Tel. 05 77 / 73 86 40
Ruhetag: Dienstag
Betriebsferien: 5.–20.11., 10.1.–28.2.
40 Plätze + 20 im Sommer
Preise: 30 000 Lire, ohne Wein
Kreditkarten: die bekannteren
Reservierung: notwendig

Die Trattoria wirkt rustikal, aber sehr gepflegt. Die beiden jungen Pächter, Elena Damiani und Luca Vitali, sind stets freundlich, gewissenhaft und sorgfältig. Im Sommer können ihre Gäste im Freien essen. Die beiden bieten traditionelle toskanische Küche. Zu den Primi gehören demnach je nach Jahreszeit verschiedene Gemüsesuppen, frische Spaghetti »all'aglione« und natürlich die **Ribollita**. Als Secondo stehen verschiedene Fleischgerichte zur Auswahl: **Fiorentina** vom Grill, **Cinghiale in umido** mit schwarzen Oliven, **Stracotto al Chianti** sind sicher die verlockendsten Spezialitäten. Die hausgemachte Käsetorte ist ein würdiger Abschluß der ganzen Mahlzeit. Die Weinkarte nennt eine ordentliche Auswahl an Flaschenweinen aus der Umgebung und der übrigen Toskana. Auch der gute offene Wein aus der Gegend ist zu empfehlen.

Rosignano Marittimo

28 km von Livorno, S. S. 1 Richtung Cecina

San Marco

Bauernhof
Ortsteil San Marco, 150
Tel. 05 86 / 79 93 80
Ruhetag: Montag
Betriebsferien: Februar
30 Plätze
Preise: 30 000 Lire
Keine Kreditkarten
Reservierung: notwendig

Der Ortsteil San Marco liegt auf einem Hügel. Im Osten entdeckt man Rosignano, das von einer alten Burg überragt wird, im Westen liegt das Meer. Der hl. Markus wurde hier besonders gefeiert. Am 25. April kamen die Leute aus der Umgebung und brachten ihrem Schutzpatron Gaben dar. Pietro Fabiano war ein kleiner Unternehmer. Er hat seinen Betrieb aufgegeben und widmet sich nun mit ganzer Leidenschaft dem Bauernhof und seiner Pferdezucht. Das Landhaus wurde vollständig renoviert und bietet nun bis zu zwanzig Feriengästen Platz. Signora Vanda Cerri ist eine gute Köchin. Wenn Sie rechtzeitig vorbestellen, können Sie mittags, nachmittags und abends ihre Spezialitäten probieren. Sie essen in einem einfachen, typisch toskanisch eingerichteten Speisezimmer oder im Freien. Vanda serviert Ihnen Brot, das im alten Holzofen auf dem Hof gebacken wird, in Öl eingelegtes Gemüse und Schweinefleisch, Vorderschinken, Schinken und **Rigatino** von selbstgemästeten Schweinen. Die Pasta ist hausgemacht, die dicken Bohnen und andere Gemüsesorten kommen aus dem eigenen Garten. Auch Kaninchen und Geflügel werden auf dem Hof gezüchtet. Essen Sie also das **entbeinte und gefüllte Kaninchen** oder **Coniglio alla cacciatora** und **Ente**. Die Crostata mit Marmeladenfüllung ist selbstgebacken. Die Trebbiano- und Sangiovese-Trauben werden an einem Südhang angebaut. Der Rotwein ist in Ordnung. Beim Weißwein schmeckt man die Nähe des Meeres und die einfache Herstellungsweise durch. Der Schnaps, der im alten Weinkeller destilliert wird, ist gut.

San Casciano in Val di Pesa
16 km von Florenz, S.S. 2

Cantinetta del nonno

Osteria-Trattoria
Via IV novembre, 18
Tel. 0 55 / 82 05 70
Ruhetag: So. – Mi.abend
Betriebsferien: August
30 Plätze
Preise: 15–20 000 Lire
Keine Kreditkarten
Reservierung: empfohlen

Name und Einrichtung lassen erst einmal ein modernes und auf alt getrimmtes Lokal erwarten. In der »Cantinetta del nonno« ist aber alles echt. Weinflaschen stapeln sich in den Regalen, am Tresen stehen Wurstwaren, Käse und ganze Platten mit Sardellen, eingelegtem Gemüse und anderen Köstlichkeiten, drei Tische laden zum Verweilen ein. Hinter dem Laden befinden sich die Küche und ein kleines Speisezimmer, in dem man mit Blick ins Grüne in aller Ruhe tafeln kann. Marcello Pieri war bereits Wirt in den ältesten und vornehmsten Osterien von Florenz. Er zog sich aufs Land zurück und züchtete zum Zeitvertreib Hühner und Kaninchen. Aber schon bald hatte er wieder Sehnsucht nach seinem eigentlichen Beruf und erwarb diese alte Trattoria. Zusammen mit zwei Frauen, die für die Küche zuständig sind, bietet er unverfälschte und traditionelle Kost an. Bei Marcello Pieri ißt man die echte toskanische Küche. Die Gerichte schmecken wie in alter Zeit, das Brot wird noch im Holzofen gebacken und paßt besonders gut dazu. Marcello serviert echte Klassiker wie **Minestra di pane**, **Pappa al pomodoro**, **Minestra di fagioli**, gebratene Nudeln mit Fleischsauce oder mit Gemüsen der Saison. Als Hauptgerichte folgen **Trippa**, Spezzatino, **Baccalà**, Polpette und **Stracotto**. Bisweilen schlachtet der Wirt auch ein Huhn oder Kaninchen aus der eigenen Aufzucht. Mastbetriebe aus der Umgebung liefern das Fleisch für die echten Florentinersteaks. Als Beilagen bekommt man Kartoffeln und dicke Bohnen, Salat und Gemüse. An guten Weinen mangelt es nicht. Der offene Wein ist ehrlich und läßt sich gut trinken, die Auswahl an toskanischen Flaschenweinen ist umfangreich und gut.

San Casciano in Val di Pesa
16 km von Florenz, S. S. 2

Matteuzzi

Trattoria
Via Certaldese, 8
Tel. 0 55 / 8 28 80 90
Ruhetag: Dienstag
Keine Betriebsferien
30 Plätze
Preise: 25 000 Lire
Keine Kreditkarten
Reservierung: nicht notwendig

In dem kleinen Dorfladen konnte man alles kaufen. Drei Generationen der Familie Matteuzzi hatten das Geschäft betrieben, das kaum etwas abwarf. So mußten sie ihre spärlichen Einnahmen anderweitig aufbessern. Der Großvater war nebenbei auch Schuster. An Sonntagen briet er in seiner Küche die kleinen Fische, die ihm die Freizeitangler vorbeibrachten. Damit hatten die Matteuzzis durchschlagenden Erfolg. Die Küche wurde vergrößert, aus dem Wohnzimmer der Familie wurde ein Speisesaal. Im Sommer ißt man im Freien unter einer Pergola. Die tüchtige Leda kocht schlichte und traditionelle Bauerngerichte. Ihre beiden Kinder Cristina und Alessandro studieren noch. Sie helfen auch in der Trattoria mit und bedienen ihre Gäste ungezwungen und freundlich. Wurstwaren, Crostini und **Fettunta** geben einen klassischen Antipasto ab. Bäuerliche Küche schmeckt man bei der köstlichen **Minestra di pane**, der Zuppa lombarda oder den Nudelgerichten mit Fleischsauce. Das gegrillte Fleisch ist zart und schmackhaft, der **Spezzatino** ist wie aus dem Bilderbuch. Freitags ißt man traditionsgemäß **Baccalà** – gedünstet oder auf **Florentiner Art**, d.h. mit Tomaten, Kartoffeln, Rosmarin und Knoblauch geschmort. Abschließend empfehlen sich der ausgezeichnete Pecorino mit Birnen oder die **Cantucci** mit Vin Santo. Der offene Wein schmeckt angenehm und läßt sich gut trinken. Man kann auch Flaschenweine von Erzeugern der Gegend oder den nahegelegenen Cantine Antinori trinken. Abends geschlossen.

San Gimignano

38 km von Siena, 11 km von Poggibonsi

Delle catene

Trattoria
Via Mainardi, 18
Tel. 05 77 / 94 19 66
Ruhetag: Mittwoch
Betriebsferien: unterschiedlich
36 Plätze
Preise: 20–30 000 Lire, ohne Wein
Kreditkarten: AE, CartaSi, Visa
Reservierung: empfohlen

Es gibt ein paar Winkel in San Gimignano, die noch nicht von den Touristenströmen überspült worden sind. In den versteckten Seitengassen der Altstadt stehen Gasthäuser, in denen man Essen und Trinken nicht mit der Stoppuhr mißt. Die drei jungen Wirtsleute betrieben früher die Gaststätte auf dem Campingplatz von San Gimignano. Die Trattoria strahlt die gleiche vertrauliche Atmosphäre aus, denn nach wie vor legt man viel Wert auf den persönlichen Kontakt zu den Gästen. Speisen und Weine sind von erstklassiger Qualität. Über allen Weinen triumphiert natürlich der Vernaccia di San Gimignano, von dem eine überlegte und kluge Auswahl zusammengestellt wurde. Von dem unbekannten Valdelsa werden bemerkenswerte Rotweine angeboten. Aus der übrigen Toskana bekommt man nur die besten Erzeugnisse. Die Küche hält sich streng an den Lauf der Jahreszeiten. Man ißt so traditionelle Gerichte wie den **Cacciucco**, die **Panzanella**, **Lammbraten**, **Maiale ubriaco**, **Fagioli all'uccelletto** und den **Fritto misto** aus weißem Fleisch und Gemüse. Ansonsten bekommt man noch Pinzimonio, Wurstwaren aus der Umgebung, im Herbst Pilze und im Sommer Nudelgerichte und Gemüse. Die alten und typischen Rezepte werden ein wenig leichter nachgekocht und mit neuen Gewürzen verfeinert. Besondere Spezialitäten sind **Wildschwein**, Perlhuhn mit Wacholder und die wiederentdeckte »**Valdelsa**«, Gänsekragen. Das aßen meist die Pilger, die hier über die Via Francigena nach Rom zogen. Das Dessert des Hauses wird mit Walnüssen zubereitet. Endlich einmal ein gepflegtes Lokal, das nicht mit Gewalt auf rustikal getrimmt wurde.

Sassetta

65 km südlich von Livorno

Il biondo

Trattoria-Locanda
Via di Castagneto, 63
Tel. 05 65 / 79 42 30
Ruhetag: Donnerstag
Betriebsferien: unterschiedlich
25 Plätze
Preise: 40–45 000 Lire
Keine Kreditkarten
Reservierung: empfohlen

1863 hieß das Gasthaus »La casa di Bologna«, da der Besitzer Leopoldo Mattioli aus Bologna stammte. Hier kehrte ein, wer auf der Durchreise war. Mattioli übergab das Gasthaus seinem Sohn Ottavio, genannt »Il biondo«, und dieser wiederum vermachte es seinem Sohn Leopoldo. Das Lokal ist mittlerweile in ganz Italien und dem Ausland bekannt, denn es wird in mehreren Restaurantführern erwähnt. Dennoch hat das »Il biondo« nichts von seinem Charme eingebüßt. Die Küche bedient sich ausschließlich einfacher und frischer Grundstoffe und ist stets hervorragend. Leopoldo Mattioli trägt in seiner typisch toskanischen Art auch selbst zur Beliebtheit seines Lokals bei. Er ist schlagfertig und witzig und fordert seine Gäste ungeachtet ihres Alters mit einem fröhlichen »Mangia bimbo, mangia bimba« (»Iß, mein Junge, iß, meine Kleine«) zum Essen auf. Man speist nicht à la carte, sondern ißt das, was es gerade gibt. Stets in der Gewißheit, daß es sich um Spezialitäten handelt, die einer längst vergangenen Zeit zu entstammen scheinen: Wildschweinschinken, Hirtenkäse, Artischocken, Pilze und Schalotten in Öl. Leopoldos Frau Anna legt das Gemüse selbst ein. Sie ist es auch, die für die Küche zuständig ist. Den Antipasti folgen **Getreidesuppe** mit Nudeln, **Ribollita**, Talgliatelle strascicate, **geschmorte Tauben**, **Tordi** del Biondo, Kaninchenbraten. Auf dem Tisch steht eine Flasche Rotwein. Der Suvereto ist leicht, schmeckt ein wenig säuerlich und läßt sich gut trinken. Abschließend die Desserts, die allein schon einen Ausflug nach Sassetta rechtfertigen: die Marmeladen, Annas **Cantuccini** zum ausgezeichnetem Vin Santo und der Likör mit dem eigenartigen Namen »Acqua di Lourdes«.

Scarperia

30 km von Florenz, S. S. 503

Ede Giuliani

Trattoria
Ortsteil Sorgente Panna
Tel. 0 55 / 8 40 69 60
Ruhetag: Samstag
Keine Betriebsferien
120 Plätze
Preise: 25–30 000 Lire, ohne Wein
Keine Kreditkarten
Reservierung: notwendig

Es ist nicht leicht, die Trattoria zu finden. Das Schild ist klein und fällt auf dem großen Gebäude der »Acqua Panna« nicht auf. Den ganzen Tag über bekommt man warme Küche, denn hier kehren hauptsächlich die Fernfahrer ein, die bekanntlich keine geregelten Arbeits- und Essenszeiten kennen. Die sehr sympathische Signora Ede ist die Seele des Lokals. Sie hat alles im Griff, wie sie so in ihren Pantoletten zwischen Küche und Gaststube hin- und hersaust. Ihre Spezialität sind die **Tortelli mugellani**. Zu Fremden sagt Ede: »Es gibt nur Kartoffeln«, aber wenn man sich dann nach näheren Einzelheiten erkundigt, fügt sie nur hinzu: »Haben Sie Vertrauen«. Auf ihre Tortelli legt sie größten Wert. Sie fragt, wieviele Portionen gewünscht werden und stellt sich in die Küche. Die Füllung der Tortelli besteht natürlich nicht nur aus Kartoffeln: da steckt auch eine Gemüsesorte drin, aber Ede verrät nicht, welche. Als sie selbst noch klein war, waren die Tortelli ein typisches Festtagsessen. Und sie aß jeden Sonntag zwei Portionen. Ihr Vater war Forstbeamter, ihre Mutter kannte das Geheimnis der Tortelli. Hier wird überall der Mugello angeboten, aber Edes Tortelli mugellani schmecken mit Abstand am besten. Auch bei den Fleischgerichten ist man vor Überraschungen sicher: Es gibt Rind, Schwein, Kaninchen und Huhn. Die Grundstoffe sind von erstklassiger Qualität und werden stets sachgerecht zubereitet. Den offenen Hauswein trinkt man besser nicht. Man bestellt sich einen einfachen, aber ordentlichen toskanischen Flaschenwein.

Semproniano

67 km östl. von Grosseto

La posta

Trattoria
Via S. Martino, 12 – Catabbio
Tel. 05 64 / 98 63 76
Ruhetag: Montag
Betriebsferien: Januar
40 Plätze
Preise: 25 000 Lire
Kreditkarten: CartaSi
Reservierung: notwendig

Echte Kerzen und künstliche Blumen stehen auf den weißen Tischdecken der Trattoria »La posta« in Catabbio. Wir sind hier in der oberen Maremma und nur 10 km von einem bekannten Kurzentrum entfernt. Die zahlreichen Kurven auf der Straße nach Catabbio nimmt man nur deshalb in Kauf, weil sie durch eine wunderschöne, zugleich liebliche und wilde Landschaft führen. »La posta« war ursprünglich Bar, Tabakgeschäft und Osteria. Giulio und Danilo haben das Geschäft ihrer Tante übernommen. Mamma Antonella kocht. Und genau wie zu den Zeiten der Tante bekommt man hier noch die typisch toskanischen **Sardellen in Pesto**, die einfach zu jedem Trinkgelage gehören. Des weiteren werden je nach Jahreszeit verschiedene Crostini (mit Pilzen, Artischocken oder Oliven) als Antipasto gereicht. Unter den Primi entdeckt man eine echte und deshalb ganz schlichte **Acquacotta**, die ursprünglich eine ausgesprochene Armenspeise war, **Tagliatelle** mit Hasen- oder Wildschweinragout oder mit den guten Pilzen aus dieser Gegend. Das ganze Jahr über bekommt man die **Tortelli** mit Ricotta und Spinat und die **Buglione d'agnello**: das Lammfleisch wird in einer leckeren Sauce geschmort und auf gerösteten Brotscheiben angerichtet. In der Maremma darf natürlich auch **Wildschwein** nicht fehlen. Antonella reicht den Wildschweinbraten mit Oliven und der typischen dunklen und köstlichen Sauce. Die Ricotta-Mousse mit Waldfrüchten ist als Dessert dem Sorbet sicher vorzuziehen. Die Auswahl an Weinen ist nicht groß. Die meisten Weine kommen aus der Gegend und werden in Kelchgläsern serviert: vom offenen Morellino di Scansano bis zu den hauptsächlich roten Flaschenweinen.

Seravezza

37 km von Lucca, S. S. 439, hinter Pietrasanta

Michelangelo

Trattoria
Via S. Michele, 37 – Azzano
Tel. 05 84 / 77 30 50
Ruhetag: Dienstag
Keine Betriebsferien
80 Plätze + 40 im Freien
Preise: 25-30 000 Lire
Keine Kreditkarten
Reservierung: empfohlen

Im Herzen der Apuanischen Alpen findet man noch leichter Gasthäuser, in denen traditionelle Speisen angeboten werden. In den Bergdörfern ändern sich Gewohnheiten, und besonders Eßgewohnheiten, nicht. In diesem gebirgigen Teil der Versilia stößt man auf Marmorbrüche, Traditionen und Mythen. Ein Mythos ist sicher Michelangelo, der den weißen Marmor für seine meisterlichen Skulpturen aus diesen Bergen bezog. In Azzano lebt man immer noch einfach, und wer Hausmannskost liebt, kann hier ein wunderbares Fleckchen entdecken. Das Lokal in rustikalem Stil wirkt einladend und gemütlich. Die Spezialität der erfahrenen Köchinnen ist **Cinghiale alla cacciatora** oder gegrilltes Wildschwein. Typisch für diese Gegend der Toskana sind hier auch die Primi: die halbmondförmigen **Tortelli**, die »Matuffoli«, d.h. **Polenta mit Pilzsauce**. In der Trattoria sind im allgemeinen viele Pilzgerichte zu bekommen. Die Stammgäste schwören aber auch auf Cotechino und Zampone mit Kichererbsen und dicken Bohnen. Man trinkt ausschließlich toskanischen Wein. Als Dessert sind die getrockneten **Maronen** in Milch und der hausgemachte Kuchen zu empfehlen.

Siena

Hosteria il Carroccio

Trattoria
Via Casato di Sotto, 32
Tel. 05 77 / 4 11 65
Ruhetag: Mittwoch
Betriebsferien: Februar
40 Plätze
Preise: 25-30 000 Lire
Kreditkarten: Visa
Reservierung: im Sommer

Die Trattoria liegt in der Nähe der Piazza del Campo. Sie wurde von Mauro Caselli geschmackvoll renoviert. Man kann hier kleine Gerichte oder eine vollständige Mahlzeit bekommen. Mauros junge Frau Renata ist eine begeisterte Köchin zeitaufwendiger Gerichte, wie man sie von früher noch kennt. Mauro und sein Sohn Moreno, der gerade einen Lehrgang für Sommeliers besucht, kümmern sich um die Gäste. Sie sitzen auf Strohstühlen und essen die für Siena typischen Minestre: einmal die klassische **Ribollita** und zur entsprechenden Jahreszeit die **Zuppa di fagioli** mit kaltgepreßtem Olivenöl oder die Zuppa di ceci. Die **Scottiglia** wird nach einem alten Rezept zubereitet. Neben Kaninchen und **Pollo fritto** mit Estragon bekommen Sie auch ausgezeichnetes Rindfleisch. Freitags wird auch Fisch angeboten. In Kürze werden Sie hier auch ein toskanisches Gericht aus der Renaissancezeit essen können: **dicke Bohnen mit Kaviar**. Noch bis vor etwa dreißig Jahren zogen Störe den Ombrone hinauf. Die Zutaten sind alle von erstklassiger Qualität: kaltgepreßtes Olivenöl, Fleisch aus kontrollierten Mastbetrieben. Hier trinken Sie natürlich Chianti. Die Weinkarte ist nicht sehr umfangreich, es sollen aber noch weitere toskanische Weine aufgenommen werden.

Siena

Il Ghibellino

Osteria
Via dei pellegrini, 26
Tel. 05 77 / 28 80 79
Ruhetag: Mittwoch
Betriebsferien: Nov. u. Febr.
50 Plätze
Preise: 35 000 Lire
Kreditkarten: AE, CartaSi, DC
Reservierung: empfohlen

»Il Ghibellino« ist eine der letzten echten Osterie von Siena. Die Atmosphäre ist einfach, aber gepflegt, die Bedienung freundlich. Der Wirt sieht aus wie aus dem Bilderbuch. Die Gerichte entsprechen der traditionellen toskanischen Küche. So hatte früher eine typische und einfache Osteria auszusehen. Der Wirt hat es sich zum Anliegen gemacht, sämtliche Spezialitäten der Gegend vorzustellen. Das Speiseangebot wechselt alle zwei Wochen und orientiert sich an den Jahreszeiten. In den wärmeren Monaten ißt man also die **Pappa al pomodoro**, im Winter die **Zuppa di fagioli** und **Trippa** (dienstags). Auch seltene Speisen wie den **Collo ripieno** kann man hier bekommen. Dabei handelt es sich um ein einfaches Bauerngericht der Gegend: einen mit Gemüse und Fleisch gefüllten Hühner- oder Entenkragen. Alles wird täglich frisch zubereitet, das Essen schmeckt frisch und duftet herrlich. Man trinkt guten offenen Weiß- oder Rotwein. Man kann aber auch auf eine überlegte Auswahl an toskanischen Flaschenweinen zurückgreifen.

Siena

La torre

Trattoria
Via Salicotto, 7/9
Tel. 05 77 / 28 75 48
Ruhetag: Donnerstag
Betriebsferien: im Aug. od. Sept.
35 Plätze
Preise: 25–28 000 Lire
Keine Kreditkarten
Reservierung: empfohlen

Wirklich nur ein paar Schritte von der Torre del Mangia entfernt liegt dieses alte und typische Lokal. Die betagte Wirtin, Signora Iolanda Barbini, kümmert sich auch heute noch persönlich um die Küche. Sie selbst macht die **Gnocchi di patate**, rollt die Tagliatelle aus, füllt die klassischen **Ravioli** mit Ricotta und Spinat. Besonders ihre **Pici** sind es wert, probiert zu werden, auch wenn der toskanische Akzent »Pici« zu »pisci« verstümmelt, was soviel bedeutet wie »du pinkelst« und vielleicht wenig appetitanregend wirkt. Signora Iolanda kocht auch die **Pasta e fagioli** und den Minestrone noch selbst. Die Hauptgerichte, vor allem die Braten, sind hervorragend. Das Angebot reicht von Schweinerücken über Perlhuhn bis zu Ente, Täubchen oder Lamm. Iolandas Sohn Alberto bedient die Gäste. Er ist ein aufbrausender Toskaner, der anfangs sogar Furcht einflößen kann. Wir können aber garantieren, daß er überaus zuvorkommend ist und viel von seiner Arbeit versteht. Wenn aber etwas schiefgeht, dann bewahrt Alberto eben nicht britischen Gleichmut, sondern flucht lauthals durch den ganzen Speisesaal und die angrenzende Küche. Der Wein kommt von der kleinen Kellerei Casalgallo, die Albertos Schwager gehört. Er schmeckt nicht außergewöhnlich, ist aber durchaus in Ordnung. Die Preise fallen allerdings außergewöhnlich günstig aus, bedenkt man auch die Lage der Trattoria. Für wenig Geld bekommt man Primo, Secondo mit Beilagen, **Cantucci** mit Vin Santo und Espresso. Die wenigen Plätze sind meist belegt, so daß man geduldig warten muß, bis ein Tisch frei wird. Aber es lohnt sich.

Sovicille

13 km von Siena, S. S. 73 Richtung Grosseto

Le torri di Stigliano

Trattoria
Piazza grande – Stigliano
Tel. 05 77 / 34 20 29
Ruhetag: Montag
Betriebsferien: Oktober
120 Plätze
Preise: 30 000 Lire, ohne Wein
Kreditkarten: CartaSi
Reservierung: empfohlen

Das alte und traditionelle Gasthaus wurde von den neuen Pächtern wieder zum Leben erweckt. Giancarlo verwendet in der ansonsten rustikalen Trattoria größte Sorgfalt auf Geschirr und Tischwäsche. Er pflegt den persönlichen Kontakt zu seinen Gästen, die Bedienung ist verbindlich und zuverlässig. Man legt Wert auf eine besonders aufmerksame Präsentation der Speisen, auch wenn es sich dabei um die Klassiker dieser Gegend handelt. Als Antipasti bekommt man den knusprigen **fritierten Salbei** und heiße **Crostini**. Zu den Primi gehören die **Ravioli al tartufo** und verschiedene andere hausgemachte Nudelsorten mit Wildragout. Das Angebot an Secondi ist besonders breit gefächert und reicht von der klassischen **Fiorentina** über Grillspezialitäten bis zum **Spanferkel** aus dem Holzofen. Die köstlichen Desserts sind hausgemacht. Die Weine geben einen guten Überblick über die Produktion dieser Gegend. Man trinkt einen ordentlichen Bauernwein oder einen guten Flaschenwein von der Karte. In der warmen Jahreszeit kann man auch im Freien essen.

Talamone

20 km von Grosseto, S. S. 1 Richtung Orbetello

Ristoro Buratta

Trattoria
Podere Dicioccatone – Fonteblanda
Tel. 05 64 / 88 56 14
Im Sommer kein Ruhetag
Betriebsferien: den ganzen Winter
100 Plätze
Preise: 18–25 000 Lire
Keine Kreditkarten
Reservierung: notwendig

Keine Karte sagt Ihnen, wie Sie zu den Burattas gelangen. Fahren Sie durch Fonteblanda in Richtung Talamone. Kurz davor biegen Sie nach rechts ab und folgen improvisierten gelben Hinweisschildern, bis Sie schließlich inmitten von Ölbäumen stehen. »Wo bin ich denn hier gelandet?« werden Sie sich fragen, sobald Sie am »Ristoro Buratta« angelangt sind: im Hof laufen Katzen herum, Hunde begrüßen Sie freudig und wedeln mit dem Schwanz, Pferde wiehern. Das »Ristoro Buratta« ist schon eine außergewöhnliche Trattoria. Sie essen hier an großen Tischen unter einem Laubdach. Gedeckt wird nur mit Papiersets und einfachem Besteck. Sie müssen warten, bis eine metallische Stimme Ihren Namen aufruft, dann können Sie mit dem Essen beginnen. Das Lokal ist in keine der bestehenden Kategorien einzureihen. Ein bißchen Fata Morgana auf dem Lande, ein bißchen Selbstbedienungsrestaurant im Stil der fünfziger Jahre und ein bißchen Reiterhof mit Osteria. Alles in allem ist das »Ristoro Buratta« eine nette Einkehr, die sich ihre natürliche Eigenart bewahrt hat. Hier wird einfache und typische Regionalküche angeboten. Sardellen in grüner Sauce, Silberzwiebeln, Wildschweinschinken und -salami essen Sie als Vorspeise. Als Primo können Sie die traditionelle **Acquacotta**, **Tortelli**, Tagliatelle und die **Pilzsuppe** bekommen. Auch die Secondi sind typisch für diese Gegend: eine zarte und duftende **Rosticciana**, **Pollo fritto** und Perlhuhn. Die Bedienung ist auch bei dem großem Andrang stets aufmerksam. Man trinkt den offenen Hauswein oder angemessene Weine aus der Gegend.

Terranuova Bracciolini

34 km von Arezzo, S. S. 69 Richtung Florenz

Cooperativa agricola valdarnese
Bauernhof
Ortsteil Paterna
Tel. 0 55 / 97 75 14
Ruhetag: Montag bis Donnerstag
Betriebsferien: erste Augusthälfte
30 Plätze
Preise: 30-35 000 Lire
Keine Kreditkarten
Reservierung: empfohlen

Die Landschaft des Arnotals ist sehr abwechslungsreich: Ebene, Berge, mittelalterliche Dörfer, Vorstädte, alte Terrassenfelder und hochmoderne Pflanzungen. Aus dem Arnotal stammen auch einige sehr berühmte Speisen. Die Mitglieder der »Cooperativa Agricola Valdarnese« (Landwirtschaftliche Genossenschaft Arnotal) hatten erwartungsgemäß sofort Erfolg mit ihrem Restaurant, in dem sie typische Gerichte und Erzeugnisse der Gegend anbieten. Der ehemalige Viehstall ist nun das Speisezimmer. Der Boden ist aus Stein, im Kamin lodert ein Feuer. Im Sommer kann man auf der Terrasse eines begrünten Innenhofs essen. Das Personal ist freundlich und höflich, aber zurückhaltend. Marcos und Tamaras Küche sucht ständig den Bezug zur Umgebung: Toskana, Hügel, Rebstöcke und Ölbäume, eine noch menschliche Umwelt nehmen Einfluß auf die Speisen. Essen Sie also **Maccheroni sul coniglio, Ribollita, Pappa col pomodoro,** Tortelloni mit Kartoffeln, **Acquacotta nach der Art von Casentino,** Ravioli mit Ricotta und Spinat. Es folgen **Anatra in porchetta,** Braten, **Scottiglia** und **Cinghiale in umido.** Vergessen Sie nicht die Wurstwaren von Paterna (besonders die **Finocchiona**), den Pinzimonio aus Saisongemüse und die Aufläufe mit Wiesenkräutern. Die Süßspeisen rufen sofort eine Menge Kindheitserinnerungen wach: **Zuppa inglese,** Torta di ricotta, Reisauflauf und Torta della nonna. Es steht Ihnen eine große Auswahl an Flaschenweinen zur Verfügung. Sie sollten aber unbedingt den Hauswein probieren. Der Kellermeister ist so stolz auf diesen Wein und erzählt Ihnen, wenn er gut aufgelegt ist, auch ein paar nette Anekdoten. Bei Wein und Gesang bleiben die meisten Gäste bis spät in die Nacht.

Tresana

43 km nordwestl. von Massa Carrara

Hostaria del Buongustaio da Fabio
Osteria-Trattoria
Via Roma, 41 - Corneda
Tel. 01 87 / 47 70 09
Ruhetag: Dienstag und So.abend
Betriebsferien: September
30 Plätze
Preise: 25-30 000 Lire
Keine Kreditkarten
Reservierung: empfohlen

Das Schild verrät schon, daß es sich hier um ein rustikales Gasthaus handelt. Das Lokal könnte aber genausogut auch ein Trödelladen sein, betrachtet man die Tische und Stühle aus Massivholz, den Schanktresen und die unzähligen Gerätschaften und Schlüssel an den unverputzten Wänden. Aber die große Vitrine voller Kristallgäser und die ausgezeichneten Spirituosen, die in großer Zahl hinter der Theke aufgereiht stehen, lassen vermuten, daß Trauben und alles, was man daraus machen kann, hier einen hohen Stellenwert besitzen. In der Tat ist Fabio Sommelier und ein großer Weinkenner. In seiner Osteria bietet er nur Weine aus der Gegend an. Das sind sehr seltene Weine aus bodeneigenen Trauben mit so ungewöhnlichen Namen wie »ararola«, »fantina« und »merò«. Sie schmecken zart, sind aber kaum transportfähig, was es unmöglich macht, sie außerhalb dieser Täler zu trinken. Unser Wirt wählt die besten Grundstoffe für Küche und Keller selbst aus. Sei es nun auf Steinmühlen gemahlenes Mehl, seien es Wurstwaren, Käse, Öl und Fleisch. Fabios Frau Bruna und seine Schwester Gabriella verwandeln diese Grundstoffe mit geschickten Händen in traditionelle Gerichte: **Vollkornkuchen mit Kräutern, Torta di riso, Testaroli,** Ravioli, Tagliatelle aus Vollkornmehl und **Tagliatelle mescie** (aus Weizen- und Kastanienmehl), Braten und der entsprechenden Jahreszeit **Pilzgerichte.** Als Desserts stehen **Buccellato, Crostata** und Pasticcini mit **Walnüssen** zur Auswahl. Fabio serviert dazu einen süßen und etwas moussierenden Dessertwein, den er selbst keltert und »Vin del prete« (»Priesterwein«) nennt. Zum Abschluß sollte man sich ein Gläschen Stachelbeer-, Zwetschgen-, Wildkirschoder Maronenschnaps gönnen.

Volterra

66 km von Pisa, S. S. 439

Da Badò

Trattoria
Borgo San Lazzero, 9
Tel. 05 88 / 8 64 77
Ruhetag: Mittwochmittag
Betriebsferien: ca. 15.7.–15.9.
50 Plätze
Preise: 20–30 000 Lire
Keine Kreditkarten
Reservierung: empfohlen

Die Bewohner von Volterra sind stolz auf dieses Lokal, denn sie sind ihrer Heimat und ihren kulinarischen Gepflogenheiten aufs engste verbunden. Das Lokal wurde vor kurzem renoviert und geschmackvoll eingerichtet; es wirkt nun warm und gemütlich. Leider kann man hier nur zu Mittag essen. Aldo und Franco Badò betreiben auch noch die benachbarte Bar und verzichten aus diesem Grund auf eine Abendöffnung. »Denn«, so sagen sie, »wir wollen uns nicht verzetteln und unsere Sache gut machen.« Man ißt hier das Beste, was die traditionelle Küche der Gegend zu bieten hat: schmackhafte **Crostini in Pilzsauce**, die **Trippa alla fiorentina** (die Spezialität des Hauses) oder die klassischen **Pappardelle mit Hasenragout**, zarten Kaninchenbraten in Weißwein oder auch den aufwendigeren **Cinghiale in umido**. Man trinkt Flaschenweine aus der Toskana, aber auch der offene Wein ist durchaus interessant. Der junge Rotwein ist meistens nur ein Jahr alt und kommt von kleinen Erzeugern aus dem Chianti, die ihn nicht eigens abfüllen. Ein klassischer Tischwein, der ausgezeichnet zu den Spezialitäten der Trattoria paßt. Schließlich sollte man noch das gute Preis-/Leistungsverhältnis erwähnen. Wenn man keinen außergewöhnlichen Wein bestellt muß man fast nie mehr als 30 000 Lire veranschlagen.

Volterra

66 km von Pisa, S. S. 439

Lo sgherro

Osteria
Borgo San Giusto, 74
Tel. 05 88 / 8 64 73
Ruhetag: Montag
Betriebsferien: unterschiedlich
40 Plätze
Preise: 25 000 Lire
Keine Kreditkarten
Reservierung: nicht notwendig

Das Wort »sgherro« hat im Italienischen verschiedene Bedeutungen. Eine davon bezeichnet einen Menschen mit harten und markanten Gesichtszügen, der ein anmaßendes und dreistes Benehmen an den Tag legt. Diese Bedeutung hat wohl etwas mit dem Namen der Osteria zu tun, denn schon zu Beginn unseres Jahrhunderts trafen sich hier die Steinmetze aus Volterra. Das waren verschlossene und scheue Menschen. Doch meistens montags kamen sie hier zusammen, tranken und sangen. Zu jener Zeit aß man nur wenige einfache Speisen: Bohnensuppe, **Stoccafisso**, **Trippa** und die dicken Bohnen, die nicht für die Minestra verwendet wurden. Das Lokal hat sich seither verhältnismäßig wenig verändert. Auch heute noch werden wenige, aber dafür typische Regionalgerichte angeboten und außerhalb der Essenszeiten bemerkenswert viel Wein ausgeschenkt. Das Lokal wirkt nüchtern und beinahe schon unpersönlich. Die Jagdtrophäen an den Wänden sind der einzige Schmuck. Im »Lo sgherro« treffen sich vor und nach der Jagd nämlich auch die Wildschweinjäger. Hier bekommt man keine gekünstelten Speisen, keine besonderen Weine oder raffinierten Gerichte. Das Lokal ist einfach und will auch nicht mehr sein.

S.MARINO

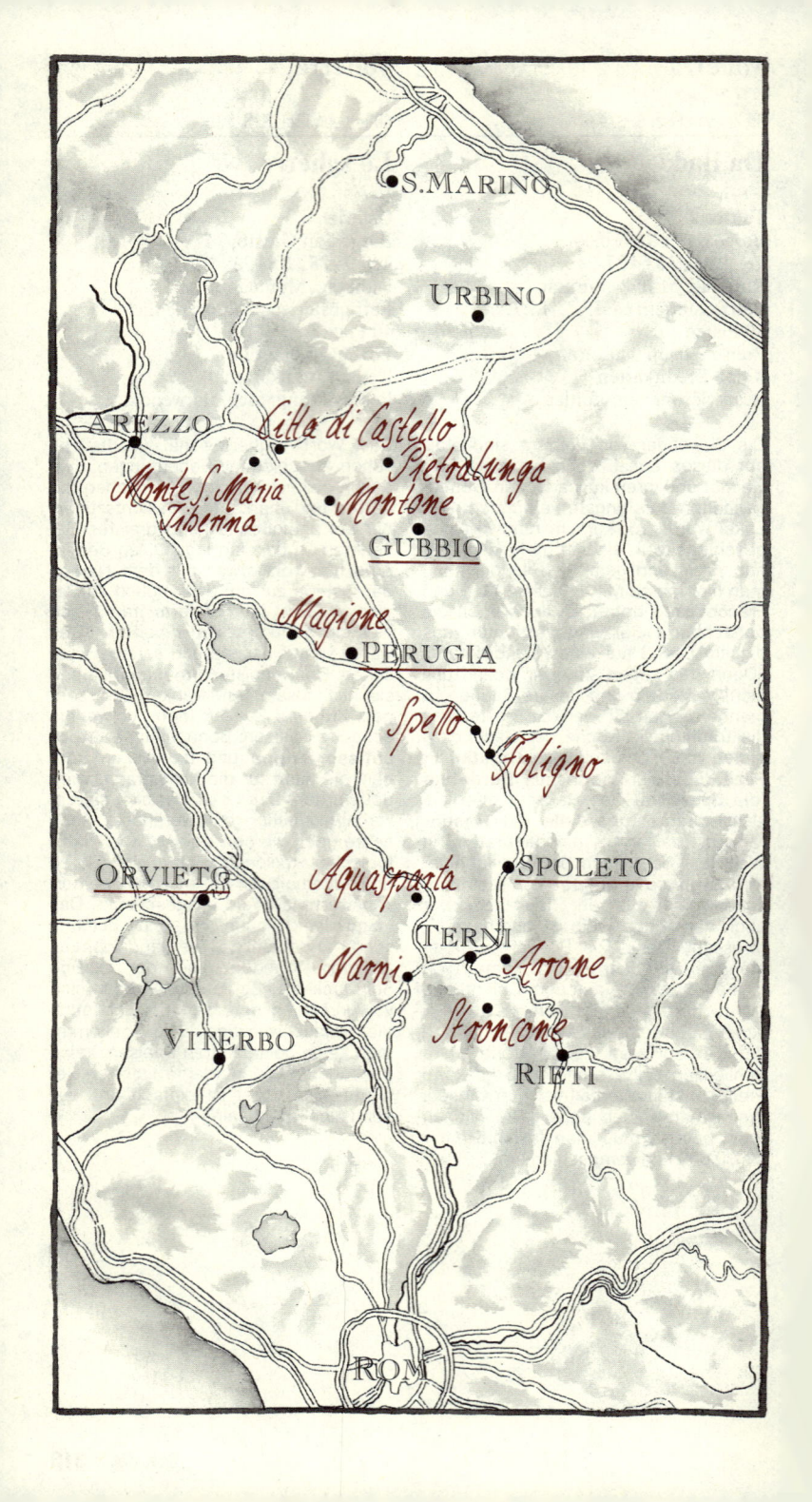

URBINO

AREZZO *Città di Castello*
          Pietralunga
Monte S. Maria   *Montone*
Tiberina
              GUBBIO

        Magione
              PERUGIA

                Spello
                    Foligno

ORVIETO *Aquasparta* SPOLETO

          Narni TERNI *Arrone*
                Stroncone
VITERBO   RIETI

ROM

UMBRIEN

Ein heuchlerischer Nachruf auf die Osterie, die es nicht mehr gibt, oder auf die Tavernen mit ihrem Weindunst, die schon Saba und Penna besungen haben, ist nicht meine Sache. Auch der Anblick eines Gemäldes von Rosai läßt mich nicht erschauern: die Kartenspieler, ihre breiten Hüte tief in die Stirn gezogen, der grobschlächtige Wirt, die vollen Chiantifässer, die finsteren und doch so unschuldigen dreißiger Jahre. Ich erinnere mich auch nicht gern an das Unbehagen, das mich befiel, wenn ich auf dem Schulweg zusammen mit ein paar Klassenkameraden eine dieser Spelunken in Perugia betrat. Zwischen dem wilden Gezänk und den derben Flüchen der anderen Gäste verlangte ich schüchtern eine Limonade. Sicher, in den ersten Nachkriegsjahren traf auch ich mich mit Giorgio Caproni, Vespignani, Omiccioli und Mafai in den verrauchten und baufälligen Osterie der römischen Altstadt. Wir durchstreiften die dunklen Gassen um die Piazza Navona und kehrten ein im »Il fondaco«, »La carbonaia«, »La cantina« und wie sie alle hießen und bestanden dort unsere ersten literarischen Abenteuer. Die italienische Avantgarde-Zeitschrift »La Strada« entstand 1945 in der Osteria von »Checco il carrettiere« in Trastevere. Aber das war nur dem Namen nach eine alte römische Osteria! Bei genauerem Hinsehen schien sie sich eher als Kulisse für ein schwülstiges Musical im Teatro Sistina zu eignen. Glühende Kohlen, Wild am Spieß, dicke Bohnen mit Schweineschwarten, echter Klatsch, berühmte Gäste wie Vincenzo Cardarelli oder Mino Maccari. Die Preise stiegen, die Leute kamen in Scharen zu Checco, denn dort verkehrte auch der altehrwürdige Trilussa, der seine Rechnungen mit Stegreifsonetten beglich. Ich habe gerade gesagt, daß ich der schicksalsträchtigen Atmosphäre der alten Osterie Perugias oder Roms nicht nachtrauere. Ich vermisse sie nicht und suche sie einfach nicht mehr auf.
Ein Veronelli mit seiner Wundernase mag den Osterie nachspüren, ein Soldati mag sie mit verträumter Ironie neu erfinden. Nein! Ich kann mich höchstens völlig unbeabsichtigt in einer Osteria wiederfinden. Das ist mir letzten Sommer in meiner Geburtstadt Città della Pieve passiert. Ich kam fast um vor Hunger, und so kehrte ich in das hundert Jahre alte »Barbacane« ein. Aber der Wirt bildete sich einfach zu viel ein, auf all die vielen Weinfässer und die wiederentdeckten typischen Speisen. Und dann erkannte mich der Koch, nannte laut meinen Namen, schleppte ein pompöses Gästebuch an, in das ich mich eintragen und – schlimmer noch – mein Urteil abgeben sollte. Ich grüßte ihn mit den Worten »Salve, oste glorioso« und machte mich mit Plautus in Richtung Orvieto davon.
Direkt vor dem Dom traf ich zufällig einen jungen Archäologen, der für eine Studie über die Etrusker den Porsenna-Preis gewonnen hatte. Giuseppe M. Della Fina ist ein schweigsamer und bescheidener Sammler echter Osterie. In Umbrien gibt es noch ein paar davon,

und wenn man Geduld, Glück und einen feinen Instinkt hat, dann kann man sie am Ende seiner Reise auf Erden eigentlich nicht verfehlen. Der Archäologe Della Fina hat einen äußerst skeptischen Epigramme-Schreiber ins »La Mezza Luna« mitgenommen. Vor mir sehe ich das »Il fondaco«, »La carbonaia« oder »La cantina« von 1945 wieder, als »La Strada« mit den Gedichten von Pavese, Fortini, Pasolini und dem ligurischen Gastronom und Dichter Cesare Vivaldi erschien. Endlich! Der Wirt Averino Baffo ist weit davon entfernt, in mir den gleichnamigen venezianischen Porno-Lyriker zu sehen. Er und seine Frau Clara Graziani da Ficulle interessieren sich nur für aphrodisisches Gemüse. Ich behaupte nicht, daß das »La Mezza Luna«, das in vielem an Collodi erinnert, als einzige Osteria echte »Umbrichelle« mit Hasenragout und Tauben »alla Ghiotta« serviert, genausowenig lobe ich den Wein, den Baffo in den tiefen Tuffsteinkellern lagert. In der Via Ripa Serancia. Halt, nicht bewegen, lassen Sie Ihren Löffel ruhig in der Luft stehen. Sehen Sie nur, da kommt Aphrodite. Sie trägt eine große Suppenschüssel vor sich her. Averino und Clara sagen im Chor: »Flußkrebssuppe.« Denn Baffo sammelt in den noch sauberen Gräben am Monte Peglia diese rosafarbenen Krebse. Ich sollte noch anfügen, daß am Abend des 24. Juni auf der Piazza San Giovanni die »Sagra delle Lumache« gefeiert wird. Clara und Baffo allein kennen das etruskische Rezept für die köstlichen Schnecken. Im fahlen Licht des unwirklichen Halbmonds, der über den Dächern auf- und untergeht, will die Osteria der Krebse und Schnecken gegen die Zeit laufen. Und es tauchen zornige Wirte auf der Schwelle ihrer verschachtelten Kneipen auf, und die Dichter, wenn es sie überhaupt noch gibt, finden wie durch ein Wunder nur noch schärfere und gereizte Verse. **Gaio Fratini**

Acquasparta

21 km von Terni, S. S. 3 bis

Pesciaioli

Bar-Trattoria
Piazza Verdi, 4
Tel. 07 44 / 93 11 74
Ruhetag: Montag
Betriebsferien: 14 Tage im Juli
30–40 Plätze
Preise: 18–23 000 Lire
Keine Kreditkarten
Reservierung: am Wochenende

Wenige Kilometer von Acquasparta entfernt liegt die kleine Ortschaft Porcaria. Der Name Porcaria (»porco« bedeutet »Schwein«) läßt darauf schließen, daß in dieser waldreichen Gegend immer schon Viehzucht betrieben wurde. Die alte Ölmühle auf dem Dorfplatz hat man zu einer einfachen Bar/Trattoria/Kneipe umgebaut. An den Werktagen, wenn hier weniger Betrieb herrscht, können Sie die Gäste in ungezwungener Atmosphäre Karten spielen sehen. Signora Maria Rita ist für die Küche zuständig. Sie wird Ihnen Ihre Wünsche von den Augen ablesen und Ihnen das Richtige empfehlen. Probieren Sie die **Pizza**, die alleine schon einen Ausflug nach Porcaria wert ist: Ein dünner Fladen aus Mehl und Wasser wird unter Asche und Glut im Holzofen gebacken. Sie essen die Pizza mit Schinken und Käse oder mit gegrillten Würsten und gedünstetem Gemüse, was noch besser schmeckt. Im »Pesciaioli« bekommen Sie auch die ausgezeichneten umbrischen **Bruschette**, **Scottadito di castrato**, gegrillte Fleischspezialitäten und (nur auf Vorbestellung) Wild vom Spieß. Leider werden zu so schmackhaften Speisen nur ganz gewöhnliche Weine aus der Gegend angeboten, die nicht einmal besonders gut sind. Wirklich schade! Die Gegend bietet recht interessante Ausflugsmöglichkeiten: Sehen Sie sich die Ausgrabungen der antiken Siedlung Carsulae an!

Arrone

14 km von Terni, S. S. 209

Grottino del Nera

Trattoria
Vocabolo Colleporto, 20
Tel. 07 44 / 7 81 04
Ruhetag: Mittwoch
Betriebsferien: Januar
65 Plätze + 60 im Freien
Preise: 30–40 000 Lire
Keine Kreditkarten
Reservierung: empfohlen

Die Val Nerina ist einer der eindrucksvollsten und malerischsten Landstriche Umbriens. Die Straße von Terni nach Arrone führt zunächst durch enge Felsschluchten. Dann weitet sich das Tal und gibt den Blick frei auf kleine Dörfer, Wiesen und Wälder. In Arrone steht direkt an der Straße die Trattoria von Franco Ravasio und Ricardo Orsini. Sowohl Urlauber auf der Durchreise als auch treue Stammgäste schätzen hier die traditionelle Regionalküche. Sie alle essen Flußkrebse, **Forellen**, **schwarze Trüffeln**, **Pilze** und **Wildgerichte**. Beginnen Sie Ihre Mahlzeit mit Crostini al tartufo, Prosciutto di Norcia und Flußkrebsen. Als Primi bietet man Ihnen hausgemachte **Tagliatelle al tartufo**, »Ciriole« (eine Nudelart der Gegend) mit Pilzen und **Risotto mit Flußkrebsen**. Auch beim Hauptgericht, sei es nun Huhn, Lamm oder Forelle vom Grill, können Sie in Trüffeln schwelgen. Im Herbst bekommen Sie Wild und gebratene Pilze. Eine weitere Spezialität des Hauses ist **Faraona alla leccarda**, d.h. gegrilltes Perlhuhn mit einer Sauce aus den Innereien und schwarzen Oliven. Trinken Sie den offenen Weiß-, Rosé- oder Rotwein aus den Colli Spoletini. Sie können auch einige gute Flaschenweine bekommen. Zu empfehlen sind die umbrischen Weine von Lungarotti und Castello della Sala. In der warmen Jahreszeit können Sie auch angenehm im Freien essen. Die Straße ist kaum befahren, so daß Sie sie nicht als störend empfinden werden.

Città di Castello

54 km von Perugia, S. S. 3 bis

Lea

Trattoria
Via San Florido, 38
Tel. 0 75 / 8 55 20 00
Ruhetag: Montag
Betriebsferien: Juli
30 Plätze
Preise: 20 000 Lire
Keine Kreditkarten
Reservierung: nicht notwendig

Die »Trattoria Lea« liegt in der wunderschönen Altstadt von Città di Castello. Hier können Sie noch die typische Atmosphäre einer umbrischen Kleinstadt spüren. Die kleine Bar neben der Trattoria stört keineswegs. Im Gegenteil, dort lernen Sie die Lebensart und Traditionen der Einheimischen kennen. Die eigentliche Trattoria besteht nur aus einer kleinen Küche und einem Speisezimmer. Die etwa zehn Tische sind fein säuberlich gedeckt. Es bedient Sie die Wirtstochter Michela, oft hilft ihr noch eine Freundin. Die einzelnen Gerichte sind sehr einfach und bodenständig, werden aber von Papa und Mamma meisterlich zubereitet. Die »Cappelletti in brodo« werden in einer ausgezeichneten Brühe aus verschiedenen Fleischsorten serviert, die Agnellotti mit Fleischfüllung und Sugo sind ebenfalls gut. Freitags wird Ihnen Michela **Pasta e fagioli** oder **Baccalà** mit Spinat empfehlen. Im Herbst und im Winter sollten Sie die **Schweinefüßchen mit dicken Bohnen** probieren. Junger **Hammel** vom Grill und **Kartoffelgnocchi** können Sie immer bekommen. Im November und Dezember essen Sie hier zu wahrhaft anständigen Preisen **weiße Trüffeln** und **Pilzgerichte.** Città di Castello ist nämlich für seine weißen Trüffeln berühmt. Hier können Sie beruhigt zugreifen, denn Sie sind sicher vor unliebsamen Überraschungen, wenn es ans Bezahlen geht. Zu jeder Jahreszeit können Sie im »Lea« auch hervorragende hausgemachte Wurstwaren und Pecorino essen. Die Desserts macht Signora Leopolda selbst, wenn es die Zeit erlaubt. Der Wein aus den Colli Aretini ist in Ordnung.

Foligno

37 km von Perugia, S. S. 75

Lu centru de lu munnu

Trattoria
Via Lago di Cecita, 8 - Fiamenga
Tel. 07 42 / 2 35 77
Ruhetag: Dienstag
Betriebsferien: 14 Tage im August
50–60 Plätze
Preise: 20–25 000 Lire
Keine Kreditkarten
Reservierung: empfohlen

Die Leute von Foligno glauben, ihre Stadt sei der Nabel der Welt. Um diese Behauptung zu untermauern, hat Giuseppina Piermarini ihre Trattoria auch gleich so genannt. Früher kehrten in die Trattoria im Ortsteil Fiamenga hauptsächlich Bauern, Viehzüchter und Viehhändler ein, die gerade vom Markt kamen. Heute hat sich der Kundenkreis erweitert, das Gasthaus ist modernisiert worden. Signora Giannina besitzt eine verbindliche Art und ist sehr flink. Ständig eilt sie zwischen Herd und Kamin hin und her. Sie serviert Ihnen Crostini mit Huhn oder Pilzen, **Tagliatelle mit Innereien**, Stringozzi, eine ausgezeichnete **Pagliata** vom Grill, gebratene Schweineleber und **Scottadito di agnello** oder geschmorte **Schnecken.** Auf Vorbestellung können Sie auch Wild essen. Die einfachen **Bruschette** schmecken herrlich, wenn sie mit dem guten umbrischen Olivenöl zubereitet werden. Man trinkt hauptsächlich Wein aus der Gegend: Grechetto, Rosso di Montefalco, Sagrantino. Das Angebot ist nicht sehr umfangreich, paßt aber gut zum Essen.

Gubbio

40 km von Perugia, S. S. 298

Grotta dell'angelo

Restaurant und Hotel
Via Gioia, 47
Tel. 0 75 / 9 27 17 47
Ruhetag: Dienstag
Betriebsferien: 7.–31. Januar
200 Plätze
Preise: 25-35 000 Lire
Kreditkarten: AE, CartaSi, DC, Visa
Reservierung: nicht notwendig

Gubbio ist die Stadt der »Ceri«. »Cero« bedeutet eigentlich »Votivkerze, Altarkerze«; hier handelt es sich aber um Holzkonstruktionen, die in ihrer Form an Kerzen erinnern. Auf diesen Holzstützen werden jedes Jahr am 15. Mai in einem Wettlauf, der berühmten »Corsa dei Ceri«, Heiligenfiguren durch die Stadt getragen. In Gubbio haben mittelalterliche Traditionen auch im kulinarischen Bereich überlebt, denn eine Gruppe von Gastwirten der Stadt hat sich nicht von den Verlockungen des schnellen Geldes durch Fremdenverkehr verleiten lassen, sondern hält die traditionelle Küche der Gegend hoch. Gerade Mitte Mai schnuppert man in Gubbio die so typische Osteria-Atmosphäre. In allen Gasthäusern der Stadt sitzen dann die »Ceraioli« aufgeregt zusammen und geben sich dem ausgelassenen Treiben hin. Aus diesen Gasthäusern haben wir dasjenige ausgewählt, das neben bodenständiger Kost auch ein ausgewogenes Preis-/Leistungsverhältnis vorweisen kann. Das ansprechende »Grotta dell'angelo« beherbergt ein wahres Kleinod: lassen Sie sich die kurze, aber steile Treppe in den Keller hinunterführen; der »Grottino« ist nämlich direkt in den Fels gehauen. **Lasagne tartufate**, Cappelletti in brodo, gegrillte **Schweineleber**, Coniglio und **Anatra in porchetta**, **Agnello alla scottadito** sind die Spezialitäten des Hauses. Das ausgezeichnete Essen und die anständigen Preise lassen uns über die einzige Schwachstelle des Lokals hinwegsehen: die Weine. Sicher wird Silvano Cecchini eines Tages erkennen, daß seine gute Küche bessere Weine, und hier vor allem die typischen Weine Umbriens, verdient hätte. Sie werden gerne nach Gubbio zurückkehren. Übernachten Sie doch einmal in den komfortablen Gästezimmern, die zum Restaurant gehören.

Magione

20 km von Perugia, Ausfahrt Schnellstraße

Da Settimio

Trattoria
Via Lungolago, 1 - San Feliciano
Tel. 0 75 / 84 91 04
Ruhetag: Do., außer im Sommer
Betriebsferien: November
150 Plätze
Preise: 25-30 000 Lire
Keine Kreditkarten
Reservierung: empfohlen

Wer die buschigen Augenbrauen des Peppe Vecchini nicht kennt, der ist noch nie wirklich am Trasimener See gewesen. Wenn Sie im »Settimio« einkehren, sitzt Peppe vielleicht gerade an einem Tisch im Freien und blickt gedankenversunken auf den See und »seine« Insel hinaus. Es kann aber auch sein, daß er sich gerade an der Feuerstelle zu schaffen macht und einen wunderbaren Aal grillt. Von Zeit zu Zeit sieht er nach seiner Frau Marida. Zu Recht sind die beiden für ihre Küche über die Grenzen Umbriens hinaus bekannt. Marida und Peppes Sohn Francesco kümmert sich inzwischen auch um die Trattoria. Er hat einige Neuerungen eingeführt, die jedoch mehr das äußere Erscheinungsbild betreffen. Die Küche bleibt in den bewährten Bahnen und setzt sich aus wenigen, aber traditionellen Gerichten zusammen. **Risotto**, Spaghetti und **Tagliatelle mit Barschfilet**, gebratener **Karpfen** und **Aal**, **Tegamaccio**, fritierte **Ährenfische** oder Fisch vom Spieß werden Ihren Erwartungen sicher gerecht. Sie bekommen kaltgepreßtes Olivenöl, selbstvergorenen Essig und Gemüse aus dem eigenen Garten serviert. Trinken Sie Doc-Weine von den Colli del Trasimeno oder andere Weine Umbriens.

Monte Santa Maria Tiberina

60 km von Perugia,
S. S. 3 bis Richtung Città di Castello

Petralta

Bauernhof
Vocabolo Petralta
Tel. 0 75 / 8 57 02 28
Ruhetag: Montag-Freitag
Keine Betriebsferien
30 Plätze
Preise: 20-30 000 Lire
Keine Kreditkarten
Reservierung: notwendig

Ein Bild wie aus einem Märchenbuch: eine mittelalterliche Burg und ein kleines Städtchen hoch oben auf einem Hügel heben sich klar gegen den Horizont ab. Die Einheimischen nennen diese Ansiedlung einfach »Il Monte«. In etwa 1 km Entfernung davon steht ein typisches Bauernhaus. Es wurde schlicht renoviert und beherbergt nun die »Azienda agrituristica Petralta«. Hier in der Gegend gibt es noch mehrere Betriebe dieser Art, aber der Hof der Familie Parigi zeichnet sich durch eine besonders sachkundige Bewirtschaftung aus. Die kleine Trattoria ist nur am Wochenende geöffnet. Man bekommt hier nur das angeboten, was auf dem Hof selbst erwirschaftet werden kann. Somit hängen Speisekarte und Platzangebot von den Grundstoffen und dem Jahreszeitenlauf ab. Die Küche ist das Reich der Mamma Elena. Sie verwendet frische Eier, das kaltgepreßte Olivenöl aus der Ölmühle, Gemüse und Wurstwaren, die in den langen Wintermonaten abgefüllt werden. Die hausgemachten Nudeln sind hervorragend, besonders wenn sie mit Pilz- oder Trüffelsauce serviert werden. Aber auch die **Malfatti** sind zu empfehlen. **Gänsebraten** mit Kartoffeln und wildem Fenchel, geschmortes Kaninchen, Perlhuhn oder **Täubchen** sollte man ebenfalls probieren. Die Desserts sind selbstgemacht, Kuchen und Kekse werden sogar noch im Holzofen gebacken. Natürlich bekommt man auch die typischen Biscotti mit Vin Santo secco. Der Espresso wird noch nach alter Tradition in der Kanne gebraut. Nach dem Essen empfiehlt sich ein Schwätzchen mit Signor Fernando oder ein Verdauungsspaziergang in der Umgebung von Petralta.

Montone

35 km von Perugia, S.S. 3 bis

Hosteria Arte e Mestieri

Osteria-Enoteca
Piazza del Comune
Tel. 0 75 / 9 30 64 14 und 9 30 61 51
Ruhetag: Montag, außer im Sommer
Betriebsferien: 14 Tage im Nov.
45 Plätze
Preise: 30-35 000 Lire, ohne Wein
Kreditkarten: alle
Reservierung: empfohlen

Das »Hosteria Arte e Mestieri« ist ein kleines und gemütliches Lokal, das sich gut in die eindrucksvolle Ortschaft Montone einfügt. Schrecken Sie nicht gleich vor den Flipperspielen und einarmigen Banditen zurück, die am Eingang stehen; sie gehören nämlich zur Bar. Die Pächter stammen aus der Emilia. Deshalb bekommen Sie hier Spezialitäten aus beiden Regionen zu essen. Das Menü besteht aus elf Gängen und wechselt etwa alle 14 Tage. Dazu hält die energische und sachkundige Sandra eine herrliche Auswahl an Weinen für Sie bereit. Vicolo Barbieri und Giuseppe Spessa stellen die Menüs zusammen. Beginnen Sie also mit den köstlichen **Suppen**, die so herrlich nach Gemüse und Gewürzen schmecken (**Dinkel- und Bohnensuppe** mit Trüffelöl, **Steinpilz**- und Bergminzensuppe). Die Antipasti sind zahlreich und gut, passen aber nicht so ganz zu den Primi, die hauptsächlich emilianischer Prägung sind: **Tortellacci mit Ricotta und Spinat** und andere Nudelgerichte. Als Hauptspeise bekommen Sie vor allem Schweinefleisch, das in unzähligen und manchmal auch ungewöhnlichen Variationen (Haxe mit Quitten, Entrecôte mit einer Creme aus wildem Spargel) auf den Tisch kommt. Die Pächter überlegen sich zur Zeit, ob sie nicht die Bar aufgeben und mit ihrem Lokal eine völlig neue Richtung einschlagen sollen. Für die Gastronomie Montones wäre das sicher eine Bereicherung.

Narni

13 km von Terni, S.S. 3

Trattoria del cavallino

Trattoria
Via Flaminia Romana, 220
Tel. 07 44 / 72 26 83
Ruhetag: Dienstag
Betriebsferien: erste Julihälfte
50 Plätze
Preise: 20-30 000 Lire, ohne Wein
Kreditkarten: CartaSi, DC, Visa
Reservierung: am Wochenende

In den zwanziger Jahren stand hier ein Schild mit der Aufschrift: »Alici e vino« (»Sardellen und Wein«). Heute führt Giulios Enkel Fabrizio Bussetti diese einfache Familientrattoria am Stadtrand von Narni. Die Gerichte entsprechen den Bräuchen Umbriens. Vor allem die Primi halten sich an alte Rezepte. Man ißt **Ciriole al pomodoro e peroncino** oder zur passenden Jahreszeit **Pappardelle** mit Hasen- oder Wildschweinragout. Donnerstags gibt es **Gnocchi di patate** mit Hammelragout und, auf Vorbestellung, handgemachte Fettuccine. Manchmal bekommt man auch Minestre und Suppen wie die Pasta e ceci oder die Pasta e fagioli. Die Secondi bestehen meist aus Gegrilltem und **Pollo alla cacciatora**; eine besondere Spezialität ist der **Palombaccio con la leccarda**, d. h. Wildtaube mit einer scharfen Sauce aus dem Bratenfond und den Innereien. Man gibt sich redlich Mühe, das Weinangebot zu verbessern. Zur Zeit stehen einige umbrische Weine und ein offener Wein aus der näheren Umgebung zur Auswahl. Die einfache und ehrliche Trattoria verfügt auch über ein paar Gästezimmer.

Orvieto

62 km nordwestl. von Terni

La grotta

Trattoria
Via Luca Signorelli, 5
Tel. 07 63 / 4 13 48
Ruhetag: Montag
Betriebsferien: Januar
60 Plätze
Preise: 30-35 000 Lire, ohne Wein
Keine Kreditkarten
Reservierung: empfohlen

Tuffsteingewölbe, traditionelles Ambiente, gemütliche Atmosphäre – das ist die richtige Bühne für den Auftritt eines echten Wirts, der sich nach alter Manier noch einen Bleistift hinters Ohr klemmt. Franco Tittocchia hält die umbrische Küche hoch. Voraussetzung dafür sind den Jahreszeiten entsprechende Grundstoffe von guter Qualität. Essen Sie im »La grotta« also Tagliatelle mit Artischocken oder Spargel, **Ravioli al tartufo**, **Piccone alle olive nere**, Kaninchen mit Kräutern oder Ossobuco mit Erbsen. Beim **Capretto** können Sie ganz sicher sein, daß es sich wirklich um ein Zicklein und nicht um Lammfleisch handelt, denn als Beweis wird Ihnen sogar das Schwänzchen an den Tisch gebracht. Francos Frau Bruna macht die Desserts selbst. Ihre **Zuppa inglese** schmeckt hervorragend. Die Weine stammen natürlich aus Orvieto: Castagnolo Barberani, Decugnano dei Barbi, Bigi, Castello della Sala und die großen Rotweine von Antinori. Nicht selten plaudert Franco mit seinen Gästen und erzählt ihnen voller Stolz, was er alles für seine Gerichte verwendet.

Orvieto

62 km nordwestlich von Terni

La volpe e l'uva

Osteria
Via Ripa Corsica, 1
Tel. 07 63 / 4 16 12
Ruhetag: Mittwochabend
Betriebsferien: unterschiedlich
45 Plätze
Preise: 25 000 Lire, ohne Wein
Keine Kreditkarten
Reservierung: empfohlen

Müde und hungrige Wanderer, die abends um 11 Uhr noch durch die Straßen von Orvieto irren, können sich in der Osteria »La volpe e l'uva« laben. Das Lokal läßt sich am besten mit dem Begriff »moderne Osteria« definieren. Der Wirt Lucio Sforza beschäftigt sich nämlich eingehend mit der traditionellen Küche der Gegend, um sie schließlich nach persönlichen und zeitgemäßen Kriterien neu umzusetzen. Dabei läßt er geschickt auch Elemente aus seiner Heimat, der Maremma, einfließen. Seine Küche stützt sich in erster Linie auf hochwertige Grundstoffe. Jeden Tag sehen Sie Lucio auf dem Markt frische Ware einkaufen, die er dann zu immer neuen Menüs zusammenstellt. Zu jeder Tageszeit können Sie bei ihm einkehren, er wird Ihnen z. B. **gebakkene Frösche** und einen guten Wein vorsetzen. In dem bescheiden eingerichteten Lokal bekommen Sie auch noch andere Spezialitäten, die Lucio oder seine Frau Rita zubereitet haben: **Zuppa di baccalà**, **Tagliatelle mit Schaffleisch** (eine einstige Armenspeise), Tagliatelle mit Schnittlauch, **Spaghetti mit Sardellen und geröstetem Brot**, **Baccalà mit Rosinen**, **Schnecken**, Frösche, Trippa und die Spezialität des Hauses, Kaninchen mit getrockneten sizilianischen Tomaten. Außergewöhnlich ist auch das Dessert des Hauses: eine Scheibe geröstetes Brot mit frischer Ricotta und Weichselkirschen. Von guter Qualität sind auch die Weine, die immer im passenden Glas getrunken werden. Auf der Karte entdecken Sie sämtliche Weine aus Orvieto und eine gute Auswahl an Erzeugnissen aus dem übrigen Italien. Ausgesuchte Rum- und Cognacsorten sind ebenfalls in stattlicher Zahl vorhanden.

Perugia

Apparo

Trattoria
Via dei Cappuccini, 2 - San Marco
Tel. 0 75 / 69 01 77
Ruhetag: Dienstag
Betriebsferien: unterschiedlich
40 Plätze
Preise: 25-30 000 Lire
Keine Kreditkarten
Reservierung: empfohlen

Wer dieses Lokal betritt, muß einiges vertragen können. Aber lassen Sie sich nicht beirren. Flüche im umbrischen Dialekt werden ausgestoßen, Teller und Weinkrüge nur so auf den Tisch geknallt, harmlose ausländische Touristen verhöhnt; der Wirt Apparo ist meist kurz angebunden und alles andere als freundlich. All das zusammen bildet das, was man in Perugia inzwischen eine Institution nennt. Die Einheimischen bezeichnen sogar die Straßenkreuzung, an der das seltsame Gasthaus liegt, mit »Bivio di Apparo«. Doch kommen wir zur Sache. Die **Torta al pesto** mit Wurstwaren leitet die Mahlzeit ein. Es folgen ausgezeichnete und kräftige Primi wie **Tagliatelle col battuto**, **Umbricelli**, **Pasta e fagioli**, **Gnocchi**. Die Secondi wechseln täglich. Es gibt ausgezeichnete Wildgerichte, gegrilltes Schweinefleisch, gebratenes Geflügel. Als Dessert werden im Sommer **Pfirsiche** in Zitronensaft oder Wein gereicht. Alle Speisen schmecken ehrlich und belohnen letztendlich Ihren Mut, hier eingekehrt zu sein.

Pietralunga

55 km nördl. von Perugia

Della pace

Trattoria mit Bar
Via Fratelli Cancellieri, 8
Tel. 0 75 / 93 61 21
Ruhetag: Donnerstag
Keine Betriebsferien
50 Plätze
Preise: 15-25 000 Lire
Keine Kreditkarten
Reservierung: empfohlen

Das kleine mittelalterliche Dorf liegt am Fuße einer Langobardenfestung. Die Trattoria der Familie Palazzetti gibt es schon seit vierzig Jahren. Erst vor kurzem hat man neue Räumlichkeiten bezogen. Die Trattoria ist gemütlich, im Sommer kann man unter Arkaden im Freien essen. Signora Andalusa kocht, ihre Mutter Maria hilft ihr dabei, eine junge Frau kümmert sich um die Gäste. Die Kartoffeln von Pietralunga sind berühmt für ihren besonderen Geschmack und ihre Konsistenz. Sie sollten also unbedingt wenigstens ein Kartoffelgericht probieren, denn auch so gewöhnliche Speisen wie **Gnocchi** oder **Lamm mit Kartoffeln** schmecken hier ganz besonders aromatisch. Auf Vorbestellung können Sie auch aufwendiger essen: **Cappelletti** in Hühnerbrühe, hausgemachte **Tagliatelle mit weißen Trüffeln**, überbackene **Polenta coi funghi**, **Trippa** mit Hackfleischsauce, Schnitzel, Auflauf mit wildem Spargel. Die Spezialität der Trattoria schlechthin ist **Pollo alla cacciatora**. Dazu reicht man die »torta sul panaro«: einen Fladen aus Mehl, Wasser und Salz, der in einer glühend heißen Backform gebacken wird. Der Fladen schmeckt auch sehr gut mit Schinken oder Salami (die Metzger der Gegend sind berühmt). Aus der Umgebung stammen auch das Öl, der Pecorino und die **Pilze**, die Andalusa selbst in Öl einlegt. Probieren Sie abschließend eines der hausgemachten Desserts, wie z.B. die »Bocca di dama« oder den **Torciglione** mit Mandeln und Pinienkernen. Zu trinken bietet man Ihnen einen Trebbiano oder Sangiovese aus einer Kellerei der Romagna an.

Spello

31 km von Perugia, S. S. 75

La cantina

Trattoria
Via Cavour, 2
Tel. 07 42 / 65 17 75
Ruhetag: Mittwoch
Keine Betriebsferien
60 Plätze
Preise: 30 000 Lire
Kreditkarten: AE, CartaSi, DC, Visa
Reservierung: empfohlen

Spello besitzt herrliche Kunstschätze aus der Römerzeit, dem Mittelalter und der Renaissance. Die Straßen von Spello sind eng und steil. Die Häuser zu Seiten der gewundenen Hauptstraße am Fuße des Monte Subasio sind für Umbrien besonders typisch. Mitten im Ort steht die Trattoria »La cantina«. Das Lokal wurde vor etwa drei Jahren eröffnet. In dem alten Gebäude kann man noch römisches Mauerwerk und Teile eines römischen Fußbodens bewundern. Im »La cantina« bekommen Sie traditionelle Kost stilvoll serviert. Sie trinken dazu die besten Weine aus der Gegend und aus ganz Italien. Oria und Fausto halten sich streng an die überlieferten Rezepte und stellen eine überlegte Auswahl der besten Spezialitäten aus Spello vor. Dabei verwenden sie geschickt die hervorragenden Grundstoffe, die sie in der Umgebung beziehen können. Man denke nur an das grüne und herrlich duftende Olivenöl oder an die jahreszeitlich verschiedenen Kräuter und Gewürze. In dem ansprechenden Speisesaal servieren Oria und Fausto Gerichte, die einfach »nach mehr« schmecken. Seien es nun die **Maccheroni**, die **Tagliatelle mit Gänseragout**, die so frisch duften, die **Tauben** mit den kräftigen Gewürzen aus dem eigenen Garten oder die aromatischen Salate und die köstlichen »Ramponzoni«, die Sie nur von November bis April bekommen. Zum Standardangebot zählen **Bruschetta** mit Olivenöl, Tagliolini mit Pesto aus Rucola, **Coniglio in porchetta**, gegrilltes Fleisch, **Gnocchi di patate**, Ricotta mit Tomaten und Basilikum. Die Weinkarte beschränkt sich derzeit noch auf Erzeugnisse der Gegend. Völlig vernünftige Preise.

Spello

31 km von Perugia, S. S. 75

Taverna di San Silvestro

Osteria
Via Collepino, 14
Tel. 07 42 / 65 12 03
Ruhetag: Montag
Keine Betriebsferien
55 Plätze
Preise: 30 000 Lire
Kreditkarten: AE, CartaSi, DC, Visa
Wildgerichte vorbestellen

Der Ortsteil Collepino liegt etwa 5 km von Spello entfernt. Die »Taverna di San Silvestro« ist unter dem Namen »Da Nando« eigentlich besser bekannt. Sie liegt gleich neben der winzigen Kirche mitten im Ort. Von den frühen sechziger Jahren bis Anfang 1990 hat Nando Paolucci in seiner Trattoria traditionelle und deftige Kost angeboten: **Bruschetta al tartufo, Stringozzi, Tagliatelle** alla campagnola, **Lamm** vom Grill, Spieße mit **Uccelletti**, Schweinelende und -leber. Dazu wurde stets die typische **Torta al testo** gereicht. Seit Anfang 1990 haben Nandos Tochter Antonietta und ihr Mann Marco die Trattoria übernommen. Die beiden scheinen der Linie des Lokals treu zu bleiben, denn das Speiseangebot orientiert sich mit Wild oder **Agnello alla scottadito** nach wie vor an der umbrischen Bauernküche. Auf der anderen Seite wollen die neuen Wirtsleute das etwas eng gefaßte Angebot erheblich erweitern. Und da stoßen wir auf Gerichte, die sonst nur noch die ältesten Dorfbewohner kennen: Agnolotti mit Trüffeln, Umbricelli piccanti, **dicke Bohnen mit Schweineschwarten**, geschmorte Innereien vom Lamm, Lepre in salmì u.a.m. Die Auswahl an Weinen könnte sicher noch erweitert und verbessert werden. Sehr anständige Preise.

Spoleto

66 km von Perugia, S. S. 3

Antica posta Fabria

Trattoria
Ortsteil Fabreria, 15
Tel. 07 43 / 4 90 35
Ruhetag: Montag
Betriebsferien: August
40 Plätze
Preise: 30-35 000 Lire
Keine Kreditkarten
Reservierung: empfohlen

Der Name besagt schon, daß hier früher eine Poststation stand, wo Pferde gewechselt oder gefüttert werden konnten. Anfang der fünfziger Jahre wurden hier ein Lebensmittelgeschäft und eine Metzgerei eröffnet. Signora Vincenza servierte damals schon ausgezeichnete warme Gerichte. Seit einiger Zeit kümmert sich unsere Köchin auf Betreiben ihres Sohnes Vittorio hin nur noch um die Gastronomie. Und die Ergebnisse können sich sehen lassen. In dem Gebäude aus dem 16. Jahrhundert essen Sie heute die Spezialitäten der Gegend. Wir empfehlen Ihnen besonders die **Acquacotta alla spoletina** (mit frischen Kräutern und Eiern; meist nur auf Vorbestellung zu haben), die **Innereien vom Lamm**, die **Maccheroni all'Antica posta**. Als Vorspeise sollten Sie den »Antipasto alla contadina« mit gut abgehangenem Schinken, Bruschetta al tartufo und frischem Pecorino probieren. Bei den Primi raten wir Ihnen zu den **Gnocchetti** mit Hammelfleisch, zu den **Stringozzi** mit Trüffeln oder mit Spargel. Alle Nudelsorten und Kuchen sind hausgemacht. Ausgezeichnet schmecken die Crostata und die **Crescionta**. Der offene Wein kommt aus der Cantina sociale di Spoleto. Sie können auch einige gute Flaschenweine bekommen, die Erzeugnisse der Kellerei Decugnano dei Barbi sind besonders zu empfehlen.

Stroncone

9 km südl. von Terni

Taverna di Portanova

Trattoria
Via Portanova, 1
Tel. 07 44 / 6 04 96
Ruhetag: Mittwoch
Keine Betriebsferien
60 Plätze
Preise: 30 000 Lire, ohne Wein
Keine Kreditkarten
Reservierung: empfohlen

Stroncone liegt abseits der üblichen Touristenrouten. Das Städtchen ist gut erhalten und lohnt einen kurzen Besuch. Die »Taverna di Portanova« befindet sich in den ehemaligen Vorratsräumen eines mittelalterlichen Gebäudes. Die rustikalen Kellergewölbe sind faszinierend, angenehm kühl und gemütlich zugleich. Elisa und Milli Vierucci legen großen Wert auf die Primi, alle Nudelsorten sind handgemacht: **Ciriole con i funghi, Gnocchi alla rucola, Pasta alla chitarra** »alla Taverna«. Als Secondo bekommt man gegrillte Fleisch- und Käsespezialitäten wie z.B. Pecorino aus der Gegend und Scamorza. Weitere Gerichte sollte man vorbestellen. **Gnocchetti** aus Nudelteig mit Kichererbsen, Minestra di farro, Minestra di legumi und geröstetes Brot schmecken recht interessant. Je nach Jahreszeit werden Gerichte aus Grundstoffen der Gegend angeboten. Vor allem zu nennen sind wilder Spargel, Pilze, **Trüffeln**, sehr guter wilder Salat und das kräftige Olivenöl. Eine überlegte Auswahl an umbrischen Weinen ergänzt das gute Speisenangebot sinnvoll. Das Lokal ist nur abends geöffnet, an Feiertagen auch mittags.

NOTIZEN

Adria
S.MARINO
PESARO
Fano
URBINO
Saltara
Fermignano
Fratte Rosa
Morro d'Alba
ANCONA
Maiolati Spontini
Jesi
Cupramontana
Staffolo
GUBBIO
MACERATA
Porto Sant'Elpidio
S. Severino Marche
Serrapetrona
Loro Piceno
Sefro
Petritoli
Montefiore dell'Aso
Ripatransone
Montefalcone App.
Comunanza
Visso
Grottammare
S. Benedetto
Porto d'Ascoli
ASCOLI PICENO
SPOLETO
TERAMO
TERNI
RIETI
L'AQUILA

MARKEN

In den letzten dreißig Jahren wurden die alten Osterie vom Konsumrausch und von der Wegwerfgesellschaft hinweggefegt. Jetzt steht man in chrom- und neonglänzenden Bars, trinkt in größtem Gedränge und höchster Eile seinen Cappuccino oder Aperitif, ißt im Stehen ein Sandwich. Fast-Food, schnelles Essen, man schlingt vorgekochte und mit zweifelhaften Strahlen wieder aufgewärmte Speisen hinunter. Man steht in Pubs, wo man nie einen Platz findet, um in aller Ruhe zu seinem Bier einen Happen essen zu können. Man ißt in Trattorie, wo die Speisekarten so lang sind, daß die einzelnen Gerichte nur aus der Tiefkühltruhe kommen können. Man ißt in Restaurants, wo der Oberkellner eher einem englischen Butler gleichsieht und man sich eines französischen Vokabulars bedient: der »maître«, der »sommelier«, der »chef«, das »menu«; eine einfache Frittata mit Kartoffeln wird zu einem »Omelette Parmentier« und das gekochte Suppenhuhn zum »Suprême de volaille«. In der italienischen Gesellschaft ist ein höherer Bildungsgrad und eine stärkere Kritik an unserer Verschwendungssucht zu verzeichnen: wir gehören zu jenen 15% der Menschheit, die 75% der Nahrungsmittel, Wasser- und Energieversorgung des gesamten Planeten verbrauchen; und in Italien werden einer offiziellen Statistik zufolge noch einmal etwa genausoviele einwandfreie und genießbare Lebensmittel in den Müll geworfen, wie die 60 Millionen Italiener selbst verzehren.

Gleichzeitig ist aber auch die Sehnsucht nach der alten, einfachen und gemütlichen Osteria festzustellen. Der Wirt oder die Wirtin stehen mit ihrer Schürze oder ihrem Arbeitsgewand hinter dem Tresen und wechseln ein paar verbindliche Worte mit den Gästen, während sie die Gläser spülen, oder sie kommen an die Holztische und zählen die Tagesgerichte auf: Minestrone, Tagliatelle, fritierte Fische oder Coniglio alla cacciatora. Aus der Küche dringt dabei schon der Duft von frischen Speisen und würzigen Kräutern. Die traditionelle Küche der Marken verwendet die Grundstoffe, die Berge und Meer liefern. Die Speisen sind einfach, weniger üppig als die der Romagna und weniger scharf gewürzt als die der Abruzzen. Vor allem wird alles verarbeitet, was eßbar ist; man hält nichts von Verschwendung. Im Frühjahr sammelten die Bauern die letzten Reste getrockneter Hülsenfrüchte zusammen und kochten aus Bohnen, Kichererbsen und Linsen schmackhafte Suppen. Die Fischer machten aus den einfacheren Fischen, die sie auf dem Markt nicht verkaufen konnten, köstliche Fischsuppen. Die Hirten bewahrten das trockene Brot auf und verwandelten es mit einem Schuß Öl, einem Zweig Thymian und einem Artischockenboden zu wunderbaren Brotsuppen. Aus wilden Kräutern, wie z.B. Brennesseln, Löwenzahn usw., wurden die leckersten Gemüsegerichte und Salate. Und aus den langsam geschmorten Braten in den Töpfen aus Ton, Kupfer oder schwerem Aluminium stieg der feine Geruch von Majoran, Rosmarin, Salbei, Zitronenmelisse,

Lorbeer und Fenchel. In den Osterie wie auch bei den Bauern, Hirten, Handwerkern und Fischern wurde nichts verschwendet. Der Wein wurde bis zum letzten Tropfen in dicke Gläser geschenkt, die nicht so leicht zerbrachen. Die Portionen waren genau richtig bemessen. Mit etwas Brot aß man noch den letzten Saucenrest auf.

Die Osterie wurden von der Kirche nicht gern gesehen und sogar offen angegriffen. Als die Piemonteser kamen (gemeint ist die Einigung Italiens im Zuge des Risorgimento, 1815-1870), stieg auch die Zahl der Osterie. Aber nach wie vor wurden sie von der wohlhabenden Schicht und den machthungrigen Spießbürgern verdammt. Das Publikum in den Osterie war in erster Linie nicht wohlhabend; das waren Leute, die hart arbeiteten: Handwerker, Arbeiter, Tagelöhner, Fischer; Bauern und Hirten kehrten nur an Markttagen in eine Osteria ein. Einfache Leute, die sich trafen, über ihre schlechten Lebensbedingungen redeten und überlegten, was sie dagegen tun könnten. Die Protestbewegungen, die ersten Hilfsorganisationen, die ersten Ligen, die ersten Gewerkschaften, die ersten sozialistischen und anarchistischen Vereinigungen sind aus diesen Treffen und Diskussionen bei einem Glas Wein hervorgegangen. Ein paar Textilarbeiterinnen, Korbflechterinnen und Seemannsfrauen tauchten schließlich in dem sonst nur Männern vorbehaltenen Refugium auf. Sie tauschten die Kirche gegen die Osteria. Denn bis dahin hatten die Mächtigen den Frauen einzig und allein die Kirche als Ort der Geselligkeit zugestanden. Für sie war es der einzige Ort, an dem sie sich treffen konnten. Und wenn anstelle eines blutüberströmten Kruzifixes vielleicht ein Blumenstrauß dortgestanden oder ein Stilleben anstelle der furchterregenden Marterszenen seliger Jungfrauen an der Wand gehangen hätte, dann wären viele Frauen sicher auch lieber in die Kirche gegangen.

Was ist in den Marken von den einfachen und gemütlichen Gasthäusern noch übriggeblieben? Gibt es noch ein paar Lokale, deren Holzbänke und -tische mit der Zeit eine schöne Nußbaumfarbe angenommen haben, deren Wirt oder Wirtin in einer großen weißen Schürze steckt und Ihnen nach dem Essen noch einen selbstgebrannten Mistrà oder ein Stück Kuchen anbietet, deren Küche noch nach frischen Kräutern und Gemüse duftet, deren Gäste miteinander reden, anstatt sich argwöhnisch zu beäugen? Dieses Buch nimmt Sie an der Hand und führt Sie in diese Gasthäuser, wo Sie sich entspannen und abschalten können, wo Ihr Körper wieder seinen natürlichen Rhythmus findet.

Joyce Lussu

Ancona

La cantineta

Trattoria
Via Gramsci, 1/c
Tel. 0 71 / 20 11 07
Ruhetag: Sonntag
Betriebsferien: August
50 Plätze
Preise: 20-30 000 Lire
Keine Kreditkarten
Reservierung: freitags notwendig

Wenn Sie vom Hafen in die Stadt hinaufgehen, stoßen Sie schon bald auf »La cantineta«. Paolo Peverieri übernahm das Lokal Ende der fünfziger Jahre. Damals war »La cantineta« noch eine richtige einfache Osteria, in die Hafenarbeiter, Boten und Handwerker aus der Unterstadt einkehrten. Sie alle waren in ihrer Jugend zum Leidwesen der Savoia (das italienische Königshaus) Anarchisten, Republikaner oder Sozialisten gewesen, wie es die Tradition Anconas verlangte. Die heutige Trattoria kann ihre Kneipenvergangenheit nicht ganz leugnen: Wände und Bänke aus alter Zeit, das vertraute Gespräch und der freundliche Empfang, den Paolo, seine Frau Olivia und seine Schwägerin Davinia allen Gästen zuteil werden lassen, sind die sichtbaren Überbleibsel der damaligen Atmosphäre. Freitags (an den übrigen Tagen auf Vorbestellung) gibt es regelmäßig den berühmten **Stoccafisso all'anconetana con patate**. Unverfälschte Grundstoffe werden zu diesem deftigen und üppigen Gericht verarbeitet. Zu den reichhaltigen Portionen trinken Sie den frischen Verdicchio dei Castelli di Jesi. Vielleicht nicht der beste Verdicchio, aber ein guter Tischwein und frisch und kräftig im Geschmack. Eine weitere Spezialität der Marken sind die **Vincisgrassi**, die Ihnen als Primo serviert werden. Bestellen Sie sich als Abschluß einer deftigen Mahlzeit das köstliche hausgemachte Zitronensorbet. Im »La cantineta« bekommen Sie keine einfallsreiche Küche. Aber all die Leute aus dem Viertel, die Kaufleute, die griechischen Matrosen oder die Angestellten der Rai schätzen die gemütliche Atmosphäre, die traditionellen Speisen, die zwanglose, aber flinke Bedienung, das saubere Lokal und nicht zuletzt die entschieden günstigen Preise.

Ascoli Piceno

Locanda la monella

Osteria
Via di Vesta, 28
Tel. 07 36 / 2 55 730
Ruhetag: Mittwoch
Betriebsferien: August
40 Plätze
Preise: 35-40 000 Lire
Kreditkarten: BA, EC, MC, Visa
Reservierung: empfohlen

Die »Locanda la monella« wurde erst vor kurzem eröffnet und versteht sich als moderne Interpretation einer klassischen Osteria. Demnach kommt dem Wein große Bedeutung zu. Das Speisenangebot setzt sich aus Traditionellem und Neuerem gleichermaßen zusammen: z.B. Salami und sonstige Wurstwaren aus der Gegend neben Carpaccio mit Rucolasalat und Parmesanscheibchen. Das Lokal liegt in einem der schönsten Winkel der Altstadt (in der Nähe der Piazza Arringo) und wirkt sehr geschmackvoll. Wir haben Grund zu der Annahme, daß Giorgio Incicco und Manuela Clementi das Interesse, das ihrer Osteria von Anfang an entgegengebracht wurde, auch in Zukunft verdienen. Das Lokal ist gemütlich, die Bedienung verbindlich, Weine und Speisen können sich sehen lassen. Zu den Primi, die vielleicht noch besser ausfallen könnten, zählen **Minestra di farro**, handgemachte **Tagliolini** mit Spargel oder anderem frischem Gemüse, **Pasta e fagioli**. Darauf folgen Zunge mit verschiedenen Saucen (scharf, sauer oder mit Paprika), **Ente mit Pflaumen**, **Lamm in Bauchspeck und Brühe gegart**, die obligatorischen gebackenen **Olive all'ascolana**. Beim Wein orientiert man sich hauptsächlich an den Erzeugnissen aus Piemont, Friaul und der Toskana. Man sollte ruhig auch die inzwischen sehr guten Weine der Marken und der Abruzzen ins Angebot aufnehmen. Das Menü mit drei Weinen wechselt täglich. Freitags bekommt man gewöhnlich Fisch.

Comunanza

33 km von Ascoli Piceno, S. S. 78

Roverino

Trattoria des Hotels
Via Ascoli, 10
Tel. 07 36 / 84 42 42 und 84 45 49
Ruhetag: Sonntag
Betriebsferien: Oktober
200 Plätze
Preise: 25-35 000 Lire
Kreditkarten: CartaSi
Reservierung: empfohlen

Die Eigennamen in dieser Gegend klingen meist recht ausgefallen. Roverino hieß der erste Wirt der Trattoria. Damals, d.h. 1966, stand noch »Da zia Iginia« auf dem Gasthausschild. Doch vieles hat sich im Lauf der Jahre geändert. Roverino und Daniele Cutini haben das Lokal ihrem Sohn (bzw. Neffen) Giuseppe übergeben, ein Hotel ist hinzugekommen, und heute trägt die Trattoria den Namen ihres Gründers. Das »Roverino« besuchen nicht nur Touristen und Durchreisende, sondern auch viele Stammgäste. Die Leute aus dem Ort kommen gerne hierher. Die Arbeiter und Angestellten einer nahen Fabrik schätzen besonders das gute Preis-/Leistungsverhältnis. Die Gerichte sind einfach und deftig, die Grundstoffe dafür stets frisch und hochwertig. Es gibt hausgemachte Tagliatelle, **Stringhe pelose** (wörtlich »haarige Schnüre«; eine Nudelart aus Wasser und Mehl, die mit Hackfleischsauce serviert wird), Kichererbsen, dicke Bohnen, Frittata mit Pilzen und mit Gemüse, Kaninchen und Huhn, **Hammel** und **Lamm** aus den Monti Sibillini. Nach alter Tradition bekommt man donnerstags **Gnocchi**, freitags **Baccalà** und samstags **Trippa**. Der offene Wein paßt leider nicht ganz zu der guten Küche. Man kann auch einige Weine aus der Gegend oder dem übrigen Italien trinken. Der Visciolato ist sicher interessant: dieser Wein wird mit Weichseln versetzt und eignet sich dank seines intensiven, likörartigen Geschmacks bestens als Dessertwein.

Cupramontana

47 km von Ancona, S. S. 76 Richtung Fabriano

Anita

Trattoria
Via Fabio Filzi, 7
Tel. 07 31 / 78 03 11
Ruhetag: Di., außer im Sommer
Betriebsferien: 1.7. - 1.9.
50 Plätze
Preise: 25-32 000 Lire
Keine Kreditkarten
Reservierung: empfohlen

Montags ist in Cupramontana Markttag. Und wie in alter Zeit ist es auch heute noch üblich, daß man da ins Wirtshaus geht. Man trinkt ein Gläschen Verdicchio und ißt etwas Warmes: **Trippa**, **Innereien vom Lamm** und im Winter **Stoccafisso**. Das Wirtshaus liegt an einer Gasse, die zum Marktplatz führt. Schon im vorigen Jahrhundert war es unter dem Namen »Osteria della Moretta« bekannt. 1948 übernahmen es die Wirtsleute, die es auch heute noch führen. Jolanda und Donatello überlegen zur Zeit, ob sie ihr Lokal vergrößern und damit die Weinschenke vom Speiserestaurant abtrennen sollen. Man sitzt in gemütlicher Atmosphäre, die Gedecke wirken gepflegt, die Rechnung birgt keine unliebsamen Überraschungen. Essen Sie **Vincisgrassi**, **Pappardelle** mit Enten- oder Hasenragout, gefüllte Gnocchi oder die Spezialität des Hauses, **Tortelloni** in Sahnesauce. Als Secondo empfehlen wir den **Coniglio in porchetta**, **Lamm**, **Täubchen** oder gemischte Grillplatten. Probieren Sie abschließend unbedingt das köstliche Mascarpone-Dessert. Der Wein stammt z.T. aus eigener Herstellung, z.T. bezieht man ihn von Erzeugern aus der Umgebung. Immer handelt es sich jedoch um Verdicchio, der vor allem in dieser Gegend angebaut und von den Einheimischen zu allem getrunken wird. Trinken auch Sie ein Gläschen! Vor oder nach dem Essen sollten Sie einen Abstecher ins »Museo internazionale dell'etichetta« (Weinetiketten-Museum) machen. Wenn Sie Anfang Oktober in der Gegend sind, können Sie an der »Sagra dell'uva« (Traubenfest) teilnehmen. Mitte August steht dagegen eine internationale Folklore-Veranstaltung auf dem Programm.

Fano

12 km von Pesaro, S. S. 16

Al pesce azzurro

Selbstbedienungsrestaurant
Viale Adriatico, 48
Tel. 07 21 / 80 13 27
Ruhetag: Montag
Von Mai bis Sept. geöffnet
60 Plätze
Preise: 12-18 000 Lire
Keine Kreditkarten
Reservierung: nicht notwendig

Der »Pesce azzurro« (Fische der Heringsfamilie wie Sardellen, Sardinen, Makrelen, Bastardmakrelen und Boga) besitzt einen hohen Nährwert, kostet nicht viel und ist leicht zu verarbeiten. Die Fischer von Fano wenden sich deshalb schon seit einigen Jahren unter dem Motto »mangiamo pesce azzurro« an die Verbraucher. Im Zuge dieser Kampagne errichtete die Fischereigenossenschaft Coomarpesca ein Selbstbedienungsrestaurant, in dem man in den Sommermonaten (Mitte Juni bis Mitte September) einige Fischgerichte probieren kann. Den »Pesce azzurro« zu fangen bedeutete für die Fischereiflotte aus Fano erst einmal eine große Umstellung. Früher wurden edle Speisefische mit Schleppnetzen vom Meeresboden gefischt. Heute fängt man Sardinen oder Sardellen mit modernen Fischkuttern und Leuchtfischnetzen. Die einzelnen Fischer wechseln sich in der Küche ihres Restaurants ab. Sie bieten so schmackhafte Speisen wie **Sarduncin a la scotadet**, also Sardinen vom Grill, fritierte **Sardellen** und **Sardinen**, Penne mit Sardinensauce, **Suri** »sottovento« (eine Makrelenart) oder panierte und gegrillte Sardellen. Dazu trinkt man am besten ein gutes Glas Bianchello del Metauro. Hier bekommt man garantiert fangfrischen Fisch. Das Restaurant ist montags geschlossen, da die Fangflotte am Wochenende nicht ausläuft. Sehr günstige Preise.

Fermignano

46 km von Pesaro, S. S. 423

Ca' Tommaso

Restaurant
Ortsteil Ca' Tommaso
Tel. 07 22 / 33 13 41
Ruhetag: Donnerstag
Betriebsferien: im Juli und zum Jahreswechsel
120 Plätze
Preise: 35 000 Lire
Kreditkarten: Visa
Reservierung: am Wochenende

Der »tuber magnatum pico«, oder einfacher die »weiße Trüffel«, gedeiht in der Gegend um Urbino besonders gut. Aber auch vieles andere wächst in dieser lieblichen Hügellandschaft. Hinter Fermignano fährt man einige Kilometer in die Hügel hinauf und erreicht schließlich das einsam gelegene »Ca' Tommaso«. Das Anwesen ähnelt den toskanischen Landhäusern. Das »Ca' Tommaso« war ursprünglich eine einfache Osteria, wo man hauptsächlich Wein trank und ein paar Kleinigkeiten dazu essen konnte. Nach und nach wurde das »Ca' Tommaso« renoviert und eleganter gestaltet, seine Grundzüge blieben jedoch erhalten. Augusto Cecconi, auch »Macubino« (»Schnupftabak«) genannt, hat von seiner Frau Rosa neun Kinder geschenkt bekommen. Zwei davon, nämlich Silvana und Beatrice, führen heute das Restaurant. Die Mutter ist auch heute für die Küche zuständig. Die beiden Schwestern erweiterten das Angebot, das sich nun aus einer bunten Palette bodenständiger Speisen zusammensetzt: **Pappardelle** mit frischem Saisongemüse, Crostini mit Wildpastete, **Gnocchi**, **Cappelletti**, **Polenta**, **Coniglio alla cacciatora**, geräucherter Schinken vom Schwein, Wildschwein und Ziegenlamm. Wildgerichte müssen eigens vorbestellt werden. Wer nur Brotzeit machen möchte, bekommt **Crescia** serviert, die aus einem Teig aus Mehl, Milch, Eiern, Salz, Pfeffer und etwas Schmalz gebacken wird. Die Flaschenweine aus der Gegend und dem übrigen Italien und die offenen Hausweine, wie z.B. Sangiovese und Bianchello, sind in Ordnung.

Grottammare

39 km von Ascoli Piceno, S. S. 16

Osteria dell'arancio

Osteria
Piazza Peretti
Tel. 07 35 / 63 10 59
Ruhetag: Mittwoch
Betriebsferien: unterschiedlich
45 Plätze
Preise: 35 000 Lire
Keine Kreditkarten
Reservierung: empfohlen

Über der Eingangstür steht immer noch »generi alimentari, tabacchi, vino«. Dahinter verbirgt sich aber eine der schönsten Osterie ganz Italiens. Dazu haben sicher die gediegene Atmosphäre, die hochwertigen Grundstoffe und die Speisen selbst beigetragen, die nach modernen Gesichtspunkten zubereitet werden. Die »Osteria dell'arancio« steht im oberen Teil des Dorfes an einer kleinen Piazza, wie es sie wohl nur im Mittelmeerraum geben kann. Von der Piazza Peretti hat man einen wunderbaren Bilck auf die Küste. Im Sommer stehen die Tische der Osteria direkt auf dem Dorfplatz. Die Osteria ist ab 7 Uhr abends geöffnet. Jeden Tag wird ein spezielles Menü angeboten. Es besteht z.B. aus ausgezeichneten Wurstwaren, Frittatine, dicken Bohnen mit grünem Gemüse, Tagliolini mit Bohnen oder Trüffeln oder aus **Maltagliati, gefülltem Perlhuhn, geschmorter Taube**, Käse (vom Pecorino bis zum Castelmagno) und hausgemachten Süßspeisen. Zu jedem der drei Gänge wird ein passender Wein gereicht. Die Weinkarte wird vom Inhaber Michele Alesiani selbst zusammengestellt und ist sehr bemerkenswert. Darunter sind unbekannte Weine, einige Franzosen von Romanée-Conti und die großen Châteaux. Als Antipasto ißt man die Wurstwaren des inzwischen berühmten Metzgers Cocciò, zum Dessert trinkt man einen Moscato d'Asti. Der dröhnende, aber immer gut aufgelegte Wirt, die Köche Sandro und Ciccio, der verbindliche Ober Peppe werden von allen Gästen geschätzt. Erst vor kurzem hat Alesiani in einer Grotte in der Nähe seiner Osteria eine Enoteca eingerichtet. Man bekommt dort in Essig eingelegte Gemüse, Früchte in Sirup, Schnäpse und andere Köstlichkeiten sowie selbstverständlich ausgezeichnete Weine.

Jesi

32 km von Ancona, S. S. 76

Taverna la rincrocca

Trattoria
Vicolo della Pace, 3
Tel. 07 31 / 5 61 74
Ruhetag: Montag
Betriebsferien: unterschiedlich
45 Plätze
Preise: 25–30 000 Lire
Keine Kreditkarten
Reservierung: empfohlen

Auf der Speisekarte steht schlicht und ergreifend »C'è quel che c'è«: »Es gibt das, was es gibt«. Wenn Sie dann suchend umherblicken, entdecken Sie zuerst einmal schöne Weine aus den Marken, aus Piemont, dem Trentino und Südtirol, aus Friaul und der Toskana. Haben Sie Ihren Wein ausgewählt, können Sie sich aus dem Speisenangebot ein passendes Menü zusammenstellen. Es gibt meistens ein üppiges Gericht mit Fleisch und **Crostini**, Gemüse und Käse, Eiern und Oliven, Fusilli mit Thunfisch-Oregano-Sauce, einen orientalisch angehauchten Curry-Reis oder den **Zighinì**, ein scharf gewürztes äthiopisches Gericht mit Rindfleisch und Kartoffeln, einen frischen Salat mit Mais bzw. Soja oder Käse. Als Dessert bekommen Sie Tiramisù oder Gebäck mit Vin Santo. Claudio bedient Sie, unterhält sich in aller Ruhe mit Ihnen, Fabrizio läßt seiner Phantasie am Küchenherd freien Lauf. Die beiden haben ihr Lokal Anfang 1990 in dem rustikalen Keller des Palazzo Tosi in der Altstadt von Jesi eröffnet. Sie bieten eine Küche mit kreativen Einschlag, die aber nichts gewaltsam Neues an sich hat. Die Kost ist leicht, aber nicht einfallslos, nicht festgefahren, sondern an gesunder Ernährungsweise orientiert. Sie hält sich an den Jahreszeitenlauf, soweit das ohne besondere Einschränkungen möglich ist. Die »Taverna« ist ab 20 Uhr geöffnet. Sie können dort in aller Ruhe und in heiterer Atmosphäre gerne mehrere Stunden verbringen. An manchen Abenden finden Ausstellungen oder Musikdarbietungen statt.

Loro Piceno

38 km von Macerata,
S. S. 78 Richtung Ascoli Piceno

Al girarrosto

Restaurant
Via Ridolfi, 4
Tel. 07 33 / 50 91 19
Ruhetag: Mittwoch
Betriebsferien: 14 Tage im Juli/August
120 Plätze
Preise: 25-35 000 Lire
Kreditkarten: BA, DC, Visa
Reservierung: empfohlen

Auf der Piazzetta San Francesco ist heute noch das Schild des legendären »Girarrosto« von Donato Algiani zu sehen. Der in den ganzen Marken berühmte Gastronom und Weinkenner ist vor ein paar Jahren verstorben. Das neue »Al girarrosto« liegt nicht weit von seinem Vorgänger entfernt. Neben dem Namen ist auch ein guter Teil seiner besonderen Merkmale erhalten geblieben. Freilich, die Größe des Lokals hat sich verändert, heute wirkt es mit seiner modernen Einrichtung fast wie ein elegantes Restaurant. Liliana Morganti führt das Lokal zusammen mit Gigliola, Enzo und Lorenzo. Sie ist auch für die Küche verantwortlich. Sie hält sich an die Tradition der Gegend, an die speziellen Garmethoden, verwendet sachgerecht die verschiedensten Gewürzkräuter. Zu Lilianas Spezialitäten zählen **Agnello in potacchio**, **Perlhuhn am Spieß** oder mit schwarzen Oliven und wildem Fenchel, die **Vincisgrassi** rossi (mit Tomatensauce), bianchi (mit Pilzen) oder mit Artischocken, im Topf geschmorte **Tauben** nach einem Rezept, das sich »arrosto morto« (»toter Braten«) nennt. Besonderes Lob verdienen Lilianas handgemachte »campofiloni«, hauchdünne Bandnudeln, die heute sonst fast niemand mehr von Hand aufschneidet. Das Kapitel Wein wird hier erfreulich aufmerksam behandelt: beim Hauswein und beim Flaschenwein (aus verschiedenen Regionen) trifft man stets eine sichere Auswahl. Auch edle Erzeugnisse aus ganz Italien sind zu haben.

Montefalcone Appennino

43 km von Ascoli Piceno, S. S. 433

Da Quintilia Mercuri

Trattoria
Via Corradini, 9
Tel. 07 34 / 7 91 58
Ruhetag: Mittwoch
Betriebsferien: an Ostern u. Weihn.
20 Plätze
Preise: 25-30 000 Lire
Keine Kreditkarten
Reservierung: unerläßlich

Die Trattoria hat nicht einmal einen richtigen Namen, und so gibt es auch kein Schild, das auf sie hinweisen könnte. Das Lokal wirkt beinahe schon rührend in seiner Schlichtheit, die die Gäste in die Zeit der Jahrhundertwende zurückzuversetzen scheint. Wenn man bei Signora Quintilia anruft und ein Essen vorbestellt, dann glaubt man eher mit einer lieben alten Tante zu telefonieren, der man seinen Besuch ankündigen möchte. Wir sind hier in einem Dorf der Monti Sibillini. Manch einer nennt Montefalcone auch das Dorf der Glocken. Wohl deshalb, weil sich die Dorfbewohner ständig gegenseitig besuchen und die neuesten Klatschgeschichten austauschen. In einem Haus mitten im Dorf führt eine kleine Tür in eine winzige Osteria wie aus dem Märchen. Im Gastraum stehen der Tresen, an dem Wein und Mistrà ausgeschenkt werden, und ein paar kleine Tische. An den Wänden hängen Plakate, die schon einige Jahrzehnte alt sein dürften. Zum Essen muß man durch das Haupttor gehen. Man steht dann praktisch im Haus der Signora Quintilia. Dort serviert sie handgemachte **Tagliatelle** und **Ravioli**, **Lasagne** mit Hackfleischsauce, mit Schweinefleisch oder mit Trüffeln aus den Bergen, **Coniglio in porchetta**, Fritto vom Lamm, Crema e olive, in der Pfanne geschmortes Huhn sowie hausgemachte Süßspeisen und Gebäck. Die Weine stammen von kleinen Erzeugern aus der Gegend und sind in Ordnung. Die Preise fallen unglaublich günstig aus, die Bedienung ist freundlich und familiär.

MARKEN

Montefiore dell'Aso

55 km von Ascoli Piceno, S. S. 433

La Fagiana - La Campana

Bauernhof
Contrada Menocchia, 39
Tel. 07 34 / 93 82 29
Kein Ruhetag
Keine Betriebsferien
40 Plätze
Preise: 40-45 000 Lire
Keine Kreditkarten
Reservierung: unerläßlich

In den letzten Jahren haben viele landwirtschaftliche Betriebe in den Marken auf ökologischen Anbau umgestellt. Die Genossenschaft »Cooperativa La campana« ist vor zehn Jahren in einem herrlich restaurierten Landhaus aus dem 17. Jahrhundert gegründet worden. Etwa dreißig Leute bauen bio-dynamisches Gemüse und Obst an, machen Schafskäse, züchten Kaninchen, Schafe und Lämmer. Erst seit kurzem und nur auf Vorbestellung kann man in einem geschmackvoll eingerichteten Speisesaal essen, aber nicht rauchen. Man kann zwischen vegetarischen und fleischhaltigen Menüs wählen. Wer letzteres bestellt, wird feststellen, daß das Fleisch der Genossenschaft von hervorragender Qualität ist. Sei es nun **Coniglio alla frutta**, **Agnello alla griglia** oder Brasato. Von den vegetarischen Gerichten sind besonders die **Lasagne al pesto**, **Risotto mit Kürbis** oder **Risotto all'ortolana** und die Crêpes mit Ricotta und Spinat zu empfehlen. Auch der Wein ist aus eigener Herstellung. Besonders angenehm schmeckt der Rotwein, ein Verschnitt aus Sangiovese- und Montepulciano-Trauben. Die einzelnen Jahrgänge fallen allerdings recht unterschiedlich aus (der 87er ist gut). Die gute Küche liegt in den Händen von Marisa Moreschini und ihren Mitarbeitern Cristina Baldoni und Fabio Fortuna, der sich besonders auf Kuchen und Gebäck versteht. Probieren Sie das hausgemachte Eis, die Obstkuchen, die Mandel- oder die Möhrentorte.

Morro d'Alba

Del Mago

Trattoria
Via Morganti, 16
Tel. 07 31 / 6 30 39
Ruhetag: Mittwoch
Betriebsferien: erste Augusthälfte
50 Plätze
Preise: 25-30 000 Lire
Keine Kreditkarten
Reservierung: empfohlen

Wenn Sie von der Küste ins Hinterland hinauffahren, erreichen Sie schon nach wenigen Minuten Morro d'Alba. Hinter der mittelalterlichen Stadtmauer, wo einst Kirmes und Märkte abgehalten wurden, stand bereits Anfang des Jahrhunderts eine Osteria, wo man ein Glas Wein trinken und einen Teller Bohnen essen konnte. Heute nennt sich das Lokal »Trattoria del Mago«, liegt aber immer noch in den Händen derselben Gastwirtsfamilie. Vor allem die Küche ist stets der Tradition treu geblieben. Die **Tagliatelle** sind handgemacht, ebenso die Gnocchi und Ravioli. Bestellen Sie sich auch die **Pappardelle alla lepre**, die **Polenta** oder die **Ciavattoni al pepe**, eine Nudelart, die früher nur zur Erntezeit gegessen wurde und die Sie heute nur essen sollten, wenn Sie keine Probleme mit Ihrer Leber haben. Die einzelnen Saucen mit Huhn, Kaninchen, Taube, Ente und Wild schmecken hervorragend. Als Secondo bekommen Sie Pollo und Coniglio »in potacchio«, **Germano in umido** oder **in porchetta**, **Trippa all'anconetana** (meist montags), **Coratella** und Lammkopf in saurer Sauce, und freitags **Stoccafisso**. Den Höhepunkt stellen allerdings die Wildgerichte dar, für die Sie auch etwas mehr bezahlen müssen: Geflügel mit Zwiebeln in süßsaurer Sauce, **Lepre in salmi**. Beim Wein herrscht Einigkeit: es sind zwar auch noch andere gute Flaschenweine zu haben, aber die Gäste verlangen immer nur den Lacrima di Morro d'Alba, einen sehr seltenen roten Doc-Wein mit einem vollen und samtigen Geschmack. Beim »Zauberer« gibt es kräftige Kost, und man wird mit herzlicher Offenheit empfangen. Wir hoffen, daß die Nachlässigkeit gegenüber den Gästen und die gelegentlich überhöhten Preise, die in jüngster Zeit zu beobachten waren, bald wieder der Vergangenheit angehören.

Pesaro

Dalla Ivia
Al vento di Focara
Trattoria
Via Fosso, 1 – Fiorenzuola di Focara
Tel. 07 21 / 20 85 22
Ruhetag: Mi., außer im Sommer
Betriebsferien: Oktober
50 Plätze
Preise: 35-40 000 Lire
Keine Kreditkarten
Reservierung: empfohlen

Das Wort Marken wird nicht ohne Grund ausschließlich in der Mehrzahl gebraucht: die Marken haben viele Gesichter, Grenzen, Sitten, Dialekte und viele verschiedene Arten, den berühmten »Brodetto di pesce« zuzubereiten. Die Fischsuppe ist Ausdruck für den Erfindungsgeist der Fischer, die aus der Not eine Tugend machten und aus den Fischen, die sie nicht verkaufen konnten, und verschiedenen, meist einfachen Zutaten eine Suppe kochten. In Fiorenzuola di Focara haben wir in einer Trattoria mitten im Dorf einen ausgezeichneten Brodetto gegessen. Die Küche ist einfach, die Bedienung freundlich. Im Sommer kann man auch im Freien essen. Den **Brodetto** muß man eigens vorbestellen. Denn dazu werden verschiedene Fischsorten gebraucht: z. B. Meerbarbe, Seezunge, Glatthai, Tintenfisch, Knurrhahn u.a. In den Marken verwendet man (im Gegenteil zum Süden Italiens) keinen Peperoncino. Pesaro liegt nicht weit von der Romagna entfernt. Ihren Einfluß spürt man vor allem beim Wein: es werden hier hauptsächlich Trebbiano di Romagna und Sangiovese getrunken. Zum gegrillten Fisch trinken viele Gäste sogar Rotwein. Natürlich stammt auch die Piadina aus der Romagna. Hier wird sie zum Fisch und zum frischen Gemüse gegessen. Neben dem Brodetto sind im »Dalla Ivia« noch **Tagliatelle al sugo di pesce**, **Risotto**, **fritierter Fisch** und **gebratener Fisch** mit Brot zu bekommen. Das Lokal ist einfach, aber nicht gewöhnlich, Ivia ist herzlich und sehr sorgfältig, wenn es um die Auswahl der geeigneten Grundstoffe geht.

Pesaro

Daniela e Umberto
Trattoria
Ortsteil Santa Veneranda
Tel. 07 21 / 45 23 25
Ruhetag: Mittwoch
Betriebsferien: September
50 Plätze + 30 im Freien
Kreditkarten: CartaSi, Visa
Preise: 35-40 000 Lire
Reservierung: am Wochenende

Manche nennen die Trattoria »Daniela e Umberto«, andere wieder »Trattoria Lugli«. Aber das soll Sie nicht stören, denn es gibt sowieso kein Schild, an dem Sie sich orientieren könnten. Wenn Sie in Santa Veneranda ankommen, lassen Sie Ihr Auto am besten vor dem Bogen stehen und gehen zu Fuß weiter. Gleich hinter dem Bogen steht auf der rechten Seite die Trattoria, die von außen wie eine ganz gewöhnliche Bar aussieht. Während der Wintermonate sitzen Sie in einem der Speisezimmer, im Sommer können Sie auf der Terrasse essen. Von dort haben Sie einen schönen Blick über die Felder und auf den Gemüsegarten der Trattoria, in dem Majoran, Thymian, Schnittlauch, und Basilikum wachsen. Die Kräuter finden ihre Verwendung in der traditionellen Küche Pesaros, die den Wechsel der Jahreszeiten und die Höhepunkte des Landlebens berücksichtigt, wie z.B. den Abschluß der Getreideernte. Zu diesem Fest aß und ißt man die **Pasticciata mit Kräutern**, ein deftiges Gericht aus Fleisch und Gemüse und ... mit vielen Kalorien. Besonders ausgewogen schmecken hier die **Pasta e ceci**, die »cencioni« (Nudeln aus Bohnenmehl) mit Salsiccia, das Kalbsgekröse, die **Tagliolini mit Kürbisblüten**, die **Trippa**, die Zucchini mit Fleischfüllung, die **Tagliatelle ai funghi** und die gegrillten Gemüse. Die Weine sind bemerkenswert. Das Angebot umfaßt etwa dreißig der besten Flaschenweine aus den Marken und dem übrigen Italien. Was hat es nun mit dem Namen der Trattoria auf sich? Das ist leicht erklärt: Daniela und Umberto kümmern sich erst seit ein paar Jahren um die Trattoria. Früher haben Danielas Mutter und Tante das Lokal unter ihrem Familiennamen geführt. Die beiden kochen auch heute noch.

Petritoli

48 km nördlich von Ascoli Piceno

Osteria de le cornacchie

Osteria
Via del Forno, 10
Tel. 07 34 / 65 87 07
Ruhetag: Dienstag
Betriebsferien: unterschiedlich
40 Plätze
Preise: 25 000 Lire
Keine Kreditkarten
Reservierung: notwendig

Vor knapp zehn Jahren haben Sergio Federici und seine Frau eine Osteria in diesen Räumen eröffnet, wo früher ein alter Ofen aus der Zeit der Jahrhundertwende stand. Von der Straße, die von der Piazza herunterführt, gelangt man direkt in ein Speisezimmer mit etwa zwanzig Plätzen. Im hinteren Gastraum, an den auch die Küche angeschlossen ist, stehen noch einmal drei Tische. Hier bekommen Sie die hervorragenden Wurstwaren des berühmten Metzgers Cocciò. Er achtet nämlich sogar auf den Mond, wenn es darum geht, Schweine zu schlachten oder Würste abzufüllen. **Ciabuscoli aus Fleisch und Leber**, Lende, Coppa, Salami, Schinken. Typische Antipasti für die Gegend sind die **Trippa**, die Innereien vom Lamm mit Peperoncino, **Polenta** mit dicken Bohnen oder mit Schweinefleisch. Zu den Primi zählen **Maltagliati mit Erbsen**, **Gnocchi**, **Pappardelle mit Entenragout**. Als Secondo können Sie Rinder- oder Schweinshaxe mit Kartoffeln essen. Die Preise sind recht günstig. Bei dieser Gelegenheit müssen wir leider auch auf den Wein zu sprechen kommen, der unbedingt noch besser werden muß.

Porto d'Ascoli

30 km von Ascoli Piceno, S. S. 4

Mama mia

Trattoria
Via dei Laureati
Tel. 07 35 / 65 53 34
Ruhetag: Mittwoch
Betriebsferien: unterschiedlich
40 Plätze
Preise: 30–35 000 Lire
Kreditkarten: AE, DC
Reservierung: empfohlen

Der erste Eindruck täuscht. Die beiden Sommerterrassen, die moderne und kühle Einrichtung, die Tafel mit den Tagesgerichten, die von Tisch zu Tisch gereicht wird, lassen nicht vermuten, daß hier nach alter Tradition gekocht wird. Doch überzeugen Sie sich selbst und sehen Sie Maria Ciccarelli über die Schulter, wie sie Hühnerleber **Trippa**, **Tagliatelle mit Entenragout**, zubereitet, **Lamm** und **Hammel** grillt. Maria und ihr Sohn Gualtiero stammen aus dem Hinterland, genauer gesagt aus Petritoli, das für seine gute Küche bekannt ist. Sie haben nun ihre Kochkünste an die Küste mitgebracht und bieten authentische Regionalküche an. Da sind die **dicken Bohnen mit Schweineschwarten**, der **Stoccafisso** mit Kartoffeln, **geschmorte** oder **gebratene Ente**, freitags Fischgerichte (sonst auf Vorbestellung) sowie Tagliatelle, **Brodetto**, Grillplatten, aber auch geschmortes Huhn und Kaninchen. Dazu können Sie ordentliche Weine aus der Gegend trinken, die Gualtiero selbst ausgewählt hat: es empfiehlt sich besonders der Falerio dei Colli Ascolani oder der Rosso piceno. Sie können auch ganz edlen Wein bekommen. Probieren Sie zum Abschluß auf alle Fälle den traditionellen Vino cotto, im Espresso oder danach, oder einen Schluck Mistrà, den typischen Anisschnaps.

Porto Sant'Elpidio

69 km von Ascoli, 25 km von Macerata, S. S. 16

Dalfosco

Trattoria
Via Mazzini, 219
Tel. 07 34 / 99 20 08
Ruhetag: Mittwoch
Betriebsferien: November
80 Plätze
Preise: 25-30 000 Lire
Keine Kreditkarten
Reservierung: empfohlen

Babette hielt viel von Gastlichkeit und setzte ihre Meinung mit ihrem denkwürdigen Gastmahl in die Tat um, denn die Köchin und Kommunardin aus dem Paris des vorigen Jahrhunderts hatte auch im Lotto gewonnen. Der Film über Babette zeichnet ein völlig anderes Bild als der düstere, spektakuläre und symbolgeladene Film »Lunga vita alla signora« von Olmi. Freilich, mit der Freude am Essen ist es wie mit der Courage: entweder man hat sie oder man hat sie eben nicht. Aber es gibt auch Lokale, die diese Freude fördern können, vielleicht mit einfachsten Mitteln wie mit bodenständiger Kost und freundlicher Bedienung. Die Familien-Osteria »Dalfosco« ist ein derartiges Lokal. Sie wurde erst vor wenigen Jahren in diesem Ort an der Adriaküste eröffnet. Fosco Marozzini bietet wenige, aber schmackhafte Speisen an. Dazu gehören die **Rigatoni mit Gänseragout**, die **Gnocchi mit Kaninchenragout**, die **Maccheroni alla salsiccia**, die gemischten Fleischspieße, das gegrillte Gemüse, Lamm und Hammel vom Grill. Hier werden nur hochwertiges Fleisch und andere Grundstoffe verarbeitet. Nur beim Wein lassen die Marozzinis ein wenig Sorgfalt vermissen, das Angebot bedarf noch einer gewaltigen Erweiterung.

Ripatransone

45 km nordöstlich von Ascoli Piceno

Rosati

Bar-Trattoria
Corso Vittorio Emanuele, 27
Tel. 07 35 / 92 22
Ruhetag: Montag
Betriebsferien: 14 Tage im Sept.
40 Plätze
Preise: 17-30 000 Lire
Keine Kreditkarten
Reservierung: empfohlen

Ripatransone ist eine alte Ortschaft in den Hügeln des Piceno. Hier wird einer der besten Weine der Gegend produziert: der Rosso piceno superiore. Die Bezeichnung »superiore« wird nur dem Wein zugestanden, der in einem bestimmten Hügelstreifen der Provinz Ascoli angebaut und mindestens ein Jahr lang gelagert wird, bevor er in den Handel kommt. In Ripatransone und Umgebung, einer klassischen Feinschmeckergegend, wird viel Wein angebaut. Dazu gehört auch der bodeneigene Passerina, der in den vierziger Jahren besonders beliebt war. Wenn man also die »Trattoria Rosati« überhaupt kritisieren kann, dann in diesem Punkt: sie sollte mehr Weine aus der Umgebung anbieten, die für die typische Kost doch am geeignetsten sind. Die »Trattoria Rosati« ist ein Familienbetrieb. Signora Chiarina steht am Herd, ihr Sohn Peppe kümmert sich um die Gäste, die in den gemütlichen Speisezimmern sitzen. Die Signora Chiarina kocht mit sicherer Hand die Spezialitäten der Gegend. Es sind **geschmorte** und **gebratene Ente**, geschmortes Kaninchen oder Huhn, **Tagliatelle mit Sauce** (meist vom Entebraten) und »Pasta incassettata« (eine Nudelspezialität). Nur in Ausnahmefällen und nur auf Vorbestellung bietet die Signora ein sehr seltenes Gericht an: Keine Angst, der **Spezzatino vom Esel** ist weniger üppig und außergewöhnlich, als man vielleicht annehmen könnte. Rot- und Weißweine kommen von kleinen Erzeugern aus der Gegend und sind in Ordnung.

Saltara

28 km von Pesaro,
S. S. 3 Richtung Fossombrone

La posta vecchia

Restaurant
Via Flaminia, 18/20 – Calcinelli
Tel. 07 21 / 89 78 00
Ruhetag: Montag
Betriebsferien: unterschiedlich
80 Plätze + 80 im Freien
Preise: 20–25 000 Lire, ohne Wein
Kreditkarten: DC, Visa
Reservierung: nicht notwendig

Calcinelli ist ein kleines Dorf in den Hügeln zwischen Fano und Urbino. In dieser sanften Hügellandschaft gedeihen Oliven und Trauben besonders gut. So bekommt man hier ausgezeichnetes »Olio extravergine di oliva« (das Öl von Cartoceto ist berühmt) und guten Wein wie den Bianchello del Metauro und den Sangiovese dei Colli Pesaresi. Pinetto Pompili weiß wohl, daß in seiner Heimat ausgezeichnete Grundstoffe zu bekommen sind. Er legt darauf auch besonderen Wert, sei es nun beim Öl, beim Wein, beim Fleisch oder bei Pilzen, Trüffeln und Dinkel. Pinettos Frau Ivana Peruzzini kocht all die Gerichte, die man gewöhnlich in einer Trattoria bekommen kann. Ihre Regionalküche orientiert sich stets an der jeweiligen Jahreszeit. Man ißt also **Crostini** mit Pilzen oder Trüffeln, **Maltagliati** mit Tomaten und Bohnen, **Tagliatelle mit Steinpilzen**, **Lamm** vom Grill, **Coniglio in porchetta**, Rinderbraten mit Pilzen und hausgemachte Süßspeisen. Das Weinangebot ist gut: neben einigen edlen Weinen aus der Gegend, wie z.B. dem bemerkenswerten Tristo di Montesecco und dem Jubilé von Massimo Schiavi (er liefert auch Dinkel und Vollwertnudeln), bekommt man auch bedeutende Weine aus dem übrigen Italien. Auch die Auswahl an Spirituosen, besonders an Grappe, die der Sammler Pompili zusammenträgt, ist gut.

San Benedetto del Tronto

34 km von Ascoli Piceno, S. S. 16

La Croisette

Restaurant-Bar
Viale Trieste, 37
Tel. 07 35 / 8 18 42
Ruhetag: Montag
Betriebsferien: an Weihnachten
50 Plätze
Preise: 40–50 000 Lire
Keine Kreditkarten
Reservierung: empfohlen

Der palmenbewachsene Küstenstreifen, der sich von Grottammare über San Benedetto del Tronto bis nach Porto d'Ascoli hin erstreckt, ist besonders malerisch. In San Benedetto del Tronto befindet sich einer der wichtigsten Fischereihäfen Italiens. Das Meer hat die Sitten und natürlich auch die Küche der Gegend geprägt. Leider bekommt man in vielen Restaurants an der Palmenriviera nur noch lieblos zubereitete Speisen serviert, die mit einem echten Brodetto, Guazzetto oder **Potacchio**, mit den einfachen Fisch- und Gemüsegerichten, die so schmackhaft sein können, nichts mehr zu tun haben. Deshalb haben wir diese einfache Trattoria an der Strandpromenade von San Benedetto in unser Handbuch aufgenommen. Romano Croci, seine Frau Aida und ihre beiden Kinder bieten eine Küche, die sich auf frische Grundstoffe und wenige gute Speisen konzentriert. In der Tat wird nur fangfrischer Fisch angeboten. Wenn die Fischkutter nicht auslaufen oder nichts gefangen haben, gibt es bei den Crocis auch keine Fischgerichte. »Rana pescatrice in potacchio«, Fischsuppe mit Rotbarben (zur passenden Jahreszeit), **Rigatoni mit Miesmuscheln**, Spaghetti mit Heuschreckenkrebsen oder Scampi, **Brodetto** (auf Vorbestellung) gehören zum Repertoire des »La croisette«. Als Antipasti ißt man **marinierte Sardellen**, **Tintenfische mit Erbsen**, Garnelen und Artischocken, Meeresschnecken mit wildem Fenchel. Die Auswahl an Weinen könnte besser sein. Man trinkt mittelprächtige Weine aus Friaul und Venetien, der offene Hauswein ist in Ordnung, der Falerio dei Colli ascolani ist gut.

San Severino Marche

36 km von Macerata, S. S. 361

Da Fiorina
San Pacifico
Osteria
Via San Pacifico, 17
Tel. 07 33 / 63 43 90
Ruhetag: Montag
Keine Betriebsferien
20–30 Plätze
Preise: 20–25 000 Lire
Keine Kreditkarten
Reservierung: empfohlen

Das »San Pacifico« ist eine der schönsten Osterie in den Marken. Das äußere Erscheinungsbild ist nahezu unverändert geblieben, die Osteria ist funktional und besticht durch ihre ausgezeichnete Küche, die in den bewährten Händen von Fiorina Dobboletta liegt. Steigen Sie von der Altstadt zur Kirche San Pacifico hinauf, die Osteria steht gleich daneben. Sobald Sie die Osteria betreten, werden Sie von der gediegenen und gemütlichen Atmosphäre angetan sein. Die wenigen Gedecke sind auf zwei Galerien verteilt. Heute essen Sie hier einfache und typische Hausmannskost, während man früher in einer Osteria hauptsächlich Wein trank und vielleicht ein paar Scheiben Wurst dazu aß. Fiorinas Spezialitäten sind die heißen **Crostini** mit Wild, Tagliatelle und Ravioli, **Faraona al prosciutto**, **gefülltes Täubchen**, **Coniglio in porchetta** und **in potacchio**, **Polenta** mit verschiedenen Beilagen, die gerade der Jahreszeit und dem Angebot entsprechen. Fiorinas Tochter Marisa bedient Sie. Der **Fritto misto** mit Lamm, Salbei, Sahne, Äpfeln und Kürbisblüten ist ein Erlebnis. Das gilt auch für die Schokoladencreme, die wir als Nachspeise empfehlen. Leider wird nur ein einziger Wein angeboten. Der Weißwein aus der Gegend ist gut, paßt aber nicht so besonders zu den üppigen Speisen.

Sefro

49 km südwestlich von Macerata

Faustina
Hotelrestaurant
Via Roma, 3
Tel. 07 37 / 4 51 24
Kein Ruhetag
Betriebsferien: 14. Tage im Okt.
70–300 Plätze
Preise: 25 000 Lire, ohne Wein
Keine Kreditkarten
Reservierung: empfohlen

Das Dorf Sefro liegt im Hinterland von Macerata an der Grenze zu Umbrien. Die Gegend ist waldreich, besitzt viele Quellen und ist bekannt für seine Forellenzucht. Maria Rita und Mario Perozzi führen das »Hotel Faustina«. Das angeschlossene Restaurant ist geradezu beispielhaft für seine Regionalküche: von den Forellen (**Trota in salsa verde**, **Risotto mit Lachsforelle**) bis zu den **Tauben** mit wildem Fenchel oder dem gegrillten **Lamm**. Die Perozzis mästen selbst Schweine und bieten in ihrem Restaurant dann Wurstwaren wie **Ciabuscolo**, Lonzino und Salame di fegato an. Lamm und Kaninchen werden sorgfältig in einem Ort in der Nähe ausgewählt. Die handgemachten **Tagliatelle** mit Hühnerklein oder schwarzen Trüffeln schmecken sehr gut. Auch die Weine verdienen Beachtung. Der Verdicchio di Matelica stammt aus der Umgebung. Durch das Kleinklima am Fuße der Berge gewinnt er einen besonderen Geschmack. Man trinkt ihn am besten zweijährig. Er paßt gut zu den Fischgerichten, zum weißen Fleisch und zu den zarteren Wurstwaren wie dem Ciabuscolo.

Serrapetrona

30 km von Macerata, S. S. 502

Dei Borgia

Osteria
Ortsteil Borgiano
Tel. 07 33 / 90 51 31
Ruhetag: Montag
Keine Betriebsferien
50-60 Plätze
Preise: 15-20 000 Lire
Keine Kreditkarten
Reservierung: empfohlen

Die Osteria liegt direkt an der Straße am Ortseingang von Borgiano, die vom Lago di Caccamo nach Serrapetrona führt. Die Gegend ist berühmt für den außergewöhnlichen Vernaccia. Dieser Vernaccia hat nichts mit den anderen beiden Doc-Weinen aus Oristano und San Gimignano gemeinsam. Hier handelt es sich um einen moussierenden und natürlich vergorenen Rotwein, den es in den Versionen »secco« und »amabile« gibt. Unserer Ansicht nach schmeckt der liebliche Vernaccia interessanter als der trockene. In die Osteria kommt man also hauptsächlich, um ein Glas Vernaccia zu trinken. Dazu ißt man entweder ein paar Kekse und Ciambella oder Wurstwaren, wie z.B. den **Ciabuscolo**. Die »Osteria dei Borgia« ist ein traditionelles Gasthaus, zu dem auch noch ein Lebensmittelgeschäft gehört. Es wurde vor über hundert Jahren eröffnet. Der Name leitet sich von der Burg ab, die den Borgias gehörte. Die Osteria wird von der Familie Sparvoli geführt. Maria und ihre Tochter Stefania sind für die Küche zuständig, Paolo kümmert sich um die Gäste. Er besorgt eine kluge Auswahl an Weinen und empfiehlt Ihnen dazu die wirklich außergewöhnlichen, weil hausgemachten Wurstwaren oder den **Crostini** mit Trüffeln, in Essig eingelegtes Gemüse oder auch einige warme Speisen (**Tagliatelle**, Koteletts und Würste). In Kürze will man im oberen Stockwerk ein kleines Restaurant einrichten, in dem man eine vollständige Mahlzeit bekommen kann: **Vincisgrassi**, Kaninchen, Tauben. Im Gastraum im Erdgeschoß wird man nach wie vor ein Glas Vernaccia trinken und eine Kleinigkeit dazu essen können.

Staffolo

47 km südwestlich von Ancona

Grotta del frate

Trattoria
Via Roma, 10
Tel. 07 31 / 77 92 60
Ruhetag: Montag
Betriebsferien: 14 Tage im Okt.
30 Plätze
Preise: 30 000 Lire, ohne Wein
Keine Kreditkarten
Reservierung: empfohlen

Ein Chronist aus dem 14. Jahrhundert erzählt, daß Fra' Moriale und seine Gefolgschaft im März des Jahres 1354 die Burg von Staffolo eingenommen hätten und in dieser jede Menge Wein lagerte. In einer kleinen Grotte unterhalb dieser mittelalterlichen Gemäuer haben Anna Rita und Manlio Marinacci ein kleines geschmackvolles Lokal eingerichtet. In den zwanzig Jahren seines Bestehens konnte es sich einen guten Ruf erwerben. Die Küche ist gut, das Weinangebot (aus den Marken, der Toskana, aus Piemont, dem Trentino und aus Friaul) ist ebenfalls in Ordnung. Man ißt hier traditionelle Bauernküche: **dicke Bohnen mit Schweineschwarten, Pasta e ceci** oder auch **Tagliatelle mit Steinpilzen** oder mit Raute aus dem eigenen Garten, »Garganelli« (eine Nudelart) mit Sahne, Schinken und geräuchertem Bauchspeck oder den »Carciù«: eine Teigtasche mit Ricotta- und Spinatfüllung. Die frischen Nudelsorten werden noch von Hand gemacht, für die Saucen ist Signora Marcella, Anna Ritas Mutter zuständig. Anna Rita kümmert sich um die Secondi: **Lamm vom Grill, Spanferkel, Coniglio in porchetta, gefüllte Tauben** und Kalbsnuß. Das Fleisch wird mit größter Sorgfalt ausgewählt. Welches Fleisch Sie auch essen, Manlio wird Ihnen sofort den Namen des Mastbetriebs sagen können, bei dem er es gekauft hat. Wir schätzen an Manlio vor allem seine Verbundenheit mit der traditionellen Küche der Marken, die sich auch vor Neuem nicht verschließt, seine hohen Qualitätsansprüche und seine Liebe zum Wein. Verlassen Sie sich auf Manlio, denn auch bei den Preisen werden Sie keine unliebsamen Überraschungen erleben. In der Gegend um Staffolo wird der Verdicchio angebaut. Staffolo liegt am rechten Ufer des Esino, inmitten von Weinbergen und Olivenhainen.

Visso

67 km von Macerata, S. S. 209

Da Richetta

Trattoria
Piazza Garibaldi, 7
Tel. 07 37 / 93 39
Ruhetag: Montag
Betriebsferien: September
40 Plätze
Preise: 25–30 000 Lire
Keine Kreditkarten
Reservierung: sonntags empfohlen

In dieser Familientrattoria wird man nicht als Kunde oder zahlender Gast, sondern als Freund behandelt. Signora Richetta hat inzwischen ihren Kindern die Führung des Restaurants überlassen. Doch ist stets sie es, die sich nach den Vorlieben ihrer Gäste erkundigt, ihnen sodann das Gewünschte serviert und mit ihnen einen kleinen Plausch hält. Die Küche konzentriert sich auf die Spezialitäten der Gegend und greift dabei auf die ausgezeichneten Grundstoffe zurück. Da sind einmal die köstlichen Wurstwaren, die die berühmten Metzger in Visso herstellen, das Fleisch aus den Monti Sibillini, die Forellen aus dem Nera, die Linsen aus Castelluccio (sie sind rot, kleiner und zarter als die gewöhnlichen Linsen). Natürlich dürfen die **handgemachten Tagliatelle** genauso wenig fehlen wie die **Spaghetti mit Trüffeln**, mit Ragout oder **all'amatriciana** oder die **Ravioli**, die **Cappelletti** in brodo. Von den Fleischgerichten empfehlen wir besonders die gemischte Grillplatte mit Lammfleisch, das **Lamm** und den Hammel vom Grill. Auch die gebratene **Forelle** ist zu empfehlen. Leider gibt es als Dessert zu einer so bodenständigen Mahlzeit keine Ciambelloni oder Crostate, sondern nur Süßspeisen industrieller Herstellung. Das Weinangebot ist nicht groß. Anstelle von einem nichtssagenden offenen Wein kann man man Verdicchio, Weine von Rozzi und einen Weiß- und einen Rotwein trinken, der von Enzo Mecella eigens für Signor Mario abgefüllt wird.

NOTIZEN

Map of central Italy

- Grotte di Castro
- ORVIETO
- TERNI
- Leonessa
- Ischia di Castro
- VITERBO
- RIETI
- L'AQUILA
- Mazzano Romano
- Trevignano Romano
- ROM
- Palestrina
- Olevano Romano
- Frascati
- Grottaferrata
- Rocca di Papa
- Alatri
- Genzano di Roma
- FROSINONE
- S. Donato val d. C.
- Maenza
- LATINA
- Pastena
- Anzio
- Nettuno
- Roccasecca d. Volsci
- Sonnino
- Ponza

LATIUM

Für mich ist die Osteria etwas Zeitloses. Sie ist ein bekannter, freundlich gesinnter Ort, stark mit einer bestimmten Gegend verbunden und doch immer mit einem leisen Nachgeschmack von Verdammnis behaftet. In »Heinrich IV.« verkauft Falstaff am Karfreitag für ein Glas Madeira und einen Bissen kalten Kapaun seine Seele dem Teufel. In einer Osteria kann so etwas sogar am Nachbartisch vorkommen, aber es wäre niemals eine schwere Sünde. Ich bin zwar Umweltschützer, aber kein Asket. Deshalb ist die Osteria-Trattoria für mich ein Anreiz mehr, Orte, Menschen, Kulturen und Dinge zu schützen. Ich glaube sogar, daß jeder schützenswerte Ort irgendwo in einem Gericht, einem Geschmack, einer Eßkultur verankert ist. Und diese Eßkultur kann, bevor sie zum sterilen Kunstprodukt erhoben wird, nirgendwo besser ihren Niederschlag finden als in einer einfachen und bodenständigen Osteria. Es wäre schön, wenn diese Osterie-Trattorie noch mehr, als sie es jetzt schon tun, eine Art Katalog der schützenswerten Dinge darstellten, oder aufzeigten, wenn etwas unwiederbringlich verlorengegangen ist. Ich hoffe, daß dieses Handbuch der Arcigola auch dazu dient. Ich habe z.B. noch nicht alle Hoffnung aufgegeben, eines Tages in einer dieser Osterie die herrlichen Flußmuscheln essen zu können. Davon erzählt mir immer mein Vater. Er fing sie im Sacco (einem Fluß in der Ciociaria), bevor die Seifenfabrik Annunziata und andere Industriebetriebe den Fluß zu einem stinkenden Abwasserkanal unter offenem Himmel machten, so daß die Leute im Sommer gezwungen sind, die Uferbereiche zu verlassen. Für die Muscheln aus dem Sacco ist es wahrscheinlich schon zu spät, aber ...
Die Befriedigung und die Freude, die man mit dem Umweltschutz erleben kann, sind gar nicht so weit von kulinarischen Erlebnissen entfernt. Der Kampf gegen das Kernkraftwerk Montalto wäre ohne die Trattorie von Capalbio genauso richtig, aber längst nicht so schön gewesen. Den Kernkraftwerken in Latina und im Garigliano wäre sicher ein leichteres Schicksal beschieden gewesen, wenn sich die Gegner nicht in den Gasthäusern von Genzano hätten treffen können. Kann überhaupt ein Luftverschmutzer am Tisch einer Osteria sitzen? Wer kann denn für die Verwendung chemischer Keulen in der Landwirtschaft oder für Betonbauten sein, wenn er gleichzeitig hausgemachte Fettuccine liebt? In der Osteria kommen keine Umweltfeinde zusammen. Die einzige Ausnahme sind die Jäger. Aber das steht auf einem anderen Blatt.
Hier noch eine kleine Anekdote, die sich vor etwa dreißig Jahren zugetragen hat. Sie handelt von einem kleinen Jungen aus der Ciociaria, der zum ersten Mal in die Hauptstadt kommt. Die Fahrt dorthin wurde auf angenehme Weise in einer Trattoria in der Gegend der »Castelli« unterbrochen. »Da Preolone« hieß das Lokal. Man saß mit netten Leuten unter einer Pergola und aß Hausmannskost. Die Anekdote ist

natürlich ein wenig abgedroschen und erinnert an einen platten Werbespot. Aber mir geht es dabei in erster Linie um die ungeheuren Mengen, die eine traditionelle römische Familie vertilgen kann, und um ein »Pollo alla cacciatora«, das sogar Tote wieder auferstehen läßt. Wer weiß, ob es das »Preolone« noch gibt. Vielleicht mußte es schließen oder zu den vorgekochten Speisen überlaufen. Ich erfreue mich aber an dem Gedanken, daß man vielleicht noch ein ganzes Netzwerk mit »Preolones« errichten könnte. Haben Sie übrigens schon einmal im »Terremoto« in Genazzano gegessen?

Ermete Realacci

Alatri

12 km von Frosinone, S. S. 155

La pergola

Trattoria
Via Porta Portati, 7
Tel. 07 75 / 44 26 44
Ruhetag: Montag
Betriebsferien: August
40 Plätze
Preise: 25–30 000 Lire
Keine Kreditkarten
Reservierung: nicht notwendig

Sehr viel Schatten spendet die kümmerliche Pergola nicht. In der größten Sommerhitze setzt man sich besser in den klimatisierten Speisesaal. Außerdem können Sie sich da am Anblick der farbenprächtigen Fischtheke erfreuen: da liegen Goldbrassen, Zahnbrassen, Wolfsbarsche und andere Mittelmeerfische. Die Fischgerichte sind natürlich die Spezialität dieser gehobenen Trattoria, die man wirklich nur empfehlen kann. Der schnauzbärtige und rotwangige Silvano bereitet die einzelnen **Fischgerichte** meisterlich und auf traditionelle Art zu: weder Saucen noch irgendwelche Nouvelle-Cuisine-Kreationen zu Phantasiepreisen übertönen den feinen, natürlichen Fischgeschmack. Neben Fischspezialitäten bekommen Sie im »La Pergola« auch Fleischgerichte von ausgesuchter Qualität. Im Juni gibt es in dieser Gegend sehr viele **Schnecken**. Silvano serviert sie »alla romana« oder, genauer gesagt, »alla ciociara«, d.h. mit reichlich Tomaten, Zitronenmelisse und Peperoncino. Das Hausbrot und das Olivenöl »extravergine« sind hervorragend. Die Bedienung im »La Pergola« ist sehr aufmerksam. Ein Ober geleitet die Gäste sogar zu ihren Tischen. Die Weine fallen allerdings ein bißchen schwach aus für diese hochwertige Küche. Der offene Wein wie auch die Flaschenweine schmecken zu alltäglich. Die Desserts stammen aus industrieller Herstellung.

Anzio

57 km von Rom, S. S. 207

La vecchia osteria

Trattoria
Via Gramsci, 103
Tel. 06 / 9 84 61 00
Ruhetag: Dienstag
Betriebsferien: im Winter
24 Plätze
Preise: 30–35 000 Lire
Keine Kreditkarten
Reservierung: im Sommer

Als wir »La vecchia osteria« zum ersten Mal betreten hatten, dachten wir zunächst, wir hätten uns verlaufen: ein kleines Restaurant, modern, aber mit einem Hauch Jugendstil eingerichtet, Platzteller aus schwarzer Keramik; Kelchgläser, doppeltes Besteck und sogar Fischbesteck waren gedeckt. Aber unser Argwohn erwies sich schnell als unbegründet. Die Geschwister Paolomba servieren einfache und bodenständige Kost. Ihr Angebot richtet sich nach dem, was die Fischer gerade gefangen haben. Wir haben **Spaghetti mit Venusmuscheln** und Pennette mit Meeresfrüchten und frischen Tomaten gegessen. Die Nudeln waren nicht zerkocht, aber auch nicht zu hart. Als Secondo hat man uns **Schwertfisch** serviert. Sowohl der gegrillte als auch der Schwertfisch mit Tomatensauce schmeckte frisch und herzhaft. Ein Extralob verdienen die gebratenen Paprikaschoten: sie waren ordentlich geputzt, genau richtig gegart und mit dem Öl von Nanni Ardoino angemacht. Am Weinangebot muß sicher noch gearbeitet werden. Bis jetzt verfügt man nur über zweifelhafte Massenware und einige schwache Weißweine aus der Gegend. Die »Torta della nonna« schmeckt ausgezeichnet. Leider ist sie nicht immer zu bekommen. Die rührigen Schwestern Paolomba haben ihre alte Familienschenke in ein ungewöhnliches und ansprechendes Lokal verwandelt. Man kann nur hoffen, daß ihr Beispiel Schule macht. Im Sommer ist eine Reservierung unerläßlich.

Frascati

15 km von Rom, S. S. 215

Club della sora Irma

Circolo Enal
Via SS. Filippo e Giacomo, 12-14
Tel. 06 / 9 42 40 00
Ruhetag: Dienstag
Betriebsferien: August
70 Plätze
Preise: 15-30 000 Lire
Keine Kreditkarten
Reservierung: empfohlen

Das traditionelle Frascati, das man auf einer Rundreise zu den »Castelli romani« besucht, ist vom Einfluß der nahen Großstadt und all ihren Unannehmlichkeiten nicht verschont geblieben. Zum Glück spürt man im »Club della Sora Irma« von diesen Veränderungen nur wenig. Hier bekommt man nach wie vor traditionelle Kost vorgesetzt. Das Lokal ist klein und gemütlich, die Bedienung stets freundlich. Daran hat sich nichts geändert, obwohl es die Sora Irma nicht mehr gibt und die Wirtsleute Mitte der achtziger Jahre gezwungen waren, ihre angestammten Räumlichkeiten zu verlassen. Hier hält man die traditionelle Regionalküche hoch, Sorgfalt und Rechtschaffenheit bestimmen jeden Tag aufs neue das Speisenangebot. Auf alle Fälle muß man die **Fettuccine** und die Pappardelle mit Hasenragout probieren. Für echte Feinschmecker sind die **Rigatoni al sugo di pajata** oder mit Ochsenschwanz bestimmt. Der **Abbacchio al forno** mit Kartoffeln ist einfach und schmackhaft. Nach alter Tradition gibt es hier jeden Donnerstag **Gnocchi** und jeden Samstag **Trippa** mit Zitronenmelisse und Pecorino. Freitags stehen **Pasta e ceci** nach Hausfrauenart und überraschend gute Fischgerichte (Fischsuppe und fritierter Fisch) auf dem Speiseplan. Kurz gesagt, man ißt hier das Beste, was die klassische römische Küche zu bieten hat. Dazu trinkt man gute offene oder Flaschenweine.

Frascati

15 km von Rom, S. S. 215

Zarazà

Trattoria
Via Regina Margherita, 21
Tel. 06 / 9 42 20 53
Ruhetag: Montag
Betriebsferien: August/September
45 Plätze
Preise: 25-35 000 Lire
Keine Kreditkarten
Reservierung: empfohlen

Das »Zarazà« ist zwar von der ursprünglichen, einfachen Osteria zur Trattoria aufgestiegen, hat sich aber in den dreißig Jahren seines Bestehens nie von der Tradition gelöst. Das Lokal lebt nicht zuletzt von der direkten und sympathischen Art Ginos und der Signora Elena. Ginos Frau bietet Regionalküche, für die sie in erster Linie die Grundstoffe aus eigener Herstellung (ausgezeichneten Wein und Gemüse) verwendet. Ihr Sohn Bruno, der inzwischen auch im Lokal mitarbeitet, stellt die besten Flaschenweine aus Frascati vor und achtet besonders auf die Verwendung von Grundstoffen aus natürlichem Anbau. Von den Primi empfehlen wir Ihnen die fast schon obligatorischen **Bucatini all'amatriciana**, die schmackhaften **Rigatoni alla norcina** und die klassische Minestra di fagioli. Als Secondo können sie einen hervorragenden **Abbacchio** essen. Das Lammfleisch wird schon seit zwanzig Jahren von einem sehr zuverlässigen Zuchtbetrieb aus Isernia bezogen. Denken Sie auch an die anderen traditionellen römischen Spezialitäten wie **Trippa** oder die **Coda alla vaccinara**. Freitags müssen Sie unbedingt **Pasta e ceci** mit Baccalà probieren. Bodenständige Regionalküche aus ausgewählten Grundstoffen, alte Rezepte und jugendliche Begeisterung einerseits, die faszinierende Schönheit der »Castelli romani« andererseits beweisen, daß sich Tafelfreuden und kulturelles Vergnügen in Frascati vortrefflich vereinen lassen.

Genzano di Roma

26 km von Rom, S. S. 7

La grotta

Enoteca mit Küche
Via Belardi, 31
Tel. 06 / 9 36 42 24
Ruhetag: Mittwoch
Betriebsferien: Januar
80 Plätze
Preise: 35–40 000 Lire
Kreditkarten: die bekannteren
Reservierung: nicht notwendig

Heimatverbundenheit, Liebe zu den »Castelli« und zum Wein dieser Gegend und der schlichte Wunsch, unter Leuten zu sein, haben Sergio Bocchini dazu bewogen, eine Enoteca zu eröffnen. Die künstliche Grotte, die die Weinschenke beherbergt, stammt aus dem 17. Jahrhundert und liegt an der »Strada dell'Infiorata«. Dieses Blumenfest, der Wein und das Brot haben Genzano schließlich berühmt gemacht. Sergio hat die Grotte geschmackvoll umgebaut und verschiedene Galträume eingerichtet. Dort kann man angenehm sitzen und die Weine probieren, die Sergio selbst zusammengestellt hat. Wer nicht im Geschlossenen sitzen will, kann sich auch einen Platz auf der Terrasse über den Dächern von Genzano aussuchen. Zum Wein werden ein paar nette kleine Happen gereicht: Gemüsepfannkuchen, Käse und Wurst aus der Gegend, Biscotti und **Pizza** vom Holzofen. Wer hungrig ist, kann sich auch eine vollständige Mahlzeit bestellen. Als Primo stehen **Fettuccine** nach Hausfrauenart und **Bucatini all'amatriciana** zur Auswahl. Als Secondi ißt man einfache, aber herzhafte Gerichte wie den **Baccalà alla pizzaiola**, den **Abbacchio al forno** mit Kartoffeln oder dicke Bohnen mit Schweineschwarte. Beim Wein kann man sich ganz auf die Empfehlungen des Wirts verlassen. Er kennt sich mit den Weinen der Gegend aus. In seinen Kellern lagern die besten Erzeugnisse aus der Umgebung.

Genzano di Roma

26 km von Rom, S. S. 7

La mia gioia

Osteria
Via Ronconi, 3
Tel. 06 / 9 39 61 43
Ruhetag: Mittwoch
Betriebsferien: August
40 Plätze
Preise: 20–30 000 Lire
Keine Kreditkarten
Reservierung: empfohlen

In einem renovierten Kellergewölbe in der Altstadt von Genzano spielt ein Barde Banjo. Zu seinen Klängen bewegt sich anmutig eine Kellnerin in Tracht. Sie reicht die Bestellungen an den Wirt und Koch Orlando weiter. Dieser steht in seiner Küche und kocht mit sichtlicher Leidenschaft und Sachkenntnis und läßt sich vom Lärmen seiner Gäste nicht aus der Ruhe bringen. Orlando Bonifazi bietet seit langem schon bodenständige Küche, für die er nur Grundstoffe aus der unmittelbaren Umgebung auswählt. Der traditionellen Regionalküche entsprechen dann auch die **Minestra mit Bohnen und Kohl**, der »Riso alla nonna«, die **Rigatoni alla pajata**, die »Puttanesca« mit Stierhoden, Bries in Weißwein, **Coda alla vaccinara** und verschiedene Innereien. Etwa von September bis Januar bekommt man bei Orlando die »cardini co' e spuntature«, d.h. Artischockenpflanzen mit Zitronenmelisse. Je nach Jahreszeit ißt man auch **Burraggini** (hier: im Teigmantel ausgebackenes und mit Mozzarella und Sardellen gefülltes Blattgemüse) oder die »Ramoracce« (gedünstetes, wildes Gemüse). Orlando keltert selbst einen guten Wein, den er offen ausschenkt. Er bietet aber auch einige Flaschenweine aus der Gegend an. Als Digestif sollte man sich unbedingt ein Glas Romanella (einen kräftigen Rotwein) bestellen.

Genzano di Roma

26 km von Rom, S. S. 7

Tre palme

Bauernhof
Via Muti, 42
Tel. 06 / 9 37 02 86
Kein Ruhetag
Keine Betriebsferien
25 Plätze
Preise: 35 000 Lire
Keine Kreditkarten
Vorbestellung: notwendig

Ernesto Lerchers Familie stammt ursprünglich aus Südtirol. Nach langem Umherziehen ist sie schließlich in einem wunderschönen Fleckchen in Latium gelandet. Von Genzano bis in die Küstenebene hinunter herrscht ein besonderes Kleinklima. In dieser Landschaft hat Lercher zwei Hektar Land erworben, wo er nach ökologischen Gesichtspunkten Gemüse und Obst anbaut. Neben ausgezeichneter Marmelade wird auf dem Hof noch Olivenöl »extravergine« hergestellt und etwas Wein gekeltert (der Colli Lanuvini Doc und die Südtiroler Rebensorte Mutino). Neben der Landwirtschaft betreiben die Lerchers noch ein gut besuchtes Restaurant. Signora Adele und ihre Tochter Yabita verwenden in der Küche nur die Grundstoffe aus dem eigenen Betrieb oder von zuverlässigen Erzeugern (das Fleisch z.B. bezieht man von kleinen Mastbetrieben). Zu den Spezialitäten des Hauses zählen die **Spaghetti al pomodoro** (die Tomaten stammen natürlich aus biologischem Anbau), das **Perlhuhn im Tontopf** oder das **geschmorte Spanferkel**. Man bekommt hier auch Südtiroler Spezialitäten wie ausgezeichnetes, mildes und zartes Sauerkraut, Sachertorte oder andere köstliche Desserts (Mokkatorte, Kiwitorte). Die Mindestanzahl für Reservierungen ist acht Personen.

Grottaferrata

20 km von Rom, S. S. 511

Furlani

Osteria
Cosrso del Popolo, 29
Tel. 06 / 9 45 90 03
Ruhetag: Montag
Betriebsferien: zweite Augusthälfte
60 Plätze
Preise: 20-25 000 Lire, ohne Wein
Keine Kreditkarten
Reservierung: sonntags empfohlen

In einer Gegend, die so stark von Touristen frequentiert wird wie die »Castelli romani«, lassen natürlich auch Massenabfütterungsstätten nicht lange auf sich warten. Dennoch gibt es hier noch ein paar Lokale, in denen die Heerscharen der sonntäglichen Ausflügler nicht besonders gern gesehen sind. Die »Osteria Furlani« zieht kleine Gruppen vor. Großmutter Furlani, die Köchin, betont eigens, daß sie keine Reisegruppen verköstigt und auch keine Bankette ausrichtet. Man sitzt also in angenehm ruhiger Atmosphäre und beobachtet die einzelnen Familienmitglieder in der Küche am Herd oder beim Servieren. Es wird einfache, aber herzhafte Kost angeboten, die so schmeckt wie früher. Die Speisenauswahl richtet sich nach den Jahreszeiten und dem jeweiligen Marktangebot. Auf der Speisekarte stehen mehrere Primi: **Pasta e fagioli**, Pasta e ceci, Minestrone, eine köstliche und schmackhafte Rinderbrühe, hervorragende **Rigatoni con pajata**, die klassischen Fettuccine all'uovo mit Hackfleischsauce (in der auch die Rouladen gegart werden). Die Hauptspeisen reichen von den üblichen (Kalbs-) Plätzchen und Schnitzeln bis zu **Trippa al sugo**, **Baccalà in umido**, Fleischrouladen und **Bollito** vom Rind in grüner Sauce. Beim Wein braucht man nicht lange zu überlegen: die Furlanis sind auch und vor allem Weinbauern. Sie besitzen Weingärten im klassischen Weinbaugebiet des Frascati und keltern ihren Wein selbst.

Grotte di Castro

44 km von Viterbo, S. S. 2

Le sirene

Osteria-Trattoria
Ortsteil Borghetto
Tel. 07 63 / 7 77 33
Im Sommer kein Ruhetag
Betriebsferien: Okt. bis März
100 Plätze
Preise: 20-25 000 Lire
Keine Kreditkarten
Reservierung: empfohlen

Es ist keine leichte Aufgabe, eine Osteria aufzuspüren, die Süßwasserfische artgerecht zubereiten kann. Wenn man Glück hat, kennt man aber einen Freund, der einen auf einen Ausflug an den Lago di Bolsena mitnimmt. Von Capodimonte aus fährt man auf einer schmalen staubigen Straße den See entlang nach Norden. Auf der Fahrt macht man bereits eine Reihe erfreulicher Entdeckungen: klares Wasser, Schafe, die auf sonnigen Wiesen weiden, hier und dort ein kleines Häuschen, aus dem nur das Klappern von Geschirr zu vernehmen ist. In diesen Häuschen ißt man Felchen. Über diese Fische herrscht unter den Biologen noch keine einhellige Meinung; sicher ist nur, daß sie bevorzugt in sauberen und ziemlich tiefen Gewässern leben, daß sie sich von Plankton ernähren und deshalb ein besonders zartes und wohlschmeckendes Fleisch besitzen. Im »Le sirene« kann man neben der Spezialität des Hauses (eben **gebratene Felchen** mit Gemüsesauce) auch andere typische Gerichte der Gegend probieren: Schinken und Würste, handgemachte **Tagliatelle** mit Fisch oder mit dem außergewöhnlichen Sugo aus Thunfisch und Steinpilzen, fritierte Ährenfische, Aal und eine Acquacotta mit Fisch. In der kalten Jahreszeit sind die **Fettuccine** »alla zozzona«, d.h. mit **Innereien**, zu empfehlen. Der einfache Weißwein aus der Gegend läßt sich dazu gut trinken. Die Preise fallen wirklich äußerst bescheiden aus. Flavio, der Wirt, ist sympathisch und offenherzig, die Atmosphäre am See ist herrlich verträumt. All das hat uns lange überlegen lassen, ob wir dieses Lokal überhaupt in unser Handbuch aufnehmen sollen: wir haben Angst, daß die Preise steigen könnten und daß eines Tages wuchtige Nobelkarossen mit Autotelefon die kleine Osteria belagern.

Ischia di Castro

41 km nordwestlich von Viterbo

Ranuccio II

Trattoria
Piazza Immacolata, 27
Tel. 07 61 / 45 51 19 und 45 56 74
Ruhetag: Donnerstag
Keine Betriebsferien
50 Plätze
Preise: 25-40 000 Lire
Kreditkarten: CartaSi, EC, MC, Visa
Reservierung: empfohlen

Ischia di Castro ist ein kleines Dorf auf halbem Wege zwischen der Küste und dem Lago di Bolsena. Auch die Toskana ist von hier nicht weit. Die Trattoria steht an einer Piazzetta im alten Teil des Dorfes. Eine kleine Tür führt zunächst in die Bar und einen Spielsalon. Das eigentliche Speiselokal befindet sich im oberen Stockwerk: ein heller Raum, schlicht und geschmackvoll eingerichtet. Miriam Mareschi, Tochter des Gastwirts, kümmert sich um die Gäste und erläutert ihnen mit Charme und Sachkenntnis die umfangreiche Speisekarte. Vincenzo Rivoglia kocht hauptsächlich Gerichte aus der Maremma, die er ständig überarbeitet und variiert. Von den Antipasti empfehlen wir die Crostini misti, die Bruschette, die **gebackenen Oliven** und den Wildschweinschinken. Es folgen Nudelgerichte mit Steinpilzen, Risotto mit Kräutern, **Suppen** aus Pilzen, Bohnen und Gemüse und eine Variante der toskanischen Acquacotta (in Wasser und Minze gekochtes Gemüse wird auf gerösteten Brotscheiben angerichtet und mit Öl beträufelt). Zu den Secondi zählen **Coniglio porchettato**, gefülltes Hähnchen, Filet mit Steinpilzen, »Carni in buglione«. Als Dessert werden zahlreiche verschiedene Süßspeisen und Semifreddi serviert. Die Küche ist trotz des umfangreichen Angebots im allgemeinen recht gut. Die Weinkarte nennt so gute Kellereien wie Fontanafredda, Giacomo Bologna, die Kellerei in Mezzocorona, die der Castelli del Grevepesa und den Est Est Est aus Villa Seiano. Des öfteren sind auch andere edle Weine zu bekommen. Man sollte am besten vorher anrufen und einen Tisch reservieren lassen; bei dieser Gelegenheit kann man auch gleich etwas aufwendigere Gerichte vorbestellen.

Latina

Cappelletti

Trattoria
Via Volturno, 27
Tel. 07 73 / 4 03 82
Ruhetag: Samstag
Betriebsferien: August
60 Plätze
Preise: 18-24 000 Lire
Keine Kreditkarten
Reservierung: nicht notwendig

Latina ist eine so junge Stadt, daß sie einfach keine große gastronomische Tradition aufweisen kann. Die Küche verwendet hauptsächlich die Erzeugnisse aus dem hügeligen Hinterland und hat die Eßgewohnheiten der Italiener übernommen, die die Stadt vor rund sechzig Jahren erbaut haben. Die »Trattoria Cappelletti« ist ein schönes Beispiel für die »kulinarische Landschaft« Latinas. Das Lokal liegt nur wenige Meter von der Piazza del Popolo, dem eigentlichen historischen Ortskern, entfernt. Von außen wirkt es eher unscheinbar, innen dagegen recht ansprechend. Die Einrichtung ist perfekt im Stil der fünfziger Jahre, Fußboden und Wände sind in zarten Farbtönen gehalten. Die herzliche Signora Marisa Cappelletti kümmert sich um die Gäste, ihr Mann Orlando und die Schwägerin Savina kochen. Stets hochwertige Grundstoffe sorgen dafür, daß in dieser Familientrattoria gleichbleibend gute Gerichte serviert werden. Wir empfehlen als Antipasto die Wurstwaren, als Primo die Pasta all'uovo mit einer guten Hackfleischsauce und die **Gnocchi**. Bei den Secondi dominieren Fleischgerichte, wie **Salsicce** mit sehr guten Bohnen, die Koteletts mit Tomaten, Mozzarella und Schinken sowie gutes Rindfleisch. Phantasie ist bei den Desserts angesagt: Biskuitkuchen mit Schokolade, Erdbeerkuchen und eine verführerisch frische Macedonia. Der weiße Hauswein liegt in der Tradition der Castelli Romani; die übrigen Flaschenweine sind einfach und in Ordnung. Nur mittags geöffnet.

Latina

Hostaria Manù

Trattoria
Via Acque alte, 19, - Borgo Podgora
Tel. 07 73 / 45 60 24
Ruhetag: Montag und Dienstag
Betriebsferien: August
60 Plätze
Preise: 35 000 Lire
Keine Kreditkarten
Reservierung: notwendig

Auf halbem Wege zwischen Latina und Cisterna liegt die kleine Ortschaft Borgo Podgora. Mitten im Ort steht ein Bauernhaus, das unsere »Hostaria Manù« beherbergt. Die Veranda ist ganz mit Efeu überwuchert und spendet an heißen Sommertagen Schatten. Das Innere ist rustikal, aber geschmackvoll eingerichtet. Die beiden Pächter sind noch jung: Enzo Recchia kümmert sich um die Gäste, sein Partner Emanuele Di Mauro steht am Herd. Fleisch und Fisch bestreiten gleichermaßen das oft einfallsreiche und phantasievolle Angebot: Salate mit Meeresfrüchten, mit Oktopus, gratinierte Meeresfrüchte. Wenn Sie traditionellere Speisen vorziehen, können Sie immer so bäuerliche Vorspeisen wie Wurstwaren mit **Bruschetta** essen. Bei den Primi sind die Ravioli mit Walnußsauce, die **Fettuccine mit Steinpilzen** (nur zur entsprechenden Jahreszeit) und vor allem die »Bucatini dello chef« zu empfehlen. Die Bucatini werden mit einer wunderbar ausgewogenen Sauce aus verschiedenen Käsesorten der Gegend (Caciotta, Mozzarella und Silano) serviert. Die Auswahl an Secondi ist nicht sehr umfangreich, aber auch hier bekommen Sie immer Gegrilltes und frischen Fisch. Wählen Sie zum Abschluß ein Dessert vom reich bestückten Wagen aus. Die Bedienung ist stets freundlich und flink. Die Weine aus der Umgebung sind in Ordnung: den Circeo bekommt man in mehreren Sorten angeboten: Weiß- und Rotwein, neuen Wein und Trebbiano.

Latina

La Siele

Restaurant
Via Piave, 49
Tel. 07 73 / 48 46 08
Ruhetag: Montag
Betriebsferien: Aug. u. an Weihnachten
80 Plätze
Preise: 20-30 000 Lire
Kreditkarten: DC
Reservierung: empfohlen

Unser sympathischer Wirt Baffo alias Antonio Andreoli wollte sein Restaurant seinen Töchtern widmen. Der außergewöhnliche Name des Lokals läßt sich einfach aus den Anfangsbuchstaben der drei Töchter, nämlich Simona, Laura und Eleonora, ableiten. Eine ganze Sippe betreibt das Restaurant in Latina: Baffo mit Frau, sein Schwager Beppe Corsi mit Frau, Franco Corsi und der unermüdliche Augusto servieren eine sehr vielfältige und schmackhafte Kost. Die Bedienung ist umsichtig und familiär. Neben den Antipasti auf der Karte entdeckt man auf dem Vorspeisenbüffet eine Menge herrlicher Gemüse-Überraschungen: überbackene Zwiebeln, fritiertes Gemüse und Auberginen in den verschiedensten Versionen, **gedünstete Brokkoli**, die laut Baffo reißenden Absatz finden. Ebenso beliebt sind die »cicche del nonno«, d.h. **Spinat- und Kartoffelgnocchi** mit einer Sauce aus frischen Tomaten. Sie werden von diesen zarten, handgemachten Gnocchi begeistert sein. Wir können Ihnen aber auch die anderen Primi, wie die **Zuppa di fagioli** oder die »Penne alla Baffo« empfehlen. Beim Hauptgericht können Sie zwischen Fleisch und Fisch wählen: eine ausgezeichnete, gemischte »**Frittura di paranza**«, auf unterschiedliche Art zubereiteten **Abbacchio** und die »Coda alla vaccinara« (nur auf Vorbestellung) sind die Spezialitäten des Hauses. In der Kuchentheke werden Sie immer einen hausgemachten Tiramisù entdecken können. Die Weine stammen von den besten Erzeugern der Umgebung. Besonders zu erwähnen sind die Weine der Castelli, des Circeo und aus der Gegend von Aprilia. Ausgezeichnetes Preis-/Leistungsverhältnis.

Latina

Mergellina

Pizzeria
Via Lungomare, 20 - Lido di Latina
Tel. 07 73 / 27 32 20
Ruhetag: Montag
Betriebsferien: 20. Dez. bis 20. Jan.
45 Plätze
Preise: 20-35 000 Lire
Keine Kreditkarten
Reservierung: am Wochenende

Latium ist zwar nicht die Heimat der Pizza, aber das schließt ja nicht aus, daß man hier auf großartige Pizzerie stoßen kann. Peppe Ammora stammt aus Mergellina bei Neapel, doch das Leben hat ihn nach Latina verschlagen. Vor sechs Jahren hat er zusammen mit seiner Frau Raffaella das Abenteuer mit einer eigenen Pizzeria gewagt. Peppe ist ein richtiger Pizzabäcker und kennt sich mit den traditionellen Zubereitungsarten bestens aus. Seine Pizza ist daher außergewöhnlich gut: der Teig ist so weich, wie es das Originalrezept vorschreibt, und ausreichend lange gebacken, der Belag nur aus besten Grundstoffen. Peppes Angebot reicht von den Klassikern wie »Bella Napoli« bis zu Neuschöpfungen wie Pizza mit Thunfisch und Zwiebeln oder gar mit geräuchertem Lachs. Im »Mergellina« können Sie auch jeweils ein Stück von verschiedenen Pizzas probieren, was in Italien sonst keinesfalls die Regel ist. Die **Pizza** bringt natürlich den Löwenanteil am Umsatz ein. Peppe bietet daneben aber auch noch gute **Fischgerichte** an. Dafür müssen Sie dann allerdings etwas mehr ausgeben. Die Weine sind in Ordnung. Peppe setzt mit soviel Begeisterung eine so gute Küche vor, daß er sicher schon bald von sich reden machen wird.

Leonessa

35 km von Rieti, S. S. 521

Gina

Trattoria-Pizzeria
Ortsteil Villa Pulcini
Tel. 07 46 / 93 24 39
Ruhetag: Mittwoch
Betriebsferien: im Winter
50 Plätze
Preise: 20-25 000 Lire
Keine Kreditkarten
Reservierung: nicht notwendig

Leonessa ist ein wunderschönes Städtchen am Monte Tillia mit mittelalterlichen Häusern und Palazzi aus dem 16. und 17. Jahrhundert. Der erste Eindruck des »Gina« ist nicht gerade umwerfend: wir sind wohl wieder mal in einer dieser namenlosen Touristenpizzerias der unteren Mittelklasse gelandet. Aber der kleine Hinweis »non solo pizza« (»nicht nur Pizza«) bzw. »tartufo nero« (»schwarze Trüffel«) sowie das charmante Lächeln der Signora Meridiana, der Tochter der Wirtin, machen uns trotz aller Zweifel neugierig. Die Provinz Rieti grenzt an Umbrien, das für seine **schwarzen Trüffeln** und Wildspezialitäten bekannt ist. Und Signora Gina ist ihrerseits berühmt für ihre **Fettuccine al tartufo**. Die Nudeln und der **Panpepato** sind ihre unschlagbaren Spezialitäten. Besonders schön ist es hier zum Jahreswechsel, wenn an den Feiertagen die Einheimischen große Ginsterfeuer entzünden und dort essen. Neben den sagenhaften Fettuccine mit Trüffeln oder **Steinpilzen** (nur zur passenden Jahreszeit) bekommt man auch ordentliche **Gnocchi**, meist mit Ragout, Lasagne mit Tomaten und Mozzarella oder Spinat und Ricotta, Dinkel mit Trüffeln oder Schweinekoteletts, **Polenta con spuntatura** und Steinpilze. Das gegrillte Fleisch (Schwein, Lamm, Rind) ist gut. Abends wird auch Pizza angeboten. Zu trinken gibt es nur den nichtssagenden Wein der Castelli, über den man besser hinwegsieht. An manchen Sommerabenden fällt das auch nicht schwer. Denn da treffen sich im »Gina« die Bänkelsänger aus der Gegend zum Wettstreit: sie trinken, essen und besingen in Reimen die Begebenheiten des täglichen Lebens.

Maenza

36 km von Latina, S. S. 609

Ferri

Restaurant
Via Circonvallazione
Tel. 07 73 / 9 93 76
Ruhetag: Dienstag
Betriebsferien: Juli
70 Plätze
Preise: 25-30 000 Lire
Keine Kreditkarten
Reservierung: empfohlen

Die Fettuccine sind wohl die beste kulinarische Spezialität aus den Monti Lepini im Hinterland von Latina. Ganz dünn ausgerollt müssen sie sein und mit einer ausgewogenen Fleischsauce serviert werden. Viele Trattorie in der Gegend bieten ausgezeichnete Fettuccine an. Aber die ganz echten und originalgetreuen Fettuccine essen Sie nur bei der Familie Ferri in Maenza. Rodolfo Ferri führt das Werk, das sein Vater vor 22 Jahren begann, nun weiter. Sein Bestreben ist es, einfache Gerichte aus hochwertigen Grundstoffen anzubieten. Seine Mutter und seine Frau gehen ihm dabei in der Küche zur Hand. Neben den unübertrefflichen **Fettuccine** bekommen Sie im »Ferri« auch alle anderen möglichen Nudelgerichte aus frischem Eierteig, wie z.B. die **Cannelloni, Maltagliati** oder **Ravioli**. Als Vorspeise essen Sie meist Wurstwaren und leckeres, in Öl eingelegtes Gemüse. Zum Hauptgericht reicht man Ihnen Geflügel, Kalbs- und Schweinebraten, Zicklein – einfache, aber durchweg schmackhaft zubereitete Speisen. Zum Dessert bekommen Sie Gebäck. Beim Wein müssen Sie sich mit den Erzeugnissen aus der Gegend begnügen. Die Weine sind leicht und blumig. Das Lokal ist angenehm einfach, die Bedienung familiär, aber umsichtig und flink.

Mazzano Romano

47 km von Rom, S. S. 2 Richtung Viterbo

Trattoria della Valle del Treia

Trattoria
Ortsteil Fantauzzo
Tel. 06 / 9 04 90 91
Ruhetag: Montag
Betriebsferien: Juli
300 Plätze
Preise: 20–25 000 Lire
Kreditkarten: die bekannteren
Reservierung: am Wochenende

In den siebziger Jahren war die »Trattoria della Valle del Treia« ein typischer Landgasthof. An Sommerabenden aß man unter einer kühlen Pergola typische Hausmannskost. Der Speisesaal war nur klein, denn im Winter verirrte sich nur selten jemand nach Fantauzzo. Heute ist das Lokal ansprechend und rustikal eingerichtet, besitzt gleich mehrere Speiseräume, einen Park und eine Aussichtsterrasse. Die Besitzer, der Stil des Lokals, die Küche und auch die Preise sind die gleichen geblieben. Auch heute noch werden die Gerichte angeboten, die einst den Ruhm der Trattoria begründeten. Wie früher wird den Primi mehr Platz eingeräumt als den Secondi. Und so ißt man die klassischen »Paglia e fieno« mit Pilzcreme, **Ravioli di ricotta**, **Lasagne** und **Cannelloni**. Aber es gibt auch Neues, was man ebenfalls probieren sollte: so z.B. die **Gnocchi verdi** und die **Tagliatelle** mit Spargelcreme oder mit Waldpilzen und Tomaten. Ausgezeichnet sind die nach einem Originalrezept zubereiteten **Melanzane alla parmigiana**, die erst vor kurzem ins Speisenangebot aufgenommen wurden. Bei den Fleischgerichten ist besonders der **Coniglio in porchetta** zu erwähnen, der hier nach der Art von Viterbo mit Kartoffeln und Fenchel serviert wird; ferner bekommt man gemischte Spieße oder Wachteln mit Oliven. Zum Dessert werden jetzt noch gute Süßspeisen industrieller Herstellung angeboten. Die hauseigene Konditorei befindet sich allerdings schon im Bau. Der Wein kann mit den guten Speisen nicht mithalten. Dafür kommt er aber aus dem eigenen Anbau. Die Rechnung fällt erfreulich günstig aus: Für eine komplette Mahlzeit zahlt man kaum mehr als 25 000 Lire.

Nettuno

60 km von Rom, S. S. 207 hinter Anzio

Da Rodo

Trattoria
Via S. Maria, 31
Tel. 06 / 9 80 11 54
Ruhetag: Mittwoch
Betriebsferien: November
60 Plätze
Preise: 30 000 Lire
Keine Kreditkarten
Reservierung: empfohlen

Das saubere und ordentliche Lokal geht direkt auf die Straße hinaus. Die beiden kleinen Speiseräume sind schlicht, um nicht zu sagen spartanisch eingerichtet. Große Gefühle kommen da kaum auf. Das ändert sich allerdings schlagartig, sobald die Suppe auf dem Tisch steht. Aus einem ganz gewöhnlichen tiefen Teller tauchen alle Zutaten der klassischen, aromatischen **Zuppa di pesce** auf: Miesmuscheln, Venusmuscheln, Tintenfische, kleine Stückchen Schwertfisch, Drachenkopf und Brasse ruhen auf einer Schicht köstlich zarter Croûtons. Das ist die Zusammenstellung, die wir gegessen haben. Die Suppe sieht nie gleich aus, denn der Wirt Francesco verwendet nur das Beste, was er gerade auf dem Markt auftreiben kann. Und das wiederum hängt von der Laune des Meeres ab. In der Küche steht ein tunesischer Koch, der der Suppe ihren unvergleichlichen Geschmack verleiht, der sich auch auf Risotto und Spaghetti »al nero di seppia« versteht. Er bietet auch Fettuccine mit Venusmuscheln an, unserer Ansicht nach wären dafür Spaghetti besser geeignet. Der **Fritto misto** ist gut und auch wirklich »gemischt« und wird nur in absolut einwandfreiem Öl zubereitet. Zum Essen werden interessante Weißweine aus der Gegend gereicht: der kräftige und tanninhaltige Cacchione di Nettuno aus der Kellerei Luigi di Franceschi und der elegante Casal Verdiana Scopone.

Olevano Romano

56 km östlich von Rom

Sora Maria e Arcangelo

Restaurant
Via Vittorio Veneto, 20/b
Tel. 06 / 9 56 40 43
Ruhetag: Mittwoch
Betriebsferien: 14 Tage im Juli
90 Plätze
Preise: 35 000 Lire
Kreditkarten: CartaSi
Reservierung: empfohlen

In Olevano Romano ist einer der drei Doc-Cesanese beheimatet. Die Straße ins Dorf hinauf führt an Weingärten und Olivenhainen vorbei. Auf der Hauptstraße von Olevano steht das »Sora Maria e Arcangelo«. Es wurde lange Jahre von Primo Milana, einer geradezu charismatischen Persönlichkeit, betrieben. Heute führt seine Familie das Lokal ganz in seinem Sinne weiter. Nach wie vor werden traditionelle Gerichte aus der Gegend angeboten. Die Portionen sind reichlich, die Speisen selbst deftig und schmackhaft zubereitet. Das »Sora Maria e Arcangelo« ist nichts für empfindliche Mägen, sondern eher der Ort für ausgelassene Gelage. Die Speisekarte ist ziemlich umfangreich und beinhaltet wohl deshalb auch einige zweifelhafte moderne Kompositionen. Halten Sie sich lieber an die traditionelle Hausmannskost: gemischte Vorspeisen mit Gemüse oder Wildschweinschinken; als Primo **Tonnarelli ai porcini**, überbackene Cannelloni, **Pappardelle alla lepre**; dann **Coniglio alle erbe**, Wachteln auf etruskische Art, Wild und Wildgeflügel (Wildschwein, Fasan, Perlhuhn) vom Grill. Die hausgemachten Desserts sind in Ordnung. Man trinkt einen trockenen, lieblichen oder süßen Cesanese aus der Genossenschaftskellerei von Olevano oder wählt einen Wein von der Karte. Auch der berühmte Châteauneuf du Pape »Château Fortia« ist zu haben.

Palestrina

37 km von Rom, S.S. 155

L'incontro

Circolo
Via Loveto, 101
Tel. 06 / 9 57 30 51
Nur Mi., Fr. u. Sa. geöffnet
Betriebsferien: unterschiedlich
20 Plätze
Preise: 20 000 Lire, ohne Wein
Keine Kreditkarten
Reservierung: nicht notwendig

Als wir dieses Lokal ausfindig gemacht hatten, war es eigentlich noch gar nicht richtig eröffnet. Wir sind aber davon überzeugt, daß unsere Leser es schätzen werden. Alessandro Fiorentini stammt aus Rom, seine Vorfahren aus Friaul. Er ist ein so großer Wein- und Küchenfan, daß er 1989 auch eine Weinhandlung eröffnete. In einer Stadt wie Palestrina ist es sicher kein leichtes Unterfangen, hochwertige Weine anzubieten. Um seine Weine besser bekannt zu machen, rief er nun diesen Circolo ins Leben, der versuchsweise nur Mittwoch, Freitag und Samstag abends geöffnet sein soll. Das »L'incontro« ist in einem Landhaus mitten im Grünen untergebracht. Das Gastzimmer wirkt durch den Kamin und die Holztische recht rustikal. Auf der Karte stehen eine Reihe guter kalter Speisen (geräucherter Fisch, Wurstwaren, Käse), die von der »Fattoria dell'oca bianca« geliefert werden, sowie Käse aus dem Aostatal und aus Friaul, den Alessandro persönlich bei kleinen Käsereien aussucht. Auf Vorbestellung kann man die **Gnocchetti a coda di soreca** (Teigwaren aus Wasser und Mehl) bekommen. Dieses typische Nudelgericht wird mit Tomatensauce und Basilikum gegessen. Eine Köchin aus dem benachbarten Cave bereitet die Nudeln sowie ein paar Fleischgerichte eigens zu. Das Weinangebot läßt nicht den geringsten Zweifel an Alessandros Fachkenntnis aufkommen. Bei Voranmeldung ist das Lokal auch an anderen Abenden geöffnet.

Pastena

33 km südöstlich von Frosinone

Mattarocci

Restaurant
Piazza Municipio, 19
Tel. 07 76 / 54 65 37
Kein Ruhetag
Keine Betriebsferien
65 Plätze
Preise: 25 000 Lire
Keine Kreditkarten
Reservierung: empfohlen

Nach Pastena kommt man, um die Grotten zu besichtigen oder um im »Ristorante Mattarocci« zu essen. Wir empfehlen Ihnen beides. Auf keinen Fall aber sollten Sie sich die großartige, echte Regionalküche der Familie Mattarocci entgehen lassen. Verwendet werden ausschließlich Erzeugnisse aus der Gegend: Gemüse, Geflügel, Fleisch, Schnecken; ein Verwandter der Familie ist Jäger und liefert das Wild. Gehen Sie bis zum Rathausplatz hinauf und durch die Bar bis ins eigentliche Restaurant. Auf einer Stufe, die den Speisesaal in zwei Hälften teilt, sehen Sie gleich ein paar der vielen Spezialitäten des »Mattarocci«: dort stehen zahlreiche Behälter mit Käse, Würsten und Gemüse in Öl aufgereiht. Ihre Mahlzeit könnte z.B. mit diesen Köstlichkeiten (Sie können sie auch kaufen) oder mit dem rohen Schinken aus der Gegend beginnen. Die Speisen sind stets von höchster Qualität. Probieren Sie die **Lasagne con fagioli** (Bohnensuppe mit Nudelstückchen und Cotechino), die Fettuccine mit Pilzen, die **Ravioli di ricotta**, die **Gnocchi mit Cotechino**. Zu den Secondi zählen die hervorragenden **Schnecken in Tomatensauce** mit Minze, Hühner, **Abbacchio** und Wild mit gebratenen Kartoffeln. Die hausgemachten Desserts, besonders die Walnußtorte und der Tiramisù, sind zu empfehlen. Die Verdauungsschnäpse sind ein Genuß. Wenn Ihr Magen mitspielt, sollten Sie alle probieren: den Nocino, den Myrthen- und den Beerenschnaps. Zum Essen trinkt man den angenehmen offenen Rot- oder Weißwein der Castelli Romani oder einen Flaschenwein.

Rocca di Papa

26 km von Rom, S. S. 218

Belvedere

Trattoria
Viale del Tufo, 17
Tel. 06 / 9 49 90 52
Ruhetag: Dienstag
Betriebsferien: Ende Januar
70 Plätze
Preise: 28–40 000 Lire
Keine Kreditkarten
Reservierung: empfohlen

Die Trattoria »Belvedere« in Rocca di Papa steht schon seit 80 Jahren. Das Lokal ist tief in Lapillusgrotten, in das für Latium typische Vulkangestein, eingegraben. Der Ort liegt im Regionalpark der Castelli Romani in 700 m Höhe. Von hier aus hat man einen schönen Blick auf die Ewige Stadt, die unten in der Ebene liegt. Es lohnt sich, bis hierherauf zu kommen. Argea Zitelli war früher Forstbeamter. Heute versteht er sich besonders auf die Zubereitung der verschiedensten **Pilzgerichte**. Fiorella, Angela und Rossella gehen ihrem Vater inzwischen zur Hand. Neben den geschmorten und gebratenen Pilzen oder den Pilzsaucen bekommt man hier auch einige Wildgerichte: **Pappardelle mit Hasenragout** als Primo, geschmortes oder gegrilltes Fleisch als Secondo. In den Wintermonaten wird dazu eine dampfende Polenta gereicht. Dazu trinkt man den Hauswein aus eigener Herstellung oder einen Flaschenwein.

LATIUM

Roccasecca dei Volsci

39 km von Latina, S. S. 156 Richtung Frosinone

Santa Croce

Trattoria
Via Santa Croce, 89
Tel. 07 73 / 92 00 17
Ruhetag: Dienstag
Betriebsferien: Oktober/November
45 Plätze + 25 im Freien
Preise: 25-30 000 Lire
Keine Kreditkarten
Reservierung: empfohlen

Die kleine Ortschaft Roccasecca dei Volsci läßt auch kulinarische Einflüsse aus der Ciociaria spüren, denn hier grenzt die Povinz Latina an die Provinz Frosinone. Diesen »Dualismus« können Sie in allen Gasthäusern der Gegend feststellen, das »Santa Croce« ist dafür ein besonders gutes Beispiel. Die Trattoria ist noch ein recht junges Unternehmen; sie besteht erst seit rund fünf Jahren. Der Wirt, Carlo Baratta, ist ebenfalls noch jung. Er will mit seinem Gasthaus vor allem alte Familientraditionen und die Bräuche der Gegend am Leben erhalten. Seine Mutter und seine Schwester Ascenza sind für die Küche zuständig. Carlo besorgt allmorgendlich mit großer Sorgfalt den Einkauf, dann widmet er sich seinen Gästen. Die Tradition der Gegend will es, daß man die Mahlzeit mit selbst eingelegtem Gemüse beginnt. Dann folgen die **Ciacapreti**, Maccheroni mit Ziegenragout. Das köstliche Ziegenfleisch bekommt man sonst nur sehr selten zu essen. Die Barattas dagegen bestreiten damit zahlreiche hervorragende Gerichte. Nicht zu vergessen sind der **Abbacchio** und die **Minestra di fagioli**, die hier etwas als leichter als allgemein üblich zubereitet werden. Bestellen Sie sich zum Dessert die »Canascioni di ricotta«. Der rote Hauswein ist in Ordnung. Noch ein kleiner Hinweis: machen Sie einen Ausflug in Richtung Monte Alto. Auf dem Weg dorthin können Sie in wunderschöner Landschaft direkt beim Bauern Ziegenkäse probieren.

Roma

Al brigante Crocco

Trattoria
Piazza San Pancrazio, 19-22
Tel. 06 / 5 89 17 63
Ruhetag: Dienstag
Betriebsferien: 14 Tage im August
45 Plätze
Preise: 25-30 000 Lire
Kreditkarten: AE, DC
Reservierung: empfohlen

Die Lucania in Rom: der Wirt, der Koch, die Küche, der Bandit, der Wein und sogar das Mineralwasser stammen aus Rionero del Vulture. Der Räuber und Bandit Crocco »lebte zwischen 1830 und 1905, stammte aus dem gemeinen Volk und beherrschte es später; er war Feind der besseren Gesellschaft, die er sich unterwarf«. Die Holztische der Trattoria sind mit hübschen Papiertischdecken gedeckt; man trinkt aus netten Keramikbechern, man ißt traditionelle und deftige Gerichte. Man beginnt am besten mit einem Antipasto aus sehr guten Wurstwaren, hervorragendem Mozzarella und Oliven. Dann sollte man auch einen Primo probieren: **Cavatelli con ceci** (verlangen Sie dazu den sogenannten »Olio santo«), **Orecchiette alle cime di rapa**, Pasta e fagioli. Bei den Secondi haben Sie die Wahl zwischen **Lamm**, **Zicklein**, Frikadellen aus Schweineinnereien, gemischten Spießen, **gebackenem** oder **gebratenem Caciocavallo**, der wirklich ausgezeichnet schmeckt. Nur die Desserts stammen nicht aus Süditalien, sondern aus einer Konditorei in der Nähe; sie schmecken allerdings stets wie hausgemacht. Die Auswahl an Weinen ist in Ordnung: wir empfehlen Ihnen den Aglianico del Vulture, von dem Sie ganz besonders gute Flaschen haben können.

Roma

Bottega del vino di Anacleto Bleve

Enoteca mit Küche
Via Santa Maria del pianto, 9/a-11
Tel. 06 / 6 86 59 70
Ruhetag: Sonntag
Betriebsferien: drei Wochen im Aug.
40 Plätze
Preise: 30-40 000 Lire
Kreditkarten: CartaSi
Reservierung: empfohlen

Gleich neben der Synagoge im jüdischen Viertel von Rom liegt die Enoteca von Anacleto Bleve. Sie gehört mit ihrer umfangreichen Auswahl an in- und ausländischen Weinen, Spirituosen, Ölen und anderen Leckereien sicher zu den bestsortierten Weinhandlungen der Stadt. Jeden Tag außer Samstag kann man um die Mittagszeit in die »Bottega del vino« einkehren und zu einer Flasche oder auch nur einem Glas Wein verschiedene kalte Speisen essen. Das Angebot reicht von Nudelsalaten über zahlreiche Blattsalate bis zu Wurstwaren, Käse, geräuchertem Fisch und anderen Gerichten, die ständig wechseln. Anacleto ist nämlich oft in ganz Italien unterwegs und besucht neue Kellereien. Bei dieser Gelegenheit versorgt er sich auch gleich mit den entsprechenden kulinarischen Spezialitäten, die er dann in seinem Geschäft anbietet. Die Enoteca wirkt sehr behaglich. Im Sommer sitzt man in der kleinen kühlen Grotte im hinteren Teil des Lokals besonders angenehm. Die Bedienung ist aufmerksam und reicht für jeden Wein das passende Glas. Demnächst wird Anacleto auch ein Weinlager eröffnen. Dort können dann die Kunden, die selbst keinen Weinkeller haben, ihre edlen Flaschen lagern.

Roma

Cantina Cantarini

Trattoria
Piazza Sallustio, 12
Tel. 06 / 48 55 28
Ruhetag: Sonntag
Betriebsferien: August
40 Plätze
Preise: 30-40 000 Lire
Kreditkarten: alle
Reservierung: empfohlen

Seit knapp einem Jahrhundert führt die Familie Cantarini mit Geschick und Gespür eine einfache, ursprüngliche Trattoria. Das zeigt sich schon an der Speisekarte, denn an drei Tagen in der Woche (Donnerstag, Freitag, Samstag) gibt es Fisch, an den anderen Fleisch. Das »Cantina« steht an einer kleinen Piazza, die auch heute noch etwas von der Atmosphäre der antiken Gärten des Sallust spüren läßt. Das Lokal ist überschaubar und gerade deshalb so gemütlich und familiär. Die verschiedensten Leute kehren im »Cantina« in der Gewißheit ein, gutes Essen vorgesetzt zu bekommen. Die Küche bietet vor allem traditionelle Speisen an. Dazu gehören natürlich die berühmten **Spaghetti alla carbonara** und die **Spaghetti all'amatriciana**, aber auch die frischen Rigatoni mit Gemüse und die köstlichen schwarzen Spaghetti mit Muscheln. Die Familie Cantarini stammt ursprünglich aus den Marken und bietet auch Spezialitäten aus ihrer Heimat an: ausgezeichneten **Coniglio alla cacciatora**, Fritto misto, panierte Leber mit Salbei und die berühmten **Olive all'ascolana**. Die Weinkarte ist nicht besonders umfangreich. Wir empfehlen den Verdicchio di Jesi aus eigenem Anbau. Die Preise sind in Ordnung.

Roma

Cavour 313

Enoteca mit Küche
Via Cavour, 313
Tel. 06 / 6 78 54 96
Ruhetag: Sonntag
Betriebsferien: August
60 Plätze
Preise: 15 000 Lire, ohne Wein
Keine Kreditkarten
Reservierung: nicht notwendig

Die Enoteca liegt ganz in der Nähe der Fori imperiali. Sie wird von fünf jungen weinbegeisterten Leuten (Dado, Loredana, Marco, Angelo und Renato) betrieben, die eine GmbH gegründet haben und mit großem Eifer bei der Sache sind. In diesen Räumen wurde früher Öl und Wein verkauft. 1979 erwarb Andrea Gabrielli das Anwesen und richtete dort eine gehobene Weinschenke ein. Gabrielli verkaufte sie schließlich an die fünf jungen Leute. Sie führen nun das Geschäft weiter und suchen ständig nach neuen Möglichkeiten und Wegen, das Angebot zu verbessern und Leben in das ganze Unternehmen zu bringen. Das Lokal wurde sorgfältig renoviert. Man sitzt an Vierertischen und kann entweder einen Imbiß oder eine warme Mahlzeit einnehmen. Der Kuchen mit Käse und Lachs schmeckt ausgezeichnet, ebenso die verschiedenen Salate und die Ziegenkäse aus Sardinien oder Piemont. Probieren Sie auch die ausgezeichnete Salami aus L'Aquila oder den Schinken aus der Maremma. Die umfangreiche Weinkarte ist mit sehr viel Sorgfalt nach Regionen zusammengestellt. Wir nennen hier stellvertretend einige Erzeugnisse aus Latium: Marino Colle Picchioni oro von De Mauro-Simonelli, Passerina del Frusinate und Cesanese del Piglio von Massimi-Berrucci. Hier können Sie nicht nur Wein trinken, sondern auch welchen kaufen. Die Preise orientieren sich an denen der Fachgeschäfte: eine neue und interessante Initiative, die man sich merken sollte.

Roma

Cul de Sac

Enoteca mit Küche
Piazza Pasquino, 73
Tel. 06 / 6 54 10 94
Ruhetag: Montag
Keine Betriebsferien
50 Plätze
Preise: 18 000 Lire, ohne Wein
Keine Kreditkarten
Reservierung: nicht möglich

1977 eröffnete Concetto Sgonfiotti eine Enoteca, in der man nicht nur Wein trinken, sondern auch ein paar Kleinigkeiten und Käse essen konnte. Damals hatte er sicher nicht erwartet, daß er mit seiner neuen Idee soviel Erfolg haben und sein Beispiel in Rom Schule machen würde. Das »Cul de sac« ist freundlich und gemütlich. Die vielen Gäste finden in dem länglichen Lokal allerdings kaum Platz. Wer warten muß, geht am besten ein paar Runden auf der nahegelegenen Piazza Navona spazieren. Die Karte nennt ca. 850 Weine und ist damit sicher die umfangreichste, die man in Rom zu Gesicht bekommen kann. Das freundliche und fachkundige Personal hilft einem gerne bei der Auswahl eines passenden Tropfens. Aber die eigentliche Überraschung ist das für ein Weinlokal außergewöhnlich gute Speisenangebot. Man bekommt 35 verschiedene Käsesorten (der Tomino mit Kräutern schmeckt sehr gut), **Suppen** (vor allem die **Zwiebelsuppe** ist zu empfehlen) und eine schmackhafte Linsencreme. Wer Ausgefallenes liebt, kann sich Stockfischmus oder den »Topik«, einen Auflauf aus Kichererbsen, Kartoffeln, Rosinen und Pinienkernen bestellen. Nicht zu vergessen sind auch die hausgemachten Pasteten.

Roma

Da Agustarello a Testaccio
Trattoria
Via G. Branca, 98-100
Tel. 06 / 5 74 65 85
Ruhetag: Sonntag
Betriebsferien: 10. Aug.-10. Sept.
45 Plätze
Preise: 25-30 000 Lire
Kreditkarten: CartaSi, Visa
Reservierung: empfohlen

Allen Schmeicheleien zahlreicher bekannter Restaurantführer zum Trotz ist das »Da Agustarello« stets das gleiche geblieben: eine einfache Trattoria, in der man typisch römische Küche zu einem vernünftigen Preis essen kann. Die Einrichtung fällt spartanisch aus, dafür ist die Bedienung um so freundlicher und zuvorkommend. Für die Küche sind Agustarellos Kinder zuständig. Testaccio ist ein einfaches Viertel von Rom, das seit einigen Jahren auch kulturell von sich reden macht. Hier ist die echte römische Küche mit ihren herzhaften, bodenständigen Gerichten zu Hause. Bis vor wenigen Jahren noch befand sich hier der Schlachthof von Rom. In seinem Umfeld gediehen zahlreiche Trattorie, die die weniger edlen Feischteile kauften und anboten. So entstanden wohl Gerichte wie **Rigatoni con la pajata**, **Coda alla vaccinara** (hier schmeckt sie einfach hervorragend), **Trippa alla romana** und vieles andere mehr. Besonders gute Süßspeisen hat es in Rom noch nie gegeben, und auch in diesem Punkt hält sich das »Da Agustarello« an die Tradition. Neben offenem Wein von den Castelli gibt es einige ordentliche Weine aus Latium und dem übrigen Italien.

Roma

Da Baffo
Trattoria
Via della Muratella, 627 - Maccarese
Tel. 06 / 6 67 80 68
Ruhetag: Freitag
Betriebsferien: 10.-20. August
100 Plätze
Preise: 25-35 000 Lire
Keine Kreditkarten
Reservierung: nicht notwendig

Baffo, alias Enzo Jacovacci, hat seinen Schuppen bei Fregene zu einem internationalen Insider-Treffpunkt gemacht. Auf dem Weg zur Trattoria orientieren Sie sich am besten an dem Sendeturm, der alle anderen Bauten überragt. Grünes Neonlicht empfängt Sie im Lokal: eine ganze Wand ist mit Fernsehern und Monitoren tapeziert, die ständig und alle gleichzeitig laufen. In puncto Innenausstattung wird kein allzu großer Aufwand betrieben. Die Tischdecken sind lediglich aus Papier, die Speisekarte steht an der Wand angeschrieben. Zum Bestellen geht man direkt an die Fleischertheke, die mitten im Speisesaal thront. Gleich daneben steht ein riesiger Drehgrill, dessen Glut nie erlischt. Enzo schneidet Ihnen ein Stück Fleisch nach Maß zurecht, als wäre es ein Kleid. Er bestimmt dabei, welches Stück und wieviel Sie davon bekommen werden: ein klassisches **T-Bone-Steak**, Filet oder Entrecôte. Stammgäste und Fans dürfen sich ihr Fleisch selbst aussuchen. Besonders beliebt ist der »intervento«. So heißt hier das Endstück vom Filet mit Rippe. Alles wird so fachmännisch zerlegt und ausgelöst, daß man tatsächlich von einem chirurgischen Eingriff sprechen möchte. Als Ergebnis dieses »Eingriffs« liegen dann ca. 2 kg schieres Fleisch von hervorragender Qualität vor Ihnen. Bedienen wird Sie die sympathische Caterina. Die Flaschenweine stammen aus der Gegend und werden stets kalt serviert. Als Primo können Sie ausgezeichnete Nudeln »**all'arrabbiata**« und sonntags **Fettuccine** oder Cannelloni essen. Bei der Rechnung gibt es keine unliebsamen Überraschungen: das Fleisch kostet 29 000 Lire pro kg und wird vor den Augen der Gäste abgewogen.

Roma

Da Betto & Meri

Trattoria
Via dei Savorgnan, 99
Kein Telefon
Ruhetag: Donnerstag
Betriebsferien: August
50 Plätze
Preise: 18–20 000 Lire
Keine Kreditkarten
Reservierung: nicht notwendig

Das »Da Betto & Meri« liegt im römischen Stadtviertel Certosa und ist nicht leicht zu finden. Wir wollen eigentlich gar nicht viele Worte über die Trattoria verlieren, denn wir haben Angst, sie könnte an Echtheit verlieren, wenn sie zu bekannt wird. Urtypische Atmosphäre, römische Spezialitäten und keine vorgekochten oder tiefgekühlten Speisen schätzen wir besonders an diesem Lokal, das natürlich auch seine Schattenseiten besitzt – im Falle, daß man den etwas improvisierten und sehr direkten Umgang mit den Gästen als negativ einstufen will. Aber wir müssen auch dagegenhalten, daß Betto und Meri uns nie enttäuscht haben. Er steht am Grill, sie bedient, ihr Sohn hilft auch mit. Die Mamma ist hinter den Kulissen für die Pasta zuständig. Die Grillspezialitäten schmecken unvergleichlich gut, ebenso die Innereien, die auf verschiedene Arten zubereitet werden. Auch einige Nudelgerichte, wie z.B. die **Fettuccine**, die »Gramiccia alla Betto« und die Ravioli »ai quattro formaggi« sind gut. Die Desserts sind leider industriell hergestellt. Die Hausweine (Tischweine aus Latium und den Abruzzen) sind mehr als nur in Ordnung. Die Rechnung fällt äußerst günstig aus. Wer aus einem anderen Stadtviertel oder gar aus einer anderen Stadt kommt, wird sich schwertun, einen Tisch zu bestellen: die Trattoria hat nämlich kein Telefon!

Roma

Da Felice

Trattoria
Via Mastro Giorgio, 29
Tel. 06 / 5 74 68 00
Ruhetag: Sonntag
Betriebsferien: August
60 Plätze
Preise: 25–35 000 Lire
Keine Kreditkarten
Reservierung: zwecklos

Testaccio ist ein einfaches Stadtviertel am Ufer des Tiber. Wenn Sie dort jemanden nach einem guten Lokal fragen, wird man Ihnen ohne Umschweife antworten: »Versuch's mal bei Felice.« »Versuchen« deshalb, weil im »Da Felice« grundsätzlich alle Tische ein Kärtchen mit der Aufschrift »prenotato« ziert. Aber für geschickte Gäste und Stammkunden findet sich immer ein Plätzchen. Hat man einmal die Gunst des Wirts errungen, darf man den schlichten Speisesaal betreten und hat das Vergnügen, in einer für ganz Rom wohl einzigartigen Trattoria zu speisen. Die Küche ist bodenständig und deftig, die Portionen sind reichhaltig. Gekocht wird nach traditionellen Rezepten: **Tonnarelli cacio e pepe**, **Pollo alla romana**, **Abbacchio**, Kaninchen, **Artischocken** und **Trippa**. Die Grundstoffe für die einzelnen Gerichte entsprechen stets der jeweiligen Jahreszeit. Felice ist auch immer einer der ersten auf dem Markt und sichert sich das Beste, was an den Ständen feilgeboten wird. Speisen, Atmosphäre und die vernünftigen Preise machen das »Da Felice« zu einer kulinarischen Kultstätte für Römer und Zugereiste. Sie müssen also schon recht früh antreten, wenn Sie noch einen freien Tisch bekommen wollen. Sie dürfen hier weder den Service eines Fünf-Sterne-Hotels noch Kelchgläser noch einen besonderen Weinkeller erwarten. Hier trinken Sie nämlich offenen Wein von den Castelli, die typische »Fojetta«, und ein paar seltene Flaschenweine, die eher als Ausstellungsstücke denn als Weine behandelt werden. Am besten verlassen Sie sich auf Felices Empfehlungen – Sie werden es nicht bereuen.

Roma

Da Gino

Trattoria
Vicolo Rosini, 4
Tel. 06 / 6 87 34 34
Ruhetag: Sonntag
Betriebsferien: August
50 Plätze
Preise: 20–30 000 Lire
Keine Kreditkarten
Reservierung: empfohlen

»Trattoria, Bottiglieria, Osteria con cucina« steht draußen am Lokal angeschrieben. Wir sind mitten in der römischen Altstadt, unweit der Piazza del Parlamento. Hier im Zentrum wird ja ein erbitterter Kampf zwischen modernen Boutiquen und Fast-food- Betrieben auf der einen und historischen bzw. traditionellen Lokalen auf der anderen Seite ausgefochten. Meist ist es dann das Alte, das dem Neuen weichen muß. Die Trattoria des Cavalier Gino ist wohl eines der letzten Lokale im Zentrum, in dem man zu vernünftigen Preisen eine ordentliche Mahlzeit bekommen kann. Das »Da Gino« ist sehr einfach, ein farbenprächtiges Deckenfresko soll die Pergola einer klassischen Vorstadt-Osteria vortäuschen. Bei Gino ißt man typische Hausmannskost, wie sie die Mamma zu Hause ihren Lieben auch auftischen würde: **Tonnarelli alla ciociara**, Penne mit Wirsing, **Coratella alla romana** mit Zwiebeln, Spezzatino mit Staudensellerie. Es stehen nicht viele Gerichte zur Auswahl, aber alle sind fachgerecht zubereitet und auch immer zu bekommen. Zu trinken reicht man einen (vielleicht zu) leichten offenen Wein aus Cori (Latina) und Weine der Castelli Romani.

Roma

Da Lucia

Trattoria
Vicolo del Mattonato, 2/b
Tel. 06 / 5 80 36 01
Ruhetag: Montag
Betriebsferien: im Aug. od. Sept.
35 Plätze
Preise: 35–40 000 Lire
Keine Kreditkarten
Reservierung: empfohlen

»Wer keine Zeit hat, soll am besten gleich wieder gehen«, steht gleich am Eingang. Wir sind hellauf begeistert und würden dem Lokal am liebsten gleich eine Schnecke, das Markenzeichen der Slow-food-Bewegung, verleihen. Das »Da Lucia« liegt in einem der malerischsten Winkel von Trastevere, seine Küche und Weine sind gut. Aber nicht alles konnte uns überzeugen. Die **Minestra di arzilla** müssen Sie unbedingt probiert haben, denn sie ist typisch für die jüdisch-römische Küche. Ebenso sollten Sie die **Pasta e ceci** und die Sardellen mit scharfer Sauce und ausgezeichnetem Hausbrot versuchen. Der **Rinderschmorbraten** mit Zwiebeln, die **Ravioli** mit Fleischfüllung und die Kalbsplätzchen sind gut. Weniger erfreulich fielen die Kutteln aus, die hier einfach zerkocht waren und fade schmeckten, oder auch die Spaghetti »alla gricia«, denn der Bauchspeck war nicht kroß gebraten, sondern schlichtweg steinhart. Das Weinangebot ist gut. Besonders hervorzuheben sind der Pomino di Frescobaldi und der Haas. Aber auch hier ist Vorsicht angeraten, denn manchmal setzt man Ihnen eine Flasche vor, die in irgendeinem Winkel des Weinkellers vergessen und deshalb zu lange gelagert wurde. Den Freunden von Verdauungsschnäpsen ist der Likör des Hauses aus Grappa, Kräutern und Obst zu empfehlen. Alles in allem ist das »Da Lucia« durchaus einen Besuch wert. Es wurde 1938 von Signora Lucia, der Mutter der heutigen Wirtin, eröffnet. Auch heute bekommen Sie hier Gerichte aus längst vergangenen Zeiten in familiärer Atmosphäre serviert. Lina, die Schwägerin mit dem starken Mailänder Akzent, ist bestens in die Mannschaft integriert, hat sie doch schnell die offenherzige Art der Römer angenommen.

Roma

Da Pommidoro

Trattoria
Piazza dei Sanniti, 44
Tel. 06 / 4 45 26 92
Ruhetag: Sonntag
Betriebsferien: August
50 Plätze
Preise: 30-35 000 Lire
Kreditkarten: AE, CartaSi, Visa
Reservierung: empfohlen

San Lorenzo ist ein Außenbezirk von Rom. Obwohl er noch zur Stadt und nicht zum Umland gehört, hat er sein ursprüngliches Gesicht bewahren können. Heute ist er fast so etwas wie »in«, denn hier verkehren inzwischen Studenten, Künstler und Intellektuelle. So sind auch innerhalb weniger Jahre neben den traditionellen Osterie und Pizzerie zahlreiche Kneipen aus dem Boden geschossen. Wir halten uns aber an eine ganz echte und urtypische Trattoria von San Lorenzo. Seit fast hundert Jahren steht sie schon an der Piazza dei Sanniti und hat ganze Generationen von Römern verköstigt. Nicht einmal der schreckliche Bombenangriff von 1944 konnte ihr etwas anhaben. Neben traditionellen Gerichten bieten Aldo und Anna auch Neues, das aber stets im Einklang mit den althergebrachten Eßgewohnheiten und dem Jahreszeitenlauf steht. Am besten schmeckten uns die Grillspezialitäten, denn die Wirtsleute verwenden dafür nur das beste Fleisch und frischen Fisch. Die Grundstoffe besorgen die beiden auf dem Land. Zur entsprechenden Jahreszeit sollt man auch die **Wildgerichte** probieren. Die Bedienung ist ungezwungen, jovial und sehr familiär. Die Tische sind einfach gedeckt. Es gibt keine eigene Weinkarte, aber aufmerksame Weinkenner werden auf den Regalen ein paar gute Flaschen entdecken; dort stehen sogar einige besonders edle Erzeugnisse aus Frankreich zu einem günstigen Preis.

Roma

Da Riccardo

Trattoria
Vicolo Annunziatella, 60
Tel. 06 / 5 03 21 24
Ruhetag: Sonntag
Betriebsferien: August
80 Plätze
Preise: 20-25 000 Lire
Keine Kreditkarten
Reservierung: nicht notwendig

Rom hat sich inzwischen bis hierher ausgedehnt. An einer Piazza, die nicht einmal asphaltiert ist, steht die Trattoria »Da Riccardo«. Kein Schild weist auf das Gasthaus hin, das schon seit über fünfzig Jahren erfolgreich bodenständige und schmackhafte römische Küche anbietet. Die jetzigen Wirtsleute haben einen guten Ruf und ziehen zahlreiche begeisterte Feinschmecker an: Frandesca Martella führt das Lokal, ihr Vater Leopoldo kümmert sich um die Gäste, die Mamma und die Tante kochen. Die beiden Speiseräume sind schlicht, aber gediegen eingerichtet. Der Schanktisch aus Marmor und Holz stammt noch aus alter Zeit; die Gedekke an den großen Tischen fallen sehr nüchtern aus. Im Sommer kann man auch an einem kühlen Plätzchen im Freien sitzen. Die Trattoria ist nur mittags geöffnet. Da kann man **Rigatoni all'amatriciana**, hausgemachte Gnocchi, **Gemüseminestrone** oder **Carbonara** als Primo bekommen. Als Secondo ißt man fritierte Polpette, **Trippa alla romana**, **Pajata**, **Coda alla vaccinara**, Ossobuco mit Erbsen, gegrillte Leber. Zur passenden Jahreszeit bekommt man ausgezeichnete gebakkene Kürbisblüten. Der einzige offene Weißwein schmeckt hervorragend. Flaschenweine aus der Toskana werden ebenfalls angeboten. Die Bedienung ist freundlich und zuvorkommend, so daß man sich wirklich als Gast fühlt. Die Rechnung fällt erfreulich aus.

Roma

Dal Pallaro

Trattoria
Largo del Pallaro, 13
Tel. 06 / 6 54 14 88
Ruhetag: Montag
Betriebsferien: 14 Tage im August
60 Plätze
Preise: 23 000 Lire
Keine Kreditkarten
Reservierung: empfohlen

Paola und Giovanni führen die Trattoria bereits seit 35 Jahren. Sie sind schon ein ganz besonderes Paar: sie sind so warmherzig und rührend um ihre Gäste bemüht, daß es schon einmal vorkommt, daß ein Gast Paola wie eine liebe Freundin zum Abschied umarmt. Die beiden haben tatsächlich jede Menge Freunde. Schon in ihrer Schulzeit kamen sie in Gruppen oder nur zu zweit hierher und schnupperten für wenige Lire ein bißchen vom ach so aufregenden Großstadtleben. Seit jener Zeit hat sich die Speisekarte nicht verändert. Wer hierher kommt weiß, daß er sich auf ein beständiges Angebot verlassen kann und vor unliebsamen Überraschungen sicher ist. Er wird sich eher auf die bodenständige Hausmannskost freuen. Hier bestellt man nichts, sondern probiert das, was Paola auftischt. Dabei handelt es sich um die verschiedensten Häppchen: schwarze Oliven, **dicke Bohnen in Wein**, Reis- und Hühnerkroketten, Omelette mit Tomaten, Mozzarelline. Es folgen **Rigatoni** »del Pallaro«, Braten, gebackene Auberginen und Kartoffeln, als Nachtisch bekommt man schließlich Erdbeeren, Mandarinensaft oder auch **Apfelkuchen**. Die Gerichte sind einfach, aber schmackhaft und sorgfältig zubereitet. Für eine komplette Mahlzeit einschließlich Wasser, Espresso und einem unbedeutenden offenen Wein zahlt man 23 000 Lire. Im Sommer sitzt man sehr angenehm auf der ruhigen Piazza in der römischen Altstadt. Im Winter ißt man in etwas unpersönlichen Speiseräumen, die mit viel Holz restauriert wurden.

Roma

Ferrara

Enoteca mit Küche
Via Arco di S. Callisto, 36
Tel. 06 / 5 81 70 11
Ruhetag: Di., im Sommer So.
Betriebsferien: August
30 Plätze
Preise: 15 000 Lire, ohne Wein
Keine Kreditkarten
Reservierung: empfohlen

In Trastevere steht in einem Gäßchen unweit der Kirche Santa Maria in Trastevere seit kurzem ein kleines Lokal, das schon von sich reden macht. Früher befand sich hier eine Öl- und Weinhandlung. Mit viel Umsicht wurde das Geschäft umgebaut und eine Enoteca mit Ausschank und Küche eingerichtet. Pasqualina und Maria Rosaria Paolillo, alias Lina und Mary, heißen die beiden unternehmungsfreudigen Schwestern, die das Lokal führen. Lina hat als Sommelier bereits einen Namen und ist bekannt für ihre Gewissenhaftigkeit und Genauigkeit. Sie stellte die umfangreiche Weinkarte (mit über 100 Weinen) zusammen, die sich wirklich sehen lassen kann. Mary ist eigentlich Architektin. Sie besorgte die phantastische Einrichtung der Enoteca, kümmerte sich um die passende Beleuchtung und selbst um die kleinsten Details des Interieurs. Aber der gastronomische Teil des »Ferrara« ist nicht minder bedeutend. Fachwissen, Übung und persönliche Begabung der beiden Schwestern drücken sich in dem mannigfaltigen Angebot an kalten und warmen Speisen aus. Zu empfehlen sind die **Gemüsesuppen** mit Erbsen, Kichererbsen und Bohnen. Ein ausgezeichnetes Weinangebot, Kelchgläser, klassische Musik, Sorgfalt, Sachkenntnis und Freundlichkeit ergeben eine interessante Mischung, die man hier zu annehmbaren Preisen genießen kann. Die Küche ist nur abends geöffnet.

Roma

Gioco liscio

Osteria
Via Voghera, 10
Tel. 06 / 7 00 05 12
Ruhetag: Montag
Betriebsferien: August
40 Plätze
Preise: 15-20 000 Lire
Keine Kreditkarten
Reservierung: nicht notwendig

San Giovanni ist ein Stadtviertel, das gleich an die Altstadt grenzt. Hier kennt noch jeder jeden, erzählt man sich die letzten Neuigkeiten, hier spricht und lebt man noch miteinander. Auch unsere Osteria trug ihren Teil zum Gemeinschaftsleben bei. Sie wurde 1956 eröffnet und war immer schon Anziehungspunkt für Leute, die ein Gläschen Wein trinken, Freunde treffen, ein typisch römisches Gericht essen oder Karten spielen wollten. Heute klingt das Kartenspiel nur noch im Namen nach, aber die Osteria, weit ab vom Lärm der Großstadt, ist der Treffpunkt geblieben. In dem einfachen Lokal wird Sie Signor Renato freundlich und zuvorkommend empfangen. Sie können hier den angenehmen Wein aus Velletri trinken oder auch ein typisches Gericht von der Karte auswählen: **Bucatini all'amatriciana**, **alla carbonara** oder mit Basilikum, **Coda alla vaccinara** (mit Tomaten und reichlich Sellerie) oder auch Scamorza mit Sardellen. Nach alter Tradition gibt es donnerstags **Gnocchi** mit Sugo und samstags **Trippa** mit Zitronenmelisse und Schafskäse. Das Speisenangebot ist nicht sehr umfangreich, aber sehr schmackhaft und bodenständig.

Roma

Il goccetto

Enoteca
Via dei Banchi vecchi, 14
Tel. 06 / 6 86 42 68
Ruhetag: Sonntag
Betriebsferien: August
20 Plätze
Preise: 20 000 Lire, ohne Wein
Kreditkarten: EC, MC, Visa
Reservierung: nach 21 Uhr

Gute Weinlokale gibt es in Rom sicher genügend, ja dauernd entstehen neue, um der ständig steigenden Nachfrage nach guten Weinen gerecht zu werden. Wir wollen niemandem Unrecht tun, aber doch betonen, daß Sergio Ceccarellis »Il goccetto« nicht nur eine der bestsortierten Enoteche, sondern auch ein nettes Lokal ist, in dem man gemütlich beisammen sitzen, guten Wein trinken und einen leckeren Happen zu sich nehmen kann. Früher wurde im Erdgeschoß dieses alten römischen Palazzos Öl und Wein verkauft. 1983 übernahm Sergio Ceccarelli die Räumlichkeiten mit der schönen Kassettendecke und richtete seine Enoteca ein. Man sitzt an kleinen Tischen oder an der Bar. Sergio ist ein großer Weinkenner, immer bereit zu einem Gespräch mit seinen Gästen. Gern gibt er Auskunft über seine Weine oder erzählt von neuen in- und ausländischen Erzeugnissen. Etwa vierzig Weine werden regelmäßig ausgeschenkt. Das Angebot wird ständig erneuert und umfaßt Weine aus sämtlichen Regionen Italiens und auch einige französische Weine. Dazu kann man köstliche Kanapees, eine Portion »**Torta rustica**« mit **Auberginen**, Zucchini oder Lachs, eine Käse- oder Wurstplatte essen. Das Geschäft ist normalerweise bis 21 Uhr geöffnet. Auf Vorbestellung bekommt man bei Sergio auch ein umfangreicheres Angebot an kalten Speisen und kann bis spät in die Nacht bleiben.

Roma

Il piccolo

Enoteca
Via del Governo vecchio, 74
Tel. 06 / 6 54 10 46
Ruhetag: Dienstag
Betriebsferien: 14 Tage im August
15 Plätze + 15 im Freien
Preise: 15-20 000 Lire
Kreditkarten: alle
Reservierung: empfohlen

Hauptstadt Italiens, aber nicht des Weins. Dieses Motto galt noch bis vor wenigen Jahren. Doch dann nahm sich eine Gruppe begeisterter Weinkenner der Sache an. Sie erwarb alte Weinschenken oder Osterie, in denen früher eben nur der offene Wein der Castelli oder sonst irgendein Wein ausgeschenkt wurde. Aus einer dieser alten und historischen »Bottiglierie« entstand vor etwa zehn Jahren eine der ersten Enoteche Roms nach dem Muster des französischen »Bar à vin«. Das »Il piccolo« liegt in einem der schmalen Gäßchen an der Piazza Navona. Dank einiger Renovierungsarbeiten, die das ursprüngliche Ambiente unverändert ließen, wirkt die Enoteca nun besonders ansprechend. Auf engstem Raum werden hier über 200 der edelsten italienischen Weine und einige ihrer Verwandten von der anderen Seite der Alpen angeboten. Auch damit kann man schließlich einem Lokal einen internationalen Anstrich verleihen. Aus diesem herrlichen Angebot werden in regelmäßigen Abständen verschiedene Weine ausgewählt, die dann offen ausgeschenkt werden. So kann man von einer edlen Flasche auch nur ein Glas probieren. Lanfranco und Giancarlo servieren zum Wein verführerische Häppchen: mehrere Sorten bedeutenden französischen Käse, Torten, Kanapees, Quiches, die Nechy und Laura zubereiten (ihre Sachertorte ist berühmt). Hier bekommt man alles, was das Herz begehrt, so auch frisches Obst zum Schaumwein, wunderbare Spirituosen und herrlichen Whisky. Der einzige »Wermutstropfen« sind in diesem Fall die Preise, die man nicht gerade als niedrig einstufen möchte. Man muß aber auch bedenken, daß diese Gegend allgemein recht teuer ist.

Roma

Il tajut

Weinlokal
Via Albenga, 44
Tel. 06 / 7 02 08 14
Ruhetag: Montag
Betriebsferien: August
16 Plätze
Preise: 15-30 000 Lire
Keine Kreditkarten
Reservierung: empfohlen

Die Nachricht, daß es in Rom endlich eine echte friaulische »Enogastronomia« gibt, hat unsere Herzen höher schlagen lassen. In der Hauptstadt wird mit dem Etikett »echt und ursprünglich« im allgemeinen nämlich viel Schindluder getrieben. Aber Franco Toniutti hält mit seinem »Tajut«, was er verspricht. Das Speiseangebot besticht vor allem durch seine Qualität. Direkt vom Hersteller stammen **Schinken** und Speck aus **Sauris**, **San-Daniele-Schinken**, Wurstwaren und Soppressa, die jedesmal wieder ausgezeichnet schmecken. Es werden auch verschiedene Delikatessen gereicht, wie z.B. die geräucherte Forelle in Essig und Öl, kleine Forellenbällchen, Forellenterrine und -kaviar, geräucherte Hähnchen- und Putenbrust, zart geräucherte Forelle, die uns immer wieder begeistern. Die Weine stammen zwar nicht von den bedeutendsten Kellereien Friauls, sind aber durchweg annehmbar. Es findet sich für jeden Geschmack und Geldbeutel ein ordentlicher Wein. Dennoch hätte die hervorragende Küche bessere Weine verdient. Das kleine Lokal ist recht interessant und gibt auch den Römern Gelegenheit, in gemütlicher Atmosphäre echte friaulische Spezialitäten zu genießen.

Roma

Lilli

Trattoria
Via Tor di Nona, 26
Tel. 06 / 6 56 19 16
Ruhetag: Sonntag
Betriebsferien: 12. Dez.–10. Jan.
90 Plätze + 50 im Freien
Preise: 25–30 000 Lire
Keine Kreditkarten
Reservierung: empfohlen

Seit 1915 steht am Tiberufer Tor di Nona eine Osteria. Die Familie von Silvio Ceramicola führt das Lokal seit 1968. In Rom preiswert essen zu wollen ist meist ein hoffnungsloses Unterfangen. Wer traditionelle und dennoch einfallsreiche Küche genießen will, ist bei Silvio und Mamma Lilli bestens aufgehoben. Die Trattoria liegt in einem ruhigen Gäßchen in der Nähe der Piazza Navona. Ein Speisesaal befindet sich im Erdgeschoß, zwei weitere im ersten Stock. Im Sommer kann man auch im Freien essen. Stofftischdecken, Kelchgläser, eine familiäre und aufmerksame Bedienung machen das Lokal gemütlich. Silvio ist ein Bilderbuchwirt. Man trinkt den offenen Monteporzio Catone oder einen ordentlichen Flaschenwein. Die Küche basiert auf traditionellen Rezepten und ausgesuchten Grundstoffen. Die **Bucatini all'amatriciana** schmekken wirklich außergewöhnlich gut. Von den Primi lassen sich auch die **Rigatoni alla pajata** »alla Lilli« oder »alla Piero« (mit Rouladensauce, Parmesanstückchen, Basilikum und schwarzem Pfeffer) oder die »Penne alla Nela« empfehlen. Bei den Secondi sollte man unbedingt die Kalbsbrust »alla Fornara« oder die **Tintenfische mit Artischocken**, die Polpette con fagioli und den **Abbacchio** probieren. Schmackhafte Kost, die den Jahreszeiten entspricht und in gemütlicher Atmosphäre serviert wird – so lautet das Erfolgsgeheimnis dieser Familientrattoria.

Roma

Osteria dell'angelo

Osteria
Via G. Bettolo, 24
Tel. 06 / 38 92 18
Ruhetag: Samstagmittag und Sonntag
Betriebsferien: August
30 Plätze + 20 im Freien
Preise: 25 000 Lire
Keine Kreditkarten
Reservierung: empfohlen

Angelo Croce war früher ein bekannter Rugbyspieler. Vor kurzem übernahm er diese alte Osteria in der Absicht, typisch römische Küche anzubieten. Das Angebot wechselt täglich und richtet sich nach dem, was der Jahreszeit, dem Marktangebot und nicht zuletzt der Laune des Wirts entspricht. Serviert werden ausschließlich traditionelle Gerichte; an einige davon wird sich wahrscheinlich fast niemand mehr erinnern können. Der Speisesaal ist warm und gemütlich: da stehen ein paar Tische, eine bäuerliche Anrichte mit Vitrine, der Kühlschrank für die Getränke. An der Wand entdeckt man ein Fresco, das eine alte römische Osteria darstellt. Mit diesem Motiv sind auch die Papiersets bedruckt. Die Bedienung ist »alla romana« im besten Sinne des Wortes, d.h. flink, aufmerksam und dabei freundlich. Wenn es die Zeit erlaubt, können Sie sich auch länger mit Angelo unterhalten. Im Sommer stehen auch auf dem Gehsteig ein paar Tische. Das Speisenangebot ist sehr umfangreich: Wildschweinswürste, Fagioli all'uccelletto, Panzanella als Antipasti; es folgen **Pasta all'amatriciana**, alla **carbonara**, mit Ochsenschwanz, **Rigatoni con la pajata**, überwältigende **Tonnarelli cacio e pepe**, Kichererbsen- oder Bohnensuppe, **Minestra di arzilla** mit Brokkoli, **Spaghetti mit Venusmuscheln**, Rigatoni mit Ricotta und Zimt (die man sonst nirgends mehr bekommt). Als Secondi bietet Angelo **Trippa**, **Coda alla vaccinara**, Baccalà, Spezzatino, Huhn mit Paprikaschoten, **Abbacchio a scottadito** und vieles andere mehr. Die Osteria ist sehr klein, gewinnt aber (verdientermaßen, wie wir meinen) immer mehr an Beliebtheit, so daß Sie unbedingt einen Tisch reservieren lassen sollten.

Roma

Perilli

Trattoria
Via Marmorata, 39
Tel. 06 / 5 74 24 15
Ruhetag: Mittwoch
Betriebsferien: August
90 Plätze
Preise: 35–40 000 Lire
Keine Kreditkarten
Reservierung: empfohlen

Das »Perilli« gehört zu den alteingesessenen Gasthäusern in Rom. Nach wie vor wird hier traditionelle römische Küche angeboten. Im Falle des »Perilli« bedeutet das in erster Linie Gerichte mit Innereien, denn es liegt im Testaccio, Roms ehemaligem Schlachthofviertel. Hier entstanden all die berühmten Spezialiäten wie Pajata, Coda alla vaccinara, Coratella ai carciofi usw. Heute werden im »Perilli« die Primi wie damals in großen weißen Schüsseln serviert: **Bucatini all'amatriciana** oder »alla gricia«, **Rigatoni** »alla carbonara« oder mit **Pajata**. Von den Hauptgerichten empfehlen wir die **Trippa alla romana**, die **Coda alla vaccinara**, den **Abbacchio a scottadito** und das **Huhn mit Paprikaschoten**. Alle Gerichte werden sachgerecht zubereitet. Die Bedienung ist flink und aufmerksam. Die Trattoria läßt leider etwas Ruhe vermissen, denn sie ist ständig überfüllt. Man trinkt einen ordentlichen offenen Wein aus den Castelli romani, es sind aber auch ein paar Flaschenweine aus ganz Italien zu bekommen.

Roma

Sagra del vino

Trattoria
Via Marziale, 5
Tel. 06 / 38 91 06
Ruhetag: Samstag und Sonntag
Betriebsferien: 20 Tage im August und
40 Plätze   [im Oktober
Preise: 25 000 Lire
Keine Kreditkarten
Reservierung: nicht notwendig

Das Schild kann man inzwischen kaum mehr lesen. Das Lokal ist ohnehin unter dem Namen »Da Candido« besser bekannt. Es wurde 1938 eröffnet, als noch die Straßenbahn zwischen Gärten, Landhäusern und neuen Vorstadtbauten den nahegelegenen Viale delle Medaglie d'oro zur Santa Maria della Pietà hinausschrammte. Candido Rabazzani führt heute zusammen mit seiner Frau Lella die Trattoria weiter. Das Lokal ist stets gut besucht und dementsprechend eng. Wenn Sie zu Spitzenzeiten (gegen 21 Uhr) einkehren, werden Sie kaum einen Platz finden. Kommen Sie deshalb entweder um Punkt 20 Uhr oder erst wieder zwei Stunden später. Polpettone, ein Hackbraten, ist die Spezialität des Hauses und wird jeden Tag frisch zubereitet. Dazu reicht man **Carciofi alla romana** und Kartoffeln. Probieren Sie auch die **dicken Bohnen mit Schweineschwarten**, die **Coda alla vaccinara** und die **Trippa**. Leider wird die gute Küche nicht von ebensolchen Weinen begleitet. Sie bekommen lediglich ein paar trübe »Bauernweine« oder einen mittelmäßigen Aglianico del Vulture, einen Roséwein. Einzige Ausnahme bleibt der Olevano, ein lieblicher Wein, den Candido selbst keltert.

Roma

Semidivino

Enoteca mit Küche
Via Alessandria, 230
Tel. 06 / 8 41 52 93 und 85 52 93
Ruhetag: Samstagmittag und Sonntag
Betriebsferien: August
30 Plätze
Preise: 25 000 Lire
Keine Kreditkarten
Reservierung: empfohlen

Enoteche und Trattorie sind heute in Rom die rechtmäßigen Erben der alten Osterie. Im Sinne dieser Tradition kann das »Semidivino« in diesem Führer erwähnt werden, auch wenn weder das Ambiente noch die Küche besonders typisch für diese Stadt sind. Farshid ist Iraner, Italien seine Wahlheimat. Er eröffnete vor kurzem die Enoteca. Er selbst ist ein fachkundiger Sommelier, ein einfallsreicher und gewitzter Wirt. Sein Angebot an italienischen und ausländischen Weinen ist ausgezeichnet. Zur Fußballweltmeisterschaft hatte Farshid je nach Mannschaft, die gerade spielte, sogar spezielle Abende mit österreichischen, amerikanischen und sogar tschechoslowakischen Weinen organisiert. Aber dann mußte wegen des Alkoholverbots an den Spieltagen sein gesamtes Programm buchstäblich ins Wasser fallen ... Bei Farshid kann man bis zu später Stunde hauptsächlich kalte Speisen essen: Fisch (der »Fiore di mare« schmeckt hervorragend), salzige und süße Kuchen; persischer Kaviar ist natürlich ebenfalls zu haben. Die Primi konnten uns nicht überzeugen.

Roma

Vini e buffet

Enoteca mit Küche
Vicolo della Torretta, 60
Tel. 06 / 6 87 14 45
Ruhetag: Sonntag
Betriebsferien: August
40 Plätze
Preise: 15–20 000 Lire, ohne Wein
Keine Kreditkarten
Reservierung: abends empfohlen

Bis vor wenigen Jahren war das »Vini e buffet« eine typische Osteria, die von den Bewohnern des Viertels besucht wurde. Hierher kamen die alten Männer, die man noch nicht in die öden Vorstädte vertrieben hatte, um Karten zu spielen, einen Plausch zu halten und ein Glas Wein zu trinken. Silvia Menicucci und Vittorio Procaccia führen das Lokal seit 1988. Ihr Verdienst ist es, daß sich an seinen Grundzügen nur wenig geändert hat. Freilich besitzen sie heute keine Lizenz mehr fürs Kartenspielen, wodurch ein paar Stammgäste ausgeblieben sind. Aber einige der alten Männer kommen immer noch und verbringen hier einen netten Nachmittag. Für Journalisten und Angestellte, die in der Gegend arbeiten, bietet das »Vini e buffet« eine interessante Alternative zu den unzähligen Bars und Pizzerie. Da niemand in seiner Mittagspause allzuviel Zeit hat, geht es hier entsprechend hektisch zu. Ansonsten ist das »Vini e buffet« der ideale Rahmen für einen geruhsamen Abend unter Freunden. Das Speisenangebot wechselt mit den Jahreszeiten: besonders gut sind hier die verschiedenen Salate, die Wurstwaren und die Pasteten. In der kalten Jahreszeit bekommt man auch ein paar warme Gerichte wie z.B. **Zwiebelsuppe, Pasta e fagioli, Pasta e ceci**. Neben dem offenen Wein (weißer Albano und Dolcetto d'Alba) nennt die Weinkarte einige ganz große Namen (Sassicaia, Tignanello) und viele andere gute Erzeugnisse zu anständigen Preisen. Man bekommt auch gepflegte italienische und ausländische Biere, einige davon sogar vom Faß.

San Donato Val di Comino

52 km von Frosinone, S. S. 509

La cicala

Trattoria
Via Contrada Selva, 102
Tel. 07 76 / 50 86 84
Ruhetag: Dienstag
Betriebsferien: September
120 Plätze
Preise: 15-25 000 Lire, ohne Wein
Keine Kreditkarten
Reservierung: empfohlen

In der Umgebung von San Donato Val di Comino beginnt bereits der Nationalpark der Abruzzen. Nicht sehr weit im Park steht die Trattoria »La cicala«, die gut ausgeschildert und somit unschwer zu finden ist. Hier spüren Sie spontane Herzlichkeit und Traditionsverbundenheit und essen schmackhafte und gleichbleibend gute Regionalküche. Mamma Fernanda bäckt unter der Mithilfe ihrer Tochter Rita jeden Tag Brot (das Mehl wird in einer Wassermühle in der Nähe gemahlen), macht **Fettuccine** und sucht das Gemüse aus dem Garten für die traditionelle Minestra mit Brot zusammen. Die beiden anderen Töchter, Tiziana und Marilena, kümmern sich um die Gäste. Ganz im Sinne des Slow-Food servieren sie Ihnen eine einfache Mahlzeit, an die Sie gerne zurückdenken werden. Probieren Sie die Würste, den Schinken und das Fleisch von den Schweinen aus eigener Aufzucht, im Sommer die herrliche **Cipollata**, ein herzhaftes Gericht aus Gemüse, Salsiccia, verquirltem Ei und Brot, das ganz langsam geschmort wird. Das Rindfleisch ist ebenfalls sehr gut. Den **Abbacchio** können Sie in jeder Version essen; er schmeckt immer hervorragend. Das Gemüse und die kräftige Rauke kommen frisch aus dem Garten. In dieser Gegend wird kein besonderer Wein gekeltert. Das Familienoberhaupt versucht sich vielmehr selbst mit Wein aus biologischem Anbau. Der Rotwein schmeckt trocken und ist durchaus nicht zu verachten. Daneben werden aber auch einige gute Flaschenweine angeboten.

Sonnino

41 km östlich von Latina

Monte delle fate

Trattoria
Via Roma, 43
Tel. 07 73 / 9 82 94
Ruhetag: Dienstag
Betriebsferien: August
50 Plätze
Preise: 25-30 000 Lire
Keine Kreditkarten
Reservierung: nicht notwendig

Die Gastronomie hat in Sonnino immer schon eine große Rolle gespielt. Interessant sind hier besonders die alten überlieferten Rezepte und die Grundstoffe. Die Oliven der Gegend zählen zu den besten, ihr Öl ist kräftig, wie es die Tradition der Monti Lepini verlangt. Aushängeschild der Küche von Sonnino sind die **Schnecken**, aber auch **Abbacchio**, Ziege und dicke Bohnen sollte man nicht vergessen. Hier nun eine gute Adresse: Wir meinen, daß das »Monte delle fate« eine Trattoria ist, in der es sich lohnt, die hochwertige Hausmannskost der Gegend zu probieren. Die Familie Tramentozzi hat das kleine Lokal vor gut 20 Jahren übernommen. Die Einrichtung ist schlicht, aber behaglich. Alle Familienmitglieder kümmern sich gleichermaßen um Küche und Kunden. Aber niemand würde auch nur im Traum daran denken, Mamma Tramentozzi die Freude (und die Mühe) mit den selbstgemachten **Ciacapreti** zu nehmen. Denn nur eine sehr geübte Hand kann diese Nudeln aus Wasser und Mehl herstellen. Man ißt sie mit einer einfachen Tomatensauce, die den feinen Teig gut zur Geltung bringt. Ausgezeichnet, aber weniger typisch als die Ciacapreti, sind die **Fettuccine**. Zu den Hauptgerichten zählen die bereits erwähnten Schnecken, die hier »ciammotte« genannt werden, Zicklein, Milchlamm und Geflügel. Als Abschluß einer üppigen Mahlzeit wird man Ihnen Amaretti und Mürbteigkekse mit Marmelade servieren. Die Preise fallen im Hinblick auf die gute Qualität des Angebots sehr günstig aus. Der rote Hauswein ist in Ordnung, denn er paßt gut zu allen Speisen.

Trevignano Romano

44 km von Rom, S. S. 2 Richtung Viterbo

Acqua delle donne

Trattoria
Via dell'Acquarella, 6
Tel. 06 / 9 99 74 18
Ruhetag: Montag
Keine Betriebsferien
50 Plätze
Preise: 30-35 000 Lire
Keine Kreditkarten
Reservierung: sonntags notwendig

Ausflugslokale haben in der Gegend um Rom eine langjährige Tradition. Auch die Trattoria am Ufer des Lago di Bracciano zählt dazu. In den fünfziger Jahren belieferte Ario Sforzini die Schwestern des Collegio Germanico mit Gemüse, denn sie waren für die Bewirtung der Gäste in den Thermen von Vicarello zuständig. Zu jener Zeit begann Ario auch mit dem Bau seines Landhauses. In der Nähe stand eine Viehtränke; der Legende nach badeten kinderlose Frauen in dieser Tränke, denn ihr Wasser verhieß Fruchtbarkeit. Die Trattoria liegt malerisch inmitten von Olivenhainen, die zum See hin sanft abfallen. Kein Schild weist auf das Lokal hin, das nicht leicht zu finden ist. Fährt man in Richtung Bracciano, zweigt etwa zwei Kilometer hinter Trevignano eine Schotterstraße ab, die direkt zur Trattoria führt. Die zahlreiche Familie Sforzini setzt die Tradition der Großmutter fort. Sie stand im Ruf, am Marienfest Tagliatelle aus 700 Eiern machen zu können, und war auch für ihre Pizza berühmt: mit Hilfe eines Fladens aus Hefeteig, der mit Wiesenkräutern und Pecorino belegt war, prüfte sie nach, ob der Ofen schon die richtige Temperatur zum Brotbacken hatte. Ganz im Sinne dieser Tradition sind die heutigen **Bruschette** mit Ziegenkäse und wilder Rauke oder die »Longarucci«, handgemachte Spaghetti aus Mehl und Wasser, oder auch die **Gemüsesuppen**, Braten, das gegrillte Fleisch und die **Fische** aus dem See und schließlich die guten **Obstkuchen** der Signora Adele. Im Gegensatz zu vielen anderen Lokalen dieser Art bekommt man hier auch bedeutende Weine (Antinori, Mastroberardino, Livon) und den Wein, den Ario aus Sangiovese- und Cesanesetrauben der Gegend keltert; er ist sicher nicht besonders edel, aber garantiert ungekünstelt.

Viterbo

Enoteca la torre

Circolo Arcigola
Via della Torre, 5
Tel. 07 61 / 22 64 67
Ruhetag: Sonntag
Betriebsferien: August
60 Plätze
Preise: 20-25 000 Lire, ohne Wein
Keine Kreditkarten
Reservierung: empfohlen

Im August 1985 eröffneten drei küchen- und weinbegeisterte junge Leute diese Trattoria-Enoteca. Sie wollten damit in der sonst nicht gerade berückenden Gastronomie Viterbos ein Zeichen setzen. Man kann mit Fug und Recht behaupten, daß ihre Rechnung aufgegangen ist. Inzwischen hat man sogar das Lokal vergrößert, um dem immer stärker werdenden Andrang Herr zu werden. Fulvio Pagliaccias Küche beruht auf relativ einfachen Rezepten aus ausgezeichneten Grundstoffen: verschieden gefüllte Ravioli, Crema di farro, **Zuppa di ceci e castagne** (im Winter), **Süßwasserfische**. Auf Vorbestellung können Sie ausgezeichnete **Renken mit Kartoffeln** bekommen. Die Auswahl an Wurstwaren und Käse aus der Gegend ist bemerkenswert. Die Weinkarte nennt Erzeugnisse aus sämtlichen Regionen Italiens, widmet sich auch besonders den Erzeugnissen aus der eigenen Umgebung. Antonio Burla und Lino Rocchi kümmern sich in ihrer freundlichen und aufmerksamen Art um die Gäste. Die Enoteca gehört zur Arcigola. Antonio Burla organisiert in seiner Eigenschaft als Vorstand der Sektion Viterbo verschiedene kulinarische Veranstaltungen, die natürlich auch ihren Teil zum Ruhm der »Enoteca la torre« beigetragen haben.

NOTIZEN

Map

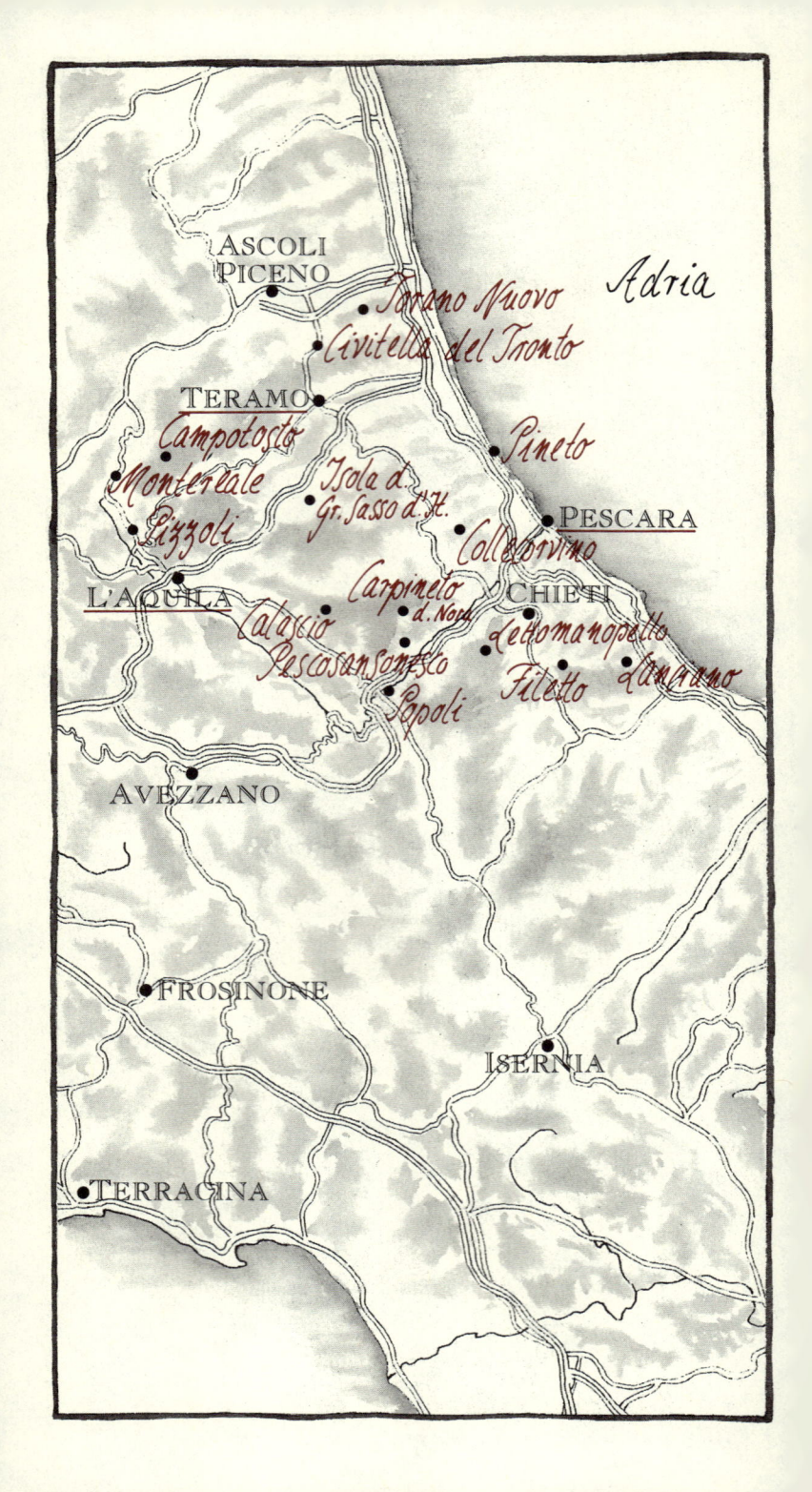

- Ascoli Piceno
- Torano Nuovo
- Civitella del Tronto
- Teramo
- Campotosto
- Pineto
- Montereale
- Isola d. Gr. Sasso d'It.
- Pizzoli
- Pescara
- Collecorvino
- L'Aquila
- Carpineto d. Nora
- Chieti
- Calascio
- Lettomanoppello
- Pescasansonesco
- Filetto
- Lanciano
- Popoli
- Avezzano
- Frosinone
- Isernia
- Terracina
- Adria

ABRUZZEN UND MOLISE

Die abruzzische Küche schlechthin gibt es nicht. Es gibt vielmehr unzählige Spielarten: Meeresküche, Gebirgsküche und schließlich die vielfältige Hirtenküche, die Einflüsse aus allen Regionen, in denen die Hirten mit ihren Herden umherziehen, spüren läßt. Und es gibt eine abruzzische »Exilküche«: damit meinen wir die Gerichte der Gegend um Amatrice (und damit wohl die bekanntesten), die immer zu den Abruzzen gehörte, bis ein Bundesgenosse aus Rieti beim Duce Ansprüche auf dieses Gebiet geltend machte.

Ich selbst wuchs mitten in dieser kulinarischen Tradition auf. Meine Mutter Marianna brachte Spaghetti all'amatriciana in ein Dorf im Nationalpark und lernte dafür, wie man Kartoffelbrot machte. Diese großen Brotlaibe (jeder etwa 5-6 kg schwer) nahmen die Hirten auf ihre Weideplätze mit. Durch die Kartoffeln wurde das Brot nicht so schnell hart und blieb länger frisch.

Auf seiner berühmten Reise in die Abruzzen bemerkte der Historiker Ferdinand Gregorovius, daß durch die Abgeschiedenheit dieses Landstrichs keinerlei Kontakt zu anderen Sprachgruppen und Kulturkreisen (auch kulinarischer Natur) des Landes bestand und sich deshalb eine sehr eigenständige Eßkultur entwickeln konnte. Wer also in den Wirtshäusern der Abruzzen einkehren will, dem seien folgende Ratschläge mitgegeben: Essen Sie nur traditionelle Gerichte und mißtrauen Sie allem, was Ihnen als sogenannte Regionalküche schmackhaft gemacht wird. Dabei handelt es sich doch nur um Scharlatanerie. Probieren Sie lieber den guten Käse der Abruzzen. Wenn er nicht aus der Gegend stammt, ist er meist sehr teuer. Fallen Sie auch nicht auf Speisekarten herein, die im Dialekt abgefaßt sind. Meist handelt es sich dabei nicht einmal um echte Dialektausdrücke, sondern nur um lächerliche Rückübersetzungen aus der italienischen Hochsprache. Bei den Süßspeisen brauchen Sie keine Bedenken zu haben. In den allermeisten Fällen handelt es sich um echte Spezialitäten der Gegend, die wirklich sehr gut schmecken.

Zusammenfassend kann ich Ihnen also nur empfehlen, die allereinfachsten Speisen zu essen. Sie werden feststellen, daß diese bodenständige Kost gut schmeckt. Schließlich beruht sie auf jahrhundertelanger Tradition. Und Sie wissen ja, daß die Geschichte letztendlich selbst über den guten Geschmack entscheidet. Essen Sie in meiner Heimat, sooft Sie Gelegenheit dazu haben. Hier gibt es außergewöhnlich viele Leute, die über hundert Jahre alt werden. Das hängt sicher auch mit ihrer Ernährungsweise zusammen. Und dann ist da noch der Wein. Die Bauernweine sind sehr derb, aber inzwischen machen auch einige neue Kellereien von sich reden. Prosit.

Ottaviano del Turco

Calascio

35 km von L'Aquila, S.S. 17 Richtung Sulmona

Da Clara

Trattoria
Via Patini, 9
Tel. 08 62 / 93 03 65
Ruhetag: Dienstag
Betriebsferien: September
100 Plätze
Preise: 20-25 000 Lire
Keine Kreditkarten
Reservierung: empfohlen

Wenn Sie von einem Ausflug zum Gran Sasso zurückkehren und in Richtung Castel del Monte weiterfahren, kommen Sie durch Calascio. Hier sollten Sie unbedingt bei François einkehren. Seine Trattoria ist in einer ehemaligen Ölmühle untergebracht. Clara Alessandrini ist eine hervorragende Köchin und weiß über die kulinarischen Traditionen der Gegend bestens Bescheid. Wenn es die Zeit erlaubt, erläutert sie ihren Gästen gerne die echte abruzzische Küche. Die Trattoria ist in erster Linie für ihre Primi berühmt. Da sind zu nennen: die typische **Linsensuppe** mit gerösteten Brotwürfeln, die zarten **Gnocchi** mit Hackfleischsauce, die **Ravioli di ricotta** mit Tomaten und die hervorragende **Amatriciana**. Als Secondi werden hauptsächlich Fleischgerichte angeboten, die in dem wunderschönen Kamin gegrillt werden. Zu empfehlen ist die gemischte **Bratenplatte**. Man trinkt einen guten offenen Wein aus der Gegend oder einen Flaschenwein von der überlegt zusammengestellten Karte. Die Trattoria zeichnet sich durch zuvorkommende Gastlichkeit und aufmerksame Bedienung aus. Auch an Feiertagen, an denen das Lokal immer gut besucht ist, kommt es zu keinen Engpässen. Wenn Sie rechtzeitig reservieren, können Sie hier auch übernachten.

Campotosto

46 km von L'Aquila, S.S. 80 Richtung Teramo

Barilotto

Trattoria
Via Roma, 18
Tel. 08 62 / 90 01 41
Ruhetag: Dienstag
Betriebsferien: Januar/Februar
50 Plätze
Preise: 20-25 000 Lire
Keine Kreditkarten
Reservierung: empfohlen

Campotosto liegt an einem See in den Monti della Laga, einer Gebirgskette zwischen den Regionen Abruzzen, Marken und Latium. Die Landschaft ist hier noch weitgehend unberührt, die ursprüngliche Vegetation noch erhalten. Die Trattoria-Pension »Barilotto« ist in einem ehemaligen Bauernhaus untergebracht und wirkt entsprechend gemütlich. Der Wirt ist freundlich und zuvorkommend, die Gäste können sich also wohl fühlen. Die Speisen sind typisch für die Gegend. Da hier vornehmlich Weidewirtschaft betrieben wird, ißt man im »Barilotto« ausgezeichnetes **Hammel**-, **Schaf**- und **Lammfleisch** vom Grill. Als Primi reicht man **Tonnarelli all'amatriciana** oder **Fettuccine** mit Steinpilzen. Man trinkt ausschließlich Weine aus den Abruzzen.

Carpineto della Nora

40 km südwestlich von Pescara

La roccia

Trattoria
Ortsteil Versante al Bosco
Tel. 0 85 / 84 91 42
Ruhetag: Dienstag
Betriebsferien: August
60–70 Plätze + Veranda
Preise: 15–20 000 Lire
Keine Kreditkarten
Reservierung: samstags notwendig

Die **Arrosticini** stehen gleichsam für die Bauernküche der Abruzzen: gemeint sind damit kleine Spieße mit Schaffleisch, die zu Hunderten über großen Feuerstellen gegrillt werden. In den Abruzzen bekommt man diese Spießchen so gut wie überall; sie werden an jeder Straßenecke und in vielen Landgasthäusern angeboten. Dazu ißt man dann ein paar Scheiben Hausbrot, das mit dem hervorragenden abruzzischen Olivenöl beträufelt wird. Aber die Arrosticini der Trattoria »La roccia« sind etwas Besonderes. Wir wissen nicht, ob es am Gras der Hochgebirgsweiden oder am Quellwasser liegt, aber das Schaffleisch aus dieser Gegend ist sicher eines der besten in ganz Italien. Carpineto liegt auf der südöstlichen Seite des Gran Sasso-Massivs, und in unserer Trattoria schmeckt einfach alles nach Gebirge: die wunderbaren **Ravioli** mit **Ricotta**, die auf den Almen der Gegend hergestellt wird, die **Gnocchi mit Schaffleisch** oder die köstlichen und zarten **Lammkoteletts** vom Grill. Signora Adele bereitet all diese Speisen fachgerecht zu. Bei Hochbetrieb gehen ihr noch ihre schon betagte Mutter und ihre Töchter zur Hand. Wie in den meisten einfachen Gasthäusern der Abruzzen trinkt man auch im »La roccia« nur offenen Wein. Nach den Tafelfreuden ist eine kleine Wanderung zu der unvergleichlich schönen Piana del Voglino zu empfehlen. Auf schmalen Wanderwegen ist sie in nur zehn Minuten zu erreichen.

Civitella del Tronto

22 km von Teramo, S.S. 81

Al feudo

Bar-Restaurant-Pizzeria
Ortsteil Santa Eurosia
Tel. 08 61 / 91 04 30
Ruhetag: Mittwoch
Betriebsferien: unterschiedlich
120 Plätze
Preise: 25 000 Lire, inkl. Wein
Keine Kreditkarten
Reservierung: empfohlen

Civitella del Tronto war die letzte Bastion der Bourbonen während der italienischen Freiheitskämpfe. Aber die Gegend ist nicht nur geschichtsträchtig, sondern auch reich an kulinarischen Traditionen, die sich von hier auf die gesamten Abruzzen ausdehnten. Man denke z.B. nur an die Capra alla neretese, die ihren Namen von einer Ortschaft in diesem Gebirgstal ableitet. Im »Al feudo« haben wir ausgezeichnete **Maccheroncini al ceppo** gegessen (sie sind auch unter der Bezeichnung »ceppe« bekannt): diese Nudeln bestehen aus Mehl, Wasser und Eiern; der Teig wird anschließend in 15-20 cm lange Streifen geschnitten und um ein Eisen gewickelt; auf diese Weise erhält man etwas festere und unregelmäßigere Röhrennudeln. Zu den »ceppe« ißt man kräftige Saucen, wie z.B. Hammel- oder Entenragout. Bei Silvana Passacqua probierten wir »ceppe« mit Entenragout. Als Secondo reichte man uns natürlich eine **Anatra in umido**. Es folgten **gebratene Tauben**. Nach altem Brauch ißt man im »Al feudo« donnerstags **Trippa** und freitags **Baccalà**. Daneben sind auf der Speisekarte weitere traditionelle Gerichte zu finden, so z.B. der **Spezzatino di pecora** »alla caldara« (so nennt man den Topf, in dem das Schaffleisch gegart wird) oder die **Bohnen mit Schweineschwarten**. Als Antipasto empfehlen wir die hervorragende **Ventricina**: damit bezeichnet man eine streichfähige Wurst aus Speck, magerem Fleisch, Chilischoten und Fenchelsamen. Das Weinangebot schien uns eher dem Zufall überlassen, als auf einer durchdachten Auswahl zu beruhen. Weder der Hauswein noch die Flaschenweine aus den Marken und den Abruzzen konnten uns somit überzeugen.

Collecorvino

40 km von Pescara, S.S. 151

Lu trappete

Trattoria
Largo Nazario Sauro, 12
Tel. 0 85 / 8 20 72 30
Ruhetag: Mi. u. So.abend
Betriebsferien: September
70-80 Plätze
Preise: 20-25 000 Lire
Keine Kreditkarten
Reservierung: samstags notwendig

Otello und Maria Teresa besaßen früher eine alte Ölmühle (in den Abruzzen sagt man »lu trappete« dazu), die genau gegenüber der Trattoria lag. Das Lokal ist ein reiner Familienbetrieb: Signora Maria Teresa kocht, ihr Mann Otello und ihr Sohn kümmern sich um die Gäste. Die gediegene Tischwäsche und der Kamin verleihen dem »Lu trappete« eine gemütliche Atmosphäre. Auf der Tageskarte entdecken Sie sämtliche Spezialitäten der Abruzzen, die die erfahrene Köchin hervorragend zuzubereiten weiß. Von den Primi empfehlen wir Ihnen die köstliche **Fracchiata**, die man nur noch sehr selten bekommt: ein Brei aus Kichererbsen-, Erbsen- und Platterbsenmehl, der mit dem hervorragenden Olivenöl der Gegend und scharfem Peperoncino angerichtet wird. Sie können aber auch **Pasta alla chitarra** mit Artischocken, **Polenta** con salsiccia, »scrippelle 'mbusse« (eine Art Pfannkuchensuppe) oder »tajarille e fasciul« (Nudeln mit dicken Bohnen) und Brot essen. Wenn Sie Glück haben, läßt Otello Sie die »fasciul de la secc« probieren: dabei handelt es sich um runde Bohnen, die gekocht und mit Öl und Pfeffer gewürzt werden. Die Secondi sind ebenfalls hervorragend: **Agnello cace e ove**, geschmorter Kalbsbraten, gemischte Braten. Zum Abschluß essen Sie das Dessert des Hauses. Der offene Wein aus der Gegend ist in Ordnung. Vermeiden Sie nach Möglichkeit den Samstagabend. Wenn es aber an den übrigen Tagen vielleicht einmal zu ruhig sein sollte, schleppt Otello sofort Radios und Fernsehapparate in den Speisesaal...

Filetto

29 km südlich von Chieti

Marcocci

Bar-Trattoria
Via Piano di Fugno
Tel. 08 62 / 60 62 47
Ruhetag: Montag
Keine Betriebsferien
40 Plätze
Preise: 17-25 000 Lire
Keine Kreditkarten
Reservierung: empfohlen

Die Ortschaft liegt am Fuße des Gran Sasso. Sie sollten in Filetto nicht nur ins Essen, sondern auch eine herrliche Wanderung zum Corno Grande einplanen, der übrigens auch mit der Seilbahn zu erreichen ist. Das »Marcocci« ist ein reiner Familienbetrieb. Die Mamma ist im ganzen Dorf für ihre Kochkünste berühmt. Essen Sie also in diesem alten Bauernhaus die typischen Gerichte der Gegend. Dazu zählen **Fettuccine** und **Spaghetti alla chitarra** mit verschiedenen Saucen, im Winter **Polenta** und **Gnocchi** und als Hauptgericht natürlich **Lamm**. Über die Antipasti können wir kein Urteil abgeben. Der Wirt riet uns jedesmal entschieden davon ab, damit wir die guten Primi und Secondi besser genießen könnten. Die Speisen sind im allgemeinen bemerkenswert gut und bekömmlich. Man verläßt die Trattoria in der Gewißheit, klassische Hausmannskost der Gegend probiert zu haben. Die Bedienung ist aufmerksam und auf angenehme Art freundlich. Der offene Hauswein aus den Castelli romani läßt sich gut trinken. Man bekommt auch ein paar Flaschenweine aus den Abruzzen.

Isola del Gran Sasso d'Italia

32 km von Teramo, S.S. 491

Il Mandrone

Trattoria
Ortsteil San Pietro
Tel. 08 61 / 9 71 52
Ruhetag: Mittwoch
Betriebsferien: im Sept. u. Febr.
60 Plätze
Preise: 25-30 000 Lire
Keine Kreditkarten
Reservierung: empfohlen

Mit »Valle Siciliana« bezeichnet man kein einzelnes Gebirgstal, sondern mehrere Täler, die fächerartig angeordnet sind. Sie haben auch nichts mit Sizilien zu tun, der Name rührt vielmehr von einer alten Römerstraße, der Via Caecilia, her. Die Gegend ist nicht nur landschaftlich, sondern auch wegen ihrer großen kunsthandwerklichen Tradition interessant. Berühmt sind die herrlichen Keramiken aus Castelli. Nur wenige Kilometer davon entfernt liegt Isola del Gran Sasso. Allein der ausgezeichnete Mozzarellakäse würde schon einen Aufenthalt in der Gegend rechtfertigen. Wer aber noch andere Spezialitäten der Abruzzen kennenlernen möchte, der sollte im »Il Mandrone« einkehren. Das Lokal wurde erst vor wenigen Jahren eröffnet. Die Genossenschaft der Valle Siciliana baute zu diesem Zweck mit viel Gespür ein altes Bauernhaus um. Man konnte z.B. die Gewölbedecken der früheren Viehställe erhalten. Diese dienen heute als Speisesaal. Zu empfehlen ist im »Il Mandrone« der Antipasto aus Auberginenkroketten, Ricotta und Kartoffeln mit Creme. Als Primo ißt man die »Stronghe alla barcarola« (lange Röhrennudeln aus verschiedenen Mehlsorten) mit dreizehn verschiedenen Kräutern aus dem Gran-Sasso-Gebiet. Es folgen **Agnello** »a coccetta« (im Tontopf), **Pecora** »a lu callare« (im Topf). Zum Dessert ißt man die hausgemachte **Cassata** aus Ricotta (nur, wenn es frische Ricotta gibt). Das »Il Mandrone« hält auch eine kleine, aber ordentliche Auswahl an Weinen bereit. Sie stammen aus der Gegend und passen gut zu den einzelnen Gerichten. Das Lokal ist familiär, die Bedienung ist einfach und herzlich.

L'Aquila

Da Rino

Trattoria
Via San Marciano, 2
Tel. 08 62 / 2 52 80
Ruhetag: Montag
Betriebsferien: August
50 Plätze
Preise: 25 000 Lire
Keine Kreditkarten
Reservierung: nicht notwendig

Im »Da Rino« kann man traditionelle Küche essen. In dem gefällig renovierten Lokal herrscht ein ständiges Kommen und Gehen, und nicht alle Gäste finden sofort einen freien Tisch. Das Lokal lebt in erster Linie durch den Wirt Gaspare Commentucci, genannt Rino. Sein ganzes Bestreben ist es, seine Gäste zufriedenzustellen. So gibt er beispielsweise bei jedem Gericht eigens an, wieviel Portionen noch zu haben sind. Seine Aufmerksamkeit kommt von Herzen, und so fühlen sich die Gäste bei ihm auch besonders wohl. Als Primo bekommt man fast immer **Gnocchi** oder **Ravioli** Für die **Strangolapreti** ist das »Da Rino« bekannt, denn hier werden sie aus einfachem Nudelteig zubereitet und mit einer guten Fleischsauce serviert. Von den Secondi empfehlen wir Leber, **Lamm** und **Hammel** Das Dessert des Hauses mit Schokolade und Mandeln ist sehr gut. Das Angebot an Weinen ist nicht gerade überragend. Der offene Wein ist annehmbar, man kann auch einige Flaschenweine bekommen.

L'Aquila

La cantina del boss

Enoteca
Via Castello, 3
Tel. 08 62 / 41 33 93
Ruhetag: Sa.nachmittag u. So.
Betriebsferien: im Juli / August
70 Plätze
Preise: 8-10 000 Lire, ohne Wein
Keine Kreditkarten
Reservierung: nicht notwendig

»La cantina del boss« hat eine lange Geschichte. Das Lokal wurde 1881 eröffnet und liegt immer noch in den Händen derselben Familie. Zur Zeit führen es die beiden sympathischen Brüder Franco und Giorgio Massari, die ihrem Weinlokal mit Leib und Seele verbunden sind. Im »La cantina del boss« kann man die verschiedensten Weine probieren: das Angebot reicht von offenen Weinen aus der Gegend bis zu edlen Schaumweinen. Dazu ißt man belegte Brote oder bringt sich das Passende von zu Hause mit. Nicht nur in den Abruzzen, sondern auch in ganz Italien ist dieser nette Brauch leider am Aussterben. Die belegten Brote bieten an sich nichts Besonderes, das Sandwich mit Frittata ist allerdings zu empfehlen. Das Publikum ist bunt gemischt: Studenten, Vertreter, alte Weinkenner und -liebhaber oder einfach nur Angestellte, die in der Mittagspause hier einkehren, schätzen gleichermaßen die angenehme Atmosphäre der Enoteca. Anständige Preise.

Lanciano

46 km von Chieti, S.S. 84

Vecchi sapori

Trattoria
Via Ravizza, 16
Tel. 08 72 / 3 61 36
Ruhetag: Mittwoch
Keine Betriebsferien
35 Plätze
Preise: 25 000 Lire
Kreditkarten: AE
Reservierung: samstags notwendig

Der Wirt Giuseppe Ursini ist für sein Zitronenöl berühmt. Das Lokal belegt die Räume eines ehemaligen Warenlagers in der Altstadt von Lanciano und ist rustikal eingerichtet. Die Küche ist offen und steht praktisch mitten im Raum. Eine gute Lüftungsanlage sorgt dabei aber immer für frische Luft. Ursinis Küche orientiert sich an den berühmten Spezialitäten aus Villa S. Maria. Als Antipasto ißt man einen wirklich außergewöhnlichen Salat aus wilden Kräutern mit dem berühmten Zitronenöl oder eine »fellata«, d.h. geröstete Brotscheiben mit Tomatenwürfeln und Gewürzen. Es folgen die berühmten, köstlichen **Gemüsesuppen**, die Pappardelle »del duca« mit einer samigen Gemüsesauce, die Tagliatelle »alla Tiberio«. Als Hauptgericht ißt man **gefülltes Kaninchen**, Schweinefleisch nach der Art von Villa S. Maria und die Spezialität des Hauses: »il meglio del bue rosato« heißt hier ein gegrilltes Rippenstück vom Rind mit gedünstetem Gemüse. Die Desserts sind sehr sorgfältig zubereitet: hausgemachte Obstkuchen, Tiramisù und Meringen »alla villese«. Das Weinangebot umfaßt gute Erzeugnisse aus den Abruzzen, Piemont und dem Trentino. Man bekommt auch eine gute Auswahl an Spirituosen.

Lettomanoppello

35 km von Pescara, S.S. 5 Richtung Avezzano

Zi' Camillo

Trattoria
Straße nach Passolanciano
Tel. 0 85 / 8 57 08 20
Ruhetag: Dienstag
Betriebsferien: 1.-20. September
80 Plätze
Preise: 15 000 Lire
Keine Kreditkarten
Reservierung: empfohlen

Allein wegen des zarten Salats, den man eigens für Sie frisch aus dem Garten holt, lohnt es sich schon, bis hierherauf zu fahren. Hier dürfen Sie sich allerdings keine vornehm gedeckten Tische erwarten. Auf jedem Tisch liegt eine andere ausgebleichte Tischdecke mit großen Löchern, die Servietten sind in einem Regal wild übereinandergestapelt. Besteck und Servietten müssen Sie sich selbst holen, und Sie können sich glücklich preisen, wenn Sie zwei erwischen, die zusammenpassen. Wenn Sie das alles nicht schreckt, dann können Sie bei Ivano Ferrante einkehren. Bei ihm bekommen Sie keine besonderen Spezialitäten, aber dafür typische Hausmannskost. Verschiedene Wurstwaren wie Coppa und selbst abgefüllte Würste aus Schweinsöhrchen, Knorpeln, Innereien und Schweineschwarten, Käse und in Öl eingelegte Pilze geben einen köstlichen Antipasto ab. Als Primo ißt man hier hauptsächlich die **dicken Bohnen mit Schweineschwarten**. Wer sich aber nicht nur von Schweinefleisch ernähren will, bekommt **Pasta alla chitarra**, **Ravioli di ricotta** oder **Gnocchi**. Von den Secondi schmeckte uns der **Lammbraten**, den Ivano im Kamin grillt, am besten. Dazu reicht Ivano den eingangs erwähnten Salat. Der offene Rotwein ist nicht schlecht. Wenn Sie einen besseren Wein trinken wollen, sollten Sie sich einen Montepulciano d'Abruzzo aus der Gegend bringen lassen.

Montereale

29 km von L'Aquila, S.S. 260

Carlo D'Amico

Trattoria
Via del Poggio
Tel. 08 62 / 90 41 02
Ruhetag: Donnerstag
Keine Betriebsferien
40 Plätze
Preise: 20 000 Lire
Keine Kreditkarten
Reservierung: empfohlen

Wenn Sie von L'Aquila in Richtung Norden nach Amatrice fahren, kommen Sie auf halbem Wege durch Aringo, einen Ortsteil von Montereale. Wenn Sie hungrig sind, sollten Sie unbedingt im »Carlo D'Amico« einkehren. Es verfügt sogar über einen eigenen Parkplatz. In der Familientrattoria essen Sie bodenständige und traditionelle Hausmannskost. Neben so typischen Gerichten der Gegend wie den **Bucatini all'amatriciana**, gegrilltem und gebratenem Fleisch sollten Sie sich die folgenden Spezialitäten nicht entgehen lassen: da sind einmal die sehr sorgfältig zubereiteten **Tagliatelle al ragù**, dann ist da die **Lasagna al forno**, die die nette Frau des Wirts von Hand ausrollt. Am Wochenende bekommen Sie die Lasagna, die hier endlich einmal nicht mit Béchamel- oder irgendeiner anderen obskuren Sauce serviert wird, auch ohne Vorbestellung. Unter der Woche sollten Sie einen Tag vorher anrufen. Als Secondi reicht man Ihnen einen ausgezeichneten **Abbacchio** »alla scottadito« mit Beilagen, die gerade der Jahreszeit entsprechen. Die Portionen fallen stets üppig aus. Sie bekommen hier auch Käse aus der Gegend und gute Wurstwaren. Sie sollten unbedingt einen Ausflug an den Lago di Campotosto machen. Der See liegt 1400 m hoch und etwa 10 km von Aringo entfernt. Bei kleinen Erzeugern können Sie dann Mortadella di Campotosto, Käse, Fleisch, Lamm und Milchlamm kaufen.

Pescara

Il cantinone

Trattoria
Via Marco Polo, 48
Tel. 0 85 / 69 47 65
Ruhetag: Sonntag
Betriebsferien: unterschiedlich
100 Plätze
Preise: 30–35 000 Lire
Keine Kreditkarten
Reservierung: samstags notwendig

Die vielen Gedecke, das Neonlicht und der Fernseher im Speisesaal haben nun wirklich nichts mehr mit einer klassischen Trattoria zu tun. Dennoch ist das Lokal in der Nähe des Hafens bei den Gästen beliebt. Die Wirtsleute bieten nämlich die typische Küche Pescaras mit ihren vielen Fischgerichten an. Das »Il cantinone« wird von Fischern geführt. Die Familie besitzt selbst ein Boot und bietet somit nur fangfrischen Fisch an. Ein sicheres Zeichen für die gute Qualität des Angebots sind auch die vielen Seeleute, die hier einkehren. Als Antipasto reicht man **marinierte Sardellen**, **gefüllte Tintenfische**, Miesmuschelsuppe, Meeresfrüchtesalat und weitere Leckereien. Die Auswahl an Primi ist umfangreich: Tagliatelle oder Rigatoni mit Scampi, »Taccunill'«, d.h. **Nudeln mit Venusmuscheln**, **Risotto** oder Spaghetti **alla marinara**, Tagliatelle mit Anglerfisch. Die Secondi stehen den Primi nicht nach: Braten oder Frittura mista, gebratener Anglerfisch, Fischsuppe, der berühmte **Brodetto** alla pescarese und manchmal sogar Hummer. Die Liste der Primi und Secondi ist lang. Je nach Fangergebnis werden jeden Tag weitere verschiedene Gerichte in reichlichen Portionen angeboten. Neben offenen Weinen und Flaschenweinen mit Schraubverschluß bekommt man auch einige Flaschen Trebbiano d'Abruzzo.

Pescara

La cantina di Jozz

Trattoria
Via delle Caserme, 61
Tel. 0 85 / 69 03 83
Ruhetag: Sonntagabend und Montag
Betriebsferien: unterschiedlich
100 Plätze
Preise: 25–30 000 Lire, ohne Wein
Kreditkarten: CartaSi, DC, Visa
Reservierung: empfohlen

Die Via delle Caserme liegt in der Innenstadt zwischen dem Hafenviertel und der Piazza Garibaldi. Das Lokal wurde vor etwa 15 Jahren von Giannandrea Giovanni Cetteo alias Jozz eröffnet. Seine Trattoria ist ein kleiner Tempel der abruzzischen Küche. Mit viel Liebe und Stolz wird für jeden Tag der Woche ein unterschiedliches Angebot aus zehn Gerichten zusammengestellt. Samstags und sonntags werden jeweils etwa 50 Klassiker der Regionalküche angeboten. So bekommt man beispielsweise am Donnerstag »Tajarille e faciule« (**Nudeln mit dicken Bohnen**), am Freitag ein Linsengericht und **Baccalà** »all'aquilana«, am Mittwoch »Sfarrata« (**Dinkelsuppe**) und am Sonntag die berühmte **Capra alla neretese**, den **Timballo** di »scrippelle« (Nudelauflauf) und **Agnello cace e ove** (mit Käse und Eiern). Zu angemessenen Preisen werden auch drei verschiedene Probiermenüs angeboten. Die Auswahl an Weinen aus der Gegend ist sehr gut, denn sie umfaßt rund 60 Erzeugnisse einschließlich der besten Crus. Jozz schließlich ist mit seiner typisch abruzzischen Art und seinen zahlreichen Geschichten eine echte Persönlichkeit.

Pescara

La terrazza verde

Trattoria
Largo Madonna dei sette dolori
Tel. 0 85 / 41 32 39
Ruhetag: Mittwoch
Betriebsferien: unterschiedlich
80–90 Plätze
Preise: 25 000 Lire
Keine Kreditkarten
Reservierung: samstags notwendig

Viel Grün gibt es in Pescara leider nicht mehr. Ein bißchen davon findet man noch im Schatten der Basilika, wo auch unsere Trattoria steht. Auf den ersten Eindruck hin wirkt die Trattoria nicht besonders einladend. Sie müssen sich erst durch die Bar hindurcharbeiten, in der die Gäste ihre Tippscheine fürs Fußballtoto ausfüllen. Haben Sie schließlich das eigentliche Speiselokal erreicht, sitzen Sie recht angenehm. Sie essen hier die typische Regionalküche der Abruzzen. Das Angebot reicht von den klassischen **Sagne e fagioli**, Sagne e ceci, **Gnocchi** und **Spaghetti alla chitarra** über den schmackhaften **Timballo** bis zu Nudeln mit Artischocken und Ravioloni mit Walnüssen. Als Secondo reicht man Ihnen meist gegrilltes **Lamm**, Truthahn mit Kräuterfüllung oder **geschmortes Kaninchen**. Der Wein wird eigens für die Trattoria in der Gegend von Chieti gekeltert und abgefüllt. Sie können auch Trebbiano, Cerasuolo und Montepulciano von Erzeugern aus der Gegend (allerdings nicht die besten) trinken. Am Samstagabend ist das »La terrazza verde« in der Regel überfüllt und daher nicht besonders zu empfehlen.

Pescara

Taverna 58

Trattoria
Corso Manthoné, 58
Tel. 0 85 / 69 07 24
Ruhetag: Sonn- und Feiertage
Betriebsferien: August
50 Plätze
Preise: 30–35 000 Lire, ohne Wein
Kreditkarten: AE, DC, Visa
Reservierung: empfohlen

Pescara hat sich erst in letzter Zeit ziemlich stark entwickelt. Das Stadtbild hat sich verändert, das Zentrum liegt nun um die Piazza Salotto und nicht mehr an der Piazza Garibaldi und am Corso Manthoné. Die einst so zahlreichen Botteghe der Handwerker, in denen man auch gleich ihre Erzeugnisse kaufen konnte, sind selten geworden. Giovanni Marrone hat vor über zehn Jahren seine »Taverna« eröffnet. Mit vielen Fotos an den Wänden seines Lokals hält er die Erinnerung an die Handwerksbetriebe von Pescara hoch. Auch der Schriftsteller Ennio Flaiano, der in dieser Straße geboren wurde, wird verehrt. Genauso pflegt Giovanni Marrone aber auch die Tradition der klassischen Trattoria: das »Taverna 58« zeichnen anständige Preise und gemütliche Atmosphäre, gute Küche und ein ebenfalls gutes Weinangebot aus. Man kann unter zwei verschiedenen Menüs wählen. Es gibt die »Sapori abruzzesi« (sieben traditionelle Gerichte), ein vegetarisches Menü (Linguine aus Dinkel mit Löwenzahn, überbackene Pfannkuchen, gegrillte Gemüse und Käse). Wer à la carte ißt, bekommt z.B. gebratenes **Schaffleisch** oder **Forellen** mit Bohnen. Eine ganz aparte Idee ist die »Tavolozza« aus Schnecken, die auf fünf verschiedene Arten zubereitet sind. Man bekommt fast alle bedeutenden Weine der Abruzzen sowie einige Weine aus dem übrigen Italien. Die Preise sind sehr anständig, die Bedienung in den beiden Speisezimmern ist flink. Im hinteren Speisezimmer ißt man bei Kerzenlicht.

Pescosansonesco

52 km von Pescara, S.S. 5 Richtung Avezzano

Da Franco e Amalia

Trattoria
Via Cavour
Tel. 0 85 / 8 88 92 67
Ruhetag: Montag
Betriebsferien: August
70-80 Plätze
Preise: 18-20 000 Lire
Keine Kreditkarten
Reservierung: samstags notwendig

Das alte Dorf ist fast ganz verfallen und verlassen. Es liegt auf einem Felsen, von dem aus der Blick von den Bergen bis zur Adria reicht. Die Trattoria »Da Franco e Amalia« liegt im neuen Teil des Dorfes, der vor etwa vierzig Jahren in einigen Kilometern Entfernung entstand. Die Trattoria ist im übrigen leicht zu finden, denn sie ist das einzige Gasthaus im Ort. Franco und Amalia werden Sie willkommen heißen. Die beiden netten Wirtsleute und ihre Kinder bieten Ihnen typische Hausmannskost der Gegend an. Beginnen Sie mit einem Antipasto misto aus Schinken, Pecorino und Gemüse aus eigener Herstellung. Essen Sie danach die saftigen **Pappardelle al cinghiale**, die »Pasta alla pastora« (mit Schinken, Pecorino, Petersilie und auf Wunsch mit Tomaten), die **Gnocchi** mit Entenragout oder auch die Fettuccine mit Hasenragout. Als Hauptgericht empfehlen wir Ihnen **Agnello in porchetta**, **Cinghiale** oder **Pecora** »a la callar« (im Kupferkessel). Dieses Gericht ist eine Spezialität der abruzzischen Hirten. Dabei wird das Schaffleisch in Fett angebraten, gesotten und dann mehrere Stunden mit verschiedenen Kräutern im Kupferkessel gegart. Auch der Wein stammt aus eigener Herstellung: der Montepulciano d'Abruzzo paßt gut zu den deftigen Gerichten.

Pineto

43 km von Teramo, 21 km von Pescara, S.S. 16

Pier delle Vigne

Bauernhof
Via Respighi, 24 - Santa Maria
Tel. 0 85 / 9 49 10 71
Ruhetag: So.abend u. Dienstag
Betriebsferien: Januar
40 Plätze
Preise: 30-35 000 Lire
Keine Kreditkarten
Reservierung: empfohlen

Bauernhöfe mit Restaurant und Gästezimmern sind in den letzten Jahren wie die Pilze aus dem Boden geschossen. Nicht selten aber landet man in schrecklich pseudo-rustikalen Lokalen, die keinen blassen Schimmer von Tradition besitzen und sich nur deshalb »Azienda agrituristica« nennen, um von den verschiedensten öffentlichen Zuschüssen zu profitieren. Das »Pier delle Vigne« liegt nicht weit von der Autobahnausfahrt Pineto entfernt. Hier handelt es sich um einen echten Bauernhof, auf dem hochwertige Grundstoffe zu guten Speisen verarbeitet werden. Lydia Pico und Pietro Forcella bauen selbst guten Wein an, z.B. den Trebbiano d'Abruzzo und den Montepulciano Cerasuolo, das Olio extravergine kommt aus den eigenen Olivenhainen. Das Speisenangebot ist sorgsam zusammengestellt. Wir schätzten besonders das vegetarische Probiermenü, das sonst niemand anbietet, den frischen panierten und gebackenen Pecorino, der für die Abruzzen besonders typisch ist. Weitere traditionelle Gerichte sind der **Timballo**, der hier nicht mit Lasagneblättern, sondern mit Pfannkuchen zubereitet wird, die hausgemachten Ravioli und der **Coniglio porchettato**. Zu den Spezialitäten des Hauses zählen der **Zucchiniauflauf**, die **Tagliatelle** mit Oliven und der Risotto mit Minze. Neben den Weinen aus eigener Herstellung bekommt man auch gute Flaschenweine aus der Gegend und dem übrigen Italien und Grappe. Besonders gut schmeckten uns auch hier die Zitronengrappa und die Grappa mit Kräutern, die Pietro Forcella selbst destilliert.

Pizzoli

13 km von L'Aquila, S.S. 260

Delfina

Trattoria
Corso Sallustio, 233
Tel. 08 62 / 97 62 70
Ruhetag: So.abend und Mittwoch
Betriebsferien: unterschiedlich
80 Plätze
Preise: 30 000 Lire
Keine Kreditkarten
Reservierung: empfohlen

1935 eröffnete Delfina ein Lebensmittelgeschäft mit Küche. Heute ist das »Delfina« eine klassische Osteria, in der man die besten Gerichte aus der näheren und weiteren Umgebung und aus ganz Italien (z.B. Hammel in Barolo) essen kann. Die verschiedenen Antipasti schmecken sehr gut: probieren Sie **Paliata**, **Trippa**, verschiedene schmackhafte **Bruschette** (mit Wildschwein, Trüffeln usw.), Schinken und **Coratella**. Gerade die letztgenannten Innereien vom Lamm sind hier berühmt. Früher aß man sie hauptsächlich in der Osterzeit, heute bekommt man sie das ganze Jahr über. Leber, Milz, Lunge und Herz vom Lamm werden in kleine Stücke geschnitten und mit Öl, Knoblauch, Rosmarin und (je nach Rezept) Honig in der Pfanne gebraten. Zu den Primi zählen schmackhafte **Pappardelle alla pecora** oder Gnocchi al ragù, all'amatriciana oder al cinghiale oder **Fettuccine ai tartufi** oder mit einer anderen Sauce und natürlich die **Pasta all'amatriciana**, die hier nicht fehlen darf. Als Secondi stehen hauptsächlich gegrillte Fleischgerichte zur Auswahl, die mit sicherer Hand und sorgfältig zubereitet werden. Die Desserts, wie Tiramisù mit Ricotta und verschiedene Obstkuchen, sind gut. Das interessante Weinangebot umfaßt nicht nur Erzeugnisse aus der Gegend, sondern auch aus der Toskana und Piemont. Der offene Hauswein ist gut, zu empfehlen sind auch der Montepulciano sowie der Trebbiano.

Popoli

51 km von Pescara, S.S. 5

Onofrietti

Restaurant
Via Capponi, 36
Tel. 0 85 / 9 82 14
Ruhetag: Montag
Betriebsferien: Oktober
50 Plätze
Preise: 30-35 000 Lire, ohne Wein
Kreditkarten: CartaSi
Reservierung: empfohlen

Das »Onofrietti« ist schon beinahe eine Institution in der Gegend, wenn es um Süßwasserfische geht. Forellen, Krebse, Aale stammen aus den Zuchtteichen, die mit dem sauberen Quellwasser des Pescara gespeist werden. Dank dieser glücklichen Umstände werden im »Onofrietti« klassische und phantasievolle Fischgerichte angeboten. Den Primo mit Krebsen sollte man unbedingt probieren. Ebenfalls zu empfehlen sind die Primi mit Lachs oder Steinpilzen. Als Secondo sollte man **Forellen**, **Aale** oder **Krebse** essen, die auf verschiedene Arten, z.B. gebraten, geschmort oder »alla marinara«, zubereitet werden. Die Spezialität des Hauses schlechthin sind allerdings die ausgezeichneten »Gamberi alla fumarola«. Die Krebse werden nach einem typischen Rezept aus Popoli zubereitet. Wer keinen Fisch mag, bekommt selbstverständlich auch Fleischgerichte. Die Auswahl an Weinen ist in Ordnung. Man trinkt Weine aus den Abruzzen und dem übrigen Italien.

Teramo

Antico cantinone

Restaurant
Via Ciotti, 5
Tel. 08 61 / 3 58 63
Ruhetag: Sonntag
Betriebsferien: August
120 Plätze
Preise: 20–25 000 Lire, ohne Wein
Keine Kreditkarten
Reservierung: empfohlen

Die **Virtù** sind ein traditionelles Gericht aus Teramo. Mit dem Wort »Tugend« bezeichnet man einen Minestrone, der laut Originalrezept aus sieben verschiedenen Gemüsesorten und Gewürzkräutern, aus sieben verschiedenen frischen und ebenso vielen getrockneten Hülsenfrüchten, aus sieben verschiedenen Nudelsorten und schließlich aus sieben verschiedenen Fleischsorten zubereitet wird. Dieses Gericht ist ein regelrechtes Ritual. Man ißt es, mit den heute notwendigen Abwandlungen, am ersten Mai. Das »Antico cantinone« ist ein Begriff in der Gastronomie Teramos. Jedes Jahr trifft man sich hier, um die traditionellen »Virtù« zu essen. Das Lokal gehört wohl zu den ältesten der Stadt. Es wurde bereits 1906 eröffnet. Seit 1951 wird es von der Familie Pirocchi geführt, die die gemütliche Atmosphäre zu bewahren verstand. Neben den »Virtù« ißt man hier die »Fregnacce«, d.h. Teigblättchen, die mit einer Sauce aus Salsiccia und Rindfleisch serviert werden, im Herbst und Winter **Kichererbsen mit Maronen**, **Truthahn** »alla canzanese« (gebraten und anschließend im eigenen Aspik angerichtet) und die köstlichen **Mazzarelle**, die man eigens beschreiben muß: die Innereien vom Lamm werden in kleine Stücke geschnitten und mit Knoblauch, Zwiebeln, Petersilie, Blattgemüse und Peperoncino aufgerollt und mit den Gedärmen zusammengehalten. Auch der Wein stammt im »Antico cantinone« natürlich aus den Abruzzen bzw. aus Teramo selbst. Man bekommt nur die besten Erzeugnisse.

Torano Nuovo

31 km von Teramo, 24 km von Ascoli

Pepe

Bauernhof
Via Chiesi, 10
Tel. 08 61 / 85 64 93 u. 85 57 92
Keine Ruhetag
Keine Betriebsferien
40 Plätze
Preise: 20 000 Lire
Keine Kreditkarten
Reservierung: empfohlen

Eine kleine Fangemeinde hält die traditionellen Weine der »Azienda Pepe« hoch. Sie sind vielleicht nicht vollkommen, aber völlig unverfälscht im Geschmack, denn sie werden noch nach traditionellen Verfahren gekeltert. In der Nähe des eigentlichen Weinkellers wurde ein altes Bauernhaus renoviert. Dort kann man seit kurzem bei Rosa Pepe, der Frau des Winzers, und ihren Töchtern übernachten (drei Zimmer) und bodenständige Bauernkost essen. Man bekommt die typischen **Spaghetti alla chitarra** mit verschiedenen Fleischsaucen, **Gnocchi**, Hühner und Kaninchen aus eigener Aufzucht, geschmortes **Ziegenfleisch** mit Paprikaschoten und **Timballo** »di screppelle« (Pfannkuchenauflauf). Dazu trinkt man die Weine aus eigener Herstellung, wie den Trebbiano d'Abruzzo, den Montepulciano und einen Champenois aus Trebbianotrauben, der zusammen mit einer ausgezeichneten Grappa von Nannoni zu den Neuheiten des Hauses zählt. Man ißt in familiärer Atmosphäre und zu anständigen Preisen.

NOTIZEN

Map

Vieste

Trani

BARI

Altamura

MATERA

Monopoli
Locorotondo
Martina Franca
Cisternino
Palagiano
Massafra
Ceglie Messapico

TARANTO

BRINDISI

LECCE

S. Cesario d. Lecce
Aradeo
Vernole

GALLIPOLLI

APULIEN

Als Hans Barth sein Werk über die Osteria verfaßte (D'Annunzio schrieb übrigens das Vorwort dazu), ließ er Apulien aus. Sehr verehrter Hans Barth, in unseren netten Bauerngasthäusern gibt es nicht nur Wein für die Bacchusjünger. Dort ißt man auch äußerst schmackhafte Gerichte. Sie entspringen zwar nicht dem Talent eines Drei-Sterne-Kochs, aber sie stellen einfache Hausmannskost dar. Und die gehört schließlich zu unseren schönsten Traditionen.

In den Osterie ist noch etwas von den alten Bräuchen zu spüren, die wir alle so lieben und schätzen. »Candie« heißen die Osterie in der Mitte und im Norden, im Süden werden sie »putée« genannt. Aussehen und Funktion gehen auf die alten Tavernen zurück. Sie waren dunkel und schmucklos. Es gab eine Unmenge davon; es waren so viele, daß man sie gar nicht alle aufzählen kann, es sei denn, man liebt Statistiken. Die meisten lebten und starben in goldener Mittelmäßigkeit. Nur wenige widerstehen noch heldenhaft dem Ansturm der Massenabfütterungsstätten, die sich chic Restaurants nennen, nur wenige sind so stark, daß ihnen Sandwich-Bars und Fast-Food-Restaurants nichts anhaben können.

Für die Osterie, die überlebt haben, zählt nur der Wein. Alles andere ist Nebensache, dem Genuß des edlen Getränks untergeordnet. Die Trinkbrüder sitzen beisammen und spielen »zumbariedde« oder »scecu de lu mieru«, eine Art Knobelspiel. Solange niemand zuviel getrunken hat, verläuft alles sehr harmonisch. Sonst kann es schon einmal zu einer Schlägerei kommen. Ist das denn heute immer noch so? In einigen Osterie ja. Seit Jahrhunderten haben sie schon ihren angestammten Platz in dem Teil der Stadt, der sich heute Altstadt nennt. Zu den traditionellen Fleischgerichten (»ghjmeriedde«, »ciole« oder »ghighì«, »tacche«, »brasciolette« müßte ich Ihnen jetzt eigens erklären; doch das führt zu weit; am besten probieren Sie die Spezialitäten selbst) gesellten sich in der letzten Zeit einige Primi: »paste e fasule che le codeche«, »ciceri e ttria«, »lu farricèdde«, »chjangarèdde cu li mugnele« und wie die einfachen Gerichte alle heißen. Während man in den neuen Restaurants alle möglichen Phantasiespeisen vorgesetzt bekommt, der Koch womöglich nicht einmal sein Handwerk versteht und anstatt Kellner Banditen herumsausen, während in den Restaurants vieles improvisiert ist, kommt in den Osterie das uralte Wissen um die echte Kochkunst zur Geltung. Die Küche ist lediglich hinter einem Vorhang verborgen und verströmt einen unwiderstehlichen Duft in die umliegenden Gassen und Höfe – kein Werbespot könnte verführerischer sein.

Auch ich besuchte, wenn auch selten, eine Zeitlang die alten Osterie von Bari, Lecce und Taranto. Aber leider spielte eines Tages mein Magen (nicht mein Herz) nicht mehr mit, und so verlor ich jegliche Sachkenntnis und eine gutes Stück Lebensfreude. So lebe ich nur in der Erinnerung und konnte der Versuchung nicht widerstehen, etwas über die typischen »Institutionen« von Bari zu schreiben. Ich stöberte in öffentlichen und privaten Archiven und entdeckte Unterlagen über die »Hostaria Sancti Nicolai«, die bereits um 1200 exisitierte, über das Leben, das in dieser Stadt brodelte und sich schließlich zu dem heutigen Bild formte. Im alten Teil unserer Städte stößt man noch auf die Überbleibsel dieses fast ausgestorbenen Dionysos-Kults, auf seine Tempel und Priester. Es waren berühmte Priester, auch Priesterinnen, deren Namen auch heute noch über die Lippen der jungen Generation gehen: »Carnatòste«, »Beccòe«, »Calandriedde«, »Cianna Cianne«, »La mossce«, »Le traci«, »Fafuèche«, »Vèrme ngule« usw. Unzählige gab es davon in den vergangen Jahrhunderten (gehen Sie aufs Katasteramt und überzeugen Sie sich selbst!).

Glauben Sie mir, ich erinnere mich noch gut, wie ich als kleiner Junge ins »La mossce« mitgenommen wurde. Die Osteria wurde gegen Ende des vorigen Jahrhunderts eröffnet und war Einkehr für all jene, die von Neapel kamen oder dorthin reisten. Das Lokal gibt es nicht mehr. Aber das ganze Stadtviertel trägt heute seinen Namen. Es hieß so, weil das Gesicht der Wirtin voller Pockennarben war. Keine Spur von Luxus. Auf den groben Tischen lagen Tischdecken, die nach Kernseife rochen, man aß bodenständige Kost, die Bedienung war aufrichtig um die Gäste bemüht. Der Fisch schmeckte wirklich noch nach Meer, denn das Meer umspülte die Fundamente der Osteria. Wissen Sie nun, warum der Fisch dort immer so frisch war? Weil nachts die Flut kam und der schlaue Wirt so viele Fische in seinen Keller schwimmen ließ, wie er gerade brauchte. Er mußte sie dann nur noch aussortieren und den Ausschuß ins Meer zurückwerfen. Ohne Angel und ohne Netze. Vom Meer direkt in die Pfanne. Frischer geht's nicht. In einer anderen Osteria, in der auch die bessere Gesellschaft verkehrte, aß ich zum erstenmal Kutteln mit dicken Bohnen. Damals wurden die Kutteln noch in mehreren Arbeitsgängen gesäubert und nicht, wie heute, mit einem Bleichmittel behandelt. Wenn Sie wollen, können Sie auch in der Altstadt von Bari im »Peppino de le travi« einkehren. Sie essen dort ausgezeichnetes Pferdefleisch. Ich muß wohl nicht extra anfügen, daß sich dort auch die Fußballmannschaft von Bari verköstigt ...!

Durchstreifen Sie die Gäßchen des alten Stadtkerns, beobachten Sie die Leute, hören Sie ihnen zu, lernen Sie ihre Freuden und Sorgen kennen, begreifen Sie, was die Leute begeistert, was sie gleichgültig läßt. Auch heute noch ziehen sich die Bauern und Seeleute in die wenigen Osterie zurück, denn sie essen, um zu trinken, und nicht umgekehrt. Die Atmosphäre ist immer noch die gleiche, ebenso die Einrichtung, ein Laubzweig hängt an der Tür, man ißt einfache, wohlschmeckende und üppige Speisen. Wenn wir den letzten Tropfen getrunken haben, scheint das Leben langsamer zu vergehen, und zusammen mit den Vaganten von einst können wir folgende Verse anstimmen: »In taberna quando sumus/non curamus quid sit humus.«

Luigi Sada

Altamura

46 km von Bari, S.S. 96

Tre archi

Pizzeria
Via M. Direnzo, 4
Tel. 0 80 / 8 71 55 69
Ruhetag: Mittwoch
Betriebsferien: unterschiedlich
65 Plätze
Preise: 10 000 Lire
Keine Kreditkarten
Reservierung: empfohlen

Wer wissen möchte, was es mit der Pizza des genialen Peppino Castoro auf sich hat, der muß sich eine **Piadina** bestellen. Ungesalzener Teig wird wie eine Pizza geformt und im Holzofen gebakken. Der einfache Fladen schmeckt so köstlich, daß man auf jeglichen Belag verzichten kann. Wenn dieser Fladen nun aber mit Mozzarella, getrockneten Tomaten und Pilzen oder mit grünen Tomaten und Basilikum (im Frühjahr) oder mit Auberginen serviert wird, schmeckt er einfach hervorragend. Man versteht dann, warum die Gäste aus der ganzen Provinz angereist kommen und daß es durchaus anzuraten ist, einen Tisch zu bestellen, will man nicht ewig im Stehen auf einen freien Platz warten. Auch die einfache **Pizza** »alla napoletana« oder Margherita schmeckt hervorragend. Schmales Angebot an Weinen aus der Gegend und aus ganz Italien.

Altamura

46 km von Bari, S.S. 96

Valleverde

Bauernhof
Staatstraße 96, km 85
Tel. 0 80 / 84 22 07
Kein Ruhetag
Keine Betriebsferien
70 Plätze
Preise: 30-35 000 Lire
Keine Kreditkarten
Reservierung: notwendig

Zu unserem großen Glück hat sich eine Römerin Apulien als Wahlheimat ausgesucht. Denn sie ist es, die mit viel Geschick und Gespür die reichhaltige Küche der Gegend umzusetzen weiß. Rita und Lucio Indrio ist es zu verdanken, daß wir auch heute noch die typischen Regionalgerichte mit Hülsenfrüchten und frischer hausgemachter Pasta kosten können. Wir denken da an den wilden Löwenzahn mit **Bohnenpüree**, an die **Orecchiette** mit Hackfleischsauce, an die **Tagliatelle** mit Kichererbsen und die **Capunti** al sugo. Hier bekommt man auch noch Hühner, Perlhühner und Kaninchen, die so schmecken wie früher, und im Frühjahr und Herbst den seltenen **Calaridde di agnello** (eine Spezialität aus Lammfleisch). Zum Dessert ißt man Ricotta aus Schafsmilch, Großmutters Marmeladen und Biskuitkuchen mit Cremefüllung. Sämtliche Gerichte entsprechen der Jahreszeit und müssen bereits im voraus bei der Reservierung mit den Wirtsleuten abgesprochen werden. Lucio ist sympathisch und leistet seinen Gästen während der Mahlzeit Gesellschaft. Dabei erläutert er ihnen jedes einzelne Gericht. Der Wein ist der guten Küche leider nicht ebenbürtig.

Aradeo

31 km von Lecce, S.S. 101 Richtung Gallipoli

La monella

Trattoria
Via D'Annunzio, 7
Tel. 08 36 / 55 41 71
Ruhetag: Dienstag
Betriebsferien: November
50 Plätze
Preise: 25-40 000 Lire
Kreditkarten: Visa
Reservierung: empfohlen

Im Salento gibt es neben unzähligen Fischlokalen vereinzelt auch Restaurants, die Spezialitäten aus dem Hinterland anbieten. Wer also nicht immer nur Fisch essen will, kann nach Aradeo fahren und im »La monella« einkehren. Das Lokal ist nicht leicht in eine der bestehenden Kategorien einzuordnen, man könnte von einer Osteria sprechen, aber ebensogut auch von einem Restaurant oder einer Pizzeria sprechen. Die Atmosphäre ist dafür aber ganz typisch. Die Leute sitzen auf dem Dorfplatz und unterhalten sich über Geschäfte, meist geht es um den Kauf oder Verkauf von Wein, Tabak und Tomaten. Direkt an der Piazza steht auch Brunos Lokal, in dem man die verschiedensten Spezialitäten probieren kann. Sie alle zeichnen sich durch ihre Unverfälschtheit aus. Das Kleinvieh wird z.B. im Freien gehalten. Zu empfehlen sind deshalb besonders die Fleischgerichte, die mit großer Sorgfalt zubereitet werden. Sehr beliebt sind die **Tordi**, die man (nur zur entsprechenden Jahreszeit) auf verschiedene Arten bekommen kann. Die Bedienung ist aufmerksam und um einen freundlichen Kontakt zu den Gästen bemüht. Der Hauswein ist gut. Der Wirt keltert ihn selbst aus grünen und blauen Malvasia-Trauben. Man bekommt auch einige Flaschenweine aus der Umgebung.

Bari

Al pescatore da Sebastiano

Trattoria
Via Federico II di Svevia, 6
Tel. 0 80 / 5 23 70 39
Ruhetag: Montag
Keine Betriebsferien
120 Plätze
Preise: 40 000 Lire
Kreditkarten: alle
Reservierung: empfohlen

Zu Füßen der Stauferburg stoßen Sie an der Seepromenade von Bari auf ein besonders typisches Restaurant. Seit über zwanzig Jahren widersteht es sämtlichen Moden, die in der letzten Zeit die Gastronomie Baris ruiniert haben. Im »Al pescatore« essen Sie zahlreiche verschiedene **Meeresfrüchte**, die meist roh zum Verzehr angeboten werden. Daneben bekommen Sie zarte und knusprige **Polipetti di scoglio**, wie es sie nur hier gibt. Die Primi mit Fisch und Meeresfrüchten sind immer gut, ebenso die frischen Fische, die vor Ihren Augen gegrillt und als Secondi gereicht werden. Das Angebot an Weinen ist in Ordnung. Angesichts der erstklassigen Qualität der Grundstoffe sind 40 000 Lire inklusive Wein durchaus angemessen.

Ceglie Messapico

38 km von Brindisi, S.S. 581

Trattoria messapica

Trattoria
Piazza Plebiscito, 27
Tel. 08 31 / 38 83 18
Ruhetag: Montag
Keine Betriebsferien
45 Plätze
Preise: 25 000 Lire
Keine Kreditkarten
Reservierung: empfohlen

Die Messapica-Hochebene ist schon im 7. Jahrhundert v. Chr. besiedelt gewesen. Seit jener Zeit hat sich weder am Landschaftsbild noch am Straßennetz viel geändert. Ceglie ist ein schönes Beispiel für den Städtebau in der Gegend um Brindisi. Dicht und endlos aneinandergereiht stehen die Häuser mit ihren weiß gekalkten Wänden, und an der alten Piazza Plebiscito scheinen uns die Spitzbögen der Trattoria von Mimmo Chirulli in eine andere Zeit zu versetzen. Niemand weiß mehr so genau, wie lange das Lokal schon besteht. Manche erinnern sich noch an die Locanda, manch andere an den Weinkeller. Seit etwa fünf Jahren (das steht fest) führen Mimmo und Nina das Lokal. In dieser Gegend sind die Menschen Fremden gegenüber eher mißtrauisch und zurückhaltend. Hier jedoch wird man mit einer einzigartigen Mischung aus Sympathie und zuvorkommender Gastlichkeit empfangen. Nina vollbringt in ihrer Küche die reinsten Wunder. Mimmo kümmert sich um die Gäste. Er singt zur Ziehharmonika, von der er sich nicht trennen kann, unterhält sich mit seinen Gästen und läßt bei aller Natürlichkeit doch durchblicken, daß er eine gute Hotelfachschule besucht hat. Sonderwünsche erfüllt er allerdings nicht. »Wer hierherkommt, muß alles probieren ...« Und schon steht die dampfende und duftende **Fritta** aus Eiern, Semmelbröseln, Pecorino, Zitronenmelisse und Zwiebeln auf dem Tisch. Es folgen die »paparuoli chini«, d.h. mit Cacio, Kapern, Eiern und Semmelbröseln **gefüllte Paprikaschoten**, die »Involtini al ragù« mit kleinen Fleischbällchen. Der Roséwein aus der Gegend ist Mimmos Lieblingswein und daher der einzige, den man bekommt. Er ist einfach und paßt recht gut zu den Speisen.

Cisternino

49 km von Brindisi, 14 km von Ostuni

Il Rugantino

Trattoria
Via C. Colombo, 78
Tel. 0 80 / 71 85 92
Ruhetag: Montag
Betriebsferien: September
85 Plätze
Preise: 30-40 000 Lire
Kreditkarten: BA, CartaSi, Visa
Reservierung: empfohlen

Nur der Name »Al Rugantino« (»der Mürrische«) paßt nicht zu den herrlichen Trulli und dem tausendjährigen Kloster Madonna d'Ibernia. Quirino und Nicola Loparco bemühen sich seit einigen Jahren, die besten traditionellen Rezepte der apulischen Küche vorzustellen. Das Lokal ist rustikal-modern eingerichtet und bietet die typischen Gerichte der Gegend an. Dazu gehören **Orecchiette**, **Bohnenpüree** und die **Involtini** aus Lamminnereien. Das Angebot wird durch überlegte Kreationen noch bereichert. Am besten schmeckten uns die »Recchitedde alla Rugantino«, d.h. von Mamma Giuseppina hausgemachte Orecchiette mit Tomaten, Waldpilzen, Krebsen und Sprossenbrokkoli, der nie fehlen darf. Mit seinem **Hammelbraten** und dem »grèo munnèto (zerstampfter und gekochter Buchweizen, der wie ein Risotto mit Miesmuscheln, Krebsen oder Pilzen gekocht wird) stellt Quirino seine Kochkünste unter Beweis. Er sammelte zunächst im Ausland seine Erfahrungen, bevor er schließlich wieder in seine Heimat zurückkehrte. Zum Abschluß muß man unbedingt die verschiedenen Süßspeisen von Mamma Giuseppina probieren. »Taraddozze«, »Ficazza«, »Fràcite«, »Pettole«, »Mèule« und »Atterète« heißen sie im Dialekt. Die Signora bereitet auch unwahrscheinlich viele verschiedene Liköre nach alten Geheimrezepten zu. Ob sie da nicht vielleicht doch mit dem Leibhaftigen im Bunde steht? Die Weine aus der Umgebung (Bianco di Locorotondo und Folegio) passen gut zu den Speisen, sind aber nicht besonders aufregend.

APULIEN

Cisternino

49 km von Brindisi, 14 km von Ostuni

Trattoria dell'emigrante

Trattoria
Via R. Elena, 8
Tel. 0 80 / 71 68 21
Ruhetag: Donnerstag
Betriebsferien: unterschiedlich
30 Plätze
Preise: 15-20 000 Lire
Keine Kreditkarten
Reservierung: nicht notwendig

Dreißig Jahre verbrachte Vincenzo Picoco in der deutschen Schweiz als Gastarbeiter. Aber es verging kein Abend, an dem er nicht an seine Heimatstadt Cisternino in der Valle d'Itria dachte. Sein Traum von der Rückkehr in die Heimat wurde schließlich Wirklichkeit. In der mittelalterlichen Stadt Cisternino hatte er eine harte, aber glückliche Jugendzeit verbracht. In der Nähe der Piazza, wo er sich auch damals aufhielt, erwarb er seine »Trattoria dell'emigrante«. Vincenzo ist ein wahres Naturtalent, wenn es ums Kochen geht. Schon damals in der Schweiz zogen die einfachen Speisen seiner Heimat die übrigen Gastarbeiter in Scharen an. Heute ist seine etwas geschmacklos eingerichtete Trattoria ein Muß für alle, die in Cisternino eine üppige Mahlzeit zu einem sagenhaft günstigen Preis essen wollen. Es ist offengestanden schwierig zu sagen, was uns bei Vincenzo nun am besten schmeckte. War es das köstliche **Schaffleisch** in Zwiebelsud, der ausgezeichnete **Coniglio al forno** mit Zwiebeln oder waren es die **Involtini di trippa** mit Selleriebrühe? Während wir überlegten, wanderte unser Blick über die naiven Bilder und die bäuerlichen Gerätschaften, die in großer Zahl an den Wänden hängen. Der offene Wein wird von Vincenzo »eigenhändig« aus den Trauben der Umgebung hergestellt. Gelagert wird er ausschließlich in den berühmten »capasoni« (große, antike Tonkrüge), die ihm schließlich das unverwechselbare zarte Aroma und die goldgelbe Farbe verleihen, als würde er in edlen Eichenfässern gelagert.

Lecce

Carlo V

Pizzeria
Piazzetta Falconieri, 1
Tel. 08 32 / 4 35 09
Ruhetag: Montag
Betriebsferien: August
80 Plätze + 100 im Freien
Preise: 10-25 000 Lire
Keine Kreditkarten
Reservierung: nicht notwendig

Corrado Ricercato hat seine Karriere als Filmarchitekt (er hat mit Fellini und Visconti zusammengearbeitet) aufgegeben und zusammen mit seinem Schwager Paolo Guido in seiner Heimatstadt ein Restaurant eröffnet. Das »Carlo V« gehört heute zu den besten Speiselokalen der gesamten Region. Im benachbarten Palazzo aus dem 16. Jahrhundert hat er eine Enoteca eingerichtet. Wer wenig Zeit hat, kann im »Carlo V« eine Pizza essen, ansonsten bekommt man in gepflegter Atmosphäre Spezialitäten aus der Gegend serviert. Es stehen 40 verschiedene **Pizze**, ein Dutzend Antipasti, 15 verschiedene **Carpacci** und etwa zehn kalte Speisen zur Auswahl, die der Tradition des Salento entsprechen: dazu zählen die **Zwiebel-**, Gemüse- oder Dinkelsuppe, der **Minestrone**, die Gemüsecreme und die **zerlassene Scamorza**. Zwei Weinliebhaber und -kenner wie Ricercato und Guido bieten auch in einer Pizzeria interessante apulische Weine (Taurino, Cantina Sociale di Copertino, Candido, Mjere di Michele Calò, Rosa del Golfo und Rivera) sowie die bedeutendsten Weine aus dem übrigen Italien an (Gaja, Abbazia di Rosazzo, Castello di Ama, Baldi di Castelluccio, Maculan, Antinori, Elio Altare usw.). Die Enoteca liegt schließlich nicht umsonst gleich neben der Pizzeria. Dort kann man übrigens auch einen kleinen Happen essen und ein Glas Wein oder Champagner trinken. Für eine Mahlzeit mit Antipasto, Pizza, Hauptgericht, Carpaccio und Dessert zahlt man 25-30 000 Lire, für eine Pizza gibt man weniger als 10 000 Lire aus. Ein lohnendes Angebot.

FISCHER + TREZZA

IMPORT GMBH
STUTTGART

Mercedesstraße 55
7000 Stuttgart-Bad Cannstatt
Tel. 0711 - 56 12 10
Fax. 0711 - 56 12 35

Weine Italiens

**Fordern Sie
unsere Preisliste an!**

Erstbestellungen -beliebig sortiert-
ab DM 250.- frei Haus.

Giacosa - Gaja - Conterno - Mascarello - Fontanafredda - Bologna - Duca d'Asti - Le Colline - Cantalupo - Travaglini - Nebbiolo Carema - La Scolca - Ceretto - Vigne dal Leon - Enfer - Spinola - Vescovo - Russiz Superiore - Felluga - Jermann - Pighin - De Tarczal - De Cles - Ca 'del Bosco - Bolla - Masi - Le Ragose - Maculan - Lazzarini - Giustinian -Visconti - Biondi-Santi - Barbi - Altesino - Villa Banfi - Mastrojanni - Lisini - Avignonesi - Boscarelli - Fassati - Bigi - Antinori - Incisa - Volpaia - Monte Vertine - San Polo in Rosso - Castellare - Badia a Coltibuono - Banti - Poggio Antico - Fontodi - Rampolla - Ricasoli - Ruffino - Frescobaldi - Bonacossi - Falchini - Teruzzi & Puthod - Buonamico - Villa Cilnia - Terre Rosse - Paradiso - Cesari - Castelluccio - Lungarotto - Boncompagni Ludivisi - Colacicchi - Gotto d'Oro - Monte Schiavo - Simone - Conte Zandotti - Emidio Pepe - Tollo - Fazi Battaglia - D' Angelo - Mastroberardino - Rivera - Librandi - Leone de Castris - Tasca D´ Almerita - Sella & Mosca - Duca di Salaparuta - Gatinais
Barrique:
Montesodi - Tignanello - Sassicaia - Solaia - Pergole Torte - Il Sodaccio - Grifi - I Sodi Niccolo - Sangioveto - Coltassala - Palazzo Altesi - Balifico - Castelluccio - Barilot - Palazotto - Fratta - Benefizio - Campo del Sasso - Flaccianello - Sammarco - Tavernelle - Darmagi - etc.

**Weiter im Sortiment:
Sekt - Grappa -
Balsamessig -
Olivenöl**

Für Ihr leibliches Wohl denken wir weit über den Tellerrand hinaus.

Was macht einen Lufthansa Flug zu etwas Besonderem? Der Service, die Mitarbeiter, die appetitlichen Menüs? Sicherlich trägt alles zur bekannten Lufthansa Qualität bei. Ebenso wie die technische Perfektion. Wir haben z.B. ein System zur Triebwerksbeobachtung während des Fluges mitentwickelt.
So schaffen wir mit Service, Qualität und Perfektion die Voraussetzungen dafür, daß Sie sich bei uns an Bord wohl fühlen.
Willkommen an Bord.

Lufthansa

Locorotondo

65 km von Bari, S.S. 172

Casa mia

Trattoria
Via Cisternino, km 2,7
Tel. 0 80 / 9 31 12 18
Ruhetag: Dienstag
Betriebsferien: Februar
100 Plätze
Preise: 25–30 000 Lire
Kreditkarten: CartaSi, Visa
Reservierung: empfohlen

Das »Casa mia« liegt wenige Kilometer außerhalb von Locorotondo auf der Straße nach Cisternino in der Valle d'Itria. Ursprünglich waren die Räume als Wohnung gedacht, und erst seit wenigen Jahren befindet sich ein Speiselokal darin. Es konnte sich schnell zu einem gemütlichen Treffpunkt für Liebhaber guter Küche entwickeln. Wer an den schattigen Plätzen im Freien sitzt, kann sich zwischen zwei Gängen auf die kleine Tanzfläche wagen. Zeitlich genau aufeinander abgestimmt bekommt man die verschiedenen Antipasti serviert, die so reichlich ausfallen, daß sie allein schon eine volle Mahlzeit abgeben könnten. »Lu pulp all'acite« (**gekochter Oktopus** in Essig, Minze und Knoblauch), »scarcioppule de spine« (wilde Artischockenherzen in Essig und Öl), »pepone« (geschmorte Chilischoten in Öl), mit Brot, Kapern, Eiern, Petersilie und Knoblauch **gefüllte Zwiebeln** leiten die Mahlzeit ein. Es folgen unvergleichlich gute **Cavatelli con ceci**, die in den typischen »pignate« (Tongefäße) serviert werden. Die Fischgerichte erreichen nicht die Qualität der Fleischgerichte, die allesamt typisch für den Mittelmeerraum sind. Die **Braciole con polpette** (Kalbsrouladen mit Hackfleischbällchen) sind mit einer weißen Ricottacreme überzogen; das klassische Sontagsessen der Gegend enttäuschte uns nie. Auch das gesamte Angebot an berühmten Doc-Weinen, wie der Locorotondo, Sava und Salento, konnte uns immer zufriedenstellen. Teilen Sie es Quirico Oliva mit, wenn Sie mit Ihrer Mahlzeit zufrieden waren. Wenn Sie dann das nächste Mal bei ihm einkehren, wird er sich mit einer kleinen Überraschung erkenntlich zeigen und ein wenig von den ohnehin schon günstigen Preisen nachlassen.

Locorotondo

65 km von Bari, S.S. 172

Centro storico

Trattoria
Via Eroi di Dogali, 6
Tel. 0 80 / 9 31 54 73
Ruhetag: Mi., nicht im Sommer
Keine Betriebsferien
40 Plätze
Preise: 25–35 000 Lire
Kreditkarten: CartaSi, Visa
Reservierung: empfohlen

Die Altstadt von Locorotondo besteht aus einer dichten Folge von Häusern, Innenhöfen, Bogengängen und Treppen. Die weiß gekalkten Wände bilden einen wunderschönen Kontrast zu den bunten Blumen, die Balkons und Fenster schmücken. Ein Besuch in der kleinen und gemütlichen Trattoria von Giovanni Lo Parco ist da einfach ein Muß. In dem winzigkleinen Lokal mit seinen Gewölbedecken und weißen Wänden, die ein angenehmes Gefühl von Frische vermitteln, kommt man schnell ins Gespräch. Von den Antipasti kostet man am besten die verschiedenen Gemüse, die mit erfahrener Hand und Phantasie zubereitet sind: die gegrillten Auberginenscheiben und die gebratenen Paprikaschoten sind besonders zu empfehlen. Bei den Primi hält man sich an die traditionelle Küche Apuliens und serviert Orecchiette aus Vollkornmehl mit Ragout und Cacio ricotta, Orecchiette aus Grieß mit Tomaten und Basilikum, im Winter **Orecchiette mit Sprossenbrokkoli** und **Löwenzahn mit Bohnenpüree**. Als Secondi empfehlen wir die Kräutertaschen, die Kalbskoteletts mit einer Füllung aus Salbei, Petersilie, Schinken und Käse, die »**Gnumeredde** affucuate« (Röllchen aus Lamminnereien mit Sauce; nur auf Vorbestellung), die **Involtini di trippa in brodetto**. Im Einklang mit der kulinarischen Tradition stehen auch die **Brasciole al ragù** und das gegrillte Fleisch aus Mastbetrieben der Gegend. Man beschließt die Mahlzeit mit Mozzarella und Scamorza aus der Umgebung. Die kleine Weinkarte ist in Ordnung, sie nennt hauptsächlich Doc- Weine aus Locorotondo.

Martina Franca

30 km von Taranto, S.S. 172

Ai portici

Trattoria
Piazza Immacolata, 4/6
Tel. 0 80 / 70 17 02
Ruhetag: Dienstag
Betriebsferien: Februar/März
80 Plätze
Preise: 30 000 Lire
Kreditkarten: Master Card
Reservierung: empfohlen

Die Trattoria »Ai portici« fügt sich so harmonisch in das Bild der wunderschönen Piazza ein, daß man sie nur mit Mühe unter den Arkaden entdeckt. Man steigt am besten abends die Stufen in das Lokal von Marco und Martino hinunter und bewundert die geschickt beleuchteten Gewölbe. Das Personal wirkt und manchmal beinahe schüchtern. Es gibt keine Speisekarte, stattdessen bekommt man das Angebot aufgesagt. Wenn dann nach und nach die typischen Speisen der Gegend aufgetischt werden, kann man in dem aufmerksamen Blick Marcos die Befriedigung eines Künstlers entdecken, der sein Werk nun endlich vollendet weiß. Lob von Seiten der Gäste schafft familiäres und entspanntes Klima, erkundigt man sich dann noch genauer nach den einzelnen Gerichten, so ruft man damit Stolz und Befriedigung hervor. So erfährt man z.B., daß hinter den zarten »face ncapriète« (**Bohnenpüree** mit gedünstetem Löwenzahn und Olivenöl extravergine) ein Rezept des Vaters steckt, der seine Tips gerne weitergibt, obwohl er selbst nicht kocht. Bemerkenswert gut schmecken die »recchie de privete«, d.h. Orecchiette mit reichlich Hackfleischsauce und schmackhaften Polpette, die mit Cacio ricotta (der halbreife Hartkäse aus Schafsmilch wird in der Sauce weich und cremig) bestreut werden. Ihrem ausgezeichneten Ruf wird die Trattoria in erster Linie beim Fleisch gerecht. »Cervellatine« (dünne Kalbswürste), **Hammel** und **Gnumeredde** (Röllchen aus Lamminnereien) bilden die Hauptbestandteile der Grillplatte, die in der Regel mit »spingituro« (Sellerierohkost) gereicht wird. Die Auswahl an Weinen beschränkt sich auf die Erzeugnisse Apuliens, die besonders gut zu den einzelnen Speisen passen.

Massafra

16 km von Taranto, S.S. 7

La ruota

Restaurant
Via Barulli, 28
Tel. 0 99 / 68 77 10
Ruhetag: So.abend und Montag
Betriebsferien: August
120 Plätze
Preise: 35-45 000 Lire
Kreditkarten: alle außer AE
Reservierung: nicht notwendig

Das »La ruota« sieht mit seiner gediegenen Einrichtung und seiner edlen Tischwäsche wie ein modernes Restaurant aus. Doch die typische Küche und die annehmbaren Preise machen aus dem Lokal doch eher eine traditionelle Trattoria. Es ist ein gut geführter Familienbetrieb. Fernando Antonio Notaristefano behandelt seine Gäste freundlich und zuvorkommend und unterhält sich auch mit ihnen. Der Küchenchef Mimmo Tinelli stellt zahlreiche typische Gerichte aus der Umgebung von Taranto vor: »Vellutata di mare« (Röhrennudeln mit Tomaten und Meeresfrüchten), ausgezeichnete **Zuppa di pesce** und einen reichhaltigen Antipasto aus rohen oder gekochten Meeresfrüchten. Auch die kreativen Gerichte werden stets aus frischen und hochwertigen Grundstoffen zubereitet. Das Lokal ist für seine zahlreichen verschiedenen Fischgerichte berühmt, die einen guten Überblick über die Meeresspezialitäten der Gegend gewähren. Man trinkt entweder den Hauswein oder wählt einen Wein aus dem guten Angebot an italienischen und ausländischen Erzeugnissen.

Monopoli

46 km von Bari, S.S. 16

Da Pierino l'inglese

Osteria
Via Amalfitana, 6
Tel. 0 80 / 9 30 68 42
Ruhetag: Montag
Betriebsferien: September
160 Plätze
Preise: 20–50 000 Lire
Keine Kreditkarten
Reservierung: nicht möglich

Viele verwinkelte Gäßchen durchziehen die Altstadt von Monopoli. Hier steht auch das klassische Hafenlokal der ganzen Stadt. Der Name »Pierino l'inglese« paßt wie die Faust aufs Auge, denn weder die Trattoria noch der Wirt haben etwas mit den Engländern zu tun. Doch Pierino erklärt uns, was es mit diesem Namen auf sich hat: er selbst bekam den Spitznamen »Pierino der Engländer«, weil er sich als Kind für mythologische Filme interessierte, die damals eben als »englische« Filme bezeichnet wurden. Die Trattoria ist einfach und gemütlich, wie es die Tradition verlangt. Eine ganze Schar von Kindern und Enkelkindern besorgt die Bedienung. Sie alle sind nett und flink, aber weit entfernt von einem professionellen Service. Die Gerichte entsprechen der apulischen Regionalküche. Man beginnt mit in Essig und Öl eingelegtem **Oktopus**, Auberginen und Artischockenherzen. Es folgen **rohe Meeresfrüchte** (z.B. Muscheln, Miesmuscheln, Austern), die ganz frisch geöffnet werden. Von den Primi sind die ausgezeichneten **Spaghetti con le cozze** zu empfehlen. Bei den Secondi kann man zwischen frischem Fisch und Fleischgerichten wählen. Besonders typisch ist der »gagghiupp«, eine **Roulade aus Pferdefleisch**, die ganz langsam in Ragout geschmort wird. Man trinkt ordentliche Weine aus der Umgebung.

Palagiano

22 km von Taranto, S.S. 7

La gardenia bleu

Trattoria-Restaurant
Via G. B. Vico, 39
Tel. 0 99 / 6 88 49 79
Ruhetag: Freitag
Keine Betriebsferien
100 Plätze
Preise: 30–35 000 Lire
Keine Kreditkarten
Reservierung: nicht notwendig

Der Schein trügt. Das Lokal liegt am äußersten Rand von Palagiano, einer Kleinstadt in der Provinz Taranto. Lassen Sie sich nicht abschrecken von der Schotterstraße, dem wilden Parkplatz in den Feldern, dem unpersönlichen Gebäude. Das »La gardenia bleu« selbst ist sauber und ordentlich, vielleicht sogar ein wenig kühl, das Personal aber höflich und zuvorkommend. Die Nähe zum Meer findet schon bei den Antipasti ihren Niederschlag: **Oktopussalat**, **rohe Meeresfrüchte**, ausgezeichnete **gratinierte Miesmuscheln** und Miesmuschelsuppe. Die Primi sind weniger hervorragend, aber durchweg annehmbar. Wir empfehlen **Risotto** und **Linguine mit Meeresfrüchten**. Die Fischgerichte können dann allerdings jegliche Zweifel über die Qualität des Restaurants beseitigen. **Frittura** aus jungem Kabeljau und »Agostinelle«, herrliche fangfrische Brassen, werden meisterhaft zubereitet und zu anständigen Preisen angeboten. Die Weine sind der Küche nicht ebenbürtig.

San Cesario di Lecce

6 km südlich von Lecce

Circolo Salento

Circolo Arcigola
Via Campagna
Tel. 08 32 / 63 91 82
Auf Bestellung geöffnet
Keine Betriebsferien
24 Plätze
Preise: 25-30 000 Lire
Keine Kreditkarten
Reservierung: obligatorisch

Die Slow-Food-Bewegung und Arcigola haben die Eröffnung eines Clubs im Salento angeregt. Das Lokal ist in einem Landhaus aus dem 18. Jahrhundert untergebracht und hat sich in kurzer Zeit zu einem Feinschmecker-Treffpunkt entwickelt. Die Arcigola-Mitglieder kochen selbst und wechseln sich bei der Zubereitung von regionalen Spezialitäten ab. Das Lokal ist nur freitags und samstags geöffnet und nur für Arcigola-Mitglieder zugänglich. Die Küche der Gegend basiert hauptsächlich auf Hülsenfrüchten, Gemüse, Kleinvieh, Pferde- und Rindfleisch und Fisch. Daraus setzen sich auch die Gerichte des »Circolo Salento« zusammen. Kaninchen und Hühner werden sogar selbst gezüchtet, die eingelegten Gemüse, wie Auberginen in Öl oder Paprikaschoten in Salzlake, oder die verschiedenen Nudelsorten (»minchiarieddhi«, **Orecchiette**, »sagne incannulate«) sind hausgemacht. Am beliebtesten sind die Pasta mit frischen Tomaten, die fritierten Auberginenwürfel mit Cacio ricotta, die Nudeln mit Pesto, die »minchiarieddhi« mit im Tontopf gartem Bohnen und wildem Fenchel, **Getreidesuppe mit dicken Bohnen** (wahlweise Gerstensuppe). Man bekommt auch **Parmigiana salentina**, **Kaninchen in Wacholder** oder **mit Sauce**. Signora Dunja, die Präsidentin des Circolo, macht die Süßspeisen. Der Doc-Wein stammt von den vereinigten Genossenschaftskellereien in Copertino.

Trani

41 km von Bari, S.S. 16

Antico Torrente

Restaurant
Via Fusco, 3
Tel. 08 33 / 4 79 11
Ruhetag: So.abend und Montag
Betriebsferien: November
45 Plätze
Preise: 40 000 Lire, ohne Wein
Kreditkarten: AE, MC, Visa
Reservierung: empfohlen

Das Restaurant gibt es erst seit einem Jahr, es ist aber jetzt schon zu einem Geheimtip für die Liebhaber guten Essens und Trinkens geworden. Savino, seine Frau Rosa und Salvatore führen das kleine Lokal mit Sachkenntnis, Engagement und Liebe. Auf diese Weise gelingt es ihnen, selbst die anspruchsvollsten Gäste zufriedenzustellen. Im »Antico Torrente« ißt man hauptsächlich Fisch. Savino, der bereits in mehreren Restaurants von Trani einschlägige Erfahrungen sammeln konnte, spielt sein gesamtes Wissen aus, wenn es darum geht, klassische und traditionelle Antipasti (manche in moderner Zubereitung) aufzutischen: rohe **Polipetti**, rohe **Meeresfrüchte**, Krabben mit Sellerie, geschälte, panierte und **fritierte Scampi**, **gefüllte Miesmuscheln**, **gegrillter Oktopus** und zur passenden Jahreszeit fritierte Artischocken und andere Gemüsesorten. Es folgen außergewöhnlich gute Primi wie überbackene **Bavette con frutti di mare e scampi**, Cavatelli mit rohen Meeresfrüchten, **Risotto alla pescatora**. Als Secondi ißt man Fleisch- und natürlich Fischgerichte. Zu empfehlen ist im Ofen, in Alufolie, in Salzkruste gegarter, gegrillter oder fritierter Fisch, der ohne Saucen serviert wird, damit der feine Geschmack besser zur Geltung kommen kann. Die Desserts sind ebenfalls in Ordnung. Man bekommt **Babà**, **Pastiera**, Tiramisù ohne Mascarpone, der dadurch leicht bekömmlich wird. Die Auswahl an Weinen aus der Region und dem übrigen Italien ist überlegt zusammengestellt. Eine eigene Weinkarte gibt es noch nicht, aber das wollen wir diesem Restaurant, das sich so wohltuend von den übrigen Lokalen dieser Gegend abhebt, gerne nachsehen.

Vernole-Acaia

13 km südöstlich von Lecce

Locanda del gallo

Trattoria
Piazza Castello, 1/A – Acaia
Tel. 08 32 / 86 11 02
Ruhetag: Montag
Betriebsferien: September/Oktober
40 Plätze
Preise: 30 000 Lire, ohne Wein
Kreditkarten: Visa
Reservierung: notwendig

Die Burg von Acaia wurde einst zur Verteidigung gegen die Türken erbaut. Man sagt, daß sich auch Karl V. mit seinen Kriegern hier aufgehalten haben soll. Heute wird die Burg weder von Königen noch von Kaisern besucht, sondern steht allen offen, die in behaglicher Atmosphäre gut essen wollen. Der Wirt ist nicht nur als Koch, sondern auch als Maler bekannt. Zu den besonderen Spezialitäten gehört der **inturtigghiatu**, den man in der Zeit zwischen Weihnachten und Neujahr ißt. Dabei handelt es sich um eine lange Rolle aus Lamminnereien. Sie wird mit Kartoffelscheiben serviert, die mit Petersilie, Knoblauch, Semmelbröseln, Salz und Pfeffer bestreut und mit Olivenöl übergossen werden. Das Ganze wird drei Stunden lang im verschlossenen Tontopf in der Asche gegart. In den Wintermonaten ißt man außerdem **Schweinebraten** mit Pilzen aus der Gegend und Zwiebeln. Auch die verschiedenen Heringsfische aus der Adria und der **Polpo alla pignatta** (Oktopus im Tontopf) schmecken gut. Fast immer bekommt man die feine Pasta »spiganarda« mit Miesmuscheln, Kichererbsen und gebratene Pasta (**Ciceri e tria**) sowie die klassische **Pasta e fagioli**. Die Bedienung ist familiär, zuverlässig und flink. Das Weinangebot umfaßt einige gute Doc-Weine aus der Gegend.

Vieste

102 km von Foggia, S.S. 89

San Michele

Restaurant
Viale XXIV Maggio, 72
Tel. 08 81 / 7 81 43
Ruhetag: Do., nicht im Sommer
Keine Betriebsferien
80 Plätze
Preise: 40-50 000 Lire
Keine Kreditkarten
Reservierung: empfohlen

An dieser Stelle stand früher eine alte Weinschenke, die vor allem von Matrosen aus Vieste besucht wurde. Der Großvater des heutigen Besitzers eröffnete dort ein Fischrestaurant. In der Küche steht die rüstige Mamma Michelina, die einen guten Teil ihres Lebens am Herd des Restaurants verbracht hat. Auf der Speisekarte dominieren die Fischgerichte. Zu den bodenständigen Speisen gehören sicher die **Sarde case e ove** (mit Käse und Ei gefüllte Sardinen) und die **Sardellen mit Rüben** (ein Auflauf). Der **Antipasto di mare** mit rohen und gekochten Meeresfrüchten fällt sehr reichhaltig aus. Weitere empfehlenswerte Gerichte sind der »suffrì«, eine Suppe aus Zucchini, Zwiebeln, dicken Bohnen, Wirsing, Auberginen, Tomaten und Knoblauch, die mit gerösteten Brotscheiben und je nach Jahreszeit mit Schnecken, Fröschen oder Meeräschen serviert wird. Michelinas Söhne Mimmo und Matteo kümmern sich in ihrer herzlichen und freundlichen Art um die Gäste. Man trinkt einen annehmbaren offenen Weißwein oder bekannte Flaschenweine aus Apulien.

APULIEN

Map

ISERNIA •   **CAMPOBASSO** •

CASERTA   **BENEVENTO** •   *Melito Irpino* •

Cervinara   *Vallesaccarda* •

AVELLINO •   *Bisaccia* •

NEAPEL   • *Somma Vesuv.*   *Atripalda* •

Bacoli   *Pozzuoli*   *Sant'Anastasia*   *Montella* •

Bagnoli Irpino •

SALERNO •

Amalfi

Castellabate •

Pisciotta •

S. Giovanni a Piro •

KAMPANIEN

Seit die ersten Touristen Neapel entdeckt haben, zieht das Bild des »Maccaronaro« in unzähligen Versionen um die Welt: Ein Mann, oder besser noch der typische neapolitanische Gassenjunge, zieht mit einer Hand ein paar dampfende Spaghetti (»al dente«!) aus einer Schüssel und läßt sie sich mit verzückter Miene in den Mund gleiten. Dieses Bild von Neapel ist bei den Touristen natürlich sehr beliebt und hat, zusammen mit den Mittelmeerpinien und den Mandolinen, zu dem typischen Neapel-Klischee geführt. Sinnbild für die (gastronomische) Kultur Neapels wäre aber viel eher die Pizza, die aus der für Neapel so typischen Mischung aus Phantasie und bitterer Armut entstanden ist.

Die Ursprünge der Pizza mögen ruhig auf die Phönizier, auf die Griechen oder die Kumanen zurückgehen, die Fladenbrote auf heißen Steinen buken. Aber es waren die Neapolitaner, die den einfachen Fladen zur Pizza erhoben, als im 16. Jahrhundert die Tomaten in Europa bekannt wurden. Natürlich kann man heute auch in Mailand oder Stockholm, in New York oder Bombay Pizza essen, weil die neapolitanischen Pizzabäcker in aller Herren Länder auswanderten. Aber nie wird sie so echt schmecken wie hier in Kampanien.

Freilich, die Gesellschaft hat sich gewandelt, hat alle zu abgestumpften Freizeitfreaks gemacht. Und auch die Pizzeria von einst ist mittlerweile zum Fast-Food-Betrieb geworden. Man kann auch nicht mehr, so wie früher, die Pizza an einem Stand an der Straße kaufen. Der klassische »Pizzaiuolo«, der durch die Gassen der Altstadt zog und auf seinem Kopf den großen Zinnbehälter mit den zusammengefalteten, heißen Pizzas balancierte, ist aus unseren Straßen verschwunden. Jeder kannte seinen eintönigen Gesang, mit dem er seine Ware feilbot: »Na prùbbeca, na prùbbeca« (eine Kupfermünze aus der Bourbonenzeit). Am liebsten hörten die armen Leute natürlich den Ruf: »Tengo 'e ppizze a ogge a otto.« Das bedeutete, daß man die Pizza gleich essen konnte, aber erst eine Woche später bezahlen mußte. Aus einem Teigkloß wird durch ein geschicktes Spiel mit den Händen, die den Teig kneten, klopfen und formen, ein Fladen von etwa 20 Zentimetern Durchmesser. Der Belag ist von Mal zu Mal verschieden. Dann wird der Fladen mit Hilfe einer Holzschaufel mit einem sehr langen Stiel in den heißen Steinofen geschoben. Ein zweiter Pizzabäcker achtet darauf, daß er genau die richtige Hitze abbekommt, und zieht nach zwei bis drei Minuten die dampfende und köstlich duftende Pizza heraus. Dieses Ritual, gleich einem stillen Tanz, ist Sinnbild für ein ganz bestimmtes Eßverhalten, ja, mehr noch, für ein besonderes Eßverständnis. Man kommt mit Freunden zusammen und genießt den Geschmack vergangener Zeiten.

Michele Prisco

Amalfi

25 km von Salerno, S.S. 136

Da Gemma

Trattoria
Via Fra' Gerardo Sasso, 9
Tel. 0 89 / 87 13 45
Ruhetag: Donnerstag
Betriebsferien: Januar/Februar
60 Plätze
Preise: 30 000 Lire, ohne Wein
Kreditkarten: alle
Reservierung: empfohlen

In der Nähe der kleinen Piazza mit dem Dom aus dem 13. Jahrhundert steht die Trattoria »Da Gemma«. Nur ein einfaches Schild und die Terrasse mit der Pergola weisen auf das Lokal hin. Es ist schlicht eingerichtet, die Bedienung familiär, die traditionellen Fischgerichte bodenständig. Seit 1931 liegt die Trattoria in den Händen derselben Familie. Zur Zeit zeichnet Mario für die Küche verantwortlich, seine Brüder sind für die Gäste zuständig. Im »Da Gemma« ißt man eine ausgezeichnete **Insalata di mare** als Antipasto. Aus der reichen Auswahl an Primi empfehlen wir die **Spaghetti mit Venusmuscheln** oder mit Meeresfrüchten oder die Linguine mit Scampi. Auch bei den Secondi dominieren Fischgerichte, meist ißt man fritierten oder gegrillten Fisch oder die »Calamari in casuola« (geschmorte Tintenfische). Über allem steht jedoch die **Fischsuppe**. Die Weinkarte ist einfach bestückt und beschränkt sich auf die wichtigsten Weine. Sie nennt die Erzeugnisse von Mastroberardino, die natürlich nicht fehlen dürfen, sowie Weine aus Friaul, Venetien und Apulien und einen Weißwein aus der Gegend. Als weiterer Pluspunkt für die Trattoria ist die Einrichtung anzusehen.

Atripalda

3 km östlich von Avellino

Valleverde

Osteria
Via Pianodardine, 102
Tel. 08 25 / 62 61 15
Ruhetag: Sonntag
Keine Betriebsferien
40 Plätze
Preise: 25–35 000 Lire
Keine Kreditkarten
Reservierung: empfohlen

Die Osteria ist Pasqualina De Benedictis' Reich. Tante Pasqualina, wie sie von allen genannt wird, besitzt eine zuvorkommende Art und ist trotz ihrer nicht mehr ganz jungen Jahre eine sehr aktive und energische Person. Ihr Lokal (in dem man übrigens auch übernachten kann) liegt am Rande des Industriegebiets von Pianodardine. Lange Zeit wurde das Lokal nur von Fernfahrern und Pendlern besucht. Seit es jedoch auch von anspruchsvolleren Gaumen entdeckt wurde, ist es zu einem sicheren Tip in der Gastronomie der Gegend geworden. Hier ißt man als Primi **Zuppa di baccalà**, **Minestra maritata** (mit jungem Scarolasalat, Karden, Löwenzahn, Wirsing, Rotkohl, Cotechino, Pancetta und Schweineschwarte), zahlreiche Nudelgerichte aus hausgemachter Pasta, wie z.B. Fusilli, Orecchiette, **Cavatelli con i broccoli**. Als Secondo bekommt man in der Regel Hühner und Kaninchen aus der eigenen Aufzucht sowie Schweineschwarte oder Baccalà mit Kartoffeln. Abschließend werden interessante Käsesorten aus der Gegend gereicht, zu denen natürlich der Pecorino und die Caciotta zählen. Die Weine besorgt Pasqualinas Sohn selbst. Der gelernte Weinprüfer füllt einen guten Greco, Fiano und Taurasi ab. Manchmal kann man sogar eine nette Überraschung erleben und im Weinkeller einen alten Tropfen entdecken.

Avellino

Antica trattoria Martella

Trattoria
Via Chiesa Conservatorio, 10
Tel. 08 25 / 3 11 17
Ruhetag: So.abend und Montag
Betriebsferien: August
70 Plätze
Preise: 28-35 000 Lire, ohne Wein
Kreditkarten: AE, CartaSi, DC, Visa
Reservierung: empfohlen

Die Trattoria steht in der Altstadt von Avellino in der Nähe des Palazzo Caracciolo. An dieser Stelle stand früher ein Weinlokal. Es wurde 1921 von Enrico Ricuccio Della Bruna eröffnet. Enricos Brüder übernahmen das Lokal und übergaben es schließlich dem Enkel, der ebenfalls Enrico heißt und es heute zusammen mit seinem Cousin Giuseppe führt. Es handelt sich also um einen Familienbetrieb, der aber nichts an Sachkenntnis und Höflichkeit im Umgang mit den Gästen vermissen läßt. In der gemütlichen Trattoria ißt man die traditionelle Küche der Gegend: breite Gnocchi, **Cicatielli con broccoli**, Fusilli, Trippa, gegrilltes Fleisch, **Lamm**, Kalb und verschiedene Gemüse. Je nach Jahreszeit bekommt man auch besondere Spezialitäten wie **Mugliatielli** (Nudeln) auf Bauernart, **Zuppa di soffritto** und **Schweineleber** mit Kräutern. Alle Gerichte werden gleichermaßen nur mit ausgewählten Grundstoffen zubereitet. Man trinkt einen ordentlichen offenen Wein oder Doc-Weine aus der Gegend, wie z.B. den Taurasi oder Greco.

Bacoli

23 km westlich von Neapel

Monzù

Restaurant
Via Lido a Miliscola, 43
Tel. 0 81 / 5 23 14 77
Ruhetag: Montag
Betriebsferien: Juli/August
50 Plätze
Preise: 30-35 000 Lire, ohne Wein
Kreditkarten: AE, Visa
Reservierung: empfohlen

Antonio Testa besaß ein Restaurant an der Salita di S. Teresa, seine Frau hatte ein zweites Restaurant am Cavone eröffnet. Ihre Küche wurde schon in kurzer Zeit so berühmt, daß König Ferdinand II. Antonios Sohn Domenico in seine Sommerresidenz Capodimonte berief und sich von ihm die köstlichen Spezialitäten in einem eigens für ihn gebauten Ofen zubereiten ließ. Während seiner Dienstjahre beim König bekam Domenico den Spitznamen Monzù, nachdem nun auch unser Restaurant benannt ist. Im Gegensatz zu den Restaurants an der Küste, in denen ausschließlich Fisch angeboten wird, bekommt man im »Monzù« der Signora Maria La Porta Canetti traditionelle neapolitanische Küche. Dazu gehören die **Minestra maritata**, der geschmorte **Baccalà**, die **Zuppa di soffritto** und der **Timballo di maccheroni**. Natürlich bekommt man auch traditionelle Fischgerichte. Für alle Speisen werden im »Monzù« nur frische Grundstoffe, der jeweiligen Jahreszeit verarbeitet. Zu den einzelnen Gerichten bekommt man immer einen passenden Wein aus der Gegend: Falerno, Lacrima Christi, Biancolella und andere. Weine aus anderen Regionen Italiens sind ebenfalls zu haben.

Bagnoli Irpino

41 km südöstlich von Avellino

Lo spiedo

Trattoria
Piano Laceno
Tel. 08 27 / 6 80 73
Ruhetag: Di., nicht im Sommer
Betriebsferien: unterschiedlich
100 Plätze Preise: 20–25 000 Lire,
ohne Wein
Keine Kreditkarten
Reservierung: nicht notwendig

Nicola war Bäcker und hatte eines Tages eine geniale Idee: Wenn die Leute schon bis von Norcia zum Altipiano del Laceno kommen, um schwarze Trüffeln zu kaufen, dann könnte man doch ein Lokal aufmachen und dort diese wertvollen Knollen anbieten. So ist das »Lo spiedo« entstanden, das heute als Feinschmecker-Trattoria gilt. Hier kann man Trüffeln auf die verschiedensten Arten probieren, ohne gleich ein Vermögen dafür ausgeben zu müssen. Eine Tatsache, die man nicht unterschätzen sollte. Zu Nicolas Spezialitäten zählen also: **Ravioli al tartufo, Insalata di tartufo,** Eier mit Trüffeln und zahlreiche weitere wohlschmeckende Gerichte. Laceno liegt in den Bergen, wo auch Viehwirtschaft betrieben wird. Das bedeutet natürlich, daß man hier zur passenden Jahreszeit Pilz- und Fleischgerichte für jeden Geschmack bekommt. Zu nennen sind in diesem Zusammenhang vor allem die **Tagliatelle mit Steinpilzen** sowie Lamm-, Kalb- und Hühnerfleisch, das man gegrillt oder vom Spieß ißt. Die Bedienung ist freundlich und flink, als Gast fühlt man sich in diesem geschmackvoll und gediegen rustikal eingerichteten Lokal wohl. Man trinkt ausgewählte Flaschenweine aus ganz Italien.

Bisaccia

68 km von Avellino, S.S. 303

Grillo d'oro

Trattoria
Via Mancini
Tel. 08 27 / 8 92 78
Ruhetag: Montag
Keine Betriebsferien
40 Plätze
Preise: 18–25 000 Lire
Keine Kreditkarten
Reservierung: empfohlen

Louis empfängt seine Gäste bereits an der Tür zu seinem Lokal, als wären sie bei sich zu Hause. Im Hintergrund sieht man seine Frau in der Küche wirtschaften. Die beiden Kinder betreuen zusammen mit Louis die Gäste. Eine reine Familientrattoria also, die ansprechend und gemütlich wirkt. Das Lokal im Schatten der Kathedrale blickt auf eine lange Tradition zurück. Einrichtung und Speiseangebot verraten auf den ersten Blick, daß man nichts von kurzlebigen Modeerscheinungen hält. Es gibt immer frische hausgemachte Pasta, die hier in Bisaccia »Marcannale« und **Cavatiello** heißt. Für die verschiedenen Suppen, die natürlich ebenfalls der Tradition der Gegend entsprechen, verwendet man nur ausgesuchtes Gemüse. Auf einer Feuerstelle sieht man Fleisch brutzeln, und im Winter kümmert sich Louis persönlich um das Kaminfeuer. Auf Vorbestellung kann man auch **Piccioncino** alla Louis und einen **Coniglio alla cacciatora** (Louis ist selbst Jäger) bekommen. Zu allen Speisen trinkt man den ordentlichen Hauswein. Ein kleiner Plausch mit dem Wirt entspannt und macht den Aufenthalt im »Grillo d'oro« angenehm.

Castellabate

63 km von Salerno, S.S. 267

Vineria del porto

Enoteca mit Küche
Lungomare Perrotti – Santa Maria
Tel. 09 74 / 96 52 71
Kein Ruhetag
Betriebsferien: Oktober–April
60 Plätze
Preise: 20–40 000 Lire, ohne Wein
Kreditkarten: AE, Visa
Reservierung: empfohlen

Dieses heitere Städtchen zwischen Agropoli und San Marco ist eines der schönsten Fleckchen in der Gegend. Nach den kurvenreichen Straßen über die karstigen Hügel erblickt man hier nun den herrlichen Golf, der sich zwischen Punta Tresina im Norden und Punta Licosa im Süden erstreckt. Wer durch den Ort schlendert, kann sich den einstigen Reichtum des Seehafens von Castellabate, das hoch oben auf einem Hügel thront, gut vorstellen. Auf der Seepromenade, dem Lungomare Perrotti, stößt man auf die »Vineria del porto«. Das Lokal ist in ehemaligen Lagerhallen untergebracht und schlicht, aber geschmackvoll eingerichtet. An manchen Stellen hat man sogar versucht, alte Wanddekorationen zu restaurieren. Die Wirtsleute heißen Giancarlo und Mariarosaria. Seit einigen Jahren machen sie sich mit zunehmender Sachkenntnis und immer größerem Eifer ans Werk. Die Auswahl ist nicht sehr umfangreich und setzt sich ausschließlich aus einfachen und unverfälschten Gerichten zusammen. Neben so traditionellen Speisen wie **Spießchen mit Miesmuscheln**, **Provola imbottita** und **Krustentiere** vom Grill finden sich auch einige Neuschöpfungen. Die Weinkarte nennt Erzeugnisse aus ganz Italien. Abends wird des öfteren auch Live-Musik gespielt.

Cervinara

34 km nordwestlich von Avellino

'O 41

Trattoria
Via dei Monti
Tel. 08 24 / 83 67 18
Ruhetag: Mittwoch
Betriebsferien: zweite Julihälfte
70 Plätze
Preise: 15–20 000 Lire
Keine Kreditkarten
Reservierung: empfohlen

Nicola Lacerra ist ein rüstiger und stattlicher Wirt. Von seinem Vater hat er die Fähigkeit geerbt, selbst die anspruchsvollsten Gaumen zufriedenzustellen. Erst wenn Sie den letzten Krümel aufgegessen haben, wird er in seinem Ehrgeiz befriedigt sein. Zusammen mit einer ganzen Schar von Enkeln betreut er die Gäste. In seiner aufmerksamen Art gelingt es ihm auch, ein freundliches Verhältnis zu seinen Gästen herzustellen. Das eigentliche Aushängeschild der Trattoria ist aber der gut sortierte Gemüsegarten, den man gleich neben dem Eingang zu dem alten und eindrucksvollen Patrizierhaus bewundern kann. Jeder Tisch ist nach alter Tradition mit einem anderen Wachstuch gedeckt, das ein wenig an Bauernküchen erinnert. Im »'O 41« werden Sie gleichermaßen Bauern aus dem Dorf entdecken, die hier ihr Gläschen Wein trinken, wie Gäste, die von auswärts kommen und Don Nicolas Spezialitäten kosten wollen. Beginnen Sie mit den handgemachten **Fettuccine** alla boscaiola (die Gegend ist reich an Pilzen) oder mit den **Gnocchi alla ricotta**, der **Pizza aus Maismehl** oder der **Minestra maritata** (im Winter). Es folgen gebratenes Schweinefleisch, Trippa und im Kamin gegrilltes Fleisch. Zu allem trinkt man gute Weine aus der Gegend, wie z.B. den Aglianico.

Melito Irpino

42 km von Avellino, S.S. 90 Richtung Foggia

Antica Trattoria di Pietro

Trattoria
Corso Italia, 8
Tel. 08 25 / 47 20 10
Ruhetag: Mittwoch
Betriebsferien: September
70 Plätze
Preise: 25-30 000 Lire
Keine Kreditkarten
Reservierung: empfohlen

Melito Irpino wurde nach dem Erdbeben 1962 völlig neu aufgebaut. In dem Lokal, das er 1945 von seinem Vater Carmine erbte, stellt Pasquale Di Pietro nun seine Kochkünste vor. Das Lokal wirkt auf den ersten Blick wie eine Bar, aber in den beiden Speisezimmern ist genügend Platz für die Trattoria. Pasquales Sohn Enzo kümmert sich in zuvorkommender Weise um die Gäste. Der typische Antipasto der Gegend besteht aus Soppressata und Salsiccia, die Pasquale selbst herstellt, einer leichten Bruschetta und einer köstlichen hausgemachten Focaccia. Zu der reichen Auswahl an Primi zählen hausgemachte Nudeln mit Ragout, **Cecatielli** mit wilden Kräutern, Brokkoli oder Zucchini, **Kartoffelsuppe** mit grünen Bohnen und Kürbisblüten, **Minestra maritata** mit gemischtem Gemüse, Schweineschwarten und Schinken. Zu den beliebtesten Secondi gehören gegrilltes Lamm- oder Kalbfleisch aus der Gegend, Pollo und **Coniglio alla cacciatora**, **Mugliatielli** al forno, gefüllte und geschmorte Pancetta, Trippa, Baccalà in den verschiedensten Variationen und bunte Frittate. Man trinkt einen offenen Wein aus der Gegend oder einige Doc-Weine. Das Angebot konzentriert sich hauptsächlich auf die Erzeugnisse der Landwirtschaftsinstitute.

Montella

39 km von Avellino, S.S. 574

Zia Carmela

Osteria
Via Cianciulli
Tel. 08 27 / 6 10 20
Ruhetag: Freitag
Betriebsferien: 15.-30. September
60 Plätze
Preise: 20-25 000 Lire
Kreditkarten: die bekannteren
Reservierung: empfohlen

Ernesto und Tante Carmela sind Garantie dafür, daß die Tradition dieses alten Familienbetriebs fortgesetzt wird. In gepflegter Atmosphäre kann man die hochwertigen Spezialitäten des Hauses probieren. Dazu zählen die **Pasta alla chitarra**, die jeden Tag frisch zubereitet und mit Trüffeln, Steinpilzen oder Ricotta serviert wird, die **Orecchiette** und die **Minestra maritata**. Als Hauptgerichte werden Gegrilltes, **Zicklein**, Wurstwaren und Käse (hauptsächlich Frischkäse aus Kuhmilch und **Ricotta** aus Schafsmilch) angeboten. Die Desserts sind selbstredend hausgemacht. Man trinkt zu allen Speisen einen sehr ordentlichen offenen Aglianico aus der Gegend oder auch einen Doc-Flaschenwein aus anderen Regionen Italiens. Hier noch eine kleine folkloristische Note: auf Verlangen kommt Marilena aus der Küche und zeigt ihren Gästen, wie man den bösen Blick abwendet!

Napoli

Da Dora

Trattoria
Via Palasciano, 28
Tel. 0 81 / 68 05 19
Ruhetag: Sonntag
Betriebsferien: Aug. u. Weihnachten
40 Plätze
Preise: 50 000 Lire
Keine Kreditkarten
Reservierung: im Winter notwendig

Ein ehemaliger Seemann, seine Frau Dora und seine Kinder betreiben mit großem Können ein Lokal in einer der kleinen Gassen, die ans Meer hinunterführen. Sie bieten die traditionelle Küche der einfachen Leute an. Im Stadtviertel Santa Lucia ißt man vor allem Fisch. Das »Da Dora« ist noch eine der ganz wenigen echten Trattorie Neapels. Die ausgezeichneten Fischgerichte verraten, daß der Koch sein Handwerk versteht und das Meer liebt und achtet. Bei Dora werden Sie niemals einen Fisch essen, der nicht zur Jahreszeit paßt. Im passenden Moment allerdings reicht man Ihnen gegrillte Meeräschen, **Calamari imbottiti**, fritierte Sardellen, **Polpo alla lucana**, Hummer, **Impepata di cozze**, **Fritura del golfo** (fritierter Kabeljau, Rotbarben, Krebse und Tintenfische) und weitere Fischgerichte. Alle Speisen sind sorgfältig und liebevoll zubereitet. Das Publikum in dieser einfachen, aber gemütlichen Trattoria ist bunt gemischt.

Napoli

Da Sica

Trattoria
Via Bernini, 17
Tel. 0 81 / 5 56 75 20
Ruhetag: Donnerstag
Betriebsferien: September
40 Plätze
Preise: 18-20 000 Lire
Keine Kreditkarten
Reservierung: empfohlen

In dieses Lokal kehrte immer schon ein bunt gemischtes Publikum ein. Nicht selten waren und sind auch berühmte Persönlichkeiten darunter, was die zahlreichen gerahmten Widmungen an den Wänden bezeugen, worauf die netten Wirtsleute auch besonders stolz sind. Seit Jahren schon bemühen sich Gigino und sein Sohn Peppe aufmerksam um die Gäste, empfehlen ihnen diskret die verschiedensten traditionellen Speisen, die man sonst nur noch selten bekommt. Alles schmeckt hier wie selbst gemacht: die Minestra und die Suppen (**Pasta e fagioli**, Minestrone, **Minestra di ceci**), die **Pizza** und die Frittata. Natürliche und unverfälschte Grundstoffe machen jede dieser einfachen Speisen zu einem Erlebnis. Das gemütliche Lokal ist vom Nachmittag bis spät in die Nacht hinein geöffnet. Man kann es nur empfehlen, denn nicht zuletzt sind auch die Preise mehr als günstig.

Napoli

Il pozzo

Circolo Arcigola
Via Fratelli Magnoni, 18/B
Tel. 0 81 / 66 83 33
Ruhetag: Sonntag
Betriebsferien: August
40 Plätze
Preise: 35-50 000 Lire, ohne Wein
Kreditkarten: AE, DC
Reservierung: empfohlen

In den letzten Gassen der Stadt, in denen man noch Fischer ihre Netze flicken sieht, stößt man auf eine grüne Tür mit zwei runden Fenstern, die an Bullaugen erinnern. Das könnte der Eingang zu einem der früheren Stadtteiltheater sein, doch die Tür führt zum Circolo Arcigola »Il pozzo«. Der kleine Palazzo aus dem 18. Jahrhundert wurde geschmackvoll restauriert. Aus jener Zeit stammen auch die Rezepte, die man hier unverschnörkelt, aber mit Fachkenntnis umsetzt. Im »Il Pozzo« bekommt man in der Tat die Gerichte vorgesetzt, die Ippolito Cavalcanti, Herzog von Buonvicino, und Vincenzo Corrado aufgezeichnet hatten. Dabei stellt man überrascht fest, daß man ursprünglich in Neapel hauptsächlich Festlandsküche und erst in zweiter Linie Fischgerichte aß. Stellvertretend seien hier die **Tagliatelle mit Spargel und Miesmuscheln**, der gefüllte und gespickte **Lammschlegel** und die Auberginencharlotte genannt. Bei der Auswahl der Weine verwendet man die gleiche Sorgfalt wie bei den Speisen und konzentriert sich auch hier auf die Erzeugnisse Kampaniens: Falanghina, Falerno, Taurasi, Aglianico stehen auf einer Weinkarte, die wahrscheinlich in ganz Neapel ihresgleichen sucht. Ein Psychiater und ein Gewerkschafter sind für die ausgezeichnete Küche verantwortlich. Der vielversprechende Renato Pistone geht ihnen zur Hand.

Napoli

Lombardi a Santa Chiara

Pizzeria
Via B. Croce, 59
Tel. 0 81 / 5 52 07 80
Ruhetag: Sonntag
Betriebsferien: August
70 Plätze
Preise: 10-11 000 Lire
Kreditkarten: Visa
Reservierung: empfohlen

Seit Jahrzehnten schon ist die Pizzeria Ziel zahlreicher Feinschmecker. Früher wurde sie vom Vater des heutigen Wirts geführt. Er verköstigte ganze Generationen von Schülern und Studenten, die sich auf dem Weg zum Unterricht eine einfache Pizza mit Mozzarella, Öl und Basilikum mitnahmen. Diese Tradition besteht auch unter dem Wirt von heute fort, der neben **Pizza** auch den klassischen **Calzone** bäckt: es handelt sich dabei um eine Teigtasche, die mit Mozzarella, Grieben, Ricotta und Schweineschmalz gefüllt und außen mit etwas Tomatenfleisch und frischem Basilikum bestreut wird. Anspruchsvollere Mägen können sich auch die üppige »Pizza alla carrettiera« mit Broccoli, Salsiccia und Mozzarella bestellen. Es gibt natürlich unendlich viele Variationen, aber am beliebtesten ist nach wie vor die einfache und traditionelle Pizza Margherita. Das Lokal ist einfach eingerichtet, die Bedienung flink und die Rechnung wirklich annehmbar. Obwohl die Pizzeria nicht gerade klein ist, kann es an manchen Abenden schwierig werden, einen Platz zu bekommen. Man ruft also am besten vorher an.

Napoli

Vini e cucina

Trattoria
Corso Vittorio Emanuele, 762
Tel. 0 81 / 66 03 02
Ruhetag: Sonntag
Betriebsferien: August
35 Plätze
Preise: 16-18 000 Lire
Keine Kreditkarten
Reservierung: empfohlen

Gegenüber dem Bahnhof Mergellina steht in einfachen Lettern geschrieben: »Vini e cucina«. In Neapel bedeutet so ein Schild, daß man in diesem Geschäft Wein kaufen und typische Hausmannskost essen kann. Die Fast-Food- und Schnellrestaurants haben Lokale wie dieses fast völlig aus dem Stadtbild verdrängt. Ein paar gute Adressen gibt es allerdings immer noch. Dazu zählt ohne Zweifel die kleine Trattoria auf dem Corso Vittorio Emanuele. Hier ißt man einfache und schmackhafte neapolitanische Küche: Ragù alla napoletana, verschiedene gute **Suppen**, wie z. B. die **Zuppa di soffritto, Stoccafisso alla marinara** mit Oliven und Kapern, Baccalà und fritierte Sardellen und je nach Jahreszeit **Frittura di pesce**. An diesen Gerichten ist leicht festzustellen, daß man sich im »Vini e cucina« an bestehende Traditionen hält und von überkandidelten Neuschöpfungen gar nichts wissen will. Eben diese Bindung an die traditionelle Küche Neapels und die frischen Grundstoffe machen den Erfolg der Trattoria aus. Sie wird von einem bunt gemischten Publikum besucht, in dem man auch manch berühmte Persönlichkeit aus der neapolitanischen und auswärtigen Literatur- und Journalistenszene entdecken kann.

Pisciotta

96 km von Salerno, S.S. 447

Osteria della vecchia stazione

Osteria
Marina di Pisciotta
Tel. 09 74 / 97 31 87
Kein Ruhetag
Betriebsferien: Oktober-Mai
30 Plätze
Preise: 20-30 000 Lire
Keine Kreditkarten
Reservierung: empfohlen

An der Straße, die von Pisciotta zum Hafen hinunterführt, steht neben der ehemaligen Bahnstation diese alte Osteria. Mit der Pergola, die sich an dem alten Landhaus entlangzieht, scheint sie aus einer anderen Zeit zu stammen. Früher diente sie Reisenden und vereinzelten Touristen als Einkehr. Angiolino Fedullo verhalf der Osteria, die einiges von ihrem Glanz verloren hatte, wieder zu neuen Ehren. Ihm ist es zu verdanken, daß sie seit etwa 15 Jahren wieder Gäste anzieht. Sie essen hier wenige und köstlich einfache Gerichte. Zubereitet werden sie von Köchinnen aus der Gegend, die sich am Herd abwechseln und den Gästen die traditionelle Regionalküche wirklich zu vermitteln wissen. Als Primi reicht man Ihnen Spaghetti mit Oliven oder »alla marinara«, **Risotto al nero di seppia** oder mit Fischsugo. Als Secondi bekommen Sie kaum Fleisch, statt dessen serviert man Ihnen die verschiedensten **Fischgerichte**. Die **Olivata** (Spaghetti mit einer Paste aus Oliven, Kapern und Zitronenmelisse) und die in Tomatensauce geschmorten **Auberginen** mit Eiern und Käse sind sicher einer besonderen Erwähnung wert. Die Weine sind nicht überragend, doch die nette Art, mit denen Angiolino sie Ihnen serviert, läßt sie dann als überaus angenehm erscheinen.

Pisciotta

96 km von Salerno, S.S. 447

Perbacco

Enoteca-Osteria
Ortsteil Marina Campagna, 31
Tel. 09 74 / 97 30 86
Kein Ruhetag
Betriebsferien: Oktober–Mai
50 Plätze
Preise: 20–40 000 Lire, ohne Wein
Kreditkarten: CartaSi, EC, MC
Reservierung: empfohlen

Vor einigen Jahren eröffneten die Gebrüder Vito und Eugenio Puglia diese Enoteca-Osteria im Zeichen der Arcigola. Die beiden sind große Weinfans und bieten ihren Kunden eine entsprechend gut sortierte Auswahl an: die besten Weine Italiens und so seltene Perlen wie den Spumante I Borboni, den Asprino und den Perbacco bianco aus Solopaca- und anderen Trauben. Salvatore Salvatis Küche paßt gut zu den einzelnen Weinen. Festlandsküche und Fischgerichte halten sich auf dem Speisezettel die Waage. Als Antipasti bekommt man **marinierte Sardellen Oktopussalat** eingelegtes Gemüse und hausgemachte Wurstwaren; zu den Primi zählen **Pasta mit Sardellen** oder mit Olivenpaste und **Rigatoni con ricotta** Die Secondi werden meist mit **Heringsfischen** bestritten. Ebenfalls sehr reichhaltig ist die Auswahl an **gegrilltem Fisch**: Schwertfisch, Garnelen, Tintenfische, Brassen und Scampi werden ausschließlich über einem Feuer aus Olivenholz gegart. Zum Abschluß reicht man Käse aus der Gegend und gute hausgemachte Süßspeisen. Die Grundstoffe sind stets unverfälscht und frisch (das Öl stammt z.B. von Olivenbäumen aus biologischem Anbau). Bis zu später Stunde kann man anstelle einer vollständigen Mahlzeit auch nur eine Kleinigkeit, wie z. B. eine Wurst- oder Käseplatte oder einen Teller Nudeln essen. Das Personal ist stets zuvorkommend, das Preis-/Leistungsverhältnis gut.

Pozzuoli

10 km von Neapel, S.S. 7

Il Tempio

Osteria
Via Serapide, 13
Tel. 0 81 / 5 26 43 57   [Sommer
Ruhetag: Mi. u. So.abend, außer im
Betriebsferien: um Weihnachten
40 Plätze + 50 im Freien
Preise: 40 000 Lire, ohne Wein
Keine Kreditkarten
Reservierung: empfohlen

Die Römer nannten dieses Gebiet »Campi Phlegraei«. Aber »ein mißgünstiger Feind verhinderte, daß die Campi Phlegraei länger der größte natürliche Kessel waren. Der Erdboden senkte sich langsam, aber beständig bis unter den Meeresspiegel ab und hob sich in längeren und kürzeren Abständen wieder.« Zeugnis dieses geologischen Phänomens, auch Standverschiebung genannt, und des einstigen Reichtums der Stadt Puteoli ist der Serapis-Tempel oder Serapeo. Dabei handelte es sich allerdings um die Markthallen der Stadt, die schließlich in den Fluten verschwanden. In dieser einmaligen Stadt betreibt Alessandro Furno seine Osteria »Il Tempio«. Er bereitet selbst die typischen Gerichte der Gegend, die natürlich viele Fischspezialitäten kennt, zu: **Fragaglia di triglie** (kleine fritierte Fische), **Fritura di paranza** (gemischte fritierte Fische), **Calamari** fritierte Calamaretti und **Krebse Linuine ai frutti di mare Risotto alla pescatora Schwertfisch Pizzette** mit Meeralgen und »cicinielli« (junge Sardinen und Sardellen). Spezialitäten des Hauses sind die Penne mit Muscheln und die Krebse »alla Sandro«. Man trinkt bescheidenen Hauswein oder einen Flaschenwein. Die echte Küche, die eigenartige Atmosphäre dieser Stadt und nicht zuletzt Sandros Persönlichkeit tragen dazu bei, daß ein Besuch im »Il Tempio« zu einem besonderen Erlebnis wird.

Salerno

Hostaria Il brigante

Osteria
Via Fratelli Linguiti, 4
Tel. 0 89 / 22 65 92
Ruhetag: Montag
Betriebsferien: August
40 Plätze
Preise: 15-25 000 Lire
Kreditkarten: CartaSi
Reservierung: empfohlen

In der Nähe des gewaltigen Doms mitten in der Altstadt von Salerno haben Antonella und Sandrino vor gut sechs Jahren eine interessante Osteria eröffnet. Ihr Angebot konzentriert sich auf die traditionelle Küche Salernos und Kampaniens. Antonella kocht, Sandrino betreut die Gäste. Die Speisen, die er serviert, würden auch in jedem echten salernitanischen Haushalt auf den Tisch kommen. Man ißt also hauptsächlich Gemüse, Hülsenfrüchte und (ausschließlich frischen) Fisch. Zu empfehlen sind die »sangiovannara«, wie die **Nudeln mit Auberginen**, Paprikaschoten und Mozzarella hier genannt werden, die Farfalle mit Zucchini und Scampi, die Nudeln mit Sardellen und Pinienkernen sowie die Fusilli »terra e mare«. Als Hauptgericht kann man immer eine klassische **Parmigiana di melanzane**, in Essig gekochte **Milz** mit verschiedenen Gewürzen, Auberginenröllchen und Spaghetti bestellen. Auf keinen Fall auslassen sollte man die **Tortiera napoletana**, die hier nach einem Rezept aus dem 18. Jahrhundert gebacken wird. Man trinkt Rot- und Weißweine aus der Gegend oder einen angenehmen Chianti, den die Wirtsleute direkt aus der Toskana beziehen. Man ißt in gemütlicher Atmosphäre zu absolut anständigen Preisen. Die Osteria ist nur abends geöffnet (auf Bestellung auch mittags).

Salerno

Santa Lucia

Trattoria-Pizzeria
Via Roma, 182
Tel. 0 89 / 22 56 96
Ruhetag: Montag
Betriebsferien: Weihnachtszeit
80 Plätze
Preise: 30-35 000 Lire
Kreditkarten: AE, CartaSi, Visa
Reservierung: empfohlen

Das Gebäude, das die Trattoria beherbergt, diente dem Longobardenkönig Arechi als Waffenarsenal und ist bereits tausend Jahre alt. Seit über fünfzig Jahren betreibt dort die Familie Flauti ihre Trattoria-Pizzeria. Signora Elvira ist eine erfahrene Köchin, was die Gerichte der Gegend anbelangt; sie steckt aber auch voller Erfindungsgeist und scheut vor Neuschöpfungen nicht zurück. Ihre Söhne Gennaro und Gabriele kümmern sich um die Gäste. Die Köchin bereitet meistens traditionelle Gerichte zu und hält sich bei der Zusammenstellung der Gemüse- und Fischgerichte an den Jahreszeitenlauf. Es erwartet Sie eine große Auswahl an Primi: **Spaghetti mit Venusmuscheln**, Linguine »alla puttanesca«, Gnocchi »alla sorrentina«, Pennette mit Krebsen und auf Vorbestellung **Fischsuppe**. Die Secondi sind ein einziger Rausch an Fischgerichten: vom **gebratenen Fisch** bis zu den winzigkleinen fritierten Tintenfischen, vom geschmorten Oktopus bis zu den **Frittelle mit jungen Sardellen**. Von den Süßspeisen ist besonders die **Cassata alla siciliana** zu empfehlen. Auch **Pizza** wird in großer Auswahl angeboten. Das freundliche Personal macht den Besuch im »Santa Lucia« besonders angenehm. Die Weine sind der guten Küche durchaus ebenbürtig: Sie bekommen Flaschenweine aus der Gegend und einige ordentliche Erzeugnisse aus dem übrigen Italien.

San Giovanni a Piro

130 km von Salerno, S.S. 562

Romeo

Trattoria
Ortsteil Bosco
Tel. 09 74 / 98 00 04
Ruhetag: Mo., nicht im Sommer
Keine Betriebsferien
60 Plätze
Preise: 20–25 000 Lire
Kreditkarten: AE, Visa
Reservierung: empfohlen

Das Lokal lebt von der Persönlichkeit Romeos. Der junge Koch konnte auf seinen Lehr- und Wanderjahren durch Europa eine Menge Erfahrungen sammeln. In seinen Heimatort zurückgekehrt, bietet er nun mit großer Begeisterung und der nötigen Fachkenntnis die typische Küche der Gegend an. Bei Romeo erleben Sie längst Vergangenes, wie z.B. das hausgemachte Brot oder die zuvorkommende Gastlichkeit des Wirts. Am besten essen Sie hier die hausgemachten Nudeln, die in sage und schreibe 37 verschiedenen Versionen angeboten werden. Aber auch die Antipasti sollten Sie nicht versäumen: Auberginen, Pilze, Paprika und Oliven sowie Wurstwaren, die der Wirt selbst aussucht. Von den Secondi müssen Sie unbedingt die schmackhaften **gefüllten Schweineschwarten**, das Lammfleisch und die **Wildgerichte** probieren. Die »Beccafichi nella patata« sind wirklich bemerkenswert gut. Trinken Sie dazu den Hauswein. Das Lokal ist einfach, aber ansprechend. Verlassen Sie sich bei der Auswahl der Speisen ganz auf die Empfehlungen Romeos. Bis zu später Stunde können Sie in diesem alten Bauernhaus essen. Die Nachtschwärmer unter den Feinschmeckern werden das zu schätzen wissen.

Sant'Anastasia

12 km östlich von Neapel

E Curti

Restaurant und Osteria
Via Padre Michele Abete
Tel. 0 81 / 8 97 28 21
Ruhetag: Sonntag
Betriebsferien: August
40 Plätze
Preise: 25–50 000 Lire, ohne Wein
Keine Kreditkarten
Reservierung: empfohlen

Sant'Anastasia liegt in der heiteren Landschaft um den Vesuv. In der Gegend werden die Lämmer und Ziegenlämmer mit dem besten Fleisch gezüchtet. Das »E Curti« ist eines von vielen Spezialitätenrestaurants, die das zarte Lammfleisch anbieten. Kein Schild ist jedoch notwendig, um auf das traditionsreiche Gasthaus aufmerksam zu machen. Die Ceriellos verlassen sich lieber auf die Mund-zu-Mund-Propaganda derer, die schon einmal bei ihnen gegessen haben. Signora Assunta und ihre Schwester Angela kochen traditionelle Gerichte aus Sant'Anastasia (**Milchlamm** vom Grill) und Kampanien im allgemeinen. Carmine betreut die Gäste, empfiehlt stets den passenden Wein aus eigener Herstellung, den größten Kellereien Kampaniens oder dem übrigen Italien. Die Wahl zwischen den **Bucatini alla carbonara** (mit geräuchertem Bauchspeck und Pecorino), der **Minestra maritata**, den **Fettuccine alla boscaiola**, den »Mezzanelli lardiati« (Nudeln mit Speck), den **'ntruglietielli al forno** (Darm vom Milchlamm mit Staudensellerie) und dem unübertrefflichen **Capretto** mit Kartoffeln wird jedem schwerfallen. Die Auswahl an Fischgerichten richtet sich nach dem Marktangebot. Für Fisch bezahlt man bis zu 50 000 Lire (ohne Wein), die Fleischgerichte fallen wesentlich günstiger aus. Selbst wenn man schon satt ist, sollte man unbedingt noch ein Stück **Torta di ricotta** und den »Nocillo« (Walnußlikör) probieren, den Signora Assunta selbst nach einem alten Familienrezept zubereitet.

Somma Vesuviana

20 km östlich von Neapel

A casa a tre pizzi

Osteria
Via Macedonia, 154 – Rione Trieste
Tel. 0 81 / 8 93 18 70
Ruhetag: Sonntag und Di.abend
Betriebsferien: 14.–31. August
30 Plätze
Preise: 15–20 000 Lire
Keine Kreditkarten
Reservierung: empfohlen

Die Osteria liegt an der Straße von Rione Trieste (einem Ortsteil von Somma Vesuviana) nach Ottaviano. Das »A casa a tre pizzi« wurde 1936 von der Familie Notaro eröffnet, seit 1960 führt es Signora Rosa zusammen mit ihrem Sohn Salvatore und ihrem Enkel Mario. Mittags und abends kehren hier zahlreiche Arbeiter und Freischaffende aus den Nachbardörfern, aber auch aus Neapel ein. Sie alle schätzen die Kochkunst der Signora Rosa, die die Spezialitäten der Gegend (dicke Bohnen und Stockfisch) artgerecht zuzubereiten weiß. Man bekommt **Zuppa di fagioli Stoccafisso con le olive** oder mit Tomaten, Kapern und Oliven aus Gaeta, **Zuppa di soffritto** (nur im Winter), **Kotelett** und **Polpetta al ragù** Zunge, Gnocchi und **Trippa al pomodoro** Man trinkt ausschließlich Falanghina und Rotwein aus eigener Herstellung.

Vallesaccarda

61 km von Avellino, S.S. 61

Minicuccio

Trattoria
Via Santa Maria
Tel. 08 27 / 9 70 30
Ruhetag: Montag
Betriebsferien: Juli
200 Plätze
Preise: 30–40 000 Lire
Kreditkarten: BA, Visa
Reservierung: an Feiertagen

Das »Minicuccio« ist schon eine Institution. Es ist eines der wenigen Lokale, in denen man die echte Festlandküche des Mezzogiorno bekommen kann. Franco ist Lehrer im Ruhestand, früher war er sogar einmal Bürgermeister von Vallesaccarda. Heute kümmert er sich um die Gäste. In der Küche steht Tante Teresa und wacht über die Wahrung der gastronomischen Bräuche der Gegend. Die vielen Gemüsegerichte entsprechen natürlich der Weidewirtschaft, die hier vornehmlich betrieben wird. An den Hängen des Appenin schmeckt alles noch so unverfälscht wie früher. Franco kann Ihnen keine Speisekarte vorlegen und läßt auch keine Ausflüchte gelten: die Speisenabfolge hält sich streng an den Jahreszeitenwechsel. Die **Zuppa di fagioli** ist ein Klassiker, überraschend fällt dagegen die Minestra »di n'hicculi patan' e acc'« (mit Linsen, Kartoffeln und Staudensellerie) aus. Die **Minestra maritata** zeichnet sich durch die frischen und seltenen Fleisch- und Gemüsesorten aus. Interessant ist auch die **Ciambotta** in der kontrastierende Geschmacksrichtungen zusammentreffen. Walnuß- und Olivenöl verleihen den **Cavatelli** ihren besonderen Geschmack. Die »lacc'ttini« (eine Art Spaghetti) und die »cal'zuncieddr« (große Ravioli mit Sahnesauce) sind schöne Beispiele für die hausgemachten Nudeln. Von den Secondi empfehlen wir Ihnen besonders das mit Kräutern **gefüllte Lamm** (das hier »panzetta r'ain'« heißt). Lammfleisch bekommen Sie hier auch geschmort, der Coniglio alla cacciatora wird mit Kräutern von den umliegenden Hügeln zubereitet. Der offene Hauswein paßt nicht zur guten Küche, Sie können stattdessen auch einen ausgezeichneten Flaschenwein aus der Gegend trinken.

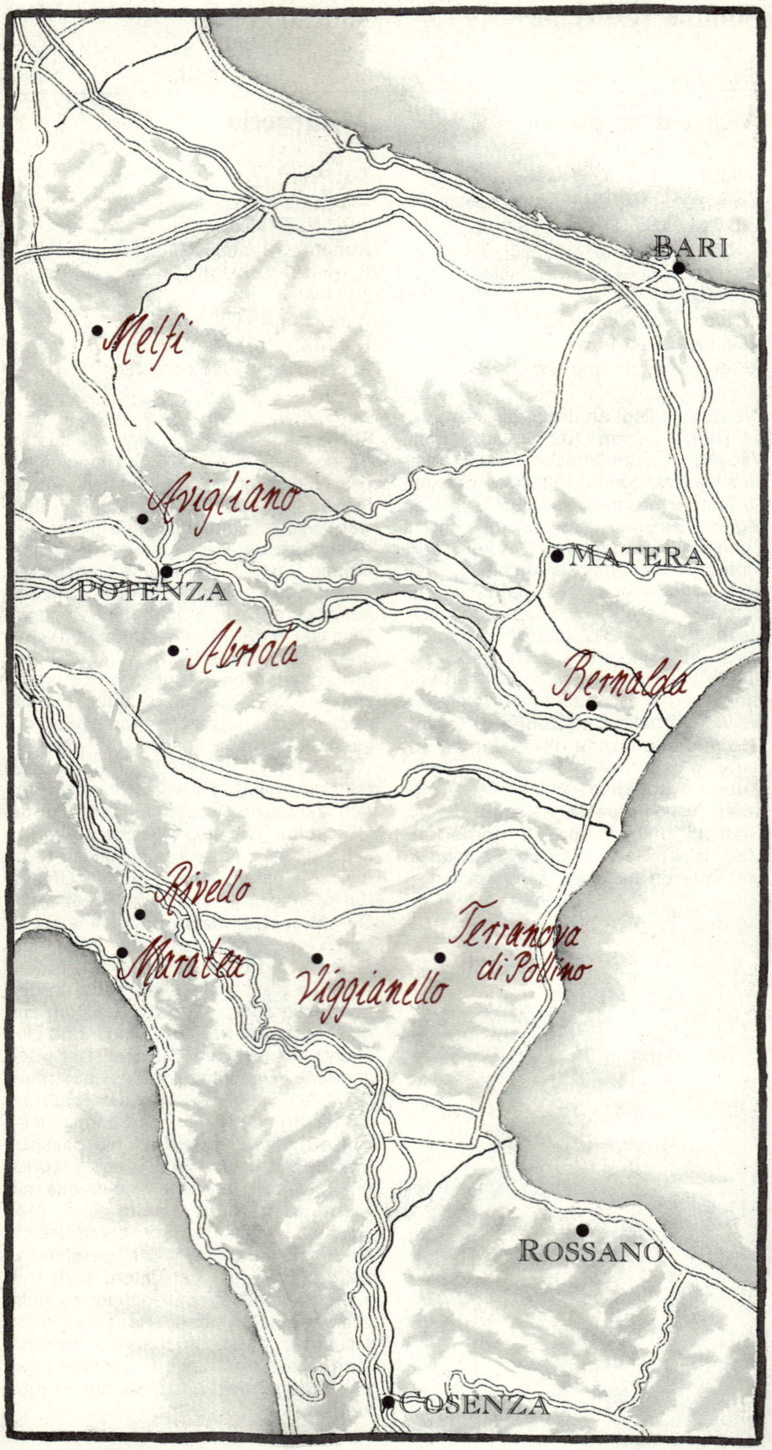
BARI
Melfi
Avigliano
MATERA
POTENZA
Abriola
Bernalda
Rivello
Terranova di Pollino
Maratea
Viggianello
ROSSANO
COSENZA

BASILIKATA

Gebogen und verrunzelt hängen sie zu Zweigen oder Ketten gebunden von den Mauern herunter. Das sind die Chilischoten, die so scharf sind, daß sie einem die Tränen in die Augen treiben. Francolino hat seinem Lokal den Namen »Casino del Diavolo« (»Bordell des Teufels«) sicher nicht umsonst gegeben. Er selbst beherrscht das Feuer, das er mit dem Schießpulver aus fein gemahlenen Chilischoten entfacht. Schon immer bekämpfte man in der Basilikata die eisige Kälte im Winter mit regelrechten Roßkuren. Im Volksglauben ist der Peperoncino, wie die Chilischoten auch genannt werden, ein kleiner Teufel, der mit seiner roten Kapuze in Traum- und Totenfiguren erscheint. Auch in meiner Heimat ist die Verwendung von Chilischoten der Mode unterworfen. Heute stellt man z. B. daraus einen Schnaps her, der in seiner Schärfe selbst eine Kobra umbringen könnte.

Angesichts des Überflusses der heutigen Zeit entsinne ich mich wieder bestimmter Bilder aus meiner Kindheit und frühen Jugend. Diese Erinnerungen sind schön, aber auch schmerzlich. In ganzen Rudeln spielten wir zusammen in den Gassen Verstecken, Fangen usw. Damals gab es nicht alle Tage Wurst, und wir Kinder verzehrten eher ein Stück Brotrinde, eine frische Paprikaschote mit Öl und Salz. Ein Bissen Brot, ein Bissen Paprika, und weiter ging's. Die Paprikaschoten waren sehr praktisch, denn darin konnte man gleich das Brot verstauen; sie überstanden unsere Turnereien, Raufereien und sogar mittlere Stürze. Wir konnten ja mitten im Spielen nicht einfach aufhören. Die Paprikaschote hielten wir fest in der Hand. Sie litt mit uns, freute sich mit uns über unsere Spiele, Abzählreime und Entdeckungen.

Zahlreiche Düfte hingen in der Luft. Der Sommer mit seinen Glühwürmchen, dem Heu und den Fledermäusen erschien über den wandernden Schneckenhäusern. Auf manchen Feldern gab es fast nur Schnecken in allen möglichen Schattierungen: sie waren gelb, braun oder ockerbraun gestreift. Sie saßen auf den Stoppeln und warteten auf den Regen oder zeichneten ihre silbern klebrige Spur auf die Pflastersteine, auf die harten und verdorrten Ackerschollen. Mit einem Schilf- oder Weidenkorb in der Hand ging ich auf die Felder und sammelte Schnecken. Ihr Schleim benetzte und erfrischte meine Hände. Meine Mutter steckte die Schnecken in einen Topf und beschwerte den Deckel mit einem Bügeleisen. Da krochen sie dann alle übereinander und schieden das Gras aus, das sie vorher gefressen hatten. Ihre Fühler waren steil nach oben gestreckt, als wollten sie damit etwas über ihr weiteres Schicksal erfahren. Die Schnecken rochen wohl schon die Minze, mit der man sie dann anrichten würde, bereiteten sich vor auf ein Bad in Tomatensauce. Über Jahre hinweg war ich nicht fähig, ihr Kalkhaus mit einem scharfen Messer aufzutrennen, über Jahre hinweg zog ich sie mit der Gabelspitze heraus und tauchte sie in die Sauce. Es war nur der Schein einer Mahlzeit, aber die Minze schmeckte herrlich. Heute sind Waffeln aus Brotteig wieder modern. Aber wer könnte je die harten Brotrinden vergessen, die gerade ein wenig im Wasser eingeweicht wurden und zu denen man eine reife Tomate aß? Bevor die längliche Sammarzano-Tomate in unsere Gegend eindrang, wuchsen auf den Feldern kleine, runde, geschmacksintensive und haarige Tomaten. Das waren Tomaten für die Ewigkeit. Man konnte sie auf eine Schnur auffädeln, zu Kränzen winden und an den Hausmauern zum Trocknen aufhängen. Zusammen mit den Paprika- und Chilischoten ergab das ein farbenprächtiges Bild. Im Sommer regierte die Tomate uneingeschränkt über die Küche. Gurken und Oregano leisten ihr Gesellschaft. In Scheiben geschnitten schwammen sie in Wasser und etwas Öl und wie in einem Meer aus Geschmack um das Brot herum. Diese »Acquasale« können Sie heute noch im »Vaddone« in Melfi oder in der »Taverna oraziana« in Potenza essen. Früher reiste sie auf dem Rücken eines Esels über das Gebirge Lukaniens, stieg nach Apulien hinab, wo die Kornschnitter bei ihrer harten Arbeit einfache Lieder sangen.

Die traditionelle Küche hält sich an die Jahreszeiten. Es gab keine Konservierungsstoffe und keine Gewächshäuser, man konnte die Natur nicht überlisten. Kalender und Küche gingen, wenn man so will, Arm in Arm. Arm in Arm gingen auch die Zwiebelsuppen mit den getrockneten Paprikaschoten, Würsten oder Eiern. Die Schoten wurden nur ganz kurz angebraten, was sie weich und zart machte, man gab ein Ei darüber und vermischte alles. Alles war so angerichtet, daß das Ei wie ein riesiges Auge wirkte und die Brotscheiben springenden Delfinen gleichsahen. Wieder andere Delfine schwammen in anderen Suppen, die mitten auf dem Tisch standen und viele hungrige Münder stopfen mußten.

Manche Hülsenfrüchte gibt es inzwischen kaum mehr zu kaufen. Wer erinnert sich noch an Platterbsen? Ich aß sie zuletzt in Matera. Zusammen mit anderen Hülsenfrüchten ergaben sie die denkbar einfache, aber so wohlschmeckende »Capriata«. Die »Ziegenspeise« ist Sinnbild für ein Land, in dem die Menschen hart ums Überleben kämpfen mußten, in dem sie der Erde alles abnehmen mußten, was sie bekommen konnten. Früher gingen die Frauen auf die Felder und klaubten zusammen, was von der Ernte übriggeblieben war. Diese Frauen sammelten alles, was sie finden konnten und mischten Kichererbsen, Bohnen, Reis, Weizen, Linsen, Erbsen und Ackerbohnen in einem großen Topf. Das Geheimnis dieser Speisen lag in den verschiedenen Garzeiten der einzelnen Zutaten. Man mußte genau wissen, wann man welche Hülsenfrucht dazugab. Der Geschmack stellte sich durch die unterschiedlichen Zusammenstellungen von selbst ein.

Die Geschichte Lukaniens ist vom Hunger gezeichnet. Gleichwohl bietet der Landstrich auch eine interessante Reise durch Berge und kulinarische Träume. Wer erinnert sich nicht an Horaz, der zu gutem Essen und Trinken auffordert? Oder an die allegorischen Darstellungen der einzelnen Monate während des Karnevals, die den Reichtum und die Früchte des Landes feiern? Zu unserer Region gehören die Basilianermönche mit ihren Heilpflanzen und Kräutertees genauso wie Totò (ein bekannter Volksschauspieler), der in einem Film vor einer dampfenden Nudelschüssel steht und sich sogar seine Rocktaschen mit Spaghetti vollstopft, weil er nicht weiß, wann er wieder etwas zu essen bekommt. Dieser verzweifelte und groteske Hunger läßt uns an einen weiteren chronischen Hungerleider denken: an Pulcinella, der sich in seiner Phantasie an reich gedeckten Tafeln labt. Verweisen all die Geflügel- und Gemüsesorten, die Nudeln und Hühnerschenkel, die Torten, Beignets, Cremes, Pralinen, Sorbets, Weine und Heilwässer nicht schon auf die Reise ins Schlaraffenland oder die Besichtigung der Bauchhöhlen von Gargantua und Pantagruel? Alle Völker haben jahrhundertelang von einer solchen Reise geträumt, der Neapolitaner Suavio hat sie mit den über dreihundert Gängen, die bei der Hochzeit von Bona Sforza aufgefahren wurden, beschrieben. Dieser epikureische Geist lebt in unseren Weinkellern fort. Man spürt dort einen gewissen Schmerz, eine gewissen Melancholie, weil man keine Antwort findet auf die uralten Fragen: »Cumpagne mie magnammo e po' bevimmo/finché 'nce sta uoglie a la lanterna/Chissà s'all'atu munnu 'nce verimmo/chissà s'all'atu munnu 'nce taverna« (Laß uns essen und trinken, mein Freund/solange Öl im Lämpchen brennt/Wer weiß, ob wir uns in der anderen Welt wiedersehen/wer weiß, ob es in der anderen Welt eine Taverne gibt).

Weihnachten kam. Es sollte schneien, aber es schneite natürlich nie zur rechten Zeit. Weihnachten kam, und es gab Arbeit ohne Ende. Ich mußte Mandeln, Haselnüsse und Pinienkerne mit einem Hammer oder mit einem Bügeleisen aufschlagen. Tagelang lagen nur Nußschalen herum. Tagelang mußte gemahlen, geknetet, gebacken werden. Mit den »ferricelli«, gut geschliffenen Teigrädchen, machte man »Calzoncelli«, Teigtäschchen, die mit Mandelpaste gefüllt wurden und die Form eines Skarabäus hatten. Andere Plätzchen wieder hatten die Form eines Seepferdchens, Schweinchens, einer Sonne oder eines Mondes. Wenn man sie ganz frisch aß, waren sie knusprig; mit der Zeit wurden sie in den kalten und feuchten Häusern weich. Oder sie wurden so hart, daß man sich die Zähne daran ausbeißen konnte.

Auf Hochzeiten wurde geschlemmt. Am beliebtesten waren die Lasagne. Meine Großmutter erzählte, daß ein Hochzeitsessen früher drei bis vier Tage dauern konnte. Das bedeutete Überfluß und verhieß Reichtum. Sie erzählte auch, daß mein Großvater sang, wenn er betrunken aus der Osteria heimkehrte: »Se il mare fosse vino/ci passerei sera e mattina/ma siccome è fatto d'acqua/appena lo vedo, fuggo e scappo« (Wenn das Meer Wein wäre/verbrächte ich Tag und Nacht dort,/aber weil es aus Wasser ist,/renne ich fort). Ich erinnere mich nur noch an die Köche, die anläßlich dieser Hochzeiten im Haus meiner Großeltern umherschwirrten. Damals gab es noch keine öffentlichen Festsäle, man feierte zu Hause. Unbeschreiblich große Festtafeln wurden gedeckt. Das ganze Haus war eine einzige riesige Tafel, obwohl ein Sprichwort besagt: »Allora la mia pancia è contenta/quando c'è molto vino e poca gente« (Mein Bauch ist zufrieden/wenn er viel Wein, aber wenig Leute sieht). Am besten kann ich mich noch an den Konditor erinnern. Er hieß Ciliento und brachte immer gleich eine ganze Reihe von blitzenden Kupferkesseln mit. Er besaß auch Stofftüllen, die er an einem Trichter befestigte. Kleider, Schuhe und Atem des Signor Ciliento rochen nach Zucker. Er kochte Wasser, Zucker und Essenzen auf. Die ganze Familie war beschäftigt. Der

Duft der frischgebackenen Kuchen löste bald den Zuckerduft ab. Der Konditor schnitt die Beignets auf. Er liebkoste sie mit seinen kleinen Messerchen, als wollte er sich mit ihnen in einer honigsüßen Sprache unterhalten. Er füllte sie mit einer goldgelben Creme aus Eiern, Zukker und Zitronen. Dann klappte er sie wieder zu und stellte sie der Reihe nach auf ein Netz, glasierte sie mit Zucker und verzierte sie mit Kirschen und Konfekt.

Aber auch an Ostern wurde ordentlich gegessen. Nach vierzigtägigem Fasten war es ein einziges Gloria. Mit Christus, der den Tod besiegt hatte, triumphierten Süßspeisen mit Eiern, die ein Kreuz zierte. Es triumphierte das Milchlamm, das mit einer Paste aus Käse und Hackfleisch gefüllt oder »alla cacciatora« in einem Fluß aus Essig und einem Garten aus Gemüsen gebraten und mit einem Rosmarinzweig verziert wurde. Würste und Sülzen tauchten auf. Der alte Karneval, der sich mit dicken Bohnen und Schweineschwarten gemästet hatte, der arme Karneval, der sich überfressen hatte, erstand zusammen mit Christus wieder auf und nahm Platz in den Wirtshäusern. Er trank wieder den Aglianico, der dunkel war wie die Versuchung selbst, oder den Moscato, der die Fliegen anlockte. In knapper Folge reihten sich alle nur erdenklichen Gaumengenüsse aneinander, man sang Trinklieder und aß salzige Speisen, die durstig machten. Und mit steigendem Weinkonsum sang man mit Vergnügen auch doppeldeutige Lieder: »Madonna oi Madonna non sentite/i pianti che ti fanno le sarache?/Stanno in una tina ben guarnite/e strepitano per essere mangiate/Questo è il vino saporoso/che fa resuscitare fra' Tommaso/Se piglia la via del pertuso/non bada agli interessi della casa« (Madonna, oh Madonna hörst du nicht/das Klagen der Sardinen?/Sie liegen in einem Faß und wollen verspeist werden./Das ist guter Wein,/der den hl. Thomas wieder auferstehen läßt./Wenn er den Weg durch den Durchschlupf nimmt,/kümmert er sich nicht ums Zuhause).

Raffaele Nigro

Abriola

27 km südlich von Potenza

La baita

Trattoria
Ortsteil Pierfaone
Tel. 09 71 / 92 30 96
Ruhetag: Dienstag
Betriebsferien: 15.–25. September
70 Plätze
Preise: 25–30 000 Lire
Keine Kreditkarten
Reservierung: feiertags, im Winter

Dieser waldreiche und damit wohl schönste Teil der Basilikata ist Ziel vieler Wintersportler. Und genau am Ende einer Skipiste steht das »La baita«. Ein paar junge Leute schlossen sich 1980 zu einer Genossenschaft zusammen und eröffneten das Lokal. Sie setzten vernünftigerweise von Anfang an auf typische Regionalküche und stellen in erster Linie die bodenständigen Gerichte aus den Bergen Lukaniens vor. Man beginnt mit frischer hausgemachter Pasta (**Strascinati**, **Orecchiette**, Fusilli mit Fleischsauce und ausgezeichnete Ravioli mit Ricottafüllung). Es folgt eine »tortiera«, d.h. ein deftiger Auflauf aus Schweinefleisch, Paprika und Kartoffeln. In den kalten Wintermonaten, wenn es draußen schneit, schmeckt er besonders gut. Als Hauptgericht ißt man auch Fleisch vom Grill (das Kalbsfilet ist bemerkenswert gut), **Wild** (Wildschwein und Wachteln) und gebratenen Käse aus der Gegend. Die Bedienung ist auch bei Hochbetrieb aufmerksam und zuvorkommend, die rustikale Aufmachung des Lokals wirkt sehr ansprechend. In dieser Gegend trinkt man natürlich in erster Linie einen Aglianico, der auch am besten zu den einzelnen Speisen paßt. Man könnte aber durchaus auch noch einige andere Weine ins Angebot aufnehmen.

Avigliano

19 km von Potenza, S.S. 7

Vecchio lume

Trattoria
Ortsteil Sarnelli
Tel. 09 71 / 8 70 00
Ruhetag: Freitag
Betriebsferien: 1.–10. September
100 Plätze
Preise: 25–30 000 Lire
Keine Kreditkarten
Reservierung: empfohlen

Seit sieben Jahrhunderten beherrscht die mächtige Burg des Stauferkönigs Friedrich II. diese gebirgige Gegend. Nur vier Kilometer von Castel di Lagopesole entfernt liegt Sarnelli, ein kleiner Ortsteil von Avigliano an der Straße von Potenza nach Melfi. Hier wird der berühmte Aglianico angebaut, und es ist eigentlich schade, daß diesem Gebiet im allgemeinen nur wenig Aufmerksamkeit gewidmet wird. Mitten im Dorf steht das »Vecchio lume«, ein schönes Beispiel für typisch lukanische Kost und Gastlichkeit. Signora Angela bietet sämtliche traditionellen Speisen an, die sie, wo nötig, dem modernen Geschmacksempfinden angleicht. Besonders zu empfehlen sind ihre »Orecchiette alla pecorara« (mit reifem, salzigem Ricottakäse) und alle ihre hausgemachten Nudeln, wie z.B. die **Strascinati** mit Steinpilzen oder die »Fusilli alla paesana«. Im Winter ißt man den **Cutturiedd'**, ein Gericht aus Lammfleisch, das mehrere Stunden mit Kräutern und Gewürzen gegart wird. Die Käsesorten aus der Gegend sind ebenfalls zu empfehlen. Das Lokal ist gediegen, wirkt aber ziemlich unpersönlich. Ein Besuch lohnt sich aber immer, denn man ißt hier die typische und bodenständige Kost der Gegend und trinkt dazu eine gute Flasche Aglianico del Vulture, von dem eine ordentliche Auswahl bereitsteht. Die übrigen Weine sind weniger interessant.

Bernalda

44 km von Matera, S.S. 407

Da Fifina

Trattoria
Corso Umberto, 63
Tel. 08 35 / 54 31 34
Ruhetag: So., nicht im August
Betriebsferien: September
48 Plätze
Preise: 25 000 Lire
Keine Kreditkarten
Reservierung: empfohlen

Bernalda liegt nur wenige Kilometer von Metapontum am Ionischen Meer entfernt. Die Gegend ist vor allem aus archäologischer Sicht interessant, denn hier hatten die Griechen eine der größten Kolonien der »Magna Graecia« geschaffen. Der Landstrich ist aber auch reich an Naturschönheiten und interessanten Gasthäusern. Das »Da Fifina« mit seiner hervorragenden Regionalküche nimmt eine Spitzenstellung ein. Die Köchin präsentiert alle traditionellen Spezialitäten der Gegend. Die Speisen setzen sich vornehmlich aus einfachen Grundstoffen zusammen: Gemüse, Schaf- und Schweinefleisch und bisweilen auch frischer Fisch. Fifina tischte uns als Primo u.a. **Cavatelli** mit Rucola, Pasta mit Bohnen, und **Orecchiette** alla Fifina auf. Als Hauptgericht aßen wir bei ihr »Misto in umido« (gemischte Schmorbraten), **Milchlamm vom Grill**, Salsiccia, Auberginenröllchen und verschiedene Fischgerichte. Als Beilage bekamen wir in Öl eingelegtes Gemüse und Gemüse aus eigenem Anbau. Auch die Wurstwaren stammten aus eigener Herstellung. Wir tranken offene und Flaschenweine aus der näheren und weiteren Umgebung.

Maratea

129 km von Potenza, S.S. 18

Da Cesare

Trattoria
Ortsteil Cersuta, 52
Tel. 09 73 / 87 82 41
Ruhetag: Do., nicht im Sommer
Keine Betriebsferien
70 Plätze
Preise: 30-40 000 Lire
Keine Kreditkarten
Reservierung: empfohlen

Maratea ist ein gut besuchter Fremdenverkehrsort. Das »Da Cesare« ist auch bei den Urlaubern so bekannt, daß Sie sich im Sommer auf nervtötende Wartezeiten einstellen müssen. Aber Ihre Geduld wird belohnt, denn Cesares Fischgerichte sind erstklassig, die Grundstoffe stets absolut frisch. Bei Cesare können Sie zahlreiche Spezialitäten probieren. Am besten schmecken sie natürlich auf der kühlen Terrasse mit Meerblick. Wir empfehlen Ihnen die zarten **Alici marinate** (die Sardellen werden 24 Stunden in Essig und Zitronensaft eingelegt, gesalzen und dann mit Öl, Knoblauch und Minze angemacht), die **Spaghetti al nero di seppia**, ein Gericht, das man zwar relativ häufig bekommt, das hier aber außergewöhnlich gut schmeckt; Barsch, hier **Cernia** »alla marateota« genannt, können Sie nur dann essen, wenn der Fang entsprechend ausfällt. Ansonsten bekommen Sie bei Cesare zahlreiche verschiedene Fischgerichte. Das Angebot richtet sich immer nach der Jahreszeit und dem jeweiligen Fangergebnis. Es stehen etwa zehn Flaschenweine zur Auswahl. Der Koch und die Signora Titina führen die Trattoria schon seit 35 Jahren. Ihr Erfolg liegt sicher auch in der netten Art begründet, mit der sie ihre Gäste betreuen.

Melfi

55 km von Potenza, S.S. 93

Vaddone

Trattoria
Ortsteil Sant'Abruzzese
Tel. 09 72/2 43 23
Kein Ruhetag
Keine Betriebsferien
80 Plätze
Preise: 25-35 000 Lire
Keine Kreditkarten
Reservierung: notwendig

Die Trattoria ist in einem alten Bauernhaus über der Stadt untergebracht. Blumen und Bäume spenden an heißen Sommertagen erfrischende Kühle und Schatten. Auf dem Vorplatz, auf dem früher Hühner gehalten wurden, stehen nun verschiedene interessante Figuren aus Stein. Der Persönlichkeit des Wirts Pasquale Vaddone werden Sie sich kaum entziehen können. Er bestimmt, was Sie essen, er tadelt Sie, wenn Sie nicht alles aufgegessen haben. Aber er ist es auch, der die beliebten Spezialitäten Lukaniens zubereitet. Beginnen Sie also mit der reichhaltigen **Zuppa di legumi** aus weißen und roten Bohnen, Ackerbohnen, Kichererbsen, Platterbsen und grünen Erbsen oder mit den **Orecchiette**, den **Cavatelli** mit wildem Fenchel oder auch mit Lasagne, Maccheroniauflauf und Tortelloni con ricotta (nur im Winter und Frühjahr). Essen Sie anschließend einen Braten oder den seltenen **Cutturiedd'**. Hierbei handelt es sich um eines der ganz wenigen Gerichte aus Ziegenfleisch, die die italienische Küche kennt; das Fleisch wird stundenlang auf kleiner Flamme mit Karotten, Zwiebeln und Tomaten geschmort. Im »Vaddone« können Sie außerdem die legendäre **Acquasale** probieren, die Raffaele Nigro in der Einführung zu diesem Kapitel erwähnt. Trinken Sie den Aglianico aus der Umgebung.

Rivello

107 km südlich von Potenza

La panoramica di Mastrantonio

Trattoria
Ortsteil Capo Elce, S.S. 585
Tel. 09 73 / 4 62 21
Ruhetag: Montag
Betriebsferien: 15.-30. September
100 Plätze
Preise: 25-30 000 Lire
Keine Kreditkarten
Reservierung: nicht notwendig

Das Lokal liegt an der Staatsstraße 585 (die die Autobahn A3 mit Maratea und dem Tyrrhenischen Meer verbindet) gegenüber der hübschen Ortschaft Rivello, die sich an einen Steilfelsen zu klammern scheint. Im »La panoramica« hat man die Gelegenheit, Spezialitäten probieren zu können, die ausschließlich mit Grundstoffen aus der Gegend zubereitet werden. Rosa heißt die Signora, die unermüdlich in der Küche wirtschaftet. Um die Gäste kümmert sich Mastro Antonio, den man gleich an seinem dichten graumelierten Schnurrbart erkennt. Viele Stammgäste schätzen die herzliche Art des Wirts sowie die schmackhaften Speisen, die sie von ihm in reichhaltigen Portionen vorgesetzt bekommen. Zu den beliebtesten und sicher auch gelungensten Gerichten gehören die Linguine alla boscaiola, schmale Bandnudeln mit Basilikum, Auberginen und scharfen Chilischoten. **Lamm** und **Zicklein** vom Grill sowie das gebratene Lamm schmecken ausgezeichnet. Der Wein wird vom Wirt selbst aus Aglianico-Trauben gekeltert und schmeckt recht ordentlich. Es sind auch einige Flaschenweine aus der Gegend zu haben.

Terranova di Pollino

154 km südöstlich von Potenza

Luna rossa

Restaurant
Via Marconi, 18
Tel. 09 73 / 9 32 54
Ruhetag: Mittwoch
Betriebsferien: unterschiedlich
65 Plätze + 65 im Freien
Preise: 25 000 Lire
Keine Kreditkarten
Reservierung: So. u. im Sommer

Federico Valicenti, seines Zeichens Vermessungstechniker, hat seiner Liebe zur guten Küche nachgegeben und dieses ansprechende Restaurant eröffnet. Das »Luna rossa« liegt im alten Teil von Terranova, von wo aus man ein herrlich grünes Tal und im Hintergrund die Berge des Pollino überblickt. Das Angebot an traditionellen Regionalgerichten wird Sie überraschen. Schon die Antipasti halten sich mit den gebratenen »peponi« (große Paprikaschoten, die in der Sonne getrocknet werden) an die Eßgewohnheiten der Gegend. Als Primo bekommen Sie hausgemachte Nudeln »alla lucana« (mit Auberginen, Paprikaschoten und Tomaten) oder »alla brigante« (mit Paprikaschoten, Eiern, Wurstbrät und geröstetem Brotteig). Dieses Gericht aßen früher die Hirten, die sich große Brotlaibe mit auf die Weiden im Gebirge nahmen. Bei den Secondi dominiert **Zicklein** in allen Variationen (das Zicklein mit Kräutern schmeckt besonders gut). Trinken Sie zu allen Gerichten den angenehm frischen Aglianico oder Weine aus dem Salento. Denken Sie daran, daß im Süden des Landes in den Sommermonaten auch der Rotwein kühl serviert wird. Federicos Spezialitäten genießen Sie am besten in aller Ruhe. Kehren Sie also bei Hochbetrieb lieber nicht bei ihm ein, er hat dann nämlich nicht genügend Zeit für Sie. Und das wäre schade, denn als echter Gastwirt unterhält er sich gerne mit Ihnen und gibt Ihnen bereitwillig Auskunft über seine Spezialitäten.

Viggianello

188 km südlich von Potenza

L'oasi

Trattoria
Ortsteil Falascoso
Tel. 09 73 / 57 62 92
Ruhetag: Donnerstag
Betriebsferien: Febr. u. Nov.
60 Plätze
Preise: 25 000 Lire
Keine Kreditkarten
Reservierung: empfohlen

Das »L'oasi« gibt es noch nicht lange. Es ist wunderschön im Parco del Pollino gelegen. Signora Domenica und ihr Mann bieten in ihrer Trattoria Speisen an, die fast ausnahmslos mit Grundstoffen aus der Umgebung zubereitet werden. Da sind vor allem einmal die herrlichen **Pilze**, die in großer Zahl in den umliegenden Wäldern wachsen, dann gibt es da noch die Wurstwaren, Käsesorten und das in Essig eingelegte Gemüse. Es handelt sich im »L'oasi« weniger um besonders aufwendige Speisen als um einfache und bodenständige Kost. Ein gutes Beispiel dafür ist auch das herrlich duftende Hausbrot, das zum Essen gereicht wird. Auf Vorbestellung bekommt man die beiden Spezialitäten des Hauses, sprich **Orecchiette con i funghi** und **Tagliatelle e fagioli**. Auch das übrige Angebot ist sehr vielversprechend, bedenkt man die erst kurze Erfahrung der Wirtsleute. Domenica und ihr Mann empfangen ihre Gäste zuvorkommend und herzlich; die beeindruckende Landschaft tut ein übriges, damit sich die Gäste wohl fühlen können. Leider stößt man in dieser Gegend immer wieder auf Lokale, die das Kapitel Wein etwas sträflich behandeln und im Wein nur eine unbedeutende Nebensache sehen. Wir können uns nur wünschen, daß sich in dieser Hinsicht bald etwas ändert.

NOTIZEN

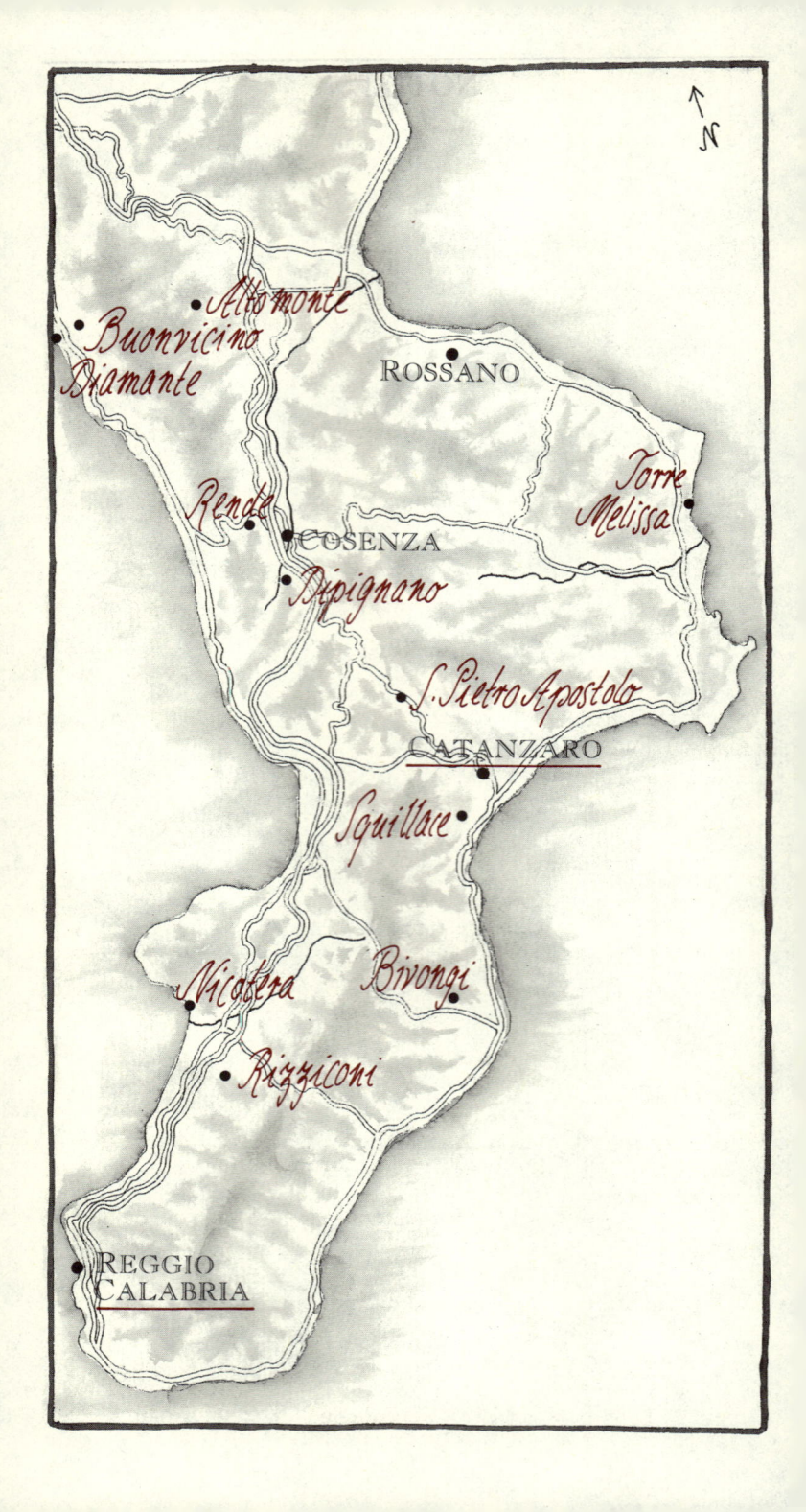

- Altomonte
- Buonvicino
- Diamante
- ROSSANO
- Torre Melissa
- Rende
- COSENZA
- Dipignano
- S. Pietro Apostolo
- CATANZARO
- Squillace
- Nicotera
- Bivongi
- Rizziconi
- REGGIO CALABRIA

KALABRIEN

In fast jeder Gesellschaft besitzt der Wein auch eine symbolische Bedeutung. Jung bemerkte dazu: »Brot und Wein sind als Grundnahrungsmittel in einer bäuerlichen Welt Ausdruck für menschliche Mühsal, aber auch für kulturelle Errungenschaften im Sinne von Aufmerksamkeit, Geduld, Fleiß, Hingabe und Mühe. In dem Ausdruck »das tägliche Brot« sind die menschlichen Existenzängste komprimiert. Durch die Herstellung von Brot sichert der Mensch sich das Leben. Aber da der Mensch nicht vom Brot allein lebt, wird der Wein mit hinzugenommen, dessen Anbau und Herstellung den Menschen seit jeher besonders viel Aufmerksamkeit und Mühen gekostet hat.« Er führt weiter aus: »Der Wein (...) regt an und erfreut das menschliche Herz dank eines flüchtigen Stoffs, den man seit urvordenklichen Zeiten Geist nennt. Deshalb ist der Wein im Gegensatz zum unschuldigen Wasser berauschend, da in ihm ein Geist oder ein Gott wohnt, der diesen Rauschzustand hervorruft. Das Wunder von Kana ist das gleiche Wunder wie im Dionysos-Tempel, und es ist von tiefer Bedeutung, daß Christus auf dem Kelch von Damaskus wie Dionysos zwischen Reben sitzt.« In der christlichen Symbolwelt spielt der Wein eine besonders wichtige Rolle. Denken wir nur an die Worte des Letzten Abendmahls: »Er nahm das Brot, brach es und sagte: Nehmet, das ist mein Leib. Dann nahm er den Kelch, sagte Dank und reichte ihn seinen Jüngern. Er sprach: Das ist mein Blut, das ich für euch und für alle vergossen habe.« Zahlreiche andere Stellen des Neuen Testaments belegen die Bedeutung des Bluts in der christlichen Heilslehre. Folglich taucht in der Mystik immer wieder die Vision von Blut auf. Denken wir nur an die hl. Katharina von Siena, die in einem Brief an Fra' Raimondo da Capua schrieb: »Wundert Euch aber nicht, wenn ich Euch im Blut und im Feuer ertrinken sehe, das der Sohn Gottes vergießt. Laßt nicht nach, meine süßen Kinder, denn das Blut beginnt zu fließen und Leben zu empfangen.« Die enge Verbindung von Blut und Wein hat dazu geführt, daß auch der Wein einen symbolischen, ja heiligen Wert besitzt. In der bäuerlichen Kultur gehört der Wein zum täglichen Leben und seinen Mühen. Der Wein ist der traditionelle Lohn der Tagelöhner. Manchmal gab man ihnen aus Geiz aber auch gepanschten Wein; die Proteste, die sich daraufhin erhoben, gingen in die alten Volkslieder ein. In einer alten Legende heißt es: »Als Noah ohne Maß den süßen Traubensaft genossen hatte und sich alle über sein Besäufnis empört hatten, wollte der liebe Gott mehr über diese seltsame Pflanze wissen. Da Noah aber um die Pflanze und seine eigene Verdammung fürchtete, erdachte er eine List. Er behauptete, ein Rutenzweig besäße die wunderbaren Eigenschaften des Rebstocks. Der Herr war über diese Lüge sehr erbost, worauf er Noah bestrafte. Seither faßt die Pflanze an beiden Seiten Wurzeln und grünt üppig, sei sie auch noch so klein, und bringt diese herrliche dunkel glänzende Frucht hervor.«

Seither ist Weinbau eine Strafe für die Menschheit. Weinbau bedeutet aber nicht nur körperliche Anstrengung und Mühen. Ihm wohnt – eben weil er Mittelpunkt zahlreicher religiöser Riten ist – auch etwas Erhabenes und Symbolhaftes inne. Zahlreiche Volkssagen verweisen auf das Heilige im Wein. Eine sizilianische Legende erzählt von dem Gelegenheitsdieb Gerlando und seiner Schwester Martha. Martha betete inständig zu Gott und allen Heiligen, sie mögen ihren Bruder bekehren. Gerlando handelte schließlich aus, daß er die Beichte ablegen würde, wenn man ihm keinerlei Buße auferlegte. Der Beichtvater gab ihm nur eine Mahnung mit auf den Weg. Jedes Mal, wenn ihn jemand zu bösen Taten verführen wollte, sollte er antworten: »Santo Macario, was du nicht willst, das man dir tu', das füg auch keinem andern zu.« Etwa zwei Wochen später tauchten bei Gerlando seine früheren Spießgesellen auf und erzählten ihm von einer einmaligen Gelegenheit. Doch Gerlando gab ihnen nur den Spruch zur Antwort, den ihm der Priester aufgetragen hatte. Die Kumpanen glaubten, er wolle sie verraten und ermordeten ihn. Die Schwester beerdigte ihn unter Tränen in einem Raum, in dem sie ein Weinfaß lagerte. Da sie aber nichts anderes als den Wein besaß, womit sie ihren Lebensunterhalt verdienen konnte, machte sie sich daran, ihn viertel- oder achtelliterweise zu verkaufen. Aber wieviel sie auch entnahm, das Faß blieb immer voll. Und alle Kranken, die von dem Wein tranken, wurden gesund. Eines Tages erfuhr der Bischof davon und ging zum Haus der hl. Martha. Die Heilige erzählte ihm alles, was sich zugetragen hatte und hob die Steinplatte vom Grab ihres Bruders, dessen Leichnam nicht verwest war. Dieser trug seine Geschichte vor. Jesus Christus habe ihn zum Märtyrer gemacht und ihm erlaubt, Wunder zu vollbringen.

Der Wein ist also eng verbunden mit dem Gedanken an Opfer und Opferung. Deshalb besitzt er heilende Wirkung und kann nie zur Neige gehen. Er ist das Leben, weil er gleichzeitig der Tod ist. Diese Dialektik von Leben und Tod beherrscht die Symbolwelt aller Völker. Man denke beispielsweise nur an die Prozession, die alle sieben Jahre zu Ehren der Auferstehung Mariens in Guardia Sanframondi (einem Weinort) abgehalten wird. Über achthundert in weite weiße Kutten gekleidete Leute geißeln sich die entblößte Brust mit einer »Spugna«, einem Stück Kork, das mit 33 Nadeln gespickt ist. Das alte Ritual der Geißelung soll die hl. Jungfrau dazu bewegen, Regen zu schicken, der für die überwiegend landwirtschaftlich genutzte Gegend lebenswichtig ist. An diesem Ritual nimmt das gesamte Dorf teil. Ihre Zahl wuchs stetig: 1975 waren es noch 300, 1982 schon 520 und 1989 schließlich 840 Menschen, die sich im Glauben an die hl. Jungfrau geißelten. Man könnte an dieser Stelle zahlreiche weitere Beispiele anführen, doch dieses möge genügen, um aufzuzeigen, wie der Wein die Völker und ihre Kulturen geprägt hat. In diesem Zusammenhang besitzt das alte Sprichwort »In vino veritas« eine weitere Bedeutung: Im Wein sieht der Mensch ein Mittel, die Unsicherheit der eigenen Existenz zu bekämpfen, die eigene Endlichkeit zu überwinden. Der Wein ist also Metapher für die Notwendigkeit des einzelnen, in der Gemeinschaft aller aufzugehen.

Luigi M. Lombardi Satriani

Altomonte

70 km von Cosenza, A 3

Barbieri

Restaurant-Hotel
Via San Nicola
Tel. 09 81 / 94 80 72
Kein Ruhetag
Keine Betriebsferien
200 Plätze
Preise: 40-45 000 Lire
Kreditkarten: AE, DC, Visa
Reservierung: empfohlen

Enzo Barbieri hat sich mit Leib und Seele der kalabrischen Küche verschrieben. In der »Bottega di casa Barbieri« entdeckt man die besten Spezialitäten der Gegend. Barbieris Aktivitäten profitieren natürlich auch von der Entwicklung Altomontes zu einem interessanten Fremdenverkehrsort. Als Primo ißt man **Lagane** mit Kichererbsen oder dicken Bohnen. Die Nudeln bestehen nur aus Wasser und Mehl und werden jeden Tag frisch gemacht. Die Hülsenfrüchte aus der Gegend sind dank der lehmhaltigen Böden besonders gut. Ansonsten bekommt man die verschiedenen »Festtagsgerichte«: »Maccaruni« (**Spiralnudeln**) mit einer Sauce aus Ziegen-, Hühner-, Zicklein- oder Schweinefleisch, »rascatieddri« (**Gnocchi** aus Mehl und kochend heißem Wasser), »filatieddri« (dicke, handgemachte Spaghetti) mit Hackfleischsauce sowie die klassische **Pasta imbottita**, ein Nudelauflauf aus großen Röhrennudeln mit Sugo, Fleischbällchen, hartgekochten Eiern, Mozzarella und Soppressata. Die echte Küche Kalabriens kennt nur wenige Fleischgerichte: Zicklein oder Ziege mit einer Sauce, die auch zu den Nudeln gereicht wird. Wurstwaren gibt es im »Barbieri« immer: Salsiccia, Soppressata, Schinken, Capocollo, Schweinebacken und Pancetta werden in eine Fettschicht oder in Öl eingelegt und so haltbar gemacht. Am Schlachttag wird ein »Soffritto« aus den weniger edlen Fleischteilen, die hier »'a scannatina« heißen, zubereitet und zu einer guten Wirsingsuppe gegessen. Zum Dessert reicht man die Süßspeisen mit Feigenhonig und vor allem die **Fichi imbottiti**, mit Walnüssen und Mandeln gefüllte Feigen. Man trinkt Weine aus ganz Kalabrien und aus eigener Herstellung.

Bivongi

149 km von Reggio Calabria, A3 und S.S. 109

La vecchia miniera

Trattoria
Ortsteil Perrocalli – Laveria
Tel. 09 64 / 73 18 69
Ruhetag: Montag
Keine Betriebsferien
60 Plätze + 30 auf der Terrasse
Preise: 20-25 000 Lire
Keine Kreditkarten
Reservierung: empfohlen

Wenn Sie von der Küste aus das Stilaro-Tal hinauffahren, erreichen Sie nach 15 km die Ortschaft Bivongi. In den engen Gassen reihen sich die hohen Häuser dicht an dicht. Auf einem sanften Hügel über dem Fluß steht das »La vecchia miniera«. Bis in die vierziger Jahre hinein wurde hier Molybdän verarbeitet. Die aufgelassenen Steinbrüche liegen in einer wunderbar grünen Landschaft und können besichtigt werden. Der Wirt Virgilio Russo organisiert auch kleine Ausflüge im Jeep zur Cascata del Marmarico. Das Wasser fällt dort hundert Meter hinab und bildet einen See. Im Familienbetrieb helfen sogar die Kinder beim Bedienen mit. Für die Küche sind Virgilios Frau Vincenza, ihre Schwägerin und Schwiegermutter zuständig. Die Speisen setzen sich aus einfachen, aber unverfälschten Grundstoffen zusammen. Die hausgemachten Antipasti schmecken einfach köstlich. Probieren Sie die getrockneten Tomaten, die Auberginen in Öl, Pilze, Capocollo und die berühmte **Soppressata calabrese**. Die Nudeln sind handgemacht und werden mit **Ziegenragout**, kräftigem Pecorino und »infuocata«, d. h. mit reichlich Peperoncino, serviert. Die **Forellen** stammen aus einem nahegelegenen Zuchtteich und sind deshalb immer frisch. Zur Jagdsaison bekommen Sie neben verschiedenen Braten auch **Wildschwein**. Als Beilagen reicht man dicke **Bohnen** mit Öl, Kopfsalat und wildem Fenchel. In den Wintermonaten ißt man hauptsächlich Schweinefleisch. In einem großen Kessel werden die Füße, der Kopf und alle fetten Fleischteile einschließlich Reste und Haut zu einer Art Kesselfleisch gekocht.

Buonvicino

86 km von Cosenza, S.S. 18

Il mulino

Bauernhof
Ortsteil Maucera
Tel. 09 85 / 8 51 88
Kein Ruhetag
Betriebsferien: Oktober–März
80 Plätze
Preise: 30 000 Lire
Keine Kreditkarten
Reservierung: unerläßlich

Früher stand hier tatsächlich eine alte Wassermühle. Das Restaurant ist von April bis September geöffnet. Man sitzt herrlich unter riesigen Erlen und genießt die funktionelle, aber angenehme Ausstattung des Lokals. Die rustikalen Tische und Tonkrüge erinnern an früher. Neben der Mühle fließt ein Bach vorbei, in dem Wassermelonen und anderes Obst gekühlt werden. Das Lokal ist immer überfüllt, weshalb man gleich ein paar Tage im voraus einen Tisch reservieren lassen sollte. Hier hätten leicht fünfmal so viele Gäste Platz, aber da ist Nini Barbiero unerbittlich: die Grünflächen sind ihm heilig. Die Gerichte entsprechen allesamt den Eßgewohnheiten der Gegend und kommen originalgetreu auf den Tisch. Beginnen wir also mit den verschiedenen heißen **Frittelle**, mit Nudeln und Kartoffeln, **Lagane und Kichererbsen** oder Lagane mit dicken Bohnen oder auch mit **Fusilli** mit Hackfleischsauce. Als Hauptgericht werden gemischte Grillplatten mit Salsiccia, Ziegen- und Schweinefleisch, Freilandhühnern und Spezzatino aus Schweineinnereien serviert. Nini kümmert sich rührend um seine Gäste, gibt Erklärungen und Tips, setzt sich zu ihnen an den Tisch und trinkt mit ihnen ein Gläschen Wein aus eigener Herstellung. Als Abschluß der Mahlzeit empfiehlt er allen einen Zedernlikör, den er nach einem Geheimrezept seines Vaters, eines der bedeutendsten Zedernholzproduzenten und -händler der Gegend, zubereitet.

Catanzaro

La Madonnina

Trattoria
Piazza Fratelli Bandiera
Kein Telefon
Ruhetag: Sonntag
Keine Betriebsferien
30 Plätze
Preise: 10-12 000 Lire
Keine Kreditkarten
Reservierung: nicht notwendig

Das »La Madonnina« ist eines der wenigen Lokale, in denen man noch den traditionellen **Murseddu**, eine berühmte Spezialität aus Catanzaro, essen kann. Auch wenn es in diesem Lokal nichts anderes zu essen gibt, lohnt es sich auf alle Fälle, dieses selten gewordene Gericht zu probieren. »Vor dreißig Jahren«, erzählt Francesco Spanò, »gab es etwa fünfzig Lokale, in denen man den Murseddu essen konnte. Heute sind es nur noch sieben oder acht, und nur zwei davon wissen wirklich, wie man ihn zubereitet.« Der Murseddu oder »Morsello«, wie er auch genannt wird, wird aus allen Innereien vom Kalb außer der Leber zubereitet (und nicht nur aus Kutteln, wie es die meisten praktizieren). Die Innereien werden gesäubert und in kleine Stücke geschnitten und in einer Sauce aus Tomaten, Peperoncino und Oregano auf kleiner Flamme gegart. Den Morsello ißt man in Kalabrien bereits um acht Uhr morgens; da er mindestens zwei Stunden lang köcheln muß, muß man für einen Morsello spätestens um vier Uhr aufstehen! Bis vor wenigen Jahren noch war der Verzehr eines Morsello ein richtiges Ritual, mit dem man den Arbeitstag begann. Man aß ihn in einem Pittabrot und trank dazu ein gutes Glas Wein aus der Gegend. Da die Bauern früher auf den Feldern harte Arbeit leisten mußten, waren sie gezwungen, bereits zu früher Stunde etwas Handfestes im Magen zu haben. Ein Sprichwort erklärt das für uns heute eher ungewöhnliche Frühstück: »Chi mangia di bon'ura ccu nu pugnu scascia nu muru« – »Wer früh ißt, zerschlägt mit der bloßen Faust eine Wand«.

Diamante

76 km von Cosenza, S.S. 18

Il Corvino

Bauernhof
Ortsteil Fiumara
Tel. 09 85 / 87 63 25
Kein Ruhetag
Keine Betriebsferien
70 Plätze
Preise: 30 000 Lire
Keine Kreditkarten
Reservierung: empfohlen

Das Lokal nennt sich »Il Corvino« nach dem gleichnamigen Bach, an dessen rechtem Ufer es liegt. Felice Diodato und seine Frau Rosalba De Marco betreiben die Trattoria ganz allein. Rosalba kocht, Felice kümmert sich um die Gäste. Da auf dem Hof alles erwirtschaftet wird, was man für ein Speiselokal braucht, war es nur natürlich, daß sich Felice eines Tages entschloß, auch ein Restaurant zu eröffnen. In Kalabrien ißt man jede Menge Vorspeisen. All die Köstlichkeiten werden automatisch serviert, ohne daß die Gäste eigens danach verlangen müßten: gefüllte Auberginen, Auberginenbällchen, Pfannkuchen mit Kürbisblüten, in der Sonne getrocknete Paprikaschoten und andere Gemüse, »pipi vruscenti abbruscati« (scharfer, in der Sonne getrockneter und in der Pfanne gebratener Peperoncino). Von den Primi sind zu empfehlen: **Lagane** mit Kichererbsen oder mit dicken Bohnen (die Nudeln sind ausschließlich hausgemacht), **Gnocchi** und **Fusilli** »alla crapara«, d.h. mit einer Sauce aus Ziegenfleisch. Kalabriens Küche kennt nur wenige Hauptgerichte, wie z.B. gegrillte Würste oder gemischte Grillplatten mit Schweinefleisch, Freilandhühnern oder Kaninchen. Man trinkt den offenen Wein aus eigener Herstellung. Zum Abschluß der Mahlzeit wird ein Zedernlikör gereicht, den Signora Rosalba selbst macht. Dazu schneidet sie die Rinde der Zedern in kleine Streifen und legt sie in Alkohol ein.

Dipignano

14 km südlich von Cosenza

Cielo di rame

Trattoria
Via Fra Benedetto, 1
Tel. 09 84 / 44 53 44
Ruhetag: Montag, im Juli So.
Betriebsferien: August
50 Plätze
Preise: 25 000 Lire
Keine Kreditkarten
Reservierung: empfohlen

Der Name des Lokals (»Der Kupferhimmel«) mag recht eindrucksvoll klingen, er steht nur nirgendwo. In der Gegend ist das Lokal nur unter dem Namen des Wirts Paolo Giannotta bekannt. Nach einigen Jahren in New York hat sich der ehemalige Vermessungtechniker endgültig für die Gastronomie entschieden und ein helles und modernes Restaurant eröffnet. Im Winter können Sie bei ihm die herrlichsten Köstlichkeiten probieren. Beginnen Sie mit den reichhaltigen Antipasti: hausgemachter Schinken, gegrillte Auberginen, Frittatine mit Zwiebeln, Frittelle mit Kohl und Kürbisblüten und die »patate 'mbracchiuse«, d.h. hauchdünne in Olivenöl ausgebakene Kartoffelscheibchen. Die Pasta macht Paolo jeden Tag selbst. Die herrlich dünnen Nudeln werden mit Kichererbsen, dicken Bohnen, reichlich Basilikum und etwas scharfem Chili serviert. Im Dezember und Januar bekommen Sie **Frittole**, kleine ausgelassene Speckstückchen. Im Sommer wird auf Hülsenfrüchte verzichtet. Stattdessen essen Sie **Tagliatelle** mit Auberginencreme und geräuchertem Ricottakäse oder Spaghetti mit einer Creme aus getrockneten Tomaten. Auch bei den Fleischgerichten (Schwein, Huhn, Kaninchen, Salsiccia) vom Grill darf der Peperoncino nicht fehlen. Leider gibt es keinen Wein, der zu diesen kräftigen Speisen passen würde. Man trinkt einen offenen Wein aus der Gegend, den man gerade noch gelten lassen kann oder (besser) die bekannten Flaschenweine aus Kalabrien: Cirò, Donnici und Savuto.

Nicotera

99 km von Catanzaro, 18 km von Gioia Tauro

Da Vittoria

Trattoria
Via Stazione – Scalo
Tel. 09 63 / 8 13 58
Kein Ruhetag
Keine Betriebsferien
25 Plätze + 40 auf der Terrasse
Preise: 20-25 000 Lire
Keine Kreditkarten
Reservierung: nicht notwendig

Ein Reklameschild verspricht »Hausmannskost, typische Gerichte, angemessene Preise«, und Sie werden von einem Besuch im »Da Vittoria« auch nicht enttäuscht sein. Seit über 60 Jahren ist die Trattoria in Familienbesitz. Sie können hier an jedem Wochentag und zu jeder Jahreszeit einkehren und im Sommer sogar unter einer angenehm kühlen Pergola auf der Terrasse sitzen. Signora Vittoria stellt ihre eigene Regionalküche vor, denn sie hat die typischen Rezepte nach eigenen Gesichtspunkten überarbeitet. Zum klassischen Antipasto aus Wurstwaren und in Öl eingelegtem Gemüse reicht sie eine Scheibe Brot mit **'nduja**, einer streichfähigen Wurst aus Innereien, Schweinefett und sehr viel Peperoncino. Die Tageskarte setzt sich meist aus verschiedenen Nudelgerichten und frischem Fisch zusammen. Zeitaufwendigere Speisen müssen Sie eigens vorbestellen. Dazu zählen die gefüllten **Involtini di melanzane** (fritierte Auberginenscheiben werden aufgerollt, mit Nudeln und Farce gefüllt und mit Sugo und Käse überbacken), die Pasta »struncatura ccu 'duja«, d. h. Nudeln mit der obengenannten Streichwurst, die **Pasta 'ncasata**, d. h. Nudelauflauf mit Käse, Hackfleisch und Eiern, die gefüllten und ausgebackenen Auberginenschnitzel oder die **Fleischrouladen** mit Weißwein. Zu allen Gerichten bekommen Sie ordentlichen offenen Weiß- oder Rotwein. Zu den hausgemachten Süßspeisen (Kekse, Mürbteigkuchen, weicher **Torroncino**) sollten Sie den traditionellen Magenbitter aus Limbadi probieren.

Reggio Calabria

Taverna degli ulivi

Trattoria
Via Eremo Botte, 32
Tel. 09 65 / 9 14 61
Ruhetag: Freitag
Keine Betriebsferien 40 Plätze
und im Freien
Preise: 20-25 000 Lire, ohne Wein
Keine Kreditkarten
Reservierung: notwendig

Die Trattoria im oberen Teil der Stadt ist nur abends geöffnet und bietet stets Spezialitäten aus Reggio an. Im Sommer können Sie diese typischen Gerichte auch im Freien essen. Die »Taverna« liegt in der Nähe des Klosters, in dem eine Statue der Madonna, Schutzheilige der Stadt, aufbewahrt ist. An dieser Stelle befand sich früher eine Klause (»eremo«), die der Straße ihren Namen gab. Als Primi bekommen Sie die **Maccaruni i casa**, handgemachte Nudeln, die nach alter kalabrischer Familientradition hergestellt und entweder mit Schweinefleisch oder Tomatensauce serviert werden. Ganz traditionell fallen auch die Secondi aus: **Pesce stocco, Ventriceddi** und **Braciolette alla calabrese**, d.h. Rouladen aus Schweine-, Kalb- oder Pferdefleisch oder aus Schwertfisch. Ausgewogenes Preis-/Leistungsverhältnis.

Rende

10 km nordwestlich von Cosenza

Il setaccio

Trattoria
Ortsteil Santa Rosa, 62
Tel. 09 84 / 83 72 11
Ruhetag: Sonntag
Betriebsferien: August
40 Plätze
Preise: 25-35 000 Lire
Kreditkarten: BA, Visa
Reservierung: empfohlen

Domenico Ziccarellis Großeltern waren Bauern. Auf ihrem Besitz steht nun die Trattoria, die eigentlich »L'Osteria del tempo antico« heißt. Sie wurde im ehemaligen Stall eingerichtet. Schwiegervater Virgilio Arnucida und Vater Vincenzo, einer der bedeutendsten Dramatiker der Gegend, ermutigten Domenico, ein Lokal im bäuerlichen Stil zu eröffnen. Die Trattoria für Freunde und Kenner der kalabrischen Küche ist nicht groß, aber gepflegt. Die Speisen sind alle unverfälscht. Virgilio kocht sie mit Phantasie, bleibt dabei aber doch im Rahmen der Tradition. Besonders zu erwähnen sind hier auch das Olivenöl extravergine aus San Marco Argentano und die **Steinpilze** aus der Sila. Die Weihnachtsbäckerei, die man hier das ganze Jahr über essen kann, schmeckt einfach köstlich. Dazu trinkt man Kräuterliköre, die nach den Rezepten der Großmutter selbst hergestellt werden. Neben **Feigen** in den verschiedensten Variationen ißt man hier auch nach griechischer Tradition gefülltes Pittabrot. Die Auswahl an kalabrischen Weinen ist nicht groß, aber gut. Wenn Virgilio nach den Primi aus der Küche kommt und sich mit Ihnen unterhält, heißt das, daß Sie den Feinschmeckertest bestanden haben. Von da an können Sie sich von ihm überraschen lassen.

Rizziconi

62 km von Reggio Calabria,
6 km von Gioia Tauro

Osteria campagnola

Trattoria
Ortsteil Audelleria
Tel. 09 66 / 58 02 23
Ruhetag: Montag
Betriebsferien: unterschiedlich
60 Plätze
Preise: 20-25 000 Lire
Keine Kreditkarten
Reservierung: nicht notwendig

In der Ebene um Gioia Tauro steht unter einer großen Pinie inmitten von Olivenhainen die »Osteria campagnola«. Sie ist nur mittags geöffnet und wird hauptsächlich von Leuten besucht, die in der Umgebung arbeiten. Im Sommer können Sie auch im Schatten einer großen Pergola im Freien essen. Signora Rosina kocht schmackhafte Hausmannskost. Ihr Mann und ihr Schwager besorgen die flinke und dennoch herzliche Bedienung. Als Antipasti werden sie Ihnen in Öl eingelegte Auberginen und getrocknete Tomaten, **Soppressata** und **Capocollo** servieren. Von Mai bis September essen Sie Frittelle aus Kürbisblüten, gefüllte Tomaten und Auberginen. Als Primi reicht man Ihnen Minestra, hausgemachte **Tagliatelle** mit Artischocken oder Steinpilzen, im Winter auch dicke Bohnen mit Rüben oder **Zuppa di ceci**. Als Hauptgericht wird hauptsächlich Schwein angeboten: als Wurst, grillte Koteletts, gebratene Leber, aber auch Kaninchen und gebratenes Zicklein. Ab Mai essen Sie auch frischen **Schwertfisch** vom Rost mit Kräutern. Auch die deftigen Käsesorten aus der Gegend sollten Sie probieren: es gibt u.a. **Pecorino** und frische **Ricotta**, die in typischen Weidenkörbchen serviert werden. Zu den schmackhaften Speisen trinkt man offenen Wein aus der Gegend. Zum Abschluß wird Ihnen Signora Rosina den Nocino reichen, den sie traditionsgemäß jedes Jahr am 24. Juni ansetzt.

KALABRIEN

San Pietro Apostolo

25 km von Catanzaro, S.S. 19

Giuseppe Celli

Trattoria
Ortsteil Pasqualazzo
Tel. 09 61 / 99 40 55
Ruhetag: Mittwoch
Keine Betriebsferien
80 Plätze + 120 auf der Terrasse
Preise: 20–25 000 Lire
Keine Kreditkarten
Reservierung: empfohlen

Die »Strada dei due mari« verbindet das Jonische mit dem Tyrrhenischen Meer. San Pietro Apostolo liegt in einer herrlichen Gebirgslandschaft zwischen Kastanien- und Pinienwäldern. Das Lokal der Familie Celli war in den fünfziger Jahren eine »echte« Osteria. Der selbstgekelterte Wein wurde offen verkauft oder zusammen mit einigen warmen Speisen serviert. Diese Tradition lebt auch heute noch fort. Der eigene Wein wird an der Bar ausgeschenkt, und man kann traditionelle Bauerngerichte dazu essen. Die Bedienung ist familiär und einfach. Signora Ines und ihre Schwiegermutter Angelina wirtschaften ohne Unterlaß in der großen Küche, die Töchter Angela und Donatella kümmern sich um die Gäste. Im August und September bekommt man frisches und in Öl eingelegtes Gemüse, im Oktober Maronen, von November bis März Schweinefleisch. Die Grundstoffe stammen außerdem in der Regel aus eigener Herstellung. Im großen Kamin werden »sarizzi« (Schweinswürste), »ficatu ccu velu« (**Leber**) und Fleisch gegrillt. Die **Minestra maritata** wird mit Polpette, wildem Gemüse und Hülsenfrüchten zubereitet. Die **Fave** mit Schweineschwarten (»frittole«) schmecken ausgezeichnet. Wieder andere Spezialitäten kann man das ganze Jahr über essen. Dazu gehört der Antipasto des Hauses mit Capocollo, Soppressata, in Öl eingelegtem Gemüse und Pecorino. Hausgemachte Nudeln mit Schweine- oder Kalbfleischsauce, **Kaninchenbraten** mit Rosmarin, Lorbeer und Oregano, frisches Obst und Nüsse sind ebenfalls immer zu haben. Die Süßspeisen sind hausgemacht. Man ißt Obstkuchen und **Frittelle di castagne** aus Kastanienmehl, Rosinen, Walnüssen, Likör und Gewürzen.

Squillace

27 km von Catanzaro, S.S. 181

La cripta

Restaurant
Via Porta Giudaica
Tel. 09 61 / 91 25 00
Ruhetag: Mittwoch
Betriebsferien: 20. Sept.–20. Okt.
50 Plätze
Preise: 25–45 000 Lire
Keine Kreditkarten
Reservierung: notwendig

Fährt man von der Felsküste bei Copanello etwa acht Kilometer weit ins Hinterland, so erreicht man Squillace. In einem ehemaligen Kloster des mittelalterlichen Städtchens ist heute das »La cripta« untergebracht. Squillace steht ganz im Zeichen des römischen Gelehrten Cassiodorus. So hat z. B. der Koch Mimmo nach den Aufzeichnungen des Cassiodorus einige traditionelle Gerichte zusammengestellt. Das »Convivio Cassiodoreo« ist ein ganzes Abendessen, bei dem man genügend Zeit hat, die einzelnen Spezialitäten zu probieren und zusammen mit Freunden zu philosophieren. Mimmos »Convivio« geht zurück auf das »Vivarium«, das Magnus Aurelius Cassiodorus im 5. Jahrhundert n. Chr. geschaffen hatte. Dort konnten die Gelehrten seiner Zeit studieren und meditieren, ohne die Tafelfreuden vernachlässigen zu müssen. Im »La cripta« ißt man heute **Pasta** »ccu ciciari, finocchi e timpa« (handgemachte Nudeln mit Kichererbsen und wildem Fenchel), **Cefalo al forno**, verschiedene Sorten Brot (z. B. die »murineddi« aus Mehl, Öl, Wasser und Weißwein, **Pitta** und »Zeppole«), Olivenmus, frisches und getrocknetes Obst, Nüsse sowie frischen, gesalzenen und reifen Pecorino (»tuma«, »casu 'nciratu«, »casu tostu«). Die Mahlzeit schließt mit den **Nepitelle con la ricotta**, einer typischen Süßspeise aus der Gegend und mit einem Glas Greco di Bianco, einem süßen Dessertwein. Die »Cena Cassiodorea« bekommt man nur auf Vorbestellung. Ansonsten kann man im »La cripta« typische Antipasti, frischen Fisch und gegrilltes Fleisch essen. Man trinkt die besten Weine Kalabriens.

Torre Melissa

95 km von Catanzaro, S.S. 106

Concordia

Restaurant und Hotel
Via Piano della Stazione
Tel. 09 62 / 8 60 43
Kein Ruhetag
Betriebsferien: November
90 Plätze
Preise: 20–30 000 Lire
Kreditkarten: Visa
Reservierung: nicht notwendig

In dieser Gegend wird seit zweitausend Jahren der Cirò angebaut. Man sagt, daß siegreiche Olympioniken damit belohnt wurden. Dieser Wein ist von kräftigem Rubinrot, intensivem Geschmack und kann gut gelagert werden. Heute versucht man beim Keltern, dem Wein etwas von seiner Strenge zu nehmen, und ihn somit dem modernen Geschmacksempfinden anzugleichen. Neben dem Cirò wird auch der rote und weiße Melissa angebaut. Er ist weniger bekannt, aber es dennoch wert, probiert zu werden. Beide Weine sind in zahlreichen Versionen im »Concordia« zu haben. Antonio Graziani ist für den einfachen, aber ansprechenden Speisesaal im Erdgeschoß zuständig. Seit 1976 bedient er seine Gäste mit der stets gleichen Höflichkeit und Bescheidenheit. Seine Frau Filomena besorgt die Küche, die Tochter Pina hilft beim Bedienen mit. Antonio gibt gerne Auskunft über Spezialitäten des Tages. Dazu gehört der Antipasto calabrese mit Wurstwaren, in Öl eingelegtem Gemüse und »sardella« (gesalzene und marinierte junge Fische mit Peperoncino). Die **Pasta mit Schweineragout** oder die Cavatelli mit Ziegenragout mildern die Schärfe der »sardella«. Der Fisch ist immer frisch. Im Sommer kann man die fritierten »surice« probieren, die durch ihr zartes rosafarbenes Fleisch besonders köstlich sind. Von den frischen Gemüsegerichten ist besonders der **Löwenzahn,** von den Fleischgerichten der **Lammbraten** mit Tomaten, Gartenkräutern und schwarzen Oliven zu empfehlen.

NOTIZEN

TRAPANI
PALERMO
Monreale
Cefalù
Cerda
Capo d'Orlando
MESSINA
REGGIO CALABRIA
Riposto
Acireale
CATANIA
CALTANISSETTA
AGRIGENTO
S. Michele d. Ganzaria
Chiaramonte Gulfi
RAGUSA
Modica
Noto
SIRACUSA

SIZILIEN

»Liebes kleines Hotel, wer weiß, warum man dich Patria genannt hat« ... In Anspielung auf einen Satz des Dichters Montale komme ich nun auf ein traditionsreiches und berühmtes Hotel in der Altstadt von Palermo. Glänzendes und krankes, adeliges und plebejisches Palermo, wo sich erbärmliche Slums mit Schutthalden, berühmten Bauwerken und Fürstenpalästen abwechseln. Stadt der Märkte, Klöster und Pfarrhöfe, der Kapellen, Plätze, Villen und Brunnen ... Das arabische Viertel Kalsa (»al-Hâlisa«, die Auserwählte) mit seinen Befestigungsmauern, dem Palast des Emirs, den Kasernen, Lagerhäusern, und Moscheen. Ein Labyrinth, ein Gewirr von Gassen zwischen dem Cassero Morto, der Porta Felice bei Cala und der Porta dei Greci, der Strada Colonna, der Porta Reale und der Porta dei Termini. In der Via Alloro stand das Hotel, das schon lange keines mehr ist. Die Via Alloro führt an einem ganzem Netz von Innenhöfen, Gassen und Gäßchen vorbei, wo sich zahlreiche Handwerker niedergelassen hatten. Die kleinen Gassen trugen dann oft den Namen der jeweiligen Zünfte: Gürtler, Sattler, Besen-, Buch- und Faßbinder, Gitarrenbauer. In der Via Alloro steht auch der gotisch-katalanische Palazzo Abatellis Matteo Carnelivari, in dem heute die Galleria Nazionale della Sicilia ihren Sitz hat. Dort hängen der beeindruckende »Trionfo della Morte«, die bräunliche »Annunziata« von Antonello, die weiße »Eleonora d'Aragona« von Laurana ...; in dieser Gegend liegen historische Plätze, Klöster, Kirchen und Palazzi: Piazza Sant'Anna, dei Vespri, della Fieravecchia, della Meschita, della Magione; Palazzo Butera, Aiutamicristo, Ganci (in jedem Reiseführer ist der Palazzo erwähnt, in dem Visconti den »Gattopardo« drehte), Palazzo Chiaramonte oder Steri, wo die Inquisition ihren Sitz hatte; das Kloster Gancia, die Kirchen Sant'Anna, San Francesco und Dello Spasimo.
Kehren wir also zur Via Alloro und dem Hotel Patria zurück. Es war ein Hotel mit riesigen Mehrbettzimmern, in denen (wie früher in den Lagerhallen) Kaufleute, Makler, Vertreter, Stundenten und schließlich, in den letzten Jahren seines Bestehens, verarmte Adelige, Exzentriker und Weltreisende übernachteten. Man schloß das Hotel und eröffnete dafür im schönen Innenhof des Herrschaftshauses ein Restaurant. Es heißt »Stella«, aber alle nannten es aus Gewohnheit weiterhin »Patria«. In der Tat gibt es nichts, was in Palermo mehr »Heimatgefühl« vermitteln könnte. Keine Trattoria, kein Restaurant, keine Taverne oder Imbißbude bietet bodenständigere und echtere palermische Spezialitäten als das »Patria«.
Abends dringt man in das Labyrinth der Kalsa ein (eine Mischung aus dem Barrio Chino von Barcelona, der Via Pre' von Genua, dem Vieux Panier von Marseille, der Medina von Tunis und der Santa Cruz von Sevilla), läßt sein Auto irgendwo schräg an einer Bordsteinkante stehen und überläßt es der Obhut eines jungen Parkwächters. Er ist klein, mollig, trägt eine Brille und wirkt damit schlau und iro-

nisch zugleich. Er vermittelt auch das Gefühl von Sicherheit: »Die Schlüssel, Herr Doktor, lassen Sie mir Ihre Schlüssel da.« Im Klartext bedeutet das soviel wie: »Wir sind hier in Palermo und somit allen möglichen Gefahren ausgesetzt. Aber seien Sie unbesorgt. Ich bin ja da.« Man tritt schließlich in den geräumigen Innenhof. Unter hohen schlanken Palmen, unter Zitronenbäumen, zwischen Kaskaden von Jasminsträuchern und Bougainvilleen und stummen Marmorbrunnen sind die Tische gedeckt. Es erscheint sofort ein kleiner molliger Junge mit einer Brille. Er wirkt schlau und ironisch und zählt eher gelangweilt in einem Atemzug auf, was es alles zu essen gibt: »Antipasti: Panelle, Cazzilli, Oliven, Auberginen, Sardellen; Primi: Rigatoni alla Disgraziata, alla Norma, Tagliatelle mit Ricotta und Spinat, Spaghetti oder Reis mit der Tinte vom Tintenfisch, Nudeln mit Sardinen, mit Brotteig; Secondi: gefüllte Calamari, Schwertfischröllchen, Fleischrouladen, Kabeljau, Sardinen, Hackfleischbällchen ...« Als ich ihn sichtlich verwirrt frage, ob er den anderen Jungen draußen, den Parkwächter, der die gleichen schwarzen Hosen, das gleiche weiße Hemd, die gleiche Brille trug und ihm bis aufs Haar ähnelte, kenne, antwortete er, er kenne ihn nicht und habe ihn auch nie gesehen. Er erzählt mir, daß er praktisch schon seit seiner Kindheit im »Patria« als Kellner arbeite, und Calogero heiße. »Nun, haben Sie schon gewählt, Herr Doktor?« fragte er mich in seiner bestimmten Art. Und ich hatte den Eindruck, als huschte ein leichtes ironisches Lächeln über sein Gesicht, als er sich abwandte. Ich aß also Pannelle, Cazzilli, Oliven. Ich aß Nudeln mit Sardinen, gefüllte Calamari und Cassata. Ich trank einen ausgezeichneten Wein, einen Magenbitter.

Ich aß und trank wütend und schnell. Mir wurde schwindlig. Die anderen Gäste an den Tischen und wieder andere, die auf einen freien Tisch warteten, kreisten um mich. Ihre Gespräche stiegen zur Loggia, die sich um den ganzen Innenhof zieht, in die Etagen des ehemaligen Hotel »Patria« hinauf. Ich bezahlte beim Kellner Calogero meine Rechnung, erhob mich und trat, ein wenig unsicher auf den Beinen vielleicht, auf die Via Alloro hinaus. Ich ging zum Auto. Da stand auch schon mein Parkwächter, der Doppelgänger des Kellners, und reichte mir meine Schlüssel. Ich wollte eine Erklärung von ihm. Aber noch bevor ich meinen Mund öffnen konnte, sagte er: »Das ist mein Zwillingsbruder. Er erzählt immer allen Leuten, er hätte mich noch nie gesehen und würde mich nicht kennen.« »Wie heißt du denn?«, fragte ich ihn erleichtert. »Calogero«, antwortete er trocken.

Vincenzo Consolo

Acireale

17 km von Catania, S.S. 114

La brocca d'u cin'oru

Restaurant
Corso Savoia, 49/a
Tel. 0 95 / 60 71 96
Ruhetag: Montag
Betriebsferien: unterschiedlich
40 Plätze
Preise: 35-40 000 Lire
Keine Kreditkarten
Reservierung: empfohlen

Nach langen Jahren in den verschiedensten Restaurants und Hotels konnte sich Salvatore Ricciardello endlich seinen Traum erfüllen und ein eigenes traditionelles Speiselokal eröffnen. Im »La brocca« bietet er nun die Spezialitäten der Ionischen Küste an. In der Nähe des barocken Doms steht die schlichte, aber sehr gediegene Trattoria. Die Einrichtung bevorzugt bis in die feinsten Einzelheiten Traditionelles: die Lampen sind mit glasierten Terracottaziegeln abgeschirmt, die Stühle aus einfachem Korbgeflecht und die Platzteller und Vasen aus Keramik mit dem Dekor der alten Manufaktur in Caltagirone. Natürlich entspricht in solch einem Lokal auch die Küche der Tradition. Die Saucen der Nudelgerichte richten sich nach den Jahreszeiten und dem jeweiligen Marktangebot. Man ißt z. B. **Rigatoni incaciati**, d.h. mit Tomaten, Eiern, Schinken und mit Cacio überbacken, Heringsfische und ausgezeichnetes **gratiniertes Filet**. Die **Funghi porcini dell'Etna** und das Fleisch im Teigmantel sind sehr gut zubereitet. Als Dessert reicht man eine ausgezeichnete Brombeerschaumcreme und eine etwas ungewöhnliche Süßspeise aus Auberginen, Pistazien, Mandeln und Kakao. Das Lokal ist noch relativ neu. Lassen wir ihm also noch Zeit, die Auswahl an Weinen und Spirituosen zu verbessern.

Capo d'Orlando

81 km von Messina, S.S. 113

La tartaruga

Restaurant
Lido San Gregorio
Tel. 09 41 / 9 50 12
Ruhetag: Freitag
Betriebsferien: November
90 Plätze
Preise: 35-40 000 Lire
Kreditkarten: AE, DC, Visa
Reservierung: im Sommer empfohlen

Das Hotel-Restaurant »La tartaruga« liegt in einer Bucht hoch über einem schneeweißen Sandstrand. Hinter dem Lokal erhebt sich ein Hügel mit vielen Obstgärten, vor ihm liegt nur noch das fischreiche Tyrrhenische Meer. Es lassen sich gar nicht alle Fische einzeln benennen, denn in fast jedem Ort der Küste haben sie einen anderen Namen. Die Küche des »La tartaruga« bietet Spezialitäten aus dem Meer und aus den Bergen, in denen viel Weidewirtschaft betrieben wird und die somit Fleisch, Käse und Wurst liefern. Essen Sie also ganz frischen und heißen **fritierten Fisch** oder in Essig eingelegte Heringsfische. Die Salami aus Sant'Angelo di Brolo, der **marinierte Fisch**, die **gratinierten Meeresfrüchte** werden Ihnen ausgezeichnet schmecken. Das gilt auch für die hausgemachten Nudeln und die **Fischsuppen**. Trinken Sie Weine aus dem gut bestückten Weinkeller des Restaurants. Süßspeisen und Eis sind gut, die Auswahl an Spirituosen ist in Ordnung. Die guten Speisen, die aufmerksame und flinke Bedienung, die gediegene Atmosphäre und die gepflegten Gedecke machen den Aufenthalt im »La tartaruga« sehr angenehm.

Catania

Club Metro

Circolo Arcigola
Via Cruciferi, 76
Tel. 0 95 / 32 20 98
Ruhetag: Sa.mittag u. Sonntag
Betriebsferien: August
50 Plätze
Preise: 25 000 Lire
Keine Kreditkarten
Reservierung: empfohlen

Schon immer traf man sich im »Club Metro«, um zu reden und Erlebnisse auszutauschen. Den Zeitläuften entsprechend betrieb man hier Politik, gründete irgendeine Bewegung oder verstrickte sich in soziopolitische Diskussionen. Das ist heute natürlich fast vorbei. Das »Metro« wird nämlich nicht mehr von konspirativen Arbeitern und Handwerkern besucht, sondern von Intellektuellen, Freiberuflern und Studenten, die sich bei einer guten Flasche Wein unterhalten wollen. Das »Metro« wird aber auch dieser neuen Aufgabe blendend gerecht. Wie sonst nur selten in Sizilien bekommt man hier Weine, Schaumweine, Liköre und Grappa aus ganz Italien, ja sogar einige französische oder amerikanische Erzeugnisse und natürlich die ausgezeichneten sizilianischen Weine, die zum Meditieren anregen. Das ansprechende Lokal ist recht funktionell gestaltet und bietet so einen eigenartigen Kontrast zur Via dei Cruciferi, die ganz im Barockstil erbaut ist. Die einfache Küche paßt gut zu den einzelnen Weinen.

Catania

La siciliana

Restaurant
Viale Marco Polo, 52 a
Tel. 0 95 / 37 64 00
Ruhetag: So.abend und Montag
Betriebsferien: 15.-30. Juli
90 Plätze
Preise: 35-40 000 Lire
Kreditkarten: AE, CartaSi, DC, Visa
Reservierung: empfohlen

Jeder hochgestochene Restaurantführer nennt das »La siciliana«. Was hat es dann also in unserem Buch zu suchen?! Die Frage scheint berechtigt. Doch das »La siciliana« bietet nach wie vor traditionelle Küche an. Die Speisen werden, wo nötig, nach heutigen Gesichtspunkten verändert und neu umgesetzt und sind durchweg von höchster Qualität. Die Spezialitäten Catanias sind ein Kapitel für sich, denn zahlreiche fremde Völker haben die Stadt beherrscht und ihr ihren Stempel aufgedrückt. Hinzu kommt die besondere geographische Lage in einer fruchtbaren Ebene zwischen dem Meer und dem Ätna. Die Gebrüder La Rosa widmen sich mit großem Eifer dem Erhalt der kulinarischen Traditionen. Mit viel Engagement und Begeisterung betreiben sie demnach ihr Restaurant. Ettore kümmert sich um die Gäste, Salvo und Vito sind für die Küche zuständig. Gerne erzählen sie ihren wißbegierigen Gästen etwas über Ursprung und Herkunft der einzelnen Speisen. Wir nennen Ihnen hier die Frittelle di **macco di fave** (mit Ackerbohnen), die **Arancini di riso** mit Auberginenragout und die hervorragende **Caponata di melanzane**. Sehr gut schmeckt auch die **Pasta con la mollica**, ein Nudelgericht mit Sardellen, Knoblauch, Peperoncino, Petersilie und etwas Tomatenmark. Als Hauptgericht bekommen Sie unter anderem **Stocco alla messinese**, **Sarde a beccafico**, panierte Sardellen, geschmortes **Lamm**. Das Angebot an Weinen, vor allem an Dessertweinen, ist sehr gut sortiert.

Catania

Trattoria casalinga

Trattoria
Via Biondi, 19
Tel. 0 95 / 31 13 19
Ruhetag: Sonntag
Betriebsferien: unterschiedlich
50 Plätze
Preise: 13–15 000 Lire
Keine Kreditkarten
Reservierung: notwendig

Die kleine Trattoria befindet sich im Zentrum von Catania und ist in der Mittagszeit schon von weitem an der langen Menschenschlange zu erkennen, die sich vor ihrem Eingang bildet. Das Lokal wirkt mit seinen Plastiktischdecken und gewöhnlichen Gläsern ein wenig improvisiert. Aber der sachkundige Signor Mannino, das ausgezeichnete Fleisch und der ebenso gute Fisch, den seine Frau zuzubereiten weiß und die Bedienung, für die ihre Kinder zuständig sind, lassen aus dieser kleinen Trattoria eine beliebte Einkehr für Leute aller sozialer Schichten werden. Im Sommer ißt man neben Fisch (oft gibt es ausgezeichnete **Heringsfische**) eine hervorragende **Peperonata** oder Bohnensuppe. Im Winter kocht die Signora hauptsächlich Gemüsesuppen und andere Gerichte, die zur Jahreszeit passen. Leider konnte man Signor Mannino bis jetzt noch nicht dazu bewegen, eine ordentliche Auswahl an Weinen zusammenzustellen. Die Trattoria ist nur mittags geöffnet.

Cefalù

66 km von Palermo, S.S. 113

Osteria del Duomo

Trattoria
Via Seminario, 5
Tel. 09 21 / 2 18 38
Ruhetag: Montag
Betriebsferien: Ende Dezember
80 Plätze + 50 im Freien
Preise: 30–40 000 Lire
Kreditkarten: AE, DC, Visa
Reservierung: empfohlen

Der Dom von Cefalù ist ein herrliches Beispiel für die sizilianische Baukunst. Gleich in seiner Nähe betreibt der fachkundige Vincenzo Barranco diese gehobene Trattoria. In Küche und Service wird er von einer ebenso qualifizierten Mannschaft unterstützt. Das Lokal ist elegant und gediegen eingerichtet. Die Küche konzentriert sich in erster Linie auf Fischgerichte, die auf der einen Seite nach traditionellen Rezepten zubereitet werden, auf der anderen Seite der Phantasie des begabten Kochs entspringen. Zu den althergebrachten Speisen gehören die **Pasta con le sarde** und fangfrischer Fisch in verschiedenen Zusammenstellungen. Für die »modernen« Gerichte verwendet Vincenzo nur die allerfeinsten Grundstoffe, sei es nun für die »Penne in barca« mit Hummer, Meerspinne und Fischfilet, sei es für die Ravioli mit Lachsfüllung in Scampicreme. Die Weinkarte nennt nicht nur Erzeugnisse aus Sizilien, sondern auch aus den berühmtesten Weinbaugebieten Italiens.

Cerda

56 km von Palermo, S.S. 120

Rosolino Nasca

Osteria-Trattoria
Piazza Merlina, 2
Tel. 0 91 / 8 99 13 49
Ruhetag: Sonntagabend
Betriebsferien: 1.-15. Juli
110 Plätze
Preise: 15 000 Lire
Keine Kreditkarten
Reservierung: empfohlen

Die Osteria wurde in den fünfziger Jahren eröffnet, mußte aber nach einigen zunächst erfolgreichen Jahren wieder schließen. Erst vor kurzem wurde sie von den früheren Wirtsleuten wiedereröffnet. Die Nascos betreiben die Trattoria im gewohnt familiären Stil. Rosario und seine Frau kochen, ihre Kinder betreuen die Gäste. Sie alle verleihen dem Lokal in ihrer zuvorkommenden und zuverlässigen Art die typische Atmosphäre südländischer Gastlichkeit. Gemüse bestimmen die Speisekarte. Vor allem **Artischocken**, aber auch **Ackerbohnen** und andere Gemüse aus dem Garten kommen je nach Jahreszeit zur Verwendung. Verschiedene schmackhafte Fleischgerichte, Käse und Wurstwaren aus der Gegend sind ebenfalls zu haben. Aus letzteren kann man sich auch eine herzhafte Brotzeit zusammenstellen lassen. Im Winter ißt man eine Süßspeise mit Ricotta, die wir nur empfehlen können. Das Weinangebot ist nicht gerade hinreißend, denn es beschränkt sich auf offene Weine aus der Gegend.

Chiaramonte Gulfi

19 km nördlich von Ragusa

Le mole

Restaurant
Ortsteil Chiara - Piano dell'Acqua
Tel. 09 32 / 92 60 66
Ruhetag: Montag
Betriebsferien: unterschiedlich
120 Plätze
Preise: 30-35 000 Lire
Kreditkarten: DC
Reservierung: am Wochenende

Ein schöner Bauernhof im Hinterland von Ragusa wurde in ein typisches Restaurant umgebaut. In den ehemaligen Ställen richtete man zwischen Orangenbäumen und einem Hof voller Bougainvilleen und anderen Kletterpflanzen die Speisezimmer ein. Alles läuft hier nach einem langsamen, natürlichen und deshalb sinnvollen Rhythmus ab. Sobald Sie Platz genommen haben, wird man Ihnen eine beeindruckende Menge Antipasti auftischen. Sie geben einen guten Überblick über die reichhaltige Regionalküche, in der die Einflüsse der einstigen Patrizier, der fremden Völker (allen voran der Spanier) und der Bauernküche zu spüren sind. Die Antipasti richten sich streng nach dem Jahreszeitenwechsel: »scacce« (paniertes und **ausgebackenes Gemüse**), frischer oder reifer Pecorino, **Ricotta al forno** auf Zitronenblättern, schwarze getrocknete Oliven, geschmorte **Bohnen** mit Schnittlauch. Als Primo sollten Sie **Ravioli** mit **Ricottafüllung** und Fleischsauce, Rigatoni mit einer Sauce aus Truthahnragout und Hülsenfrüchten oder die hausgemachten »Quadrucci« in Hühner- und Markbrühe essen. Trinken Sie den ausgezeichneten Cerasuolo, der in der Nähe gekeltert wird. Er paßt sowohl zu den Fleischgerichten im Winter als auch zum Fisch im Sommer. Das Personal ist aufmerksam; die Toiletten könnten sauberer sein.

Modica

14 km von Ragusa, S.S. 115

Fattoria delle torri

Trattoria
Via Nativo, 30-32
Tel. 09 32 / 75 12 86
Ruhetag: Montag
Betriebsferien: unterschiedlich
60 Plätze
Preise: 25-30 000 Lire
Keine Kreditkarten
Reservierung: empfohlen

Auf dem Weg zur »Fattoria delle torri« kommen Sie durch die Altstadt von Modica, die reich an Schätzen aus der Barockzeit ist. Das Lokal ist in einer ehemaligen Meierei (»fattoria«) sehr reicher Gutsbesitzer untergebracht. Die schlichte Einrichtung lädt Sie zum Verweilen an den Marmortischen ein. Pippos Mamma wird Ihnen ganz einfach die Speisen vorsetzen, die sie seit jeher zu kochen gewohnt war: beste Küche aus Modica aus den Grundstoffen, die in der Gegend je nach Jahreszeit zu haben sind. Essen Sie also **Ravioli mit wildem Löwenzahn** oder mit **Bohnenpüree**, Ricotta und Schnittlauch oder auch die **Cavatelli** »in sugo finto«, d.h. handgemachte Nudeln mit einer Sauce ohne Fleisch. Zur Jagdsaison bekommen Sie **Kaninchen**, das über Nacht in eine Gemüsebeize eingelegt wird, oder den gefüllten Hahn und andere Spezialitäten. Auf die Süßspeisen verwendet man, wie allgemein in dieser Gegend üblich, sehr große Sorgfalt (in Modica wird eine sehr feine aromatisierte Schokolade hergestellt). Zur Weinlese bietet man Ihnen die typische **Pasta di mandorle** an, eine in Traubenmost gekochte Paste aus Mandeln und Gewürzen. Der Biancomangiare ist ausgezeichnet. Zu empfehlen ist auch die »impanatigghia«, Backteig mit salziger oder süßer Füllung. Hier bekommen Sie dieses ursprünglich spanische Gericht mit Hackfleisch oder Schokolade. Die Auswahl an Weinen ist endlich besser geworden.

Monreale

8 km südwestlich von Palermo

La botte

Restaurant
Ortsteil Lenzitti, 416
Tel. 0 91 / 41 40 51
Ruhetag: Montag
Betriebsferien: Juli/August
70 Plätze
Preise: 40-50 000 Lire
Kreditkarten: AE, DC, Visa
Reservierung: notwendig

Das Restaurant ging aus einer alten Weinhandlung hervor. Vom alten Geschäft blieb der rustikale Charakter erhalten, dem hier aber durch einen Hauch von Eleganz die Schwere genommen wird. Seit 1962 betreibt die Familie Cascino unter der Führung von Salvatore und Maurizio das Lokal. In den vergangenen drei Jahrzehnten konnten die Cascinos auch zahlreiche berühmte Gäste bewirten. Sie alle schätzen die traditionelle Kost, die meisterhaft aus hochwertigen Grundstoffen zubereitet wird. Die Mahlzeit beginnt mit einer ungewöhnlichen und reichhaltigen Platte süditalienischer Wurstwaren oder mit einer **Bruschetta** alla siciliana. Bei den Primi stehen Rigatoni alla diavola, **Maccheroni con sarde**, **Tagliatelle** mit rosa Sardellenfilets, Vermicelli alla bottesana (eine Kreation des Hauses) und andere Nudelgerichte zur Auswahl. Als Secondi reicht man »Involtini alla siciliana«, Filet, Kalbsplätzchen und (auf Vorbestellung) den **Falso magro** alla siciliana. Man trinkt ordentlichen offenen Wein oder einen Flaschenwein von der Karte, die insgesamt ein gutes Angebot aufweist. Das Restaurant ist unter der Woche nur abends, am Wochenende auch über Mittag geöffnet.

Noto

31 km von Syrakus, S.S. 115

Trattoria del carmine

Trattoria
Via Ducezio, 9
Tel. 09 31 / 83 87 05
Ruhetag: Montag
Keine Betriebsferien
60 Plätze
Preise: 16-18 000 Lire
Keine Kreditkarten
Reservierung: empfohlen

Die Trattoria steht im Zentrum von Noto zwischen barocken Patrizierhäusern und Kirchen. Als Don Corrado und Donna Severina das Lokal 1964 übernahmen, konnte man dort nur offenen Wein und alkoholfreie Getränke trinken, hartgekochte Eier essen und Karten spielen. Donna Severina ist aber eine leidenschaftliche Köchin und konnte sich deshalb einfach nicht nur auf hartgekochte Eier beschränken. So begann sie, einige typische Gerichte wie Hülsenfrüchte mit Schweineschwarte und Melanzane alla parmigiana anzubieten. Sie hatte Erfolg mit ihrem Vorstoß und wurde ermutigt, weitere Speisen in ihr Angebot aufzunehmen. In der kalten Jahreszeit, wenn die frische Ricotta am besten ist, bekommt man jetzt bei Donna Severina **Ravioli**; sonst ißt man hausgemachte Tagliatelle mit Fleischsauce, **Spaghetti mit Knoblauch, Peperoncino und Olivenöl**, **Coniglio** »alla stimpirata« (mit Staudensellerie, Paprikaschoten, Karotten und Oliven), Salsiccia und Schwertfisch, Thunfisch, Calamari sowie Krebse (nur, wenn es frische gibt). Neben diesen traditionellen Gerichten bietet Donna Severina auch eigene Kreationen an, die bei den Gästen sehr beliebt sind, so z.B. die **Tagliatelle alla capricciosa** (mit einer Sauce aus fünfzehn verschiedenen Gemüsesorten). Don Corrado stellt sein Angebot an offenen Weinen aus den besten Erzeugnissen der Gegend zusammen.

Palermo

Stella

Trattoria
Via Aragona, 6
Tel. 0 91 / 6 16 11 36
Ruhetag: Sonntag
Keine Betriebsferien
80 Plätze
Preise: 25 000 Lire
Keine Kreditkarten
Reservierung: empfohlen

Im Hof eines wunderschön renovierten Palazzos aus dem 17. Jahrhundert liegt das »Stella«. Zahlreiche Stammgäste kommen hierher, um Atmosphäre und Speisen des alten Palermo zu genießen. Das »Stella« wurde 1922 eröffnet und büßte all die Jahre nichts von seiner ursprünglichen Faszination ein. Der Wirt selbst steht am Herd und kocht vor allem Fischgerichte. Einen genauso wichtigen Platz nehmen in seiner Küche aber auch die Gemüse ein. Viele Gerichte kann man empfehlen: den Antipasto mit **Panelle** (ausgebackenes Gemüse) und Kroketten, **Auberginen**, verschieden zubereiteten **Sardellen** und Oliven. Die Primi nach Art des Hauses sind durchweg interessant: Rigatoni »alla disgraziata« (mit Auberginen, Ricotta, Tomaten und Paprikaschoten) oder Spaghetti »alla Stella« (mit Pilzen, Krebsen und Schwertfisch). Als Hauptgericht wird viel **Fisch** (**fritiert** oder gegrillt) gegessen. Die **gefüllten Calamari** vom Grill sind besonders schmackhaft. Wer lieber Fleisch ißt, kann unter verschiedenen Gerichten wählen. Wir empfehlen die bemerkenswerte **Costata impanata**. Sämtliche Speisen fallen gut aus. Das Angebot an passenden Weinen hält sich allerdings in Grenzen: offener Wein aus der Gegend und einige Flaschenweine aus Sizilien.

Riposto

104 km von Catania, S.S. 114

Sciarbat

Circolo Arcigola
Corso Italia, 45
Tel. 0 91 / 7 79 19 38
Ruhetag: Montag
Betriebsferien: unterschiedlich
50 Plätze
Preise: 30-40 000 Lire
Keine Kreditkarten
Reservierung: empfohlen

Im Zentrum von Riposto steht nicht weit vom Meer entfernt ein schlichtes, aber ansprechendes Restaurant. Es ist Einkehr für all diejenigen, die nicht nur satt werden, sondern wissen wollen, wie ein bestimmtes Gericht zustande gekommen ist, welche Geschichte es hat, auf welchen Traditionen es beruht. Für diese Gäste veranstalten die Wirtsleute regelmäßig Treffen mit Fachleuten aus der Welt des Essens und Trinkens. Ein netter Kalender des »Sciarbat« erinnert die Feinschmecker und Freunde des Restaurants an diese Veranstaltungen, die rechtzeitig geplant und organisiert werden müssen. Man ißt hier traditionelle Küche, vor allem **Fisch**, aber auch Nudeln, Hülsenfrüchte, Gemüse und Fleisch. Das Verdienst des »Sciarbat« ist es, ganze Generationen an eine bewußte Ernährungsweise herangeführt zu haben, die im Einklang mit den Bräuchen und der Geschichte der Gegend zu stehen hat. Das Angebot an Weinen und Spirituosen könnte durchaus noch verbessert werden (aber wir wollen ja nicht allzu pingelig sein!).

San Michele di Ganzaria

74 km von Catania, S.S. 124

Pomara

Restaurant
Via Vittorio Veneto, 84
Tel. 09 33 / 97 63 24
Ruhetag: Dienstag
Betriebsferien: unterschiedlich
50 Plätze
Preise: 25-35 000 Lire
Keine Kreditkarten
Reservierung: am Wochenende

Als die Gebrüder Pomara ihre Karriere als Gastwirte starteten, eröffneten sie eine Osteria – nicht viel mehr als ein Loch mit ein paar Tischen. Man aß dort das, was es gerade gab; das war immer schlichte Hausmannskost. Und man trank die Bauernweine aus der Gegend. Das alles spielte sich in den siebziger Jahren ab, als man keine Zeit für ein aufwendiges Gericht mit Hülsenfrüchten hatte, jeder nur schnell etwas hinunterschlang und das Erbe der traditionellen Küche in Vergessenheit zu geraten drohte. Die Pomaras boten auch damals bäuerliche Kost an: Hülsenfrüchte, wildes Gemüse und Eingemachtes. Diese Tradition haben sie auch jetzt in ihrem neuen Restaurant beibehalten. Mitten im Lokal thront ein großes Kohlebecken, über dem **Bruschetta** und Fleisch gegrillt werden. Man ißt hier auch Kalbshaxe, **Salsiccia con i fagioli**, **Lamm**, **Hammel**, frische **Bohnen**, überbackenen Käse mit wildem Fenchel. Wie früher reichen die Pomaras eingelegte Tomaten, Silberzwiebeln, Oliven, getrocknete Salsiccia und **Schweinesülze**. Das Restaurant ist recht rustikal gehalten, das Geschirr ist einfach, das Weinangebot gut. Es gibt keine Süßspeisen, denn die kennt die Bauernküche von einst nicht. Es fehlt auch eine gute Auswahl an Grappe und Likören. Es sind aber schon erste Ansätze zu verzeichnen, diesem Mißstand abzuhelfen.

Siracusa

Taverna Aretusa

Trattoria
Via Santa Teresa, 32
Tel. 09 31 / 6 87 20
Ruhetag: Mittwoch
Keine Betriebsferien
40 Plätze
Preise: 25 000 Lire
Kreditkarten: AE, CartaSi, Visa
Reservierung: nicht notwendig

Im Herzen der Ortigia, der geschichtsträchtigen Altstadt von Syrakus, steht eine von den Trattorie, die mittlerweile auch in Sizilien schon fast ausgestorben sind. Das Lokal ist einfach, aber ansprechend. Der rustikalen Einrichtung verleihen die verschiedenen kunsthandwerklichen Gegenstände eine besondere Note. Pasqualino Papa ist ein glänzender Gastgeber. Er versteht es, auch bei Hochbetrieb (und das ist hier oft der Fall!) seine Gäste aufmerksam und zuvorkommend zu bedienen. Der vertrauliche Ton schmälert den umsichtigen Service in keinster Weise. In der »Taverna Aretusa« ißt man in erster Linie **Fisch**: täglich wird fangfrischer Fisch geliefert, aus dem wohlschmeckende Gerichte gezaubert werden. Der Chef kocht nach traditionellen Rezepten, die er bisweilen, wo nötig, nach seinem Empfinden ein wenig abwandelt. Zu empfehlen sind auch die Antipasti, die in ihrer Vielfalt typisch mediterranen Genuß verheißen. Man trinkt Weine aus der Gegend. Sowohl der offene als auch die Flaschenweine sind in Ordnung.

Trapani

I Trabinis

Circolo Arcigola
Largo Porta Galli
Tel. 09 23 / 2 44 62 und 2 16 21
Ruhetag: unterschiedlich
Betriebsferien: unterschiedlich
40 Plätze
Preise: 20-30 000 Lire
Keine Kreditkarten
Reservierung: nicht notwendig

Claretta und Angelo haben für ihr Lokal noch einen Beinamen gefunden: »gastronomi mediterranei«. Das »I Trabinis« liegt auf halbem Wege zwischen der Stadtmitte und dem Meer. Und ihm haben sich die beiden Wirtsleute verschrieben. Die tunesischen, algerischen, griechischen und ägyptischen Gerichte belegen auf eindrucksvolle Weise die historisch bedingte Verwandtschaft zu den sizilianischen Spezialitäten. Es ist nicht leicht, all die verschiedenen Speisen aufzuzählen, die hier aufgetischt werden. Interessant sind sicher die **Pasta mit Fischragout**, der **geschmorte Oktopus**, die **Sardinenbällchen** und der für Trapani typische **Kuskus mit Meeresfrüchten**. Das Lokal ist sehr einfach eingerichtet, aber ein paar Details zeugen vom Geschmack der Wirtsleute: z.B. die Marmortische und die Küche, die man von außen einsehen kann. Nach dem Essen kann man sich mit dem vielfältigen kulinarisch-kulturellen Programm beschäftigen, das Angelo und Claretta zusammenstellen, und einen interessanten Abend in netter Gesellschaft verbringen.

NOTIZEN

**Die großen Marsalaweine des Weingutes Florio.
Eine antike Geschichte von Weinen aus dem Land der Sonne.**
Via Vincenzo Florio, 1 Marsala (TP) · Tel. 0923/999222

Sardegna

- Stintino
- Palau
- Arzachena
- SASSARI
- Padria
- Bosa
- Flussio
- Cuglieri
- Nuoro
- Sarule
- Gavoi
- Bauladu
- Cabras
- Fordongianus
- ORISTANO
- Lanusei
- Sardara
- Gergei
- Calasetta
- Santadi
- CAGLIARI

SARDINIEN

Sardinien wird von seinen Bewohnern heftig verteidigt. Sogar den aggressivsten Eindringlingen (dem Fernsehen) gelingt es nicht, die Wurzeln dieser Inselkultur zu entblößen. Wenn Sie die Sarden kennenlernen wollen, wenn Sie wissen wollen, wo sie sich treffen, was sie trinken und essen, wie sie sich die Zeit vertreiben – wie sie also leben, dann müssen Sie sie schon sehr gut kennen und sardische Freunde haben (das muß gar nicht so schwer sein). Ich habe mit offenen Augen die Insel durchstreift, bin in Bars und Osterie gegangen (kann man diese Kneipen, in denen sich alles mischt, aber kein einziges Wort Sardisch gesprochen wird, denn überhaupt als typisch bezeichnen?). Auf dem Kontinent (so nennen die Sarden Italien und die übrigen Inseln) würde man wohl »alimentare«, Lebensmittelgeschäft, sagen. Also müssen Sie unbedingt nach Biancareddu fahren, in ein Dorf mit 70-100 Einwohnern zwischen Palmadula und Stintino. Der Besitzer ist eine wirklich außergewöhnliche Persönlichkeit. Seine Intelligenz, seine feste Überzeugung (er konnte in seinem Dorf 100% der Stimmen für den PCI gewinnen), die er nicht einmal im Namen der Sache aufgab. Dort entdecken Sie die Insel, die es eigentlich nicht gibt.

Es gibt natürlich Restaurants, wo Sie typische Gerichte essen können, aber diese sardische Kost ist durchdrungen von »Cannelloni auf Schweizer Art« und »Bucatini all'amatriciana«. Keine Wurzeln also, sondern Implantate. Der echte Sarde hält sich versteckt und gibt sich nicht preis. Sie müssen ihn schon selbst suchen und finden, zu Hause, im Herzen Sardiniens. Dort, wo die Traditionen noch lebendig sind, wo keine unerwünschten Eindringlinge sie zur bloßen Folklore verkommen lassen. Die Sarden suchen sich ihre Freunde selbst aus, sie entscheiden, wann sie wo mit wem sein wollen und, vor allem, wieviel sie von sich selbst zeigen. Natürlich längst nicht allen.

Wenn Sie das echte Sardinien kennenlernen wollen, müssen Sie zu einem besonderen Familienfest eingeladen werden. Beispielsweise zu einer Hochzeit oder Taufe. Da bekommen Sie dann die typischen Speisen und traditionellen Weine. Es gibt keine Bar, kein Restaurant, keine Osteria, in der Sie die echten Bräuche der Sarden mit ihrem großzügigen, aber unzugänglichen Herzen entdecken könnten. Wenn Sie in dieses berühmte Herz eindringen wollen, müssen Sie zu Pietro nach Alghero fahren. Wenn Sie ihm sympathisch sind, wird er Ihnen in seinem Restaurant die hervorragenden »Bucatini all'algherese« und dazu den I papiri, einen jungen Wein, vorsetzen. Aber das echte Sardinien ist nicht dort, es entzieht sich den Augen der Touristen. Es ist genauso verschlossen wie die Hütten der Schäfer. Vom Meer aus betrachtet scheinen sie kein einziges Fenster zu haben, das auf eine der schönsten Landschaften der Welt blicken könnte. Die sardischen Hirten wenden sich lieber dem Hinterland, den Bergen zu. Vom Meer kamen immer nur Feinde, heute kommen vielleicht zu viele neugierige Touristen.

Fulvia Serra

Arzachena

140 km von Sassari, S.S. 125

Pinocchio

Restaurant
Punga Strada Arzachena-Porto Cervo
Tel. 07 89 / 9 88 86
Ruhetag: Mi., nicht im Sommer
Betriebsferien: 15.12.–15.1.
110 Plätze
Preise: 40–45 000 Lire, ohne Wein
Kreditkarten: CartaSi, Visa
Reservierung: empfohlen

Das »Pinocchio« befindet sich auf halbem Wege zwischen Arzachena und Porto Cervo. Dem ersten Anschein nach könnte es sich um ein Restaurant handeln, in dem man binnen 15 Minuten einen ganzen Berg von Speisen serviert bekommt. Aber dieser Eindruck täuscht. Man kann in aller Ruhe tafeln. Man ißt eine gute Pizza oder typische Gerichte aus der Gegend. Wer nicht lange warten und entscheiden will, kann sich am Buffet bedienen. Dort sind Muscheln, Venusmuscheln, **gratinierte Miesmuscheln**, Salat aus Meeresfrüchten, fritierte Auberginen und Zucchini, Pilze, Sardellen und Paprikaschoten in Öl aufgebaut. Über das sonstige Angebot wird Sie Renato Selis informieren, denn es richtet sich nach dem jeweiligen Marktangebot. Der **Risotto alla pescatora** ist sehr gut. Sie können aber auch **Ravioli** mit Kräuterfüllung, **Zuppa gallurese**, **Spaghetti all'aragosta**, al nero di seppia oder alle vongole essen. Als Hauptgericht serviert man Ihnen Fisch vom Rost, Seebarsch in Salzkruste, **Aragosta alla catalana**. Wenn Sie lieber Fleisch essen, bekommen Sie hier die typische **Rivea** (in anderen Teilen der Insel heißt sie »trattalia« und bezeichnet die **Innereien** vom Lamm oder Zicklein, die mit den Därmen umwickelt und am Spieß gebraten oder in süß-saurer Sauce serviert werden). Die Weinkarte ist nicht umfangreich, nennt aber die besten Erzeuger aus der Gallura, dem Norden, und anderen Teilen Sardiniens. Die Bedienung ist herzlich und ausreichend kompetent. Ißt man Fisch, muß man die Rechnung etwas höher (etwa 60 000 Lire) veranschlagen.

Bauladu

15 km von Oristano

Su Pausu

Restaurant
S.S. 131, km 108
Tel. 07 83 / 5 12 02
Ruhetag: So.abend und Montag
Betriebsferien: August
120 Plätze
Preise: 32 000 Lire, ohne Wein
Keine Kreditkarten
Reservierung: empfohlen

Salvatore Corrias ist vielleicht der schwierigste Wirt von ganz Sardinien, aber auch einer der wenigen, die die typische Kost der Insel anbieten. In seinem Lokal ißt man die Speisen der Bauern und Hirten der Gegend. Salvatores Frau Pierina stammt aus Friaul, aber auch ihr sind mittlerweile die Spezialitäten der Gegend vertraut. Sie weiß, wo man den **Sa fresa de autunzu**, eine Käsespezialität, oder die verschiedenen Milchprodukte oder auch das beste Zicklein, Spanferkel oder Schaf bekommen kann. Die Speisen sind einfach, aber üppig, wie z.B. das Rebhuhn in Öl oder die Ravioli mit Wildschweinragout. Die Liste der Köstlichkeiten ist lang. So gibt es beispielsweise **Bombas in brou** (Rindfleischbällchen in Brühe), **Cinghiale in umido**, gefülltes **Wildkaninchen** und **Anzone pan'e casu** (gebratenes Lamm mit wildem Fenchel und frischem Pecorino). Salvatore ist ein großer Weinkenner und hat für Sie Weine aus Friaul, Piemont, der Toskana sowie leider nur wenige aus Sardinien ausgesucht. Die Preise sind im Hinblick auf die Qualität des Angebots angemessen.

Bosa

84 km westlich von Nuoro

Tatore

Trattoria
Piazza Monumento
Tel. 07 85 / 37 31 04
Ruhetag: Mittwoch
Keine Betriebsferien
50 Plätze
Preise: 25-30 000 Lire, ohne Wein
Keine Kreditkarten
Reservierung: nicht notwendig

Bosa, am Fluß Temo gelegen, ist eine der schönsten Kleinstädte Sardiniens. Es hat allerdings nie eine große kulinarische Tradition besessen. Fremde kehrten für gewöhnlich immer schon im »Tatore« ein, das am Hauptplatz steht. Der Speisesaal ist einfach und schlicht eingerichtet. Bodenständig sind auch die Speisen. Die wenigen Gerichte werden ausschließlich aus ganz frischen Grundstoffen zubereitet. Den Fisch bezieht man direkt von den Fischern im Ort. So ißt man Oktopussalat, **Fritto misto**, gebratene Rotbarben und Rotbrassen in Butter. Manchmal bekommt man auch die Spezialität von Bosa schlechthin: die **Sa azzada** wird aus weniger edlen Speisefischen zubereitet und mit reichlich Knoblauch und Petersilie serviert. Bei den Fleischgerichten fällt die Auswahl weniger umfangreich aus, da sich das Angebot nach den Jahreszeiten richtet. Es kommen Spezzatino vom Kalb mit Kartoffeln, gegrillte Koteletts und Kalbsplätzchen mit Pilzen (im Herbst) in Frage. Zu trinken werden einige ordentliche Weine aus der Gegend angeboten. Die Bedienung wirkt manchmal etwas improvisiert. Angemessene Preise.

Cabras

10 km nordwestlich von Oristano

Zia Belledda

Trattoria
Via Amiscora, 43
Tel. 07 83 / 29 08 01
Ruhetag: Freitag
Keine Betriebsferien
50 Plätze
Preise: 20-25 000 Lire
Keine Kreditkarten
Reservierung: nicht notwendig

Cabras ist der einzige Ort auf ganz Sardinnien, in dem man noch **Meeräschenrogen** gewinnt. Meeräschen sind sicher die wichtigsten Fische, die man im Küstensee bei Cabras fängt. Man ißt ja nicht nur den Rogen, sondern auch den ganzen Fisch: gebraten, gedünstet, im Backofen gegart oder auch »alla merca« (gekocht, gesalzen und mehrere Tage in Kräuter eingewickelt). Dies sind nur einige der Spezialitäten, die Sie im »Zia Belledda« bekommen können. Die **Zuppa di mare** und die »merca« muß man vorbestellen. Ansonsten essen Sie **Fritto misto** und gemischte Grillplatten mit Brassen, Aal, Meeräschen und Wolfsbarsch. Auch bei den Primi sind Fisch und Meeresfrüchte angesagt. Probieren Sie die **Spaghetti alla bottarga, Risotto alla pescatora** oder Spaghetti alle vongole. Die für Oristano typischen Süßspeisen sind in Ordnung, sie sind z.T. sogar hausgemacht. Im Weinkeller lagern nur einige Flaschenweine aus der Gegend und ein anständiger offener Wein. Die Preise sind angemessen. Bei besonders edlen Fischen schnellen sie allerdings in die Höhe.

Cagliari

Lillicu

Trattoria
Via Sardegna, 78
Tel. 0 70 / 65 29 70
Ruhetag: Sonntag
Betriebsferien: 10.8.–1.9.
80 Plätze
Preise: 30 000 Lire, ohne Wein
Kreditkarten: CartaSi, Visa
Reservierung: empfohlen

Die Trattoria befindet sich im alten Hafenviertel von Cagliari. Nur die notwendig gewordenen Renovierungsarbeiten an der etwas kitschigen Ausstattung des Lokals deuten darauf hin, daß wir uns schon in den neunziger Jahren befinden. Man könnte meinen, an den alten Marmortischen oder am Tresen habe schon D. H. Lawrence gesessen und sich dabei von den Farben, dem Duft und den Speisen dieser ungewöhnlichen Stadt einfangen lassen. Der Wirt Emilio Zucca bedient seine Gäste selbst, wechselt ein paar Worte mit ihnen und läßt sich wie alle waschechten Einwohner von Cagliari gern zu einem witzigen Schlagabtausch herbei. Zum Vergnügen seiner Gäste singt er auch ab und zu berühmte Schlager aus den fünfziger Jahren. Er hat fast sein ganzes Leben in der Osteria verbracht. Anfangs arbeitete er unter dem damaligen Wirt Lillicu, heute gehört ihm das Lokal. Das Speisenangebot setzt sich aus den den typischen Spezialitäten Cagliaris zusammen: **Polpicini affogati** (kleine geschmorte Oktopusse), **Seppie con piselli**, **Burrida** (hier gedünsteter und in Walnuß-Essig-Knoblauch-Marinade eingelegter Katzenhai), **Zuppa di pesce**, gebratener Fisch, Fritto misto mit Seeanemonen, **Stoccafisso** alla Lillicu (nur von September bis Mai). Der **Hummer** wird hier nur mit Öl und Zitronensaft serviert und schmeckt besonders kräftig. Weder die **Frittura** aus Lamminnereien, die hier »longus«, »mannareddus« und »laccetti« heißen, noch die »treccia« sollte man sich entgehen lassen. Filet und **Pferdesteak** sind ebenfalls gut. Im Weinkeller lagert zu jedem Gericht der passende Wein. Die Preise sind angemessen, steigen aber bei edlen Speisefischen oder Krustentieren in die Höhe.

Cagliari

La mola sarda

Osteria
Viale Sant'Avendrace, 103
Tel. 0 70 / 28 09 83
Ruhetag: Sonntag
Betriebsferien: 10.–20. August
40 Plätze
Preise: 30 000 Lire
Kreditkarten: AE, DC, Visa
Reservierung: empfohlen

Im alten Stadtteil Sant'Avendrace sind die Fischer zu Hause. Hier befanden sich schon zur Römerzeit Hafen und Handwerksbetriebe sowie zahlreiche Gasthäuser und Kneipen. Auf halber Höhe der gleichnamigen Straße befindet sich seit den fünfziger Jahren eine Trattoria, in der man ausgezeichnete Regionalküche essen kann. Die Gebrüder Sanna werden dem guten Ruf der Trattoria gerecht. Mario und Teo betreuen die Gäste, Aldo zeichnet für die Küche verantwortlich. Er kocht so traditionelle Gerichte wie **Burrida, gratinierte Miesmuscheln, Spaghetti mit Meeräschenrogen** oder Archenmuscheln und den feinen **Risotto alla pescatora**. Das Angebot richtet sich nach den Jahreszeiten. Im Sommer bekommt man hauptsächlich Fischgerichte, die stets frisch zubereitet werden: Seebarben in Alufolie, Grigliata mista, Fritto misto. An feucht-kalten Winterabenden läßt man sich am besten eine dampfende Bohnensuppe mit Speck (»fa cun lardo«) oder die **Treccia con piselli** oder auch Fleischgerichte von Rind und Pferd schmecken. Man trinkt Weine von den besten Kellereien der Insel, die zu allen Gerichten passen.

Cagliari

Molo 3

Restaurant
Via Rossini, 65
Tel. 0 70 / 40 24 42
Ruhetag: Sonntag
Betriebsferien: 15.-30. August
60 Plätze
Preise: 30-50 000 Lire, ohne Wein
Kreditkarten: alle
Reservierung: empfohlen

Das ruhige und gediegene Restaurant eignet sich bestens für ein Geschäftsessen oder ein Abendessen unter Freunden. Sorgfalt und Sachkenntnis zeichnen den Wirt Marco Zedda aus. Marcos Frau Susanna kocht typisch sardische Speisen. Zu den köstlichen Antipasti zählen **Zuppetta di crostacei**, »orziadas« (Seeanemonen), fritierte Miesmuscheln, Oktopussalat und Oktopus mit Sauce. Zur passenden Jahreszeit können Sie sich die herrlichen **Spaghetti mit Seeigeln** bestellen. Sehr gut sind auch die **Spaghetti mit Meeräschenrogen und Miesmuscheln** und der **Risotto mit Meeresfrüchten**. Als Hauptgericht essen Sie die üblichen Fischspezialitäten wie gemischte Grillplatte, gekochten oder gebratenen Hummer und fritierte Krustentiere. Im »Molo 3« bekommen Sie auch einige Gerichte, die besonders typisch für die Gegend um Cagliari sind, aber nurmehr sehr selten angeboten werden. Dazu gehören die Esel- und Pferdekoteletts vom Grill, Schaffleisch auf sardische Art und »cordula e piselli«. Als Dessert reicht man Ihnen die wunderbaren Süßspeisen von kleinen Konditoreien aus der Umgebung. Die Weinkarte ist nicht sehr umfangreich, nennt aber einige ordentliche Weine aus den besten Kellereien der Region. Das einfache Menü kostet um die 20 000 Lire; wenn Sie Krustentiere oder besondere Fischspezialitäten essen (es stehen zwei Menüs zur Auswahl), steigt der Preis einschließlich Wein auf 30-50 000 Lire.

Cagliari

Vecchia Marina

Fischrestaurant
Via Principe Amedeo, 5-7
Tel. 0 70 / 67 01 02
Ruhetag: Montag
Betriebsferien: März
60 Plätze
Preise: 35-40 000 Lire, ohne Wein
Kreditkarten: CartaSi
Reservierung: empfohlen

Auch die einheimische Bevölkerung entdeckt allmählich den Reiz der kleinen und intimen Lokale, in denen man einfache und wohlschmeckende Gerichte serviert bekommt. Diese Taverne hat allerdings noch mehr zu bieten: den Wirt Enrico Secci. Er ist mit großer Begeisterug bei der Sache und versteht es, sein Personal und seine Gäste mit seiner stets guten Laune anzustecken. Hier essen Sie nur Meeresspezialitäten. Nicht umsonst hat sich Enrico ein Lokal im alten Hafenviertel Marina ausgesucht. Die Speisekarte ist größtenteils auf Sardisch abgefaßt. Aber keine Angst, Enrico erklärt bereitwillig, was sich hinter den einzelnen Namen verbirgt und erzählt auch etwas über die Geschichte der einzelnen Speisen. Beginnen Sie also beispielsweise mit »su pruppu cundiu« (gekochter Oktopus mit Öl, Knoblauch und Petersilie), »spaghittus cun alegusta de su logu« (**Spaghetti mit Hummer**), »gamberu cun binu« (Krebse in Weißwein). Wählen Sie dann **gegrillte Fische**, »burrida« cagliaritana (Fischsuppe nach der Art von Cagliari), Rochen, Seeteufel in Essigsud. Auch die **Krustentiere**, die Sie gebraten oder gekocht und mit verschiedenen zarten Saucen bekommen können, sind gut. Interessant sind sicher die typischen Süßspeisen, wie z.B. die **Sebada** mit Honig aus Nuoro. Der Weinkeller ist gut bestückt mit Erzeugnissen von der Insel und aus dem übrigen Italien.

Cagliari

Ziu Ninu

Trattoria
Via Vincenzo Cuoco, 7
Tel. 0 70 / 50 08 77
Ruhetag: Sonntag
Betriebsferien: 14 Tage im August
100 Plätze
Preise: 28 000 Lire, ohne Wein
Keine Kreditkarten
Reservierung: am Wochenende

Pirri ist eine Trabantenstadt von Cagliari, die in aller Schnelle in die Höhe gezogen wurde. Sie ist nicht besonders schön, Geschichte und Traditionen kennt man hier nicht. Dafür gibt es unzählige Bars und Restaurants, die diesen Namen eigentlich nicht verdient haben. Aber in der Trattoria »Ziu Ninu« können Sie ordentlich essen. Francesca, Tochter des verstorbenen Ninu, kocht hauptsächlich Fischspezialitäten. Das Angebot reicht von Miesmuscheln und fritierten Seeanemonen bis zur **Zuppa di datteri** (nur wenn es frische Meerdatteln gibt). Die Trattoria ist für die verschiedenen **Spaghetti** bekannt: mit **Meeräschenrogen**, Muscheln, Krustentieren, Kabeljau, Tomatensauce oder ganz einfach mit Öl, Knoblauch und Peperoncino. Von den Hauptgerichten empfehlen wir Ihnen den **Fritto misto di pesce**, die gebratenen Tintenfische, Goldbrassen, Wolfsbarsche, geschmorte oder gebratene Marmorbrassen und Rotbarben. Auch das Fleisch wird meist im Ofen gegart oder gegrillt: Koteletts, Würste, Rinder- oder Pferdesteaks. Das Weinangebot kann sich sehen lassen. Der offene Hauswein wird in Krügen serviert; an Flaschenweinen bekommen Sie zu anständigen oder sogar günstigen Preisen Weine aus den sardischen Genossenschaftskellereien. Die Bedienung ist flink und freundlich.

Calasetta

95 km von Cagliari, S.S. 126 dir.

Da Pasqualino

Trattoria
Via Roma, 99
Tel. 07 81 / 8 84 73
Ruhetag: Dienstag
Betriebsferien: im Herbst
80 Plätze
Preise: 30-40 000 Lire, ohne Wein
Kreditkarten: AE, CartaSi
Reservierung: empfohlen

Die Ortschaft Calasetta liegt zwar etwas abgelegen auf der Insel Sant'Antioco, doch die Fahrt dorthin lohnt sich allein schon wegen der schönen Landschaft und der sonnigen Strände. Die kleinen weißen Häuser lassen schon an arabische und nordafrikanische Siedlungen denken. Die Straßen sind blitzsauber, die Menschen sehr herzlich. Der Einfluß des benachbarten Carloforte ist auch in der Küche und den Eßgewohnheiten zu spüren. Im »Da Pasqualino«, das direkt an der Hauptstraße liegt, können Sie die wenigen traditionellen Speisen der Gegend probieren. Als Antipasto müssen Sie unbedingt Pasqualinos »musciamme« und **Bottarga** vom Thunfisch essen. Ausgezeichnet schmecken auch der **geräucherte Thunfisch** und die zarten **Salate aus Meeresfrüchten**. Versuchen Sie den »pilau«, ein Gericht aus in Brühe gegartem Hartweizengrieß und Hummersauce, den »cascà«, die sardische Variante des **Kuskus**, oder die reichhaltige und schmackhafte Fischsuppe. Sie bekommen auch **gegrillten Fisch** und Hummer in Sauce. Zum Dessert reicht man Ihnen »pardule« (Ricottaklößchen) und hausgemachten Tiramisù. Die Weine kommen von den bedeutendsten Kellereien Sardiniens.

Cuglieri

40 km von Oristano, S.S. 292

Desogos

Trattoria
Via Cugia, 8
Tel. 07 85 / 3 96 60
Ruhetag: Mo., nicht im Sommer
Keine Betriebsferien
100 Plätze
Preise: 30-35 000 Lire, ohne Wein
Keine Kreditkarten
Reservierung: empfohlen

Das kleine Dorf Cuglieri liegt auf einem Hügel, inmitten von Olivenhainen. Die einzige Trattoria steht mitten im alten Ortskern. Der ansprechende Speiseraum wirkt durch den Kamin besonders gemütlich. Die Speisenauswahl ist gänzlich aus typischen Gerichten der Gegend zusammengestellt. Man bekommt somit verschiedene bodenständige Antipasti, zu denen Wurstwaren, eingelegte Gemüse und Hülsenfrüchte zählen. Bei den Primi entdeckt man ausgezeichnete **Ravioli mit Ricottafüllung**, **Bohnensuppe** und Gemüse. Als Secondo ißt man die typische **Panada** (ein mit Fleisch und Gemüse gefüllter Kuchen), **Aal**, **Wildschwein** und verschiedene Braten. Zum Dessert werden typische sardische Süßspeisen wie **Pabassinos**, Amaretti und **Pardulas** (hier Käseklößchen mit Safran und Zitronensaft) gereicht. Man trinkt offene Weine aus der Gegend oder einen sardischen Flaschenwein. Die Bedienung ist freundlich und aufmerksam, die Rechnung angemessen.

Flussio

75 km von Nuoro, S.S. 292

Da Riccardo

Trattoria
Via Nazionale, 4
Tel. 07 85 / 3 47 52
Ruhetag: Di., nicht im Sommer
Betriebsferien: Oktober
60 Plätze
Preise: 38-40 000 Lire, ohne Wein
Kreditkarten: CartaSi, EC, MC, Visa
Reservierung: empfohlen

Riccardo Cadoni ist eigentlich gar nicht vom Fach. Er wurde eher zufällig Gastronom. Es begann damit, daß er nach seinen Tauchexkursionen für seine Freunde kochte. Das machte ihm soviel Spaß, daß er sich schließlich zur Eröffnung eines Speiselokals entschloß. Hier bietet er nun Spezialitäten aus seiner Heimat, der Gegend um Oristano, an: rohe Austern und Muscheln, gemischte, in der Pfanne gebratene Muscheln, **Oktopussalat**, **Bottarga**, Spaghetti mit Archenmuscheln, **Risotto alla pescatora**, **Anguidda incasada** (Aal in Folie), **Knurrhahn mit Kartoffeln**. Riccardos Frau Graziella stammt aus Cuglieri und bereichert die Speisekarte mit folgenden Spezialitäten: **Panadine** (mit Fleisch und Gemüse gefüllte Kuchen), gemischte Fleischspieße, Spanferkel und Lammbraten (auf Vorbestellung). Aus ihrem Heimatdorf stammt auch das hervorragende Olivenöl, das zum Braten, für Salate und vor allem für die typischen Vorspeisen verwendet wird: **Auberginen**, Pilze, Artischocken, Zwiebeln und Tomaten in Öl. Die Weine sind durchschnittlich. Riccardo bietet einen ordentlichen Weiß- und Roséwein vom Faß und einige sardische Flaschenweine an. Die Bedienung ist freundlich und flink, wird bei Hochbetrieb aber schnell etwas chaotisch.

Fordongianus

25 km von Oristano, S.S. 388

Zia Adelaide

Trattoria
Via Rosa Sanna, 7
Tel. 07 83 / 6 01 44
Ruhetag: Freitag
Keine Betriebsferien
50 Plätze
Preise: 24–26 000 Lire
Keine Kreditkarten
Reservierung: empfohlen

Sie trägt Tracht, hat die Haare zu einem Knoten zusammengebunden, lächelt selten und steht am liebsten am Herd. Das ist Zia Adelaide, die seit vielen Jahren diese Trattoria betreibt. Neben Adelaides Lokal sind in der Gegend auch noch die römischen Thermalquellen von Interesse. Dort kamen die Frauen aus dem Dorf zusammen, um Wäsche zu waschen oder den »orbace« (den Stoff für die sardischen Trachten) zu färben. Bei Adelaide können Sie die einfache Hausmannskost der Gegend kennenlernen. Es gibt **Ravioli mit Ricotta** oder Gemüsefüllung, hausgemachte Lasagne, **Zwiebel-** und **Bohnensuppe,** Minestrone, **Lamm mit Artischocken, Spanferkel, Kaninchen mit Oliven.** Es gibt natürlich auch – meist gebratenen – Fisch, wie **Aal,** Meeräschen und manchmal auch Fischsuppe. Das Weinangebot ist sehr begrenzt. Man trinkt Weine aus den Kellereien um Oristano oder den offenen Hauswein, der recht angenehm schmeckt. Die Bedienung ist sehr familiär, die Rechnung angemessen.

Gavoi

43 km südwestlich von Nuoro

Taloro

Restaurant
Largo di Gusana, S.S. Gavoi-Fonni
Tel. 07 84 / 5 71 74
Kein Ruhetag
Betriebsferien: November
200 Plätze
Preise: 25–30 000 Lire, ohne Wein
Keine Kreditkarten
Reservierung: empfohlen

Gavoi ist eines von jenen Dörfern, in denen die Bevölkerung bemüht ist, die Traditionen und Schätze ihrer Heimat nicht verlorengehen zu lassen. Die Bindung an die Kultur der Bauern und Hirten ist sehr stark. Längst nicht alle Sarden wissen, wie interessant diese Welt doch ist. Ein wichtiger Bestandteil ist die Küche mit ihren traditionellen Gerichten. Bachisio Falconi gehört zum Kreis derer, die die echten Spezialitäten aus Gavoi anbieten. Auf seiner Speisekarte stehen Antipasti wie **Salsiccia sarda** und **Schinken aus Fonni,** Spanferkel- und Lamm**leber** in Weißwein; es geht weiter mit Pfannkuchen mit frischem Schafskäse, **Pane frattau, Ministru incaggiau** (Minestra mit Molke), Spanferkel-, Lamm-, Zicklein- und Kalbsbraten, fritierten Forellen und gebratenem Aal. Der frische und reife Schafskäse schmeckt sehr gut. Man sollte zum Dessert unbedingt den **Pane'sada** und die hausgemachten **Sebadas** probieren. Obwohl die Auswahl an Weinen nicht besonders umfangreich ist, entdeckt man einige gute sardische Flaschenweine, für die man einen angemessenen Preis zahlt. Die Bedienung ist familiär und flink. Ein Ausflug nach Gavoi lohnt sich auch wegen der entspannenden Landschaft, die zu ausgedehnten Spaziergängen in den Wäldern und am Seeufer einlädt.

Gergei

145 km von Nuoro, S.S. 128

Fratelli Dedoni

Trattoria
Via Marconi, 50
Tel. 07 82 / 80 81 00
Ruhetag: Mo., nicht im Sommer
Keine Betriebsferien
250 Plätze
Preise: 28-32 000 Lire
Kreditkarten: CartaSi
Reservierung: empfohlen

Eines Tages hatten die Gebrüder Dedoni die ausgezeichnete Idee, ein altes Haus im Dorf zu einem Restaurant umzubauen. Der Speisesaal ist ziemlich groß geworden, im oberen Stockwerk gibt es noch einige komfortable Zimmer. Die Nuraghi (frühgeschichtliche Steinmonumente) und die Giara-Hochebene, auf der Wildpferde leben, ziehen jedes Jahr zahlreiche Touristen an. Die Gebrüder Dedoni organisieren geschickt Ausflüge zu Pferd und zu Fuß in die wunderschöne Umgebung. Auch in der Führung ihrer Trattoria beweisen sie Geschick, denn sie bieten schlichte Regionalküche an. Die Antipasti des Hauses setzen sich aus Schinken, Salsiccia, Oliven und Käse zusammen. Es folgen **Kartoffelravioli** mit Ragout oder Tomatensauce, Tagliatelle und **Gnocchetti** Als Hauptgericht ißt man meistens Fleisch. Sehr gut ist das **gesottene Schaffleisch** oder auch das **Lamm mit Karden** Im Herbst wird das Angebot durch jede Menge Pilzgerichte bereichert. Man ißt auch gemischte Grillplatten, Agnello in Vernaccia, **gebratenes Spanferkel** Alle Grundstoffe beziehen die Gebrüder Dedoni aus der näheren Umgebung. Ausgezeichnet schmeckt das Brot aus dem Dorf und der Käse, den die Dedonis direkt bei den Hirten kaufen. Beim Wein gibt es keine große Auswahl. Die wenigen Kellereien der Gegend liefern aber ordentliche Weine, die zusammen mit dem offenen Hauswein ausgeschenkt werden.

Lanusei

80 km von Nuoro, S.S. 198

Ristorante Pizzeria del Corso

Restaurant-Pizzeria
Via Roma, 31
Tel. 07 82 / 4 21 70
Ruhetag: Mittwoch
Betriebsferien: unterschiedlich
60 Plätze
Preise: 25-28 000 Lire, ohne Wein
Kreditkarten: CartaSi, EC, MC, Visa
Reservierung: empfohlen

Zahlreiche Urlauber kommen im Sommer und Winter nach Lanusei, das wegen seiner Nähe zum Meer besonders reizvoll ist. Wer hier gut essen will, sollte in das kleine und gemütliche Lokal in der Altstadt einkehren. Die Geschwister Marci führen ihr »Ristorante Pizzeria del Corso« mit großem Engagement. Anna kocht streng nach Rezepten aus der Gegend. Der typische Antipasto der Ogliastra besteht aus dem **Su casu axedu**, einem Frischkäse, der leicht säuerlich und sehr erfrischend schmeckt. Daneben bekommt man Salsiccia, **Schinken** aus Villanova Strisaili und in Öl eingelegte Steinpilze. Zu den typischen Primi zählen die **Culurgionis di patate** (gefüllte Teigtäschchen aus Kartoffelmehl) mit Minze, Tagliatelle mit Auberginen und **Pane frattau** Auch die Secondi sind ausgezeichnet. Man ißt **Cordula** mit Erbsen und jungen Bohnen, in der Pfanne gebraten oder in Brühe, **Aal** vom Spieß und **gegrillten Fisch** Als Dessert werden **gebratener Pecorino** oder hausgemachte **Sebada** mit bitterem Honig gereicht. Annas Bruder Sergio betreut die Gäste und kauft Öl und Wein bei kleinen Erzeugern aus der Umgebung ein. Die Weinkarte nennt einige gute Flaschenweine aus den Genossenschaftskellereien im nördlichen Teil der Insel. Angemessene Preise.

Padria

60 km von Sassari, S.S. 292

Da Zia Giovanna

Trattoria
Via Sulis, 11
Tel. 0 7 9 / 80 70 74
Ruhetag: Samstag
Keine Betriebsferien
50 Plätze
Preise: 20-25 000 Lire
Keine Kreditkarten
Reservierung: empfohlen

Es ist nicht ganz einfach, diese Dorftrattoria ausfindig zu machen. Fragen Sie am besten nach der Wirtin und Köchin Zia Giovanna, Sie gehen sonst leicht am Lokal vorbei. Im Gastzimmer stehen fünf oder sechs Metalltische mit einer grellbunten Resopalplatte, wie sie vor rund zwanzig Jahren in Betriebskantinen üblich waren. Sie bekommen meist keinen eigenen Tisch, sondern müssen sich dort hinsetzen, wo gerade noch Platz ist. Erwarten Sie keine Speise- oder gar Getränkekarte. Jeden Tag gibt es je nach Marktangebot andere Gerichte. Meist stehen je zwei oder drei Primi und Secondi zur Auswahl. Ab und zu reicht man auch Vorspeisen wie Melone mit Schinken, Salsiccia und Oliven, Artischockenherzen und Auberginen in Öl. Als Primi wird man Ihnen z.B. Spaghetti mit Tomaten- oder Hackfleischsauce, Gemüseminestrone, **Pasta e fagioli** oder **Pasta e ceci** anbieten. Manchmal bekommen Sie auch hausgemachte Lasagne oder Tagliatelle. Als Secondi werden meist Fleischgerichte wie Lammkoteletts, gebratene oder in der Pfanne geschmorte **Cordula**, **Trattalia** am Spieß, in der Pfanne gebratenes Lamm, grillte Koteletts, mit **Fleisch gefüllte Kartoffeln** angeboten. Es gibt auch **Tortino macinato** (Auberginenkuchen) und frischen fritierten oder gebratenen Fisch. Der Hauswein stammt von kleinen Erzeugern oder Genossenschaftskellereien. Der saubere Rot- und Roséwein läßt sich gut trinken. Lassen Sie sich ruhig von allem einen Nachschlag servieren, denn der ist bereits im Preis inbegriffen.

Palau

117 km von Sassari, S.S. 133

Sotto le stelle

Restaurant
Via Capo d'Orso, 84
Tel. 07 89 / 70 96 19
Ruhetag: Mittwoch
Betriebsferien: Februar/März
280 Plätze
Preise: 25-35 000 Lire
Kreditkarten: alle
Reservierung: nicht notwendig

Antipasti, Primi, Secondi, Beilagen, Regionalgerichte und Pizze stehen in so großer Zahl auf der Speisekarte, daß man meint, in einem China-Restaurant gelandet zu sein. Im Speisesaal und im Freien finden 280 Leute Platz; man hat aber dank der geschickten Einrichtung und der umsichtigen Bedienung nie das Gefühl, einem Massenbetrieb ausgeliefert zu sein. Wer den Wirt Enrico Camurri kennt, der wird sich darüber auch nicht sonderlich wundern. Jahrelang sammelte er in aller Herren Länder einschlägige Erfahrungen (er leitete sogar ein Feriendorf in Acapulco), bevor er in Palau sein Restaurant eröffnete. Lassen wir die **Pizza** beiseite, die übrigens im Holzofen gebacken wird, und wenden wir uns den Antipasti zu: Es gibt **Meeresfrüchte** (roh und mit Sauce), **Wildschweinschinken** und Hirschsalami. Es folgen **Agnolotti** mit Pesto, **Spaghetti alla bottarga** oder »al pescatore«. Typisch sardische Spezialitäten sind mit »Pane frattau«, »Maccarones de busa« (ein Nudelgericht), **Gnocchi** mit Wurstbrät, **Ravioli** »alla galluerse«, Hummer, gegrillten Lammkoteletts, **Spanferkel** und Salsiccia vertreten. Enrico will nicht allzuviele, aber dafür ordentliche Weine anbieten. So findet man auf seiner Karte einige wenige Weine aus dem Norden Sardiniens. Die Preise sind anständig, gehen bei Meeresfrüchten und Krustentieren allerdings in die Höhe.

Santadi

65 km südwestlich von Cagliari

Mauritania

Restaurant
Via Veneto, 11
Tel. 07 81 / 95 54 55
Ruhetag: Mo., nicht wenn Feiertag
Keine Betriebsferien
100 Plätze
Preise: 30-35 000 Lire, ohne Wein
Kreditkarten: AE, Visa
Reservierung: nicht notwendig

Obwohl Santadi in einer waldreichen Hügellandschaft liegt, ist es dort sehr heiß und schwül. Wenn Sie die Schönheit der Gegend richtig genießen wollen, kommen Sie am besten im Frühjahr hierher. Das einzige Restaurant, das wir Ihnen empfehlen können, ist das »Mauretania«. Der Speisesaal ist einfach und rustikal gehalten, im Sommer kann man auch im Garten essen. Benito Atzenis Küche verwendet reichlich, manchmal sogar zuviel Knoblauch. Im Sommer ißt man bei ihm hauptsächlich Fischgerichte, wie z.B. die »fregola« mit Archenmuscheln und die **Spaghetti ai frutti di mare** und die marinierten Goldbrassen. Im Herbst bekommen Sie **Pilzgerichte** und Spezzatino vom **Wildschwein** in Rotweinsauce. Die Weine kommen aus der Genossenschaftskellerei im Ort und vom Besitzer des Lokals Michelangelo Fodde. Aufmerksame Bedienung.

Sardara

55 km von Cagliari

Il pescatore

Trattoria
S. S. 131, km 55
Tel. 0 70 / 9 38 72 68
Ruhetag: Montag
Betriebsferien: August
100 Plätze
Preise: 30-35 000 Lire
Keine Kreditkarten
Reservierung: empfohlen

Das »Il pescatore« liegt an der Staatsstraße 131 zwischen Oristano und Cagliari und wird meist von Fernfahrern besucht. Das erkennt man schon an dem großen Parkplatz vor dem Haus, der gerade über Mittag dicht belegt ist. Die Gäste schätzen die einfache und schmackhafte Hausmannskost. Interessant sind sicher die **Tagliatelle** al ragù, der Risotto mit Lachs, die **Spaghetti ai frutti di mare** und die Muscheln mit Hummerfüllung. Es folgen gegrillte Kaisergarnelen, Schwertfischfilet, Fisch mit Sauce und in der Pfanne geschmorte Rotbarben. Es gibt auch gemischte Braten aus Salsiccia, Schweine- und Kalbfleisch. Abschließend kann man einen ordentlichen Pecorino oder Süßspeisen aus Cagliari probieren. Im Keller lagern natürlich keine großartigen Weine, aber Erzeugnisse, die sehr gut zu den Speisen passen. Die Bedienung ist freundlich und korrekt.

Sarule

30 km von Nuoro, S.S. 128

Da Cannone

Trattoria
Vico Nazionale, 2
Tel. 07 84 / 7 60 75
Ruhetag: Freitag
Keine Betriebsferien
150 Plätze
Preise: 25 000 Lire, ohne Wein
Keine Kreditkarten
Reservierung: nicht notwendig

Es wäre schön, wenn es in den kleinen Dörfern Sardiniens noch mehr von diesen einfachen Gasthäusern gäbe. Das »Da Cannone« wird seit etwa zehn Jahren von Giovanna Boneddu und ihren beiden Töchtern Lucia und Tonuccia geführt. Die Küche der Signora Giovanna beschränkt sich auf wenige Gerichte aus den einfachen Zutaten, die in der Gegend zu bekommen sind. In diesem Landstrich wird viel Weidewirtschaft betrieben. Deshalb muß man hier einfach die köstlichen **Schinken** und die deftigen **Salsicce** probieren, die Giovannas Mann Cannone selbst abfüllt. Spezialität des Hauses ist sicher der »pane frattau«. Ebenso gut schmecken aber auch die **Ravioli** und **Gnocchetti**, die jeden Tag frisch zubereitet werden. Als Secondo ißt man verschiedene Fleischgerichte, wie **Spanferkel**, **Lamm** und **Zicklein** als Braten oder vom Grill. Auf Vorbestellung bekommt man im Winter auch **Cinghiale in umido** und manchmal **Aalspießchen**, die im Kamin gegrillt werden. Der Pecorino stammt von den Schäfern im Ort und schmeckt sowohl frisch als auch reif oder gebraten. Man trinkt Weine aus der Gegend und den offenen Hauswein. Die Bedienung ist freundlich und aufmerksam. Sehr gutes Preis-/Leistungsverhältnis.

Sassari

Da Tomaso l'assassino

Trattoria
Vicolo Ospizio dei Cappuccini, 1
Tel. 0 79 / 23 50 41
Ruhetag: Sonntag
Betriebsferien: August
80 Plätze
Preise: 30 000 Lire, ohne Wein
Kreditkarten: CartaSi, Visa
Reservierung: empfohlen

Zu Anfang gab es hier nur wenige Gerichte aus sehr einfachen Zutaten zu essen. Zu den Gästen zählten Arbeiter, fliegende Händler und Vertreter aus dem Viertel. Im Lauf der Jahre entwickelte sich die Trattoria zu einem Treffpunkt der Feinschmecker von Sassari. Nach dem Tod seines Vaters übernahm Carmelo das Lokal. Es will ihm aber nicht gelingen, die Gäste so zu begeistern wie der Vater. Viele halten ihm aber dennoch die Treue und genießen die typische Küche von Sassari. Dazu zählen Anguilla in umido, Granelli alla sassarese, Cordula mit Erbsen, Bohnen und Speck, Spezzatino vom Pferd und vom Esel, geschmorte **Lamm**spießchen und **Schnecken** in den verschiedensten Variationen. Die Bedienung ist familiär und wirkt manchmal etwas improvisiert. Das Weinangebot beschränkt sich auf Erzeugnisse aus der Gegend.

Stintino

45 km von Sassari, 29 km von Porto Torres

Silvestrino

Restaurant
Via Sassari, 12
Tel. 0 79 / 52 30 07
Ruhetag: Do., nicht im Sommer
Keine Betriebsferien
70 Plätze
Preise: 35-40 000 Lire, ohne Wein
Kreditkarten: AE, CartaSi, Visa
Reservierung: empfohlen

Stintino hat sich von einem kleinen Fischerdorf zu einem der meistbesuchten Fremdenverkehrsorte der Nordwestküste entwickelt. Die Strände mit kristallklarem Wasser und der kleine Hafen, in dem sich immer mehr Luxusyachten drängen, sind nicht weit. Das älteste Restaurant am Platze bietet ausschließlich Meeresspezialitäten an. Der Fisch ist stets ganz frisch und wird phantasievoll mit Saisongemüse serviert. Der reichhaltige Antipasto di mare und die verschiedenen Muscheln sind sehr gut. Köstlich schmecken die »Baci alla Silvestrino«, Teigtäschchen mit Ricotta und Kräutern. Weitere Primi sind der **Risotto alla marinara**, die **Spaghetti mit Hummer und Meerspinne** oder **mit Meeräschenrogen**. Die Secondi reichen von **Fritto misto** bis Wolfsbarsch, Brasse und Tintenfisch vom Grill. Die Krustentiere werden gekocht und mit zarten Saucen, gebraten oder in schmackhaften Suppen serviert. Gute Auswahl an Weinen aus der Gegend.

NOTIZEN

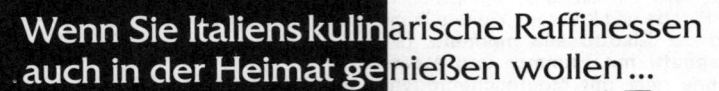

Wenn Sie Italiens kulinarische Raffinessen auch in der Heimat genießen wollen...

...wenn Sie auch in
Deutschland exzellente
»Slow-Food«-Freuden erleben
wollen – vom Brunello
di Montalcino/Villa Banfi über
Pasta La Molisana bis zum
San Daniele Schinken/Villani –
sollten Sie sich in Restaurants
und im Feinkosthandel
nicht mit Durchschnitt
begnügen.
Bestehen Sie auf
Spezialitäten von
Di Gennaro.

di gennaro
So heißt Genießen
auf italienisch.

Di Gennaro
Feinkost- und Weinimport GmbH
Ulmer Straße 181, 7000 Stuttgart 1
Tel. (0711) 16 853-0
Fax (0711) 16 853-33, Tlx 723998 diged

TYPISCHE REGIONALGERICHTE

AOSTATAL

Zuppa Valpellinese
Der Begriff »zuppa« leitet sich aus dem gotischen Wort »suppa« ab, das in etwa »Brotscheibe mit Butter« bedeutet. Die Etymologie dieses Worts erzählt auch gleich etwas über die Geschichte des Gerichts. Im Mittelalter wurden den Reichen und Adeligen die Speisen auf einer Scheibe Brot serviert. Das Brot weichte durch und wurde den Dienern und Knechten als Mahlzeit gereicht. Eine »Zuppa« ist also ursprünglich eine Armenspeise, die wie viele andere heute wieder in Mode gekommen ist. Im Gegensatz zum französischen und deutschen Sprachraum, wo das Wort »Soupe« bzw. »Suppe« nurmehr eine flüssige Suppe bezeichnet, versteht man in Italien unter »zuppa« immer noch in erster Linie »in Brühe eingeweichtes Brot«. Die »Zuppa Valpellinese« benennt sich nach dem kleinen Dorf Valpelline im Aostatal. Der wichtigste Bestandteil der »Zuppa« ist Fontina, der typische Käse aus der Region. Weitere Zutaten sind roher Schinken, mit Speck angedünsteter Wirsing, Butter, Brühe und natürlich Schwarzbrotscheiben. Die einzelnen Zutaten werden in eine Schüssel geschichtet und schließlich mit reichlich heißer Brühe übergossen. Am besten schmeckt die »Zuppa«, wenn man sie noch ein paar Minuten ins Backrohr schiebt und mit Käse überbäckt. Dem köstlichen Duft kann dann niemand mehr widerstehen.

PIEMONT

Agnolotto oder Raviolo
Agnolotti oder Ravioli sind sicher die bekanntesten italienischen Nudeltäschchen. Im Gegensatz zu einigen Fachbüchern, die den Unterschied zwischen Agnolotti und Ravioli in der Füllung sehen, ist einzig die geographische Lage für die Bezeichnung ausschlaggebend. In Piemont sagt man »agnolotto«, in Ligurien dagegen »raviolo«. Die Sprachgrenzen dieser beiden Regionen sind allerdings nicht genau abgesteckt und gelegentliche Abweichungen dadurch möglich. Die Herkunft des Wortes »agnolotto« ist ungewiß. Bezeichnet es nun die Ringform (»anello«) oder eine Füllung aus Lammfleisch (»agnello«)? Verschiedene Schriften belegen das Wort bereits seit dem 13. Jahrhundert, aber erst nach der Vereinigung Italiens im 19. Jahrhundert wurde das Gericht auch über die Grenzen Piemonts hinaus bekannt und zum Symbol für die Festtagsküche. Jedes Dorf, ja beinahe sogar jede Familie in Piemont kennt ein eigenes Rezept für die Agnolotti. Der Nudelteig wird mit Eiern zubereitet und ganz fein ausgezogen. Mit einem Teigrädchen schneidet man Quadrate mit 3-4 cm Seitenlänge aus. Wenn die Agnolotti an einer Stelle besonders stark zusammengedrückt werden, damit die Füllung besser hält, nennt man sie »Agnolotti dal plin«. Die Füllung besteht aus Rindfleisch, das in Wein geschmort wurde (Alessandria) oder aus einer Mischung aus gebratenem weißen und Rind-

fleisch (Monferrato). Will man eine besonders weiche und gleichmäßige Füllung, gibt man noch Wurstbrät, Rindermark oder Hirn (Asti) oder etwas Gemüse wie Kohl oder Salat (unteres Piemont) oder auch gedünsteten Reis (Canavese) hinzu. In manchen Gegenden wird die Füllung mit Gewürzkräutern wie Majoran (Ligurien) verfeinert. Sehr oft verwendet man auch Fleischreste. Dennoch sind Agnolotti immer der Inbegriff eines Festtagsessens geblieben. Agnolotti werden in Brühe, meist aber mit einem Schmorbratenragout und niemals mit Tomatensauce serviert. In den besseren Restaurants wird die Füllung eigens zubereitet und jedes Teigtäschchen von Hand geformt. Oft war diese Tatsache entscheidend für die Aufnahme eines Gasthauses in unser Handbuch, denn von vorgefertigter Industrieware ist nichts zu halten. Viele Piemonteser Trattorie, die sonst vielleicht nur eine bescheidene Speisenauswahl vorzuweisen haben, machen Agnolotti das ganze Jahr über selbst. Gefüllte Nudeltäschchen gibt es in der gesamten Voralpenregion und in der Poebene. Südlich der Toskana ist dieses Gericht eigentlich nicht zu Hause, auch wenn es langsam bis dorthin vordringt und heimisch zu werden beginnt.

Bagna caoda

Das Piemonteser Gericht schlechthin stammt aus der Bauernküche und bedeutet wörtlich »warme Sauce«. Seine Ursprünge gehen bis auf das Spätmittelalter zurück, als die Winzer den neuen Wein feierten: Das Keltern des Weines, das Ergebnis der mühevollen Arbeit eines ganzen Jahres, war ein Grund zum Feiern. Und dafür ist die Bagna caoda, die sehr gut zum jungen Wein paßt, bestens geeignet. Anfangs aß man die »Bagna« im Stehen. Jeder tauchte die Wintergemüse aus dem Garten in die Sauce ein, die in einem großen Tongefäß in der Mitte des Tisches stand: man aß Karden, eingelegte Paprikaschoten, Kohl, Rüben, rote Bete und andere Knollengemüse. Die einfachen Zutaten für die Sauce konnten sich auch die armen Leute leisten: Knoblauch, etwas Butter, Öl (meist Walnuß- oder Haselnußöl, aber auch Olivenöl, das ligurische Händler gegen Weizen und Wein eintauschten), in Salz eingelegte Sardellen, die die »Ancioé«, okzitanische Händler aus der Gegend um Cuneo, aus Spanien mitbrachten. Heute ißt man noch andere Gemüsesorten zur Bagna caoda, denn auch Staudensellerie, Fenchel, gesottenes Gemüse und gebackene Paprikaschoten sind im Winter zu haben. Hier und da erfährt auch die Sauce selbst einige Abwandlungen, die darauf abzielen, den strengen Knoblauchgeschmack ein wenig zu mildern. Aber bevor man sich auf dubiose Prozeduren wie das Hinzufügen von Sahne oder das Auskochen des Knoblauchs in Milch einläßt, verwendet man besser weniger Knoblauch. Denn eine Knolle pro Person, wie es das Originalrezept vorsieht, ist für unseren heutigen Geschmack wirklich etwas zuviel. Nachdem man den Knoblauch unter fließendem Wasser gesäubert und in Scheiben geschnitten hat, dünstet man ihn ein wenig in Butter an. Dann fügt man die entsalzten Sardellen und tröpfchenweise das Öl hinzu, das keine Bläschen werfen darf, sondern nur erwärmt werden soll. Heute ißt man die Bagna caoda meist zu Gemüseantipasti wie Paprikaschoten, Karden- oder Topinamburterrine und zu Gemüseauflaufen. Dabei bekommt jeder einzelne sein eigenes Tiegelchen mit Bagna caoda vorgesetzt, die über einem kleinen Stövchen warm gehalten wird.

Zabaglione

Die italienischen Wörterbücher geben als Ursrpung für »Zabaglione« das spätlateinische Wort »sabaia« an, das für ein spezielles illyrisches Gerstenbier steht. Eine Vorgängerin dieser Süßspeise könnte aber die »arsumà« (oder die lombardische »rossumada«) gewesen sein. Damit bezeichnete man ein kräftigendes Getränk aus Eiern, Zucker und Wein. Der edle Zabaglione, der heute in ganz Italien verbreitet ist, kam erst im 17. Jahrhundert am Hof der Savoia auf. Ein Koch schuf eine schaumige und gehaltvolle Creme aus Vanillezucker, Madeira und geschlagenen Eiern. Er widmete sie dem Schutzheiligen der Zuckerbäcker, dem Spanier Pasquale Baylon. Heute verwendet man für Zabaglione im allgemeinen trockenen Marsala oder einen Dessertwein (zwei halbe Eierschalen voll auf jeden Dotter). In Piemont dagegen greift man auf den Moscato Naturale d'Asti oder auf Barbera zurück. Die heiße Creme wird mit Keksen oder trockenen Kuchen (»paste 'd melia«, »torcet«, Haselnußkuchen) serviert.

LOMBARDEI

Casoeûla

Die Casoeûla (oder Cassoeûla bzw. Cazzoeûla) ist typisch für das gesamte Mailänder Umland. Das Gericht besteht aus Schweinefleisch und Wirsing und wurde früher vor allem von den armen Leuten gegessen. Es entstand in einer Zeit, in der nur wenig zu bekommen war und nichts weggeworfen werden durfte. So ergaben die Teile vom Schwein, die man sonst nicht weiterverarbeiten konnte (Rippchen, Füße, Ohren und Schwarten), ein deftiges Gericht. Wirsingkohl, der am besten schon etwas Frost abbekommen hat, paßt besonders gut dazu. Die Casoeûla ißt man demnach nur im Spätherbst und im Winter.
Für eine richtige Casoeûla glast man Speck und Gewürze an und gibt anschließend die schon vorgekochten Fleischteile hinzu. Man läßt alles vor sich hin köcheln, fügt den Wirsing und zuletzt die »verzini«, eigens dafür gedachte Würstchen, dazu. Als Beilage ißt man eine etwas festere Polenta aus grobem Mehl. Wie viele Gerichte, die lange kochen müssen, schmeckt die Casoeûla auch aufgewärmt hervorragend.

Risotto alla milanese

Das Gericht ist inzwischen so weit verbreitet, daß es die verschiedensten Rezepte dafür gibt. Man könnte beinahe schon behaupten, daß jede lombardische Familie ihr eigenes Privatrezept besitzt. Die älteste Erwähnung des Risotto geht auf einen Codex zurück, der im Jahre 1549 in Ferrara verfaßt wurde. Dort ist die Rede von einem Reis, der in fetter Brühe gekocht und schließlich mit Käse und Safran angerichtet wurde. Er wurde mit »Riso alla ciciliana« bezeichnet. Damit wollen wir natürlich nicht gesagt haben, daß die Heimat dieses berühmten lombardischen Gerichts nun ausgerechnet Sizilien sei, aber es ist nun einmal erwiesen, daß diese typische Kochweise (die Mailänder nennen sie »all'onda«) weit über die Grenzen der Lombardei hinaus bekannt ist. Die Mailänder haben ihre eigene Theorie über die Ursprünge des Risotto, die wohl eher eine Legende sein dürfte: Der Glasermeister Valerio di Perfundavalle arbeitete zwischen 1572 und 1576 an den Fenstern des Mailänder Doms. Er hatte einen Gehilfen, der den Spitznamen »Zafferano« (»Safran«) trug, weil er der gelben Farbe für die Kirchenfenster eine Prise Safran beimengte. Als die Tochter des Meisters heiratete, wurde zum Hochzeitsessen goldgelber Risotto gereicht. Angesichts der allgemeinen Verwirrung erklärte der Glasergehilfe, daß die Prise Safran im Reis sein persönliches Hochzeitsgeschenk sei. Er wollte damit ein einfaches und bodenständiges Gericht verschönern und geschmacklich verfeinern. Man war so begeistert von dieser Idee, daß man Risotto fortan nur noch mit Safran zubereitete. Die wahren Gründe für das Eindringen des Safrans in die lombardische Küche sind weitaus weniger amüsant und poetisch. Der Safran sagt vielmehr etwas über die Besitzungen der Spanier in der Lombardei aus, über die Kaufleute, die Reis und Safran aus den arabisch beherrschten Gebieten (auch der Reis stammt schließlich aus dem Mittleren Osten) in Mitteleuropa bekannt machten, über die ersten schüchternen Versuche mit diesen neuen Nahrungsmitteln und über den stolzen Widerstand gegen die neuen Einflüsse. Schon im späten Mittelalter und in der Renaissancezeit wurden erwiesenermaßen bestimmte Gerichte mit »goldenem Pulver« garniert. Es gilt als ebenso gesichert, daß der große französische Koch Taillevent am Hofe König Karls VI. Safranreis kochte und die Spanier schon seit dem Mittelalter ihre Paella mit Safran zubereiteten. Dort ist also der Ursprung für die Verwendung von Safran in der italienischen Küche zu suchen. So groß die ausländischen Einflüsse in Bezug auf den Safran auch sein mögen, die Zubereitungsweise des Risotto selbst ist rein italienisch. Der Reis wird mit Zwiebeln und Rindermark angedünstet, dann fügt man nach und nach Brühe – und je nach Belieben etwas Wein – hinzu, bis eine dickliche und sämige, aber immer noch flüssige Masse entsteht. Die Schwierigkeit besteht nun darin, diese offensichtlichen Gegensätze miteinander zu vereinen und den Reis nicht zu weich werden zu lassen.

TRENTINO

Tonco de pontesèl

Dieses kräftige Gericht stammt ursprünglich aus der Valsugana. »Tonco« bedeutet im Dialekt Sauce. Mit »Pontesèl« dagegen bezeichnet man die typischen Balkons der Bauernhäuser, auf denen man die Maiskolben zum Trocknen aufhängte, bis sie den richtigen Härtegrad erreicht hatten und gemahlen werden konnten. Das Gericht selbst war schon im Mittelalter bekannt und wird auch heute noch gern gegessen. Der Tonco de pontesèl setzt sich aus verschiedenen Fleischsorten zusammen. Man verwendet zarte Kalbfleischstückchen, Würste (die typischen »lucaniche«), noch weiche Salami, Speck und Knoblauch, brät alles zusammen in einer Mehlschwitze an und läßt es langsam gar werden. Man serviert es schließlich mit einem Stück heißer und dampfender Polenta, die sehr gut zum »tonco« paßt.

Zelten

Wie alle bodenständigen Speisen werden auch die Zelten je nach Gegend unterschiedlich zubereitet. Bei den Zelten handelt es sich um ein typisches, lebkuchenähnliches Weihnachtsgebäck. Der Grundteig besteht aus getrockneten Feigen, Walnüssen, Mandeln, Pinienkernen, Rosinen, kandierten Früchten, Zucker, Mehl und Hefe sowie Eiern, Honig und Cognac, der neuerdings oft anstelle von Rum und Grappa verwendet wird. Manchmal bäckt man die Zelten in Anlehnung an frühere Zeiten noch aus kräftigem Roggenmehl. Einstmals war Roggen das einzige Getreide, das im rauhen Gebirgsklima gedieh. Heute wird im Trentino kaum mehr Roggen angebaut oder verwendet; aber die Bäckereien der Gegend haben in der Weihnachtszeit immer etwas Roggenmehl für die Zelten auf Lager. Die Zelten sind ein ziemlich aufwendiges Gebäck. In einer Schüssel schlägt man im Wasserbad geschmolzene Butter und Zucker schaumig; dann zieht man zwei Eier, Mehl und Hefe und ein wenig Milch unter. Schließlich fügt man die fein gehackten Nüsse und Früchte hinzu, gibt den Teig in eine entsprechende Form und bäckt ihn in einem gut erhitzten Backofen.

SÜDTIROL

Canederli/Knödel

Die großen runden Südtiroler Knödel werden aus altem Weiß- oder Schwarzbrot, Mehl, Milch und Eiern gemacht. Bisweilen gibt man auch noch Leber,

Bauchspeck, Wurst oder Gemüse hinzu. Knödel werden in weiten Teilen Mitteleuropas, genauer gesagt im ganzen ehemaligen Habsburgerreich und den angrenzenden Gebieten, wozu auch Südtirol und das Trentino gehörten, gegessen. Sie werden mit Brühe oder mit Fleischgerichten serviert.

Krapfen

Das Wort Krapfen ist in dieser oder etwas verstümmelter Form (»krafen«, »krafeln«) auch in Italien gebräuchlich und bezeichnet süße Kugeln aus Hefeteig, die in Fett schwimmend ausgebacken und mit Marmelade oder Creme gefüllt werden. Dieses österreichische und deutsche Gebäck ist in Italien auch unter dem Namen »bombolone« bekannt. Das Wort »Krapfen« selbst hat sich aus dem althochdeutschen Wort »krafo« (»Schmalzgebackenes«) entwickelt. Eine andere Theorie spricht von einer Wienerin namens Krapft, die Ende des 17. Jahrhunderts dieses Gebäck erfunden haben soll. Der Krapfen steht für eine recht bescheidene Küche, die mit köstlichen Nachspeisen noch einen erfreulichen Akzent setzen will.

VENETIEN

Baccalà

In ganz Italien bezeichnet man mit »Baccalà« eingesalzenen Kabeljau und mit »Stoccafisso« getrockneten Kabeljau. Nur in Venedig heißt der Stoccafisso Baccalà. Diese Unterscheidung ist wichtig, denn unzählig sind die Gerichte, die in Venetien mit Baccalà zubereitet werden. Der gesalzene Kabeljau findet nur selten Verwendung und wird »bertagnin« genannt. Der Stockfisch wird auf rudimentären Holzgerüsten im kalten Wind getrocknet. In der Vergangenheit war Stockfisch eine Armen- und Fastenspeise, heute zählt er zu den Delikatessen. Die Zubereitung ist langwierig und verlangt sehr viel Sorgfalt. Aber sowohl der einfache fritierte Stockfisch als auch das elegantere und raffiniertere Stockfischmus (»mantecato«) schmecken so köstlich, daß sie für alle Mühen entschädigen. Der Mantecato ist vor allem in Venedig sehr beliebt. Der gedünstete und entgrätete Stockfisch muß dazu solange mit einem Holzlöffel und etwas Öl auf kleiner Flamme verrührt werden, bis er weiß und cremig wie Sahne ist. Der »Baccalà alla vicentina« ist ebenfalls weit verbreitet. Dazu muß der Kabeljau eine Woche in fließendes Wasser gelegt werden; dann kocht man ihn zusammen mit Zwiebeln, Sardellen und Petersilie. Schmort man Stockfischstückchen mit Zwiebeln und Milch in einem Tontopf, so nennt man dieses Gericht »Baccalà alla trevigiana«. Der Baccalà ist auch fester Bestandteil der »cicheti«, dieser köstlichen kleinen Happen, die man in einer echten venezianischen oder venetischen Osteria zur »ombra«, d. h. zu einem Glas Wein, gereicht bekommt.

Risi e bisi

Am 25. April, dem Fest des Stadtpatrons San Marco, lud der Doge mit großem Pomp Patrizier und Gesandte zum Essen ein. Traditionsgemäß gab es Risi e bisi, diese zarten und süßen Erbsen von den Inseln der Lagune, die zu dieser Jahreszeit auf die Märkte der Stadt kamen. Und wenn einmal der Winter zu hart oder das Frühjahr zu kalt war, »besorgte man sich die Erbsen für das Markus-Fest in Genua«; so steht es jedenfalls in den Stadtchroniken Venedigs zu lesen. Das Originalrezept sieht frische, nicht zu große, aber feste Erbsen vor. Bezüglich der Menge hält man sich an das Motto »per ogni riso un biso«, nimmt also Reis und Erbsen zu gleichen Teilen. Man schält die Erbsen aus den Hülsen und kocht zuerst die Hülsen weich. In diesem Kochwasser kocht man anschließend auch den Reis. Dann fügt man die pürierten Hülsen hinzu.

Wenn der Reis halb gar ist, gibt man auch die Erbsen dazu, die man bereits in Öl, Zwiebeln und Petersilie angedünstet hat. Der Reis muß noch bißfest und gut feucht sein. Es gibt zahlreiche Varianten der Risi e bisi. Man kann die Erbsen z. B. mit Bauchspeck oder Schinken andünsten oder nach jüdischer Art Gänsesalami hinzufügen.

Saor
Mit »saor« bezeichnet man eine Art Marinade, in der Fisch länger haltbar gemacht wird. In ganz Italien kennt man solche Marinaden. So z. B. den Piemonteser Carpione aus Öl, Essig, Salbei und Zwiebeln. Die Erfindung des Carpione ist allerdings eine eher etwas makabre Geschichte: im Mittelalter sollte der Leichnam eines hohen kirchlichen Würdenträgers, der auf der Pilgerfahrt nach Rom plötzlich verstorben war, in seine Heimat überführt werden. Damit der Leichnam nicht verweste, legte man ihn kurzerhand in eine Emulsion aus Öl, Essig und Kräutern. Der venezianische Saor hingegen geht auf die große Seefahrertradition Venedigs zurück. Nur auf diese Weise nämlich konnte die ausreichende Versorgung der Matrosen mit Eiweiß und Vitaminen sichergestellt werden. Durch den Saor litten die Venezianer nie an Skorbut; den Engländern gelang es erst im 18. Jahrhundert, dieses Geheimnis zu lüften. Heute ist das Konservieren von Lebensmitteln kein großes Geheimnis mehr. Der Saor bleibt aber als Marinade für Fisch, aber auch für Fleisch und Gemüse, nach wie vor sehr beliebt. Letztlich ist es das Öl, in dem vorher Fisch und Zwiebeln gebraten wurden, das den Saor so schmackhaft (und auch ein wenig schwer verdaulich) macht. Heute nimmt man lieber frisches Öl, was einigen Puristen natürlich mißfällt. Es gibt auch eine ganz alte Variante des Saor, die neben Öl, Zwiebeln und Essig auch Pinienkerne, Rosinen oder Zitronat sowie eine Prise »dosa«, eine fein gehackte Gewürzmischung, vorsieht.

FRIAUL

Frico
Nach dem Dafürhalten der einheimischen Bevölkerung ist der Frico, die Spezialität Friauls schlechthin, so gut, daß es dafür folgenden Ausspruch gibt: »Frico ch'al fas ai muarzz tirà lu fiat« (»Frico läßt die Toten wieder auferstehen«). Die ältesten Rezepte für einen Frico gehen bis ins 15. Jahrhundert, auf den Koch des Patriarchen von Aquileia, zurück. Er empfiehlt guten und fetten Käse, den man heiß mit Zucker und etwas Zimt und Ingwer ißt. Hauptbestandteil des Frico ist natürlich Käse. Am besten nimmt man frischen oder höchstens fünf bis sechs Monate alten Montasio. Man schneidet den Käse in sehr dünne Scheiben und bäckt diese in zerlassener Butter (oder Öl bzw. Speck) aus. Der geschmolzene Käse wird dann auf kleiner Flamme so lange gebraten, bis sich eine zarte und knusprige Kruste bildet. Der Käse wird heiß mit Polenta gegessen. Verschiedene andere Rezepte sehen auch noch weitere Zutaten vor. Interessant ist sicher der Frico mit Kartoffelscheiben oder -stäbchen. Besonders kräftig schmeckt der Frico mit abgebräunten Zwiebeln. Österreichische Einflüsse spürt man beim Frico mit Äpfeln, die dem Gericht etwas von der Schwere und Strenge nehmen und ihm einen angenehm süßsauren Geschmack verleihen. Früher aß man häufig und beinahe überall Frico. Heute bekommt man ihn fast nur noch in Gasthäusern, die besonders traditionelle Kost anbieten.

Musetto
Musetto ist die friaulische Variante des Cotechino, einer deftigen Kochwurst aus Schweinefleisch und Schwarten und natürlich Schweinskopf (»muso«).

Das Brät ist kräftig gewürzt, magerer und feiner gehackt als das des klassischen Cotechino. Der Musetto wird nur im Winter gegessen; er ist meist frisch abgefüllt oder höchstens einen Monat alt. In Friaul ißt man als Beilage immer die typische Brovada: Rüben werden in Scheiben geschnitten und etwa einen Monat lang in eine Marinade mit Trestern gelegt. Dann dünstet man sie mit Knoblauch, Zwiebeln, Speck, Salz und Pfeffer an und läßt sie mindestens eine Stunde, besser länger, zusammen mit dem Musetto und etwas von dem Kochwasser köcheln. Dieses Gericht schmeckt auch aufgewärmt ausgezeichnet.

JULISCH VENETIEN

Jota

Die Jota ist wohl die bekannteste Triester Speziliät. Über die Herkunft des Wortes ist man sich allerdings noch nicht ganz im klaren. Die wahrscheinlichste Interpretation, die sich auch in anderen Teilen Europas nachvollziehen läßt, versteht unter »jota« soviel wie »Gemisch«. Dieses Wort muß in Triest wohl dieselbe Bedeutung besessen haben, denn hier bezeichnet man damit »Gemisch« im allgemeinen und eine deftige Suppe im besonderen. Die klassische Triester Jota besteht nämlich aus Schweinekoteletts, Kraut und roten Bohnen. Letztere sind besonders typisch für Triest, denn die östereichische Küche kennt keine roten Bohnen, die slowenische Küche verwendet sie erst seit jüngerer Zeit, und in Friaul ißt man anstatt Kraut lieber Brovada. Von Triest hat die Jota inzwischen ihren Siegeszug nach Istrien und in den Karst angetreten. Allein in Triest kocht man viele verschiedene Versionen der Jota: manche fügen noch Kartoffeln hinzu, andere Wüste, wieder andere Schinkenknochen oder Graupen.

Porzina

Zu jeder Tageszeit kann man in den »Buffets« und in den einfachen Gasthäusern Triests Porzina essen, die auf einem Teller oder einfach auf einem Stück Wachspapier serviert wird. Für dieses Gericht verwendet man Schweinehalsgrat, ein gut durchwachsenes Stück Fleisch. Zusammen mit anderen Fleischteilen wird der Halsgrat grob gewürfelt und in riesigen Kesseln langsam gegart. Die Porzina wird schließlich abgegossen, in Streifen geschnitten und mit scharfem Senf oder frisch geriebenem Meerrettich serviert.

LIGURIEN

Farinata

Die »farinotti« (in etwa: »Farinatabuden«) besitzen in Genua eine lange Tradition. Die Farinata ist aber nicht allein auf Ligurien beschränkt. In der Gegend um Nizza kennt man die »zocca«, zwischen Pisa und Livorno ißt man »cecina«. Immer handelt es sich dabei um einen dünnen Fladen aus Kichererbsenmehl, der in riesigen runden Kupferformen gebacken wird. In Genua gibt es, wie bereits erwähnt, eine ganze Menge »farinotti«. Man kann also mit Fug und Recht behaupten, daß es einer Unterlassungssünde gleichkäme, Genua zu verlassen, ohne jemals eine Farinata probiert zu haben. Die »farinotti« tragen meist nicht einmal einen eigenen Namen, oft sind sie auch nicht gerade besonders gemütlich, aber eben sehr typisch für die Stadt. Die »farinotti« sind eine Mischung aus Fritierbude, Selbstbedienungsrestaurant, Schnellimbiß und

Weinschenke. Man ißt dort natürlich in erster Linie Farinata, man bekommt aber auch ausgebackenes Gemüse, fritierten Baccalà, Reisaufläufe mit Mangold oder Zwiebeln, Pizza und Panizza (einen Brei aus Kichererbsenmehl).

Pesto

Der Pesto geht vermutlich auf eine einfache Walnußsauce zurück, die bereits im Mittelalter in Europa bekannt war. Niemand weiß, wer als erster dieser Sauce aus Walnüssen oder Pinienkernen noch Basilikum beigemengt hat. Es ist nur erwiesen, daß die Sauce sehr schnell eine große Verbreitung erfuhr. Die ersten Rezepte sahen neben Parmesan auch holländischen Käse vor. Dies bedeutet, daß der Pesto Ende des 18. Jahrhunderts bereits in der heutigen Form bekannt sein mußte, denn zu jener Zeit wurde viel Handel mit den Ländern im Norden Europas getrieben. Anfangs wurde der Pesto als Speise für einfache Leute, wie z. B. die Hafenarbeiter, angesehen. Nudeln wurden zusammen mit Kartoffeln, dicken Bohnen, grünen Bohnen und Zucchini gekocht und kleingeschnitten und mit Pesto gegessen. Das gute Gelingen des Pesto hängt entscheidend von der Qualität des Basilikums ab. Am geeignetsten ist Basilikum aus dem Gewächshaus, da es ein feineres Aroma besitzt als das Freilandbasilikum und die anderen Zutaten (Käse, Öl, Knoblauch und Pinienkerne) nicht übertönt. Im südlichen Teil Liguriens macht man den Pesto ohne Knoblauch, aber dafür mit etwas Petersilie. Man ißt den Pesto zu Testaroli, feinen Nudelblättchen, die in gußeisernen Pfannen gegart werden.

Stoccafisso

Das Meer vor der ligurischen Küste ist nicht besonders fischreich. Große Tiefen, starke Strömungen, böige Winde und plötzliche Gewitter bereiten zudem den Fischern seit jeher Schwierigkeiten. Entgegen der landläufigen Meinung kennt die Genueser Küche demnach nicht sehr viele Fischgerichte. Seit dem Mittelalter ißt man lediglich Heringsfische, die als einzige in großer Zahl gefangen und haltbar gemacht werden konnten. In Ligurien ißt man also weniger frischen Fisch als in Salz eingelegte Sardellen oder Sardinen, in Öl eingelegte Thunfischstücke oder gar »mosciamme«, getrocknetes Delfinfilet. Denn seit dem 13. Jahrhundert importierten die Genueser von den Nordseeanrainern eingesalzenen oder getrockneten Kabeljau und geräucherte Heringe. Diese exotischen Köstlichkeiten waren damals natürlich einer kleinen Schar von Privilegierten vorbehalten. Als dann die Portugiesen die reichen Fischvorkommen vor Neufundland entdeckten, wurde der Kabeljau auch für die breite Masse erschwinglich. Le Havre und Genua teilten sich das Monopol auf den Kabeljau aus dem Atlantik. Baccalà (eingesalzener Kabeljau) und Stoccafisso (in der Sonne gedörrter Kabeljau) wurden zu festen Bestandteilen der ligurischen Küche. Im vorigen Jahrhundert ließ die Qualität des neufundländischen Kabeljaus beträchtlich nach, so daß die Genueser ihren Fisch wieder aus der Nordsee, und vor allem aus Norwegen, importierten. Der Baccalà wird meist zu Bällchen geformt und fritiert (»frisceu«) angeboten. Er zählt auch heute noch zu den einfacheren Gerichten, während der Stoccafisso, der auch »stocche« oder »ragno« (nach der norwegischen Firma Ragnar) heißt, zu den edleren Speisen gerechnet wird. Für den berühmten »Stoccafisso alla genovese« gibt es zwei Grundrezepte, die ziemlich aufwendig sind. Der »Stoccafisso accomodato« wird unter ständigem Wenden mit Sardellen, getrockneten Pilzen, Zwiebeln, Karotten, Sellerie und Knoblauch in der Pfanne angebraten. Wenn er goldgelb ist, gibt man Oliven, Pinienkerne und Gemüsebrühe hinzu und läßt alles zusammen etwa drei Stunden lang schmoren. Das zweite Rezept nennt sich »Stoccafisso alla marinara«: Dazu muß der Fisch mit Sardellen, Petersilie, Tomaten, Knoblauch und Kapern in Öl angedünstet werden. Dann fügt man grüne Oliven hinzu, übergießt das Ganze mehrmals mit Weißwein und läßt es schmoren.

EMILIA

Cappelletti und Tortellini

Cappelletti und Tortellini sind zwei verschiedene Bezeichnungen für grundsätzlich ähnliche Nudeltäschchen. Die Tortellini sind im allgemeinen aus einem etwas dünneren Teig und kleiner als die Cappelletti. Die Cappelletti ißt man in der Gegend um Reggio Emilia und in der Romagna, während die Tortellini in Modena und Bologna zu Hause sind. Das Gericht selbst ist schon sehr lange bekannt. Es wird bereits in einer Chronik aus dem 12. Jahrhundert erwähnt. Das Wort »cappelletto« (»kleiner Hut«) spielt auf die Form eines Hutes an, der im Mittelalter getragen wurde. Manche behaupten auch, die typische Form dieser Nudeltäschchen sei der Abdruck von Aphrodites Bauchnabel. Wie dem auch sei, die Teigtäschchen sind aufgrund ihrer eigenartigen Form und ihres köstlichen Geschmacks in ganz Italien sehr beliebt. Heute werden Tortellini meist industriell hergestellt und in einer Art und Weise zubereitet, die gar nichts mehr mit dem Originalrezept zu tun hat. Unabdingbar für gute Tortellini ist die Brühe (am besten Rinder- oder Kapaunbrühe), selbst wenn man die Nudeln dann nach Bologneser Art mit Ragout ißt. Nur so schmecken die Tortellini echt.

Crescenta (Gnocco fritto)

Fast überall in der Emilia beginnt eine stilechte Mahlzeit mit diesen herrlich duftenden, fritierten Teigwaren. Eine Crescenta eignet sich aber auch hervorragend als Zwischenmahlzeit zu Wurst und Käse. Die Crescenta wird aus einem Teig aus Mehl, Wasser, Salz und Hefe zubereitet. Wenn der Teig aufgegangen ist, schneidet man ihn in Quadrate oder Rauten und bäckt diese in heißem Öl oder Schmalz aus. Die Crescenta muß natürlich heiß gegessen werden. Nur in Bologna und Umgebung nennt man diese Teigwaren übrigens Crescenta; in Parma heißen sie »torta fritta«, in der Gegend von Piacenza »burt-lena«, in der Poebene »chisuliin«, in Reggio Emilia und Modena »gnocco fritto«. Die Zusammensetzung des Teigs variiert je nach Landstrich ein wenig; so gibt man z.B. in Modena auch Speck oder Pancetta in den Teig.

ROMAGNA

Piadina

Die industriell gefertigten Piadine, die in Plastikbeuteln stecken und inzwischen in beinahe jedem italienischen Supermarkt angeboten werden, sehen bleich und traurig aus. Wenn man sie im Toaster anwärmt sind sie wenigstens genießbar, aber auch nicht mehr. Sie haben wirklich nichts mit der echten Piadina zu tun, die zu Hause oder in einigen typischen Trattorie der Romagna von Hand gemacht werden. Dort steht nämlich immer eine erfahrene Köchin, die das richtige Rezept von ihrer Mutter oder Großmutter gelernt hat. Sie siebt das Mehl, knetet es mit etwas Salz, Schmalz und warmem Wasser zu einem Teig. Sie rollt den Teig etwa 2 mm dünn aus, schneidet Kreise aus und bäckt diese in einer Ton- oder Gußeisenpfanne über einem Holzfeuer. Die Piadina ist in wenigen Minuten gar und kann dann mit Schinken, Salami, Speck und Rosmarin oder, noch besser, mit dem zarten Squacqueronekäse gefüllt werden. Die Piadina (auch Piada oder Pié) ist also eine herrlich einfache Zwischenmahlzeit, die in vielen Trattorie und Restaurants heute sogar mit Stolz serviert wird. Manchmal wird die Piadina auch mit ein paar Trüffelraspeln oder feinem Käse veredelt. Aber die Piadina ist auch Brot, das man zu Şaucen essen kann, ist Brot und damit eng verwandt mit der ligurischen Focaccia, mit der Pinza onta und vielen anderen Fladen, die der bäuerlichen Kultur der verschiedenen Landesteile entstammen. Giovanni Pascoli nannte die Piadina »Nationalgericht der Romagnoli«. Sie wird aber nicht nur in der Romagna, sondern auch in weiten Teilen der Emilia gegessen. In der ganzen Poebene bezeichnet man schließlich mit dem Wort »piàdena« eine breite und flache Schüssel oder Backform. An Allerheiligen ißt man in der Romagna die »piada dei morti«, einen Fladen, der in der Form der Piadina ähnelt, aber mit Zucker, Rosinen, Nüssen, Pinienkernen und einem Schuß Rotwein zubereitet wird.

TOSKANA

Ribollita

Über Ursprung und Zusammensetzung der Ribollita herrscht keine einhellige Meinung. Sicher ist jedenfalls nur, daß es sich um eine Spezialität aus der Gegend um Florenz und vermutlich auch Siena handelt, die im Süden der Toskana aber nicht bekannt war. Auf alle Fälle gehört die Ribollita zusammen mit der Panzanella, der Pappa al pomodoro und der Minestra di pane zu den einfachen toskanischen Gerichten, die mit Brot zubereitet werden. Das Wort selbst gibt Aufschluß über die Herkunft des Gerichts: ursprünglich muß es sich um einen Rest fleischloser Suppe vom Vortag gehandelt haben, den man wieder aufwärmte. Auf dem Land wurde Suppe mit Bauernbrot, Kartoffeln, Rotkohl und Bohnen (Schinkenknochen und Speck sollten erst später hinzukommen, da Fleisch im allgemeinen für verbesserte Lebensumstände steht) in so großen Mengen gekocht, daß immer etwas für den folgenden Tag übrigblieb. Diesen Rest goß man in einen Tontopf und ließ ihn langsam über dem Feuer köcheln (»ribollire«). Die Suppe dickte ein, wurde sämig und schmeckte besonders intensiv nach Gemüse. Die Bauern aßen sie dann meist zum Frühstück. Heute bekommt man in den Restaurants eine abgewandelte Form der oben beschriebenen Ribollita. Meist handelt es sich um eine ausgezeichnete Gemüsesuppe, die frisch zubereitet und nicht mehr aufgewärmt wird. Sicher ist die Suppe dadurch leichter, kann aber einfach nicht mehr so intensiv schmecken wie die, die die Bauern von einst zum Frühstück aßen.

Trippa alla fiorentina

Mit »trippa« bezeichnet man in Florenz normalerweise nur einen bestimmten Teil des Rindermagens, d. h. den Pansen, den man hauptsächlich in der Küche verwendet. Die anderen Teile tragen verschiedene Bezeichnungen und werden nicht zu vollständigen Gerichten verarbeitet, sondern je nach Qualität als kleiner Imbiß zwischendurch gegessen (Labmagen) oder als Katzenfutter (im Falle des Blättermagens) verwertet. Die Trippa ißt man entweder als Salat oder geschmort. Die Florentiner Trippahändler verkaufen bereits gesäuberte und vorgekochte Trippa, die man ohne lange Vorbereitungen gleich weiterverarbeiten kann. Hierin liegt auch das Geheimnis der geschmorten Trippa alla fiorentina: sie ist einfach zuzubereiten und in kürzester Zeit gar. Auf diese Weise bleiben der volle Geschmack und die ursprüngliche Konsistenz der Trippa, die zwar bißfest, aber dennoch zart und samtig sein soll, erhalten. Die Trippa wird nur mit Olivenöl und Kräutern angerichtet, Fleisch oder gar Ragout würden den feinen Eigengeschmack übertönen. Die echte Trippa alla fiorentina wird sogar ohne Käse gegessen.

UMBRIEN

Stringozzi (oder Strongozzi)
Diese einfachen Nudeln brachten ohne großen finanziellen Aufwand Abwechslung in die Eintönigkeit einer Regionalküche, die als Primi sonst fast nur Suppen oder Acquacotta kennt. Der Teig besteht nur aus Wasser und (vorzugsweise handgemahlenem) Weizenmehl; er wird zwei Millimeter dünn ausgerollt und zu langen Fadennudeln aufgeschnitten. Man ißt die Stringozzi mit den verschiedensten Saucen. Sehr beliebt ist ein Sugo aus Knoblauch, Öl und frischen Tomatenstücken sowie geriebenem Pecorino. In der Gegend um Terni heißen diese Nudeln »ciriole«, und die Tomatensauce wird noch mit Pilzen und etwas Peperoncino verfeinert. In Spoleto und Foligno gibt man Wurstbrät in die klassische Tomatensauce, die wie überall mit geriebenem Pecorino bestreut wird. Essen Sie die Stringozzi nach Möglichkeit im Frühjahr: dann werden sie nämlich mit wildem Spargel angerichtet.

Picchiarelle und Manfricoli
Diese Nudeln verlangen nach einer sehr erfahrenen Hand. Der ziemlich weiche und elastische Teig besteht aus Wasser und Mehl; er wird auf einem Holzbrett ausgezogen und mit den Handflächen zu einer zwei oder drei Millimeter starken Schnur ausgerollt und in einer bestimmten Länge abgeschnitten. Die Hände müssen schnell und energisch arbeiten, damit der Nudelteig länger wird, gleichzeitig aber auch zart und feinfühlig sein, damit sie den Teig nicht plattdrücken. Diese Nudeln werden heute nur noch zu bestimmten Dorffesten in der Gegend zwischen Narni und Sangemini hergestellt. In Sangemini macht man die Nudeln mit dem dortigen natürlich prickelnden Mineralwasser. Dadurch wird ihre Konsistenz besonders leicht und sie schmecken noch besser. Daher werden die Picchiarelle auch nur mit einem ganz schlichten Sugo aus Knoblauch und Öl, bisweilen auch mit Wurstbrät und Pecorino, zubereitet.

MARKEN

Brodetto
Um den Brodetto, der in anderen Landesteilen schlicht Fischsuppe, »buridda« oder »cacciucco« heißt, ranken sich zahlreiche Legenden; seinetwegen entstanden heftige Streitereien, denn jedes Dorf beanspruchte für sich, den echten Brodetto erfunden zu haben. Manche behaupten, daß der echte Brodetto aus sieben ganz bestimmten Fischen zubereitet werden muß. Andere wieder schwören unter Berufung auf Augenzeugen, daß der Brodetto im eigenen Hafen und nur hier entstanden sei und andere ihn nur abgeschaut hätten. In Wirklichkeit hat natürlich jeder auf seine Weise recht. In erster Linie ging es beim Brodetto ja darum, zu improvisieren und weniger wertvolle Fische, die man nicht verkaufen konnte, zu einer schmackhaften Suppe zu verkochen. Die regionalen Unterschiede beziehen sich also in erster Linie auf das Beiwerk, das sich aus Paprikaschoten und Essig, Tomaten und Peperoncino, Pfeffer, Safran oder Pinienkernen zusammensetzt. Das einzigartige Rezept für den Brodetto sambenedettese z.B. sieht Paprikaschoten, grüne Tomaten und Essig als Zutaten vor, denn unreife Tomaten verdarben auf den langen Seereisen nicht so schnell wie reife Früchte.

Olive ascolane
Diese köstliche Frucht, die alle Tafeln des Mittelmeerraums bereichert, zu vielen Speisen paßt und diese noch verfeinert, wird in den Marken, und beson-

ders in der Gegend um Ascoli, zu einem besonders köstlichen Gericht verarbeitet, bei dem sie ausnahmsweise einmal die Hauptrolle spielen darf. Um die Oliven füllen zu können, müssen sie natürlich groß, grün und mild sein. Sie werden entsteint und mit einer Paste gefüllt: Rind- und Schweinefleisch zu gleichen Teilen sowie etwas Leber werden in Tomatensauce geschmort und feingehackt. Die so gefüllten Oliven werden mit Mehl bestäubt, in Ei und Semmelbröseln gewendet, ausgebacken und noch heiß gegessen.

LATIUM

Coda alla vaccinara
»Le Regolante/So' ttutte magna code e sso' ccarine/So' ttutte magna code e sso' ggalante« Dieser Reim besingt die Mädchen aus dem Stadtteil Regola, die hübsch und galant sind, weil sie Coda (alla vaccinara) essen. Die Töchter von Gerbern und »vaccinari« (so hießen früher in Rom die Rindermetzger) bekamen gewöhnlich nur die einfachsten Fleischteile zu essen: Innereien, Rippchen, Kopf und Schwanz. Diese Teile mußten entweder gewässert werden, weil sie zu streng schmeckten, oder mit anderen Zutaten angereichert werden, weil sie kaum Eigengeschmack besaßen, oder auch stundenlang weichgekocht werden. Die einfache Coda alla vaccinara ist inzwischen zu einem besonders typischen Gericht der römischen Küche aufgestiegen. Die klassische Coda wird geschmort. Eine andere Zubereitungsart ist zwar wirtschaftlicher (vom Ochsenschwanz wird zuerst eine Suppe gekocht und anschließend das Fleisch mit Tomatensauce gegessen), aber bei weitem nicht so wohlschmeckend wie die klassische Variante. Heute hat man einen Kompromiß gefunden: man überbrüht den Ochsenschwanz kurz, damit das überschüssige Fett austritt und schmort ihn dann mit Staudensellerie und anderen Gemüsen. Einigen anderen Rezepten zufolge soll man auch ein Stück von der Backe mitschmoren lassen.

Pajata
Die Geschichte der typisch römischen Pajata ist ähnlich. Mit Pajata bezeichnet man einen Teil des Rinder- oder Kalbsdarms (den Zwölffingerdarm), der noch etwas Speisebrei enthält. Der Darm muß deshalb sehr sorgfältig gesäubert und gehäutet werden; dann schneidet man ihn in 15-20 cm lange Stücke und bindet die beiden Enden zusammen, so daß kleine Ringe entstehen. Die Pajata wird gebraten oder mit viel Gewürzen und Tomaten geschmort. Diesen Sugo reicht man dann zu den klassischen Rigatoni.

ABRUZZEN UND MOLISE

Crespelle oder Scrippelle
Unter Crespella versteht man einen dünnen Pfannkuchen, der auf verschiedene Art gefüllt werden kann. Der Teig besteht aus Wasser, Mehl, Eiern und Milch, die Füllung meist aus Gartenkräutern und Schafskäse. Die traditionellen »scrippelle 'mbusse« werden mit etwas Pecorino gefüllt, aufgerollt und mit Hühnerbrühe übergossen. Die Scrippelle werden auch zu Aufläufen verarbeitet. Der Teig wird dann mit Wasser anstatt Milch angerührt, die Scrippelle anschließend mit Scamorza und Ragout in eine Form geschichtet und überbakken. Der aufwendige »Timballo di scrippelle« war früher ein klassisches Hochzeitsessen.

Virtù

Die Virtù sind eine Spezialität aus Teramo und werden zuweilen auch »cucina« genannt. Es handelt sich dabei um eine sehr wohlschmeckende Suppe, die im Frühjahr gegessen wird. Man verwendet dafür die verschiedensten Fleischteile (wie Schwarten, Füße und rohen Schinken), Hülsenfrüchte (wie Bohnen, Erbsen, Kichererbsen und Linsen), mehrere Gemüsesorten (z. B. Endiviensalat, Mangold, Sellerie und Karotten) sowie zahlreiche Gewürzkräuter (Majoran, Zironenmelisse und Petersilie). Es gibt zwei Theorien, die den eigenartigen Namen des Gerichts (»Tugenden«) zu erklären versuchen. Die erste spricht von sieben tugendsamen und wunderschönen Mädchen, die eine Suppe kochten, zu der jede einzelne ihren bestimmten Teil beitrug. Diese Theorie ist allerdings wenig glaubhaft, da es sich um weit mehr als nur sieben verschiedene Zutaten handelt. Die zweite Erklärung klingt weit weniger poetisch, aber dafür um so glaubhafter: wahrscheinlich geht das Gericht auf eine »virtuose« Hausfrau zurück, die aus den Resten der Wintervorräte und den ersten Frühjahrsgemüsen eine schmackhafte Suppe zuzubereiten verstand.

APULIEN

Orecchiette

Unter dem Begriff »Orecchiette« faßt man eine ganze Reihe von Nudelsorten aus Hartweizengrieß zusammen, die einst in ganz Süditalien verbreitet waren. Heute ißt man die Orecchiette, die entfernt an ein kleines Ohr oder an einen Priesterhut erinnern, praktisch nur noch in Apulien und der Basilikata. Es ist nicht einfach, sich mit den vielen verschiedenen Bezeichnungen zurechtzufinden, die es für die Orecchiette in beinahe jedem Dorf gibt. In Apulien heißen sie »récchietedde«, in Bari nennt man sie auch »strascenàte«, in Taranto »chiangarelle«, in Brindisi »stacchiodde« und in Foggia »cicatelli«. Sie können aber auch »pociacche« oder »pestazzuole« heißen. Orecchiette gibt es auch in Sizilien, wo man sie »orecchie d'ebreo« nennt, und in Rom, wo sie unter dem Namen »orecchini« bekannt sind. Der hohe Verbreitungsgrad dieser Nudeln liegt sicher an ihrer Vielseitigkeit, denn sie passen praktisch zu fast allen Saucen; dank ihrer rauhen Oberfläche eignen sie sich bestens für kräftigen Sugo. Wenn man die Orecchiette selbst macht, streicht man den Nudelteig über ein Holzbrett ab, um die Oberfläche anzurauhen. Dann stülpt man die Nudeln über die Daumenkuppe, damit sie die typische Vertiefung erhalten. Am berühmtesten sind wohl die Orecchiette con le cime di rapa, d. h. mit Sprossenbrokkoli. Man ißt sie aber auch mit Tomaten und reifem Pecorino, mit Blumenkohl und Speck oder auch mit Kartoffeln. In jedem Fall aber sind die Orecchiette in Apulien nicht nur ein einfaches Nudelgericht, sondern ein Ritual, das bereits mit der Zubereitung innerhalb der Familie beginnt.

Gniummerieddi

Dieses Gericht wird in den Weidegebieten Apuliens gegessen. Die vielen dialektalen Abwandlungen des eigentlichen Namens (»gnemeriedde«, »gnommareddi«, »ghiemeriidde«) zeugen von der weiten Verbreitung des Gerichts. Abgesehen von den unterschiedlichen Bezeichnungen bleiben die Zutaten für die Gniummerieddi überall gleich: Röllchen aus Lammgeschlinge werden zwischen Lorbeerblätter auf einen Spieß gesteckt und über dem offenen Feuer gebraten. Die Lammdärme werden mit den Innereien vom Lamm, wie Lunge, Milz, Herz und Leber, und, je nach Gegend, auch noch mit etwas geriebenem Pecorino und Speck gefüllt. Die Därme werden leicht gesalzen, in einem Netz zu Röllchen geformt, etwa 15 Minuten lang gegart und sofort heiß gegessen.

Traditionsgemäß schließt man die Mahlzeit mit einer Stange Sellerie und einem Stück Provolone piccante oder einem anderen sehr reifen Käse ab.

KAMPANIEN

Ragù

De Crescenzo behauptet, daß man mit geschlossenen Augen und allein am Geruch des Ragouts feststellen könne, in welchem Stadtteil von Neapel man sich gerade befindet. Diese Vorstellung ist natürlich übertrieben, gibt jedoch Aufschluß über den hohen Verbreitungsgrad der typischen Fleischsauce und ihre vielen Variationen. Es gibt zwei Grundrezepte für ein klassisches Ragù. In der Emilia verwendet man Hackfleisch. In anderen Landesteilen gart man sehr langsam ein großes Stück Fleisch und gibt nach Belieben noch Würste oder kleine Salamis hinzu. Bei den Gerichten, die mit dem Zusatz »al ragù« versehen sind, handelt es sich um Fleischrouladen, die mit Kräutern, Gemüse oder Speck gefüllt sind und im Sugo geschmort werden. In diesem Fall gibt man den Sugo über die Nudeln und ißt das Fleisch anschließend als Hauptgericht. Letzteres nennt man dann in Süditalien »a braciola« (»Roulade«; im Norden bedeutet »braciola« »Kotelett«). Das neapolitanische Originalrezept für Ragout schreibt Kalbfleisch mit Speck- und Schinkenstreifen vor. Das Fleisch wird in Öl, Speck, Zwiebeln, Knoblauch, Bauchspeck und Schweineschmalz angebraten. Wenn die Zwiebeln goldgelb sind, gießt man alles mit trockenem Weißwein (gegebenfalls auch Rotwein) auf und läßt es etwa zwei Stunden lang köcheln. Sobald der Wein eingekocht ist, fügt man Tomatenmark hinzu und läßt das Ganze weitere zwei Stunden kochen, bis das Tomatenmark fast schwarz ist. Nun gießt man löffelweise Wasser zu und läßt das Ragout nochmals zwei Stunden garen. Das Fleisch ist nun butterzart und kann aus dem Topf (am besten benutzt man einen Tontopf) genommen werden. Den Sugo selbst läßt man weiter einkochen, bis er fest wird. Endlich ist das Ragù fertig. Sie sehen selbst, das Gericht ist äußerst zeitaufwendig und verlangt große Sorgfalt. Nicht umsonst nennt sich das beste Ragout »del guardaporte« (»Türsteher«), denn die Conciergen und Hausmeister sind die einzigen, die den ganzen Tag Gelegenheit haben, sich um die Zubereitung des Ragouts zu kümmern.

Minestra maritata

Die Minestra maritata ist eine köstliche Suppe und in ganz Süditalien verbreitet. In Neapel wurde sie auch »pignatto grasso« genannt und war bei Bürgertum und Adel gleichermaßen beliebt. Mit dem Aufkommen der Nudeln rückte sie allerdings ein wenig in den Hintergrund. Grundsätzlich versteht man unter einer Minestra maritata eine Suppe, die durch besondere Zutaten verfeinert wird. In Piemont z. B. bezeichnet man mit »Minestra marià« eine Gemüsebrühe mit Spinat, Reis und einem Eidotter. Die »Zuppa pavese« der Lombarden ist berühmt. Einer Legende zufolge soll Franz I., als er nach der Niederlage von Pavia auf der Flucht war, bei einem Bauern eingekehrt sein. Dieser bewirtete ihn mit Fleischbrühe, altem Brot und Eiern. In Kalabrien wird aus verschiedenen Gemüsesorten, (Karden, Bohnen, Löwenzahn und wilder Fenchel) eine Suppe gekocht, in der Basilikata mischt man Gemüse und Schweinswürste. Am reichhaltigsten fällt jedoch die neapolitanische Variante der Minestra aus. Zusammen mit Karotten, Sellerie und Zwiebeln kocht man Schweinekoteletts, Schwarten und Würste. Dann seiht man die Brühe ab und kocht darin Löwenzahn, Scarolasalat, Rosenkohl, Sprossenbrokkoli, Kopfkohl, Schweinebacke, Chilischoten, trockenen Caciocavallo und ein Stück gut gesäuberte Parmesanrinde. Halten Sie sich bei der Zubereitung einer Minestra maritata genaue-

ie Marke
ir den
utomobilen
enießer

MASERATI

MASERATI

TALIA
UTOMOBILI
tenbergstr. 11
11 Anzing b. München
lefon (08121) 42 70

ALESSI
4. Stock

Ludwig Beck

LUDWIG BECK AM RATHAUSECK SEIT 1861 IN MÜNCHEN

Früher waren Kaffeemühlen, Pfeffermühlen und Tabletts aus Holz – und heute sind sie es wieder. Zusammen mit Schüsseln, Schalen, Platztellern, Muskatreiben, Bilderrahmen usw. Alte Formen, entdeckt in einem oberitalienischen Tal, original übernommen und neu interpretiert in der Twergi-Linie von Alessi.
Im 4. Stock bei Ludwig Beck am Rathauseck, Marienplatz 11, 8000 München 2.

stens an die jeweiligen Mengenangaben. Sonst erhalten Sie nämlich keine wohl ausgewogene Komposition, sondern nur ein trübes Mischmasch.

BASILIKATA

Cuturieddu (Cuturiddu)
Die einfache Küche der Basilikata verwendet viel Schaf- und Lammfleisch. Der Cuturieddu kam im Landesinnern auf, wo Schäfer und Hirten mit ihren Herden von einem Weideplatz zum nächsten zogen. Sogar heute noch bekommt man selbst im kleinsten Dorf alle Zutaten für dieses traditionelle Gericht zu kaufen. Man schneidet Lammbrust und -schulter in gleichmäßige Stücke, fügt kleingeschnittene Selleriestangen, Zwiebeln und reife Tomaten hinzu und würzt Fleisch und Gemüse mit Rosmarin, Lorbeer und Peperoncino oder, je nach Jahreszeit, auch mit anderen Kräutern. Dann bedeckt man alles mit Wasser, läßt es kurz aufkochen und bei mäßiger Hitze mindestens eineinhalb Stunden schmoren. Cuturieddu wird auch in Apulien gegessen. Dort brät man das Lammfleisch kurz an, bevor man es zusammen mit dem Gemüse schmort.

Acquasale
Die wichtigsten Zutaten der schlichten Küche dieser Region sind Wasser (Acqua) und Salz (sale). Acquasale ist ein typisches Sommergericht, das sich die Erntearbeiter auf den Feldern kochten. Sie gaben etwas Wasser in einen Topf und schmorten darin Tomaten, Paprika, Zitronen und Zwiebeln oder andere Gemüse, die gerade greifbar waren. Es entstand ein dicklicher Sugo, den sie mit Öl und etwas Salz abschmeckten und auf einer Brotscheibe aßen. Die Zusammensetzung hängt zum Großteil von der Verfügbarkeit einzelner Gemüsesorten ab. Dementsprechend gibt es viele verschiedene Zubereitungsarten.

KALABRIEN

Murseddu
»Chi mangia di bon'ura ccu nu pugnu scascia nu muru« (»Wer morgens ordentlich ißt, kann mit bloßen Händen eine Mauer einschlagen«), lautet eine alte kalabrische Bauernregel. Der Murseddu ist ein kräftiger Eintopf aus Innereien und Schweinefleisch, der – regelgerecht – zum Frühstück gegessen wurde. Das Wort »murseddu« leitet sich aus dem Spanischen »almuerzo« ab, was ursprünglich »Frühstück« bedeutete. Für einen Murseddu benötigt man Koteletts, Lunge, Leber, Herz, Milz und mageres Schweinefleisch (manche verwenden auch Kalbfleisch). Die einzelnen Fleischsorten werden in Würfel geschnitten und auf kleiner Flamme mit Rotwein, Tomaten, Peperoncino, Speck und Kräutern gedünstet. Der Eintopf wird dann in einer Scheibe Pittabrot gegessen. In der bäuerlichen Kultur Kalabriens war der Verzehr eines Murseddu mehr als nur Nahrungsaufnahme. Er kam eher einem frühmorgendlichen Ritual gleich, mit dem man den harten Arbeitstag begann.

Làgane e ceci
Suppen aus Nudeln und Hülsenfrüchten kennt man praktisch in ganz Italien. Für Làgane e ceci weicht man Kichererbsen über Nacht ein und kocht sie anschließend in reichlich Salzwasser. Man gibt einen Eßlöffel Öl und ein Lorbeerblatt sowie die vorgekochten Làgane dazu. Man würzt die Suppe mit angewärmtem Öl, einer Knoblauchzehe und gemahlenem Chili. Die Làgane sind

hauptsächlich in Mittel- und Süditalien verbreitet. Die Nudelstreifen besitzen die gleiche Zusammensetzung wie Lasagne (Mehl, Wasser und Salz), sind zum Teil aber etwas schmäler.

SIZILIEN

Cassata

Das Wort »cassata« leitet sich aus dem arabischen »quas'at« ab, das in etwa »große runde Schüssel« bedeutet. Wie fast alle sizilianischen Süßspeisen hat sich auch die Cassata aus einem arabischen Gericht entwickelt. Heute wie damals werden die besten Süßspeisen in Nonnenklöstern zubereitet. Gegen Ende des 16. Jahrhunderts mußte die katholische Obrigkeit die Herstellung von Süßspeisen sogar verbieten, denn die Nonnen hatten sich ihr so weit verschrieben, daß sie darüber ihre religiösen Pflichten vernachlässigten. In der Tat ist die Zubereitung einer echten Cassata, wie man sie zu Ostern ißt, so aufwendig, daß selbst die frommsten Seelen ihrer Christenpflicht nicht mehr nachkommen können. Eine echte sizilianische Cassata hat demnach nichts mit den Eiscremes industrieller Herstellung oder mit ihrer einfachen Verwandten aus den Abruzzen zu tun. Die sizilianische Cassata besteht aus ganz frischer Ricotta, Biskuit, kandierten Früchten, kleinen Bitterschokoladenstückchen, Vanille, Pistazien, Aprikosengelee, zerstoßenem Zimt, Orangenblütenwasser und Maraschino. Diese Zutaten lassen sofort an die betörenden Düfte eines orientalischen Bazars denken. Die Ricotta wird zweimal durch ein Sieb passiert und dann kräftig mit einem Rührbesen aufgeschlagen. Nach und nach gibt man Zucker, Zimt, Schokolade und die kleingeschnittenen kandierten Früchte hinzu. Diese Creme streicht man auf den mit Maraschino getränkten Biskuitboden und stellt sie einige Stunden kalt. Abschließend wird die Cassata in einem komplizierten Vorgang mit Zuckerguß glasiert. Dafür rührt man Zuckerwasser mit Orangenblütenaroma an und färbt es mit Pistazien grün. In ihrer gleichsam diabolischen Üppigkeit steht die Cassata in starkem Gegensatz zu der religiösen Welt der Klöster, in denen sie heute noch zubereitet wird.

Pasta con le sarde

In Italien nennt man Sardinen »sarde«, wenn sie frisch zubereitet werden; sind sie in Öl eingelegt, heißen sie »sardine«. Die Pasta con le sarde kann auch mit anderen Fischen der Heringsfamilie zubereitet werden. Heute ißt man das Gericht hauptsächlich in Palermo. Beinahe jede Familie der Stadt kennt ihr eigenes Rezept. Nach traditioneller Zubereitungsart werden die Sardinen in einer Sauce aus geschmorten Zwiebeln, überbrühtem Fenchel, Safran, Pinienkernen, Rosinen und eingesalzenen Sardellen gegart (die Einflüsse der orientalischen und spanischen Küche sind in Palermo nicht zu leugnen!). Die Pasta (Röhrennudeln wie Perciatelli, Mezzani oder Bucatini) wird im Kochwasser der Fenchelknollen gekocht und mit der Sardinensauce serviert. Man kann auch abwechselnd Nudeln und Fisch in eine Auflaufform schichten und kurz im Ofen mit Käse überbacken. Anstelle des teuren Safrans kann man auch stark verdünnte Tomatensauce verwenden. Ein weiteres Rezept sieht anstelle der Pinienkerne und Rosinen feingehackte geröstete Mandeln vor. Alle Versionen ergeben ein aromatisches und verführerisch gutes Gericht. Der französische Schriftsteller Alphonse Daudet soll von der Pasta con le sarde so begeistert gewesen sein, daß er die sizilianische Küche als die Sublimierung des spanischen Barocks bezeichnete.

SARDINIEN

Bottarga

In fast allen Lagunen Sardiniens fängt man Meeräschen. Ihr Rogen ist besonders begehrt, denn daraus läßt sich Bottarga (oder Buttariga) zubereiten. Dazu legt man den Fischrogen einige Stunden in Salz ein. Dann drückt man ihn zwischen zwei Holzplatten leicht in Form und hängt ihn zum Trocknen auf. Nach zwei Wochen ist die Bottarga bernsteinfarben und zum Verzehr geeignet. Sie besitzt einen sehr eigenwilligen und kräftigen Geschmack, weshalb man sie am besten Natur, in Scheiben geschnitten oder zu Spaghetti ißt. Kleinere Fehler, die bei der Zubereitung und Konservierung unterlaufen können, kaschiert man gerne mit einer Sauce aus Öl, Butter, Sellerie und rohen Tomaten. Die Bottarga wurde vor allem in der Gegend von Oristano gegessen. Da die Fischbestände heute erheblich zurückgegangen sind, wissen meist nur noch die alten Fischer, wie man eine echte Bottarga zubereitet. Man kann anstatt Meeräschenrogen auch Thunfischrogen verwenden. Seine Farbe geht ins Rötliche, sein Geschmack ist sehr kräftig. Man aß ihn hauptsächlich nach dem Thunfischfang, aber auch der ist inzwischen selten geworden.

Malloreddus

Die Gnocchetti oder Malloreddus sind sicher die bekannteste sardische Nudelsorte. Die Malloreddus sind aus Hartweizengrieß und ähneln kleinen gestreiften Muscheln. Um den Nudeln etwas mehr Farbe und Geschmack zu verleihen, gibt man bisweilen eine Prise Safran in den Teig. Man ißt sie wie andere Nudelsorten auch mit Tomatensauce, Wurstbrät und geriebenem Pecorino; dann nennt man sie »Gnocchetti alla campidanese«. In anderen Teilen der Insel werden sie in Schafsbrühe gekocht und mit reichlich geriebenem Pecorino und Pecorinostückchen serviert.

Sebada

Honig muß nicht immer süß sein. In Sardinien gewinnt man auch bitteren Honig. Er stammt von Bienen, die sich von den Blüten der Baumerdbeere, Meerkirsche, von Beifuß und anderen aromatischen Kräutern ernähren. Mit diesem begehrten, weil seltenen Honig bestreicht man die Sebadas (auch Seadas genannt). Diese traditionelle Süßspeise ähnelt großen Ravioli. Sie wird mit einer Frischkäsecreme und geriebener Zitronenschale gefüllt. Dann wird sie in reichlich Olivenöl ausgebacken und noch heiß mit dem Honig (oder mit Zukker) bestrichen. Die Sebadas müssen heiß gegessen werden. Früher kannte man die Sebadas nur in Nuoro, heute sind sie auf der ganzen Insel verbreitet. Man bekommt sie in den meisten Konditoreien und in vielen Restaurants.

FATTORIA SELVAPIANA

RUFINA (Firenze)

Olio Extra Vergine di Oliva

FATTORIA SELVAPIANA
50065 Pontassieve – Proprietario Francesco Giuntini
Tel. 0 55 / 8 36 98 48 – RUFINA (FI)

«DER WEINFUCHS»

Ernfried Freiherr von Fuchs

Anerkennungen und Belobigungen in der Fachpresse
für mein Qualitäts-Preis-Verhältnis

Versand im ganzen Bundesgebiet! Fordern Sie meine kostenlose
Preisliste mit ausführlichen Informationen an!
Ludwig-Thoma-Straße 7a · 8022 Grünwald bei München
Telefon (0 89) 6 49 21 11 u. (01 61) 2 82 29 66 · Fax (0 89) 6 49 30 41

ITALIENISCH-DEUTSCHES GLOSSAR

A

abbacchio Milchlamm
a caramella (Nudeln) in Bonbonform
acciughe Sardellen
accomodato geschmort
aceto Essig
aceto balsamico Balsamessig
acquacotta Gemüsesuppe mit Weißbrotscheiben
acquasale Tomatensuppe mit Gurken, Oregano und Brotscheiben
agnello Lamm
agnolotti gefüllte Nudeltäschchen
al cartoccio in Alufolie
al forno im Ofen gegart
al nero di seppia mit der Tinte vom Tintenfisch
al verde mit Gemüse- oder Kräutersauce
alici Sardellen
all'amatriciana Tomatensauce mit Speck
all'uccelletto Tomatensauce mit Knoblauch, Salbei und Öl
alla barcaiola Tomatensauce mit Fisch
alla boscaiola Tomatensauce mit Kräutern und Pilzen
alla cacciatora Tomatensauce mit Pilzen
alla campagnola Tomatensauce mit Gemüsen
alla carbonara Sauce aus Eiern, Speck und Parmesan
alla chitarra Nudelform mit quadratischem Querschnitt
alla marinara Tomatensauce mit Knoblauch, Sardellen, Oliven und Kapern oder mit Meeresfrüchten
alla norcina mit Parmesan, Pecorino und Salsiccia
alla parmigiana Tomaten-Hackfleischsauce, mit Käse überbacken
alla pescatora mit Fisch oder Meeresfrüchten
alla pizzaiola Tomatensauce
alla puttanesca Tomatensauce mit Oliven
alla valdostana mit Käse und Schinken
alle erbe mit Kräutern
amaretti Bittermandelmakronen
anatra Ente
anguilla Aal
animelle Bries
anolini Nudelart
antipasti Vorspeisen
aole kleine Süßwasserfische
aragosta Hummer
arancini di riso Reisbällchen in Orangenform
arrosto Braten

B

babà in Likör getränktes Hefegebäck
baccalà Klippfisch
bagna caoda Sardellensauce
bagnet heiße Sauce
batsoà gebackene Schweinsfüße
battuto feingehacktes Gemüse und Speck
bavette schmale Bandnudeln
berlingozzo Kranzkuchen
biancomangiare Süßspeise aus Mehl und Mandelmilch
bigoli schmale Bandnudeln
biroldo eine Art Preßsack
biscotti Kekse
bistecca Schnitzel, Steak
blecs Teigwaren
bodin eine Art Blutwurst
bologna Wurst, Mortadella
bollito (misto) (verschiedene Sorten) gesottenes Fleisch
bonet Cremedessert mit Makronen und Schokolade
bottarga Meeräschenrogen
branda cujon Mus aus gedünstetem Klippfisch und Kartoffeln mit Knoblauch und Petersilie
brasato in Wurzelgemüse und Rotwein geschmorter Rinderbraten
bresaola luftgetrockneter Rinder- oder Pferdeschinken
brodetto (di pesce) Fischsuppe
brodo Brühe
bross pikante Käsespezialität, sehr reifer Käse
brovada Rübengericht
bruschetta geröstete Brotscheiben mit Olivenöl, Knoblauch, Tomaten
bucatini schmale Röhrennudeln
buccellato Hefekranz
buridda (auch burrida) Fischsuppe mit Gemüse und Pilzen bzw. mit Krustentieren
burro Butter
busecca Kuttelsuppe

C

cacciucco deftige (Fisch-)Suppe
cacio Schnittkäse
caciocavallo Schnittkäse
cacio ricotta mittelreifer Hartkäse aus Schafsmilch
caciotta Käsesorte
caffè corretto Espresso mit Schnaps
caffè in forchetta Halbgefrorenes oder Cremespeise mit Kaffeegeschmack
calamari Tintenfische
canederli Knödel

cannelloni gefüllte Röhrennudeln
cantucci(ni) Biskuitkekse
capocollo geräucherte Schweinswurst
cappellacci, cappelletti gefüllte Nudeltäschchen in Hutform
cappon magro ligurisches Fischgericht, Knurrhahn
capra Ziege
capretto Zicklein
capunti Nudelart (Mittel- und Süditalien)
carbonata gebratenes oder gegrilltes Fleisch
carciofi Artischocken
carne Fleisch
carne cruda Tartar
carne in buglione geschmortes Fleisch mit Knoblauch, Chilischoten, Rosmarin und Tomaten
carne salada gepökeltes und mariniertes Fleisch
casoeûla Eintopf mit Wirsing und Schweinefleisch
casoncelli gefüllte Nudeltäschchen
casônsei gefüllte Nudeltäschchen
cassata Süßspeise mit kandierten Früchten
castagnaccio Fladen aus Kastanienmehl
castelmagno Käsesorte aus Piemont
castrato Hammel
cavatelli Nudelart; auch Klößchen
cavolo Kohl
ceci Kichererbsen
cefalo Meeräsche
chiocciole Weinbergschnecken
ciabuscolo streichfähige Wurst
ciacapreti Spaghettiart
ciambella Kranzkuchen
ciambotta Gemüseragout
cicatielli Nudelart (Süditalien)
ciccioli Grieben
cicheti verschiedene kleine Happen
cima (alla genovese) gefüllte Kalbsbrust
cime di rapa Sprossenbrokkoli
cinghiale Wildschwein
ciriole Nudelart
civet Wein- und Gemüsesauce für Wildgerichte
coda Schwanz
coda alla vaccinara Ochsenschwanz mit Tomaten und Sellerie
coniglio Kaninchen
coppa luftgetrockneter Halsgrat
coppa di testa Preßkopf
coratella Innereien (vom Lamm)
cordula geflochtene Innereien und Därme vom Lamm
corzetti Nudelart
costata Kotelett
cotechino Kochwurst
cotiche Schwarten
cotto gekocht
cozze Miesmuscheln
crescentine in der Pfanne gebackene Teigfladen
crescionta Schokoladenpudding
crespelle Pfannkuchen
crocchette Kroketten
crostacei Krustentiere
crostata Mürbteigkuchen
crostini geröstete Brotscheiben, Croûtons
crudo roh
culatello zarter luftgetrockneter Schinken

D

di magro fleischlose Füllung für Nudeln
ditalini kurze Röhrennudeln
Doc Denominazione di origine controllata (eine staatlich geprüfte Herkunftsbezeichnung für Wein)

F

fagioli dicke Bohnen
fagottelli gefüllte Teigtäschchen
falso magro gefüllte Kalbsroulade
faraona Perlhuhn
farfalle, farfallone Nudeln in Schmetterlingsform
farinata Fladen aus Kichererbsenmehl
farro Dinkel, Emmer
fava Ackerbohne
fegato Leber
fettuccine Bandnudeln (vor allem in Latium)
fettunta toskanische Vorspeise
finanziera Gericht aus Innereien (meist Hühnerklein)
finocchiona Wurst mit Fenchelsamen
fiocchetto besonders zarter Schinken
fiorentina Florentiner Steak
focaccia Fladenbrot
focaccetta ausgebackene, süß oder salzig gefüllte Teigtaschen
folpeti kleine Tintenfische
fonduta zerlassener Käse, Käsecreme
fontina ein norditalienischer Hartkäse (Aostatal)
fregola in Brühe gegarter Hartweizengrieß
frico Spezialität mit geschmolzenem Käse
friggione gedünstetes Gemüse
frisceu Fritiertes (Fisch oder Gemüse)
frittata Omelett
frittelle Krapfen, Pfannkuchen, Beignets, auch: im Teigmantel gebackenes Gemüse
fritto misto fritiertes Fleisch oder Fisch
frittura Fritiertes
frittura di paranza gemischte fritierte Fische
frutta Obst
frutti di mare Meeresfrüchte
funghi Pilze
fusilli Spiralnudeln

G

gallette Crackers, Kekse
germano Wildente

giardiniera verschiedene eingelegte Gemüse
gioielli di toro Stierhoden
gnocchetti verdi Spinatklößchen
gnocchi Klößchen, kleine hohle Nudeln
gnocchi di patate Kartoffelklößchen
gonfiotti gefüllte Nudeln
gramigna kurze Fadennudeln
grana parmesanähnlicher Hartkäse
granelli kleine Nudeln
granita Eisgetränk
grappa Schnaps, Likör
gremolata Cremespeise
grigliata Gegrilltes
grive Hackbraten
guazzetto Fischsuppe
gubana Hefekuchen

I

imbottito gefüllt
impepata di cozze Miesmuscheln mit Petersilie, Zitrone und Pfeffer
in bianco natur, mit Butter oder in Weißwein
in cagnone mit zerlassener Butter und Parmesan
in carpione in einer Marinade aus Essig und Gewürzen
in guazzetto geschmort und mit Sauce
in porchetta mit Kräutern gefüllt und geschmort
in potacchio Kurzgebratenes mit Rosmarin und Tomaten
in rosso mit Tomatensauce
in salmì sauer geschmort
in umido gedünstet, geschmort
insalata Salat
involtini Röllchen, Rouladen

J

jota kräftige Suppe aus Hülsenfrüchten, Kohl und Schweineschwarten

K

krumiri Mürbteigkekse aus Piemont

L

lagane breite Bandnudeln
lardo (luftgetrockneter) Speck
latte brûlé Milchspeise
laurino Lorbeerschnaps
legumi Hülsenfrüchte
lepre Hase
lesso Gesottenes
linguine schmale Bandnudeln
luganiga deftige Wurst
lumache Schnecken

M

macedonia Obstsalat
maiale Schwein
malfatti Klößchen aus Spinat und Ricotta
maltagliati rautenförmige Nudeln
mantovana Biskuitkuchen
manzo Rindfleisch
marinata Marinade
marubini gefüllte Nudeltäschchen
mattone, mattonella Schokoladendessert
mbusse mit Schafskäse gefüllte Pfannkuchen
melanzane Auberginen
mes-ciua Eintopf aus Getreide und Hülsenfrüchten
milza Milz
minestra Gemüsesuppe
minestra di fagioli Bohnensuppe
minestra di orzo Gerstensuppe
minestra maritata Suppe aus verschiedenen Fleisch- und Gemüsesorten
minestrone Gemüsesuppe mit Reis oder Nudeln
mistrà Anislikör, Anisschnaps
mocetta Gemsenschinken
monfettini hauchdünne Teigtäschchen
montasio oberitalienische Käsesorte
moscardini Muscheln
moscato Muskatellerwein
mostarda in Meerrettich-Senfsauce eingelegte kandierte Früchte
murazzano Schafskäse aus Piemont
musetto Kochwurst

N

neccio Fladen aus Kastanienmehl
nervetti Knorpel
nocino Walnußlikör

O

olio extravergine Öl aus erster Pressung
olive all'ascolana ausgebackene gefüllte Oliven
ombra ein Glas Wein (Venedig)
orecchiette runde Nudeln
ortica Brennessel
orzet Gerstensuppe
ossocollo Halsgrat
ovoli Butterpilze

P

paglia e fieno »Heu und Stroh«, gelbe und grüne Bandnudelnester
pagliata Teil der Kalbsgedärme
pajata Ragout aus Innereien
pancetta Bauchspeck
pane Brot
pane frattau Fladenbrot mit Tomaten und Eiern
panigacci hauchdünne Fladen aus Weizenmehl
paniscia, panissa Reisgericht oder Kichererbsenbrei mit Wurst
panna cotta Sahnedessert
panpepato Kuchen, je nach Region mit Honig, Mandeln, kandierten Früchten und Gewürzen
pansoti gefüllte Nudeltäschchen
panzanella Weißbrot mit Olivenöl, Basilikum und verschiedenen Gewürzen
panzerotti gefüllte Teigtäschchen

pappa al pomodoro   Brei aus Tomaten und Weißbrot
pappardelle   breite Bandnudeln
parmigiana   Auberginenauflauf
Parmigiano (Reggiano)   Parmesan
passatelli   Nudelart
passito   Dessertwein aus getrockneten Trauben
pasta   Nudeln
pasta al forno   Nudelauflauf
pasta e ceci   Nudeln mit Kichererbsen
pasta e fagioli   Nudeln mit dicken Bohnen
paste 'd melia   Gebäck aus Maismehl
pasticcio   Auflauf, Pastete
pastiera napoletana   Mürbteigkuchen mit Ricotta-Obstfüllung
pastissada   Ragout (aus Pferdefleisch)
patate   Kartoffeln
pecora   Schaf
pecorino   reifer Schafskäse
penne   kurze Röhrennudeln
peperone   Paprika
peperonata   Paprikagemüse
peperoncino   Chilischote
pesce   Fisch
pesce stocco   Stockfisch
pesto   Kräutersauce mit Basilikum, Pinienkernen, Pecorino
peverada   Sauce aus Rindermark und Weißwein
piadina   Fladenbrot
piccione   Taube
pici   handgemachte Nudeln, Spaghetti
picula ad caval   Pferdefleisch
pinza   Hefegebäck
pinzimonio   Rohkost, die in Olivenöl gedippt wird
pisarei e fasò   Nudelspezialität, Teigwaren mit dicken Bohnen
piselli   Erbsen
polenta   Maisbrei
polenta taragna   Maisbrei mit verschiedenen Käsesorten
polipo, polpo   Oktopus
pollo   Huhn
polpette   (Hackfleisch-)Bällchen
pomodoro   Tomate
porchetta   Spanferkel
porchettato   mit Kräutern gefüllt und geschmort
porcini   Steinpilze
primo   erster Gang
prosciutto   Schinken
provola   Käsesorte
punta (di vitello)   (Kalbs-)Brust

Q
quadrucci   Nudelart

R
rana pescatrice   Seeteufel
raviggiolo   toskanischer Schafskäse
ravioli   gefüllte Nudeltäschchen
razza   Rochen
ribollita   toskanische Brotsuppe
ricotta   quarkähnlicher Frischkäse
rigatino   Bauchspeck
rigatoni   Röhrennudeln
ripieno   gefüllt, Füllung
risi e bisi   venezianisches Reisgericht mit Erbsen
riso   Reis
risotto   Reisgericht
robiola   Frischkäse mit leichtem Hefegeschmack
roccaverano   Ziegenkäse aus Piemont
rosticciana   gebratenes oder gegrilltes Schweinekotelett

S
sagne   abruzzische Nudelart
salama   Kochwurst aus Schweinefleisch
salame   Salami
salame d'la duja/oja   Salami, die unter einer Fettschicht haltbar gemacht wird
salsa   Sauce
salsiccia   Wurst
sanguinaccio   eine Art Blutwurst
saor, savor   Marinade aus Öl, Essig und Zwiebeln
sarde   Sardinen
sardenaira   Hefeteigkuchen
sbira   Kuttelsuppe
sbrisolona   Mandelkuchen
scamorza   (geräucherter) Käse
schiacciata   toskanisches Fladenbrot
Schlutzkrapfen   gefüllte Nudelteigtaschen
scottadito   frisch vom Grill, aus der Pfanne
scottiglia   verschiedene Sorten Fleisch vom Grill
sebada   Käsebeignet
secondo   zweiter Gang
semifreddo   Halbgefrorenes
seppia   Tintenfisch
seupa valpellinese   kräftige Suppe mit Gemüse, Speck und Brotscheiben
soma d'aj   geröstetes Brot mit Knoblauch, Öl und Speck
soppressa, soppressata   scharfe Wurst, preßsackartige Wurst
sottaceti   sauereingelegtes Gemüse
sottoli   in Öl eingelegtes Gemüse
spalla cotta   Vorderschinken
speck   Tiroler Speck, Räucherschinken
spezzatino   Ragout, Gulasch
spiedo valsabbino   Fleischspieß
spinaci   Spinat
spumante   Schaumwein
spuntatura   Rippchen, auch: Innereien vom Lamm
stinco   Haxe
stoccafisso   Stockfisch
stocche alla genovese   Stockfisch auf Genueser Art
stracchino   Weichkäse, auch: reifer Käse
stracotto   Schmorbraten
strangolapreti   kleine Klöße aus Spinat, Brot, Eiern und Mehl
strascicati   in der Pfanne gebratene Nudeln

stravecchio   lange gereift, gelagert
stricchetti   Nudeln (Romagna), Kipfel (Friaul)
stringozzi   Röhrennudeln
strozzapreti   s. »strangolapreti«
struccole   Kuchen, Strudel
sugo   Sauce
surbir di agnoli   Nudelgericht

T

tagliata di manzo   Rindersteak
tagliatelle   Bandnudeln (vor allem in Oberitalien)
taglierini   Fadennudeln
tagliolini   schmale Bandnudeln
tajarin   Bandnudeln mit dicken Bohnen und Trüffeln (Piemont)
tajut   Weinglas (Friaul)
tartrà   Tartar
tartufo   Trüffel
tartufato   mit Trüffeln
tecia   Pfanne
tegamaccio   Fischsuppe
testaroli   Lasagne mit Basilikum und Öl
timballo   Auflauf
toma   norditalienischer Hartkäse
tonnarelli   Röhrennudeln
tonco de pontesèl   Eintopf mit Polenta
torcolo   (Weihnachts-)Kuchen
torronata   Nougat
torrone   eine Art türkischer Honig mit Mandeln
torta   Kuchen
torta al testo   Fladenbrot
torta pasqualina   »Osterkuchen«, salziger Kuchen mit Eiern und Gemüsen
tortellacci   gefüllte Nudeltäschchen
tortelli   gefüllte Nudeltäschchen
tortiera napoletana   Auflauf
tortino   salziger Kuchen
tramezzino   belegtes Brot
trattalia   Innereien vom Jungschwein und/oder Lamm
treccia   wörtl. Zopf, geflochtene Lamminnereien
trenette   schmale Bandnudeln
trifolato   mit Knoblauch und Petersilie
trippa   Kutteln
trofie   eine Art Spätzle
trota   Forelle
tubettini   Röhrennudeln

U

ubriaco   in Weinsauce
umbricelli   Bandnudeln

V

verdura   Gemüse
vermicelli   Fadennudeln
vin santo   Dessertwein
vincisgrassi   Lasagne mit Ragout aus Hühnerklein, Lamminnereien und Béchamel
vitello   Kalb
vitello tonnato   Kalbfleisch in Thunfischsauce
vongole   Venusmuscheln

Z

zampa   Pfote
zampone   mit Wurstbrät gefüllter Schweinsfuß
zimino   Sauce aus Knoblauch, Zwiebeln, Tomaten, Weißwein und Gewürzen
zucca   Kürbis
zuccotto   Charlotte
zuppa   Suppe, Eintopf; in Zusammensetzung auch Biskuit
zuppa di soffritto   kräftige Suppe aus Innereien
zuppa inglese   Süßspeise
zuppa lombarda   Bohnensuppe mit Brot

NOTIZEN

Wir sind Spezialisten für allerfeinste Weine und Grappa aus Italien

ANTIQUITÄTEN & WEINE

Fordern Sie unsere Liste an für einen hochinteressanten Streifzug durch die leckersten Keller Italiens.

Rahmengasse 12 · 6900 Heidelberg · Tel.: 0 62 21/41 28 83 · Fax 0 62 21/40 25 26

MITARBEITER UND AUTOREN

Aostatal: Stefano Barbarino

Piemont: Piero Appendino, Silvio Arena, Giorgio Bert, Giancarlo Bertolino, Mauro Biancotto, Luigi Bruni, Bruno Chionetti, Giambattista De Mattei, Mauro Della Sala, Lorenzo Fogliani, Armando Gabera, Maurizio Gily, Lalla Groppo, Vittorio Manganelli, Alessandro Masnaghetti, Gilberto Miglietti, Andrea Panero, Carlo Petrini, Silvana Quadrino, Giovanni Ruffa, Piero Sardo, Sergio Sardo, Gabriele Varalda, Eric Vassallo

Tessin: Fausta Bernasconi, Claudio Cameroni, Giorgio Canonica, Luca Cavadini, Willy Cereghetti, Carlito Ferrari, Ugo Petrini, Francesco Sassi

Lombardei: Pino Corsi, Angelo Dal Bon, Gian Luigi Di Giorgio, Luigi Ferrari, Stefano Gabusi, Carlo Leidi, Luigi Malaspada, Eugenio Macinelli, Marino Marini, Giacomo Mojoli, Ermanno Nobile, Nicola Pappalettera, Caroline Patey, Emanuele Ronchetti, Vanni Ruggeri, Carmelita Trentini, Gilberto Venturini

Trentino: Leonardo Bizarro, Nereo Pederzolli, Roberto Timo, Marco Zani

Südtirol: Georg Holzer, Gianni Mantoanello, Nereo Pederzolli

Venetien: Luisa Bellina, Antonio Bertoldo, Fabrizia Candiani, Gianni Cattin, Liana Chesini, Roberto Pieri, Gianni Faggian, Mauro Lorenzon, Alberto Marcomini, Giuseppe Muraro, Domenico Nordio, Giuliano Passarella, Renzo Rossi, Massimo Sartori, Galdino Zara

Friaul: Lorenzo Amat, Bruno Bevilacqua, Salvatore Callea, Giulio Colomba, Stefano Fatarella, Palmiro Galasi, Dario Martina, Antonella Pistoni, Bepi Pucciarelli, Emilio Savonitto

Julisch-Venetien: Bruno Bevilacqua, Sergio Nesich

Ligurien: Lauro Boglione, Aristo Ciruzzi, Gabriella Cummaro Molli, Germano Damonte, Alfea Delucis, Stefano Gibellini, Romolo Giordano, Achille Lanata, Gianni Rebora, Emanuele Ronchetti, Diego Soracco, Angelo Verrando

Emilia: Walter Baldini, Mauro Bartoli, Sandro Bellei, Mario Castellari, Sandro Cavicchioli, Alberto Adolfo Fabbri, Wolmer Fregni, Federico Pellegrini, Valentino Ramelli, Barbera Sforza, Massimo Volpari, Oreste Zoboli

Romagna: Piero Bona, Mario Emiliani, Renzo Pari, Marco Pelliconi, Guido Priazzoli, Andrea Pollarini, Graziano Pozzetto

Toskana: Domenico Acconci, Simona Bartolini, Stefano Beccastrini, Fabrizio Calastri, Franco Colaiuta, Peppe D'Andrea, Clara Divizia, Stefano Ferrari, Enzo Giani, Marco Lisi, Beppe Lo Russo, Carlo Macchi, Beppe Martini, Gianfranco Miroglio, Marco Mucci, Enzo Pedreschi, Nanni Ricci, Antonio Spiga, Pier Lorenzo Tasselli, Cesare Viti, Elisabetta Zambruno

Umbrien: Paolo Battimelli, Antonio Bordoni, Eugenio Guarducci, Gianni Marchesini, Beppe Martini, Alberto Montebello, Coriolano Nunzi

Marken: Antonio Attore, Valerio Chiarini, Gabriele Ghiandoni, Franco Mancini, Sandro Santucci

Latium: Stefano Asaro, Paolo Battimelli, Demetrio D'Ambrosi, Adele Falino, Egidio Fedele Dell'Oste, Teresa Mitilino, Franco Offidani, Marco Oreggia, Carlo Pantanella, Bruno Pistoni, Egidio Pusateri, Marco Sabelico, Sandro Sangiorgi, Alberto Sbriccolli

Abruzzen und Molise: Antonio Attore, Alberto Bafile, Enrico Votta

Apulien: Giuseppe Colamonaco, Stefano Loparco, Pasquale Porcelli, Pino Sansò, Damiano Centrelli, Dunja Zaiec

Kampanien: Enzo Caruso, Enrico Giovannetti, Lucio Giovannone, Gabriele Matarazzo, Guiseppe Nota, Maurizio Provenza, Eugenio Puglia, Vito Puglia

Basilikata: Luigi Albano, Salvatore Damiano, Pino Laciceschia, Francesco Martino, Pasquale Porcelli

Kalabrien: Giovanni Gatti, Enzo Monaco, Vincenzo Nava

Sizilien: Claudio Grosso, Eugenio Messina, Corrado Salemi

Sardinien: Gilberto Arru, Maria Assunta Fodde, Giorgio Salis

Die Verfasser der Vorworte zu den Regionen:

Ulderico Barbieri, Dozent für Soziologie am Institut für Tourismus der Universität Venedig
Gioann Brera, Sportjournalist und Schriftsteller
Vincenzo Consolo, Schriftsteller
Ottaviano Del Turco, Gewerkschaftsfunktionär
Ivano Fossati, Liedermacher
Gaio Fratini, Kolumnist bei der italienischen Tageszeitung »La Repubblica«
Francesco Guccini, Liedermacher
Gina Logorio, Schriftstellerin
Luigi Lombardi Satriani, Dozent an der Universität La Sapienza in Rom
Joyce Lussu, Widerstandskämpferin in der Zeit des Faschismus, freie Übersetzerin und Publizistin
Reinhold Messner, Extrembergsteiger und Abenteurer
Ottavio Missoni, Modeschöpfer
Massimo Montanari, Dozent für Agrargeschichte an der Universität Bologna
Francesco Moser, Radrennfahrer
Raffaele Nigro, Fernsehregisseur
Giovanni Orelli, Schriftsteller
Bruno Pizzul, beliebter Sportjournalist
Folco Portinari, Publizist
Michele Prisco, Schriftsteller
Ermete Realacci, Präsident der Lega Ambiente Italiana (Italienischer Umweltschutzverband)
Luigi Sada, Journalist
Fulvia Serra, Chefredakteurin der Comics-Zeitschrift »Linus«
Sergio Staino, Karikaturist, Regisseur
Franco Vai, Gastronom

ORTSREGISTER

A

Abetone (PT) 281
Abriola (PZ) 417
Acireale (CT) 429
Acquasparta (TR) 317
Acqui Terme (AL) 27
Agazzano (PC) 239
Agliana (PT) 281
Alatri (FR) 345
Alba (CN) 27
Albino (BG) 70
Albisola Superiore (SV) 215
Alessandria 28
Allein (AO) 20
Altamura (BA) 389
Altomonte (CS) 425
Alzano Lombardo (BG) 70
Amalfi (SA) 400
Ameglia (SP) 215
Ancona (AN) 329
Andreis (PN) 175
Anghiari (AR) 282
Anita d'Argenta (RA) 268
Anzio (RM) 345
Aradeo (LE) 390
Arba (PN) 175
Arcireale (CT) 435
Arco (TN) 104
Arcola (SP) 216
Arcugnano (VI) 138
Arezzo 282
Arnad (AO) 20
Arona (NO) 28
Arrone (TR) 317
Artogne (BS) 71
Arvier (AO) 21
Arzachena (SS) 446
Ascoli Piceno 329
Asti 29
Atripalda (AV) 397
Attimis (UD) 176
Avellino 401
Avigliano (PZ) 417

B

Bacoli (NA) 401
Badalucco (IM) 216
Badia a Passignano (FI) 283
Badia Tebalda (AR) 283
Bagnasco (CN) 30
Bagnoli Irpino (AV) 402
Baldissero Torinese (TO) 30
Barbaresco (CN) 31
Bari 390
Bauladu (OR) 446
Bellinzona (TIC) 59
Bene Vagienna (CN) 32
Bergamo (MT) 71–73
Bernalda (MT) 418
Biasca (TIC) 60
Bibiana (TO) 32
Bisaccia (AV) 402
Bivongi (RC) 425
Bobbio (PC) 239
Bologna 240–242
Bolzano (BZ) 120–121
Bonvicino (CN) 33
Bordano (UD) 176
Borgomaro (IM) 217

Bosa (NU) 447
Bosco Marengo (AL) 33
Bovegno (BS) 73
Boves (CN) 34
Bra (CN) 34
Breganze (VI) 138
Breno (BS) 74
Brentino Belluno (VR) 139
Brentonico (TN) 104
Brescia 74–75
Brisighella (RA) 268–269
Brissago (TIC) 60
Brunico (BZ) 121
Buonvicino (CS) 426

C

Cabras (OR) 447
Cagliari 448–450
Calascio (AQ) 374
Calasetta (CA) 450
Calavino (TN) 105
Calestano (PR) 243
Calizzano (SV) 217
Camaiore (LU) 284
Camisano Vicentino (VI) 139
Camogli (GE) 218
Campomorone (GE) 218
Camporgiano (LU) 285
Campotosto (AQ) 374
Canazei (TN) 105
Capalbio (GR) 285
Capo d'Orlando (ME) 435
Capriana (TN) 106
Carpi (MO) 243
Carpineto della Nora (PE) 375
Carrù (CN) 35
Cassaco (UD) 177
Casier (TV) 140
Casola Valsenio (RA) 269
Cassano d'Adda (MI) 75
Castagnito (CN) 35
Castel Vittorio (IM) 219
Castel del Rio (BO) 278
Castelbello-Ciardes (BZ) 122
Castellabate (SA) 403
Castellazzo Bormida (AL) 36
Castelleone (CR) 76
Castellinaldo (CN) 36
Castelnovo del Friuli (PN) 177
Castelnuovo Magra (SP) 219–220
Castelnuovo di Garfagnana (LU) 286
Castiglione Tinella (CN) 37
Castiglione di Garfagnana (LU) 286
Catania 436–437
Catanzaro 426
Cavalese (TN) 106
Cavatore (AL) 37
Cavedago (TN) 107
Cavedine (TN) 107
Cavriago (RE) 244
Cefalù (PA) 437
Ceggia (TV) 140
Ceglie Messapico (BR) 391
Cerda (PA) 438
Cervere (CN) 38
Cervia (RA) 278
Cervinara (AV) 403
Cerrina Monferrato (AT) 38
Cesena (FO) 271

ORTSREGISTER **485**

Cessole (AT) 39
Chiaromonte Gulfi (RG) 438
Chiasso (TIC) 61
Chiavari (GE) 220
Cicognolo (CR) 76
Cisano sul Neva (SV) 221
Cison di Valmarino (TV) 141
Cisternino (BR) 391–392
Città di Castello (PG) 318
Civitella del Tronto (TE) 375
Cogollo del Cengio (VI) 141
Collecchio (PR) 244
Collecorvino (PE) 376
Comunanza (AP) 330
Cordenons (PN) 178
Cortaccia (BZ) 123
Cossano Belbo (CN) 39
Cravanzana (CN) 40
Crama (CR) 77
Cremona 78–79
Crespino (RO) 142
Cuglieri (OR) 445
Cuneo 40
Cupromontana (AN) 330
Cutigliano (PT) 287

D

Diamante (CS) 427
Dipignano (CS) 427
Doberdò del Lago (GO) 203

F

Faedis (RA) 178
Faedo (TN) 108
Faenza (RA) 272
Fano (PS) 331
Farra di Soligo (TV) 142–143
Fermignano (PS) 331
Ferrara 245–247
Fidenza (PR) 247
Filetto (CH) 376
Finale Ligure (SV) 221
Firenze 287–290
Flussio (NU) 451
Folgaria (TN) 108
Foligno (PG) 318
Follina (TV) 143
Fordongianus (OR) 452
Forni di Sopra (UD) 179
Forno di Zoldo (BL) 144
Fossanova San Marco (FE) 248
Frascati (RM) 346
Frisanco (PN) 179

G

Gais (BZ) 123
Garda (VR) 144
Gardone Riviera (BS) 79
Gavoi (NU) 452
Genova 222–224
Genzano di Roma (RM) 347–348
Gergei (NU) 453
Ghirone (TIC) 61
Gignod (AO) 21
Goito (MN) 80
Gorizia 203
Gradisca d'Isonzo (GO) 204
Greve in Chianti (FI) 290
Grossolengo (PC) 248
Grottaferrata (RM) 348
Grottammare (AP) 332
Grotte di Castro (VT) 349
Guazzora (AL) 41
Gubbio (PG) 319

H

Hône (AO) 22

I

Imola (BO) 272–273
Imperia 225
Intragna (TIC) 62
Ischia di Castro (VT) 349
Iseo (BS) 80–81
Isola Vicentina (VI) 145
Isola del Gran Sasso (TE) 377
Isolabona (IM) 226

J

Jesi (AN) 332
Jesolo (VE) 145–146

L

L'Aquila 377–378
La Spezia 226–227
Lagundo (BZ) 24
Lanciano (CH) 378
Lanusei (NU) 453
La Salle (AO) 22
Lastra a Signa (FI) 291
Latina 350–351
Lavagno (VR) 146
Lavezzola (RA) 273
Lecce 392
Lecco (CO) 81
Leonessa (RT) 352
Lequio Tanaro (CN) 41
Lerici (SP) 228
Lettomanoppello (PE) 379
Levanto (SP) 228
Levico Terme (TN) 109
Lignano Sabbiadoro (UD) 180
Limite sull'Arno (FI) 291
Livorno 292–293
Loano (SV) 229
Locorotondo (BA) 393
Lodi (MI) 82
Loreggia (PD) 147
Loro Piceno (MC) 333
Lucca 293
Lugo (RA) 274
Lusia (RO) 147

M

Maenza (LT) 352
Magione (PG) 319
Magliano in Toscana (GR) 294
Manciano (GR) 294
Manno (TIC) 62
Mantova 82–83
Marano di Valpolicella (VR) 148
Marano sul Panaro (MO) 249
Maratea (PZ) 418
Marzabelto (BO) 249
Marebbe (BZ) 124
Martina Franca (TA) 394
Massafra (TA) 394
Mazzano Romano (RM) 353
Mele (GE) 229
Melfi (PZ) 419
Melito Irpino (AV) 404
Merano (BZ) 125
Meride (TIC) 63
Miane (TV) 148
Milano 83–88
Minucciano (LU) 295
Mirano (VE) 148

Modena 250–251
Modica (RG) 439
Moena (TN) 109
Moggio Udinese (UD) 180
Molazzana (LU) 295
Molveno (TN) 110
Moncucco Torinese (AT) 42
Monforte d'Alba (CN) 42
Monopoli (BA) 395
Monreale (PA) 439
Monselice (PD) 149
Montagna (BZ) 125
Montalcino (SI) 296
Montaldo Scarampi (AT) 43
Monte Santa Maria Tiberina (PG) 320
Montebelluna (TV) 150
Montecalvo Versiggia (PV) 88
Montecarlo (LU) 296
Montefalvone Appennino (AP) 333
Montefiore dell'Aso (AP) 334
Monteforte d'Alpone (VR) 150
Montegrosso d'Asti (AT) 43
Montella (AV) 404
Montereale (AQ) 379
Montescudaio (PI) 297
Montichiari (BS) 89
Montone (PG) 320
Montorgiali (GR) 297
Monzambano (MN) 89
Morbegno (SO) 90
Morbio Inferiore (TIC) 63
Mornico Losana (PV) 90
Morro d'Alba (AN) 334
Mortegliano (UD) 181
Mossa (GO) 204
Muggia (TS) 205
Murazzano (CN) 44
Murlo (SI) 298

N

Napoli 505–407
Narni (TR) 321
Nettuno (RM) 353
Nicotera (CZ) 428
Nimis (UD) 181–182
Nogaredo (TN) 110
Nonantola (MO) 251–252
Noto (SR) 440
Novellara (RE) 252
Nucetto (CN) 44

O

Oleggio (NO) 45
Olevano Romano (RM) 354
Orbetello (GR) 298
Ormea (CN) 45
Ortonovo (SP) 230
Orvieto (TR) 321–322
Orzinuovi (BS) 91

P

Padova 151
Padria (SS) 454
Palagiano (TA) 395
Palau (SS) 454
Palazzolo sull'Oglio (BS) 91
Palazzuolo sul Senio (FI) 299
Palermo 440
Palestrina (RM) 354
Pancaglieri (TO) 46
Parma 253–254
Pastena (FR) 355
Pavia di Udine (UD) 183
Pavullo nel Frignano (MO) 255
Pederobba (TV) 151
Perca (BZ) 126
Pergine Valsugana (TN) 111
Perledo (CO) 92
Perugia 322
Pesaro 335
Pescara 380–381
Pescosansonesco (PE) 382
Petritoli (AP) 336
Piacenza 255–256
Piadena (CR) 92
Pierfaone (Abriola, PZ) 414
Pietralunga (PG) 323
Pietrasanta (LU) 299
Pieve di Cento (BO) 256
Pineto (TE) 382
Pisa (PI) 300
Pisciotta (SA) 407–408
Pistoia 300–301
Pizzoli (AQ) 383
Poggibonsi (SI) 301
Ponte dell'Olio (PC) 257
Pontey (AO) 23
Pontremoli (MC) 302–303
Ponzano (TV) 152
Popoli (PE) 383
Pordenone (PN) 183
Porto d'Ascoli (AP) 336
Porto San Stefano (GR) 303
Porto Sant'Elpidio (AP) 337
Portoferraio (LI) 304
Pozzuoli (NA) 407
Prarolo (VC) 46
Prato allo Stelvio (BZ) 126
Prato Carnico (UD) 184
Priocca (CN) 47
Proserpio (CO) 93
Pulfero (UD) 184

Q

Quarto d'Altino (VE) 152

R

Radda in Chianti (SI) 305
Ravenna (RA) 274–275
Reana del Rojale (UD) 185
Reggio Calabria 428
Reggio Emilia 257
Remanzacco (UD) 185–186
Rende (CS) 429
Renon (BZ) 127–128
Rifiano (BZ) 129
Rimini (FO) 275
Ripalta Cremasca (CR) 93
Ripatransone (AP) 337
Riposto (CT) 441
Riva d'Arcano (UD) 187
Rivello (PZ) 419
Rivergaro (PC) 258
Rizziconi (RC) 429
Robassacco (TIC) 64
Rocca di Papa (RM) 355
Rocca San Casciano (FO) 275
Roccaforte Mondovì 47
Roccasecca dei Volsci (LT) 356
Roma 356–368
Ronchi dei Legionari (GO) 206
Ronchi di Valsugana (TN) 111
Rosignano Marittimo (LI) 305
Rovato (BS) 94

S

Saint-Pierre (AO) 23
Salerno 409
Saliceto Panaro (MO) 258
Salò (BS) 95–96
Salsomaggiore Terme (PR) 259
Saltara (CN) 338
Saluzzo (CN) 48
San Benedetto Po (MN) 96
San Benedetto del Tronto (AP) 338
San Biagio di Callalta (TV) 153
San Casciano in Val di Pesa (FI) 306
San Cesario di Lecce (LE) 396
San Daniele del Friuli (UD) 188–189
San Donà di Piave (VE) 153
San Donato Val di Comino (FR) 369
San Gimignano (SI) 307
San Giovanni a Piro (SA) 410
San Leonardo in Passiria (BZ) 129–130
San Martino in Passiria (BZ) 132
San Marzano Oliveto (AT) 48
San Michele di Ganzaria (CT) 441
San Pietro Apostolo (CZ) 430
San Prospero (MO) 259
San Secondo di Pinerolo (TO) 47
San Severino Marche (MC) 339
San Vito al Tagliamento (PN) 188
San Zenone degli Ezzelini (TV) 154
Sanremo (IM) 231
Sant'Anastasia (NA) 410
Santa Maria della Versa (PV) 97
Santa Sofia (FO) 276
Santadi (CA) 455
Santarcangelo di Romagna (FO) 277
Sardara (CA) 455
Sarule (NU) 456
Sarzana 232
Sassari 456
Sassetta (LI) 307
Sassuolo (MO) 260
Sauris (UD) 189
Savignano sul Panaro (MO) 260
Savigno (BO) 261
Savogna d'Isonzo (GO) 206
Savona 233
Scarperia (FI) 308
Schio (VI) 154
Sedegliano (UD) 189
Sefro (MC) 339
Semproniano (GR) 308
Seravezza (LU) 309
Serle (BS) 97
Sermide (MN) 98
Serole (AT) 49
Serrapetrona (MC) 340
Sesto (BZ) 131
Sestola (MO) 261
Siena 309–310
Silandro (BZ) 131
Siracusa 442
Soliera (MO) 262
Somma Vesuviana (NA) 411
Sommacampagna (VR) 155
Sonnino (LT) 369
Sordevolo (VC) 49
Sovicille (SI) 311
Spello (PG) 323–324
Spera (TN) 112
Spiazzo (TN) 112
Spilamberto (MO) 262
Spilimbergo (PN) 190–191
Spoleto (PG) 324
Squillace (CZ) 430
Staffolo (AN) 340
Stintino (SS) 457
Stregna (UD) 191
Stroncone (TR) 325
Stroppo (CN) 50
Suzzara 98

T

Talamone (GR) 311
Tarcento (UD) 192
Tegna (TIC) 64
Teolo (PD) 155
Teramo (TE) 384
Terranova di Pollino (PZ) 420
Terranuova Bracciolini (AR) 312
Torano Nuovo (TE) 384
Torino 50–52
Torre Belvicino (VI) 156
Torre Melissa (CZ) 431
Torre Pallavicina (BG) 99
Torreano (UD) 192
Torriana (FO) 277
Tovo San Giacomo (SV) 233
Trani (TA) 396
Trapani 442
Traversetolo (PR) 263
Treiso (CN) 52–53
Trento (TN) 113–116
Tresana (MS) 312
Trescore Balneario (BG) 99
Treviglio (BG) 100
Trevignano Romano (RM) 370
Treviso (TV) 156–157
Treviso Bresciano (BS) 100
Tricesimo (UD) 193–194
Trieste 207–210

U

Udine 194–199

V

Vado Ligure (SV) 234
Valdagno (VI) 157
Valle di Gasies (BZ) 132
Vallesaccarda (AV) 411
Valvasone (PI) 199
Vasia (IM) 234
Venezia 158–168
Vernole-Acaia (LE) 397
Vernazza (SP) 235
Verona 168–171
Viadana (MN) 101
Vieste (FG) 397
Vigevano (PV) 101
Viggianello (PZ) 420
Vignale Monferrato (AL) 53–54
Vignola (MO) 263
Villandro (BZ) 132
Villanova Mondovì (CN) 55
Villanova Monferrato (AL) 55
Visso (MC) 341
Viterbo 370
Vittorio Veneto (TV) 171
Volterra (PI) 313

Z

Zocca (MO) 264

Werden Sie Gründungsmitglied der Slow-Food-Bewegung in Deutschland

Bitte freimachen

**SLOW-FOOD-DEUTSCHLAND
c/o Helmut Riebschläger
Rumphorstweg 65 a**

4400 Münster

Absender:

Die Idee und die Realisierung OSTERIE D'ITALIA wurde durch die Mitglieder der italienischen SLOW-FOOD-Bewegung ermöglicht.

Wenn Sie an den Zielen der SLOW-FOOD-Bewegung und an gleichartigen Unternehmungen interessiert sind, können Sie mit dieser Postkarte Gründungsmitglied der SLOW-FOOD-DEUTSCHLAND werden.

Der Jahresbeitrag beträgt DM 70,-. Er berechtigt zur Teilnahme an allen SLOW-FOOD-Veranstaltungen. SLOW-FOOD-Mitglieder erhalten bevorzugt die Einladung zu den jährlich stattfindenden Weinkongressen der ARCIGOLA SLOW FOOD in Italien bei reduzierter Teilnahmegebühr. Zukünftig erscheinende Informationsblätter der SLOW-FOOD-DEUTSCHLAND erhalten die Mitglieder kostenlos. Als Jahresgabe bekommt jedes Mitglied wahlweise ein Exemplar OSTERIE D'ITALIA oder ein Exemplar ITALIENISCHER WEIN FÜR JEDEN TAG (erscheint im Frühjahr 1992).

Ich möchte Gründungsmitglied der SLOW-FOOD-Bewegung werden.

Vorname: _____

Name: _____

Straße: _____

PLZ: _____ Ort: _____

Telefon: _____

Beruf: _____

Geburtsdatum: _____

Als Jahresausgabe möchte ich:

☐ 1 Expl. Osterie d'Italia

☐ 1 Expl. Italienischer Wein für jeden Tag
   (erscheint im Frühjahr 1992)

Die Mitgliedschaft wird erst gültig, sobald SLOW-FOOD-DEUTSCHLAND endgültig als Verein eingetragen ist. Der Mitgliedsbeitrag wird auch dann erst erhoben.